한국과학사상사

한국과학사상사

박성래 지음

cum libro
책과함께

들어가며

  모든 말이 그렇듯이 '과학사상'이란 단어 역시 그 뜻이 아주 모호하다. 널리 쓰이는 두 단어 '과학(科學)'과 '사상(思想)'을 합쳐놓은 이 복합어는 두 낱말에 내재해 있는 의미의 다양성 때문에 그 참뜻을 정의하기가 어렵다. '과학'과 '사상'이란 두 단어를 알맞게 정의했다고 하더라도, 이들의 합성어인 '과학사상'이 과연 무엇인가를 바로 밝혀주지 못하는 것이다. 두 단어 사이에 어떤 접속사를 넣는 것이 좋을까를 생각해보면 그 복잡성을 금방 느낄 수 있다.

  '과학사상'이란 '과학의 사상'인가, '과학에 대한 사상'인가? 아니면 '과학적 사상'에 더 가까운 말일까? 이것도 저것도 아니라면 또 다른 무엇이 있는 것일까? 필자는 당장 어느 것이 맞다는 정의를 내리고 이 글을 쓸 마음이 없다. 집필하는 과정에서 그 방향이 정해질 수 있기를 바랄 뿐이다.

  다만 본론에 들어가기 전에 밝혀둘 것이 있다. 우선 '과학사상사(科學思想史)'라는 이름 아래 글을 쓰는 만큼 기술사(技術史)는 다루지 않을 생각이다. 또 설화와 민담 가운데 당대의 상황을 반영하는 기록이 아니면 역사의 대상으로 알맞지 않다는 것이 필자의 지론이므로, 이 또한 일단 제외할 것이다. 예를 들면, 고려 때 처음 기록으로 나타나는 단군의 설화를 기원전 2000년대의 과학사상사 관점에서 평가하지 않겠다는 뜻이다.

당연히 이 글은 동시대를 묘사한 기록에 근거하여 쓰인 것으로 보이는 《삼국사기(三國史記)》나 《삼국유사(三國遺事)》의 세계로부터 서술의 실마리를 찾을 것이다. 《삼국사기》에는 자연현상에 대한 기록이 약 1000개나 실려 있다. 이 자연현상 기록은 초기로 거슬러 올라갈수록 더욱 돋보이는데, 그 까닭은 삼국시대 초기에는 이러한 기록 이외의 다른 역사 사건이 너무 적기 때문이다. 예를 들어 신라의 시조 혁거세(赫居世)가 재위한 61년 동안에는 모두 23건의 사건이 기록되어 있다. 혁거세의 탄생설화를 비롯한 23건의 기사 가운데 12건은 자연현상에 대한 것이고, 나머지 11건은 일반적인 것이다. 또 자연현상 12건 가운데 7건은 일식(日食)에 대한 기록이고, 혜성(彗星)에 관한 기록이 3건, 나머지 2건은 용(龍)과 관련한 이야기다.

이러한 기록이 아직 설화 단계를 벗어나지 못하던 삼국시대 초기에 기록되었다는 점에는 의문의 여지가 있다. 특히 일식의 경우, 이 시대의 기록은 신빙성이 없다는 연구 결과가 나온 바 있고, 사학계에서는 이것을 정설로 받아들이는 분위기다. 그러나 일식뿐만 아니라 모든 자연현상 기록의 신빙성이 적다고 하더라도 그것이 우리의 자연관 또는 과학사상의 단면을 보여준다는 것은 틀림없는 사실이다.

이들 1000개의 자연현상 기록은 그것들 하나하나가 인간사회에 어떤 의미를 가지고 있다고 판단됐기에 역사 속에 남게 된 것이다. 대개는 흉조로 여겨 기록한 것이지만, 길조로 생각한 것도 적지 않다. 신라의 기록에서 특히 많이 보이는 가화(嘉禾)와 서지(瑞芝), 고구려의 기록에서 많이 나타나는 백록(白鹿)과 백작(白鵲) 따위의 흰빛 동물이 그런 예다. 지금은 기형이라 할 수 있는 동식물이 당시에는 상서로운 것으로 여겨졌던 것이다. 특이한 점이 있다면, 농업 사회였던 신라에서는 곡식에 얽힌 상서가 많은 반면 사냥이 중요한 활동이었던 고구려에서는 짐승이나 새에 관한 상서가 많다는 것이다. 대개 흉조로 여겨진 그 밖의 기록들 가운데에는 지진, 홍수, 바람 등은 물론이고 일식과 혜성이나 오성(수성, 금성, 화성, 목성, 토성)의 이상한 움직임 등도 많다. 또 다섯쌍둥이 등 사람과 관련된 이상 현상도 적혀 있다.

한편 이러한 현상의 기록이 천(天), 지(地), 인(人)의 삼재(三才)에 걸쳐 있다는 점은 이들 자연관이 중국 사상의 영향을 받았음을 보여준다. 그러나 '일체의 자연현상은 인간세상에서 일어나는 일과 무관하지 않으며, 인간세상의 일을 예시해주거나 반영해준다'는 유기체론적 자연관은 원시시대부터 많은 지역의 인류가 공통으로 발전시켜온 인간의 원초적 사고방식이다. 결국 삼국시대의 자연 관찰 기록이 보여주는 자연관은 원시시대 이후 우리가 전해온 과학사상이 그뒤 도교적 또는 유교적 관점에서 기록된 것으로 해석된다. 특히 4세기 이후 중국과의 문화 교류가 활발해지면서 고구려와 백제의 과학사상도 세련되어졌다.

이 기록들 가운데에는 잘못된 부분도 있을 것으로 보이며, 누락된 내용도 많은 듯싶다. 그러나 늦어도 8세기 이전에 신라에서 전문직의 천문학자, 지리학자 등이 등장했으리라는 것은 분명하다. 이미 삼국에는 일관(日官)과 일자(日者) 등의 관리가 있었으며, 그들은 대개 전문적으로 천문을 관측하기보다는 별점[星占]을 보는 임무를 맡았다.

해와 달이나 별들의 움직임을 보고, 그것이 인간사회에 어떤 의미를 가지는가를 설명하는 별점은 동양과 서양 모두에서 발달하였다. 우리나라에서도 이 분야는 삼국시대부터 중국의 영향을 받아 국가점성술(judicial astrology)로 자리 잡았다. 별들의 움직임을 보고 국가의 안위를 점쳤던 것이다.

바로 이 같은 태도가 자연현상을 국가의 운명과 연관시켜 설명하려는 동양인의 사고방식을 낳게 되었다. 우리 역사에서도 이러한 자연 해석은 이미 삼국시대부터 확립되어왔다. 자연현상은 단순한 자연현상이 아니라, 그것이 가진 정치적 의미로 인해 더욱 주목받았고, 그 때문에 관측되고 기록된 것이다. 자연의 이상 현상을 재이(災異)로 보고, 그 정치적, 사회적 의미를 해석하려는 전통적 자연관은 전통 시대 과학사상의 가장 핵심적인 요소였다고 해도 과언이 아니다.

《삼국사기》나 《고려사(高麗史)》와 조선시대의 실록에 이런 기록이 끊임없이 나타나고, 또 이에 대한 반응이 충실하게 기록된 점이 이를 반영한다. 필자가 조사한 바에 따르면 《삼국사기》에 기록된 재이는 1000개인 데 비해 《고려사》에는 6500개 정도의 기록이 남아 있다. 또 조선조의 실록에는 처음 1세기께에 이미 8000개 이상의 기록을 헤아릴 수 있다. 한국의 과학사상사는 바로 이런 자료들에 대한 소개와 해석을 출발점으로 삼을 수도 있다.

이 글에서는 먼저 자연현상에 대한 기록과 그에 대한 태도 등을 차례로 소개할 것이다. 천문 현상을 시작으로 지상의 자연현상을 소개하고, 이후 개별적으로 살펴본 다음 종합적으로 검토할 요량이다. 시간적으로는 조선 후기까지의 자료를 함께 다루는 것을 원칙으로 삼아 17세기 이후 서양의 근대적인 과학사상과 접촉하기 이전의 모습을 밝히는 데 주안점을 둘 것이다.

차례

2부 재이의 과학사상

1부

하늘의 과학사상

해에 관한 생각

일식에 대한 사상이 좀 더 분명하게 드러나기 시작한 것은 고려 초기다. 삼국시대와 달리 처음 1세기 동안에는 일식 기록이 없지만, 다음 4세기 동안에는 일식 기록이 매우 고르게 분포되어 있다. 《고려사》에는 모두 138회의 일식 기록이 남아 있는데, 첫 기록은 1012년(현종 3)의 것이다. 일식에 대한 설명은 1047년(문종 1)에도 발견된다. 이미 일식 기록이 14회나 나온 다음의 일이다.

1. 일식 이야기

자연현상에 대한 기록 가운데 가장 대표적인 것으로는 일식을 꼽을 수 있다. 《삼국사기》에는 모두 67회의 일식 기록이 있고, 《고려사》에 남아 있는 일식 기록은 모두 138회다. 또 조선 초기 100년 남짓 동안, 즉 1392년 새 왕조 개창 때부터 1500년까지는 모두 46회가 실록에 기록돼 있다. 물론 1500년 이후에도 일식 기록은 계속되지만, 필자는 일단 1500년까지만 조사하였기 때문에 그 뒤의 자료에 대해서는 정확히 알 수가 없다.[1]

그런데 삼국시대의 일식 기록에는 의문의 여지가 있다. 우선 《삼국사기》의 다른 기록이 매우 불충실한 데 반해 일식 기록만 유별나게 정확하고, 그 수도 비교적 많기 때문이다. 또 삼국의 일식 기록에는 어떤 규칙성이나 일관성이 보이지 않는다. 어떤 시기에는 기록이 집중적으로 나타나다가 수백 년 동안 전혀 기록이 나타나지 않는다. 1920년대에 이 문제에 대해 논문을 쓴 학자는 "《삼국사기》의 일식 기록은 중국의 것을 그대로 베껴 《삼국사기》의 빈약하였던 내용을 부풀린 것"이라고 단정하였다.[2] 반세기 뒤에 같은 주제를 다룬 논문에서도 같은 주장이 반복되었다. 그러면서도 첨성대가 세워진 7세기 중반 이후의 일식 관측은 실제 신라 사람들에 의해 이뤄진 것으로

판단하고 있다.[3]

《삼국사기》의 일식 기사에 대한 평가는 대체로 이런 정도에서 1970년대까지 계속되었다. 또 일식 기록을 베꼈다는 것을 근거로 김부식(金富軾)의 역사 서술 방법에 대해 부정적인 평가를 내리기도 했고, 외교 관계 등 다른 분야에서도 중국 측의 사료를 그대로 베낀 부분이 많다는 지적이 나왔다.[4] 그러나 일식을 비롯한 다른 자연현상에 대한 기록을 살펴볼 때 이와 같은 비판은 조금 지나친 면이 있다. 일식 등 삼국시대 초기의 자연현상 기록은 중국 사료를 그대로 베낀 것이 아니라, 상당히 근거 있는 삼국의 사료를 중국의 기록과 대조·확인하여 기록한 까닭에 중국의 기록과 일치하는 것일 뿐이라고 생각된다.[5] 이 문제에 대해서는 뒤에서 종합적인 검토가 이뤄질 것이다.

먼저 한국 역사상 최초의 일식은 언제 어디에서 관찰되었는지를 생각해보자. 《삼국사기》에 나타난 일식에 관한 첫 기록은 기원전 54년 4월 초하루에 경주에서 관측된 것이다. 신라 혁거세왕 4년의 일이다. 이에 비해 고구려에서의 첫 일식은 114년(태조왕 62) 3월 초하루에 있었고, 백제의 경우는 기원전 13년(온조왕 6) 7월 초하루에 있었다. 이 기록대로라면 일식에 대한 지식은 신라-백제-고구려의 순으로 퍼져갔으리라는 해석이 가능하다. 그러나 삼국시대의 첫 2~3세기 동안에는 이렇다 할 기록을 할 수 없었을 것이라는 게 역사가들의 의견이고, 또 《삼국사기》가 신라 중심으로 편찬될 수밖에 없었던 사정을 고려해볼 때, 이 순서는 아무런 의미가 없다.

특히 신라 시조 혁거세의 재위 61년 동안에는 7회나 일식이 있었던 것으로 기록되어 있다. 기원전 54년, 34년, 28년, 26년, 15년, 2년과 기원후 2년 등이다. 이것은 지나치게 많은 수인데, 특히 혁거세

신라	BC 54, BC 34, BC 28, BC 26, BC 15, BC 2, 2, 6, 16, 124, 127, 141, 166, 186, 193, 194, 200, 201, 256, 787, 789, 792, 801, 805, 808, 818, 836, 844, 888, 911년(모두 30회)
고구려	114, 116, 124, 149, 158, 165, 178, 186, 219, 273, 554년(11회)
백제	BC 13, 73, 87, 92, 165, 170, 189, 212, 221, 222, 308, 335, 368, 392, 400, 417, 419, 440, 468, 478, 495, 516, 547, 559, 572, 592년(26회)

재위 기간의 자연현상 기록 23건 가운데 일식이 7건이나 차지해 그 신빙성이 더욱 떨어진다. 삼국시대의 일식 기록을 좀 더 분석해보려면, 우선 총 67회의 일식 기록을 삼국 각각으로 나누어 열거한 다음 그 내용을 살펴볼 필요가 있다(표 1).

이 가운데 두 나라에서 모두 기록된 경우가 3건인데, 124년과 186년의 일식은 고구려와 신라에서, 165년의 일식은 고구려와 백제에서 기록되었다. 또 801년의 신라 기록은 "일식이 있어야 하였으나 일어나지 않았다[日當食不食]"는 경우여서 다른 것과는 구별된다. 이를 도표로 나타내면 표 2와 같다.

여기에서 가장 눈에 띄는 점은 고구려의 경우 4세기 이후 일식 기록이 없고, 신라의 경우에는 4세기에서 8세기 전반까지 전혀 일식 기록이 없다는 사실이다. 이에 비하면 백제의 기록은 상당히 고른 분포를 보인다. 백제가 삼국 가운데는 비교적 일찍 천문학이 발달했음을 방증하는 대목이다. 이와 달리 뒷날 신라의 후예들에 의해 쓰인 역사라고는 하지만, 고구려에서 4세기 이후 일식 기록이 없는 까닭은 확실하지 않다. 또 신라의 경우 4세기 이전의 일식 기록도 어느 정도 무리가 있지만, 역시 4세기 이래 거의 500년 동안이나 일식을 기록하지 않은 이유를 짐작할 수가 없다.

	고구려	백제	신라	합계
(BC)~0	0	1	6	7
(AD)1~50	0	0	3	3
51~100	0	3	0	3
101~150	4	0	3	7
151~200	4	3	5	12
201~250	1	3	1	5
251~300	1	0	1	2
301~350	0	2	0	2
351~400	0	3	0	3
401~450	0	3	0	3
451~500	0	3	0	3
501~550	0	2	0	2
551~600	1	3	0	4
601~650	0	0	0	0
651~700	0	0	0	0
701~750	-	-	0	0
751~800	-	-	3	3
801~850	-	-	6	6
851~900	-	-	1	1
901~	-	-	1	1
합계	11	26	30	67

그렇다면 중국과 일본에서는 언제부터 일식 기록을 남겼는지 살펴보자.

중국에서 가장 오래된 일식 기록은 《서경(書經)》〈하서(夏書)〉에 나오는 것으로, 지금으로부터 4000년 전의 일식이다. 이쯤이면 세계 최고의 일식 기록으로 꼽힐 만하다. "제후로 임명된 희(羲)씨와 화(和)씨는 술에 빠져 정치를 등한시하는 바람에 세상이 어지러워지고 천상(天象)에 혼란을 가져왔다"는 기록이 그것이다. 또 당(唐)의 천문학자 일행(一行)은 이 일식이 일어난 날이 기원전 2128년 10월 13일(양력 기준)이라고 계산했다. 하지만 오늘날의 계산에 따르면 그날 일식이 일어나지 않았다는 견해가 지배적이다. 《서경》의 이 기록은 훗날에 날조된 것이라는 해석도 있어서 이래저래 믿기 어렵다.

믿을 만한 중국 최초의 일식 기록은 《춘추(春秋)》에 나오는 36회의 기록이다. 기원전 722년부터 기원전 481년까지의 노(魯)나라 역사를 공자(孔子)가 편찬해냈다는 이 역사서에 기록된 기원전 709년의 일식은 중국 역사상 최초의 개기일식 기록이다.

한편 일본 최초의 일식 기록은 《일본서기(日本書記)》에 나오는 628년 3월 2일의 것이다. 그런데 일본 학자들은 이 일식이 천황의 병사(病死)와 관련된 것이라고 본다. 일식이 있기 4일 전에 임금이 와병 중이라는 기록이 있고, 일식 5일 뒤에 임금이 죽었다고 기록되어 있기 때문이다.[6]

그러면 삼국시대의 일식관(日食觀)은 어떤 것이었을까? 이 또한 확실하게 밝혀줄 자료가 거의 없다. 다른 자연현상의 기록과 마찬가지로 일식도 불길한 재이로서 임금과 왕실의 안위를 좌우하는 조짐으로 간주되었음을 짐작하게 해주는 기록은 제법 많지만, 정확하게 어떤 조짐이었는지를 설명하고 있지 않다.

일식에 대한 사상이 좀 더 분명하게 드러나기 시작한 것은 고려 초기다. 삼국시대와 달리 처음 1세기 동안에는 일식 기록이 없지만, 다음 4세기 동안에는 일식 기록이 아주 고르게 분포되어 있다. 《고려사》에는 모두 138회의 일식이 기록되어 있는데, 첫 기록은 1012년 (현종 3)의 것이다. 일식에 대한 비교적 자세한 설명은 1047년(문종 1)에나 발견된다. 이미 일식 기록이 14회나 나온 다음의 일이다.

3월 을해(乙亥) 삭(朔)에 일식이 있었다. 어사대에서 아뢰기를 "전례에 의하면 일식과 월식이 있을 때면 태사국(太史局)에서 미리 위에 아뢰어 전국에 널리 알리고, 통사(洞社)에서는 북을 울리고, 임금님은 흰옷을 입고 정전(正殿)을 피하며, 백관(百官)은 흰옷을 입고 각기 자리를 지키며, 해를 향해 두 손을 잡고 서서 해가 다시 밝아지기를 기다렸습니다. 그런데 이번에 춘관정 유팽(柳彭)과 태사승 유득소(柳得韶) 등은 천문학에 어두워 이를 미리 아뢰지 못하였으니 파직하소서"라고 하였다. 임금이 제(制)하여 "용서하라"고 하니 다시 논박하기를 "일식과 월식이란 음양의 이치에 규칙성이 있어서 역산(曆算)에 틀림만 없다면 그것을 미리 알 수 있습니다. 하지만 관직에 적임자 아닌 자가 앉아 일을 그르쳤으니 어찌 간단하게 용서할 수 있으리오. 이미 아뢴 대로 죄를 주소서"라고 아뢰니 이에 따랐다.[7]

이 기록은 11세기 중반에는 일식에 대한 동양적 전통이 확립되어 있었음을 보여준다. 당시 일식은 담당 천문학자가 미리 예측해야 하는 일이었다. 삼국시대에는 그런 수준에 이르지 못했을지 모르지만, 11세기 초 고려 천문학은 일식과 월식을 계산에 의해 예측할 수 있는 수준이었음이 확실하다. 그리고 일식이 있을 때면 임금과 신하는 소복(素服)을 입고 의식을 행하였고, 일식 예보에 실패한 천문관은 처벌을 받았다.

고려 때 일식의 예보에 실패하여 처벌받은 사례는 위의 경우 외에도 3건이 더 있다. 1101년(숙종 6) 4월에는 사천복정 유녹춘(柳綠春)이 일식 시각을 잘못 예측하여 법에 따른 조치를 받았다. 어사대의 주청에 따라 내린 이 조치가 정확히 무엇이었는지는 밝혀져 있지 않다.[8] 1289년(충렬왕 15) 3월 초하루에도 일식이 있었는데, 일관이 이를 미리 예보하지 않아 관계 기관이 탄핵당하여 죄를 받았다.[9] 처벌받은 천문관의 이름은 기록되어 있지 않다. 그러나 1383년(우왕 9) 8월에는 서운관승 지거원(池巨源)이 일식을 예보했으나 빗나가는 바람에 처벌받았다는 기록이 남아 있다. 중방이 처벌을 주장하고 나섰고, 그는 곤장 70대의 벌을 받았다.[10]

1358년(공민왕 7) 12월의 일식은 사천대(司天臺)의 하관정(夏官正) 위원경(魏元鏡)이 예보했으나 날씨가 흐려 관측이 불가능하였다. 어사대는 "시간을 앞지른 예보자도 죽여 용서하지 말고, 시간에 미치지 못한 자도 죽여 용서하지 않는다(先時者殺無赦 不及時者殺無赦)"는 옛말을 인용하여 위원경이 역산에 무능하기 때문이라며 그를 처벌하라고 주장하였다. 그러나 뒤에 전라도에 사는 어떤 사람이 일식을 보았다고 하여 처벌을 면했다.[11] 어사대에서 인용한 말은《서경》〈하서〉에 나오는 것으로, 일식 예보는 정확해야 한다는 사실을 강조하고 있다.

1187년(명종 17) 7월 말일에 있었던 일식은 '임금의 권위를 위협하는 조짐'으로 받아들였음을 보여준다.

> 이날 일식이 일어나자 태사(太史)가 아뢰기를 이번 일식은 '물러나는 일식(退食)'이어서 재이라 할 정도는 아니니 근심할 바 없다고 하였다. 바로 그날 한밤중에 조원정(曺元正)이 부하들을 궁궐에 잠입시켜 난을 일으켰으나 곧 이들은 잡혀 처형되었다.

《고려사절요(高麗史節要)》는 일식과 조원정의 난에는 밀접한 인과관계가 있는 것으로 서술하고 있으나,《고려사》〈세가(世家)〉 편은 일식과 조원정의 난, 그리고 그들의 처형 사실을 간략하게 기록하고

있다. 반면 《고려사》〈천문지(天文志)〉편에는 앞에 소개한 태사의 일식에 대한 논평이 들어 있다.[12]

조원정은 할머니와 어머니가 모두 관기(官妓)였고, 아버지는 옥공(玉工)으로 미천한 출신이었으나 정중부의 난 때 이의방을 도와 장군이 되었고, 명종 때에는 공부상서에까지 올랐다. 이후 재물을 탐하고 난폭해져서 피해자가 속출했다. 그러자 대신들이 임금에게 주청해 결국 그를 자리에서 물러나게 하였다.[13] 당시 지식층은 이 사건을 왕권에 대한 도전으로 여겼고, 바로 그런 도전이 일식이라는 조짐으로 나타났다고 보았다.

고려 말 공민왕 때의 학자이며 사관(史官)이었던 윤소종(尹紹宗)은 1373년(공민왕 22) 3월 일식을 계기로 올린 상소문에서 "3월은 오양(五陽)의 달이어서 양이 매우 성하고 한 가닥의 음(陰)반이 남아 있는 달인데, 바로 그 음이 대양을 이긴다는 것은 결코 작은 변고가 아니다"며 "이는 신하 가운데 임금님을 가려 어둡게 하는 자가 있고, 군자의 도가 무너지고 소인의 도가 성하기 때문"이라고 주장하고, 임금이 정치에 더 힘쓰기를 청하였다. 그는 또 신돈이 집권하고 있을 때에는 7월에도 일식이 있었다는 사실을 상기시키고 있다.[14]

일식이 있을 때는 삼가야 한다는 뜻에서, 고려 때에도 이미 여러 가지 조치가 취해졌다. 예를 들어 설날에 일식이 있을 경우에는 새해의 잔치를 다음 날로 연기했다는 기록이 1283년(충렬왕 9)에 보이고, 1320년(충숙왕 7)의 설날에는 새해 하례를 취소하고 백관이 소복을 입고 기다렸으나 일식이 일어나지 않았다고 한다. 이 때문에 하례식은 이틀 뒤에 행해졌는데, 이날 원나라에서는 일식이 일어났다는 《원사(元史)》의 기록이 《고려사》〈천문지〉에 덧붙여져 있다.[15] 일식이 예정된 날에는 관리들에게 휴가를 준 것도 같은 맥락에서였다.[16] 1374년(공민왕 23) 2월의 석전(釋奠) 때는 일식 때문에 중정(仲丁)을 썼다는 기록이 보인다.[17]

앞에서 고려 말까지 기록된 일식을 대강 살펴보았다. 고려 초기에는 일식에 대한 재이관이 확립되어 있었음을 알 수 있다. 그러나 사료가 그리 풍부하지 않아서 일식에 대한 삼국과 고려 사람들의 다양한 반응이나 태도의 변화 등을 분석해내기는 어렵다. 좀 더 상세한 검토는 조선시대의 풍부한 기록을 바탕으로 이뤄질 것으로 기대한다.

조선시대에 들어오면서 일식에 대한 사료가 늘어나고, 이에 대한 반응이나 태도의 표명도 더욱 분명하게 드러난다. 먼저 필자가 실록에서 조사한 조선 초기의 일식 기록은 표 3과 같다. 이들 기록이 조선 후기에 편찬된 《증보문헌비고(增補文獻備考)》의 상위고(象緯考)에 나온 경우는 기록 전문을 오른쪽에 옮겨 실었다.

표 3_ 조선 초기의 일식 기록

조선왕조실록	증보문헌비고
1393년(태조 2) 7월: 불식	태조 2년 계유 7월 갑진삭 일식 음운(陰雲) 불견(不見)
1397년(태조 6) 5월	6년 정축 5월 임자삭 일식기(旣)
1400년(정종 2) 3월	2년 경진 3월 병인삭 일식
1401년(태종 1) 3월	—
1406년(태종 6) 6월	6년 병술 6월 기미삭 일식
1413년(태종 13) 1월	13년 계사 정월 신사삭 일식
1415년(태종 15) 5월	15년 을미 5월 정유삭 일식
1420년(세종 2) 8월	—
1421년(세종 3) 8월	3년 신축 8월 신묘삭 일식
1422년(세종 4) 1월	4년 임인 정월 기미삭 일식
1423년(세종 5) 6월	5년 계묘 6월 경술삭 일식
1428년(세종 10) 4월	10년 무신 4월 계축삭 일식
1429년(세종 11) 8월	11년 기유 8월 을해삭 일식

1430년(세종 12) 8월: 불견	12년 경술 8월 기사삭 일식
1433년(세종 15) 6월	15년 계축 6월 임오삭 일식
1434년(세종 16) 11월: 불견, 밤	—
1435년(세종 17) 11월	17년 을묘 11월 무진삭 일식
1436년(세종 18) 4월	18년 병진 4월 정유삭 일식
1437년(세종 19) 3월	19년 정사 3월 신묘삭 일식
1438년(세종 20) 9월	—
1439년(세종 21) 8월	—
1442년(세종 24) 6월: 불견	—
1444년(세종 26) 10월	—
1445년(세종 27) 4월	—
1446년(세종 28) 4월: 불식	—
1447년(세종 29) 8월: 불견	31년 기사 정월 병신삭 일식
1451년(문종 1) 6월: 불견	—
1452년(단종 원년) 11월	문종 2년 임신 11월 기미삭 일식
1454년(단종 2) 4월	2년 갑술 4월 임오삭 일식
1455년(단종 3) 4월	세조 원년 을해 4월 병자삭 일식
1460년(세조 6) 6월	6년 경진 7월 을해삭 일식기
1461년(세조 7) 10월	8년 임오 2월 정유삭 일식
1463년(세조 9) 5월	9년 계미 5월 기축삭 일식
1464년(세조 10) 4월	—
1467년(세조 13) 2월	—
1469년(예종 1) 6월	원년 기축 6월 계축삭 일식
1470년(성종 1) 6월: 불견	—
1473년(성종 4) 4월	—
1474년(성종 5) 9월	—
1475년(성종 6) 9월	6년 을미 9월 정미삭 일식
1476년(성종 7) 2월	—
1484년(성종 15) 9월	15년 갑진 9월 정유삭 일식
1488년(성종 19) 6월	19년 무신 6월 계사삭 일식
1495년(연산 1) 2월	원년 을묘 2월 을묘삭 일식
1498년(연산 4) 윤11월	4년 무오 윤11월 임술삭 일식
1500년(연산 6) 5월	6년 경신 5월 갑인삭 일식
1501년(연산 7) 9월	—
1502년(연산 8) 9월	8년 임술 9월 경오삭 일식
1507년(중종 2) 1월	2년 정묘 정월 을해삭 일식
합계 49회	합계 32회

일식에 대한 기록은 실록과 《증보문헌비고》가 상당히 다른 것을 알 수 있다. 1507년까지 실록에는 모두 49회의 일식이 기록되어 있는 데 비해 《증보문헌비고》에는 32회만 적혀 있다. 조선 후기에 편찬된 《증보문헌비고》가 다른 사료에서 일식 자료를 뽑아낸 것은 분명하지만, 어떤 사료를 검토했는지는 확실하지 않다. 다만 이 기록이 실록에서 직접 고른 것은 아닐 것으로 보인다. 여하튼 《증보문헌비고》가 그 성격상 자료를 선택적으로 발췌했으리라는 것을 짐작할 수 있다. 따라서 실록보다 기록 건수가 적은 것은 당연하다. 하지만 실록에는 없는 일식 기록이 《증보문헌비고》에 들어 있는 것은 의문이 아닐 수 없다.

《증보문헌비고》에만 기록된 2건의 일식을 실록에서 찾아보자. 우선 '세종 31년인 기사년 정월 병신 초하루의 일식'을 실록에서는 찾을 수가 없다. 그런데 세종 31년의 정월 초하루는 병신일이 아니라 임오(壬午)일이다. 세조 8년 2월의 일식도 마찬가지다. 세조 8년이 임오년인 것은 맞지만, 2월 초하루의 간지는 정유가 아니라 병인(丙寅)이고, 이날 일식이 있었다는 흔적은 찾아볼 수 없다. 어째서 이런 착오가 《증보문헌비고》에 남게 되었는지는 앞으로의 연구 과제다.

이를 다시 이긍익(李肯翊)의 《연려실기술(燃藜室記述)》에 기록된 일식 자료와 비교해보자. 여기에는 조선 초부터 숙종 45년(1719)까지의 일식 109건이 수록되어 있는데, 이 가운데 중종 2년(1507)까지의 기록은 모두 32건이다. 《증보문헌비고》의 일식 기록과 같은 횟수다. 이들을 비교한 결과 32건 모두 날짜가 완전히 일치했다. 실록에는 없는 잘못된 기록까지 일치하는 점으로 미루어보아 《증보문헌비고》의 일식 기록은 《연려실기술》을 베낀 것임을 알 수 있다.

조선 초 일식에 대한 인식은 어떠하였을까?

태조 7(1398년) 12월 9월에 즉위한 정종은 경연하는 자리에서 시강관 전백영(全伯英)에게 일식은 어째서 일어나는가를 물었다. 이에 대해 전백영은 "사람의 일이 아래에서 감(感)하는 데 따라 하늘의 뜻이 위에서 응(應)하여 일어나는 것"이라고 답하고, 불교에서 말하는 것처럼 아수라왕(阿修羅王)의 일은 아니라고 강조하였다.[18]

고려에 이어 조선 초기에는 아직 불교의 영향이 강하게 남아 있음을 보여주는 대목이다. 뒤로 갈수록 불교적 해석은 거의 언급되지 않으며, 일식은 지상의 사태에 하늘이 감응해서 나타나는 재이라는 해석만 꾸준하게 계속된다.

1세기 이상이 지난 뒤인 1503년(연산군 9) 2월에는 이런 일도 있었다. 《강목(綱目)》을 교재로 경연이 진행되고 있을 때 참찬관 김김(金勘)이 덕종(德宗) 5월에 일어난 일식 대목을 읽다가 "당시 변방의 힘은 강성해지고 중국 황가의 힘은 미약해졌으니, 이 일식은 어찌 그에 대한 감응이 아니겠느냐"고 설명하였다. 이어서 동지사 성현(成俔)이 덧붙여 말하기를 "일식과 월식에는 규칙성이 있어 미리 계산할 수 있지만, 임금이 몸과 마음을 갈고닦으면 응당 일어날 일식이 일어나지 않을 수도 있다"[19]고 하였다.

일식을 재이로 규정하여 임금의 수덕(修德)으로 일어날 일식을 막을 수도 있다는 생각은 이미 세종도 말한 바 있다. 1424년(세종 6) 11월 경연에서 《시경(詩經)》 10월 편의 "일식 월식에는 규칙성이 있으나 임금이 수덕하여 행정하면 당연히 일어날 일식 월식이 일어나지 않을 수 있다"는 주석을 읽고, 세종은 이 말이 정말로 옳다고 논평하였다. 이어서 삼국시대의 일식 기록에 대해 의문을 제기하였다. 《삼국사략(三國史略)》을 보면 신라의 일식이 백제에는 없고, 백제의 일식이 신라에는 없었던 것처럼 되어 있는데, 어떻게 이리 다를 수 있느냐는 의문이었다. 세종은 이것이 역사가들마다 다르게 기록했기 때문이 아니냐고 물었다. 그러자 시강 김돈(金墩)은 그렇다고 대답하고, 아니면 두 나라의 날씨가 서로 달랐을지도 모른다고 덧붙였다.[20] 세종은 1431년(세종 13) 1월의 경연에서도 같은 문제를 서론으로 꺼내었다. 왜 삼국의 일식 기록이 김부식, 하륜, 권근 등의 책에서 서로 다르냐고 묻자 좌대언 김종서(金宗瑞)는 "그것은 사료가 서로 달랐기 때문"이라고 대답하였다.[21]

설날 아침에 일식이 있으면 더 긴장되어 하루를 보냈다. 1413년(태종 13) 정월 초하루에 일식이 예보되자 임금은 하례식을 생략한 채 소복에 각대를 두르고 정전(正殿)의 월대에 섰고, 일관은 북을 울렸다. 일식은 오정(午正) 3각(刻)에 시작하여 신초(申初) 2각에 끝났다. 2시간 반 이상 계속되었다는 뜻이다. 그런데 원래 서운관의 예보에 따르면 일식이 끝나는 시각은 신초 3각이었다. 태종은 예보보다 1각이 차이 나는 것을 처벌해야 할지를 신하들에게 물었다. 이에 한 사람은 "이런 경우의 작은 실수에 대해 처벌한 일이 있는지 알지 못한다"고 대답하였고, 다른 사람은 "일식은 예보될 수 있는 일이지만, 정치가 잘되면 일어날 일식이 안 일어날 수 있고, 또 물시계도 오차가 있을 수 있으니 죄를 물을 수는 없다"고 진언하였다. 그러자 임금은 담당자 황사우(黃思祐)에게 미두(米豆) 20석을 내렸다.[22]

설날의 일식은 세종 때에도 일어났다. 1432년(세종 14) 정월 초하루에 일식이 예보되자 임금은 세자와 백관을 거느리고 하례식을 멈춘 채 구식의(救蝕儀)를 행하려고 기다렸다. 악기들을 늘어놓기만 하고 연주는 하지 못하게 하였으며, 소복을 입고 근정전 기둥 밖 계단 위에서 기다렸지만 오시로 예보되었던 일식은 끝내 일어나지 않았다. 세종은 안으로 들어가며 서운관에게 종일 관측을 계속하라고 지시하였고, 북경에 갔다가 돌아온 통역관 이연(李燕)에게 중국에서 설날 일식에 대한 예보를 들었는지 물었다. 그로부터 사흘 후인 1월 4일에 사헌부에서 예보의 부정확함을 들어 서운관을 처벌할 것을 주청했지만, 세종은 듣지 않았다. 일식이 부분식이어서 구름 때문에 관측되지 않았을 수도 있고, 중국에서도 예보된 것이라니, 앞으로 각 지방의 보고와 중국의 결과를 보고 죄의 유무를 묻겠다는 것이었다.[23] 바로 이런 이유로 이듬해 8월 세종은 앞으로 중국과 일본에 사신으로 가는 사람은 반드시 일식과 월식에 관한 정보를 얻어 오라고 지시하였다. 또 지방관도 이에 대한 보고를 반드시 행하도록 했다. 만약 날씨가 흐리면 일식 월식을 관측할 수 없기 때문이라고 세종은 그 이유를 밝히고 있다.[24]

천문학 발달에 크게 공헌한 세종은 궁정에 갖가지 천문 의기를 제작해 설치했고, 일식에 대해서도 각별한 관심을 보였다. 1433년(세종 15) 7월에는 예조에서 일식 때의 구식의를 새로 정한 것으로 보인다. 임금이 소복을 입고 근정전 계단에서 행할 의식을 일식 시작 5각 전, 3각 전, 1각 전으로 세분하여 규정하고, 각사의 관원들은 소속 관청에서 북을 울리며 구식의를 행하게 하였다.[25] 세종 때에는 일식의 연구와 관측에 특히 열심이었다. 1434년(세종 16) 8월 세종은 일식 연구를 위한 토론회까지 열도록 지시했다. 당시 천문학에 밝은 직집현전 김빈(金鑌) 등 31명을 흥천사에 모이게 해서 《강목》과 《통감》에 들어 있는 일식을 추산해보도록 한 것이다.[26] 그러나 어떤 계기로 이런 지시가 내려졌는지, 또 이들 31명은 누구누구였고, 그들의 연구 결과가 언제 어떻게 나왔는지는 확인할 길이 없다.

세종은 일식 관측을 위해 특별 관측대를 금강산 일출봉에까지 파견한 일도 있다. 1442년(세종 24) 5월 20일 부사직 신희(申熙)를 보내 6월 초하루로 예정된 일식을 관측하게 한 것이다.[27] 그러나 11일 뒤인 6월 초하루에 있을 것으로 예상되었던 일식은 구름과 비로 관측이 불가능했다는 기록으로 보아 서울에서는 물론 금강산에서의 관측 역시 실패한 것으로 짐작된다.[28]

1439년(세종 21) 8월 초하루의 일식 때에는 세종이 의정부에 전지를 내려 밤에 일어나는 일식과 낮에 일어나는 월식을 어떻게 할 것인지 상의하라고 지시하였다. 이에 대해 의정부는 상의 결과를 보고하면서 "밤에 예측되는 일식이나 낮에 예정된 월식도 미리 발표하는 것이 우리의 관례다"라고 지적하였다. 아울러 "비록 중국에서는 실시하고 있지 않지만, 이는 근천외재(謹天畏災)의 뜻에 맞는 일이니 구태여 고칠 것 없이 그대로 따르는 편이 옳다"고 결론지었다.[29]

세종 때의 천문학자 이순지(李純之, 1406~1465)가 1440년대쯤 완성한 것으로 보이는 《천문유초(天文類抄)》에도 일식에 대한 약간의 설명이 나온다. 태양은 임금의 상징〔人君之象〕이므로 태양에 얽힌 여러 재이가 설명되어 있는데, "일식은 달이 해를 가려 일어난다"고 정확하게 설명하고는 "이는 음(陰)이 양(陽)을 이기는 것이어서 중대한 변으로 여겨져 예부터 성인이 두려워한 바"라고 썼다. 이어 "일식에는 수덕(修德)을 하고 월식에는 수형(修刑)을 하게 되는데, 예부터 임금이 재이를 당하면 두려워하면서 몸을 낮추고 행동을 닦도록 한 것도 이 때문이다"라고 설명하고 있다.[30]

1473년(성종 4) 4월 초하루에는 일식이 미정(未正) 초각에 시작한다는 예보에 따라 임금이 신하들과 함께 소복을 입고 선정전에서 기다렸지만 일식은 일어나지 않았다. 임금이 안으로 들어간 다음인 미정 4각에야 일식이 시작되었다. 도승지가 관상감을 조사해서 처벌하기를 주장하였으나 임금은 아무 벌도 내리지 않았다.[31] 9년 뒤인 1482년(성종 13) 9월에 성종은 "일식을 정확하게 예보한 사람에게는 망아지 한 마리를 상으로 주고, 월식 예보에 차질이 없을 때면 의복을 내리겠다"고 말하고, "그렇지 못하였을 때의 벌칙을 마련하라"고 승정원에 지시하였다.[32]

실제로 1488년(성종 19) 9월, 왕은 사복시에 전지를 내려 일식 추산에 착오가 없었던 행사과 이영손(李永孫)에게 말 한 마리를 하사하였다.[33] 이 일이 있기 4년 전에도 같은 이유로 일식 추산관 조희윤(曹熙胤)이 망아지 한 마리를 받았다는 기록이 보인다.[34] 당시에는 일식이 진행되는 동안 수리도감 일꾼들의 일을 중단시키고 일식이 끝나면 다시 계속하라고 지시하였다. 이 조치는 홍문관이 "그런 전례가 없다"고 했음에도 불구하고 임금이 자발적으로 그렇게 결정했다고 실록은 전한다.[35]

중종 때에는 설날에 일식이 일어나자 시령(時令)이 조화를 잃은 데 대해 책임을 진다며 좌의정과 우의정이 사직을 표했다. 임금은 자신의 부덕 때문에 일어난 일이지 그들의 책임이 아니라면서 사직을 허락하지 않았다.[36] 1514년(중종 9) 8월 초하루의 일식을 앞두고 중종은 스스로 구식의 행사를 시행하겠다면서 전에 입었던 복장과 진행 절차를 조사해 보고하라고 예조에 지시하였다. 그런데 승지 이자화(李自華)는 "예조에는 기록이 남아 있지 않아서 관상감에 조사한 결과 성종 갑오년 9월의 일식 때의 기록이 남아 있는바, 《승정원일기》를 보니 실제 구식의는 생략한 것으로 되어 있다"고 보고했다. 이에 따라 중종도 구식의를 시행하려던 생각을 바꾸었다.[37] 실제로 이때와 중종 2년 설날의 일식 때에도 구식의가 있었다는 기록은 보이지 않는다. 중종 2년 설날의 일식이란 앞에서 언급한, 좌의정과 우의정이 사직을 표한 바로 그 일식이었다.

조선 초 일식에 대한 사대부들의 생각은 이미 바뀌고 있었던 듯하다. 일식 때 구식의를 행했는지, 아니면 대체로 생략했는지는 확인하기 어렵다. 일식 때의 구식의에 대한 구체적인 규정은 성종 때 완성된 《국조오례의(國朝五禮儀)》 권6 군례(軍禮) 편에 상세하게 나와 있다. 이에 따르면 일식 날에는 임금의 요자리〔褥位〕를 근정전 계단 위 북쪽에 설치하여 남쪽을 향하게 하고, 그 앞에 향안(香案)을 놓았다. 전악서(典樂署)에서는 북 3개를 계단 위 남쪽에 설치했는데, 동쪽에는 푸른색, 남쪽에는 붉은색, 서쪽에는 흰색 북으로 했다. 이들 3개의 북 안쪽으로는 같은 빛깔의 깃발을 3개 세우고, 북 바깥에는 병기 3개를 세웠다. 창〔矛〕을 동쪽에, 갈래창〔戟〕을 서쪽에, 도끼〔鉞〕를 남쪽에 세웠다. 일식 시작 5각 전부터 신하들은 소복을 입고 근정전 밖에서 기다렸으며, 임금 역시 소복 차림으로 사정전에서 기다리다가 신하들이 들어온 다음에 들어와 태양을 향해 요자리에 앉았다. 관상감은 변(變)이 있음을 아뢰고 역시 소복을 입은 사향(司香)이 향을 피우고, 북을 울리기 시작하여 일식이 끝날 때까지 계속하였다. 담당관이 일식이 끝났음을 아뢰면 임금은 나올 때와 마찬가지로 가마를 타고 안으로 들어가고, 신하들이 그 뒤를 따라 나갔다. 백관은 모두 자기 소속 전각 앞에서 소복 차림으로 북을 울려 구식의를 행하였다. 외관(外官)도 역시 같다.

19세기 초에 나온 《서운관지(書雲觀志)》에 따르면 임금이 직접 구식에 참석할 경우에는 7일 전부터 승정원에서 행사를 준비했다고 한다. 영조 임술년 5월 초하루의 일식에 임금이 친히 구식례를 행하였다면서 그 내용을 다음과 같이 소개하고 있다.

"임금은 익선관을 쓰고, 삼포를 입고, 검은 허리띠〔烏犀帶〕에 흰 가죽 구두〔白皮靴〕를 신고 인정전 계단 위에서 남쪽을 향하고 요자리에 앉는다. 제조(提調) 이하의 신하들은 일식이 동쪽에 있으면 동쪽을 향하고, 서쪽에 있으면 서쪽을 향하고 부복한다. 천문관이 일식 보고서를 승지에게 올리고, 승지는 이를 임금의 탁상에 놓는다. 담당관이 일식의 시작을 아뢰며 임금에게 경탕수성(警揚修省)할 것을 고한다. 일식이 최고조에 달하였을 때나 일식이 끝날 때도 마찬가지로 고한다. 일식이 끝나면 그림으로 그린 일식 보고서를 바친다."[38]

조선 초기와 후기의 두 자료에 나타난 구식의는 어느 정도 다른 것처럼 서술되고 있다. 예를 들어 《서운관지》에는 임금이 소복을 한 것까지 분명하게 밝히고 있다. 그러나 이것이 일식에 대한 의식의 변화를 반영한 것인지는 현재의 연구 정도로는 단언하기 어렵다. 1626년(인조 4) 7월 초하루의 일식을 앞두고 궁정에서는 임금이 조상에게 올리는 삭망제에 임금의 참석 문제를 두고 신하들이 반대의 목소리를 높였다. 일식 시각과 거의 같은 때에 임금이 몸소 삭망제를 지내는 것은 하늘의 꾸지람에 함부로 처신하는 행동이라는 것이었다. 일식을 이틀 앞두고 승정원에서 임금에게 "이번 삭망제는 상주만 참석하여 행하게 하라"고 주청을 올리자 임금은 "친제(親祭)를 더 일찍 지내서 시각이 맞물리지 않게 하겠다"고 일렀다. 그러나 이튿날인 윤 6월 그믐날, 사헌부와 홍문관이 들고일어나 "친제를 취소하여 수성(修省)의 길을 다해야 한다"고 주장하자 인조는 결국 친제 계획을 취소했다.[39]

당시 승정원의 논리 전개는 아주 흥미롭다. 즉 일식과 월식은 계산으로 미리 알 수 있는 현상이기는 하지만, 정치가 잘되어 세상이 평화로우면 음은 양을 이길 수 없으므로, 예정된 일식이라도 일어나지 않을 수 있다는 것이다. 반대로 세상이 어지러워 음이 성하고 양이 쇠약해지면 일식은 예정대로 일어난다는 것이다. 결국 일식은 예측된 일이면서도 실로 대변(大變)이라는 주장이다.

홍문관은 주희(朱熹)의 말을 인용하여 일식 때의 친제에 반대하였다. "임금이 덕을 닦아 정치를 하고 현명한 사람을 쓰고 간사한 자를 물리면 능히 양을 성하게 하여 음을 이길 수 있어서 음이 양을 침입하지 못한다. 이렇게 되면 달은 언제나 해를 피하여 이미 예정된 일식도 일어나지 않게 된다"는 것이다. 주자가 일식에 대해 이런 주장을 한 것은 사실이다. 송나라 때 임금에게 올린 상소문에서 주자는 "무릇 재이(災異)란 음이 성하고 양이 쇠약해져 일어난다"고 주장하고, "일어나려던 일식도 임금이 덕을 닦아 물리칠 수 있다"고 말하였다.[40]

이처럼 일식에 대한 생각은 주자의 권위와 함께 상당히 오랫동안 중요한 재이로 인정되었다. 그러나 실질적으로는 큰 재이라 여기지 않은 것으로 보인다. 인조가 1629년(인조 7)에 "옛날에는 사람들이 모두 일식이라면 대변으로 여겼지만, 후세에는 이를 심상한 것으로 보는 까닭은 무엇인가?" 하고 질문한 사실에서도 이를 짐작할 수 있다.[41] 이 질문에 대해 시독관 김남중(金南重)은 "요즘에는 일식이 있어도 단지 말로만 겉치레할 뿐 재이를 당하여 삼간다는 실질은 사라졌다"고 대답하였다.

실학자로 알려진 이익(李瀷)은 일식이란 달이 동서와 남북으로 태양과 같은 길에 들면 일어나는 현상이므로 그 시각과 정도를 미리 정확하게 알아낼 수 있다면서 재이로서의 의미를 부정하였다. 어떻게 사람이 막는다고 해서 일어날 일식이 안 일어날 수 있겠느냐는 것이다.[42]

이렇듯 18세기에 이르러서는 일식을 인간이 정확하게 예보할 수 있는 자연현상의 하나로 보았고, 따라서 전혀 두려워할 일이 아니라는 것만은 분명히 인식했던 듯하다. 그러나 지식인들이 일식에 대해 정확한 지식을 갖고 있었음에도 불구하고, 형식적으로는 여전히 "임금의 정치에 따라 일식이 일어나지 않을 수도 있다"는 시각을 유지했던 것으로 보인다.

2. 그 밖의 여러 가지 일변(日變)

고대 문명은 어디나 마찬가지로 태양을 숭배하는 전통을 보인다. 그중에서도 중국과 한국은 유교가 그 신앙심을 북돋아주는 바람에 태양 숭배 전통이 더욱 오랫동안 굳건히 뿌리를 내리고 있었다. 태양을 둘러싼 이상 현상으로는 일식이 대표적이지만, 그 밖의 여러 가지 이상 현상들 역시 크게 주목을 받았고, 그에 관한 기록도 많이 남아 있다.

일식 이외에 태양에 관한 이상 현상으로는 태양이 광채를 잃는 경우〔日無光〕, 해가 둘 또는 세 개로 나타나는 경우〔日竝出〕, 흑점〔黑子〕, 해가 대낮에 어두운 경우〔日晝昏〕, 햇빛이 사방으로 흩어지는 경우〔日光四散〕 등을 들 수 있다. 이러한 이상 현상은 이순지가 쓴 당대의 대표적 천문학 교재 《천문유초》에 보이는 예들이다.[43] 그러나 19세기 초 천문 담당관의 보고에는 태양과 관련된 재이로 백홍관

일(白虹貫日), 일식, 일색적(日色赤), 햇무리〔日暈〕, 일이(日珥), 일관
(日冠), 일배(日背), 일포(日抱), 일경(日璚), 일극(日戟), 일리(日履),
흑점 등이 나열되어 있다.[44]

실제로 태양 근처의 구름에 눈 또는 얼음 조각이 섞여 있을 경우
태양 광선이 굴절되면서 사람들의 눈에는 몇 개의 태양이 동시에 떠
있는 것처럼 보인다. 이런 현상을 포함한 햇무리는 그 모양이 천차
만별이다. 이들 햇무리, 즉 훈적(暈適)은 모양에 따라 여러 가지로
분류된다. 니덤(Needham)은 그의 저서 《중국의 과학과 문명》에서 여
러 가지 햇무리를 도표로 만들어 설명하고 있는데, 어떤 각도와 모
양으로 해 둘레에 생겼느냐에 따라 이름을 붙였다.[45] 최근의 연구에
서 중국의 과학사 학자는 고대 중국 천문학 책을 기준으로 태양에
얽힌 이상 현상 22가지를 나열하고 있다. 그중 17가지에 대해서는
고대 문헌에 나타난 해당 변이에 대한 해석을 표로 만들어 보여주고
있다.[46]

1) 해가 둘 또는 셋이 되는 경우

태양의 이상 현상에 대한 일관된 생각은 그것이 임금에 대한 도전
이나 위험 등의 조짐으로 간주되었다는 것이다. 당연히 하늘에 태양
이 둘 또는 셋으로 보이는 현상에 대해서는 불길한 해석이 지배적이
었다. 이는 우리나라를 포함한 동양뿐만 아니라 서양도 마찬가지였
다. 1434년 유럽에서는 3개의 태양을 보았다는 기록이 있고, 이를
큰 재앙이 일어날 징후로 여겼다. 그리고 1453년에 콘스탄티노플이
함락되자 사람들은 그 징후가 실현된 것이라고 생각하였다.[47]

우리 역사에서 둘 또는 3개의 태양에 관한 기록은 《증보문헌비고》

에 다음과 같이 남아 있다.[48]

표 4_ 증보문헌비고에 나타난 3개의 태양에 관한 기록

신라	혜공왕 2년 1월(766)	2일 병출(竝出)
	문성왕 7년 12월(845)	3일 병출
고려	인종 7년 1월 정해(1129)	태양 셋이 이어져 나옴〔三日竝出相連如虹〕
	인종 11년 11월 무인(1133)	양일병출(兩日竝出)
조선	선조 15년 12월 갑진(1582)	3일 병출
	선조 25년 10월 갑진(1592)	3일 병출
	선조 26년 12월 임술(1593)	3일 병출
	광해군 6년 5월(1614)	3일 병출
	광해군 7년 11월 신축(1615)	3일 병출
	광해군 8년 11월 신묘(1616)	3일 병출 동방(東方)
	인조 1년 12월 갑오삭(1623)	해가 5~6개 나옴〔日五六竝出〕
	인조 6년 12월 병신(1628)	동방에 3일 병출〔三日竝出于東方〕
	인조 7년 12월 경신(1629)	3일 병출
	인조 14년 12월 병술(1636)	신시에 두 해가 서쪽에〔申時兩日竝出于西方〕

　우선 조선시대의 기록이 선조, 광해군, 인조의 세 왕대에만 나타
난다는 점이 눈길을 끈다. 게다가 이들 세 왕의 재위 기간에 관찰되
었다는 이 기록이 《증보문헌비고》에는 모두 '보(補)'자가 붙은 기록
으로 남아 있다는 사실에 주목할 필요가 있다. 이는 곧 이들 기록이
원래 《동국문헌비고》(1770)에는 없었던 것을 뒤에 증보하면서 첨가
한 것임을 보여준다. 14개의 기록 가운데 4개만이 원래의 기록이고
나머지 10개는 뒤에 증보할 때 추가했다. 특히 이 증보된 10개의 기
록은 모두 조선시대의 것이다. 요컨대 원래의 기록에는 고려까지의
기록 4개만 있었음을 알 수 있다.

　이는 무엇을 뜻하는가? 《동국문헌비고》의 자료를 좀 더 첨가해서

《증보문헌비고》를 만든 학자들은 무슨 이유에서 조선의 세 임금 시기에 이런 일변(日變) 기록을 삽입하게 된 것일까? 또 추가된 기록은 어디에서 찾아낸 것일까?

우선 당대의 실록을 찾아 비교해보자. 현재 《선조실록》은 두 가지가 남아 영인되어 있는데, 임진왜란 이전의 기록은 모두 불타 없어지는 바람에 한 달 내내 아무 기록도 없는 기간이 있을 정도다.

선조 15년(1582) 12월의 경우도 그런 달에 속한다. 2건의 기사가 간략하게 기술되어 있을 뿐, '3일 병출' 기록은 없다. 임진왜란이 시작된 지 몇 달 뒤에 기록된 두 번째 기사에도 '3일 병출'이라는 기록은 없다. 임진왜란이 일어난 다음 해인 선조 26년의 실록은 다른 재이에 대해서는 기록하고 있지만, 해가 셋이나 나타났다는 언급은 없다. 《선조수정실록》은 전체적으로 기사가 매우 짧은데, 첫 기사에 해당하는 선조 15년 12월에는 기록이 아무것도 없다. 선조 25년과 26년의 기록도 보이지 않는다.

다음은 광해군 6, 7, 8년의 기록을 살펴보자. 현재 영인되어 나와 있는 《광해군실록》은 태백산본과 정족산본 두 가지인데, 그 어느 것에도 위의 세 기록을 찾아볼 수 없다. 마지막으로 《인조실록》을 살펴보자. 인조 재위 기간에는 4건의 기사가 나온다. 그런데 앞의 기록에 따르면 인조 원년 12월의 초하루〔朔〕 간지가 갑오(甲午)이며, 그날 해가 대여섯 개나 나타난 것으로 기록되어 있으나, 《인조실록》에는 12월 초하루의 간지는 병술(丙戌)이며, 12월 갑오일에는 "흰 무지개가 해를 꿰뚫었다〔白虹貫日〕"는 기사만 적혀 있다. 그달에는 태양의 잦은 이변에 관한 기록이 여럿 남아 있지만, 2개 이상의 태양을 보았다는 기사는 없다. 인조 때의 나머지 기록도 전혀 보이지 않는데, 인조 14년 12월 병술일에는 그런 기사는 없고 임금이 남한산성에 있었다는 기록이 보인다. 이는 인조가 당시 남한산성으로 피난가 있었음을 방증한다.

앞에 소개한 《증보문헌비고》에 실린 고려의 기사는 모두 2건이다. 이 가운데 인종 7년(1129)의 기록은 《고려사》〈천문지〉에는 들어 있지만 〈세가〉에는 보이지 않고, 인종 11년 11월의 기사는 〈천문지〉와 〈세가〉에 모두 나와 있다. 《고려사》의 기록이 충실하게 반영되어 있는 것으로 보인다. 그러나 고려시대에 대해서는 약간의 보충이 가능한데, 공민왕 때에 태양이 둘 또는 셋 나타난 것 같다는 보고가 남아 있기 때문이다.

공민왕 5년(1356) 1월에는 "붉은 기운이 해를 감싸고 있는데, 그 길이가 몇 자나 된다. 그 가운데 태양 같은 모양의 동그라미가 있어 사람들이 해가 셋이라고 하였다"는 기록이 있다.[49] 공민왕 16년(1367) 1월에는 햇무리가 생겼는데, 양쪽에 고리가 달려 마치 태양이 둘인 것 같다는 기록도 있다.[50] 공민왕 말년인 23년(1374)의 기사 역시 비슷한 상황을 보여준다. 그해 10월 무지개가 태양을 감쌌는데, 해 옆에 다시 크고 작은 해가 둘 있었다는 내용이다.[51]

이상의 논의를 통해 우리는 《동국문헌비고》를 증보하여 《증보문헌비고》를 펴낸 학자들이 원래는 없었던 조선시대의 '양일병출' 또는 '3일 병출' 기사를 10건이나 삽입한 사실을 알 수 있다. 또 이들 재이는 해당 시기의 실록에는 전혀 기록되지 않았다는 점도 확인할 수 있었다. 만약 당대에 이런 재이가 보고되고 논의되었다면 실록에 기록했을 가능성이 높다. 그런가 하면 고려 공민왕 때의 세 가지 기록은 충분히 실을 수 있는 내용인데도 《증보문헌비고》에는 포함되어 있지 않다.

그 이유를 명확하게 밝히기는 어렵지만, 《증보문헌비고》의 증보

담당자들이 조선의 선조, 광해군, 인조 시대에 대해 그 시대 상황을 간단히 요약해 표현하려고 했던 것은 분명하다. 1708년 관상감 천문학 교수 최천벽(崔天壁)은 《천동상위고(天東象緯考)》에서 "태양이 둘 나타나면 천하가 큰 전쟁에 들어간다〔兩日竝出 天下兵起大戰〕"고 쓰고 있다.[52] 선조, 광해군, 인조 시대는 임진왜란과 병자호란, 이괄의 난 등으로 그야말로 나라가 뿌리째 흔들렸다. 《증보문헌비고》를 편찬한 학자들은 해가 둘 또는 셋 나타나는 변괴가 있었다는 것을 강조함으로써 나라의 어수선한 상황을 묘사하려고 했을 것이다.

그러면 그들은 실록에도 없는 기사를 날조해서 삽입한 것일까? 그렇지는 않을 것이다. 이 혼란기를 서술한 많은 야사 가운데에는 이런 이상한 현상을 과장해서 기술해놓은 자료가 분명히 있었을 터이다. 이 같은 기록을 《증보문헌비고》에 옮겨 실었을 개연성이 아주 높다.

그렇다면 《고려사》의 공민왕 때에 비슷한 기사가 셋이나 기록된 이유를 짐작하기 어렵지 않다. 그 시기에 신돈은 자기 나름의 개혁 정치를 내세워 철권을 휘두르고 있었다. 당연히 공민왕은 임금으로서의 권위를 잃었을 것이다. 해가 둘인지 셋인지 모르는 이상 현상이 보고된 것은 바로 나라의 주인이 둘인지 셋인지 모르겠다는 비판의 소리였던 셈이다. 물론 이런 보고가 공민왕 당대에 논의되고 토론되었는지는 확실하지 않다. 당대에 실제로 보고되고 논의된 경우도 일부 있지만, 대부분의 재이 기록은 시간이 지나면서 저절로 만들어진 전설로 보이기 때문이다.

우리 역사에서 가장 오래된 양일병출의 기사도 바로 그런 전설의 하나다. 《삼국유사》에 나오는 〈월명사의 도솔가〉가 바로 그것인데, 그 내용은 다음과 같다.

경덕왕 19년(760) 4월 초하루에 해가 둘 나타나더니 열흘이 지나도 사라지지 않았다. 일관의 제의에 따라 월명사에게 향가로 도솔가를 지어 부르게 하니 두 태양의 변괴가 사라졌다.[53]

그런데 같은 삼국시대를 더 상세하게 다루고 있는 《삼국사기》에는 그런 기사가 전혀 보이지 않는다. 그 대신 앞의 《증보문헌비고》에도 기록된 것처럼 혜공왕 2년(766) 정월에 해가 둘 나타나 대사령을 내렸다는 기사가 있다.

《삼국유사》의 기사와 《삼국사기》의 기사에는 시간 차이가 불과 6년밖에 안 된다. 같은 날 있었던 태양의 변이에 대해 서로 다르게 기술한 것일지도 모른다. 그러나 그런 상상은 역사를 이해하는 데 별로 도움이 되지 않을 듯싶다. 2개의 태양이 동시에 뜰 수 없는 것은 분명한 사실이고, 앞에서 소개한 공민왕 때의 기록을 보더라도 이미 고려 말쯤에는 "태양 둘레를 무지개 같은 것이 둘러싸는 햇무리가 생길 때는 경우에 따라 태양이 둘 또는 셋이 떠 있는 것처럼 보일 수 있다"는 사실을 옛사람들도 알고 있었기 때문이다.

1520년(중종 15)의 기록을 보면 조선 중기 사람들이 이런 사건에 대해 매우 비판적 안목을 가졌음을 짐작할 수 있다. 그해 4월 전주에서 양일병출의 보고가 있자 조정에서 논란이 벌어졌다. 임금은 이 보고에 대해 미심쩍다면서 진상을 조사해 올리라고 지시했다. 그러자 승정원이 "그날 일관이 와서 보고하기를 태양에 고리가 생겼다기에 나가 보았더니 정말로 신(臣)들에게도 양쪽에 고리가 생긴 것은 보였지만 해가 둘로 보이지는 않았다"고 말하였다. "이런 경우 만약 부녀자나 아이들이 보면 해가 둘이라 생각하기 쉬웠을 것"이라며 "이번 전주에서 올라온 보고는 무지한 기록자가 적은 것으로, 믿을 바가 못 된다"고 지적했다.

이렇게 임금의 입장을 떠받쳐주는 듯한 논리를 편 다음, 승정원 승지들은 "외방에서 보고해 올린 재변에 대해서는 조정의 위아래가 함께 걱정하고 삼가며 몸과 마음을 가다듬고 반성하면 되지, 다시 조사해 올리라는 것은 타당하지 않다"고 주장했다. 하지만 중종도 그냥 물러서지는 않았다. 승정원의 말이 옳기는 하지만, 이번 재이는 보통의 재이가 아니라는 것이었다. "옛말에도 '하늘에는 태양이 둘일 수 없다〔天無二日〕'고 하였는데, 만약 이를 역사에 기록해 남긴다면 뒤에 사람들이 얼마나 해괴하게 여길 것이냐"라고 반박하고 나섰다. 이어 중종은 "서울의 관상감에서는 이렇게 보고하고 전주에서는 저렇게 보고하여 서로 다르니, 비록 재이의 보고에 대해 다시 조사하는 것이 온당한 일은 아닌 줄 알지만 다시 조사하는 것이 옳다고 생각한다"고 일렀다. 그러면서 중종은 자신의 의견에 대해 3공(公)과 의논해 올리라고 지시하였다.

그러나 3공의 의견은 임금과 달랐다. 영의정 김전(金詮)은 "이런 심각한 재이가 외방에서 보고되었을 경우 임금은 그에 상응하는 근신하는 태도를 가지면 그만이지, 그 진위를 따져서는 안 된다"고 주장하였다. 좌의정 남곤(南袞)과 우의정 이유청(李惟淸) 역시 같은 생각을 밝혔다. 그들은 "다시 확인해보아도 이를 보았다는 사람이 결국 똑같은 대답을 할 것이 확실하니 무의미한 일이다"라고 덧붙였다. 중종은 할 수 없이 알았다고 대답했다.[54] 다음 날 임금은 전지를 내려 전국에서 좋은 의견이 있으면 내도록 명하였다. 가뭄과 홍수가 없는 해가 없고, 백성들은 굶주리는데 국고는 비어 있고, 게다가 천문은 재이를 내리고, 땅은 평안을 잃었으니 서리와 우박이 때를 모르고 내린다는 등의 상황을 예로 들어 지적하였다. 그러면서도 양일

병출에 대해서는 구체적으로 언급하지 않았다. 하지만 실록 편찬자는 이 기록에 주(註)를 붙여 "이 글은 전주에서의 일변(日變)을 당하여 임금이 승정원에 글을 짓게 해서 발표한, 스스로를 책하는 교서〔責己教〕"라고 하였다.[55]

여기서 우리가 알 수 있는 사실은 중종은 하늘에 태양이 둘 또는 셋이 떠 있다는 것을 믿지 않았다는 점이다. 비록 정확한 이유는 알 수 없지만, 임금이나 승정원 사람들은 해가 둘 또는 셋으로 보이는 것은 광학적(光學的) 현상임을 알고 있었던 것이다. 하지만 대신들은 사실 여부는 제쳐두고, 재이는 임금이 잘못을 반성하는 계기로서만 중요하다는 입장을 강력하게 표명하고 있다. 일병출(日並出)은 분명히 자연현상이지만, 당시에는 자연현상 그 이상의 의미를 지녔다.

2) 해가 광채를 잃다

태양에 얽힌 재이는 이 밖에도 여러 가지가 있다. 태양이 광채를 잃는 현상, 즉 일무광(日無光)의 경우로 삼국시대 초기의 '연오랑과 세오녀의 전설'이 있다.

신라 아달라왕 4년(157)의 일이다. 동해 바닷가에 연오랑(延烏郎)과 세오녀(細烏女)라는 부부가 살고 있었는데, 하루는 연오랑이 갑자기 바위를 타고 일본으로 건너갔다. 일본 사람들이 그를 받들어 임금으로 삼았다. 얼마 뒤 아내도 일본으로 건너갔다. 그러자 신라에는 해와 달이 모두 광채를 잃어버렸다.[56] 연오랑 세오녀가 일본에서 비단을 보내자 태양이 다시 빛을 발하였다.

이 전설을 뒷받침하는 기록이 일본에도 있어 무척 흥미롭다. 《일본서기》에 수인천황(垂仁天皇) 3년 3월에 신라의 왕자 천일창(天日槍)이 일본에 왔다는 기록이 나온다.[57] 이 기록을 기원으로 환산해보면 천일창이 일본에 건너간 것은 기원전 27년이 된다. 그런데《일본서기》가 일본의 역사를 유구한 것으로 꾸미기 위해 몇 주갑(周甲)씩 더 앞당겨 연대를 조작했다는 것은 잘 알려진 사실이다. 보통은 2주갑(120)을 조작한 것으로 알려져 있는데, 이 사건의 경우 3주갑(180)을 조작했다고 보면 대강 맞아떨어진다.

물론《삼국유사》의 기록을 그대로 인정하기도 어려운 일이다. 우선 서기 157년에 신라에서 문자가 사용되었다는 증거가 없기 때문이다. 그러나 연오랑 이야기는 이 시대의 전설이 훗날 역사 속에 받아들여진 것이라고 할 수 있다. 또《일본서기》의 기록에 180년을 더해본다면 신라의 기록과 거의 같은 시기의 사건을 근거로 하고 있음을 짐작할 수 있다. 게다가 일본식 이름인 천일창이 '태양을 꿰뚫는 창'이라는 뜻을 가지고 있고, 신라 이름 연오랑에도 태양 속의 동물로 여겨지던 까마귀〔烏〕가 들어 있어 태양과의 공통된 연관성을 보여준다. 특히 신라에서 연오랑은 태양의 상징이었음을 고려할 때 두 역사 기록은 같은 사건을 근거로 한 것으로 보인다.

고구려 영류왕 23년(640) 9월에는 태양이 사흘 동안 빛을 잃었다. 이에 대해《삼국사절요(三國史節要)》를 지은 권근(權近)은 "태양은 모든 양(陽) 가운데 으뜸이며, 임금의 상징이다"라고 하면서 "태양이 사흘 동안 빛을 잃었던 것은 연개소문이 시역을 꾀할 징조였다"고 단정 지었다. 고구려 군신들은 당연히 삼가고 두려워하여 미연에 재난을 방지했어야 했음에도 불구하고 그렇지 못했다는 것이다.[58] 요컨대 이때 태양이 빛을 잃은 사건은 2년 뒤 영류왕이 연개소문에게 살해될 조짐이었다는 것이다.

　고려시대에는 임금이 간신들에게 둘러싸여 있을 때 일무광(日無光)의 현상이 일어나는 것으로 해석되어 이들을 처벌함으로써 태양이 광명을 되찾았다는 식으로 기록되어 있다. 《고려사》〈반역전(叛逆傳)〉에는 반역자 임연(林衍), 조일신(趙日新), 김용(金鏞) 등이 죽거나 처형되자 어두웠던 태양이 광명을 되찾은 것으로 기술되어 있다. 그러나 이들 각각에 대한 기사를 보면 내용이 조금씩 다르다. 임연은 화병이 나서 1271년(원종 12)에 죽는데, 그가 죽자 "하늘이 열흘 이상 어둡다가 이에 비로소 활짝 갰다"고 쓰여 있다.[59] 1352년(공민왕 1) 조일신의 처형에 대해서도 "연일 날이 어둡다가 조일신의 목을 베자 하늘이 밝아졌다"고 거의 비슷한 표현으로 기록되고 있다.[60] 한편 김용의 경우에는 그달 내내 해와 달이 광채를 잃어 구름이 없어도 어둡다가 김용이 숙자 날씨가 청명해졌다고 적혀 있다.[61]

　이보다 훨씬 가벼운 내용의 일무광 기사는 이이(李珥)가 쓴 일기에 남아 있다. 율곡은 1580년(선조 13) 2월의 일기에서 당시 하원군(河原君)이 임금에게 역관의 딸을 천거해 올렸는데, 빼어난 미인이었던 그 여인이 궁궐에 들어간 후 여러 날 동안 태양이 광채를 잃었다고 적었다.[62] 임금이 이 여인에게 혹해서 여러 날 동안 정사를 제대로 돌보지 않았다는 사실을 빗대어 비판한 것으로 보인다. 앞에서도 말한 것처럼 임진왜란 이전의 《선조실록》은 당시 사료들이 인멸된 탓에 아주 간략하게 남아 있고, 선조 13년 1월과 2월의 기사는 전혀 남아 있지 않다. 적어도 실록으로는 이이의 논평을 확인할 길이 없다.

　이상의 예를 통해서 태양이 빛을 잃은 현상에 대해 옛사람들이 어떻게 해석했는지를 확인할 수 있다. 간신이 임금의 자리를 위협하거나 임금의 생명을 위태롭게 하고 있다는 의미로 생각했던 것이다.

간신이 임금의 총기(聰氣)를 가리고 있다는 뜻으로 간주되기도 했다. 또 다른 경우로는 임금이 여색에 빠져 총명한 정치를 못하고 있음을 비판하는 수단으로 사용되었음을 알 수 있다.

태양과 관련된 이상 현상은 모두 이와 비슷한 해석을 가능하게 했던 것이 확실하다. 태양의 이상 현상 가운데 가장 흔한 것이 햇무리이고, 이 밖에도 해를 둘러싼 흰 무지개, 흑점 등이 있다. 이들 모두 이상 현상과 비슷한 관점에서 해석되었기 때문에 열심히 관측되고 기록되고 논의되었다.

3) 태양 흑점

현대과학에서 태양의 흑점은 태양 활동의 상태를 반영하는 것으로 잘 알려져 있다. 태양 활동은 약 11년을 주기로 변화하는데, 그 주기도 7.3년에서 17년 사이로 변한다고 한다.

중국 역사에서 흑점에 대한 첫 기록은 기원전 28년의 사건에서 찾아볼 수 있다. 《한서(漢書)》〈오행지〉는 한나라 성제(成帝) 때인 기원전 28년 3월에 태양 한가운데에 동전 모양의 검은 기운〔黑氣〕이 나타났다고 적고 있다. 중국에서 흑점에 대한 기록은 10세기까지 1000여 년 동안 약 70회나 나타난다.[63]

반면 우리는 고려시대 이전에는 흑점에 대한 기록이 전혀 보이지 않는다. 흑점에 대한 첫 관측은 고려 초인 1151년(의종 5)에 있었던 것으로 보인다. 《고려사》에 따르면 "그해 3월 계유일(癸酉日)에 태양에서 흑점이 보였는데, 그 크기가 달걀만 하였다〔日有黑子 大如鷄卵〕"고 하였고, 계미일(癸未日)과 그다음 날에도 같았다고 기록되어 있다.[64] 이후 흑점에 대한 기록이 고려와 조선시대에 걸쳐 꾸준히 나타난다.

중국과 한국에서는 오래전부터 태양 흑점을 관측했던 것과 달리 서양 사람들은 17세기까지 흑점의 실재(實在)를 인정하려 들지 않았다. 하늘은 물론 태양도 완전한 세계에 속한다고 믿었던 고대 그리스 이래의 서양 천문관(天文觀)에 따르면 '완전한' 하늘의 태양에 어떤 변화가 있다는 것은 믿을 수 없는 일이었기 때문이다.

서양에서 태양 흑점이 관측되어 그 실재성이 널리 인정되기 시작한 것은 근대 천문학의 대가 갈릴레오 갈릴레이가 1610년 자신이 만든 망원경으로 태양에서 흑점을 확인하고, 이후 흑점이 지속적으로 관측되고부터다. 그러나 흑점을 나타낸 것으로 여겨지는 단편적 기록은 그전에도 발견된다. 807년경의 기록을 시작으로 840년, 1196년, 1457년에 그런 기록이 나타난다.[65]

이처럼 태양의 흑점을 실재하는 이상 현상으로 인정한 것은 중국이 세계에서 가장 빨라 기원전 28년이었고, 한국이 서기 1151년, 서양이 1610년이라고 할 수 있다.

중국 역사에서는 태양의 흑점을 흑기(黑氣), 흑자(黑子), 까마귀[烏]라고 표현하기도 했다. 흑점을 까마귀라고 한 까닭은 무엇일까? 후한(後漢)의 왕충(王充)이 지은 《논형(論衡)》에는 "태양에는 세 발 달린 까마귀가 살고 있다"는 말이 나오는데, 이것을 계기로 이후 동양에서 태양의 흑점을 까마귀라고 표현하게 된 것으로 보인다.[66] 그러나 한국사에서는 흑점을 까마귀로 표현한 경우를 찾지 못했다. 다만 고구려 고분 벽화에 태양을 까마귀로 나타낸 경우는 있다.

고려시대의 흑점 기록은 모두 34개이며, 그것이 《고려사》〈천문지〉에 남아 있다고 밝힌 전상운은 그의 《한국과학기술사》에서 그중 일부 자료를 뽑아 흑점의 관측 주기가 9년, 11년, 8년, 15년, 20년이라고 지적했다.[67] 그러나 1024년부터 1383년까지 360년 동안 관측된 기록에서 8~20년 사이로 변화하는 주기 5회를 주목한 것은 큰 의미가 없다. 게다가 고려 사람들은 흑점의 주기성(週期性)에 대해서는 상상한 일도 없다. 고려 때의 기록이 모두 34회라는 사실은 이미 1936년에 칼 루퍼스(Carl Rufus)가 쓴 〈한국의 천문학(Astronomy in Korea)〉이라는 논문에도 나타나 있다.[68] 그런데 34회라는 계산이 꼭 옳은 것도 아니다. 《고려사》〈천문지〉에 기록된 흑점을 차례대로 나열해보면 다음과 같다.

표 5_ 고려사 천문지에 실린 흑점 기록

1151년(의종 5)	3월	계유: 태양에 흑점이 있는데, 크기가 달걀만 하다.(1)
		계미: 태양에 흑점이 있는데, 크기가 달걀만 하다.(2)
		다음 날: 역시 같았다.(3)
1160년(의종 14)	8월	계유: 태양에 흑점이 있다〔日中有黑子〕.(4)
1171년(명종 1)	9월	신묘: 태양에 흑점이 있는데, 크기가 복숭아만 하다〔日中黑子 大如桃〕.(5)
	10월	무오: 태양에 흑점이 있는데, 크기가 복숭아만 하다.(6)
1183년(명종 13)	11월	기묘: 태양에 흑점이 이틀째 있다〔日有黑子二日〕.(7~8)
1185년(명종 15)	1월	갑오: 태양에 흑점이 있는데, 크기가 배만 하다〔日有黑子 大如梨〕.(9)
	2월	무인: 태양에 흑점이 있는데, 크기가 배만 하다.(10)
	3월	경자: 태양에 흑점이 있다〔日有黑子〕.(11)
		신축: 역시 같았다.(12)
	10월	경오: 태양에 흑점이 있다.(13)
1200년(신종 3)	8월	계사: 태양에 흑점이 있는데, 크기가 오얏(자두)만 하다〔日有黑子 大如李〕.(14)
1201년(신종 4)	3월	임자: 태양에 흑점이 있는데, 크기가 오얏(자두)만 하다.(15)
1202년(신종 5)	8월	병자: 태양에 흑점이 있는데, 크기가 배만 하다.(16)
1204년(신종 7)	1월 1일	을축: 태양에 흑점이 있는데, 크기가 오얏만 하기를 사흘이었다〔日中有黑子 大如李凡三日〕.(17~19)
1258년(고종 45)	8월	계사: 태양에 흑점이 있는데, 크기가 병아리 같았다. 이튿날

		에는 사람 모양이 되었다〔日中黑子大如鷄子 翼日又如人 形〕.(20~21)
1278년(충렬왕 4)	8월	계해: 태양에 흑점이 있는데, 크기가 달걀만 하다.(22)
1356년(공민왕 5)	3월	갑신: 태양에 광채가 없고 흑점이 있다〔日無光中有黑 子〕.(23)
		을유: 역시 같다.(24)
1361년(공민왕 10)	2월	신묘: 태양에 흑점이 있기를 나흘이다〔日有黑子四 日〕.(25~28)
1362년(공민왕 11)	9월	기미: 태양에 흑점이 있다.(29)
1370년(공민왕 19)	12월	경오: 태양에 흑점이 있다.(30)
1371년(공민왕 20)	9월	계사: 태양에 흑점이 있다.(31)
1372년(공민왕 21)	4월	임오: 태양에 흑점이 있다.(32)
1373년(공민왕 22)	4월	을해: 태양에 흑점이 있기를 이틀이다〔日有黑子二 日〕.(33~34)
	10월	을해: 태양에 흑점이 있다.(35)
1375년(우왕 1)	2월	무신: 태양에 흑점이 있다.(36)
		기유: 역시 같다.(37)
1381년(우왕 7)	2월	계미: 태양에 흑점이 있다.(38)
1382년(우왕 8)	2월	갑술: 태양에 흑점이 있는데, 크기가 달걀만 하기를 사흘이 다.(39~41)
1387년(우왕 13)	3월	정축: 태양에 흑점이 있다.(42)

※ (　) 안의 숫자는 횟수.

자세히 계산하면 《고려사》〈천문지〉에 남아 있는 태양 흑점의 기록은 지금까지 알려진 것처럼 34회가 아니라 42회다. 《증보문헌비고》에는 거의 똑같은 기록이 보이는데, 1361년(공민왕 10)의 기록은 흑점이 보였다고 되어 있을 뿐, 그것이 나흘 계속되었다는 부분은 빠져 있다.[69] 이 부분은 《고려사》를 그대로 베끼다가 실수로 '나흘〔四 日〕'이란 두 글자를 빠뜨린 것으로 보인다.

조선시대 초기의 흑점에 대한 기록은 아직 자세한 조사 결과가 나와 있지 않다. 《연려실기술(燃藜室記述)》에는 1402년(태종 2) 10월,

1520년(중종 15) 2월, 1604년(선조 37) 윤 9월, 1660년(현종 1) 4월, 1666년(현종 7) 9월 등 5회의 기록이 있다. 이에 비해《증보문헌비고》의 기록은 다음과 같다.[70]

표 6_ 증보문헌비고에 실린 태양 흑점 기록

1402년(태종 2)	10월	경오: 태양에 흑점이 있다〔日中有黑點〕.
1520년(중종 15)	2월	기묘: 태양에 흑점이 있다〔日中黑氣相盪 有虹繞日〕.
1553년(명종 8)	3월	갑진: 아침에 태양 빛이 흐리더니 흑기가 날아올라 태양에 부딪혔다〔朝日無光 黑氣飛上衝日〕.
1604년(선조 37)	윤 9월	경진: 태양에 흑점이 있는데, 크기가 달걀만 하다.
1660년(현종 1)	4월	무술: 태양에 흑점이 있다(실록에는 없음).
1666년(현종 7)	9월	갑인과 을묘: 태양에 흑점이 있다(실록에는 없음).
1720년(숙종 46)	4월	무술: 태양에 흑점이 있다.
1726년(영조 2)	9월	갑인: 유시에 태양에서 흑점이 보였다.
		다음 날: 진시에 역시 같았다.
1743년(영조 19)	9월	태양에 흑점 있기를 사흘이다〔日中有黑氣凡三日〕.

이 기록 가운데 1553년(명종 8)의 경우는 꼭 흑점이라 하기 어려울 것 같다. 또《증보문헌비고》에는 1666년(현종 7) 갑인일과 을묘일, 기사일에 '보주(補註)'를 달아 "그해 9월에는 갑인일과 을묘일이 없었으니 잘못된 기록일 것"이라고 논평하고 있다. 위에 함께 표시한 것처럼 당시의 실록에는 없는 기록이 1660년과 1666년의 사례다.

흑점에 대한 이와 같은 기록의 변화는 무엇을 의미하는 것일까? 조선시대로 들어오면서 흑점의 의미가 상당히 줄어들었다는 의미로 보인다. 즉 고려시대에 비해 조선시대에 기록 건수가 줄었다는 것은 그에 대한 반응 역시 달라졌음을 보여준다. 그러나 태양 흑점이 공식적 역사 기록에서 점차 감소하는 것이 그에 대해 더 이상 의미 부여를 하지 않게 되었음을 뜻한다고 단언하기는 어렵다.

《고려사》에 기록된 42회의 흑점 가운데 두 번의 흑점에 대해서는 당대의 반응이 실려 있다. 1204년(신종 7) 설날에 흑점이 생기자 옛날 중국에서 흑점이 생긴 후 임금이 죽은 전례를 그대로 전하기 어려워 다만 "태양은 임금의 표상이어서 만약 잘못이 있으면 그것이 반드시 드러난다"고만 말했다는 것이다.[71] 《고려사》에는 구체적으로 밝히고 있지 않지만, 이때의 태양 흑점은 그로부터 12일 뒤인 1월 13일에 있었던 신종의 죽음을 예고하는 조짐으로 여겨졌다. 이희덕 교수도 그런 연관성을 주목하고 있다.[72] 1370년(공민왕 19)의 흑점에 대해서는 일관(日官)이 양재(禳災)를 위한 조치를 취하자고 건의하였지만, 임금이 태양 흑점은 자신의 잘못 때문이라면서 양재의 필요성을 일축한 것으로 기록되어 있다.[73]

조선왕조실록에 흑점에 대한 반응이 직접 나타난 것은 드물다. 앞에 소개한 조선시대의 흑점 기록 가운데 그 반응이 함께 적혀 있는 경우는 단 한 건뿐이다. 1402년(태종 2)에 흑점이 있자 소격전에서 양재를 위한 초제(醮祭)를 지냈다는 기록이 그것이다.[74] 그 밖에도 1720년(숙종 46)의 흑점은 숙종의 죽음을 예고하는 조짐으로 간주되었다. 이 기록에 따르면 4월에 해가 떠오를 때 광채가 없고 흑점이 있었는데, 그로부터 두 달 뒤인 6월에 숙종이 죽었다.[75]

이순지는 《천문유초》에서 흑점은 "신하가 임금의 총기를 가릴 때〔臣蔽主明〕" 일어난다고 단순하게 설명하고 있다.[76] 조선 초에 들어와 흑점에 대해서는 공식적인 재이의 해석으로부터 상당히 멀어진 것이 아닌가 생각된다. 반면 1708년에 나온 최천벽의 《천동상위고》는 흑점의 중시 현상을 보여준다. 고려시대의 모든 재이 기록들을 전통적 재이관을 가지고 정리해놓은 이 책은 흑점에 대해서 여러 가

지 해석을 달아놓았다.[77]

우선 흑점의 의미에 대해 최천벽은 이순지와 마찬가지로 "신하가 임금의 총기를 가릴 때" 일어난다고 말하면서도, "신하가 임금의 악을 드러낼 때[臣暴君之惡]"에도 생긴다고 적고 있다. 이어서 이 책은 1151년(의종 5)의 흑점에 대해 적고, 그에 이어 일어났던 간관(諫官) 등의 여러 가지 쟁론을 소개하고 있다. 《고려사》에는 당시 몇 차례 쟁론이 벌어졌다는 기록은 있으나, 그 내용이 정확하게 무엇이었는지는 밝히지 않았다. 최천벽은 이때의 쟁론이 의종의 잘못을 공격하는 것이었다고 주장하고 있다. 그러나 그것이 최천벽의 해석인지, 아니면 그가 입수한 고려 당시의 기록을 근거로 하고 있는지는 알 수가 없다.

1171년(명종 1)의 흑점에 대해서는 이후에 나라를 어지럽힌 내란의 조짐이었다고 쓰고 있다. 궁궐이 모두 불에 타고 이의방, 정중부 등의 군사정권이 전권을 휘두르게 되었다는 것이다. 또 1202년(신종 5) 8월의 흑점에 대해서는 그해 11월에 있었던 명종의 죽음을 예고하는 조짐이었다고 보았다. 아울러 12월 동경(東京)에서 일어난 반란을 토벌한 사건과도 관련이 있는 것으로 기록하고 있다. 1204년(신종 7) 설날부터 사흘 동안 발생한 흑점은 신종의 죽음을 예고하는 조짐이었다고 최천벽은 설명하고 있다. 《천동상위고》에는 초하루(을축일)의 흑점 기사에 이어 3일에는 최충헌이 와병 중인 임금을 문병했고, 5일에는 왕이 태자에게 왕위를 물려주었으며, 13일에 신종이 죽었다고 차례로 적혀 있다.

《고려사》〈천문지〉에도 1204년 설날의 흑점에 대한 기록이 남아 있지만, 당시 태사(太史)는 흑점이 보이고 임금이 죽었다는 중국 고사를 차마 그대로 보고하지 못했다는 정도로 언급되어 있다. 이에 대해서는 이미 앞에서 소개한 바 있다. 그런데 같은 책의 〈세가〉 편에는 흑점에 대한 기록은 없지만, 최충헌이 3일 문병하였고, 그 자리에서 신종이 왕위를 물려줄 뜻을 전한 것으로 적혀 있다. 최충헌은 왕에게는 "신하로서 감히 따를 수 없는 일"이라며 자리에서 물러 나왔지만, 이튿날 재상들을 집으로 불러 왕위 계승 문제를 상의했고, 다음 날인 5일에는 왕을 문병하고 곧 태자에게 왕위를 넘기게 했다. 이런 기록에 이어 다음과 같은 사신(史臣)의 논평이 붙어 있다.

"신종은 최충헌이 세운 임금으로, 살고 죽으며 세우고 폐함이 모두 그의 손에서 비롯되었다. 텅 빈 그릇을 신민 위에 세워놓아 마치 인형과도 같았으니, 이 아니 애석한가!"[78]

최천벽은 1258년(고종 45) 8월의 흑점도 "신하가 반하고 임금이 상할 조짐"이라면서, 그 예도 최의의 반란과 닥청의 반란, 그리고 그 이듬해 6월 고종의 죽음을 들고 있다. 1356년(공민왕 5) 3월의 흑점은 5월에 기철이 일으킨 반란의 조짐으로, 1361년(공민왕 10) 2월과 9월의 흑점은 그해 10월에 홍건적이 10만 명의 군사로 침략해와 12월에 서울이 함락당한 횡액의 조짐으로 해석하였다. 또 1371년(공민왕 20) 9월의 흑점은 신돈의 반역 조짐이었고, 1373년(공민왕 22) 10월의 흑점은 이듬해 9월 공민왕 시해의 조짐이었다고 설명했다. 이어 1387년(우왕 13) 3월의 흑점은 다음 해 5월 우왕이 폐위되어 강화도에 안치되는 사건의 조짐이라고 해석하고 있다.

1708년은 서양 천문학이 조금씩 중국을 통해 들어오기 시작하던 때다. 이해에 나온 《천동상위고》가 흑점에 대해 이렇게 강하게 전통적인 재이 사상을 드러내고 있는 것은 매우 흥미롭다. 흑점이 고려 시대 이후 공식적인 역사 기술에서는 중요성을 잃어가고 있었지만, 실제로 많은 지식층은 여전히 재이로서의 중요성을 인정하고 있었다는 증거가 되기 때문이다. 19세기의 천문학 기본서인 《서운관지》에 따르면 당시 천문관들의 관측 보고 중 태양 흑점에 대해서는 서면으로 보고하도록 되어 있었다.[79] 혜성과 같은 재이는 즉시 보고하도록 되어 있는 데 비해, 흑점의 경우는 급하게 알리지 않아도 될 만큼 그 중요성이 떨어졌음을 암시한다.

4) 햇무리와 백홍관일

일변(日變)은 여러 가지 이름으로 알려져 있지만, 현재의 과학 기준으로 보면 일식과 흑점을 제외하고는 거의 모두가 햇무리[暈適]에 속한다고 할 수 있다. 물론 이들 현상은 태양과는 상관없는 것으로, 천문 현상이 아니라 기상 현상에 지나지 않는다. 18세기 말 이후 몇 차례에 걸쳐 편찬된 《증보문헌비고》에서 이것에 대한 1000건이 넘는 기록을 햇무리 속에 묶어놓은 것도 이 때문이다.[80] 이 가운데 많은 기록은 "흰 무지개가 해를 꿰뚫다[白虹貫日]"라고 되어 있는데, 여러 가지 햇무리 가운데에서도 이 현상은 더욱 중시되었다. 예를 들어 《서운관지》의 관측 규칙에 따르면, 대부분의 햇무리는 서면 보고로 충분한 것으로 분류되어 있으나 '백홍관일'은 즉시 보고하도록 규정하고 있다. '백홍관일'이란 태양의 둘레에 햇무리 기운이 돌고 고리[珥]가 생기면서 무지개 같은 기운이 태양 가운데를 관통하는 것을 가리킨다.[81] 햇무리가 해의 중심부를 꿰뚫고 지나갈 때이므로 특히 중요한 재이로 여겨졌던 듯하다.

한국 역사상 최초의 햇무리 기록은 4세기 말 백제에서 관찰된 것이다. 《삼국사기》에 따르면 384년(근구수왕 10) 2월 태양에 세 겹의 햇무리가 있었고, 궁궐 안의 큰 나무가 스스로 뽑혀 나왔는데, 이후

4월에 임금이 죽었다. 햇무리가 임금의 죽음과 관련된 것으로 보고 있음이 분명하다. 《삼국사기》에 기록되어 있는 햇무리를 모두 적어보면 다음과 같다.

표 7_ 삼국사기에 실린 햇무리 기록

384년 (근구수왕 10)	2월	해에 세 겹 햇무리가 있다〔日有暈三重〕.
549년(성왕 27)	1월	흰 무지개가 해를 꿰뚫었다〔白虹貫日〕.
738년(효성왕 2)	4월	흰 무지개가 해를 꿰뚫었다〔白虹貫日〕.
761년(경덕왕 20)	1월 1일	무지개가 해를 뚫고, 해에 고리가 있다〔虹貫日 日有珥〕.
822년(헌덕왕 14)	7월 12일	해에 검은 무리가 남북을 향했다〔日有黑 暈指南北〕.
890년(진성왕 4)	1월	햇무리가 다섯 겹이다〔日暈五重〕.

앞의 눌은 백제의 기록이고, 뒤의 넷은 신라의 기록이다. 고구려에서는 햇무리에 대한 기록을 찾아볼 수 없다. 그중 특이한 경우는 822년의 햇무리다. 날짜가 밝혀져 있기 때문이다. 《삼국사기》에는 거의 모든 기록에 날짜가 밝혀져 있지 않은데, 이 경우에는 유독 날짜를 밝히고 있다.

고려시대로 들어오면 기록은 대폭 증가하여 모두 228회를 헤아린다. 그러나 햇무리 기록은 이렇게 많은 데 반해 당대의 논평은 매우 드물어 3건밖에 안 된다. 먼저 1253년(고종 40) 12월 햇무리가 몇 가지로 일어나자 천문관〔太史〕이 보고하기를 "안팎으로 햇무리 기운이 깔렸으니 안에 있는 사람과 밖에 있는 사람이 공모하는 일이 있을 것"이라고 하였다.[82] 이 사건은 다음 달인 1254년(고종 41) 1월 이현이 몽골에 부역하여 적을 끌어들였다는 죄로 처형되고, 다른 사람들이 몽골군에 항복하여 섬에 유배된 일을 예고한 것으로 보인다.[83]

《고려사》에 논평이 달린 두 번째 햇무리 기록은 1375년(우왕 1) 11

월의 것이다. 흰 무지개가 해를 꿰뚫는 등의 햇무리가 일어나자 서운관은 "임금이 여악(女樂)을 그만두고 훌륭한 인재를 등용하라는 신호"라고 말했다.[84] 세 번째 기록은 1380년(우왕 6) 8월의 것으로, 이성계가 양광, 전라, 경상의 도순찰사가 되어 장단에 도착했을 때 하늘을 꿰뚫는 흰 무지개가 나타났다는 내용이다. 예언자들은 이것을 '전쟁에서 이길 조짐'으로 해석했다.[85]

고려시대의 햇무리 기록은 1009년(목종 12)부터 1390년(공양왕 2) 사이에 관측된 것으로 모두 228개에 이른다. 이를 시대별로 나누어 보면 다음과 같다.[86]

표 8_ 고려시대의 햇무리 기록

1009~1050년	20회	1051~1100년	9회
1101~1150년	56회	1151~1200년	32회
1201~1250년	20회	1251~1300년	24회
1301~1350년	10회	1351~1390년	57회

이와 같은 대체적인 통계만으로도 알 수 있는 흥미로운 사실은 12세기 전반과 14세기 후반에 특히 햇무리의 기록이 집중되어 있다는 것이다. 이 시기에 재위한 임금은 예종, 인종, 공민왕, 우왕 등이다. 이 통계를 왕대(王代)별로 나누어 재위 기간이 길거나 또는 햇무리의 기록이 많은 경우만을 골라보면 표 9와 같다.

햇무리의 기록이 많은 왕의 순서를 나열하면 우왕-인종·공민왕-신종-숙종-원종-명종-예종이다. 대체로 무신정권하의 왕들이 권력을 장악하지 못하고 있을 때, 그리고 고려 말의 혼란기에 햇무리가 더 많았던 것으로 기록되었음을 알 수 있다. 흥미로운 사실은

재위 기간	횟수	연평균
현종(재위 기간 22년: 1010~1031)	13회	0.59
정종(재위 기간 12년: 1035~1046)	5회	0.42
문종(재위 기간 36년: 1047~1082)	2회	0.05
선종(재위 기간 11년: 1084~1094)	3회	0.27
숙종(재위 기간 10년: 1096~1105)	10회	1.00
예종(재위 기간 17년: 1106~1122)	13회	0.76
인종(재위 기간 24년: 1123~1146)	33회	1.37
의종(재위 기간 24년: 1147~1170)	10회	0.41
명종(재위 기간 27년: 1171~1197)	22회	0.81
선종(재위 기간 7년: 1198~1204)	7회	1.00
희종(재위 기간 7년: 1205~1211)	3회	0.42
고종(재위 기간 46년: 1214~1259)	19회	0.41
원종(재위 기간 15년: 1260~1274)	13회	0.86
충렬왕(재위 기간 34년: 1275~1308)	9회	0.26
충숙왕(재위 기간 17년: 1314~1330)	5회	0.29
공민왕(재위 기간 23년: 1352~1374)	24회	1.04
우왕(재위 기간 14년: 1375~1388)	29회	2.07

원나라에 복속하고 있던 충렬왕, 충선왕, 충숙왕, 충혜왕, 충목왕, 충정왕 등의 시기에는 햇무리가 거의 없었다는 점이다. 고려시대를 통틀어 228회의 통계만으로 지나치게 일반화하여 평가하는 것일지 모르지만, 햇무리가 당시의 정치 상황을 평가하는 수단으로 기록되었으리라는 것을 짐작할 수 있다.

조선시대에 들어와서도 햇무리를 태양의 재변으로 생각하는 태도는 달라지지 않았다. 그것을 기상 현상으로 바라보는 근대 과학적 평가가 나와 있지 않았던 까닭이다. 세종 때의 대표적인 천문학자 이순지가 지은 천문학 개론서 《천문유초》는 햇무리 가운데에서도 특히 흉조로 여겼던 흰 무지개〔白虹〕를 "백 가지 재앙의 근원〔白虹者

百殃之本]"이라고 설명하고 있을 정도다.[87]

필자의 조사에 따르면 《조선왕조실록》에는 1392년의 개국에서부터 1527년(중종 22)까지 130여 년 사이에 모두 1191회의 햇무리와 백홍관일의 기록이 있었다. 이 조사에 일부 누락된 기록도 있을 수 있지만, 대체로 1년에 10회 미만 정도여서 어떻게 보면 그리 많은 기록은 아니다. 그러나 자세히 살펴보면 이 기록은 어떤 기간에 집중적으로 많고, 다른 기간에는 아주 드물게 나타난다. 예를 들어 어떤 해는 기록 건수가 몇 안 되는 데 비해 1419년(세종 1)에는 자그마치 70회가 기록되어 있고, 1520년(중종 15)에도 모두 67회가 기록되어 있다.

과연 햇무리나 백홍관일이 그렇게 '편파'적인 분포를 보였던 것일까? 아니면 어떤 다른 이유로 기록의 집중 현상을 보이는 것일까?

햇무리와 해를 뚫는 흰 무지개가 얼마나 불길한 조짐으로 여겨졌는지는 조선 초기에 일어난 몇 가지 사건을 살펴보아도 충분히 알 수 있다. 태종 초기에 이 재이에 관한 기록은 그렇게 많지 않다. 1402년(태종 2) 3월 한 달 동안 햇무리 등이 기록된 것은 2회뿐이다. 을유일에 일관(日冠)이 있었고, 이어 경인일에는 햇무리가 일어났는데, 그 색깔이 안은 붉고 밖은 흰빛이었다. 그런데 이 기록은 두 번째의 햇무리가 있을 때 기록된 일과 관련이 있지 않을까 생각된다. 즉 태종은 당시 성균관 악정(樂正) 권홍의 딸을 별궁에 맞아들였는데, 그로부터 며칠 동안 정사를 돌보지 않았다고 한다.

임금이 권씨를 맞아들인다는 소문을 듣고 왕비는 임금의 옷소매를 붙잡고 하소연했다. 둘이서 온갖 고초를 겪고 나라를 얻었는데, 이제 와서 어떻게 자신을 잊을 수가 있느냐면서 울음을 그치지 않았고, 식음을 폐하였으며 마음에 병이 들었다고 《조선왕조실록》은 전하고 있다.[88] 이때 관찰된 햇무리 등은 바로 임금이 권씨를 맞아들이는 과정에서 보여준 혼미함을 빗대어 나타낸 재이라고 생각된다.

태종에 이어 왕위에 오른 세종의 즉위년부터 이듬해에 걸쳐 나타난 것으로 기록된 햇무리는 좀 이상한 점이 있다. 그 빈도가 너무 높기 때문이다. 앞에서 이미 지적한 것처럼 1419년(세종 1) 한 해 동안 이 재이에 관한 기록 건수는 70회로 최다 기록이다.

어쩌면 그 이유는 간단하다. 태종은 재위 18년 만에 자리를 세종에게 물려주고 은퇴하였으나, 그가 죽기까지 4년 동안 세종을 뒤에서 조종하여 나라 일을 좌지우지했기 때문이다. 말하자면 이 기간 중 세종은 임금 노릇을 하지 못했는데, 그것이 마치 태양이 태양답지 못해 햇무리가 지는 것처럼 해석된 것이다. 특히 세종이 즉위한 후 1년 동안 이런 현상이 극심하게 나타난 것은 태종의 간섭이 특히 심했음을 반영한다. 실제로 이 기간에 태종은 중국 사신을 맞거나 놀러 다닐 때 임금을 데리고 다니기를 좋아하였고, 세종은 아침마다 상왕(上王)이 살고 있는 수강궁으로 문안을 드리러 가야 했다.

이 기간에 《조선왕조실록》에는 '양상(兩上)'이란 표현이 자주 보이는데, 이는 두 임금, 바로 태종과 세종을 가리킨다. 실제로 이 기간에 양위한 임금으로는 태종의 형 정종도 있었지만, '삼상(三上)' 등의 표현은 전혀 보이지 않는다. 그렇다고 해도 왜 태종이 정치를 좌우했던 4년 가운데 특히 세종 1년 동안에 햇무리가 집중적으로 기록된 것일까?

그 이유로 심온(沈溫) 사건을 들 수 있다. 1418년 8월 태종은 왕위를 아들에게 넘겨주고 상왕으로 물러앉은 뒤에도 병권을 쥐고 있었다. 그런데 병조참판 강상인이 이를 달갑지 않게 여겨 "명령이 두 곳에서 나오기보다는 한 곳에서 나와야 좋다"고 불평한 것이 태종에게 전해져 처형을 당하였다.[89] 세종이 즉위한 지 석 달 만인 1418년 11월 21일에 일어난 이 사건은 의금부에서 초고속으로 조사하여 나흘 뒤인 25일에는 병조판서 박습과 이조참의 이관, 심정 등이 대역죄로 처형되었고, 그 가족들도 연좌되었다. 그리고 중국에 동지사로 가 있던 영의정 심온의 귀국을 기다렸다가 국경에서 압송해 조사한 뒤 하루 만에 바로 자진하게 했다.

《조선왕조실록》에 비교적 상세하게 기록된 이 사건은 태종이 처음부터 끝까지 직접 나서서 처리한 것으로 되어 있다. 세종은 이 사건에 전혀 관여하지 않았고, 그럴 형편도 아니었던 듯하다. 대역죄로 처형된 사람들의 우두머리로 지목된 심온이 바로 세종의 장인이었기 때문이다. 세종은 자신의 장인과 그의 동생 심정 등이 처형되는 것을 그냥 지켜볼 수밖에 없을 정도로 허약한 임금이었다. 천만다행으로 왕비는 자리를 보전했지만, 세종의 장모도 연좌의 화를 입어 관청의 노비로 끌려가는 등 처갓집 일가는 철저히 몰락했다.

이 사건의 진상은 명확히 밝혀진 것이 없다. 주범으로 꼽혔던 강상인은 처음에는 그런 말을 한 것을 부인했지만 결국 네 번의 압슬형 끝에 자백하였고, 심온 역시 압슬형 끝에 자백하여 처형된 것으로 기록은 전한다. 구체적 증거라고는 하나도 없었다. 더욱이 심온이 귀국할 때까지 기다렸다가 강상인 등과 대질심문하자는 말이 있었음에도 이를 무시하고 급히 처형한 것이나, 심온을 압송 하루 만에 처형한 것도 이상하다면 이상한 일이다. 이 모든 과정이 상왕 태종의 적극적 집행으로 빠르게 이뤄졌다.

태종으로서는 왕위에 오른 아들 세종의 앞날을 위해 장애가 될 만한 정치 세력을 이런저런 핑계로 제거해주려는 뜻도 있었을 것이나, 심온 사건은 상당 부분 조작된 느낌이 든다. 그러나 세종은 부왕이

하는 일에 아무런 힘을 쓸 수 없는 '왕이면서도 왕답지 않은' 처지였다. 세종 1년에 특히 햇무리가 많이 기록된 것은 바로 이런 세종의 입장을 비판적으로 보던 당시 지식층의 의식이 반영된 것으로 볼 수 있다.

조선 초의 임금들은 햇무리를 심각한 재이로 여겼다. 세종은 "햇무리란 음양의 기운으로 논한다면 별스러운 일이 아니다. 그러나 그런 변이는 사람이 불러오는 것이지 저절로 일어나지 않는다. 그런 만큼 근래 들어 햇무리가 잦은 것이 걱정스럽다"고 말했다(세종 7년 12월).[90] 세종의 뒤를 이어 왕위에 오른 문종 역시 비슷한 태도를 보였다.

1451년(문종 1) 3월 문종은 승정원에 교서를 내려 "태양의 변이로는 겹햇무리〔重暈〕, 일기(日岐), 일배(日背) 등이 있는데 이는 모두 재변 가운데 중요한 것들"이라며 "그런데 햇무리가 만약 구름〔雲氣〕에 비쳐 일어난 경우라면 보통 일이라 보고할 필요가 없지만, 어제 있었던 겹햇무리는 천문관이 잘 몰라 관찰하지 못하여서 보고하지 않은 것이 아니냐"고 문책하였다. 그리고 이후에는 겹햇무리, 일직(日直), 일기, 일배 등은 바로 보고하라고 지시하였다.[91]

이 사건을 비롯해 실록은 문종이 얼마나 천문에 밝은 임금이었던가를 소개하고 있다. 그는 천문에 아주 밝아서 구름만 보면 바람과 비를 미리 알 수 있을 정도였다고 한다. 한번은 하늘이 아주 맑은 날 문종이 천기를 살피고는 "오늘 몇 시께 천둥번개가 치고 비가 내릴 것"이라고 예보했는데, 그대로 적중했다고 한다.

실록에는 성종이 즉위 초인 1470년(성종 1)부터 "햇무리는 반드시 보고하라"고 지시한 기록이 보인다.[92] 그러나 바로 다음 임금인 연산군은 1505년(연산군 11) 2월에 "앞으로 햇무리 등은 보고하지 말라"

고 명령했다.[93] 연산군은 천변을 포함하여 여러 자연 재이를 관찰해 보고하는 것을 마땅치 않게 여겨 금지했는데, 햇무리에 대한 것은 그런 조치의 일부였다. 하지만 중종이 반정을 통해 정권을 잡은 직후 그런 관행은 부정되어 다시 햇무리도 보고하게 된다.

특히 중종 때에는 햇무리를 그림으로 그려 보고한 것이 몇 차례나 된다. 그전에도 일변도(日變圖)를 그려서 보고하도록 했으나, 그 기록이 발견되지 않고 있는 듯싶다. 1515년(중종 10) 1월에는 함경도 관찰사 윤금손(尹金孫)이 햇무리를 그림으로 그려 올렸고, 1525년(중종 20) 3월에는 관상감이 겹햇무리 등의 일변을 그림으로 그려 임금에게 올렸다. 그에 앞서 1520년(중종 15)에는 임금이 일변도를 신하들에게 내려 대책을 상의하여 올리라고 지시하는데, 이때의 그림 역시 관상감이 그려 보고한 것으로 보인다.[94] 실제로 중종은 관상감이 몇 차례 햇무리를 그림 없이 보고하자 "다음부터는 그림을 그려서 보고하라"고 지시한 일도 있다.[95]

중종은 "햇무리와 달무리는 소인이 군자를 능멸하고 오랑캐가 중국을 침략할 조짐이라고 옛사람들이 말하였다"며 "중국을 소란케 하는 오랑캐가 혹시 우리나라로 침략의 방향을 돌리지 않을까 걱정된다"고 말했다.[96] 중종 때의 햇무리 중 가장 흥미 있는 기록은 조광조의 죽음과 관련된 것이다. 조광조는 혁신정치를 급진적으로 추진하다 임금의 염증과 기득권층의 반발을 사 권좌에서 쫓겨나는데, 1519년(중종 14) 12월 20일 유배지인 능성에서 사사(賜死)된다. 그의 관이 소달구지에 실려 용인의 장지로 옮겨지던 이듬해 봄날 흰 무지개가 해를 둘러쌌는데[白虹繞日], 동서로 두 겹이고 남북으로 한 겹이었다. 이 기록은 《연려실기술》이 《정암연보(靜菴年譜)》를 인용해서 싣고 있다.[97]

그러나 그의 관을 옮기던 날에 흰 무지개가 해를 꿰뚫는 일변이 실제로 있었는지를 확인하기는 어렵다. 조광조 일파가 갑자기 정치적 궁지에 몰리는 것은 1519년 11월 15일 한밤중에 중종이 반대파 대신들을 몰래 궁중으로 불러들이면서 시작되는데, 《중종실록》에는 그때부터 조광조가 처형되는 12월 20일까지 그리 많은 재이가 기록되어 있지 않다. 11월 중에 전라도 두 곳에서 흰 무지개가 해를 뚫고 지나간 것을 관찰하였다는 보고가 들어오고, 12월에 햇무리가 한 번 보고되는 정도였다. 그러나 막상 조광조가 죽은 날에는 햇무리나 흰 무지개 등이 관찰된 기록이 보이지 않는다.

중종의 모의가 있었던 바로 다음 날인 11월 16일 전라도 동복현(同福縣)에서 흰 기운이 해를 꿰뚫는 등의 복잡한 일변을 보고해왔다.[98] 이 일변을 심각하게 여긴 중종은 11월 29일 아침 강연에 이 문제를 화제로 올려 조언을 구하였다.[99] 이는 11월 16일의 일변 보고가 그날 서울에 도달했기 때문일 것이다.

이에 대해 영의정 정광필은 근래 들어 일변뿐 아니라 지진도 여러 번 있었으며, 이는 조광조 등이 치죄받는 날과도 무관하지 않음을 상기시켰다. 그러면서 그는 "천도(天道)란 감춰져 있어서 단정하기는 어려우나 최근의 사태 처리가 불안정한 것도 원인일 수 있다"고 말했다. 또 "조광조 등의 마음이 사악한지는 알지 못하겠고, 다만 일을 하는 데 있어 경박하고 과격하여 중용을 벗어났을 뿐이었다"고 지적했다. 이날 조강(朝講)에 참석했던 대사간 이빈이나 집의 유관, 지경연사 신상 등은 모두 조광조 등을 지나치게 처벌하는 처사에 비판적인 태도를 보였다. 그들은 모두 "이번 재이가 꼭 어떤 사건 때문이라고 단정할 수는 없다"고 하면서도 조광조 사건을 한밤중에 처리한 처사에 대해서는 완곡하게 비판하고, 그들에게 사심이 없었음을 변호하였다. 이에 대해 중종은 자신과 뜻을 함께하던 그들을 갑자기 죄준 사건은 어쩔 수 없는 조치였다고 변명했다. 처음에 조광조 등이 유배를 가는 정도로 처벌받은 것은 이날의 토론과 관계가 있는 것으로 보인다. 물론 그 후 사태가 악화되고 정광필 등이 밀려나면서 새 정부에 의해 조광조는 죽음을 맞는다.

그런데 《연려실기술》에 인용된 《정암연보》에는 조광조가 12월 20일에 죽은 것으로 되어 있는 반면 《중종실록》에는 12월 16일에 죽은 것으로 기록되어 있다. 12월 20일의 《중종실록》에는 "그날 밤 달무리가 있었고, 흰 무지개가 달을 뚫고 지나가서 그 그림을 그려 바쳤다"는 기록이 남아 있다.[100]

또 조광조의 관이 용인으로 옮겨진 날을 정확하게 알 수는 없지만, 이듬해 연초에는 전년 말보다 더 많은 횟수의 햇무리와 흰 무지개가 해를 뚫는 현상이 기록되어 있다. 우선 1월 5일에는 두 귀가 달린 햇무리[日暈兩珥]가 있었고, 9일에는 흰 기운이 해의 아랫부분을 꿰뚫는 햇무리가 보였다. 20일에는 귀와 관이 달린 햇무리[日暈兩珥冠]가 보였고, 21일에는 일리(日履)와 일대(日戴)가 달린 햇무리가 나타나고, 흰 기운이 해를 뚫었다. 23일에도 귀가 달린 햇무리가 보였다. 이 가운데 21일의 햇무리 등에 대해서 임금은 신하들을 불러 이에 대해 토론하라고 승정원에 지시하였다. 재이가 어떤 일과 꼭 연관되어 나타났다고 보기 어렵다는 것이 전반적인 여론이었으나, 그런 가운데 임금은 조광조가 없앴던 소격서를 복원하려는 뜻을 내비쳤다. 그러자 대신들은 일제히 한번 없앤 기관을 다시 세울 수는 없다고 반대했으며, 그것으로 이날의 토론은 끝났다.[101]

그해 2월에 들어서도 6, 15, 16, 19, 20, 27일에 햇무리가 일어난 것으로 《중종실록》은 전하고 있다. 2월 29일 임금은 함경감사가 햇무리를 그려 올린 일변도를 승정원에 내려보내면서 "이는 큰 변고이니 대신들에게 상의케 하라"고 지시하고, 이어 "음악을 철폐하고, 반찬을 줄이며, 신하들을 정전(正殿)에서 만나는 것을 피하게 하라"고 명하였다.[102]

이에 따라 대신들 사이에서 이 재이를 둘러싼 토론이 벌어졌는데, 이 자리에서 조광조의 축출 이후 새로 좌의정에 오른 남곤(南袞)은 처음으로 조광조의 사건을 재이와 관련 지어 발언하였다. 그는 "근래의 재이는 대개 태양을 침범하는 재이여서 사람들이 모두 두려워하고 있다"면서 "특히 조광조를 처벌한 뒤 이런 재이가 일어나고 있어 그 두려움이 크다"고 지적하였다. 물론 그는 재이가 어떤 특정한 사건 때문에 많이 일어났다고 단정할 수 없다는 점을 밝히고 있지만, 당시 대신들이 조광조 사건을 구체적으로 언급한 것만은 분명하다.

이 자리에서 남곤은 또 함경도에서 관찰하여 그림까지 그려 보고한 햇무리를 서울에서 관측하지 못한 것은 천문관들의 잘못이라고 비판하였다. 햇무리는 기상현상인 만큼 지방에 따라 달리 나타날 수밖에 없다는 것이 상식이지만, 당시에는 햇무리가 태양 자체에 일어나는 변이라 여겼기 때문에 지방에 따라 달리 나타나리라고는 생각하지 못했다. 이러한 인식을 실록 곳곳에서 발견할 수 있다. 또 조광조의 관을 용인으로 옮겨갈 때 햇무리가 일어났는지를 확인하기는 어렵지만, 그 무렵에 햇무리가 더 많이 기록되고 있다.

앞에서 지적한 것처럼 필자의 조사에 따르면 실록에 기록된 햇무리의 통계 중 1520년에 일어난 햇무리는 모두 67회로, 세종 초년인 1419년의 70회에 이어 두 번째로 많다. 이는 조광조의 죽음을 햇무리와 연계하려는 마음이 당대 또는 그 직후 많은 역사가들로 하여금 햇무리 기록에 더 주목하게 만든 것으로 보인다. 조광조 사건을 간신 무리에 의해 임금의 총기가 흐려져 일어난 것으로 보았다는 뜻이다.

한편 실록에 기록된 재이는 실제 관측된 재이보다 대체로 아주 적다. 실록 편찬자들에 의해 선택된 재이만 실록에 남고, 나머지는 기록되지 못한 채 역사의 뒤로 사라졌다. 1625년(인조 3) 11월 초 3일 동안의 천문 현상 기록을 놓고《인조실록》과 같은 날짜의《승정원일기》를 비교해보면 그 사실을 금방 알 수 있다.[103]

표 10_ 실록과 승정원일기의 재이 기록

날짜 1625년(인조 3)	인조실록	승정원일기
11월 1일 병오	밤에 곤방(坤方)에 불빛 같은 기운이 있었다.	미시에 햇무리: 밤 2경에 곤방에 불빛 같은 기운이 있었다.
11월 3일 무신	천문 기록 없음.	사시와 오시에 햇무리: 밤 1경에 동방, 남방, 서방에 불빛 같은 기운이 있었다.
11월 7일 임자	천문 기록 없음.	미시와 신시에 햇무리: 밤 2경에 유성이 위(胃)성에서 나와 벽(壁)성 아래로 들어갔는데, 모양은 주발 같고 꼬리가 완만한 곡선 모양을 그렸다. 흰색이며, 그 빛이 땅을 비췄다.

이상 몇 가지만 보더라도 실록에 기록된 자연 재이는 극히 일부만 선택되어 남게 된 것임을 알 수 있다. 3건의 기록 중 2건은 실록에 없지만,《승정원일기》에는 상세하게 기록되어 있다. 또 같은 기록이 남아 있는 11월 1일의 경우《승정원일기》에서 '밤 2경'이라 밝혀놓은 내용이 실록에는 '밤'이라고만 적혀 있다. 실록 편찬자들이 수많은 자연현상에 대해 그들 나름의 이유 때문에 간단히 다루거나 아예 생

략했음을 알 수 있다.

그렇다면 실록 편찬자들이 자연현상을 실록에 남긴 까닭은 무엇일까? 그것은 실록 편찬자들이 햇무리 등을 기록함으로써, 그 시기에 임금이 임금 노릇을 제대로 못할 수밖에 없었던 어떤 장애요소가 있었음을 강조했던 것으로 보인다.

그중 햇무리의 하나인 "흰 무지개가 해를 뚫다〔白虹貫日〕"는 전란이 일어날 조짐으로 여겨지는 경우가 많았다. 1532년(중종 27) 연초부터 햇무리가 자주 나타난 가운데 1월 15일에 함경도의 회령과 종성에서 백홍관일이 관찰되었다. 그리고 이에 대한 반응이 2월 21일 3공(三公)의 사직으로 나타났다. "외방에서 백홍관일이 있었는바, 이는 사특한 기운이 태양을 범한 것으로, 실로 놀랍기 그지없어 자리를 지킬 수 없다"면서 영의정 정광필, 좌의정 장순손, 우의정 한효원이 사의를 표한 것이다. 그러나 임금은 "재변을 당하면 위아래가 함께 갈고닦는 것이 옳지 3공을 바꿀 필요가 없다"면서 사임을 말렸다.[104] 이틀 뒤인 2월 23일에는 아침 강의 시간에 이 문제가 주제로 등장하였다. 지평 채무택(蔡無擇)은 "무지개는 음이고 해는 큰 양인데, 음이 양을 범한 것은 큰 변괴"라면서 "대개 음은 '전란의 상〔兵象〕'이라고 정의하지만, 확실한 것은 아니다"라고 지적했다. 사간 양연(梁淵) 역시 같은 음양론을 들어 이를 큰 재변이라고 정의하고, "일반적으로 음기는 '전란의 상' 또는 '신하와 첩의 상'이라고 하지만, 어찌 백홍이 꼭 병상(兵象)이라 할 수 있겠느냐"고 의문을 제기하였다.

1월 15일에 함경도에서 관찰된 백홍관일이 36일 만에 서울에서 논의된 것은 함경도에서 보낸 보고가 한 달이나 걸려 서울에 도착했기 때문이다. 또 비록 형식적이기는 하지만 백홍관일이 일어나자 영의정, 좌의정, 우의정 등 3공이 사직의 뜻을 밝힌 경우는 이때만이 아니라 조선 초기에 수차례 반복되었던 관행이다. 이이(李珥)의 일기에 따르면 백홍관일 때문에 3공이 사직의 뜻을 밝힌 경우는 1578년(선조 11) 1월과 1581년(선조 14) 1월에도 있었다.[105] 또 대체로 백홍관일을 전란이 일어날 조짐으로 여겼던 것이 분명한데, 선조 때에는 이를 계기로 국방을 튼튼히 해야 한다는 주장이 개진되기도 했다.[106]

그러나 18세기의 이익은 햇무리와 백홍관일에 대해 상당히 근대과학적인 관점을 가지고 있었다. 《성호사설》〈백홍관일〉 조에서 이익은 햇무리와 무지개 따위는 구름 때문에 일어나는 현상일 뿐이라고 적고 있다. 나아가 "구름이란 지구에서 그리 멀리 떨어진 곳에 있지 않고, 그것이 태양 가까이 올라가면 소멸하여 흔적도 없게 된다"고 밝혔다. 따라서 구름이 높을 때면 햇무리가 작아지고, 구름이 낮을 때면 햇무리가 커진다고도 주장했다.[107] 이는 이익의 시대에 와서는 이미 일부 지식인들이 햇무리나 백홍관일 등의 현상은 천문 현상이 아니라 기상현상이라는 사실에 눈뜨기 시작했음을 보여준다.

2장

달에 관한 생각

왕과 왕비 또는 대신의 죽음을 월식이 예보한 것으로 해석한 경우도 여럿 있다. 1082년(문종 36) 10월의 월식은 12월 평장사 김약진(金若珍)의 죽음을, 1110년(예종 5) 10월의 월식은 그 후 2년 뒤인 1112년 7월 태후 유씨의 죽음을 예언한 것으로 해석하고 있다. 당시의 임금 예종도 1122년(예종 17) 2월의 월식으로 죽음이 예언되어 4월에 죽은 것으로 설명하고 있다. 이 밖에도 죽음을 예고한 월식은 더 있다. 1132년(인종 10) 2월의 월식은 4월 판비서 김제일(金齊佾)의 죽음으로, 1169년(의종 23) 2월의 월식은 12월 평장사 김영윤(金永胤)의 죽음으로 실현되었다. 또 1201년(신종 4) 11월 월식이 있고 이듬해 11월 전 왕이 죽었다.

1. 월식

《삼국사기》에는 일식 기사가 67회나 남아 있지만, 월식 기록은 하나도 없다. 월식이 처음 우리 역사에 등장한 것은 1009년(목종 12) 3월 경오일의 관찰 기록이다.[1] 그 후 《고려사》는 모두 221회의 월식 기록을 남기고 있다. 그러나 자연현상을 모아 정리해놓은 《증보문헌비고》에서 월식은 제외되어 있다.

고려와 조선의 월식 기록 횟수를 왕대별로 살펴보면 다음과 같다.[2]

표 1_ 고려 · 조선 왕대별 월식 기록 횟수

고려	목종 1; 현종 16; 덕종 1; 정종 4; 문종 25; 순종 0; 선종 5; 헌종 0; 숙종 1; 예종 10; 인종 16; 의종 15; 명종 16; 신종 4; 희종 2; 강종 1; 고종 27; 원종 8; 충렬왕 16; 충선왕 4; 충숙왕 9; 충혜왕 1; 충목왕 4; 충정왕 2; 공민왕 22; 우왕 12; 창왕 0; 공양왕 3.
조선	태조 3; 정종 0; 태종 4; 세종 38; 문종 0; 단종 1; 세조 3; 예종 1; 성종 15; 연산군 6; 중종 6; 인종 0; 명종 22; 선조 15; 광해군 2; 인조 18; 효종 8; 현종 7; 숙종 21; 경종 3; 영조 41; 정조 9; 순종 35; 헌종 18; 고종 23.

그런데 이 통계는 완전하게 정리된 것으로 보기 어렵다. 우선 고

려 의종 대에 15회의 월식이 기록되어 있는데, 이것은 10회의 잘못이 분명하다. 또 조선 초기는 필자가 중종 때까지 조사해본 결과와 대체로 일치하지만, 앞으로 더 조사할 필요가 있다.

월식에 대한 기록은 많지만, 월식을 심각한 자연현상으로 여겼던 것 같지는 않다. 해는 임금을 상징하였기에 중요하게 여겨졌고, 따라서 일식을 비롯한 여러 가지 일변(日變)이 크게 주목받았던 것과 달리, 달은 왕비의 상징이어서 조금 경시되었기 때문이다.

그러나 월식의 예보가 정확하지 않아 문제가 된 경우는 몇 차례 있다. 1026년(현종 17) 4월 신유일에 월식이 있었는데, 태사가 이를 미리 보고하지 않자 임금이 어사대에 조사를 지시했다.[3] 1030년(현종 21)에는 월식 예보가 맞지 않음을 계기로 역법에 관한 논의가 궁중에서 벌어지기도 했다. 그해 2월 무진일에 월식이 예보되었지만, 그날 월식은 일어나지 않았다.[4] 그러자 곧 4월 을유일에 임금의 지시가 내려졌다. "지난해 12월을 송(宋) 역법에서는 30일로 하고 있는데, 우리 태사국의 역법에는 29일로 되어 있다. 또 금년 정월 15일에 월식을 예보했지만, 끝내 월식이 일어나지 않았다. 이는 천문학자〔術家〕들이 정확하지 못하기 때문이니 조사하여 보고하라"는 것이었다.[5]

《고려사》는 이에 대한 조사 결과에 대해서는 기록하고 있지 않다. 그러나 고려 초에 천문 계산법이 발달하지 못했던 것만은 분명하다. 얼마 뒤인 1078년(문종 32) 6월 기록을 보면 이를 알 수 있다. 그달 갑인일에 월식이 있었는데 사람들은 아무도 알지 못하였고, 마침 고려에 와 있던 송나라 사신이 이를 도와주었다. 당시 천문관인 설호정 최사겸(崔士謙)이 역법을 계산 잘못하여 월식을 예보하지 못한 것이었다. 이에 법대로 처벌하기를 청하였으나 임금은 그를 용서해주었다.[6] 그 후에도 1156년(의종 10) 10월과 1196년(명종 26) 8월에 월식을 예보하지 못한 기록이 보인다.[7] 두 경우 모두 천문관에 대한 조사 또는 비난이 기록되어 있다.

대체로 월식은 일식에 비해 경시되었지만, 고려 인종은 1124년(인종 2) 12월의 월식 때 소복하고 대궐 뜰에 나가 구식의를 행했다.[8] 또 1051년(문종 5) 11월 경신일에는 팔관회가 열릴 예정이었으나, 월식이 보름에 있을 것으로 예보되어 일정을 바꾸었다.[9]

조선시대에도 월식과 관련하여 매사를 조심하는 태도를 지녔다. 1431년(세종 13) 12월 중국 사신이 돌아가는 날에도, 마침 그날 월식이 있었기 때문에 음악 없이 배웅했다.[10] 1434년(세종 16) 10월에는 월식 때문에 조회를 폐지한 일도 있다.[11] 1455년(세조 1) 9월에는 월식 때문에 세자의 생신 하례를 중지하였다.[12] 1627년(인조 5) 12월 정미일에는 임금이 친히 납향대제(臘享大祭)를 혼궁에서 지낼 예정이었으나, 월식이 예보되자 승정원과 예조 등이 모두 "월식에 임금이 함부로 움직이는 것은 좋지 않다"는 의견을 내놓아 임금이 행사를 취소했다.[13]

월식의 예보 실수에 대해서도 상당히 너그러웠다. 1398년(태조 7) 4월 신묘일에 겸서운주부 김서(金恕)가 월식을 예보했으나 빗나가자 간관(諫官)이 들고일어나 그를 처벌했다. 하지만 김서는 다음 날 주산(主山)에 소나무가 마르고 여름 서리가 내리자 바로 사면을 받았다.[14] 세종은 관측이 불가능한 경우의 월식을 어떻게 볼 것인가를 신하들과 논의하기도 했다. 임금은 예보된 대로 월식이 일어날 경우 옛사람들은 이를 재이로 여기지 않았다면서, 해와 달이 진 다음이라 확인할 수 없는 시각의 월식은 구식(救食)이 필요하지 않다고 말했다. 이에 대해 신하들도 동의했다.[15]

1498년(연산군 4) 윤 11월, 월식이 예보된 가운데 임금이 열병식을 예정대로 실시하겠다고 하자 신하들이 반대하였다. "내일 월식이 있을 것이니, 당연히 두려워하고 몸을 닦아[恐懼修省] 천변에 대처할 일이거늘, 수레와 군사를 움직이는 것은 좋지 않다"는 주장이었다. 그러자 연산군은 "이는 군의 행사이지 노는 일이 아니다[此軍務非戲事]"라며 반발했다. 그러나 다음 날 예보와 달리 월식이 나타나지 않았고, 임금은 모화관에서 열병식을 거행하였다.[16]

연산군은 다른 왕들과 달리 월식이 재이가 아님을 강하게 주장했다. 1505년(연산군 11) 1월 병조에서 그달 15일의 조하(朝賀)건에 대해 "그날 월식이 있을 것이니, 보고를 하지 않았으면 한다"고 알리자, 연산군은 "월식이란 일식과 달리 양이 음을 이기는 것인데 어찌 재이라 하겠는가? 재이가 아닌 바에야 조하를 시행한들 안 될 일이 무엇인가?"라면서 예조에 물어볼 것을 지시했다. 이에 예조에서는 일식과 월식은 모두 천변이어서 조하를 중지하는 예가 있었지만, 월식은 일식과 다르니 조하를 받아도 무방하다는 보고를 올렸다. 그러자 연산군은 다시 지시하기를 "일식과 월식은 규칙적으로 일어나므로 변(變)이라 할 것이 없다"고 말하였다. 태양은 양의 으뜸이고 임금의 상징이므로 음에 핍박당하면 변이라 할 수 있지만, 달은 음의 정(精)인데 삼가야 할 까닭이 없다는 것이었다. 신하들은 이 지시를 지당하다고 보고 《춘추》에도 일식은 기록해두었지만, 월식은 적지 않은 것만 보더라도 월식은 재이가 아님을 알 수 있다"라고 응답했다. 이에 연산군은 다음 날 조하를 예정대로 실시하라고 명하였다.

다음 날 월식은 예보대로 일어났다. 그러나 연산군은 "앞으로 월식은 꼭 구식 행사를 할 필요가 없다"면서 "그 계산도 하지 말라"고 명하였다.[17] 실제로 동양 삼국에서는 월식이 3분 이하일 경우에는 구식을 실시하지 않는 것이 상례였다. 1744년(영조 20) 9월 경인일의 월식 시간은 1분이어서 구식을 행하지 않았고, 1791년(정조 15) 4월 신축일의 월식 역시 1분에도 미치지 못하였기 때문에 지하 월식의 예와 함께 구식을 생략했다.[18]

조선 후기에는 점점 더 월식을 소홀히 생각하게 되었다. 그러나 그것이 왕비와 관련된 사건이라면 조선 후기에도 월식은 중요한 조짐으로 여겨졌다. 그 예로 장희빈의 왕비 책봉을 앞두고 일어난 인현왕후의 폐비 사건을 들 수 있다. 장희빈이 정식으로 왕비로 책봉된 것은 1690년(숙종 16) 10월의 일이었다. 그러나 이를 위한 준비로 인현왕후를 폐한 것은 그보다 1년 전인 1689년 5월이다. 그런데 폐비 사건이 있기 두 달 전쯤에 월식이 일어나 왕비에게 불길한 일이 닥치고 있음을 예보하였다는 것이 《한거만록(閒居漫錄)》에 기록되어 있다.

이 기록은 다시 《연려실기술》에 옮겨져 남아 있는데, 이에 따르면 그해 3월 16일 한식을 맞아 임금이 장렬대비 혼전에 가서 제사를 지내자 예보되지 않았던 개기월식이 일어났다. 사람들이 모두 기이하게 여기던 차에 4월 21일 임금은 처음으로 신하들에게 폐비 의사를 내비쳤다.[19] 그러나 그때, 즉 1689년(숙종 15) 3월 16일이나 그 전후에 월식이 일어난 기록이 실록에는 보이지 않는다. 그해에는 윤 3월이 있었지만 윤 3월에도 월식 기록은 없다. 인현왕후가 폐비되기 전에 월식이 있었다기보다는 이 사건 뒤에 그런 이야기가 만들어졌을 가능성이 높다.

월식은 조선시대에 들어와 점점 그 중요성을 잃어가기는 했지만, 그래도 월식이 있으면 더 조심해야 마땅하다는 생각은 사라지지 않았다. 16세기 중반 명종 때의 좌의정 상진(尙震)이 지적한 것처럼 월식은 일식처럼 중시될 수는 없었다. 《춘추》에도 기재되지 않았으며, 《예기》 역시 예(禮)를 행하지 않는 경우로 네 가지를 들면서 일식만 거론하고 월식에 대해서는 언급하지 않고 있다. 그러나 상진은 "우리나라에서는 월식이 있는 날에는 어떤 잔치도 벌이지 않는데, 이는 재이를 조심하는 아름다운 뜻"이라고 하였다.[20] 따라서 월식이 있을 때면 관상감은 물론 전국 각 도에서도 그 그림을 그려 임금에게 바치게 했던 것으로 보인다. 1660년(현종 1) 1월 3일 우승지 이은상(李殷相)은 전국에서 올라온 월식 그림을 임금에게 바쳤는데, 임금은 "전국의 월식 그림이 관상감의 그것과 모두 다른데, 다만 경기도 것은 비슷하다"고 지적했다. 또 어느 승지가 "전국에서 모두 월식이 관측되었는데 개성에서만 보이지 않았다니 이상하다"고 언급한 기록도 보인다.[21] 그러나 어느 토론에서도 월식에 대해 근대 과학적 접근을 시도한 흔적은 찾아볼 수 없다.

관상감은 일식과 마찬가지로 월식이 있으면 그림으로 그려 보고하게 되어 있었다. 월식 그림은 사방에 동서남북을 쓰게 되어 있는데, 남쪽이 아래로 가도록 규정되었다.[22] 또 서양 천문학 지식이 수용된 이후에는 월식에 대한 과학적 이해가 두터워졌음을 《서운관지》에서 알 수 있다. "월식은 세계 어디서나 똑같이 일어나지만 그 관측지의 동서가 다르게 때문에 월식의 시작과 끝 시각은 서로 다르기 마련"이라고 성주덕(成周悳)은 쓰고 있다. 따라서 남북으로 아무리 멀리 떨어져 있는 사람이라도 같은 자오선상에서 관찰한다면 월식은 같은 시각에 일어난다는 것이다.[23]

이순지는 그의 천문학 개론서 《천문유초》에서 달은 여주(女主)의 상(象)이라 규정하고, 월식은 시작되는 위치에 따라 의미가 다르다고 설명하고 있다. 위에서 시작하면 임금이 도(道)를 잃을 조짐이고,

옆에서 시작할 때는 재상이 명령을 잃을 것이라는 해석을 붙였다. 그 역시 월식을 일식에 비해 덜 중요한 재이로 규정했지만 주자의 말을 빌려 "그래도 결국 재이일 수밖에 없다"면서 "일식이 일어나면 임금은 덕을 쌓아 이에 대응해야 마땅하고, 월식 때에는 형벌을 다 들어 이에 대처해야 한다"고 했다.[24]

최천벽은 《천동상위고》에서 고려 475년간의 월식 기록과 그 의미를 자세히 설명하고 있다. 이는 《고려사》 등에서 얻을 수 없는 귀한 자료다. 여기에 나열된 고려시대의 월식은 모두 186회로, 《고려사》에 기록된 221회보다는 조금 적다. 하지만 대부분 월식에 대한 일반적 예언이 "점왈(占曰)……" 하면서 시작되고, 많은 경우 고려 때 그 예언이 어떻게 실현되었는가를 실제 역사 사건을 들어 부연 설명하고 있다.

예를 들어 1012년(현종 3) 7월의 월식에 대해서는 변방에 병란이 있을 것이라는 예언을 하고 있으며, 구체적 역사 사건으로 그 후 거란, 여진, 왜구가 잇달아 지방 여러 곳을 침략했다고 설명하고 있다.[25] 1016년(현종 7) 4월의 월식에 대해서는 "가뭄이 심하여 해충이 극성을 부릴 것을 사람들이 걱정하였다"며 "실제로 그해 가을에 벼가 익어갈 무렵 황충이 날아들어 피해를 입었다"고 쓰고 있다. 1049년(문종 3) 7월의 월식에 대해서는 전쟁이 예언되었는데, 과연 이듬해 정월에 해적이 쳐들어와 배 두 척을 빼앗아 달아났고, 6월과 7월에도 해적의 침입이 이어졌다고 설명하고 있다.

왕과 왕비 또는 대신의 죽음을 월식이 예보한 것으로 해석한 경우도 여럿 있다. 1082년(문종 36) 10월의 월식은 12월 평장사 김약진(金若珍)의 죽음을, 1110년(예종 5) 10월의 월식은 그로부터 2년 뒤인 1112년 7월 태후 유(柳)씨의 죽음을 예언한 것으로 해석하고 있다.

당시의 임금 예종도 1122년(예종 17) 2월의 월식으로 죽음이 예언되어 4월에 죽은 것으로 설명하고 있다. 이 밖에도 죽음을 예고한 월식은 더 있다. 1132년(인종 10) 2월의 월식은 4월 판비서(判秘書) 김제일(金齊佾)의 죽음으로, 1169년(의종 23) 2월의 월식은 12월 평장사 김영윤(金永胤)의 죽음으로 실현되었다. 또 1201년(신종 4) 11월 월식이 있은 후 이듬해 11월 전에 왕이 죽었다. 1222년(고종 9) 3월에 월식이 있은 후 8월에는 왕태비(王太妃)가 죽었고, 1232년(고종 19) 3월의 월식 다음에는 6월에 왕비 왕씨가 죽었다. 1306년(충렬왕 32) 3월과 9월의 월식은 전 왕비 홍씨(8월)와 은퇴한 학자 안향(9월)의 죽음을 예고한 것이라 적고 있다. 1364년(공민왕 13) 2월의 월식은 '귀인이 죽을' 조짐이었는데, 과연 그해 8월에 회산군 황석기(黃石奇)가 죽었다고 적고 있다.

그런데 이들 가운데 많은 경우 월식의 조짐이 우리나라를 향한 것이 아니라 중국의 어느 지역에 해당한다는 '분야(分野) 사상이 강하게 반영되어 있다. 월식이 일어난 하늘의 위치에 따라 그 해당 분야의 땅에 어떤 일이 일어날 것을 예언하는 식이다. 노나라에 나쁘다거나 위나라에 흉하다는 투의 기록이 아주 많으므로, 비록 본문에는 월식 위치를 기록하고 있지 않지만, 이 부분을 조사하면 당시 월식의 위치도 어느 정도 밝힐 수 있다. 물론 이렇게 어느 분야에 해당하는 월식이라고 밝힌 경우는 우리나라가 아니라 중국에서 일어나는 재이로 여겼다.

1174년(명종 4)에는 4월과 10월에 월식이 있었다. 이때 가뭄과 병란이 있을 것으로 예견되었는데, 과연 그해 1월부터 5월까지 비가 오지 않았고, 10월에는 이의민(李義旼)이 전 왕을 습격해 살해한 사건이 일어났다고 적고 있다. 또 1355년(공민왕 4) 7월의 월식에도 병란이 일어날 것으로 예측되었는데, 그 이듬해 기철이 모반을 일으켰다가 잡혀 처형되는 사건이 일어났다고 적혀 있다.

《천동상위고》에 기록된 월식은 여러 가지 의문을 던져준다. 우선 1707년에 집필된 이 책의 내용이 역사적 사실과 얼마나 가까울까 하는 것이다. 1355년 7월에 월식이 있었다는 것과 이듬해 5월에 기철이 모반을 일으켰다가 죽임을 당했다는 사실은 《고려사》와 《고려사절요》에 모두 기록되어 있으나 두 사건을 연관시키지는 않고 있다. 그렇다면 두 사건이 서로 관련되었다고 보는 것이 최천벽의 해석인지, 아니면 그전부터 그런 해석이 있었는지도 의문이다. 또 그전부터 그런 해석이 있었고, 이를 최천벽이 《천동상위고》에 정리한 것이라면 과연 그런 해석은 언제 누가 먼저 시작한 것일까?

한편 기철 사건에 앞서 일어난 1174년의 월식과 이의민 사건의 관련성에 대해 이들 정통 사서(史書)는 어떻게 보고 있을까? 《천동상위고》는 1174년에 일어난 두 차례의 월식을 그해 1월부터 5월까지의 가뭄과 10월의 이의민 사건에 대한 예고라고 밝히고 있지만, 《고려사》에는 월식이 1174년에 일어났고, 가뭄과 이의민 사건은 그전인 1173년의 일로 기록되어 있다. 《고려사》에는 1173년(명종 3) 1월부터 5월까지 비가 오지 않아 여러 차례 기우제를 지낸 기록이 있고, 4월의 기사에는 가뭄이 심해서 개울과 우물이 마르고 곡식도 말랐을 뿐아니라 질병까지 번지면서 죽는 사람이 많았고, 인육을 파는 일까지 있었으며, 화재가 빈번했다고 쓰여 있다. 이 가뭄 기록은 《고려사》의 〈세가〉 편과 〈오행지〉에 비슷한 내용으로 남아 있다.[26]

이의민이 의종을 죽인 사건도 가뭄이 심했던 1173년 10월의 일로 《고려사》는 전하고 있다. 이 사건은 〈세가〉 편 명종 3년 10월에 기록되어 있으며, 그보다 조금 앞서 의종 말년에도 적혀 있다.[27] 여기서 우리는 최천벽이 1174년의 월식을 그 전해에 있었던 사건들과 잘못 연관지어 설명하고 있음을 알 수 있다. 그러면 여기에서도 비슷한 의문이 든다. 이런 잘못된 해석은 누구에게서 비롯된 것일까?

이들 월식 기록을 대강 살펴본 것만으로도 우리는 1707년(숙종 34)의 시점에서 당시 관상감의 천문학 교수였던 최천벽이란 인물이 갖고 있었던 천문 사상에 대해 많은 생각을 하게 된다. 그는 《천동상위고》 서문에서 "임금이 스스로를 가다듬고 반성하며 사물의 이치를 깨우치는 데 한 가닥 도움이 될까 하여 이 책을 쓴다"고 밝히고 있다.[28]

《천동상위고》와 같은 자료가 많이 남아 있지 않기 때문에, 우리는 1174년의 월식을 1173년의 사건을 예고한 것으로 잘못 해석한 최천벽이 이를 처음으로 잘못 기록한 것인지, 아니면 이전의 기록을 그가 베긴 것인지 단정하기 어렵다. 앞으로 《천동상위고》의 자료에 대한 철저한 연구가 필요한 것이다.

2. 그 밖의 월변

《천동상위고》는 월식 외에도 달에 관한 수많은 이상 현상을 기록하고, 그 의미까지 덧붙이고 있다. 전체 18권 가운데 8권이 달에 관한 현상을 다루고 있다. 앞에 소개한 월식은 제5권에 들어 있는데, 그 밖에 달무리〔月暈〕, 달고리〔月珥〕, 달무지개〔月虹〕 같은 현상도 집계되어 있다. 이어 달과 5행성의 접근(제6권), 달과 행성이 항성과 접근한 현상(제7~12권) 등이 상세하게 정리되어 있으며, 많은 경우 그 의미를 설명하고 있다.

월식에 대한 일반적 재이론이 월식 기사 첫머리에 길고 상세하게 설명되어 있다. 예를 들어 달무리만 해도 색깔에 따라 의미가 다르고, 달무리의 겹수에 따라 10겹까지 의미가 달리 해설되어 있을 정도다. 그 가운데 실제 사건과 연결지어 기술한 것 두 가지만 살펴보자.

1122년(예종 17) 5월 계유일 초경(初更)에 달고리가 겹으로 생겼는데, 푸르고 누런빛이 섞여 있었다. 2경 말에 흰빛으로 변하더니 사라졌다. 예언하기를 그 아래의 나라가 기쁠 것이요, 군대가 밖에 나가면 승리할 것이라고 하였다. 푸른빛은 근심이고, 흰빛은 상(喪)을 뜻하고, 누런빛은 기쁨을 나타낸다. 또 예언하기를 7일 이내에 비가 오면 풀린다고 했다. 그해 4월에 임금이 죽었고, 이듬해 2월 송나라 사신이 와서 인종을 책봉했다.[29]

1122년의 겹달고리에 관한 기록은 《고려사》에도 분명하게 남아 있다.[30] 그러나 예언 부분은 《고려사》 어디에도 보이지 않는다. 이 예언 부분은 《천동상위고》 또는 이 책의 원본이 되었던 자료에 쓰였던 것이라고 할 수 있다. 그런데 이 예언에 맞춰 일어난 사건으로 적혀 있는 예종의 죽음은 달고리가 생기기 한 달 전에 있었다. 예종은 1122년 4월에 죽고, 그로부터 한 달 뒤인 5월에 달고리 현상이 나타난 것이다. 이런 기록은 당시 사람들이 재이는 예언뿐 아니라 '사후(事後) 설명'으로도 일어난다고 믿었음을 보여준다.

1197년(명종 27) 10월과 11월의 달무리 기사에서도 이 같은 점을 발견할 수 있다. 이에 대한 예언으로는 "신하가 사특한 생각을 품거나 역모를 꾀한다"는 것도 있지만, "난리가 일어나거나 나라에 기쁨이 있다"는 것도 함께 나와 있다. 이어 같은 해 9월 최충헌이 초제를 지내 왕의 추방을 하늘에 고하고, 임금과 태자를 강화로 몰아낸 뒤 새 임금을 세웠다고 덧붙이고 있다. 이 달무리 기록은 《고려사》에도 나온다.[31] 그러나 앞의 경우와 마찬가지로 최충헌이 임금을 몰아낸 역모는 달무리가 생기기 전에 이미 일어났던 사건이다. 결국 이것도 사후 설명으로 재이가 일어날 수 있음을 보여주는 것이다.

《고려사》에 나타난 달과 관련된 이상 현상 기록은 아주 많다. 필자가 대충 조사한 것만 해도 행성과 달이 접근한 경우 242건, 달이 항성과 만난 경우 835건, 월변 113건 등 모두 1190건이나 된다. 그런데 이상하게도 《삼국사기》에는 월식이 한 건도 기록되지 않은 것과 달리, 그 밖의 달에 관한 이상 현상은 몇 차례 기록되어 있다.

우선 고구려 보장왕 2년(643) 9월 보름날 밤에는 이상하게도 아주 밝은 가운데 달은 보이지 않고 뭇 별들이 서쪽으로 흘렀다는 기록이 있다.[32] 백제에서는 205년(초고왕 40) 7월에 태백(太白)이 달을 범하였다는 기록과 249년(고이왕 16) 정월 갑오일에 역시 태백이 달을 침범했다는 기록이 있다.[33] 태백은 금성(金星)을 가리킨다. 물론 이런 재이가 당시 어떤 의미로 해석되었는지는 《삼국사기》만으로는 짐작하기가 어렵다. 그러나 백제의 기록 가운데 두 번째 기사는 아주 흥미롭다. 249년 정월 갑오일이라는 날짜를 분명하게 밝히고 있기 때문이다. 《삼국사기》의 초기 기록은 일식 기록 이외에는 간지를 밝히고 있지 않은데, 유독 이 기사에서 날짜가 적혀 있다. 어쩌면 이것은 이때쯤부터 백제의 천문 관측이 고구려나 신라에 앞서 확고하게 시행되고 있었음을 증명해주는 것일지도 모른다.

신라에서는 달이 행성에 접근한 기록이 17개, 다른 월변 기록이 2개 남아 있다. 이들 19개 기록 가운데 통일 전의 기록은 행성에 접근한 기록 3개뿐이다. 205년(내해왕 10) 7월 태백이 달을 범한 기사가 처음이고, 484년(소지왕 6) 3월에는 토성이 달을 범하였고, 631년(진평왕 53) 7월에도 역시 토성이 달을 범하는 이상이 있었다.[34] 다른 월

변 2개는 통일 후의 일로, 716년(성덕왕 15) 1월 유성이 달을 범하여
달이 빛을 잃었고, 822년(헌덕왕 14) 4월 13일에는 달빛이 핏빛을 띠
었다.[35]

　삼국시대의 달에 관한 현상이 어떤 뜻에서 관찰되고, 보고되었으
며, 또 기록되어 후세에 남게 되었는가는 앞으로 더 연구해볼 과제다.

3장

별에 관한 생각

삼국시대의 오위합취 기록은 둘 또는 셋밖에 없다. 《삼국사기》에는 고구려 기록(149)과 신라 기록(790)이 있을 뿐이며, 여기에 《증보문헌비고》의 보충된 고구려(150)의 기록 하나가 더 있을 따름이다. 그러나 고려시대에 오면 이 현상의 기록은 《고려사》 〈천문지〉에 104회나 남아 있다. 하지만 행성끼리의 접근 현상에 대해서는 몇 차례의 논평이 달린 기사가 들어 있으면서도 합취 현상에 대해서는 기록만 하였을 뿐, 논평이나 무슨 사건과의 관련 등에 대해서는 아무런 단서도 기록하지 않았다.

역사서에는 해와 달뿐 아니라 여러 가지 별에 대한 기록도 남아 있다. 그 기록은 우선 다섯 행성에 관한 것과 그 밖의 여러 항성에 관한 기록으로 나누어 볼 수 있다. 언제부터 행성과 항성을 구별했는지는 분명하지 않지만, 대략 삼국시대 이전인 것으로 보인다.

그러나 행성에 관한 기록이라고 해서 모든 행성이 같은 비중으로 다뤄진 것은 아니다. 행성 가운데 좀 더 중시된 것이 있는가 하면 그렇지 못한 것도 있었다. 항성도 마찬가지였다. 또 어떤 별은 '행운의 별'로 여겨져 그런 별이 관측되면 경사가 일어날 것이라며 기뻐했다. 이러한 행성과 항성 외에 유성이나 혜성에 관한 것도 상당히 많다.

《증보문헌비고》에는 별들에 관한 기록이 오위엄범, 오위합취, 오위엄범항성, 성주현, 객성, 혜패의 순서로 기록되어 있다.[1] 이 밖에도 별에 관한 기록으로는 상서로운 것으로 간주되었던 노인성(老人星) 등이 있는데, 이 부분은 마지막에 살펴볼 것이다.

우선 다섯 행성[五緯]에 대한 기록이 아주 많은 점이 눈길을 끈다. 특히 오위엄범항성(五緯掩犯恒星)의 기록이 유난히 많다. 오위엄범항성이란 행성 가운데 어떤 것이 항성에 접근했음을 가리킨다. 오위엄범은 행성끼리 접근한 것이고, 오위합취(五緯合聚)는 특히 행성 가운데 몇 개가 한자리에 가까이 모인 현상을 일컫는다. 성주현(星

晝見)은 낮에 별이 잘 보이는 경우를 말하는데, 대개 금성을 가리킨다. 객성(客星)은 대체로 지금의 신성(新星)을 말하고, 혜패(彗悖)는 혜성을 가리킨다.

이들 별에 관한 기록은 언제부터 우리 역사에 나타났을까? 《삼국사기》에는 신라 혁거세왕 때 혜성이 세 번이나 나타난 것으로 기록되어 있다. 또 신라 제2대 남해왕 때에는 금성이 태미원(太微垣)에 들어가는 현상이 기록되어 있다.[2] 이처럼 기록상으로는 삼국시대 초기부터 행성이나 항성 등에 대한 지식이 상당히 축적되어 있었고, 별들 사이에서 일어나는 이상한 현상을 관찰하여 기록했던 것으로 보인다. 물론 이런 지식이 이 시기에 얼마나 발달해 있었는지는 다른 증거와 비교해서 생각할 일이기 때문에 이 기록들을 그대로 받아들이는 것은 무리가 있다.

1. 달이 행성을 가리다

달과 하나의 행성이 겹치거나 가까워진 현상에 대한 첫 기록은 205년(내해왕 10) 7월 신라에서 관측된 것이다. 그런데 《삼국사기》에는 "금성이 달을 범하였다〔太白犯月〕"고 기록되어 있는데, 《증보문헌비고》에서는 반대로 "달이 금성을 범하였다〔月犯太白〕"고 적고 있다. 지금의 상식으로 보면 달이 행성을 가리는 것이므로 뒤의 기록이 더 정확하다. 따라서 언제 어떤 이유로, 행성이 달을 범한다는 기록이 그 반대 표현으로 바뀌었는지는 흥미로운 문제다. 조선 초에 편찬된 《고려사》에서 이 표현은 달이 행성을 범하는 것으로 되어 있다. 그렇다면 김부식이 《삼국사기》를 쓴 시기까지는 행성이 달을 범한다고 생각했다가, 그 후 조선 초까지 달이 행성을 범하는 것으로 생각이 바뀐 것일까?

삼국시대에 달이 행성을 가린 현상에 대해서는 재미있는 연구가 있다. 신형식의 연구에 따르면 "《삼국사기》에는 모두 19건의 기록이 있는데, 그 가운데 8건은 왕의 죽음, 그리고 2건은 왕비 교체를 예견한 것으로 보인다"는 해석이다.[3] 그러나 《삼국사기》에서는 행성이 '달을 범한[犯月]' 것으로 기록하였기 때문에 그런 해석도 가능하지만, 그 후 달이 '행성을 범한[犯五緯]' 것으로 기록하던 고려 이후의 경우에는 왕비에 관한 흉조라는 해석은 합당하지 않다.

한편 《삼국사기》에는 이 현상이 신라에만 집중되어 있다. 신라가 17회인 데 비해 백제는 단 2회이고, 고구려는 한 건도 없다. 특히 흥미로운 점은 백제 초고왕 40년(205) 7월과 고이왕 16년(249) 정월에 금성이 달을 범하였다는 기록인데, 이 가운데 첫 기록은 신라의 첫 기록과 일치한다는 사실이다. 즉 205년 7월 금성이 달을 범했다는 기록이 《삼국사기》〈신라본기〉와 〈백제본기〉에 모두 들어 있다. 물론 이외에는 두 나라 사이에 겹치는 기록이 없다. 205년이면 삼국 어느 나라에서도 기록을 제대로 남기기 전이라고 생각된다. 따라서 이 기록은 뒷날 역사가들에 의해 확인되는 과정에서 약간 수정됐을 가능성이 크다.

이들 19회의 기록 가운데 금성[太白]에 관한 것이 10건이고, 토성(土星)이 5건, 화성[熒惑]이 2건, 목성[歲星]과 진성(鎭星)이 각 1건이다. 이 기록도 앞으로 주목할 만한 가치가 있다. 왜냐하면 여기에서 진성은 토성을 가리키는 것이 분명한데, 토성의 옛 이름인 진성(塡星)은 진성(鎭星)이라고도 쓰기 때문이다. 그렇다면 다섯 행성의 이름이 언제는 토성이 되고, 언제는 진성이 되는 것일까? 《삼국사기》의 기록 19개 가운데는 오행식(五行式) 행성 이름은 토성 하나밖에 없고, 나머지 행성은 모두 옛 이름을 썼다. 왜 토성만 근대화된 이름을 사용하게 된 것인가? 어째서 한 번은 '진성'이라는 다른 표현을 썼을까? 이는 김부식의 실수였을까? 여러 가지 의문이 떠오르는 대목이다.

고려 때에는 1011년(현종 2) 4월 '달이 토성을 범하였다'는 기록을 시작으로 모두 242회가 《고려사》에 적혀 있다.[4] 《고려사》의 이 부분은 온갖 천문 현상이 섞여 있어서 앞으로 상당한 노력을 기울여야 분류할 수 있을 듯하다. 《증보문헌비고》에서는 거의 같은 기록으로 보이는 내용이 '달이 행성을 범한 일'에 따로 분류되어 있어 편리하다.[5] 그러나 고려시대의 천변에 대해 당시의 해석을 붙여놓은 중요한 자료로는 《천동싱위고》를 꼽을 수 있다.

1708년에 쓰인 이 책은 1011년 4월의 첫 기록에서부터 거의 모든 기록에 대해 예언을 덧붙여놓고 있다.[6] 예를 들어 첫 기록에 대해 《천동상위고》는 "이는 여자 주인이 지위를 잃거나 상을 당하고, 기근이 들고, 귀인이 다치거나 태자가 죽으며, 난리가 난다"는 예언이라고 적고 있다. 그리고 그해에 글안(거란)이 쳐들어와 종묘와 궁궐, 그리고 백성의 집을 모두 불태워버렸고, 임금은 남쪽으로 피난 갔으며, 그해 여름은 가물었다고 설명하고 있다.

달이 행성을 범하는 천재는 대체로 외침, 전쟁, 내란, 기근, 가뭄, 왕이나 왕비 등의 죽음을 예고하는 조짐으로 여겨졌다. 그러나 아직 242개의 기록을, 달이 어느 행성을 범한 것인지 세분해보지 않았고, 또 각 행성에 대한 기록이 어떤 빈도를 보이는지도 상세하게 나누어보지 않았다. 그러나 대체로 행성의 종류에는 관계없이 그 해석은 거의 공통적이었다고 생각된다.

《천동상위고》가 모든 천문 현상에 대해 예언을 적고 있는 것과 달리 《고려사》에는 각 현상에 대한 반응이나 논평이 그리 많지 않다. 그런 설명이 달려 있는 경우로, 1179년(명종 9) 7월 달이 금성을 범한 기록을 보자. 몇 가지 재이와 함께 달이 금성을 범하자 태사가 임금에게 "정전(正殿)을 피하고, 명인전에서 인왕도량(仁王道場)을 10일 동안 벌여 재앙을 방지해야 한다"고 말했다. 이 건의에 따라 실제로 10여 일 동안 기도회를 열었다는 내용이 《고려사》〈세가〉 편에도 기록되어 있다.[7]

똑같은 기록이 《천동상위고》에는 약간 다른 해석과 함께 실려 있다. 즉 큰 싸움이 예언되었다는 것이다. 또 실제로 경대승이 그해에 정중부를 죽인 사건이 여기에 해당한다고 기록하고 있다.[8]

1199년(신종 2) 4월에는 달이 토성과 서로 범하는 재이가 일어났다. 이에 대해 정통원(鄭通元)이 예언하기를 6월 하순에 여주(女主)가 죽게 될 것이라 했는데, 과연 6월에 수안공주가 죽어 예언이 맞았다고 《고려사》〈천문지〉는 기록하고 있다.[9] 그러나 당시의 예언자 정통원이 누구인지는 어디에서도 찾아볼 수가 없고, 《고려사》〈세가〉 편이나 《고려사절요》에는 이 기사가 실려 있지 않다. 《천동상위고》에는 같은 내용의 기록이 남아 있다.[10]

1219년(고종 6) 9월에는 달이 화성을 범하였다. 이에 대해 일관(日官)이 귀인의 죽음을 예언했는데, 과연 최충헌이 죽었다고 《고려사》〈천문지〉는 전하고 있다.[11] 《고려사》〈세가〉 편에는 최충헌의 죽음이 기록되어 있지만, 달이 화성을 범했다는 기록은 보이지 않는다. 《천동상위고》에는 《고려사》〈천문지〉의 기록이 그대로 적혀 있다.[12]

조선시대로 들어오면서 달의 행성 침범은 그리 큰 재변으로 여기지 않은 것으로 보인다. 조선 왕조가 개국한 1392년부터 1527년까지의 실록을 필자가 조사한 바에 따르면, '달이 행성을 범한' 기록은 모두 38회로, 고려시대의 기록보다 빈도가 그리 많지 않다. 《고려사》에 비해 실록의 기록이 분량 면에서 절대적으로 더 많고, 다른 자연현상에 대한 기록도 훨씬 많다는 점에 비춰볼 때 고려시대와 비슷하다는 사실은 달의 행성 침범이 주목의 대상에서 멀어졌음을 방증한다. 조선시대 전체를 모아놓은 《증보문헌비고》에는 고려 때의 절반가량밖에 기록되어 있지 않다.

조선시대의 주목되는 기록으로는 1396년(태조 5) 7월 24일 달이 목성을 가렸다는 것을 들 수 있다. 곧이어 25일에는 금성이 달을 관통하였다고 실록에 적혀 있다.[13] 그런데 이 재변에 대해서 당시 어떤 반응도 구체적으로 기록되어 있지 않다. 그러나 바로 다음 달인 8월 13일에 왕비가 죽었다.[14]

이성계의 둘째 부인으로 일곱 번째와 여덟 번째 아들을 낳아준 강(康)씨가 죽은 것이다. 태조는 몹시 애통해하며 열흘 동안 정사를 돌보지 않았다고 한다. 달에 관한 이들 재변은 강씨의 죽음을 예고한 것으로 기록에 남게 되었을 가능성도 있다.

태종 때에는 달이 화성을 범한 기록이 세 번이나 있는데, 그 가운데 한 번은 소격전에서 재앙을 막기 위해 초제를 지낸 것으로 실록에 기록되어 있다.[15] 이때의 달과 화성의 접근은 당시 진행 중이던 민무구, 민무질 형제의 처벌과 관련된 것으로 보인다. 그들은 바로 왕비 민씨의 남자 형제, 즉 태종의 처남들이었기 때문이다.

2. 행성들의 접근

근대 서양 천문학이 들어오기 전까지 알려졌던 행성은 수성, 금성, 화성, 목성, 토성 등 5개뿐이다. 이들 다섯 행성, 즉 오위(五緯)의 지나친 접근이나 겹침도 옛사람들은 불길한 조짐으로 여겼다. 《삼국사기》에는 이 기록이 2회밖에 보이지 않는다. 신라에만 2회가 기록되어 있다. 143년(일성 10) 6월 을축일에 화성이 토성을 범하였다는 기록과 844년(문성왕 6) 2월에 금성이 토성을 범하였다는 기록이다.[16]

그런데 첫 번째 기록은 의문의 여지가 있다. 이렇게 일찍부터 신라가 행성 운동을 관측했다는 것도 의문이거니와 이 기사에만 유독 '사건이 일어난 날짜'가 기록된 점이 오히려 의문을 가지게 한다. 통일 이전의 《삼국사기》 기록에는 거의 일진이 밝혀져 있지 않은데, 이 기사는 을축일에 일어났다고 밝히고 있기 때문이다. 물론 일식이라면 그달의 초하루에 일어나기 때문에 자연히 일진이 드러나지만, 그 밖의 기사에 일진을 밝히고 있다는 것은 나중에 역사가가 가필했다는 증거로 보인다.

삼국시대의 기록은 이렇게 빈약하지만, 고려시대에는 기록이 많이 남아 있다. 《고려사》에 기록된 행성끼리의 접근 현상은 모두 66회다. 하지만 《고려사》에서 이 재이에 대한 구체적 반응이 기록된 경우를 찾기는 어렵다. 《고려사》〈천문지〉에 구체적 반응이 기록된 것은 다음의 두 가지다.

1186년(명종 16) 9월에 토성이 목성을 범하자 태사가 내란이 일어날 조짐이라고 보고했다. 이와 함께 재앙을 막기 위해 광암사와 총지사에서 기도회를 열 것과 명인전에서는 인왕경(仁王經)을 강(講)

할 것을 건의하였다.[17] 이 내용은 《천동상위고》에는 기록되어 있지 않다.

그러나 《고려사절요》에 같은 기사가 있고, 다음과 같이 사신의 논평까지 싣고 있다.

> 아래에서 사람의 일이 잘못되면 위에서 천변이 일어나게 마련이다. 결국 일식, 월식, 혜성 등의 천변은 그 까닭이 있어 일어나는 것이다. 임금은 이런 재이를 만나면 응당 스스로를 책망하고 덕을 닦아 화의 싹을 없애야 하거늘, 천문 관측자가 부처를 섬김으로써 재이를 없앨 수 있다고 임금의 마음을 혹하게 하는데도 재상들이나 대간들은 아무도 바르게 간하는 자가 없으니 어찌 된 일인가![18]

이런 논평이 실린 것은 이 책이 불교를 배척하는 조선 초기에 쓰였기 때문이다.

《고려사》에 구체적 반응이 기록된 같은 종류의 재이로는 1260년(원종 1) 1월의 기사를 들 수 있다. 이때에는 달이 항성을 범하는 등의 몇 가지 천변이 함께 있었던 것으로 보이는데, 천문관이 이를 보고하면서 "앞으로 화성이 목성을 범하는 천변도 있을 것"이라고 덧붙였다. 그러자 태손(太孫)은 걱정하고 두려워하여 죄인들을 풀어주는 사면령을 내렸다. 《고려사》가 이 과정을 좀 더 상세하게 기록하고 있는 것과 달리 《고려사절요》에는 태손이 성변(星變)을 두려워하여 사면령을 내렸다고만 적혀 있다.[19]

《천동상위고》는 이런 얘기를 전혀 기록하고 있지 않다. 그 대신 천변의 의미에 대해 가뭄, 기근, 전염병, 메뚜기 창궐, 외침, 내란, 임금의 죽음 등을 예언하는 것이라고 설명하고 있다. 정중부의 처형이

나 경대승의 죽음 역시 이 재이로 예견되었다고 적혀 있다.[20]

조선시대에 접어들면 행성이 서로 접근하는 천변의 기록은 크게
감소한다. 필자의 조사에 따르면 초기 100여 년 동안 이 천변의 기록
은 13회뿐이다. 그것도 세종 때까지 관측된 기록이 실록에서 발견될
뿐, 세종 이후 중종 때까지는 한 건도 조사되지 않았다. 조선 초 130
년까지의 기록을 조사하였으나 초기 50년 동안 13회가 기록되었을
뿐 그 후 80년 동안에는 한 건도 나타나지 않은 것이다. 물론 필자의
조사가 완벽하다고 단정할 수는 없겠지만, 다른 사람의 조사에서도
이런 특징은 크게 달라지지 않을 듯하다.

《증보문헌비고》의 기록이 필자의 분석을 뒷받침해준다. 여기 기록
된 기사는 태조 1회, 정종 2회, 태종 9회, 명종 3회, 현종 1회, 숙종 6
회, 영조 7회, 정조 1회 등 모두 30회뿐이다.[21] 그러면 이에 대한 조
선 초기의 평가나 논평이 어땠을지 궁금할 법한데, 안타깝게도 필자
는 아직 그 궁금증을 풀 만한 기사를 찾지 못했다. 앞에서 고찰한 천
변이 조선 초기에 이미 그 중요성을 거의 상실했기 때문이 아닌가
생각된다.

그러나 이순지는 오성의 변〔五星之變〕으로 합(合), 산(散), 범(犯),
수(守), 능(陵), 역(歷), 투(鬪), 영(瀛), 축(縮), 식(食) 등을 구별하고
있다. 같은 별자리에 모일 때를 합이라 하고, 행성이 변해서 요성(妖
星)이 될 때를 산이라 하고, 한 치〔寸〕 이내로 별빛이 서로 미칠 경우
를 범이라 한다는 설명이다.[22] 실제로 앞에 소개한 대부분의 경우는
행성이 서로 범한 것으로 표현되어 있는데, 이순지는 그 이유를 다
음과 같이 설명하고 있다. "해와 달, 그리고 행성은 모두 황도를 따
라 움직이므로 서로 접근하지 않을 수 없다. 따라서 그들이 떨어졌
을 때는 영향이 없고, 서로 한 치 이내로 접근할 때에라야 비로소 효

과가 날 수 있다."

또한 이순지는《천문유초》에서 행성들이 서로 합할 경우의 의미에 대해서도 설명하고 있다. 즉 목성이 토성과 합하면 내란이나 기근의 조짐이며, 목성이 수성과 합하면 변고의 조짐, 목성이 화성과 합하면 기근과 한발의 조짐, 목성이 금성과 합하면 내란이 일어날 조짐이라는 것이다. 그러나 설명이 모두 비슷해 우리에게는 그리 참고가 되지 않는다.[23]

아무튼 조선 초기의 이순지는 이렇게 상세한 설명을 붙이고 있으나, 이 천변의 의미는 점차 희미해져간 것으로 보인다. 조선 후기의 성주덕이 편찬한《서운관지》에 실린 '천문관들의 관측 규정'을 보면, 행성들의 접근 현상이 천문관들의 관측 대상에서 제외되었던 것이다. 달과 행성늘의 접근 현상에 대한 관측 항목만 있고, 행성들끼리의 접근 현상은 기록되어 있지 않다.[24]

3. 행성들의 모임

고구려에서 일어난 일이다. 149년(차대왕 4) 5월에 다섯 행성이 동쪽에 모였다. 그러나 천문관은 임금이 노할 것이 두려워, 이는 임금의 덕이며 나라의 복이라고 거짓 보고를 하였고, 이에 임금이 기뻐했다.[25] 그런데 이 기록에 대해서는 몇 가지 생각해볼 문제가 있다. 우선《삼국사기》의 기록에는 오성(五星)이 동방(東方)에 모였다고 되어 있는데, 원래 기록은 '동방'이 아니라 '동정(東井)'이었을지도 모른다. 다섯 행성이 동정, 즉 28수의 하나인 정(井) 자리에 모이는 것은 매우 상서로운 일이라 여겼다는 고사가 있기 때문이다. 조선 초의 《천문유초》는 오성이 구슬 꿰듯 모이면 성인이 태어날 징조라고 해석하고 있다. 송나라에서도 이런 현상을 문명의 상징이라고 해석한 전례가 있으며, 한나라 때는 오성이 동정에 모인 후 고조(高祖)가 제위에 올랐다는 얘기도 전해진다.[26]

물론 고구려가 서기 149년이라는 이른 시기에 행성 운동을 제대로 관측하고 있었는지는 의문이다. 왜냐하면 행성들의 접근에 대한 기록은 이것이 전부이고, 그 밖의 행성 관측 기록도 극히 드물기 때문이다. 게다가 《증보문헌비고》에는 그 이듬해인 150년(차대왕 5) 2월에 똑같은 현상이 일어났다는 기록이 보인다.[27] 이 기사는 앞에 '보(補)'자를 붙여 이 책의 증보 과정에서 추가된 것임을 밝히고 있는데, 어느 자료에서 보충한 것인지는 알 수 없다. 《삼국사기》에는 이런 기사가 나오지 않는다. 149년이나 150년쯤에 고구려 또는 차대왕에게 특별히 좋거나 나쁜 일이 일어났는지도 확인할 길이 없다.

삼국시대의 또 다른 기사는 신라 후기에 보인다. 790년(원성왕 6) 4월에 금성과 수성이 동정에 모였다는 기록이 그것이다.[28] 이 기사 역시 상서로운 일과는 관련이 없다. 오히려 그해 신라에는 가뭄이 들었다는 기록이 함께 보이고, 이듬해 1월에는 태자가 죽는 불행한 일도 적혀 있다.

삼국시대의 오위합취 기록은 이렇게 두세 건 정도다. 《삼국사기》에는 고구려 기록(149)과 신라 기록(790)이 있을 뿐이며, 《증보문헌비고》에 고구려의 기록(150) 한 건이 보충되어 있을 따름이다. 그러나 《고려사》〈천문지〉에는 104회나 이 현상에 대해 기록하고 있다. 하지만 행성끼리의 접근 현상에 대해서는 몇 차례의 논평이 달린 기사가 들어 있으면서도 합취 현상에 대해서는 기록만 했을 뿐, 논평이나 어떤 사건과의 관련 등에 대해서는 전혀 언급하지 않았다. 게다가 모든 천문 현상을 기록하고 뜻까지 설명한 《천동상위고》는 아예 이 현상을 다루지 않고 있다. 이 책이 나온 조선 후기에 들어오면 오성합취는 더 이상 재변으로 보지 않았던 것으로 이해된다. 실제로 필자가 조사한 바에 따르면, 조선 초기 130년 동안의 실록에는 이와 같은 내용이 거의 나오지 않는다.

다만 태조 말년의 1398년(태조 7) 8월에 금성과 화성이 헌원성(軒轅星) 자리에 함께 들어갔다는 내용이 실록에 기록되어 있다. 금성이 낮에 보였다는 기록도 함께 있는데, 이 때문에 봉산에서는 해괴제(解怪祭)를 지냈고, 소재(消災)를 위해 도량을 열었다. 이는 이 기록의 전후에 언급된 "임금이 병에 걸려 있었던 것"과 무관하지 않아 보인다.[29] 《증보문헌비고》에는 조선시대에 모두 20회 정도의 천변이 기록되어 있는데, 위에 소개한 태조 때의 기록 이후에는 모두 중종 이후의 것이다.[30]

그러나 조선 초의 천문학 교재라 할 수 있는 《천문유초》는 이에 대해 길할 수도 있고, 흉할 수도 있는 변이라면서 다음과 같은 설명을 달고 있다.[31] 수성, 목성, 화성이 동정(東井)의 별자리에 모이면 외침이 있을 조짐이며, 다섯 행성이 여(輿)와 귀(鬼)의 별자리에 들거나 목성, 화성, 금성이 함께 허(虛)의 별자리에 구슬 꿰듯 늘어서 있을 때는 죽음이 있을 조짐이라는 것이다. 그 밖에도 몇 가지 흉한 예를 들어 설명한 다음 중국 역사에서 한(漢), 당(唐), 진(晉)의 경우를 예로 들고 있다. 특히 당 현종 말년과 숙종 초, 즉 750년대에 일어났던 정치적 혼란을 다섯 행성이 기(箕)와 미(尾)에 모인 천변과, 이어 있었던 12차(次)의 순수(鶉首) 자리에 다섯 행성이 모였던 천변을 예로 든 것은 당시 안녹산의 난이 일어날 조짐으로 해석하고 있음이 분명하다.

이순지가 언급하고 있는 한나라 때의 천변은 문제(文帝) 때의 일로, 구체적으로 어떤 현상이었는지는 분명하지 않다. 그러나 18세기 초 이익은 《성호사설》에서 바로 이 천변에 대한 생각을 적어놓고 있다.[32] 한나라 원년에 있었다는 '다섯 행성이 동정에 모인 사건'에 대해 고윤(高允)이 이미 그 잘못을 지적했다면서, 그런 일은 있을 수 없음을 확실히 하고 있다.

"금성과 수성은 언제나 태양을 따라다니게 마련이다. 10월의 해는 미와 기 자리에 있고, 저녁에는 신(申)의 남쪽으로 지며, 그때 별자리 동정은 인(寅)의 북쪽에서 솟아오른다. 그런데 무슨 까닭에 그때에는 두 행성이 해의 반대쪽에 있었다는 말인가? 그럴 리가 없다"는 고윤의 주장에 이익도 동의하고 있다.

조선 후기에는 행성들이 한자리에 모이는 현상에 대해 길하다거나 흉하다고 여기는 의식이 거의 사라지고 있었던 것으로 보인다. 그럼에도 불구하고 이익은 다른 글에서 거의 정반대의 말을 써서 남기고 있다.[33]

송나라 진종(眞宗) 때인 상부(祥符) 4년 신해년(1011)부터 인종(仁宗) 명도(明道) 2년 계유년(1033)까지의 22년 사이에 주돈이, 장재, 소옹, 사마광, 정호, 정이 등 여섯 성현이 태어났다. 이를 일러 '덕은 외롭지 않다. 반드시 이웃이 있다'고 말할 수 있을 것이다. 신해년에서 거슬러 올라 태조(太祖) 건덕(乾德) 5년 정묘년(967)에 다섯 행성이 규(奎)의 별자리에 모인 일이 있었는데, 그로부터 45년 만의 일이다. 고종 건염(建炎) 4년 경술년(1130)에서 소흥(紹興) 7년 정사년(1137) 사이에 주자, 장식, 여조겸 등 세 성현이 태어났다. 다섯 행성이 모인 지 100여 년 만의 일이다. 지금 임금님 3년인 정미년(1727)에 다섯 행

성이 또 규(奎)와 벽(壁) 자리에 모였다. 혹시 하늘의 뜻이 미래를 예
고하려는 것은 아닐까?

이 글에서 이익은 중국의 예를 들어 우리나라의 경우를 생각하고
있다. 이익(1681~1763)이 '지금 임금'의 3년 정미년이라 말한 해는
영조 3년 정미년(1727)을 가리킨다. 그런데 《증보문헌비고》에는 그
해의 행성 모임은 기록되어 있지 않다. 《영조실록》에도 보이지 않는
다. 이익이 어디서 그런 정보를 얻어 이와 같은 희망적인 논평을 남
겼는지는 알 길이 없다. 더구나 행성들의 모임 자체를 있을 수 없다
고 쓴 그가 다른 한편에서는 그의 생전에 나타났다는 바로 그 천변
을 상서로운 현상으로 생각하여 기대를 걸고 있는 듯하니 흥미로운
일이 아닐 수 없다.

4. 별이 낮에 나타나다

낮에 보이는 별은 당연히 금성인 경우가 가장 많다. 그런데 가끔
금성 외에도 목성이 낮에 보인다는 기록도 발견된다. 《증보문헌비
고》는 〈상위고〉에 이 부분을 별도로 모아 기록하고 '성주현(星晝見)'
이라고 제목을 붙였는데, 특히 한 번 나타난 현상이 여러 날 계속 보
였다는 기록이 많아서 그 기록 모두를 날짜 수로 계산해보기 어려울
지경이다. 하지만 막상 삼국시대의 기록은 몇 되지 않고, 특히 고려
시대부터 시작하여 조선시대에 기록이 집중되어 있는 것은 다른 자
연현상 기록이나 마찬가지다.

제목은 '별이 낮에 나타나다〔星晝見〕'라고 되어 있지만 실제 기록

은 거의 '태백주현(太白晝見)' 또는 '태백경천(太白經天)'으로 되어 있다. 조선 초의 천문학 교재인 이순지의 《천문유초》에 따르면 금성이 낮에 보이는 경우 가운데 오(午)를 지나는 것을 '경천(經天)'이라 한다고 나와 있다.[34] 금성이 정남쪽에서 하늘에 떠오른 것을 가리킨다.

삼국시대에는 그 기록이 별로 없는 편이어서 고구려 1회, 백제 3회, 신라 4회다. 첫 기록은 200년(내해왕 5) 신라에 남아 있다. 그런데 여름 서리와 일식, 가뭄이 겹치는 가운데 일어났다고만 적혀 있을 뿐 금성이 낮에 나타난 것에 대한 해석은 전혀 없다.[35] 나머지 신라의 3회 기록은 모두 통일 이후의 것으로, 787년(원성왕 3), 827년(흥덕왕 2), 885년(헌강왕 11)이다. 787년의 경우에는 여러 가지 재이가 함께 기록되어 있어 알 수 없지만, 827년 8월의 경우에는 "금성이 낮에 보였고, 서울에 크게 가뭄이 들었으며, 시중 영공(永恭)이 물러났다"는 기사가 이어진다.[36] 이듬해 정월에는 대아찬 김우징(金祐徵)을 새로 시중에 임명했다는 기록이 나온다. 김우징은 뒤에 신무왕이 되는 당대 실력자 가운데 한 사람이었다. 혹시 대낮에 금성이 보이는 것을 김우징 등 새로운 세력의 등장으로 해석한 게 아닌가 생각된다. 마지막 신라시대의 기록에 대해서는 별다른 연관 기사가 보이지 않는다.

백제의 세 기록은 224년(구수왕 11), 321년(비류왕 18), 394년(아신왕 3)에 보인다. 첫 번째와 세 번째 기록은 연관 기사가 보이지 않지만, 두 번째 기록은 그해 7월 금성이 낮에 보였고, 나라 남쪽에 메뚜기 피해가 심했다는 연관 기사가 이어진다.[37] 고구려에서는 555년 11월의 기록이 유일한데, 별다른 연관 기록은 없다.

고려의 첫 기록은 1014년(현종 5) 5월에 보인다. 1세기 동안 전혀 기록이 없다가 현종 때에 기록이 나타나기 시작하여 현종 때에만

1014년, 1016년, 1017년, 1019년, 1024년 등 5회의 기록이 남아 있다. 이들 기록은 《고려사》〈천문지〉에 다른 여러 별들에 관한 기록과 함께 섞여 있는데,《증보문헌비고》에는 이 기록만 분리하여 보기 편하게 해놓았다. 고려시대에는 모두 200회 이상의 기록이 남아 있다.

그런데 다른 천문 기록이 대개 《고려사》〈천문지〉에만 남아 있고 〈세가〉 편에는 없는 것과 달리 현종 때의 5회 기록이 모두 〈세가〉 편에도 남아 있다. 금성이 낮에 보이는 현상이 중시되었다는 증거로 생각된다. 하지만 이들 5회 기록 모두 직접적인 반응은 적지 않았다.

고려시대 낮에 보이는 금성에 대한 반응이 처음 기록된 것은 1092년(선종 9) 11월이다.《고려사》〈천문지〉는 금성 재이를 기록하면서 "이에 대해 천문관〔太史〕이 '태백이 낮에 보이니 3년 안에 큰 상사(喪事)가 있을 것'이라 아뢰었다"고 전한다. 그런데 《고려사》〈세가〉 편에는 태백이 낮에 보였다는 기록만 있을 뿐, 천문관의 보고는 나오지 않는다.[38] 그 후 1년 반 뒤인 1094년 5월 선종은 46세의 나이로 병들어 죽었다.

이 현상에 대한 기록이 고려시대에는 200회가 넘는다고 앞에서 말했는데,《고려사》에는 금성이 낮에 나타난 현상이 한 번에 70일 또는 100일 이상이었다는 기록도 있다. 1091년(선종 8) 5월에는 태백이 낮에 보이거나 경천한 것이 70일이었다고 적혀 있다.[39] 그러나 같은 《고려사》의 〈천문지〉에는 이 기록이 70일이 아니라 17일로 되어 있다. "금성이 붉은빛을 띠고 흔들리며 낮에도 보이고 경천하다 17일 만에 사라졌다"는 것이다.[40] 《증보문헌비고》는 17일 만에 사라졌다는 《고려사》〈천문지〉 기록을 그대로 따르고 있는데,《동사강목(東史綱目)》에는 70일로 되어 있다고 보충설명을 하고 있다.[41] 당시 금성이 낮에 보인 현상이 17일 동안 이어졌는지, 아니면 70일 동안 이어졌는지는 증명할 길이 없다.

그 밖에도 고려시대에는 이 같은 현상이 10여 일에서 100여 일까지 지속되었다는 기록이 여러 차례 남아 있다. 그 가운데 1121년(예종 16) 10월의 기록은 30여 일이나 금성이 낮에 보였다고 되어 있는데, 이 기록은 《고려사》 〈세가〉 편과 〈천문지〉 편, 그리고 《증보문헌비고》가 모두 같다.[42] 이 기록이 무엇을 겨냥하고 있는지는 알 수 없지만, 이듬해 4월에 예종이 45세로 죽었다.

가장 길게 보였다는 기록은 1131년(인종 9) 5월의 것인데, 무려 100여 일이었다. 같은 기록이 《고려사》 〈세가〉 편과 〈천문지〉 편, 그리고 《증보문헌비고》에도 그대로 나온다.[43] 그러나 앞의 경우 태백이 낮에 보이는 현상이 임금의 죽음을 예고한 듯이 보이는 것과 달리, 인종은 그 후 1146년까지 15년이나 더 살았다. 따라서 인종 때 금성이 낮에 보인 현상이 100일이나 지속됐다는 것은 다른 의미를 가졌을 것으로 짐작된다. 다만 그때는 묘청 등의 천도 주장에 인종의 마음이 기울어 평양으로 행차하는 등 묘청 일파의 영향력이 컸던 시기다. 또 1126년에 일어난 이자겸의 난이 끝나고 궁궐은 모두 타버렸으며, 새로운 권력투쟁이 시작되고 있을 때였다. 중국에서는 금나라와 송나라가 대립하고 있었다. 1128년 인종은 묘청과 백수한 등의 주청에 따라 서경(西京, 평양)을 방문하여 그곳에 궁궐을 짓기로 결정했고, 1129년에는 묘청 등이 칭제건원(稱帝建元)을 주장하였다.

《고려사》에는 이때의 유난스러운 태백주현에 대해 특별한 의미를 부여하고 있지 않다. 그러나 그 후 거의 600년 뒤인 1707년에 최천벽이 편찬한 고려시대의 천변(天變)에 대한 책 《천동상위고》에는 당시의 태백주현이 묘청의 난을 예고한 것으로 해석되어 있다. 우선 인종 연간의 태백주현 현상에 대한 기록은 대체로 《고려사》와 일치하지만 그렇지 않은 기록도 보인다. 그런데 당시 여러 차례 나타난 태백주현에 대해 '백성이 임금을 바꾸려 한다〔民更主〕'는 뜻이라고 기록하고 있다. 100일 이상 계속되었다는 1131년 5월의 기록도 그대로 있는데, 이에 대해서도 똑같은 해석이 적혀 있다. 그 후에도 같은 예언이 계속되는데, 특히 1134년(인종 12) 11월에는 그전달부터 태백주현이 계속되었다는 기록과 함께 백성이 주인을 바꾸려 한다는 예언이 있었던 것으로 전하고 있다. 이어서 그해 2월에 임금이 대동강에 가서 뱃놀이를 하려 했으나 폭풍이 크게 일어 잔치를 포기하고 환궁했다는 기사가 덧붙여져 있다. 이듬해 12월에는 같은 태백주현에 대해 똑같은 예언과 함께 그해에는 묘청 등이 서경을 거점으로 반란을 일으켰다가 실패했다는 기록이 실려 있다.[44]

태백주현에 대한 해석으로 최천벽은 임금을 바꾸려 한다는 예언 외에도 몇 가지를 더 들고 있다. 그런데 과연 그는 어디서 이런 정보를 수집해서 편찬했을까? 서로 다르게 기록된 내용도 적지 않지만, 《고려사》 기록과 상당히 일치하는 점을 보더라도, 단지 상상해서 책을 쓴 것이 아님은 확실하다. 그의 책은 '천재(天災)로 풀어 본 고려사'라고 부를 만하다.

조선왕조실록에는 태백주현에 대한 기록이 많이 나온다. 필자가 조사한 바로는 1392년 개국 초부터 1524년(중종 19)까지 약 130년 동안 적어도 1231회에 이른다. 분포 상황을 보면 단연 중종 때가 가장 많다. 중종 재위 39년 가운데 처음 19년 동안에 596회나 기록되어 있다. 전체 기록의 절반이 중종 재위 전반기에 집중되어 있는 것인데, 이는 분명히 이상한 일이 아닐 수 없다. 이와는 대조적으로 세종 재위 시에는 32년 동안 기록 건수가 66회밖에 안 된다. 중종이 연평균

31회 이상인 데 비해 세종은 연평균 2회에 그친 셈이다. 재위 기간이 아주 짧았던 정종, 문종, 단종, 예종을 빼면 나머지 임금 때의 연평균 기록은 중종 31회, 연산군 16회(12년간 209회), 태종 9회(18년간 162회), 성종 8회(25년간 189회), 세종 2회(32년간 66회), 태조 2회(7년간 15회), 세조 1회(14년간 13회)의 순이다.

이런 통계적 분석이 어떤 의미를 갖는 것은 아니다. 다만 다른 재이의 통계와 함께 종합적인 분석을 할 경우 참고가 될 따름이다. 시대에 따라서 어떤 재이를 더 중시하고 적극적으로 관찰, 기록하는지가 달라지는 경향을 보이고, 그에 대한 해석도 조금씩 달라진다는 것을 알 수 있기 때문이다.

조선시대의 재이에 대한 반응 가운데 구체적인 것으로는 다음의 예를 들 수 있다.

1400년(정종 2) 3월에는 초하루에 일식과 함께 태백이 낮에 나와 경천하였다. 8일에 다시 태백이 낮에 나타났는데 3일부터 8일까지 6일간 계속되었다. 그리고 7일 만인 15일에 다시 태백이 낮에 보이자 현성사(賢聖寺)에서 7일 동안 기도법회를 열었다.[45]

연산군 시대에는 이 현상이 더 많이 기록되었을 뿐 아니라 이에 대한 반응도 잘 나타난다. 1497년(연산군 3) 6월 초하루에는 홍문관 부제학 이승건 등이 상소를 올렸는데, "하늘이 재이를 내리면 임금은 당연히 두려워하며 수행하여야 하거늘 어떻게 신하들의 충정을 외면하느냐"는 비판이 담겨 있었다. 여기서 구체적으로 일어났다고 거론된 재이는 태백주현뿐이다.[46] 비슷한 상소가 바로 그 전달인 5월 말일에도 있었는데, 태백주현이 기록된 것은 5월 24일 정도로, 그 무렵 태백주현이 자주 있었던 것으로는 보이지 않는다. 그러나 상소는 끊임없이 계속되고, 대간이 모두 사직하는 혼란이 거듭되었다.

이에 대해 6월 1일자의 기사에서 임금은 "내가 천변을 두려워하지 않아서가 아니오. 다만 이 태백주현이라는 현상이 어찌 임사홍 등 때문에 일어났다고 하겠소. 전에는 어찌 없었다고 할 수 있으리오"라고 말하고 있다.[47] 1년 전 그의 생모인 폐비 윤씨를 추숭하는 데 성공한 연산군은 그 후 임사홍 등 측근의 벼슬을 높여주는 조치를 취하였고, 이 때문에 신하들이 크게 반발했던 것이다.

태백주현을 중심으로 벌어진 공방은 이후에도 계속되었다. 같은 해 9월의 태백주현에 대해서는 상세한 설명도 보인다. 그 전달인 8월에는 태백주현의 기록이 단 2회밖에 없고, 다른 재변도 없었다. 그런데 9월 초하루부터 나타난 태백주현은 몇 달 동안 계속되었다. 그런데 이에 대한 반응이 9월 첫날에 이미 나오고 있다. 초하루의 태백주현에 대해 승정원은 임금에게 보고하기를 "금성, 즉 태백은 항상 동쪽에 보이는데, 오시가 될 때까지 없어지지 않으면 '경천'이라 부른다"고 하였다. 이어 승정원은 천문관에게 그 정도를 매일 조사하여 보고하게 하라고 권하였다. 그러자 임금은 이 재변에 선조들이 어떻게 대응하였는지 전례를 조사해 알리라고 지시하였다.

그다음 날 태백이 경천하였다. 승지 김수동이 "태백의 경천은 큰 재변이라 소홀히 할 수 없다"고 아뢰었다. 이에 임금은 "관상감 제조 김응기가 천문역산에 밝으니 그에게 물어보라"고 지시했다. 그의 설명은 다음과 같았다.

"금성은 언제나 태양을 따르는데 해를 앞서 가는 경우를 계명(啓明)이라 부르고, 해를 뒤따를 때를 장경(長庚)이라 한다. 대양(大陽)의 기세가 좋으면 별이 낮에 나타날 수 없다. 그런데 양(陽)이 미약해서 낮에 별이 보인다면 그것은 옳지 않다. 하물며 이번 경우에는 경천까지 하지 않았는가? 변이치고는 큰 경우이다."

이에 임금이 "어떤 잘못이 있기에 낮에 보여 경천까지 하는가?"라고 묻자 김응기는 "어떤 일 때문이라고 꼬집어 말할 수 없다"면서, 다만 "오지(午地)는 정양(正陽)의 자리인데, 양기가 더욱 쇠약하여 별이 이곳을 지나는 것을 일러 경천이라 한다"고 설명했다. 이어 그는 별이 미(未)와 신(申) 사이를 통과할 때를 주현이라 한다고 설명하고, 상세한 상응관계는 《문헌통고(文獻通考)》에 있다고 말했다. 이에 임금이 조사해 보고할 것을 명하였다.[48]

흥미로운 점은 앞에서 경천을 오시를 지나는 경우라고 정의한 것과 달리 김응기는 오지를 지나는 것이라고 설명하고 있는 것이다. 그러나 이는 시각으로 따지나 남중(南中)하는 위치로 따지나 결국 마찬가지인 셈이다.

거의 비슷한 사건이 2년 뒤에도 일어났다. 경기감사였던 김응기는 연산군의 질문에 대해 앞서와 비슷한 설명을 하고 있다. 이는 음성 양미(陰盛陽微)의 조짐이라면서, 그는 《문헌통고》를 인용하여 "이것은 전쟁을 뜻하기도 하고, 외척이 권세를 휘두를 조짐이거나 여자가 행세를 할 조짐일 수도 있다"고 덧붙였다.[49]

연산군의 태백주현에 대한 생각을 보여주는 일화가 있다. 1503년(연산군 9) 10월 임금이 사냥에 몰두하고 있을 때 8일과 9일에 잇따라 태백이 낮에 나왔다. 이에 대해 승정원이 어제의 태백이 오지를 지나 경천하였다고 아뢰자 연산군은 이렇게 대꾸하였다.

"내가 이미 알고 있소. 승지들은 무슨 뜻에서 이를 아뢰는 거요? 사냥을 그만두게 하려고 이 말을 하는 것이 아니오? 태백은 성종 때에도 나타났고, 해마다 없던 때가 없었소. 이 때문에 일을 폐할 수는 없소."

자연현상을 재이로 보고 어떤 진언을 하였을 때 임금이 이렇게 노골적으로 신하들을 힐난하고 나서는 것은 드문 일이다. 여하튼 신하들의 반대에도 불구하고 임금은 매일 사냥을 계속하였고, 그달에는 매일같이 태백이 낮에 나타났다고 실록은 기록하고 있다.[50]

앞에서 이미 지적한 것처럼 중종 때에는 유난히 태백주현이 많이 기록되어 있다. 중종은 일부 신하들의 쿠데타로 연산군이 쫓겨난 뒤 1506년 임금으로 옹립되었다. 그리고 그 이듬해 초부터 태백주현의 문제로 시달렸다. 중종은 어쩌면 그해 정월 초하루에 일식이 있었다는 것부터 나쁜 조짐으로 여겼을지 모른다. 설날의 일식을 계기로 좌의정 박원종과 우의정 유순정이 사직의 뜻을 밝히자 중종은 그것은 임금이 부덕한 탓이라며 그들을 만류했다.[51] 이어 1월 5일에 금성이 낮에 나타나자 중종은 그것이 큰 재변이라면서 홍문관에 지시해 역사를 널리 조사해 알리라고 하였다. 이어 7일에도 태백이 낮에 보였는데, 이는 당시 일고 있던 반(反)불교 논란에 기름을 붓는 꼴이 되었다. 대비(大妃)가 서울 안에 사찰을 지으려고 하자 신하들이 반발하고 상소문이 빗발치고 있었다.

1월 10일 홍문관 직제학 이세인(李世仁) 등의 상소는 그 무렵의 태백주현을 잘 활용하고 있다. 이세인은 '세종과 성종 때에도 사찰이 있었으니, 그때처럼 사찰을 복구하겠다'는 대비의 주장을 맹렬하게 비판하고 나섰다. 그는 "조상들의 가르침이 꼭 만세에 지켜야 할 법도가 될 수는 없다"면서 "이번 별의 이상 현상, 즉 태백주현은 음이 양을 이기는 상(象)인데, 모름지기 불교는 음의 상이다. 이런 재이를 만나 임금은 조심하는 태도를 가져야 하는데, 불교를 복구하겠다고 발표한 것은 옳지 않다"고 주장하였다. 하지만 임금이 이를 받아들이지 않자 이틀 뒤에 이세인 등은 태백주현과 붉은 기운[赤氣]이 밤에 나타났다며 다시 상소를 올렸다.

‘낮은 양이고, 밤은 음이다. 그리고 태백은 음의 별이다. 그런데 낮에 음성(陰星)이 나타나고, 밤에 양기(陽氣)인 적기(赤氣)가 보였다는 것은 음양이 뒤바뀌는 변고로, 이는 하늘이 내리는 심각한 경고’라는 것이었다.

다른 상소에서도 적기와 태백주현이 언급되자, 임금은 적기도 있었다는 것이 사실인가를 물었다. 이에 승정원은 전달 그믐밤에 적기가 관찰되었다는 사실을 인정하면서도 “그때 산불이 크게 났는데, 적기는 바로 그 산불의 빛이었을 것”이라고 덧붙였다. 이 기사 끝에는 사관의 논평이 실려 있다. “임금은 천변을 두려워해야 하거늘, 임금을 대변하는 자리에 있는 사람들이 ‘하늘이 내린 천변’을 한낱 ‘산불의 빛’이라 하여 상소의 내용을 부실하게 보이게 하고, 천변을 소홀히 여기는 임금의 마음을 부추기고 있으니 이는 아첨”이라는 것이다.[52]

1508년(중종 3) 7월에는 태백주현이 네 번 거듭 보이자 대간들은 이미 시작된 가자(加資)의 개정 문제를 이와 연관시켜 임금에게 합동으로 상소를 올렸다. 대간들은 상소에서 “비록 천재가 없다 하더라도 신하의 간함을 듣지 않는 것은 옳지 않거늘, 지금 이런 천재가 일어났는데도 이를 듣지 않는 것은 있을 수 없다”며 중종을 몰아붙였다. 이에 대해 중종은 대간의 주장처럼 이미 내린 공을 취소하고 과거의 죄를 헤쳐 처벌하면 많은 사람들의 불만을 사 오히려 나쁘다고 주장했다. 요컨대 왕과 신하들이 태백주현의 의미를 놓고 서로 상반되는 주장을 폈던 것이다. 그 후 반년 동안 이 논쟁은 조금씩 양상을 바꾸며 계속되었고, 그동안 태백주현 현상은 지속적으로 관찰되었다고 실록은 기록하고 있다.[53]

중종 초기에 태백주현이 특히 많이 보이는 까닭에 대해서는 이듬

해인 1509년(중종 4) 12월 대간이 올린 주장에 그 단서가 보이는 듯
하다. 즉 대간에서는 "성종 때에 천둥번개가 치자 영의정 윤필상을
바꾼 일도 있다"는 옛일을 들추면서, "태백주현은 천둥번개보다 더
한 재변이니, 소인(小人)을 물리쳐서 재이를 없애도록 할 일이 아니
냐"고 따졌다. 그러나 임금은 일곱 번의 상소에도 불구하고 이를 받
아들이지 않았다.[54]

중종 때에 태백주현이 유난히 많은 것은 당시 반정을 일으켜 새로
임금이 된 중종과 그 과정에서 공신으로 등장한 새 집권층이 차츰
대립하면서 그들 일부가 소인으로 몰리는 과정을 보여주는 것으로
보인다. 이 과정은 시간이 지날수록 심해져 드디어 공신 삭훈 문제
로 확대되고, 조광조 일파의 출세와 몰락으로 이어진다.

그러나 태백주현이 소인의 발호로만 해석된 것은 아니었다. 중종
8년(1513) 10월 아침 강의에서 임금은 자기가 즉위한 후 태백이 경천
하더니 바로 남쪽의 변란이 일어났으니, 재이가 헛되이 일어나지 않
음을 알 수 있다고 말했다.[55] 이와 같은 실록의 기록은 《연려실기술》
이 전하는 기록과 상응한다.[56]

이이는 그의 정계 활동을 기록한 《석담일기(石潭日記)》에 가끔 재
변에 대한 기록을 남겼다. 그러나 대체로 그에 대한 의견은 밝히고
있지 않다. 다만 1572년(선조 5) 6월 한재가 심한 가운데 태백주현이
있자 임금은 정전(正殿)을 피했는데, 이에 신하들이 "재변에 대한 대
응은 실제적으로 해야지 형식적으로 해서는 안 된다"면서 임금의 건
강을 위해 그만 돌아가도록 권하였으며, 임금은 신하들의 요청을 받
아들였다고 기록하고 있다. 이어서 동풍이 크게 불어 벼가 많이 상
하였다고 적고는, 임금을 그렇게 바로 돌아가게 한 신하들을 아첨꾼
이라 비판했다.[57]

　18세기의 인물인 이익은 이에 대해 훨씬 합리적인 해석을 내놓는다. "사람들은 태양의 빛이 쇠하여 태백이 낮에 보인다고 하나 이는 잘못"이라는 것이다. 해는 언제나 마찬가지지만, 아침에는 땅기운[地氣]이 이를 가려주기 때문에 흐려진다는 것이다. 땅기운이란 즉 음기인데, 이는 해가 중천에 오를 때쯤에는 사라진다. 하지만 음기가 아주 성할 때는 햇빛을 받아 비치는 별 가운데 크고 가까운 것이 눈에 보일 수도 있다는 설명이다.[58]

　그런데 낮에 보이는 별의 기록 가운데는 드물지만 다른 별들의 기록도 남아 있다. 고려 때인 1099년(숙종 4) 8월 태백과 세성(歲星)이 동시에 낮에 보였다는 기록이 그것이다. 금성과 목성이 동시에 낮에 보였다는 이 기록은 《고려사》〈천문지〉와 《증보문헌비고》에 모두 나타난다.[59] 《증보문헌비고》에 따르면 조선시대에 목성이 낮에 나타난 것은 1562년(명종 17), 1563년(명종 18), 1657년(효종 8), 1667년(현종 8), 1669년(현종 10)이다. 1562년 2월에 목성이 낮에 보인 기록은 실록에도 기록되어 있다.[60] 이듬해인 1563년 1월 무오일과 기미일에 있었다는 세성의 주현(晝見)은 실록에 보이지 않는다. 그러나 《명종실록》에는 바로 다음 달 2월의 무오일과 기미일에 태백과 세성이 낮에 보였다는 기록이 남아 있다. 이틀 모두 세성이 신시(申時)에 사지(巳地)에서 보였다는 기록이다.[61] 오후 4시를 전후해서 동남쪽에 목성이 보이더라는 것이다. 이해의 무오일과 기미일은 1월에는 없고 2월에만 있었으므로, 실록의 기록을 믿을 만하다.

　1657년(효종 8) 1월 9일에 나타난 세성의 주현이 7일 동안 있었다고 《증보문헌비고》에 기록되어 있는데, 당시 실록에는 어떻게 나와 있을까? 실제로 《효종실록》에는 1월부터 3월까지는 거의 매일 태백 주현이 관찰된 것으로 기록되어 있으며, 1월 9일부터 10일, 13일, 23

일, 2월 2일, 3일, 4일에 세성의 주현도 있었다고 기록되어 있다.[62] 《증보문헌비고》에서 7일이라 지적한 것과 정확하게 맞아떨어진다. 이를 계기로 사헌부에서는 이재(珥災)를 위한 상소문을 올렸는데, "새해 시작부터 태백과 세성이 낮에 보이는 큰 재이가 일어나는 것은 임금의 정치에 잘못된 바가 있기 때문"이라면서 구체적인 건의 사항을 내놓고 있다. 이에 대해 임금은 스스로 잘못을 인정하고, 제안된 내용을 대신들과 담당 부서에 넘겨 처리하게 하겠다고 대답했다.[63]

《증보문헌비고》에서 마지막으로 세성주현이 기록된 것은 1669년 현종 때다. 현종 8년(1667)에도 세성주현이 있었는데,《현종실록》에는 1667년 8월 5일과 6일의 세성주현은 보이지 않고, 1669년(현종 10) 9월 17일의 세성주현만 기록되어 있다. 이날 진시(辰時)에 목성이 미지(未地)에 보였다는 기록이다.[64] 《증보문헌비고》에는 '세성'으로,《현종실록》에는 '목성'으로 표현만 달리하고 있다.

여기서 《증보문헌비고》 내용이 어떤 경로를 거쳐 기록되었는지 궁금해진다. 고려 때까지의 기록이 《삼국사기》나 《고려사》와 일치하는 것은 당시 《삼국사기》나 《고려사》를 참고한 결과이겠지만, 조선시대의 기록이 실록과 다른 것은 무엇을 의미하는지 궁금한 것이다. 아무튼 효종 8년 1월에 기록된 7회의 세성주현 기록은 실록과 횟수까지 정확하게 일치하는데, 이는 《증보문헌비고》의 사료 가치가 그만큼 높다는 것을 보여주는 일례다.

《증보문헌비고》에는 특히 조선 중기에 태백주현이 반년 이상 계속되었다는 기록이 상당히 많다. 일일이 대조해보지는 않았지만, 실제로 태백주현 기록은 실록에서 아주 많이 발견된다. 이 기록은 왕대에 따라, 그리고 시대에 따라 기복을 보이는데, 정치적 의미가 상당히 큰 것으로 보인다. 그러나 여기서는 그 이상의 논의는 생략한다.

낮에 별이 보였다는 기록은 금성이 절대 다수이고, 목성은 몇 차례만 보일 뿐이다. 이들 두 별 외의 기록도 아주 없는 것은 아니다. 《증보문헌비고》에는 두 번 '별이 낮에 보였다'는 막연한 기록이 있다. 하나는 고려 우왕 때의 일이고, 또 하나는 조선 초 태종 때의 일이다. 1382년(우왕 8) 7월 갑술에 "별이 낮에 보였다〔星見于晝〕"는 《증보문헌비고》의 기록은 《고려사》〈천문지〉에도 똑같은 표현으로 나와 있다. 다만 《고려사》에서는 그날 밤 상서로운 별이 서쪽에 보였다는 말이 덧붙여져 있다.[65] 이 기록은 《고려사》〈천문지〉에만 보일 뿐 〈세가〉 편에는 나타나지 않는다. 그 대신 〈세가〉 편에는 당시 임금인 우왕의 이야기가 아니라 이성계의 활약상이 그려져 있다. 혹시 이때 서성(瑞星)이라 해석된 별은 이성계를 암시하는 것이 아닐까 하는 생각이 든다. 이날 낮에 보였다는 별이 밤에 서쪽으로 이동하여 바로 그 서성이 되었다는 뜻이 아닐까?

그 외에 낮에 나타난 별은 1417년(태종 17) 윤 5월 22일에 관측된 것으로, 《태종실록》에도 적혀 있다.[66] 그러나 이 경우에는 어떤 논평도 들어 있지 않다.

5. 혜성, 패성, 치우기

태양계를 돌고 있는 혜성은 태양계 변두리에서 점점 태양을 향해 움직이고, 그것이 목성 또는 토성 궤도쯤에 근접하면 점차 우리 눈에도 보이기 시작한다. 얼음덩어리이던 혜성은 녹아 기체로 바뀌며, 태양에 접근할수록 긴 꼬리를 만들어 '살별' 또는 '꼬리별'이라고 불리기도 한다. 흔히 한국 역사에서 혜성은 패성(悖星)과는 다른 종류인 것처럼 다뤄졌지만, 대개 의미는 비슷한 것으로 여겨졌다. 오늘날의 과학지식으로 따진다면, 혜성이 아직 꼬리를 만들지 않았을 때를 '패(悖)'라 부르고, 꼬리가 생겼을 때는 '혜(彗)'라 부른다.

조선 초의 분류에 따르면 이들은 모두 요성(妖星)이라는 큰 분류에 속한다. 이순지는 《천문유초》에서 오행의 기(氣)가 어긋날 때 요성이 생긴다고 했는데, 그 종류가 자그마치 21가지나 된다. 그 가운데 첫째와 둘째가 혜성과 패성이고 그에 이어 천배(天培), 천창(天槍), 천참(天欃)이고 여섯 번째가 치우기(蚩尤旗)다.[67] 이 가운데 실제로 한국 역사 기록에서 흔히 나타나는 경우는 혜성, 패성, 치우기의 셋이다. 패성이란 꼬리 부분이 사방으로 퍼진 경우를 말하며, 치우기는 꼬리 뒷부분이 마치 깃발처럼 구부러졌다고 해서 붙여진 이름이다.

1818년 성주덕이 엮은 《서운관지》에도 이들 세 가지에 대해 차례로 설명하고 있는데, 4세기 전의 《천문유초》와 거의 똑같은 설명이다. 또 19세기 초의 이들 세 가지에 대한 관측 보고가 함께 다뤄지고 있다.[68]

《삼국사기》에 전해지는 혜성, 패성, 치우기 등에 대한 기록은 고구려 8회, 백제 14회, 신라 24회다. 《고려사》에는 거의 500년의 고려시대 동안 모두 76회의 기록이 남아 있다. 또 조선왕조실록에는 1392년부터 1527년까지 1세기 남짓 동안 모두 206회가 적혀 있다. 그런데 조선시대의 경우 같은 혜성에 대한 기록이 여러 날 계속된 것도 있기 때문에 실제 혜성의 수는 기록 건수보다 적다.

한국사에서 자연의 재이가 차지하는 중요성에 대해서는 필자가 박사학위 논문 주제로도 삼았지만, 미국에서 영어로 쓰인 탓에 국내에는 크게 영향을 미치지 못했다.[69] 특히 필자는 그 논문에서 혜성의 중요성을 여러 가지 예로 설명했다. 1977년 발표된 이 논문에서 필자는 조선 초의 사육신 사건이나 남이 장군의 죽음 등이 혜성의 출현과 관련되어 있다고 밝혔다. 혜성은 반란이나 쿠데타의 전조로 중요한 의미를 가진다는 사실을 강조한 것이다.[70]

1970년대 말에서 1980년대에는 국내에서도 혜성 기록에 대한 연구가 적게나마 발표되었다. 재이로서의 의미에 대한 연구로는 필자의 논문이 유일하지만, 천문학적 관심에서 나온 연구의 일환으로 중국, 일본과 서양의 과학자들이 동양 삼국의 혜성 기록을 비교, 검토하여 그 주기성을 살펴보거나 그와 함께 기후 변화 등에 대한 관련성을 검토해보려고 노력한 일이 있다. 이와 비슷한 관점에서 박동현은 《고려사》의 혜성 기록을 검토한 논문을 발표했고, 나일성은 조선 후기의 혜성 기록을 천문학자로서 검토하는 논문을 발표했다.[71] 이런 과학적 접근에서 흔히 나타나는 경향은 혜성의 주기에 대한 관심이다. 17세기 말 영국의 과학자 에드먼드 핼리(Edmund Halley)가 약 77년의 주기로 같은 혜성이 다시 나타난다는 사실을 발견한 후, 혜성의 주기에 대한 관심이 과학적 관심의 중심을 이루고 있다.

한편 중국은 이미 기원전 240년에 세계 최초로 핼리혜성을 관측했다. 그 기록이 사마천의 《사기》에 남아 있다. 그 후 세계에서 관측된 핼리혜성의 기록을 보면 표 1과 같다.[72]

표에서 드러난 특징은 다른 천문 현상과 마찬가지로 핼리혜성에 관한 기록이 고대 서양에서는 별로 나타나지 않는 데 비해, 동아시아 삼국에 빈번하다는 것이다. 특히 중국이 압도적으로 많고, 한국과 일본은 그보다 못하지만 서양보다는 월등히 많은 기록을 남기고 있다. 그런데 한국사에서 처음 핼리혜성이 기록된 것은 218년 고구

표 1_ 세계에서 관측된 핼리혜성 기록

기원전	240년 3월	중국	《사기》
	163. 1	중국	
	87. 8	중국	
	12. 10	중국	
기원후	66. 1	중국	
	141. 3	중국	
	218. 5	중국, 그리스, 고구려 217년(산상왕 21) 10월, 성패우동북(星悖于東北). 《삼국사기》	
	295. 4	중국	
	374. 2	중국	
	451. 6	중국	
	530. 9	중국, 유럽(?)	
	607. 3	중국	
	684. 9	중국, 독일, 신라 683년(신문왕 3) 10월 또는 연말, 혜성출오차(彗星出五車). 《삼국사기》	
		일본 685년(천무 13) 7월 임신(壬申) 혜성출우서북(彗星出于西北) 장장여(長丈餘). 《일본서기》	
	760. 5.	중국, 유럽	
	신라 759년(경덕왕 18) 3월 혜성견(彗星見) 지추내멸(至秋乃滅). 《삼국사기》		
	신라 761년(경덕왕 20) 4월 혜성출(彗星出). 《삼국사기》		
	837. 2	중국, 일본, 유럽	
	신라 836년(흥덕왕 11) 6월 성패우동(星悖于東). 《삼국사기》		
	912. 7	중국, 일본	
	989. 9	중국, 일본, 고려 989년(성종 8) 9월 갑오(甲午) 혜성견(彗星見) 사(赦). 《고려사》	
	1066. 3	고려, 중국, 일본, 유럽	
	1145. 4	고려, 중국, 일본, 유럽	
	1222. 10	고려, 중국, 일본, 유럽	
	1301. 10	고려, 중국, 일본, 아이슬란드	
	1378. 11	고려, 중국, 일본	
	1456. 6	조선, 중국, 일본, 이탈리아(?)	
	1531. 8	조선, 중국, 일본, 유럽	
	1607. 10	조선, 중국, 일본, 유럽	
	1682. 9	조선, 중국, 일본, 유럽	
	1759. 3	조선, 중국, 일본, 유럽	
	1835. 11	조선, 중국, 일본, 유럽	
	1910. 4	세계 각국	
	1986. 2	세계 각국	

려의 기록을 들 수 있으나, 그것이 정말 핼리혜성이었는지는 확실하지 않다. 마찬가지로 684년에도 일본과 한국에서 모두 비슷한 기록을 남기고 있지만, 이 또한 핼리혜성을 지칭한 것인지는 천문학적 연구가 더 필요하다.

핼리혜성은 대개 한 번 나타나면 몇 달 동안 관측되었기 때문에 기록을 남기는 시점은 상당히 차이가 날 수 있다. 그 때문에 한 건의 기록만 가지고 핼리혜성이었다고 판단하기는 어렵다. 하지만 이런 관심은 역사학에서는 별로 중요하지 않다. 당시 사람들이 혜성의 주기성을 알았을 리 없으며, 또 여러 혜성을 함께 아울러서 주기성을 살펴보는 일은 현대과학에서도 부질없는 일이기 때문이다. 그보다는 혜성에 대한 당대의 반응과, 그것이 역사에 어떤 영향을 주었는지를 살펴보는 일이 더 중요하다.

삼국시대에 혜성을 얼마나 중요하게 여겼는지를 보여주는 설화가 있는데, 《삼국유사》에 남아 있는 향가 가운데 〈혜성가〉가 그것이다.[73] "세 명의 화랑이 금강산에 놀러 가려 하는데 혜성이 나타났다. 낭도들은 여행을 취소하려 했는데, 융천사(融天師)가 노래를 지어 부르니 변괴가 즉시 사라지고, 때마침 침입해 있던 일본군도 퇴각하여 오히려 나라에 복이 되고 경사가 되었다. 임금이 기뻐하여 그들을 놀러 가게 하였다"는 기록과 함께 〈혜성가〉가 실려 있다. 그러나 《삼국유사》에 진평왕(재위 579~632) 때의 일로 알려진 이 혜성의 출현이 《삼국사기》에는 아예 기록되어 있지 않다. 얼핏 보기에 이 경우는 혜성을 길조로 여긴 듯하지만, 사실은 그렇지가 않다. 불길한 혜성의 출현으로 낭도들이 여행을 삼가려 하였고, 또 융천사가 주술적인 조치를 취하자 혜성이 사라졌다는 내용이어서, 혜성을 불길한 조짐으로 받아들였음을 알 수 있다.

《삼국유사》에는 또한 잃어버렸다가 되찾았다는 만파식적(萬波息笛)과 관련해서 혜성과 패성이 나타났다는 기록도 보인다. 만파식적이란 682년(신문왕 2) 용으로부터 얻은 영험한 대를 가지고 만든 피리인데, 나라에 근심이 있을 때 이 피리를 불면 모든 문제가 해결된다는 국보였다.[74] 그런데 언젠가 분실되었던 이 국보가 693년(효소왕 2) 5월 15일 백률사에서 발견되었다. 이 기적에 대해 관련자 여럿에게 상을 내렸는데, 이어 6월 12일에 혜성이 나타나 그 꼬리를 동쪽으로 뻗고, 17일에는 서쪽으로 뻗었다. 이 변괴에 대해 일관은 피리에게 작을 봉하지 않았기 때문이라 해석하였고, 이에 그 피리를 '만만파파식(적)'이라 부르기로 하자 혜성이 사라졌다.[75] 《삼국사기》에서는 역시 찾아볼 수 없는 기록이다.

《삼국사기》에 남이 있는 혜성, 패성, 치우기 등의 기록은 고구려에 8회, 백제에 14회, 그리고 신라에 27회가 있다. 이 가운데 가장 앞선 기록은 기원전 49년(혁거세 9) 3월 패성이 왕량(王良)에 나타났다는 것이다. 혁거세 때에는 세 번이나 혜성이 기록되어 있는데, 이후에도 기원전 44년(혁거세 14) 4월에 패성이 삼(參) 자리에 나타났고, 기원전 4년(혁거세 54) 2월에는 패성이 하고(河鼓)에 나타났다고 기록한다.[76] 신라의 경우 처음 5회는 모두 패성이고, 여섯 번째 기록에서 혜성이 처음 등장한다. 처음으로 혜성이라 밝힌 기록은 79년(탈해왕 23) 2월로, 혜성이 동방에 나타났다가 북방에서 다시 보였는데, 20일 만에 사라졌다.[77]

삼국시대의 이 같은 기록은 대개 혜성이 아니라 패성인데, 고구려의 경우 8회 가운데 7회가 패성이다. 혜성에 관한 유일한 기록은 제일 마지막 것으로, 668년(보장왕 27) 4월 혜성이 필(畢)과 묘(昴) 사이에 나타났는데, 이에 대해 당나라의 허경종(許敬宗)이 "혜성이 동북방에 나타난 것은 고구려가 멸망할 징조"라고 하였다는 내용이다.[78] 백제의 14회 기록 역시 대개 패성인데, 그 가운데 혜성으로 기록된 경우는 302년(분서왕 5), 336년(비류왕 33), 415년(전지왕 11) 등 3회이고, 579년(위덕왕 26) 10월의 기록은 혜성이라는 말 대신 "장성(長星)이 하늘을 찔렀다"는 표현으로 되어 있지만, 이것이 20일 만에 사라졌다는 것으로 보아 혜성이 확실하다. 또 191년(초고왕 26) 9월의 경우는 치우기라 기록되어 있다.[79]

삼국시대에 혜성 등은 왕의 사망, 전쟁 등 불길한 징조로 기록되었다는 연구가 나와 있다.[80] 고려 때 역시 혜성의 출현은 불길한 반란이나 군왕의 죽음을 뜻한다는 연구가 나온 바 있다.[81]

이들 연구를 통해 혜성 기록의 의미가 좀 더 상세하게 밝혀졌지만, 혜성의 가장 중요한 의미는 역시 반란의 조짐으로 받아들여졌다는 것이다. 구체적인 예를 들면 삼국시대부터 조선 초기에 이르기까지 일관된 기록을 볼 수 있다. 통일신라 때에는 김우징의 반란, 고려 중기에는 숙종의 쿠데타, 조선 초기에는 사육신의 거사와 남이 장군의 반란 사건 등이 모두 혜성과 관련되어 기술되어 있다. 모두 왕에 도전하는 사건으로, 혜성은 반란 또는 쿠데타의 의미를 강하게 나타내고 있음을 알 수 있다.

우선 통일신라시대 김우징의 반란 때 나타난 혜성을 살펴보자. 통일신라 왕족 사이의 피비린내 나는 왕위 싸움 중 하나였던 김우징의 거사는 838년(민애왕 1) 2월 청해진에 은둔해 있던 김우징과 그를 돕기 위해 가담한 김양 등의 공모로 시작된다. 그해 3월 김양은 군대를 이끌고 전라도 일대에서 승리한 뒤 청해진으로 돌아와 휴식을 취하였다. 그해 겨울에 혜성이 나타났는데, 꼬리가 동쪽을 향하였다. 사람들은 이것을 "묵은 것을 제거하고 새것을 벌여놓으며, 원수를 갚고 수치를 씻을 상서로운 징조[除舊布新 報冤雪恥之祥]"라며 축하하였다.[82] 장보고의 지원을 받은 김양 등의 거사는 성공하여 이듬해 민애왕이 살해되고 김우징이 왕위에 올랐다.

비슷한 사건으로, 고려 중기 숙종의 쿠데타와 집권 과정에서도 혜성과 비슷한 현상이 있었다. 1095년(헌종 1) 설날에 햇무리가 보이고 해의 양쪽으로 혜성 같은 모양이 나타난 것이다. 이에 대해 태사가 보고하기를, "혜(彗)가 있으면 가까운 신하가 난을 일으키고, 제후가 반란을 꾀할 수 있다"고 아뢰었다. 그러나 어린 임금은 스스로를 닦고 반성할 줄 모른 채 내의(內醫) 서너 명을 불러들여 방서(方書)에 대해 이것저것 묻거나 글과 그림을 연습할 따름이었다.[83]

1084년 6월에 태어난 헌종은 이때 겨우 11세였다. 전해 5월 선종이 죽자 그의 맏아들인 헌종이 10세의 나이에 왕위를 계승하여 겨우 반년 지났을 때였다. 설날에 혜성이 나타난 지 반년 뒤에 임금의 숙부 계림공(鷄林公)은 반대파인 이자의 일파를 제거하고, 3개월 후에는 선종의 왕위를 빼앗아 숙종이 되었다. 이 사건은 조선 초 세조가 어린 조카 단종을 밀어내고 왕위에 오른 일과 매우 흡사하다.[84] 설날의 유사 혜성은 바로 계림공과 이자의 사이에서 일어날 왕위 다툼을 예고하는 조짐으로 여겨졌던 것이다. 그런데 설날 해의 양쪽에 나타났다는 혜는 지금 우리가 알고 있는 혜성이 아니다. 《고려사》〈천문지〉에 이 기록이 혜성 기록을 모아놓은 부분에 들어 있지 않다는 점을 봐도 그렇다.[85] 또 태양의 양쪽에 혜성이 동시에 보였다는 것은 거의 불가능한 일이다. 결국 이 기록은 태양의 양쪽으로 혜성의 꼬리 같은 흔적이 나타난 것일 가능성이 높다. 그러나 앞에서 보았듯이 당시 태사의 보고는 그 의미를 혜성과 똑같은 것으로 해석하고 있다. 그럼에도 남북한의 《고려사》 번역에서는 모두 이때 나타난 것이 혜성으로 잘못 다루고 있는데, 사실은 해의 양쪽에 혜성 같은 것이 보이는 햇무리가 생겼던 것이다.[86]

고려 초 숙종의 쿠데타의 전조로 '혜성을 닮은 햇무리'가 나타난 것처럼, 조선 초의 비슷한 쿠데타 사건에도 혜성 기록이 붙어 있다. 하지만 이때는 세조의 쿠데타가 아닌 세조를 밀어내려던 이른바 사육신의 쿠데타 모의가 혜성과 연관되어 있다. 1453년 세조가 왕위 찬탈에 성공했을 때에는 그에 앞서 혜성이 나타나 이를 예고한 듯한 기록은 보이지 않는다. 그러나 3년 뒤 사육신이 반정을 꾀하려 할 때에는 혜성이 나타났고, 그동안 그들의 모의가 진행되었음을 실록은 전하고 있다. 혜성이 처음 관찰된 것으로 기록된 것은 1456년(세조 2) 5월 4일이었다.[87] 그 후 5월 27일을 마지막으로 혜성 기록은 《세조실록》에 보이지 않는다. 그리고 닷새 뒤인 6월 2일 성균사예 김질은 그의 장인인 우찬성 정창손과 함께 세조에게 사육신의 거사 음모를 밀고한다.[88]

이 밀고에서 김질의 첫 마디가 바로 혜성 이야기다. 좌부승지 성삼문이 사람을 보내 만나자기에 그의 집에 갔더니 성삼문이 이야기 끝에 "요즘 혜성이 보이고 사옹방의 그릇들이 저절로 우는 소리를 낸다니 앞으로 무슨 일이 있겠는가?"라고 물었다는 것이다. 그리고 상왕(쫓겨난 단종) 이야기를 꺼내면서 장인을 거사에 가담시켜보라고 권하였다고 했다. 세조가 이 밀고를 받고 성삼문을 심문했다. 성삼문은 대체로 혐의를 시인하면서 "요즘 혜성이 나타나 참소하는 사람이 나타날 것을 걱정하였다"고 말했다. 사육신 사건이 일어난 첫날의 기록만으로도 사육신 사건을 당시 나타났던 혜성과 관련 짓고 있음을 알 수 있다. 그런데 실록에서는 혜성과의 연관관계를 분명히 밝히지 않았지만 이긍익의 《연려실기술》은 '육신의 상왕 복위 모의

〔六臣謀復上王〕’를 다루면서 "그해 6월 22일에 혜성이 나타났다"고 적고 있다.[89] 그런데 이 부분은 분명히 잘못된 것으로 보인다.《세조실록》에는 6월 22일의 혜성이 기록되어 있지 않기 때문이다. 특히 앞에서도 지적한 것처럼 당시 혜성은 5월 중에만 기록되어 있을 뿐, 6월에는 전혀 기록되어 있지 않다. 그런데《연려실기술》에서는 혜성의 출현이 사육신 사건이 터지고 20일 후인 6월 22일의 일로 밝히고 있다.

혜성을 같은 맥락에서 좀 더 분명하게 연관짓고 있는 사건으로는 1468년(예종 1) 남이 장군의 반역 사건을 들 수 있다. 야사를 통해 널리 알려진 이 사건은 흔히 유자광의 모함으로 청년 장군이 억울하게 죽은 것으로 묘사되고 있다. 야사의 기록을 모아놓은《연려실기술》은 남이의 사건에 대해 새로 임금이 된 예종이 남이를 싫어하였고, 유자광의 거짓 모함으로 그가 죽임을 당한 것으로 기록하고 있다.[90] 그런데 이 사건에도 혜성이 연관되어 있다. 예종이 새로 왕위에 올랐는데 때마침 혜성이 나타났다. 남이는 대궐에서 숙직을 하다가 다른 사람에게 "혜성은 묵은 것을 제거하고, 새로운 것을 벌여 놓는 형상〔彗星乃除舊布新之象也〕"이라고 말했다. 그런데 그를 시기하던 유자광이 이를 엿듣고, 여기에 거짓말을 보태어 "남이가 반역을 꾀한다"고 밀고했다는 것이다.

당시 혜성의 중요성은 야사보다도 실록에서 한층 더 드러난다. 1468년(세조 14) 9월 7일 세조는 병이 위독해지자 세자에게 왕위를 넘겨주고 이튿날 죽었다. 그런데 혜성은 예종이 왕위에 오르기 5일 전인 9월 2일부터 나타났다.[91] 이 혜성은 9월 말일까지 보이다가 10월 초하루부터 사라졌다고 실록은 전하고 있다. 그런데 남이 사건은 10월 24일 밤에 유자광이 임금에게 밀고함으로써 시작되었다.

그의 말에 따르면, 얼마 전 남이와 함께 숙직을 하고 있을 때 남이가 "세조가 죽은 다음 정치 상황이 불안하다"고 말했고, 또 그날 저녁 남이가 자신을 찾아와 "혜성이 지금까지 없어지지 않았는데, 당신도 이를 알겠지?" 하고 묻기에 "보지 못하였다"고 대답하자, 남이가 "지금 은하수 가운데 있는데 꼬리도 희기 때문에 쉽게 볼 수 없다"고 말했다는 것이다. 이에 자신이 《강목》을 꺼내어 혜성에 대한 기록을 보니 "꼬리가 희면 장군이 반역한다"는 설명이 있어, 이를 남이에게 보여주자 남이가 한참 후 "내가 거사하려 한다"고 말했다고 밀고하였다.[92]

그 뒤에 이은 기록으로 보아 남이가 실제로 거사에 대해 언급했는지는 확실하지 않지만, 적어도 혜성에 대해 이야기하고 《강목》에서 혜성에 관한 대목을 찾아본 것은 분명해 보인다. 또 세조 때 전공을 세워 출세했던 남이와 비슷한 처지의 사람들이 예종이 즉위하면서 세력을 잃어가고 있었고, 한명회 등에게 불만을 품고 있었던 것도 사실이다. 그러나 남이 장군이 거사할 뜻을 밝혔는지는 분명하지 않다.

비록 남이가 '거사'를 직접적으로 말하지 않았다고 해도 혜성의 출몰과 그 의미에 대해 말했다는 것만으로도 당시에는 '위험'한 일이었다. 혜성은 '옛것을 물리치고 새것을 벌일〔除舊布新〕 조짐'으로 여겨졌던 시대였기 때문이다.

똑같은 표현이 신라의 김우징 사건 때에도 나오고, 조선 초의 남이 사건에서도 발견된다. 혜성을 반란의 의미로 보는 견해는 강하게 이어졌는데, 1531년(중종 26) 6월 혜성이 나타나자 사관(史官)들은 《강목》을 예로 들어 혜성이 '옛것을 물리치고 새것을 벌여놓는' 의미라고 지적하고 있다.[93]

그런 뜻에서 혜성은 전통 사회에서 가장 두려워했던 재변 중 하나였다. 이순지의 《천문유초》는 혜성의 의미를 "군사가 일어나고, 홍수가 나며, 옛것이 물러나고 새것이 벌어질 조짐"이라고 해설하고 있다.[94] 따라서 그것은 집권층에게는 새로운 세력이 쿠데타를 꾸밀지 모르는 걱정거리가 되었고, 불만 세력에게는 현 상황을 뒤집어엎을 수 있는 계시처럼 여겨졌을지도 모른다. 혜성은 언제 일어날지 모르는 정변에 대한 두려움을 불러일으켰다는 얘기다. 실제로 1471년(성종 2) 12월에 혜성이 보이자 서울을 특별 경계하기 위해 병력이 이동하기도 했다. 혜성이 나타나자 성종은 한명회를 서영장으로 삼아 군대를 이끌고 충훈부에서 지키게 하고, 유수를 동영장으로 삼아 장춘문을 지키게 했던 것이다. 어떤 위협이 실제로 있었던 것이 아니라 혜성 때문에 특별 경계령을 내린 것으로, 이를 실록에서는 '성변계엄(星變戒嚴)'이라 표현하고 있다.[95]

하늘의 재이 때문에 계엄령까지 내린 경우는 필자의 연구로는 이것이 유일하다. 그만큼 조선시대에도 혜성의 출현은 아주 중대한 사건이었다. 따라서 혜성이 나타나면 여러 가지 재변에 대한 일반적 대응이 시행되게 마련이었다. 바로 앞에 소개한 성종 초만 해도 혜성에 대한 반응은 계엄령 외에도 다양하게 나타났다. 그해 11월 말에 나타난 혜성은 이듬해 정월 중순까지 관찰되었다. 그동안 임금은 스스로의 책임을 인정하여 반찬을 줄이고, 음악을 그치고, 정전을 피해 신하들을 만났으며, 재이를 없애는 방책을 알리라는 구언(求言) 교서를 내렸다. 백성의 원망을 달래기 위해서 사면령을 내리기도 했다. 특히 어린 임금 뒤에서 수렴청정하던 대비는 자기 친척들이 재주도 없으면서 정부의 여러 자리를 더럽히고 있어 이런 재이가 생겼는지도 모르겠다며, 초야에 묻혀 있는 현명하고 뛰어난 인재를

찾아 올리라는 교서를 내리기도 했다.[96]

혜성에 대해 연산군은 매우 민감한 반응을 보였다. 1500년(연산군 6) 4월 21일에 나타난 혜성이 6월 5일까지 계속되었다고 실록은 전하고 있다. 이때 관상감이 혜성을 보고하자 연산군은 천문학에 밝은 학자 김응기를 불러 그 분야를 물었다. 김응기가 그 분야를 '위(衛)'라고 말하자, 임금은 이 소문을 떠벌리지 말라고 지시했다. 대간에서 이 사실을 알면 언론이 분분해질 것을 꺼려했기 때문이다. 그런데 김응기는 천문도를 다시 찾아보고 아뢰기를 "혜성은 꼬리가 가리키는 방향이 중요한데, 지금 혜성은 영실(營室)에 나타났고, 해는 필(畢)에서 뜨기 때문에 그 꼬리는 서남을 향하게 된다"고 말을 바꾸었다. 그러면서 그는 이것으로 계산해보면 그 분야는 '오연(吳燕)'으로 바로 조선에 해당하는 분야라고 말했다.[97] 천변이 28수(宿)의 기본 별자리 가운데 어느 자리에 나타나는가에 따라 그에 상응하는 지상의 나라에 어떤 일이 일어날 수 있다고 생각하던 때였기에 이런 논의가 있었던 것이다. 그러나 '위' 또는 '오연'의 분야가 우리나라에 해당한다고는 여겨지지 않았다. 김응기가 왜 이렇게 대답했는지 그 까닭을 알 수는 없다. 한편 실록은 이때의 혜성을 '彗'와 '孛' 두 한자를 혼용해 쓰고 있다.

연산군은 재이를 가지고 임금의 잘잘못을 따지는 일에 대해 몹시 민감한 반응을 보였다. 그의 이런 태도는 한국 역사상 유례를 찾아볼 수 없는 조치로 나타나는데, 이때에도 주로 관련된 재변은 혜성이었던 것으로 보인다. 1506년(연산군 12) 7월 10일 패성이 자미원에 나타났고, 충공도(忠公道)에서는 지진 보고가 들어왔다. 이에 대해 연산군은 이런 재변은 보고하지 말라고 지시하지 않았느냐고 상기시키고, 7월 18일에는 다시 같은 취지의 지시를 내렸다. 그런데 이틀

뒤인 7월 20일 관상감은 다시 성변(星變)을 보고했다.[98]

이때 어떤 성변을 보고했는지는 확실하지 않지만, 바로 전날 실록에 기록되어 있는 혜성의 출현에 관한 것일 가능성이 높다. 바로 전날 기록에는 혜성이 자미원에 나타났는데, 길이가 몇 길[丈]이나 되고, 꼬리는 동남을 향하였으며, 열흘 이상 나타났다는 것이다. 이 보고를 받은 연산군은 육조참판 이상의 관리들을 불러들여 관상감을 없애겠다고 선언하였다. 재이를 보고하지 말라고 했음에도 불구하고 다시 이런 보고를 올렸다고 질책하면서 "부족한 인간이 헛되이 하늘의 뜻을 미루어 짐작하는 것은 잘못이다"라고 주장했다. 그는 특히 재이란 우연히 일어나는 것으로 인사(人事)의 잘못이 아니라고 하면서, 관상감을 없애고 그 대신 사력서(司曆署)를 두어 시계와 점치는 일을 담당하게 하라고 명했다. 우리 역사에서 천문 담당 기구를 없앤 것은 이때가 유일하다. 이 조처는 41일 만에 연산군이 쫓겨나면서 바로 회복되었다.

뒤이어 왕위에 오른 중종은 어느 날 경연에서 《강목》을 읽으며 중국의 성변에 대해 토론하였다. 이어 임금은 성종 때의 혜성과 연산군 때의 혜성에 대해 그 차이를 지적하였다. 이어 검토관 김안세(金安世)는 "성종 때의 혜성은 그에 상응하는 일이 없었지만, 연산군 때의 혜성은 현실로 나타났다"면서 "임금이 하늘을 공경하고 백성을 잘 다스리면 재앙이 없을 수도 있다"고 설명했다.[99]

이수광(1563~1629)은 《지봉유설(芝峯類說)》에서 자신이 직간접적으로 경험한 혜성에 대한 이야기를 적고 있다. 이 책에 따르면 1607년 10월 혜성이 삼태(三台) 사이에 나타났는데, 꼬리가 문창과 북두를 향하고, 길이는 열 자가 넘었으며, 창백했다. 한 달이 지나서야 사라졌는데, 그 이듬해 임금이 승하하니 이는 바로 그 징험이었다는 것이다.[100] 또 《지봉유설》에는 1577년에 치우기가 우리나라 분야인 미(尾)와 기(箕) 자리에 나타났는데, 길게 하늘을 가로질러 몇 달이나 사라지지 않았다고 적혀 있다. 그런데 이해에 일본의 도요토미 히데요시(豊臣秀吉)가 침략을 준비하기 시작해서 15년 뒤 임진년에 우리나라를 침략하였으니 "작은 오랑캐가 섬 안에서 날뛰는 것도 하늘을 거슬러 그 영향이 이렇게 나타나니, 실로 두려운 일"이라고 적으며 지상의 일에 대한 하늘의 반응을 설명하고 있다.[101]

그러나 《선조실록》에는 1607년(선조 40) 10월에 혜성이 관찰되었다는 기록이 전혀 보이지 않는다. 10월 이후 연말까지 선조는 중병으로 고생했지만, 기록된 자연현상은 자주 태백이 낮에 보였다는 것과 햇무리가 몇 차례 보인 것이 전부다. 임진왜란으로 사료가 모두 소실되는 바람에 《선조실록》의 경우 임진왜란 이후는 아주 상세한 데 비해 그 이전은 소략하기 그지없다. 1577년(선조 10)의 경우 7월에 2줄, 8월에 4줄의 기사밖에 남지 않았고, 9월과 10월의 기록은 아예 한 줄도 전해지지 않는다.

실학자 이익(1681~1763)은 1743년(영조 19) 겨울의 혜성에 대해 글을 남기고 있다.[102] 혜성이 규(奎)와 벽(壁) 사이에 나타났는데, 길이가 몇 자나 되고, 희게 빛나는 모양으로 이듬해 초까지 보였다는 것이다. 이는 자신이 직접 본 것을 기록한 게 분명하다. 그는 "혜성이란 수기(水氣)의 정(精)이 모여 생기는 것으로, 그 때문에 꼬리는 해의 반대 방향을 향한다"고 설명하고, "이 혜성의 영향이 어느 나라에 미칠지는 알 수 없지만, 결코 헛되이 생기는 것은 아니다"라고 말했다. 그는 혜성의 위치가 우리나라 분야는 아닌 것을 확인하고 일단 안심하는 듯한 태도를 보였다. 이 혜성에 대해서는 나일성이 《승정원일기》에 기록된 내용을 근거로 궤도 계산까지 시도했는데, 그 기록만으로는 초신성인지 혜성인지 확실하지 않다고 지적했다. 이익이 관찰한 기록을 보태면 더 확실한 추정이 가능할지도 모른다.[103] 이 혜성에 대해 실록에는 객성으로 기록(11월 22일)되었다가 바로 혜성으로 바뀌어 이듬해 1월 22일까지 거의 매일 기록되어 있다.

혜성에 대해 처음으로 근대 과학적 설명을 시도한 사람은 최한기로 알려져 있다. 그는 중국에 들어온 서양 근대 과학서들을 참고해서 1867년에 쓴 《성기운화(星氣運化)》에서 "혜성이란 아주 작은 중심체가 아주 큰 기체를 끌고 있는데, 그 인력이 충분하지 못해 길게 꼬리를 그리게 된다"고 설명했다.[104] 여기서 우리는 혜성이 재이로서의 의미를 상실했음을 알 수 있다.

6. 객성

'손님별'이라는 뜻 그대로 객성(客星)은 전혀 새로운 별이 나타났을 때 붙인 이름이다. 당연히 전에는 그 자리에 있지 않았던 별이 나타났음을 의미하며, 이는 대체로 대단히 불길한 것으로 여겨졌다. 세종 때 이순지가 쓴 《천문유초》에는 객성에 대한 설명이 두 쪽에 걸쳐 보이는데, 객성의 종류를 주백(周伯), 노자(老子), 왕봉서(王蓬絮), 국황(國皇), 온성(溫星)의 다섯으로 분류하고, 각각에 대해 설명하고 있다. 이에 따르면 "이들은 잘못하여 행성 사이에 나타나는데, 그 나타남이 무상하고 기한도 없고 궤도도 정해지지 않았다"고 되어 있다. 다만 그것이 나타나는 분야를 보고 그 조짐의 의미를 예측할 수 있을 따름이라고 덧붙이고 있다.[105]

한국사에 처음 보이는 기록은 85년 4월 객성이 자미원에 들었다는 내용이다. 《삼국사기》에는 모두 8회의 기록이 남아 있는데, 모두 적어보면 다음과 같다.

표 2_ 삼국사기에 실린 객성 기록

85년 4월	백제 기루왕 9년 4월 을사일에 객성이 자미에 들었다. (1) 신라 파사왕 6년 4월 객성이 자미에 들었다. (1)
153년 12월	고구려 차대왕 8년 12월 그믐에 객성이 달을 범하였다. (2)
299년 9월	고구려 봉상왕 8년 9월 객성이 달을 범하였다. (3)
744년 겨울	신라 경덕왕 3년 겨울 요성(妖星)이 하늘 한가운데 나타났는데, 크기가 닷 말들이 그릇만 하더니, 열흘이 지나 사라졌다.
815년 8월(?)	신라 헌덕왕 7년(8월 이후) 큰 별이 익(翼)과 진(軫) 사이에 나타나 경(庚)을 향하였다. 꼬리 빛의 길이가 여섯 자를 넘고 너비가 한 치 남짓이었다.
867년 12월	신라 경문왕 7년 12월 객성이 태백을 범하였다. (4)
934년 9월	신라 경순왕 8년 9월 노인성이 나타났다.

이상 삼국시대 기록에서 특기할 만한 점은 다음과 같다.

우선 첫 객성의 기록이 백제와 신라에 모두 기록되어 있다는 사실이다. 이 기록은 중국에서도 보이는데, 《후한서(後漢書)》는 백제 기록과 똑같이 날짜까지 을사일로 밝혀놓았다. 이 기록에 대해서는 중국의 천문학사도 주목하고 있다.[106]

서기 85년이면 한국사에서는 이런 기록에 대한 신빙성이 극히 낮을 때라고 할 수 있는데, 어떻게 이 기록이 남게 되었는지 의심스럽다. 게다가 백제 기록에서는 을사일이라는 일진까지 밝히고 있어 더욱 의아스럽다. 백제는 어떻게 그렇게 일찍부터 객성을 관측하고 있었던 것일까?

또 하나 특기할 만한 점은 744년, 815년, 934년의 경우는 《삼국사기》기록에 객성이라고 되어 있지 않다는 것이다. 이들은 각각 요성, 대성, 노인성으로 되어 있어 엄밀하게 말하자면 객성이 아닐 수도 있다. 그런데 이들을 모두 객성으로 다룬 것은 《증보문헌비고》의 분류를 따른 것이다.[107] 《증보문헌비고》는 객성을 독립된 재이 항목으로 분류하고, 위의 세 가지를 여기에 포함하고 있다. 조선 후기에 편찬된 이 책은 객성 항목의 시작 부분에 《명사(明史)》 천문지를 인용하여 "객성이란 늘 있던 별이 아닌 별을 가리키며, 이상한 별들을 모두 지칭하는 말"이라고 설명하고 있다. 바로 이런 뜻에서 《삼국사기》에 요성, 대성이라 표현된 별이 객성으로 분류되어 여기에 적힌 것으로 보인다.

《증보문헌비고》는 934년의 노인성 기록에 대해서는 별도의 논평을 달았다. 즉 노인성은 항성의 하나이지만, 중국에서는 양자강 이남에서만 보이고, 우리나라에서는 제주 이남에서만 보이므로, 이 기록이 잘못된 것이 틀림없어 여기에 포함한다는 설명이다. 1770년에 처음 완성된 이 책은 1782년에 증보되었는데(《증보문헌비고》는 1770년에 완성된 《동국문헌비고》를 1782년에 1차 증보한 것이다) 이때 증보된 기록 중 하나가 "신라 문무왕 2년(662) 봄에 객성이 남쪽에 나타났다"는 내용이다.[108] 이 기록은 《삼국사기》〈신라본기〉에서는 찾아볼 수 없다.

이 기록은 《삼국유사》에 나타난 가짜 객성 사건을 반영하고 있는 것으로 보인다. 660년 나당 연합군이 백제를 멸한 뒤 신라군이 한산성에 주둔하고 있을 때였다. 고구려와 말갈의 공격을 받아 신라군이 위급해지자 정부는 당황했다. 말을 타고 달려온 김유신은 이제 인력으로는 어쩔 수 없고 오직 신술(神術)로써 구할 수 있다면서, 성부산(星浮山)에 단을 쌓고 빌었다. 그러자 홀연히 독 크기만 한 불덩이가

단에서 일어나 별처럼 날아 북쪽으로 갔다.[109] 이 기록은《삼국유사》
에는 태종 항목 속에 들어 있지만, 문무왕 2년쯤에 일어난 일로 보는
것이 옳다. 왜냐하면 나당 연합군이 백제를 멸한 것이 660년이고, 이
사건은 그보다 조금 뒤의 일로 기록되어 있기 때문이다. 그러나《삼
국사기》에는 문무왕 2년 2월에 고구려군이 신라군을 공격했다는 기
록만 있을 뿐 김유신이 성부산에서 제사를 지냈다는 내용은 없다.

《삼국유사》는 이 대목에서 성부산이라는 이름이 생긴 내력에 대해
"김유신이 제사를 지내자 별이 떠올랐기 때문"이라고 설명한 데 이
어서 다른 전설도 기록하고 있다. 그 전설에 따르면 이 산은 서울 숲
의 남쪽에 있는 높은 봉우리인데, 어떤 사람이 벼슬을 얻고자 아들
을 시켜 횃불을 만들어 그 산꼭대기에서 높이 들고 있게 했다. 그날
밤 사람들이 그 불을 보고 이상한 별이 떴다고 말했고, 걱정이 된 임
금은 사람을 찾아 이 별을 물리쳐보려 했다. 물론 그 아비는 여기에
응할 태세였다. 그때 일관이 아뢰기를 "이는 큰 괴변이 아니라, 한
집에서 아들을 잃고 아비가 울게 될 조짐이다"라고 하였고, 그래서
임금은 아무 조치도 취하지 않았다. 그날 밤 그 아들은 산을 내려오
다가 호랑이에게 물려 죽었다.《증보문헌비고》는《삼국유사》의 이
기록을 추가한 것이 분명하다.

고려시대의 첫 객성 기록은 당대 최고의 천문관 최지몽(崔知夢)의
전기에서 볼 수 있다. 980년(경종 5)에 그는 11년 만에 다시 높은 벼
슬을 얻어 중요한 위치로 돌아왔다. 어느 날 그가 아뢰기를 "객성이
제좌(帝座)를 범하고 있으니, 임금은 특히 호위를 잘하여 만약의 사
태에 대비하라"고 하였다. 그리고 얼마 되지 않아 왕승 등이 반란을
일으켰다가 처형되었다는 것이다.[110]

태조 때부터 이미 이 방면의 명사로 알려진 최지몽이 980년에 내

의령으로 임명되었고, 그 후 왕승 등이 모반 사건으로 죽임을 당하였다는 기록은 《고려사》〈세가〉 편에도 실려 있다.[111] 그러나 이 〈세가〉 편에는 최지몽의 객성에 대한 내용은 전혀 기록되어 있지 않고, 같은 《고려사》의 〈천문지〉에도 보이지 않는다. 《증보문헌비고》에도 이 객성은 실려 있지 않은데, 《고려사》〈천문지〉와 〈세가〉에 들어 있지 않은 것과 같은 이유에서일 듯하다.

객성이 혜성과 거의 같은 의미로 해석되었다는 것은 최지몽 사건으로도 알 수가 있다. 객성은 반란을 상징하는 별로 여겨졌다. 앞의 표 2에서 제시한 《삼국사기》의 객성 기록은 조선 후기에 다시 정리한 《증보문헌비고》의 분류를 참고한 것으로, 노인성도 여기 포함된 것이 중요한 특징이다. 그러나 노인성에 대한 부분은 다음에 별개 항목으로 다루기로 하고, 고려시대의 객성에 대해서 《고려사》〈천문지〉에 명백하게 객성으로 기록된 것만 골라 열거하면 다음과 같다. 이들 기록은 조선 후기에 편찬된 《증보문헌비고》에도 그대로 나타나 있다.

표 3_ 고려사 천문지에 실린 객성 기록

1065년(문종 19) 6월	을묘일	有客星大如燈 (5)
1073년(문종 27) 8월	정축일	客星見于東壁星南 (6)
1074년(문종 28) 7월	경신일	客星見東壁星南大如木瓜 (7)
1163년(의종 17) 7월	무술일	客星犯月 (8)
1356년(공민왕 5) 4월	계축일	客星犯月 (9)
1363년(공민왕 12) 4월	병인일	客七星幷見三小星相鬪 (10)
1391년(공양왕 3) 4월	을해일	客星犯紫微 (11)

그런데 이들 《고려사》〈천문지〉에 기록된 객성이 같은 《고려사》의

〈세가〉 편에는 전혀 나타나지 않는다. 앞에 소개한 최지몽의 980년 객성은 《고려사》 〈열전〉에만 기록되고 〈천문지〉와 〈세가〉 편에서는 무시되었고, 이들 7회의 객성 기록은 〈천문지〉에만 들어 있을 뿐 〈세가〉 편에는 전혀 반영되지 않은 것이다. 그렇다면 《고려사》 〈세가〉 편에는 객성에 대한 기록이 전혀 없다는 뜻이다.

1708년에 최천벽이 쓴 고려 때의 재이에 관한 기록인 《천동상위고》에는 이들 객성이 거의 그대로 기록되었고, 그 의미도 상세히 설명되어 있다. 최천벽은 객성에 대한 일반적 설명은 하지 않고, 혜성을 다룬 14권에 객성 기록을 끼워넣고 있는데, 1163년과 1356년의 객성에 대해서는 언급하지 않았다. 그러나 나머지 객성에 대해서는 나름의 설명을 하였고, 대단히 중요한 재이로 여겼다.

그는 《천동상위고》에서 1065년 6월의 객성을 기록한 다음 이듬해 2월 기해일에 일어난 운흥창(雲興倉)의 화재를 '객성의 응보'라고 단정 짓고 있다.[112] 실제로 운흥창의 화재 사건은 《고려사》 〈세가〉에 기록되어 있으며, 이 화재로 인해 여러 해 쌓아두었던 재물이 모두 타버려 손실이 컸다면서 문종이 창고에 금화(禁火) 담당 관리를 두고 수시로 점검하여 엄하게 지킬 것을 명령한 내용이 있다.[113]

그런데 같은 문종 때에 연달아 기록된 1073년과 1074년의 객성에 대한 설명은 좀 모호하다. 두 건 모두 이듬해까지 이어진 심한 가뭄과 관련해 설명하고 있는 정도다.[114] 《고려사》 〈세가〉에는 두 객성에 대한 기록이 없다. 그러나 그 이듬해에 가뭄이 심했다는 기록이 나타난다. 1073년 다음 해 4월에는 가뭄이 심해져 저자를 옮겼다는 기록이 있고, 1074년의 다음 해도 역시 가뭄이 심했던 것으로 보인다. 1075년 4월에는 가뭄 때문에 여러 곳의 공사를 중단하고 일꾼을 돌려보냈으며, 5월에는 농사를 걱정하는 태사의 진언에 따라 기우제를

지냈다.[115]

최천벽이 그다음에 기록한 객성은 2개로, 1363과 1391년의 것이다. 1363년(공민왕 12) 4월의 객성 기록은 참으로 기이한 현상이라 할 수 있다. 객성이 7개나 나타났고, 그중 3개의 작은 별은 서로 다투는 형세였다는 것〔客七星幷見 三小星相鬪〕. 최천벽은 이 기록을 그대로 옮겨놓은 후 다음과 같은 설명을 달고 있다. 당시 고려는 왜구와 홍건적 등으로 소란하였고, 장사성과 납합출 등 외교적 문제도 많았다. 게다가 원나라 군사 1만 명을 이끈 최유가 덕흥군을 받들고 압록강을 건너와 의주에 주둔하였는가 하면, 부역에 반발한 평택현 사람 어량대가 반란을 기도하고 성문에 돌입하였으나 날이 밝자 그 무리가 스스로 깨어져 그 수괴 여덟 명이 참수되는 사건이 있었다. 이 모든 사건이 객성이 서로 다투는 조짐으로 나타났다는 설명이다.[116]

당시 고려 말기에는 특히 중국 대륙의 정치 불안으로 인해 외교적 어려움과 외침이 거듭되고 있어서 위와 같은 해석이 가능했던 것이다. 특히 구체적으로 제시한 최유 사건과 어량대 사건은 《고려사》에도 공민왕 13년(1364) 1월과 12년(1363) 6월의 기록에 그대로 나타나 있다.[117] 최천벽이 기록한 고려의 마지막 객성은 1391년에 나타난 것이다. 그는 이 객성에 대해 나라의 정치가 바뀌고, 신하 노릇을 하지 않는 신하가 있을 거라고 예언했는데, 그해에 한발이 심했다는 사실도 함께 기록하고 있다.[118] 1391년은 고려가 망하기 1년 전이다. 따라서 최천벽이 객성을 고려 멸망의 조짐으로 해석한 것은 당연한 일이다.

오늘의 과학에서도 객성은 다른 어떤 천문 현상보다 중요한 자료로 인식되고 있다. 그전에 없던 자리에 새로 나타난 별이라는 뜻의 객성은 현대 천문학에서 다루고 있는 신성(新星, nova)과 초신성(超新星, supernova)에 해당한다고 하겠다. 그런데 우주의 완전성을 믿었던 서양에서는 하늘의 중대한 변화라 할 수 있는 새 별의 등장을 인정하지 않았다. 그래서 서양 천문학에서는 신성이나 초신성에 대한 첫 기록을 1572년 티코 브라헤(Tycho Brahe)의 발견으로 잡는다. 오늘날 우주의 시작 문제를 연구하거나 그 밖의 여러 물리학적 문제들을 연구하는 데 있어 신성과 초신성의 자료는 중대한 정보를 제공한다. 그래서 신성 또는 초신성 기록이 현대 천문학의 연구 대상이 되는 것이다.

앞에서 소개한 것처럼 한국 역사에는 서양에서의 첫 기록보다 앞선 기록이 여럿 남아 있다. 물론 이런 기록은 중국과 일본에도 적지 않다. 특히 1929년 미국의 천문학자 에드윈 허블(Edwin Hubble, 1889~1953)이 팽창우주론을 확립한 이래 동양에서만 기록되었던 객성이 세계 천문학계의 새로운 관심 대상이 되었다. 우주 속의 성운(星雲)을 그 모양에 따라 분류하고, 진화 과정을 연구한 허블이 '성운의 후퇴 속도는 그 거리에 비례한다'는 사실을 밝혀내고, 우주의 팽창 이론을 발표한 것이다. 태초에 우주는 한 점에서 시작하여 오늘날까지 팽창을 계속하고 있다는 것이 그의 주장이었다.

건포도를 넣은 빵을 가열하면 빵이 부푸는데, 이때 건포도들이 서로 멀어지듯이 우주 안의 천체들도 서로 멀리 달아나는 것처럼 보이게 마련이다. 풍선 위에 점을 찍어놓고 공기를 불어넣으면 점과 점 사이의 거리가 멀어지는 것과 마찬가지다. 이런 방식으로 우주가 팽창하고 있다고 생각한 허블은 우주팽창론을 정식으로 발표하기 1년 전에 그 증거 중 하나로 1054년 중국에서 관찰되었던 초신성이 바로 지금의 '게 성운(Crab Nebula)'에 해당한다는 의견을 제시했다. 마치

게처럼 보인다고 해서 그런 이름이 붙은 이 성운은 수많은 별들이 모여 그러한 모양을 이루고 있다. 허블은 중국인들이 1054년에 관측해 기록한 초신성이 거의 900년 동안 팽창하여 오늘날과 같이 넓은 모양의 성운으로 보이게 된 것이라고 생각했다. 1054년 중국에서 관찰, 기록된 객성이 허블의 우주팽창론을 완성하는 데 중요한 자료가 되었던 셈이다.

그 후 일본인들은 일본 역사에서 이 1054년의 객성 기록을 찾아내 세계 천문학계에 알렸다. 유감스럽게도 우리나라에는 그런 기록이 없다. 1054년은 고려 문종 8년에 해당하는데, 이상하게도 그해의 천문 현상에 대한 기록이 전혀 없다. 반대로 고려 때 관찰되었다는 객성이 중국에는 기록되어 있지 않다. 삼국시대인 85년의 객성은 백제와 신라, 그리고 중국에서 모두 관측된 것으로 기록되었지만, 그 후 중국의 기록에는 나타나지 않는다. 그러나 중국에서는 같은 기간에 객성을 관측한 기록이 많아서, 고려 말까지 약 90개나 된다.

조선시대의 객성 기록은 20여 년 전 필자의 조사에 따르면 조선 초기 1세기 동안에 3회만이 발견된다. 모두 실록에서 찾아낸 것인데, 이들 세 기록은 《증보문헌비고》에도 그대로 실려 있다. 표 4에 소개하는 내용은 《증보문헌비고》에 객성으로 뚜렷하게 기록된 경우다.

《증보문헌비고》에는 '객성'이란 항목이 따로 있고, 그 안에는 객성이 아닌 다른 용어로 된 기록도 함께 연대순으로 들어 있다. 그중에는 노인성과 다른 별들도 포함되어 있는데, 노인성을 제외한 다른 기록을 열거하면 표 5와 같다.

이들 기록 가운데 조선시대의 객성 기록을 실록의 기록과 비교해보자. 한국사상 열두 번째의 객성 기록인 1398년의 기록은 《증보문

표 4_ 증보문헌비고에 실린 객성 기록

1398(태조 7) 11월	경자일	客星犯月 〈12〉
1437(세종 19) 2월	을축일	客星見于尾第二三星間凡十四日而乃滅 〈13〉
1499(연산군 5) 7월	병자일	客星犯紫微北極第一星 〈14〉
1572(선조 5) 10월		客星見于策星之側大如金星 〈15〉
1592(선조 25) 10월	신해일	客星見于天倉內 을묘일… 〈16〉
1600(선조 33) 11월	을유일	客星見于尾… 〈17〉
1604(선조 37) 9월	무진일	客星在尾… 〈18〉
1605년(선조 38) 1월	병자일	客星見于天江… 〈19〉
1661(현종 2) 10월	무진일	客星見于女宿… 〈20〉
1664(현종 5) 9월		客星見于天江上… 5월 滅 〈21〉
1684(숙종 10) 10월 14일		客星見于角 〈22〉
1702(숙종 28) 3월	정미일	客星見于女… 〈23〉
1743(영조 19) 1월	갑술일	客星見于軫… 〈24〉
1759(영조 35) 11월	정묘일	客星見于東井… 〈25〉
1759(영조 35) 12월	기해일	客星又見于星宿… 〈26〉
1760(영조 36) 1월	기유일	客星見于轅… 〈27〉
1770(영조 46) 윤5월	임자일	客星見于天市東垣… 〈28〉

헌비고》와 《태조실록》이 완전히 일치한다.[119] 열세 번째 기록인 1437년(세종 19)의 객성도 두 기록이 거의 같다. 《증보문헌비고》에는 객성이 미(尾) 별자리〔宿〕의 두 번째와 세 번째 별 사이에 나타나 14일 만에 사라졌다고 쓰여 있는데, 《세종실록》에는 객성이 세 번째 별에 더 가까워 그 거리가 반 자 남짓이었다고 좀 더 상세하게 설명되어 있다.[120]

열네 번째의 기록인 1499년 객성도 《증보문헌비고》에는 앞에 소개한 것처럼 연산군 5년 7월 18일에 객성이 자미원의 북극 첫째 별을 범하였다고 간략히 적혀 있는 데 비해 《연산군일기》의 기록은 상당히 자세하다. 우선 그해 7월 18일에는 객성 기록이 없고 그보다 4일 뒤인 21일에 처음 나오지만, 처음 관찰된 것은 18일이었다고 밝히고

744(경덕왕 3) 겨울	신라, 요성(妖星)
815(헌덕왕 7) 가을	신라, 대성(大星)
932(태조 15) 9월	고려, 대성(大星)
1021(현종 12) 4월	요성
1031(현종 22) 9월	대성
1063(문종 17) 10월	유성출(有星出)
1072(문종 26) 9월	유성여화(有星如火)
1082(문종 36) 7월	유성출
1176(명종 6) 3월	유성
1213(강종 2) 8월	유성
1490(성종 21) 12월	유성
1566(명종 21) 12월	유성
1625(인조 3) 가을	요성…… 4년 7월; 5년 봄, 9월
1645(인조 23) 2월	대성
1652(효종 3) 12월	백성(白星)
1707(숙종 33) 11월	유성

있다. 승지 권주 등이 관상감 천문학자의 보고를 듣고 이를 다시 임금에게 보고하여 재이가 있으니 조심할 것을 권고하는 내용이다.[121]

열다섯 번째는 70여 년 후인 1572년(선조 5) 10월의 객성 기록인데, 이와 관련해《선조실록》에는 아무 기록도 없다. 그러나《선조수정실록》에는 그해 10월 초하루에 객성이 책성 옆에 나타났는데, 금성보다 컸다고 기록되어 있다.[122]

앞에 소개한《증보문헌비고》의 기록과 일치하는 기록이《선조수정실록》에는 보이지만, 그보다 편찬 시기가 빠르고 훨씬 상세하게 기술된《선조실록》에는 오히려 이 기록이 빠져 있는 것이다. 게다가《증보문헌비고》의 이 기록은 다른 객성 기록과 달리 처음 편찬했을 때에는 들어 있지 않다가 뒤에 증보할 때 보충되었다는 표시로 기사 앞에 '보(補)' 자가 붙어 있다.

그러면 당시 중국의 기록은 어떠했을까? 위에 설명한 열두 번째부터 열다섯 번째까지 네 건의 기록 가운데 중국에도 기록된 것은 열다섯 번째 것이다. 중국 기록에는 열두 번째, 열세 번째, 열네 번째가 보이지 않는 대신 조선 기록에 없는 일곱 개의 객성 기록이 남아있다. 《명실록(明實錄)》에는 열다섯 번째 객성에 대해 아주 상세하게 기록되어 있다.[123]

한편 좀 더 상세하게 편찬된 《선조실록》에는 들어 있지 않았던 1572년의 열다섯 번째 객성이 《선조수정실록》에 실리게 된 이유는 무엇일까? 선조가 죽고 광해군이 왕위에 있는 동안 편찬된 《선조실록》은 북인 중심이어서 서인과 남인에게는 불리하게 기술된 것으로 알려져 있다. 인조반정으로 광해군이 밀려나고 서인이 권력을 잡자 서인인 이이, 성혼, 정철과 남인 유성룡에게 불리하게 기록된 실록을 다시 써야 한다는 주장이 일어나 결국 인조 즉위 초에 실학자로 유명한 이수광 등이 수정 문제를 들고 나왔다. 수정 작업은 오랫동안 지연되다가 효종 8년(1657)에야 완성되었다.[124] 광해군 8년(1616)에 《선조실록》이 나온 지 41년 만에 《선조수정실록》이 완성된 것이다.

그러면 수정 실록에 들어가게 된 객성에 관한 새로운 자료는 어디서 나왔던 것일까? 혹시 그사이에 알게 된 중국의 객성 기록을 포함하게 된 것일까? 그렇지 않다. 필자의 조사에 따르면 율곡 이이의 일기에 바로 이 객성의 기록이 남아 있기 때문이다. 이이의 《석담일기》는 '경연일기(經筵日記)'라고도 부르는데, 이이가 명종 20년(1565)에 30세의 나이로 벼슬에 나가 선조 14년(1581)에 벼슬자리에서 물러나기까지 17년 동안 쓴 정치 중심 기록이다. 이 일기는 《대동야승(大東野乘)》에 들어 있다. 그런데 《석담일기》에 담긴 객성 기록이 《선조수정실록》에 그대로 옮겨져 있다. 게다가 그해 10월의 《석담일기》에는 대사간 허엽이 향약(鄕約) 시행을 주장했으나 받아들여지지 않았다는 기사와 객성 기사, 그리고 전 대사간 기대승이 죽었다는 기사 등이 들어 있다.[125] 그런데 《선조수정실록》은 기대승의 죽음에 대해 조금 짧게 기록하고 있고, 다른 간단한 기록이 하나 더 있을 뿐 《석담일기》를 그대로 베끼거나 일부 줄여 쓴 것처럼 보인다.

앞에서 지적한 것처럼 《선조수정실록》은 이이 등 서인 집권 세력이 이전의 《선조실록》을 수정해 만든 역사책이다. 그들은 수정 실록을 편찬하면서 이이의 일기를 크게 활용했다. 《석담일기》의 기록은 《선조수정실록》의 다른 기사에도 확연하게 인용된 흔적을 남기고 있다. 《선조수정실록》이 이이의 《석담일기》를 얼마나 많이 참고했는지는 앞으로 집중적으로 연구해볼 가치가 있을 듯하다. 이런 연구는 《선조수정실록》의 편찬 과정을 이해하는 데 도움이 되는 것은 물론 조선시대 실록의 편찬 과정 전반을 이해하는 데에도 꼭 필요할 것으로 보인다. 율곡 이이가 기록해 남긴 이 객성은 중국뿐 아니라 서양에도 기록되어 있는데, 덴마크의 천문학자 브라헤가 발견한 초신성이 바로 그것이다.

다음은 열여섯 번째 객성 기록을 보자. 20년 후인 선조 25년(1592) 10월 신해일에 나타난 이 객성은 《선조실록》에도 여러 달에 걸쳐 기록되어 있다.[126] 그러나 이때의 객성은 하나가 아니라 여럿이라는 뜻으로 기록되어 있다. 《증보문헌비고》에는 신해일에 객성이 천창(天倉) 안에 나타났고, 을묘일에 왕량(王良) 동쪽에도 나타났으며, 11월 정사에는 왕량의 서쪽에도 나타나서 이듬해 2월까지 보였다고 기록되어 있다. 따라서 열여섯 번째 객성 기록은 하나가 아니라 셋을 함께 가리키고 있다고도 생각할 수 있다. 실록의 내용도 《증보문헌비고》의 기록과 거의 일치한다. 그런데 《선조수정실록》에는 이때의 객성을 기록하고 있지 않다.

열일곱 번째 기록된 객성 역시 하나가 아니라 2개인 것으로 보인다. 《증보문헌비고》의 기록은 1600년(선조 33) 11월 을유일에 객성이 미(尾) 자리에 나타났는데, 크기가 화성만 하고, 황적색으로 흔들렸으며, 이어 12월 정미에는 객성이 미 자리에서 태백을 범하였다고 기록되어 있다. 그러나 당시 《선조실록》과 《선조수정실록》에서는 이러한 기록을 찾아볼 수 없다. 《증보문헌비고》에는 이 기록에 대해 그해 11월에는 을유일이 없고, 12월에는 정미일이 없으니 간지 표시의 잘못으로 보인다는 설명이 붙어 있다. 이 또한 중국 기록에는 보이지 않는다.

4년 뒤인 1604년(선조 37) 9월 무진일의 열여덟 번째 객성은 중국에도 기록되어 있다.[127] 또 서양에서도 관찰되어 '케플러의 신성'으로 불린다. 《선조실록》에는 이 객성이 정확히 1604년 9월 무진일에 처음 기록되어 10월 임자일까지 관찰되었고, 10월의 갑인일에는 구름이 끼어 관측하지 못하였으며, 을묘일에는 드디어 객성이 보이지 않게 되었다고 관측 과정을 상세하게 기록하고 있다.[128] 이때의 객성은 천강성(天江星) 위에 나타났는데, 그 위치는 미(尾) 별자리의 11도, 북극에서 109도 떨어진 자리였다. 크기는 목성 정도이고, 색깔은 황적색이며, 동요가 있는 것처럼 보였다고 한다. 그런데 구름 때문에 위치 측정이 불가능했다는 기록이 몇 차례 보이고, 크기도 기록마다 달라 목성만 하다고 했다가 뒤에는 금성만 하다고 적고 있다.

게다가 이 객성은 10월 9일에 보이지 않다가 11월 6일 새벽에 다시 보였다고 나온다. 이것이 다음 해 봄까지 계속 관찰되었는데, 3월 15일 5경에 구름 사이로 객성이 보였다는 간단한 내용이 마지막 기록이다. 그렇다면 앞의 표 4에서 열아홉 번째 객성으로 분류한 것은 사실 열여덟 번째 객성이 계속 관찰된 것이었음을 알 수 있다. 《선조수정실록》에는 이 객성 기록이 전혀 남아 있지 않다.

다음은 현종 때 기록된 2개의 객성에 대해 살펴보자. 스무 번째 객성은 현종 2년(1661) 10월 무진일에 여(女) 별자리에 나타났다. 크기는 진성(鎭星, 토성)만 하였고, 11월 정해에 사라졌다고 《증보문헌비고》에는 기록되어 있다. 그런데 《현종실록》에는 그해 10월 신미일에 객성이 여 별자리 5도, 북극에서 102도 위치에 나타났고, 을해일 1경에는 자리를 옮겨 허(虛) 별자리 1도, 북극 거리 97도에 전에 비해 희미하게 나타났다고 적혀 있다.[129] 이 경우 《증보문헌비고》의 기록은 《현종실록》과 일치하지 않는다. 특히 이 객성이 언제 사라졌는지는 실록에서 찾을 수 없고, 《증보문헌비고》에 기록된 11월의 정해일의 실록에는 아무 기사도 남아 있지 않다. 《현종실록》보다 상세한 《현종개수실록》에도 이 객성 기록은 조금 다르게 나와 있다. 10월 기사일 밤 1경에 객성이 여 별자리 안에 나타났는데, 토성보다 작았고, 계유일 밤 1경에는 여 별자리 8도와 북극 거리 99도로 옮겨 형체가 희미해졌고, 을해일에는 허 별자리 1도와 북극 거리 97도로 옮겨졌으며 색이 흐려졌다고 한다.[130] 여기에도 역시 11월 정해일에 사라졌다는 기록은 없다. 정해일은 11월 12일인데, 《현종개수실록》에는 이날 밤에 달이 필성(畢星)을 범하였다는 기록만 남아 있다.

스물한 번째의 객성 역시 현종 때의 것으로 1664년(현종 5) 9월 천강(天江) 위에 나타났다. 크기는 목성만 하고, 황적색으로 동요하였으며, 이듬해 5월에 사라졌다고 《증보문헌비고》는 기록하고 있다.

그러나 이 객성은 《현종실록》이나 《현종개수실록》 어디에서도 찾아볼 수가 없다. 그 대신 두 실록 모두 9월이 아니라 10월부터 혜성이 나타났고, 그것이 새해까지 이어졌음을 보여준다.[131] 혹시 이 혜성이 객성으로 잘못 기록된 것인지도 모른다. 그러나 이 성변은 별의 위치가 많이 바뀐 점을 감안하면 객성이 아니라 혜성이었음이 분명하다. 그렇다면 실록에는 기록되지 않은 객성이 《증보문헌비고》에 기록된 것은 다른 사료가 있었기 때문일까? 그러나 두 실록에 전혀 언급되지 않은 객성이 다른 사료에 기록될 리는 없을 듯하다. 객성은 매우 중요한 성변인 만큼 발생 당시 논의조차 없이 넘어가지는 않았을 것이기 때문이다.

숙종 대에도 2회의 객성 기록이 있다. 스물두 번째 객성 기록인 숙종 10년(1684) 10월의 기사는 그달 14일에 객성이 각(角) 자리에 나타났다고만 《증보문헌비고》에 적혀 있다. 그러나 이 객성 기록 역시 《숙종실록》에는 보이지 않는다. 스물세 번째 객성도 숙종 대에 나타났는데, 1702년(숙종 28) 3월 정미에 나타나 4월에 사라졌다고 《증보문헌비고》에 비교적 상세히 기록되어 있다. 여(女) 별자리에 나타난 이 객성은 하고(河鼓)의 가운데 별 크기였고, 색깔은 창백했으며, 천시원(天市垣) 동쪽으로 옮겨 4월 임자에는 서쪽에서 보였고, 을묘일에는 흐려져 보이지 않았다. 이 별에 대해서는 《숙종실록》도 같은 날짜(3월 정미일)에 거의 같은 내용으로 그 첫 출현을 밝히고 있다. 그리고 다음 날 천시원 동쪽에 있을 때의 위치가 두(斗)에서 10도, 북극에서 49도였다고 하면서 객성 같은 이 별이 4월 무오일까지 여기저기 보이다가 사라졌다고 기록하고 있다.[132]

마지막으로 《증보문헌비고》에 있는 영조 때의 객성 기록 5개를 살펴보자. 1743년(영조 19) 1월의 객성, 1759년(영조 35) 11월에 나타나

12월에 사라진 객성, 이어서 같은 12월에 나타났다가 이듬해 1월에 사라진 객성 등은 대체로 《영조실록》에도 그대로 기록되어 있다.[133] 그러나 위에 스물일곱 번째로 기록된 《증보문헌비고》의 기록은 중복으로 인한 잘못임이 분명하다. 《증보문헌비고》에는 이것이 스물여섯 번째 기록 다음에 증보된 기록이라는 뜻에서 '보(補)' 자를 앞에 달고 있는데, 문맥으로 보나 당시 실록 기록으로 보나 영조 36년 정월에 전부터 보이던 객성이 사라지고 또 하나의 객성이 나타난 일은 없었던 것 같다. 《증보문헌비고》의 이 기록은 착오로 두 번 들어가게 된 듯하다.

　1759년(영조 35) 12월의 스물여섯 번째 객성 기록에 대해서는 나일성 교수가 상세한 기록을 비교, 연구해 발표했다.[134] 그에 따르면 《증보문헌비고》의 기록은 실록에 비해 아주 간단한 편이고, 실록보다 훨씬 상세한 기록은 《승정원일기》에 보이며, 거의 비슷하게 상세한 기록이 당대의 《성변등록》에 남아 있다. 안타깝게도 《성변등록》 등은 거의 소실되었지만, 앞으로 《승정원일기》를 철저히 조사, 정리하면 객성 기록을 비롯한 많은 자연현상에 대한 기록을 복원할 수 있을 것이다. 한편 이 객성의 당시 관찰 기록인 《성변등록》에는 관측도가 들어 있는데, 현재 연세대학교 도서관에 소장되어 있다.

　그렇다면 마지막 스물여덟 번째 기록은 영조 46년(1770) 윤 5월의 객성인데, 이 역시 《영조실록》에도 그대로 적혀 있다.[135] 당시 실록에는 객성이 7일에 처음 보이기 시작하여 나흘째인 10일에는 이미 흐려졌다고 기록되어 있는 등 겨우 세 번의 기록만 남아 있다. 그럼에도 불구하고 이 객성에 대한 궁중의 논의는 제법 활발하였다. 객성이 나타난 이틀째인 8일 저녁 초경에 임금은 숭정전 월대에 나가 관상감의 천문학자 문광도와 안국빈 등에게 객성을 관측하게 했다.

그날 객성이 조금 천시원 밖으로 옮겨갔다고 보고하자, 임금은 땅에 엎드려 하늘에 치성을 올렸다. 임금은 재앙이 자기에게 내리는 것은 별로 걱정할 일이 아니지만, 나라를 위해서는 무한히 걱정스럽다고 말하였다. 임금은 또 "천문학 책에 따르면 객성은 병화(兵火) 아니면 기근을 불러온다는데, 지금 객성이 나타난 곳이 우리 땅에 해당하니, 그 해가 바로 우리나라에 영향을 미칠까 두렵다"고도 말했다. 이에 함께 있던 승지들이 "전하의 정성과 보신하심이 하늘을 감동시켜 재앙이 오히려 상서로 바뀔 것입니다"라며 "이슬이 옷을 적시니 안으로 들어가시라"고 간곡히 권하였다. 임금은 오랜 시간이 지난 다음에야 일어나 안으로 향했다.

10일 밤에도 임금은 숭정전 뜰에서 객성을 관측했다. 이날 임금은 관상감의 다른 천문학자 이덕성(李德成)에게 객성의 움직임을 물었고, 이에 대해 그는 "지금 객성은 북방 하늘가에 있는데, 며칠 안으로 없어질 것 같다"고 말하였다. 다음 날 임금은 "객성이 하루에 30도나 움직인다는 것이 너무 빠르지 않으냐"면서 관상감에 "남산에 올라가 관측해 보고하라"고 지시했다. 문광도가 돌아와 "객성이 땅 밑으로 사라지거나 소멸한 것으로 보인다"고 보고하자, 임금은 "그 것이 그리도 빨리 들어간다면, 다시 돌아 나오는 게 아니냐"고 물었다. 이에 대해 안사일(安思一)이 "혜성이라면 혹시 다시 돌아 나올 수도 있지만 객성은 그렇지 않다"고 대답했다.

객성 역시 한국사에서 근대에 이르기까지 대단히 중시되었던 재 이임을 확인할 수 있다.

7. 유성

밤하늘에서 흔히 볼 수 있는 것이 유성(流星)이다. 별똥별이라고도 부른다. 그런데 유성은 무리를 이루어 떨어지기도 하고, 때로는 공중에서 연소되지 않고 땅에 떨어지면서 요란한 소리를 내기도 한다. 이 때문에 옛사람들의 상상력을 자극하는 현상이 되었다.

유성에 대한 최초의 기록은 14년 《삼국사기》 〈신라본기〉의 남해왕 때의 것이다.[136] 이것은 단지 별이 떨어졌다는 내용에 그친 것이 아니라 중요한 역사 사건의 한 부분으로 기록되었다. 그해 왜군이 쳐들어오자 그쪽으로 군대를 파견했는데, 낙랑은 이를 알고 신라를 공격해왔다. 그런데 별똥별이 그들 쪽으로 떨어지자 그냥 달아났다는 것이다. 신라에 29회, 고구려와 백제에 각 5회씩 유성 기록이 《삼국사기》에 남아 있다.

삼국시대 유성 기록의 특이한 점은 신라의 경우 120년까지 3회를 제외하고는 나머지 26회 모두 467년 이후에 기록되었으며, 백제와 고구려에도 316년 이전에는 그런 기록이 전혀 없다는 사실이다. 신라의 첫 3회 기록은 유난히 이른 것으로, 삼국을 통틀어도 316년 이전에 유성이 관찰된 기록은 신라가 유일하다. 그렇다면 앞으로 다른 기록들의 시기별 분포와 함께 이들 천문 기록의 신빙성을 관련지어 함께 연구해볼 가치가 있을 것으로 보인다.

우리 역사에 기록된 두 번째 유성은 최초의 유성우(流星雨)로 보인다. 신라 파사왕 25년(104) 1월 무리별들이 비 오듯이 떨어졌는데, 땅에까지 떨어지지는 않았다고 한다.[137] 신형식은 《삼국사기 연구》에서 유성은 '하늘의 커다란 변괴'로서, 정치에 끼친 영향이 대단히 컸다고 인정하고 사망, 전쟁, 반란 등과 연관지었다. 특히 당시에는 유성을 지진의 결과로 일어날 수도 있는 현상으로 여겼을 가능성을 지적했다.[138] 그런데 이 책에도 들어 있는 선덕여왕 16년(647) 1월의 유성 기록은 《삼국사기》에는 나타나지 않는다. 《증보문헌비고》에는 나오는데, 정확히 어떤 경로로 '보충'되었는지는 알 길이 없다. 이 기록을 합하면 신라의 유성 기록은 30회가 된다.

《삼국사기》〈신라본기〉에 들어 있지 않은 이 유성이 《삼국사기》〈김유신전〉에는 들어 있다.[139] 그 내용은 다음과 같다.

647년(선덕여왕 16) 1월 비담과 염종이 반란을 일으켜 반군이 명활성에 웅거하고, 왕의 군대가 월성에 진을 쳤다. 열흘 동안 공격과 수비가 거듭되었으나 결판이 나지 않고 있던 어느 날 한밤중에 월성으로 큰 별이 떨어졌다. 비담은 군졸들에게 "내가 들으니 별이 떨어진 자리에는 반드시 피 흘릴 일이 있다 하니, 이는 틀림없이 여왕이 패할 조짐이다"라고 말했다. 그러자 병사들은 환호했고, 그 소리가 땅을 울렸다.

여왕이 이 말을 듣고 벌벌 떨고 있을 때 김유신이 왕에게 이렇게 말했다.

"길하고 흉한 일이란 정해진 것이 아니라 오직 사람이 부르는 것입니다. 그래서 주나라는 붉은 새가 나타났지만 망하였고, 노나라는 기린을 얻었음에도 불구하고 쇠약해졌습니다. 또 고종은 꿩의 울음소리에도 불구하고 흥하였고, 정공(鄭公)은 용들의 싸움에도 불구하고 번창하였습니다. 따라서 덕(德)은 요(妖)를 이긴다는 사실을 알 수 있습니다. 즉 별의 변이는 두려워할 것이 없는 바입니다. 왕께서는 걱정하지 마십시오."

이렇게 왕을 안심시킨 김유신은 허수아비를 만들어 불을 붙이고 그것을 하늘에 띄워 올렸다. 그리고 이튿날 사람들을 시켜 "어젯밤 떨어졌던 별이 도로 하늘로 올라갔다"는 소문을 퍼뜨려 반란군을 의아하게 만들었다. 그리고 백마(白馬)를 제물로 삼아 별이 떨어진 곳에서 제사를 지낸 후 군대를 독려하여 공격했다. 비담 등이 패하여 달아나자 그들을 쫓아가 모두 죽였다.

그런데 여기에서 중요한 부분이라 할 수 있는 647년 1월의 유성이 〈신라본기〉에는 아예 기록되어 있지 않다. 게다가 비담의 반란은 그해 1월의 일로 적혀 있으며, 1월 8일에 선덕여왕이 죽었다고 되어 있다. 그렇다면 열흘 동안의 공방이란 그전 해 12월부터 시작되었다는 뜻인가? 그리고 비담의 반란이 《삼국사기》 〈신라본기〉와 〈김유신전〉에서 모두 선덕여왕 16년 1월에 기록된 이유는 무엇일까? 도대체 이 유성은 그해 1월 며칠 밤에 나타났던 것일까? 김유신이 유성을 다시 하늘로 돌려보냈다는 얘기는 나중에 생겨난 일화가 아닐까 하는 의문을 갖게 한다.

〈김유신전〉에서 더욱 흥미로운 유성 기록은 그가 유성을 만들어내기도 했다는 내용이다. 즉 661년(태종 8) 봄, 백제를 공격하기 위해 신라군이 백제 쪽에 집중되어 있을 때 고구려가 말갈군과 연합하여 북한산성을 공격해왔다. 북한산성을 포위한 고구려군이 열흘 이상 공격을 계속하여 신라군이 동요하고 있을 때 갑자기 고구려 진영에 큰 별이 떨어지고, 천둥번개와 함께 비가 내렸다. 그러자 적군은 포위를 풀고 물러갔다. 이를 두고 사람들은 김유신의 덕이라고 하였다. 북한산성이 포위되었다는 소식을 듣고 김유신이 "사람의 힘은 다하였으니 귀신의 도움이라도 받아야겠다"면서 절에 제단을 쌓고 기도하자 이런 천변이 일어났다는 것이다.[140]

유성의 비슷한 효과는 태종 8년 5월의 기록에서도 찾아볼 수 있다. 이때 고구려는 신라의 북한산성을 포위 공격하고 있었는데, 2800명의 성안 사람들이 갖은 노력으로 20일 동안 버티었으나, 식량도 다 떨어지고 기운도 빠졌다. 이에 성주 동타천(冬陀川)이 지성으로 하늘에 기도하자 갑자기 큰 별이 적진에 떨어지고 번개가 치며 비가 내리고 벼락이 쳤다. 적군은 의심이 나서 포위를 풀고 물러났다.[141] 고구려의 역사에도 비슷한 유성의 기록이 전해진다. 645년(보장왕 4) 여름, 당 태종이 직접 군사를 이끌고 고구려를 공격하여 안시성에 이르고 있었는데, 그때까지 잘 저항하고 있던 고구려 장군 고연수(高延壽)의 진영에 유성이 떨어진 것이다. 다음 날 아침 싸움에서 고연수의 군대는 당군에 패하고, 그는 당 태종에게 항복하고 말았다.[142]

또 《삼국사기》 〈고구려본기〉에는 보장왕 20년(661) 5월 고구려 장군 뇌음신(惱音信)이 말갈군과 연합하여 신라 북한산성을 공격할 때 갑자기 별이 떨어져 포위를 풀고 돌아왔다는 기록이 있다.[143] 이 기록은 앞에 소개한 〈신라본기〉의 태종 8년의 기록과 똑같은 내용을 양쪽에서 전하는 형식으로 되어 있다. 《삼국사기》에는 같은 내용이 두 나라에 모두 기록된 경우가 매우 드물다. 이 경우도 필경 고구려 자체의 기록에 이런 것이 남아 있었다기보다는 신라 쪽의 기록을 근거로 김부식이 양쪽에 모두 같은 기록을 넣은 것으로 생각된다.

실제로 지진과의 연관성을 밝히기는 어렵지만, 유성은 특히 적의 침입을 물리치는 효과를 가진 것으로 여겨졌음이 분명하다. 유성을 나쁜 조짐이라기보다는 좋은 조짐, 즉 길조로 여기는 듯한 인상을 남기고 있는 것이다. 우선 앞에서 인용한 14년(남해왕 14)의 첫 별똥별 기록이 〈신라본기〉에 낙랑군의 침략을 막아준 길조처럼 기록되었음은 주목할 일이다. 이 경우 별똥별이 어느 쪽으로 떨어졌는지가 중요한 것은 물론이다.

유사한 성격의 유성 기록이 백제 측에서도 발견된다. 아신왕 7년 (398) 8월의 일이다. 왕은 고구려를 치려고 군대를 일으켜 한산(漢山) 북쪽에 이르렀다. 그런데 그날 밤 큰 별이 진영에 떨어져 큰 소리를 냈다. 왕이 이를 꺼려 진군을 중지했다.[144] 이 경우는 고구려와 관련된 기사이지만 〈고구려본기〉에는 들어 있지 않다. 또 이들 기사에서 공통적으로 발견할 수 있는 사실은 군사 이동에서 유성이 어느 쪽으로 떨어지는가에 매우 민감했다는 것이다.

운석에 대한 첫 기록은 지마왕 9년(120)에 "큰 별이 월성 서쪽에 떨어졌는데, 소리가 우레 같았다"는 것이다. 운석 기록은 그 후에도 보이지만, 특별히 다른 반응을 발견할 수는 없다. 또 유성우에 대한 기록이 여러 차례 나오지만, 그것이 보통 유성과 달리 해석되었다는 증거도 없다.

고려시대의 유성에 대해 필자가 조사한 바에 따르면 《고려사》에 기록된 것은 모두 547회다. 그 빈도를 왕대별로 살펴보면 표 6과 같다. 괄호 안의 숫자는 왕의 재위 연수다.

표 6_ 고려 왕대별 유성 기록(고려사)

태조(26)	1	혜종(2)	0	정종(4)	0	광종(26)	0
경종(6)	0	성종(16)	0	목종(12)	1	현종(22)	30
덕종(3)	6	정종(12)	17	문종(36)	26	순종(1)	0
선종(11)	12	헌종(1)	1	숙종(10)	14	예종(17)	55
인종(24)	91	의종(24)	28	명종(27)	112	신종(7)	20
희종(7)	2	강종(2)	0	고종(46)	47	원종(15)	26
충렬왕(34)	30	충선왕(5)	3	충숙왕(24)	10	충혜왕(6)	0
충목왕(4)	1	충정왕(3)	1	공민왕(23)	7	우왕(14)	6
창왕(1)	0	공양왕(3)	0				

이 기록은 대단히 특이한 분포를 보여준다. 즉 초기에는 태조와 목종 때 유성의 기록이 각 1건에 그쳤는데, 현종 때부터 빈번하게 나타난다. 또 명종 재위 27년 동안에 남긴 유성 기록은 112회로 가장 많다. 비단 명종 때만이 아니라 16대 예종부터 20대 신종 때까지도 유성 기록이 많이 나타난다. 1106년부터 1204년까지, 꼭 12세기 동안에 유성 기록이 유난히 많았음을 알 수 있다.

이 기간 중 고려 사회의 특징은 무엇이며, 그것이 유성 기록과 어떤 관련이 있는가? 이 질문에 대해서는 아직 이렇다 할 대답을 제시할 수 없다. 천문 현상에 대한 종합적인 검토를 거친 다음에야 그럴듯한 설명을 할 수 있을 것 같다.

한편 조선시대의 천문학 교수 최천벽은 모두 18권으로 된 자신의 저서 《천동상위고》 중 자그마치 3권을 유성 기록에 할애하고 있다. 15, 16, 17권을 유성에 할애한 것이다. 유성에 관한 내용이 전체의 6분의 1을 차지하는 셈인데, 시작 부분에서 최천벽은 유성에 대해 다음과 같이 설명하고 있다.

유성이란 오행(五行)의 흩어진 정(精)이다. 위에서 아래로 내려오는 것을 유성(流星)이라 하고, 아래에서 위로 올라가는 것을 비성(飛星)이라 한다. 또 큰 것을 분(奔)이라 부르기도 하지만, 이 모두가 유성이다. 별이 크면 일이 크고, 별이 작으면 일도 작다. 큰 것은 해도 심하고, 작은 것은 해도 약하다. (……) 그 의미는 그날의 일진, 유성의 시작과 끝의 위치 등을 참고하여 알아내게 되는바, 색깔에 따라 푸른색은 걱정과 기근, 붉은색은 전쟁과 가뭄, 흰색은 형벌과 감옥, 검은색은 질병, 죽음, 수재 등을 나타낸다.

이보다 훨씬 전에 쓰인 이순지의 《천문유초》에도 거의 같은 내용이 들어 있는데, 좀 더 상세한 설명이 붙어 있다.[145] 물론 《천문유초》에는 고려 때의 유성에 대해 구체적으로 예를 들어 설명한 기록은 없다. 그러나 최천벽의 《천동상위고》는 고려 때의 유성 기록을 예로 들어 각기 어떤 반응이 있었는가를 설명하고 있는데, 그 많은 자료를 전부 분석하기란 어려운 일이다. 따라서 여기서는 우선 《고려사》에 기록된 유성에 대한 반응을 몇 가지 살펴본다. 유성 기록만 남긴 경우가 아니라, 유성에 대해 논평이나 반응을 함께 기록한 경우를 살펴보겠다는 것이다.

> 혜종 2년(945) 왕규가 왕의 아우를 해치려는 음모가 있었다. 이때 사천관이었던 최지몽이 임금에게 아뢰기를 "유성이 자미를 범하였으니 나라에 반드시 역적이 있을 조짐입니다"라고 하였다. 또 그 후 왕이 병에 걸려 누워 있을 때도 최지몽은 점을 쳐서 아뢰기를 "가까운 장래에 변란이 있을 것이니 자리를 옮기셔야 하겠습니다"라고 하였다. 혜종이 죽고 왕위를 계승한 정종은 왕규를 처벌하여 죽이고 최지몽에게 후한 상을 내렸다.[146]

《고려사절요》에서도 짐작할 수 있는 것처럼, 이 일은 그리 단순한 사건은 아니었다.[147] 태조의 뒤를 이어 왕위에 오른 제2대 혜종, 제3대 정종, 제4대 광종은 모두 태조의 이복형제들로 외가와 얽혀 정권 다툼이 벌어지고 있었기 때문이다. 왕규 역시 한 왕자의 외조부로 왕위 다툼에 휘말려 있었다. 왕규의 딸이 태조의 열여섯 번째 부인이었다. 역사 기록대로 왕규가 혜종을 해치려 했는지는 확실하지 않다. 그런 의미에서는 최지몽이 그 뜻을 해석했다는 혜종 2년의 유성 역시 모호하기는 마찬가지다.

이 유성은 《고려사》〈열전〉 '최지몽 편'에만 나올 뿐 〈세가〉 편에는
기록되어 있지 않다. 고려시대의 천문 이상 현상만을 모아놓은 조선
시대의 《천동상위고》에도 이 유성 기록은 보이지 않는다.

그러나 1182년(명종 12) 9월의 유성에 대해서는 《고려사》〈천문지〉
에 그 해석까지 상세하게 기록되어 있다. 이때 유성은 헌원(軒轅)에
서 나타나 장(張) 별자리에 들어갔는데, 크기가 배〔梨〕만 하였고, 꼬
리는 다섯 자 남짓이었다. 예언하기를 "여주(女主)가 해를 입을 것이
며, 사신이 올 조짐이다"라고 했는데, 과연 이듬해인 1183년에 태후
가 죽었고, 1184년에는 금나라 사신이 왔다.[148] 그러나 《고려사》의
〈세가〉 편 명종 12년 9월에는 유성의 기록이 보이지 않는다. 하지만
〈세가〉 편 명종 13년 11월에 왕의 어머니였던 태후 임(任)씨가 죽었
다는 기록이 있고, 명종 14년 4월에는 금나라에서 조문 사절이 왔다
는 기록이 있다. 1182년 9월의 유성은 1183년 11월의 태후 죽음과
1184년 4월의 금나라 사신 도착을 예고한 조짐이었다는 뜻이다. 《고
려사절요》는 태후의 죽음과 금나라 사신의 도착은 기록하고 있지만,
그에 앞선 유성은 기록하지 않았다. 《천동상위고》는 《고려사》〈천문
지〉의 기록을 그대로 옮기고 있다. 《증보문헌비고》에는 유성 부분만
옮겨 기록하고 있을 뿐, 그 후의 사건들은 언급하지 않았다.

《고려사》〈천문지〉에는 유성에 대한 기록이 547회나 있을 정도로
매우 많은데도 구체적 반응까지 기록한 경우는 극히 적다. 그 영향
까지 밝힌 명종 12년의 유성 기록은 예외적인 셈이다. 물론 명종 대
에는 유성 기록이 어느 임금 때보다 많아서 재위 27년 동안 112회나
된다는 사실은 앞에 소개한 바 있다.

이 기록 외에도 《고려사》〈천문지〉에는 유성에 대한 반응을 적어

남긴 사례가 몇몇 있다.[149] 그런데 그 내용이 어떤 예언이라기보다는 유성이 나타나자 백성들이 동요했다는 정도의 설명에 그치고 있다. 그런데 다른 천문 재이에 대해서는 논평을 붙인 일이 거의 없기 때문에 그것 자체만으로도 특이한 사례다. 그런 반응이 기록된 경우는 모두 7회인데, 표 7과 같다.[150]

표 7_ 유성에 대한 반응(고려사 천문지)

1106년(예종 1) 6월	왕시가 날아가자 본 사람들이 놀라 떠들썩하였다〔枉矢飛行 見者皆驚譟〕.
1124년(인종 2) 8월	천구가 동북쪽에서 나타나 도성 안팎을 떠다녀 사람들이 앞다퉈 떠들어댔다. 바로 서남쪽 땅에 떨어졌는데, 그 소리가 우레 같았다〔天狗自東北發 回翔都城內外 所過人皆鼓譟 無幾向西南墜地 聲如雷〕.
1126년(인종 4) 4월	천구가 땅에 떨어져 소리가 났는데, 사람들이 놀라 떠들었다〔大狗墜地有聲 人駭譟〕.
1129년(인종 7) 8월	유성이 별자리 규에서 나왔는데, 크기가 주발만 하고 꼬리 길이가 다섯 자가 넘었다. 거리의 사람들이 놀라 떠들었다〔流星出奎 大如椀 尾長五尺許 閭巷驚譟〕.
1151년(의종 5) 2월	유성이 있었다. 서울 사람들이 놀라 떠들었다〔有流星 都人驚譟〕.
1187년(명종 17) 9월	유성이 건(서북)에서 손(동남) 방향으로 달려갔다. 꼬리 길이가 20자 남짓이었다. 갑자기 구름도 없는데 천둥소리가 났다. 나라 사람들이 모두 천구가 떨어졌다고 말하였다〔流星自乾向巽疾行 尾長二十尺許 俄而無雲而雷 國人皆謂天狗墜〕.
1196년(명종 26) 6월	별이 떨어져 내렸다. 성안의 사람들이 소리를 지르며 떠들썩하였다〔有星流下 城中呼譟〕.

이상의 경우를 보면 몇 가지 특이한 사실을 발견하게 된다. 《고려사》〈천문지〉에 기록된, 유성에 대한 이런 반응이 12세기 동안에만

있었다는 사실이 그중 하나다. 즉 예종부터 명종 때까지만 유성에 대한 반응이 기록되어 있을 뿐이며, 나머지 수많은 유성에 대해서는 논평을 달지 않았다. 그리고 이러한 유성에 대해 여느 평범한 유성과는 다른 표현을 하고 있다는 것도 특이점이다. '왕시'와 '천구'가 그것이다. 이들은 유성의 다른 이름이다.

그러면 이들 반응이나 기록 자체가 《고려사》의 〈세가〉 편에는 어떻게 반영되어 있을까? 〈세가〉 편에는 전혀 기록되어 있지 않다. 더구나 《고려사절요》도 전혀 언급하고 있지 않다. 그러나 조선 후기에 쓴 최천벽의 《천동상위고》에는 기록이 있을 뿐 아니라, 설명까지 덧붙이고 있다. 처음 예종 1년의 유성에 대한 예언은 "천하에 병란이 크게 일어난다"는 것[151]이고, 다음 기록인 인종 2년의 천구성에 대해서는 "기근이 심하여 사람이 서로 잡아먹게 되며, 전쟁으로 시체가 덮이고 피가 흐른다"고 했다.[152]

인종 7년의 유성에 대해 "천자가 문을 닦고, 무를 쉬게 한다[修文偃武]"는 예언이 나온 것은 좀 특이하다.[153] 또 의종 5년 2월의 유성에 대한 기록은 《고려사》〈천문지〉의 내용을 그대로 옮기기만 했고, 명종 17년의 유성에 대해서도 어떤 점괘가 붙어 있지는 않다. 마지막 명종 26년의 경우에는 전염병을 예언하고 있다.[154]

조선시대로 들어오면 유성 기록은 눈에 띄게 줄어든다. 필자가 조사한 바로는, 조선 초기 130년 사이에 실록에 나타난 유성 기록은 173회다. 이것은 조선 초부터 1527년(중종 22)까지의 같은 기간에 1000회 이상을 기록한 '별이 낮에 보임[星晝見: 1281회]' 또는 '햇무리[暈: 1191회]'에 비해 아주 적고, 206회를 기록한 혜성보다도 적다. 이 사실만으로도 조선 초기 이후 유성에 대해 어느 정도 합리적인 인식을 갖게 되었음을 짐작할 수 있다.

　실제로 조선 후기에 편찬된 《증보문헌비고》에는 고려 때의 유성 기록이 조선 때의 기록에 비해 훨씬 많다. 일일이 세어보지 않았지만, 고려 때의 기록이 260행을 차지하고 있는 데 비해 조선시대 기록은 그 절반에도 못 미치는 105행에 그치고 있다. 19세기 초에 편찬된 《서운관지》에 따르면 천문 현상 가운데 '흰 무지개가 해를 꿰뚫은 것〔白虹貫日〕', 객성, 혜성 따위는 즉각 보고하게 되어 있었고, 일식, 월식, 햇무리, 흑점, 금성이 낮에 보임〔太白晝見〕 등의 현상은 유성과 마찬가지로 여러 가지를 함께 모아 서면으로 보고하게 되어 있었다.[155] 즉 유성은 보고해야 할 재이이기는 하지만, 급한 일로는 여기지 않았던 것이다. 그러나 실제 기록에 훨씬 많을 수 있었던 유성 기록이 다른 것들보다 적게 남아 있는 것은 유성이 당시 다른 재이보다 더 낮게 평가되었음을 보여준다.

　한편 조선 초기에 우리의 시선을 끌 만한 사건 하나는 유성을 관측하지 못해 관리가 처벌받았다는 기록이다. 1406년(태종 6) 1월 유성이 정(井) 자리에서 나와 묘(昴) 자리로 들어갔는데, 그 모양이 용과 같고 파란색이었다. 서운관 사진(司辰) 위사옥(魏思玉)이 마침 당직이었는데, 이를 관측하지 못하였다. 이에 순금사에 하옥시켰다가 장 60대를 때린 후 파직하였다.[156] 이 사건은 유성을 중시해서라기보다는 서운관 관측 책임자로서 그 직무를 태만히 했다고 하여 처벌을 내린 것이다.

　연산군이 자연 재이에 대해 전통적인 해석에 반발했다는 것은 이미 몇 차례 지적했다. 유성도 마찬가지다. 그의 재위 기간 중 유성에 대한 보고는 아예 무시되는 일이 많았다. 연산군은 1505년(연산군 11) 11월에 "지금부터는 금성이 낮에 보이는 현상과 유성은 보고하지 말라"는 지시를 내리기도 했다.[157] 이는 자연현상을 재이론으로 이용하여 군왕을 괴롭히는 신하들에게 반발하여 많은 충돌과 사화가 있은 다음의 일이다. 그러나 그의 치세는 1년을 가지 못하고 이듬해 가을에 끝나고 만다.

그의 뒤를 이은 중종은 당연히 연산군이 반발했던 재이론에 순응함으로써 신하와의 관계를 다시 정비해나갔다. 1515년(중종 10) 1월의 저녁 경연 자리에서 임금과 신하들은 《고려사절요》를 강독하고 있었는데,[158] 이런 대목에 이르렀다.

"황주(黃州)에 운석이 떨어졌는데, 천둥치는 소리가 났다. 고을에서는 그 돌을 왕에게 올렸는데, 예사(禮司)에서 아뢰기를 '이는 보통일로서 재이라고 할 것도 없고, 보고할 것도 없다'며 처벌하기를 청했다. 왕이 이를 따르고, 돌은 되돌려보냈다."

《고려사절요》의 이 기사에 대해 참찬관 허완(許硊)은 "예사의 주장은 대단히 잘못된 것"이라며 "어긋난 기(氣)가 재이를 부르고, 화기(和氣)가 상서를 가져온다"고 말하였다. 그러면서 "재이와 상서는 모두 사람의 일로 일어나며, 임금과 신하 모두가 응당 두려워하고 조심하지 않으면 안 될 일이다. 이런 형편임에도 그렇게 말하는 것은 소인(小人)이 왕을 잘못 이끈 일이다"라고 지적했다. 그는 또 중국의 고사를 인용한 다음 "고려의 현명한 임금이었던 문종이 예사의 말을 들어 그 사람을 죄준 것은 당시 평화로운 때를 맞아 판단이 흐려졌기 때문"이라고 주장하였다. 나아가 그는 "지금 여러 가지 재이가 있는바, 이들을 그냥 넘기려 하지 말고 재이를 없애려는 진지한 노력이 필요하다"고 강조하였다. 당시 다른 재이는 그리 많이 기록되지 않았지만, 거의 매일같이 금성이 낮에 보였던 것으로 실록은 전하고 있다.

이날 강독했던 책 《고려사절요》의 이 대목은 1057년(문종 11) 1월에 나온다.[159] 《고려사》〈세가〉 편에는 "운석이 황주에 떨어졌는데, 소리가 벼락 치듯 났다"고만 적혀 있다.[160] 그러나 《고려사》〈천문지〉에는 이 기록이 없고, 그 대신 〈오행지〉에 금(金)에 속하는 재이로 구분되어 실려 있다.[161] 오행지의 기록은 〈세가〉 편과 똑같아서 그 운석을 놓고 예사에서 누구를 처벌하기로 건의하여 받아들였다는 등의 내용은 들어 있지 않다. 《고려사절요》에 들어 있는 이런 정보가 어디에서 유래한 것인지는 확인하기 어렵지만, 《고려사》와 그 후의 《고려사절요》가 서로 조금 다른 사료를 바탕으로 편찬되었음을 짐작하게 해주는 증거는 된다.

더구나 이 기록이 꼭 하늘에서 떨어진 운석을 말하는 것이라는 증거는 없다. 특히 같은 《고려사》에는 운석 기록이 〈오행지〉의 토(土) 부문으로도 분류되어 있어 더욱 판단하기 어렵다. 가장 대표적인 기록으로는 1034년(덕종 3) 5월에 '송악(松岳)에 운석이 있었다'는 것을 들 수 있다.[162] 그렇다면 고려시대의 '운석(隕石)'이란 산에서 굴러 떨어진 돌까지 아울러 가리키는 표현으로, 하늘에서 떨어진 유성의 찌꺼기만 이야기하는 것이 아니란 말인가? 고려시대의 천변을 모아 놓은 《천동상위고》의 유성 기록에는 이들 운석이 들어 있지 않다. 또 조선 후기에 편찬된 《증보문헌비고》에는 문종 때의 운석 기록이 들어 있기는 하지만, 유성이 아닌 돌의 이동〔石移〕에 관한 분류에 들어 있다.[163]

유성은 때로는 중요한 사람의 죽음을 예고하는 조짐으로 여겨지기도 했다. 이순신 장군이 왜군의 총탄을 맞고 죽기 직전에도 큰 별이 떨어져 그의 죽음을 예고했던 것으로 전해진다. 이 유성에 대한 가장 오랜 기록으로는 '이순신 신도비'를 들 수 있다. 이 기록은 이순신의 죽음을 이렇게 전한다.

이순신과 명나라 장군 진린이 퇴각하는 일본군과의 결전을 앞두고 기도를 올렸다. 목숨을 걸고 반드시 이 싸움에서 이기고 말겠다는 기도를 마치자마자 은하수에서 큰 별이 떨어졌고, 모두 이를 불길하게 여겼다. 그런데 결국 이순신은 이 싸움에서 용감하게 싸워 큰 공을 세웠으나 적탄에 맞아 죽고 말았다.

이 신도비는 1794년(정조 18)에 기록된 것으로, 이순신이 죽은 1598년으로부터 거의 200년 뒤에 쓰였다.[164] 그런데 이순신의 후원자이자 임진왜란 당시의 기록을 상세히 남긴 유성룡은 이순신의 죽음에 대해 이야기하면서도 별이 떨어진 기록은 남기지 않았다.[165]

이순신의 죽음을 유성이 예고한 것처럼 말하는 전설은 그가 죽은 뒤에 시간이 지나면서 만들어졌을 것으로 생각된다. 그리고 그런 전설이 만들어진 사상적 배경에 조선시대의 유성을 보는 태도가 자리 잡고 있다. 이규경은 1830년 전후에 쓴 《오주연문장전산고》에서 "별은 사람이 되고, 사람은 죽어서 별이 된다"는 당시의 생각에 대한 논평을 남기고 있다.[166] 그는 이런 생각이 《진서(晉書)》〈천문지〉에서 유래하는 것으로 풀이하면서 제갈량 같은 이름난 사람들은 죽을 때 별이 떨어진 것으로 전해지게 되었음을 지적했다. 그러나 이규경은 "하늘의 별이란 지상의 돌과도 같은 것"이라고 비유하면서 "별은 떨어져도 새로 생기게 마련이고, 별이 떨어지는 것도 사실은 물체가 직접 떨어지는 게 아니라 빛이 그렇게 보일 뿐"이라고 지적하고 있다.

유성을 주요 인물의 죽음과 연결짓는 해석과는 대조적으로 고려의 명장 강감찬(948~1031)은 유성이 그의 출생을 예언한 것으로 《고려사》에 기록되어 있다.[167] 어떤 사신이 시흥으로 들어오다가 큰 별이 어느 집에 떨어지는 것을 보았다. 그 사신이 사람을 보내 알아보니 그 집 부인이 아기를 낳았다. 이를 기이하게 여긴 사신이 아이를 데려다 길렀는데, 그 아이가 바로 강감찬이었다. 또 강감찬이 재상이 되었을 때 송나라 사신이 그를 보고는 절을 하며 "문곡성이 오래 보이지 않더니, 지금 여기에 와 계시군요!"라고 했다. 이 일화는 《고려사》뿐만 아니라 《세종실록》과 《동국여지승람》에도 실려 있다.[168]

강감찬의 사당 낙성대는 그의 출생에 얽힌 전설에서 유래한다. 전설 속에서 중국 사신이 언급한 문곡성(文曲星)은 구성(九星)의 하나로, 동양의 점성술은 이를 문운(文運)을 주재하는 문성(文星) 또는 문창성(文昌星)이라고도 부른다. 또 문곡은 문장을 가리키는 표현인데, 거란군을 물리친 장수인 강감찬에게 문장의 별을 갖다붙인 게 약간 기이한 느낌을 준다.

《세종실록》의 편찬자들이 이 전설을 '황당'하다고 논평했을 정도로 강감찬의 전설은 후세에 과장되게 만들어진 것으로 보인다. 그러나 이러한 전설에서 우리는 고려와 조선시대의 한국인들은 '별 하나, 나 하나' 식의 사고방식을 가지고 있어서 위대한 인물이 태어나거나 죽을 때 별이 떨어지는 것으로 파악하였음을 알 수 있다.

여하튼 유성은 조선시대를 통하여 그리 대단한 재이로는 여겨지지 않은 것으로 보인다. 그럼에도 불구하고 그렇지 않은 듯한 기록도 발견된다. 예를 들어 1560년(명종 15) 8월 초하룻날 밤의 《명종실록》에는 7개의 유성과 1개의 비성(飛星)이 기록되어 있고, 이어서 "4경과 5경에는 유성과 비성이 사방에서 비 오듯 하였다. 그들의 나오고 들어간 도수를 측정할 수가 없었다"고 적혀 있다.[169] 여기에는 사관의 논평이 실려 있는데, 《춘추(春秋)》를 인용하면서 "무릇 유성의 변괴는 모두 작은 백성이 떠나고 흩어질 조짐"이라고 하였다. "지금 바야흐로 백성의 어려움이 더할 수 없이 심한 터라 하늘이 이런 변고를 보이는 것은 너무나 당연하니 임금은 일대 각성해야 한다"는 논평이다. 이어 8월 5일에는 임금이 유성의 변고에 대해 과거의 역사를 살펴 보고하라는 지시를 홍문관에 내렸다.

이 기록을 보면 1560년 8월 1일 밤에 수차례 유성이 관찰되었고, 그 후 4~5경에는 측정할 수도 없을 정도로 무수히 많은 유성이 있었다는 것이다. 그런데 8월 1일 이후에는 5일 홍문관에 내린 지시 말고는 다른 기록이 전혀 없다. 8월 7일과 11일에도 역시 유성 기록이 한 번씩 있는데, 8월 1일에만 집중적으로 많고, 게다가 다른 기록은 아무것도 남기지 않은 점이 이상하다. 혹시 8월 1일부터 5일 사이의 일을 합쳐 기록했는지도 모른다. 또는 《증보문헌비고》에 기록된 것처럼 사실은 8월 1일이 아니라 8월 4일 하루 동안의 기록인지도 모른다. 《증보문헌비고》에는 8월 4일에 "비성과 유성이 사방에서 비오듯 하였다"고 적혀 있기 때문이다.[170]

한편 《명종실록》의 이와 같은 기록은 유성에 대한 중요성을 심각하게 느꼈기 때문이라기보다는 당시의 사조를 반영한 것으로 보인다. 특히 《명종실록》을 편찬한 사관들의 태도가 담긴 듯하다. 실록에서 이런 일로 '사신왈(史臣曰)'이라는 긴 논평을 붙이는 일이 거의 없는데, 《명종실록》에는 이것 말고도 한 달 동안 수차례 사관의 논평이 들어 있기 때문이다. 이규경의 기록을 보면 조선시대에는 유성을 보고 농사를 점치는 방식도 널리 퍼져 있었음을 알 수 있다. 유성을 일기예보에 활용했던 것이다. 그에 따르면 유성이 동에서 서로 흐르면 다음 날 비가 오고, 북에서 동으로 흐르면 연일 비가 내린다. 북에서 남으로 유성이 흐르면 다음 날 비가 오고, 북에서 동으로 흐르면 연일 비가 온다. 서쪽에서 북쪽으로 흐르면 다음 날 바람이 불고, 남에서 동으로 흐르면 가뭄이 온다.[171] 유성을 점치는 데 활용한 것은 조선 말기에 함경북도에서 유성이 바다에 떨어지면 고기잡이를 나가지 않고, 육지에 떨어지면 흉년을 예상했다는 기록에서도 찾아볼 수 있다.[172]

지전설(地轉說)로 유명한 홍대용(1731~1783)은 "유성은 공중의 기(氣)가 서로 엉키고 뭉치어 달아나는 가운데 일어나는 몇 가지 현상 중 하나"라고 밝혔다.[173] 그는 또 혜성과 유성을 비슷한 이유로 생기는 현상으로 설명하고 있어 18세기 후반까지도 한국의 지식층이 아직 근대적 천문 지식을 가지고 있지 않았음을 확인시켜준다. 앞에서 언급한 이규경 역시 19세기 초에도 유성의 근대 과학적 정체를 이해하지 못했음을 보여준다.

8. 상서로운 별[瑞星]

1) 노인성

해마다 입춘에는 대문 양쪽에 춘첩자(春帖子)를 붙인다. 지금도 더러 볼 수 있는 춘첩자 가운데 가장 흔한 것이 '입춘대길 건양다경(立春大吉 建陽多慶)'이라는 대련이다. 그외에도 입춘에 붙이는 좋은 글귀의 대련 가운데 '북당훤초록 남극수성명(北堂萱草綠 南極壽星明)'이 있다. 설날에 도화서(圖畵署)에서는 세화(歲畵)를 그려 임금에게 바쳤는데, 그 가운데 가장 많이 그려진 것이 바로 수성이었다.[174] 수성도(壽星圖), 노인성도, 남극수성도 등으로 불리는 이 그림은 보통 노인성을 의인화하여 그려지는데, 작은 키에 이마가 튀어

나온 나이 많은 신선의 모습으로 묘사된다.

수성은 보통 노인성이라 알려져 있는데, 이 별이 나타나면 장수한 다는 믿음이 널리 퍼져 있었던 모양이다. 남극에 비치는 수성은 이 때문에 남극성(南極星)이라 불리는데, 서양에서는 카노푸스(Canopus)라고 불리는 아주 밝은 별이다. 다만 남극 가까운 곳에 위치하기 때문에 북반구 온대지방에서는 볼 수가 없다.

사마천의 《사기》〈천관서〉, 《진서》〈천문지〉 등 중국의 고전 천문 관련 책에는 이 별이 '수명의 연장, 세상의 안녕을 지키는 별'로 나와 있다. 28수의 정(井)에 속하고, 노인성, 수성, 남극성 이외에 수창(壽昌)이라는 이름도 있다. 한나라 때는 교외에 수성사(壽星祠) 또는 노인묘(老人廟)가 있어서 이 별을 제사 지냈다. 중국의 장안이나 낙양 정도의 위도에서는 춘분 저녁과 추분 새벽에 남쪽 하늘에서 잘 보인 다고 옛글에 적혀 있다. 동진에서 수, 당 시대에 걸쳐 도교가 성행하 면서 노인성 신앙도 성행하였다.[175] 현대 천문학에서 노인성은 가장 잘 보이는 이른바 '1등성'이라는 21개의 항성 가운데 두 번째로 밝은 별로도 유명하다.

노인성은 지구의 세차운동 때문에 시대에 따라 조금씩 위치가 달 라졌는데, 오늘의 적경(赤經)은 95.85도여서 남극에 아주 가까운 자 리에 있다. 당연히 북반구에서는 잘 보이지 않는다. 천문학자들의 계 산으로는, 이론상 노인성이 보일 수 있는 지구상의 북쪽 한계선은 북 위 37.8도다. 하지만 북위 20도 이남으로만 가면 아주 잘 보여서 아 라비아에서는 이 별을 '마호메트의 별'이라 부르며, 방향을 잡는 데 중요한 별로 여겨왔다.[176] 물론 북반구의 37도선에 가까운 위도에서 도 산 위로 올라가면 보일 가능성이 높다. 이론적으로는 서울에선 겨 우 볼 수 있지만, 개성에선 보기가 어렵다. 삼국시대 백제와 신라의 수도였던 부여, 공주 또는 경주에서는 훨씬 잘 보였을 것이다.

한국 역사에 남아 있는 첫 노인성 또는 수성의 기록은 《삼국사기》 〈신라본기〉 끝부분에 나온다. 934년(경순왕 8) 9월에 보였다는 이 별이 삼국시대의 유일한 노인성 기록이다.[177] 삼국시대라고 하지만 삼국이 정립하였던 시대가 아니라 통일신라 말기에 꼭 한 번 남아 있을 뿐이며, 고구려, 백제, 신라에서는 한 번도 관찰된 기록이 없다. 그러나 고려시대에는 몇 차례의 기록이 보인다. 필자가 조사한 우리 역사에서의 노인성 기록은 다음과 같다.

표 8_ 노인성 기록(삼국사기, 고려사 천문지)

934년(경순왕 8) 9월	노인성 나타나다〔老人星見〕.
934년(태조 1) 9월	노인성 나타나다〔老人星見〕.
1120년(예종 15) 8월	수성 보이다〔壽星見〕.
1123년(인종 1) 2월	서경 유수가 노인성이 나타남을 보고하다〔西京留守 奏老人星見〕.
1170년(의종 24) 2월	낭성이 남극에 나타났다. 서해도 안찰사 박순가가 이를 노인성으로 알고, 역마를 달려 보고하게 했다〔狼星見于南極 西海道按察使朴純嘏 以爲老人星馳驛以聞〕.
1170년(의종 24) 4월	충주목의 부사 최광균이 보고하기를, 전달 28일 죽장사에서 노인성에 제사를 지냈는데, 그날 저녁 수성이 나타나 세 번째 잔을 올리자 사라졌다고 하였다. 임금이 크게 기뻐하였고, 백관이 축하했다〔忠州牧副使崔光鈞奏 前月二十八日祭老人星 于竹杖寺 其夕壽星見 至三獻乃沒 王大喜百官稱賀〕.
1382년(우왕 8) 7월	별이 낮과 밤으로 보였고, 서성이 서쪽에 나타났다〔星見于晝夜 瑞星見于西方〕.

이상은 《삼국사기》에 기록된 1건과 《고려사》 〈천문지〉에 기록된 여러 기사를 나열한 것이다. 그런데 《고려사》 〈세가〉 편에도 이에 대

한 기록이 있다. 그러나 조선시대로 오면 실록에서는 노인성에 제사를 지낸 기록을 찾아볼 수 없다. 《고려사》〈세가〉 편에 있는 기록을 나열하면 다음과 같다.

표 9_ 고려사 세가 편에 실린 노인성 기록

1120년(예종 15) 8월	수성이 보이다〔壽星見〕.
1120년(예종 15) 9월	장락전에서 신하들에게 잔치를 베풀고, 임금이 손수 수성이 빛남을 노래하는 시를 지어 악공에게 노래하게 했다〔宴群臣於長樂殿 親製壽星明訶 使樂工歌之〕.
1170년(의종 24) 2월	낭성이 남극에 나타났다. 서해도 안찰사 박순가가 이를 노인성으로 알고, 역마를 달려 보고하게 했다(원문은 앞의 〈천문지〉 기사와 같음).
1170년(의종 24) 3월	지문하성사 최온을 서경의 노인당에 보내고, 우부승선 임종식은 해주의 상산에 보내 노인성을 제사 지내게 하였고, 안팎의 노인당 있는 곳에는 모두 사람을 보내 제사 지내게 했다.
1170년(의종 24) 4월	1일 신사 임금이 내전에서 친히 노인성에 대한 초제를 지냈다〔親醮老人星于內殿〕.
1170년(의종 24) 4월	충주목의 부사 최광균이 아뢰기를, 전달 28일 죽장사에서 노인성제를 지냈는데 그날 저녁 수성이 나타나 세 번 잔을 올리자 사라졌다고 하였다. 임금이 크게 기뻐했고, 백관이 축하했다.
1170년(의종 24) 4월	금내 6관의 문신들이 다시 수성이 나타남을 축하하자, 술과 음식을 내렸다.
1170년(의종 24) 4월	수성이 다시 보였으므로 태자에게 복원궁에서 초제를 지내도록 명하였다. 평장사 허홍재는 상춘정에서, 좌승선 김돈중은 충주 죽장사에서 초제를 지내게 하였다. 임금은 손수 초제를 지내려고 판예빈성사 김우번, 낭중 진력승에게 진관사 남쪽 기슭에 건물을 짓고, 따로 기도소를 지으라 하였으며, 금과 은의 꽃, 금과 옥의 그릇을 만들게 했다.
1170년(의종 24) 5월	임금이 궁궐로 돌아왔다. 수성이 다시 나타나 장차 축하를 받으려 했다.

《고려사》에는 이 밖에도 〈예지(禮志)〉와 〈잡사(雜祀)〉 편에 고려 때 노인성에 제사를 지낸 기록이 추가되어 있는데, 위의 기록과 중복되지 않는 이 기록은 다음의 세 가지다.

표 10_ 노인성에 제사 지낸 기록(고려사 예지, 잡사)

1039년(정종 5) 2월	남교에서 노인성을 제사 지냈다〔祀老人星於南郊〕.
1108년(예종 3) 8월	관계관에게 남단에서 노인성에 제사하라 명하였다〔命有司祀老人星于南壇〕.
1111년(예종 6) 2월	남단에서 노인성을 제사하였다〔祀老人星于南壇〕.

흥미로운 점은 《고려사》 〈천문지〉에 남아 있는 노인성 기사 가운데 〈세가〉 편에도 기록된 섯은 1120년(예종 15)과 1170년(의종 24)의 두 경우뿐이라는 사실이다. 게다가 〈천문지〉에는 없는 내용이 들어 있다. 1120년의 경우에는 임금이 잔치를 베풀고 시를 지어 노래하게 했다는 기록이 추가되었고, 1170년의 경우에는 훨씬 많은 사실이 나열되어 있다.

기록상의 이런 특징은 뒤에 다시 생각하기로 하고, 먼저 순서대로 934년의 노인성에 대해 생각해보자. 한국사에서 최초로 기록된 934년의 노인성은 《삼국사기》에 기록된 유일한 사례다. 즉 통일신라 말기에 노인성 기록이 딱 한 건 전해지는데, 《고려사》에도 똑같은 내용이 남아 있다. 이 기록은 아무래도 고려 초의 기록으로 남아 있는 것이 아닌가 생각된다. 신라 경순왕을 위한 기록이 아니라 고려 태조를 위한 기록이라는 뜻이다.

경순왕은 신라의 마지막 왕으로, 노인성이 나타난 이듬해 12월에 나라를 고려에 바친 것으로 되어 있다. 그렇지만 새 왕조를 세운 고려의 왕건은 그 후에도 8년 동안 더 왕위에 있었다. 결국 이 노인성은 고려 때《삼국사기》를 집필하면서 신라의 기록으로 포함시킨 것으로 볼 수 있다. 물론 934년에 경주에서 실제로 노인성을 보았다는 보고가 있었는지 확인할 길은 없다.

그다음 고려시대 노인성 기록으로는 1120년, 1123년, 1170년, 1382년의 기록 등을 들 수 있다. 먼저 1120년의 기록에 따르면 예종은 수성이 나타나자 이를 무척 반겼고, 스스로 노래를 지어 악공에게 연주하게 했다고 한다. 이 이야기는《고려사》〈천문지〉뿐만 아니라 〈세가〉 편에도 예종의 반응과 함께 실려 있다. 1120년 8월에 수성이 보였지만, 예종은 1122년 3월에 병이 들어 4월 45세의 나이로 죽고 말았다. 예종에게도 수성은 상서로운 조짐이 아니었던 셈이다. 그럼에도 불구하고 임금은 죽기 1년 반쯤 전에 수성이 나타난 것을 기뻐하고 축하잔치까지 베풀었다는 사실을《고려사》는 전하고 있다.

그로부터 얼마 지나지 않은 1123년(인종 1) 2월에도 노인성에 대해 기록하고 있다. 이때의 노인성에 대해서는 이렇다 할 의미를 찾기 어려울 듯싶다. 새로 왕위에 오른 인종은 겨우 14세였고, 수성이 나타난 것 역시 임금이 된 지 9개월밖에 안 되었을 때다. 실제로《고려사》는 1123년의 노인성에 대해서는 별다른 반응을 기록하지 않았다.

고려시대에는 노인성에 대한 제사가 도교적 초제의 틀 안에서 자리 잡았는데,《고려사》〈잡사(雜祀)〉에 노인성을 제사 지낸 기록이 몇 차례 전해진다. 1039년(정종 5) 2월에는 성 남쪽〔南郊〕에서 노인성을 제사 지냈고, 1108년(예종 3) 8월에는 관계자에게 명하여 남단(南壇)에서 노인성을 제사 지냈다.[178]

예종은 "고려의 역대 임금 가운데 도교 신앙이 가장 돈독했으며,

도교가 종교로서의 면모를 갖추게 하고, 나아가서는 도교로 하여금 국가의 복조(福祚)를 기축하는 확고한 지위를 차지하게 했다"[179]는 평가가 있을 정도로 도교에 깊이 빠져 있었다. 그는 송의 도교를 수용하여 한국사 최초의 본격적 도교 사원인 복원궁(福源宮)을 짓고, 1120년(예종 15) 6월에는 여기에서 최초의 초제를 올렸다는 얘기가 《고려사》에 전해진다.[180] 복원궁은 중국의 《송사》에도 기록되어 있는데, 《고려사》 등 우리 사료에는 그리 자세히 나와 있지 않다. 오히려 당시 고려를 방문했던 중국 사신 서긍의 《고려도경》에서 그 중요성을 짐작할 수 있다. 서긍에 따르면 예종은 복원궁을 1111년과 1117년 사이에 개성의 북쪽 대화문(大和門) 안에 지었고, 거기에는 노자의 초상이 그려져 있었다.[181]

복원궁은 이렇게 예종에 의해 고려 도교의 총본부로 세워졌음에도 도교는 융성하지 않았던 것으로 보인다. 1120년 6월 처음 여기에서 초제를 지낸 예종은 두 달 뒤인 8월 수성이 나타나자 9월에는 스스로 수성명사(壽星明詞)를 지어 노래하게 했고, 이어 12월에는 다시 복원궁에서 친히 초제를 지냈다. 이듬해 1121년(예종 16) 12월에도 다시 복원궁에 가서 초제를 지냈다.[182] 그러나 그 후에도 복원궁이 초제를 지내는 데 자주 이용된 것으로는 보이지 않는다. 1152년(의종 6) 4월 태일(太一) 초제를 여기에서 지낸 기록이 있고, 1170년(의종 24) 4월에는 수성이 다시 나타나자 태자를 시켜 복원궁에서 초제를 지냈을 뿐이다.[183]

이런 증거들로 볼 때 복원궁은 1120년 직전에 완성된 '고려의 도교 본부'였으며, 예종은 여기에서 도교 행사를 치르려 했으나, 그가 죽고 나서는 의종 때에 두 번 초제를 지낸 것 말고는 별로 이용되지 않았던 것으로 보인다. 다섯 번의 복원궁 초제는 예종과 의종 때 이루어졌고, 그 가운데 적어도 두 번은 노인성에 대한 초제라는 사실도 흥미롭다.

물론 복원궁이 바로 사라진 것은 아니었다. 200년쯤 뒤에 "임금의 생일날 복원궁에서 초례를 지냈다"는 정언보(鄭言甫)의 글이 《동문선》에 남아 있고, 조선 왕조가 개창된 뒤에는 바로 이 복원궁에서 태일의 신을 받들어 한성으로 옮긴 것으로 나온다.[184] 짐작건대 고려의 노인성 신앙은 도교를 진흥시키려던 예종에서 의종 사이의 기간에 특히 두드러지게 나타났던 것으로 보인다.

1170년의 노인성에 대해 좀 더 자세히 알아보자. 노인성이 나타나자 임금이 몇 달 동안 잔치를 거듭한 것처럼 《고려사》는 전하고 있다. 그런데 바로 이 연속되는 잔치 끝에 의종은 그해 9월 왕위에서 쫓겨나 죽고 말았다. 정중부의 군사반란이 의종의 치세를 끝장냈던 것이다. 이 노인성에 대한 상세한 기록은 《고려사》를 편찬한 조선 초기의 학자들이 노인성을 상서로운 것으로 믿었던 의종의 어리석음을 비판하기 위해 일부러 적은 것이 아닐까 한다.

여하튼 1170년의 노인성은 여러 가지 흥미로운 문제를 제기한다. 우선 《고려사》의 〈천문지〉에는 간단하게 기록된 내용이 〈세가〉 편에 훨씬 상세히 기록되었다는 점이 특이하다. 《고려사》는 대체로 천변에 관한 것은 〈천문지〉에 기록하고, 〈세가〉 편에 함께 기록하는 경우는 드물다. 그런데 이 노인성의 경우는 함께 기록했을 뿐만 아니라 〈세가〉 편에 훨씬 더 많은 기록을 싣고 있다.

정중부의 쿠데타로 정권을 잡은 새 집권 지식층은 노인성을 상서로운 징조로 해석하는 것을 못마땅하게 여겼던 것 같다. 이는 1170년의 노인성을 보고한 박순가와 그의 자손들까지 금고에 처하도록 처벌한 데서 쉽게 알 수 있다.[185] 이 '노인성' 사건으로 처벌받은 사람이 한 명 더 있다. 정중부가 집권한 직후 군사들이 병부낭중 진윤승(陳允升)을 돌로 쳐서 죽였는데, 그는 바로 노인성이 나타났다고 하여 임금이 진관사 남쪽에 사당을 지을 때 공사 감독을 맡았던 장군이다. 그는 이 수성사(壽星祠)를 지으면서 병사들이 돌을 운반할 때 그 무게를 일일이 저울로 달아 큰 원한을 샀다.[186]

조선 후기의 실학자 이익은 《고려사》에 기록된 1170년의 이 별에 대해 "낭성이 아니라 노인성이었을지도 모른다"고 논평했다.[187] 상서로운 노인성이 나타난 뒤 바로 정중부의 쿠데타로 임금이 쫓겨나고 죽임을 당하는 일이 벌어지자, 당시 사람들이 그 별에 대해 노인성일 리 없다고 생각하여 낭성이라고 단정한 것이 아닌가 의심한 것이다. 이익이 이렇게 생각한 것도 무리는 아니다. 그가 살던 시대에도 노인성 신앙은 지식층에게 상당히 깊이 전해져 오고 있었기 때문이다. 이 글에 이어서 이익은 한라산에서는 노인성을 잘 볼 수 있다면서 이렇게 덧붙이고 있다.

"당숙 한 분이 제주도에 근무한 일이 있는데, 한번은 노인 잔치를 열었더니 140세 노인을 위시하여 노인이 아주 많았다."

그러나 천문학자들이 공식적으로 노인성을 관측하지는 않았던 것으로 보인다. 노인성을 서운관에서 관찰하여 보고한 사례가 보이지 않고, 조선 후기에 완성된 《서운관지》에도 노인성 관측 규정은 찾아볼 수 없다. 이순지의 《천문유초》에는 물론 노인성에 대한 설명이 있다.[188] 이순지는 이 책에서 3원(垣) 28수(宿)를 차례로 설명하고 있는데, 남방 7수의 첫째 별자리 정수(井宿)에 대해서는 먼저 별들을 그림으로 표시하고, 끝부분에 노인성에 대한 설명을 곁들였다. 동정(東井)이라고 하는 8개의 별자리 아래에는 다른 별보다 조금 크게 낭성(狼星)이 그려져 있다.

낭성이란 지금의 시리우스(Sirius)로, 고대 이집트의 나일 강 범람과 관련하여 서양사에서는 아주 유명한 별이다. 이 낭성의 왼쪽 아래로 활을 편 것 같은 모양의 별자리가 있는데, 여기에는 '호구(弧九)'라는 설명이 붙어 있다. 이 별자리는 '호'라 부르며, 9개의 별로 이뤄졌음을 나타낸다. 그 면의 제일 왼쪽 아래 귀퉁이에 아주 커다랗게 '노인'이 그려져 있다. 노인성은 '임금의 수명을 상징한다'고 되어 있으나, 군대가 일어날 조짐이라는 설명도 들어 있다.

이와 똑같은 모양의 노인성 그림이 조선 초에 완성된 돌에 새긴 천문도에도 그대로 남아 있다. 국보 228호로 지정된 〈천상열차분야지도〉에도 이순지의 천문도와 같은 모양의 노인성이 그려져 있고, 그 후 이 천문도를 따라 그린 여러 천문도에서도 같은 모양을 찾아볼 수 있다.

천문학자들은 노인성을 그리 대단하게 여긴 것 같지 않지만, 이익이 말한 것처럼 일반인들은 장수(長壽)를 의미하는 상서로운 별로 여겼던 것이 분명하다. 조선 후기까지 충북 청원군 문의면 구룡산 꼭대기에는 노인성전(老人星殿)의 터와 화상이 남아 있었다.[189] 또 경북 구미시 선산읍에는 지금도 제성단(祭星壇)이란 유적이 전해지는데, 여기가 바로 고려 의종 때 노인성이 보였다는 죽장사 옆이다. 1170년(의종 24) 노인성이 나타난 것을 기념해서 고려시대에는 해마다 춘분과 추분에 제사를 지냈다는 기록이 전해진다. 또 이 제성단을 노래한 정이오(鄭以吾)의 시도 전해진다.[190] 선산의 제성단에 대해서는 《세종실록》〈지리지〉에도 기록이 남아 있다.[191]

서울에도 노인성을 제사 지내는 단이 만들어졌다. 조선 초에는 1411년(태종 11) 1월 임금이 노인성단을 쌓고 희생을 바쳐 제사를 지내도록 명하였다.[192] 실록에 따르면 태종이 중국의 백과사전인 《문헌통고(文獻通考)》를 읽다가 이를 발견하여 이런 명령을 내렸다고 한다. 그러자 예조에서 중국의 경우를 조사하여 보고하였는데, 주나라에서는 나무를 쌓은 뒤 그 위에 희생물을 올리고 불을 피웠다는 것이다. 하지만 고려에서는 희생물로 소를 썼지만 불을 피우지 않았으며 소는 제사를 지낸 다음 소격전에서 길렀다. 그러므로 앞으로는 주나라의 예를 따라 소를 희생물로 바칠 때 불을 피워 시행하고, 추분에 남교에서 제사를 지낼 것을 건의하였다. 또 제단은 송(宋) 정화 연간(1111~1117)에 나온 오례신의(五禮新儀)에 따라 높이 3척, 동서 길이 1장 3척, 남북 길이 1장 2척으로 하며, 사방에 돌층계를 만들고 둘레에 25보의 담을 쌓도록 정했다.

1170년에 수성사를 지었다는 것은 이미 앞에서 살펴보았다.[193] 고려 때에는 개성에만 수성단 또는 수성사가 있었던 것이 아니라, 선산에 남아 있는 제성단의 경우에서 짐작할 수 있듯이 지방에도 노인성을 제사 지내는 제단이 있었다. 조선 초 태종 때 노인성단을 새로 만들면서 희생 방법에 대해 논의한 것은 고려의 노인성단이 조선과는 달랐음을 보여준다.

여하튼 세종 때에도 노인성단에 대한 논의가 진행되었는데, 당시에는 추분 날 아침에 남교에서 노인성을 제사 지냈다. 동방 7수 가운데 각(角)과 항(亢)도 함께 모시며, 노인성에 대해 여덟 가지 제물을 쓰고 송아지 한 마리를 희생물로 썼다.[194] 당시 노인성단은 영성단, 원단, 풍운뇌우단과 함께 숭례문 밖의 둔지산(屯地山)에 세워졌다.[195]

그러나 노인성의 제사는 그 후 사라져 정조 때의 재상 채제공은 노인성(수성)과 영성에 대한 제사를 다시 시행하자고 주장했다는 기록이 그의 문집에 남아 있다.[196] 이 같은 논의는 1797년(정조 21) 윤 6

월 예조판서 민종현(閔鍾顯)에 의해 시작된 것으로 보인다. 민종현은 《오례의(五禮儀)》에 "소사(小祀) 첫머리로 꼽고 있는 영성과 노인성에 대한 제사를 오랫동안 폐지한 것은 잘못"이라며 이를 복구하자고 건의했다. 실록에 따르면 좌의정 채제공이 찬성하였고, 우의정, 판중추, 대사헌, 이조판서 등이 지지했다. 특히 우의정 이병모는 노인성과 영성에 대한 제사가 슬그머니 없어진 것은 중종 때 소격서를 혁파하면서 일어난 일이라고 보았다. 정조는 홍문관과 규장각에도 조사를 지시하였고, 보름 뒤에 조사한 결과를 모아 《성단향의(星壇享儀)》를 편찬했다.[197]

하지만 《증보문헌비고》는 "노인성과 영성에 대한 제사는 조선 초까지만 해도 고려의 것을 계승하여 그대로 지켰으나 그 후 없애고 다시는 복구하지 않은 것"으로 기록하고 있다.[198] 《증보문헌비고》는 정조 때의 이 같은 복구 노력을 무시한 기록을 남기고 있는 셈이다. 실제로 《증보문헌비고》의 편찬자는 역대 기록에 나타난 노인성을 '객성'의 일종으로 분류함으로써 노인성의 상서로운 의미를 인정하지 않고 있다. 그는 객성 항목 속에 한국사 최초의 노인성 기록을 포함시키면서 "노인성은 항성으로 위치가 정해져 있다. 혜성처럼 오르락내리락하는 별이 아니다. 중국에서는 양자강 이남에서 항상 보이지만, 그 북쪽에서는 보이지 않는다. 우리나라에서는 제주 이남에서 보이기 시작하고, 그 북쪽에서는 보이지 않는다. 이 기록은 필시 잘못일 것이므로 객성 속에 넣는다"고 논평했다.[199] 이 논평은 1770년 처음 이 책을 편찬할 때 실었거나, 아니면 1782년 이만운(李萬運)이 다시 증보할 때 붙인 듯한데, 1800년 직전에는 이미 노인성에 대한 믿음이 그저 한가로운 전설로 전해지고 있었음을 알 수 있다.

수성이란 말은 한나라 이후 중국에서 12차(次)의 한 구역을 가리키는 말로도 쓰였다. 이 12차 개념은 한국사에도 일찍 도입되었을 것으로 보인다. 조선 초의 석각천문도 〈천상열차분야지도〉에도 12차가 표시되어 있어서 여기서 수성은 진(軫) 12도에서 저(氐) 4도까지의 천구(天球) 구역을 가리키는 것으로 되어 있다.[200] 그러나 노인성을 이 12차의 수성과 혼동한 기록은 한국사 사료에서는 아직 찾아볼 수 없다.

2) 영성

노인성(또는 수성)과 대체로 함께 제사의 대상이 되었던 별이 영성(靈星)이다. 앞에서 노인성을 다루면서 거론했던 것처럼 영성은 언제나 노인성과 비슷하게 함께 논의되어왔다. 다만 농업신에 해당하는 영성에 대해서는 관심이 좀 더 깊었다고 할 수 있다. 앞의《증보문헌비고》에서도 영성을 먼저 다루고, 더 상세히 설명하고 있다. 한국사 전체에서도 영성에 대한 기록이 노인성의 경우보다 더 많다.

한국사의 첫 영성 기록은《삼국사기》에 나오는데, "고구려와 신라에서 영성에 제사를 지냈다"는 내용이다.[201] 이 기록에 따르면 고구려에서는 중국의 역사책《후한서》,《양서》,《당서》 등을 예로 들어 고구려가 영성제를 지냈다고 쓰여 있다. 또 신라에 대해서는 입추 다음의 진일(辰日)에 본피유촌(本彼遊村)에서 영성을 제사 지냈다고 되어 있다. 이 기록을 근거로 필자는 '지금 경주에 서 있는 첨성대는 바로 영성제를 지냈던 장소에 세워진 것'이라는 추론을 내린 적이 있다.[202] 백제에 대해서는 전혀 기록이 없지만, 고구려가 열심히 영성을 섬겼다면 백제 또한 비슷했을 것이다. 그런데《삼국사기》에는 '영성'이 '靈星'과 '零星'으로 달리 표현되어 있다. 원래 '靈星'이 옳지만, '영'을 다른 한자로 적은 경우가 이후에도 종종 나타난다.

영성이 구체적으로 하늘의 어느 별을 가리키는지에 대해서는 확실한 언급이 없는 듯하다. 가장 대표적인 이론은 영성에 해당하는 별은 동방 7수 가운데 '좌각(左角)'이라는 설과 '대화(大火)'라는 설이다. 그러나 후한 때의 왕충(王充)은 "영성제는 가뭄과 홍수를 물리치려는 제사"라고 설명하였다. 영성을 용성(龍星)이라 부르기도 한 것은 바로 가뭄과 홍수를 조절하는 별이란 뜻으로 해석된다. 중국에서는 한 고조(高祖)가 이미 여러 지역에 영성사(靈星祠)를 짓고 영성에 제사를 지낸 것으로 전해진다.[203] '좌각'이란 28수 가운데 동방 7수의 첫 별자리인 각(角)의 대표적 별 가운데 하나이며, '대화'란 12차 가운데 하나다. 당연히 영성은 노인성과 달리 보이다 말다 하는 그런 별로 여겨지지 않았다. 따라서 영성 숭배 사상은 농업신으로서 어느 별을 받들겠다는 전통이 이어져 내려온 것으로 보인다. 농사나 곡식을 주재하는 별의 신(神)을 공경함으로써 풍년을 기약하려는 사상이 깔려 있는 것이다.

영성은 중요한 제사의 대상으로 자리 잡았음에도 불구하고, 구체적 관측의 대상은 아니었다. 따라서 한국 역사에서는 영성을 관측해 기록한 사례가 보이지 않는다. 혜성, 노인성, 일식, 그리고 금성이 낮에 보이는 현상 등등 온갖 별들이 관측, 기록되었지만, 영성이란 별은 관측, 기록의 대상이 아니었던 것이다. 그러나 영성에 대한 제사는 열심히 지냈다. 고려시대에는 바람, 비, 천둥번개의 신을 제사 지내는 단과 함께 영성단도 세웠는데 높이 3척, 둘레 8보 4척이며, 입추 다음의 진일(辰日)에 제사를 지냈다. 희생물로는 소와 돼지를 한 마리씩 바쳤으며, 여기 나열된 다른 제사와 마찬가지로 소사(小祀)에 속했지만, 진설 규모가 상당했음을 《고려사》를 통해서 알 수 있다.[204]

세종 때의 기록에 따르면 조선 왕조는 초창기부터 고려의 예를 좇아 영성제를 소사의 하나로 정하고 지냈다. 제사 지내는 날은 입추 다음의 진일이며, 신위(神位)를 영성단 북쪽에서 남쪽을 향해 놓았다. 희생물은 돼지 한 마리이고, 제사를 지내는 참가자로는 3품관인 헌관을 비롯하여 전사관, 집례, 대축, 축사, 재랑, 알자, 찬자 등으로 규정되었고, 그들은 제사 3일 전부터 재계(齋戒)해야 했다. 여기에는 또한 영성단에 진설하는 그림과 함께 제사 지내는 과정을 상세하게 설명하고 있다.[205]

그러나 조선 초의 천문학자들은 이 별에 대해 상세한 지식을 갖고 있지는 않았던 것으로 보인다. 1409년(태종 9) 6월 태종은 서운관 판사 등을 순금사에 가두었다. 영성이 무엇이며, 왜 제사하는지 묻자 서운관 판사가 대답을 잘하지 못했기 때문이다. 태종은 예조에 명하여 《문헌통고》를 조사해보게 한 다음, 서운관이 축문을 쓸 때 '靈'을 '零'으로 잘못 써왔다며 처벌했다.[206] 앞에서 지적한 것처럼 《삼국사기》를 보면 고구려에서는 '零星'으로 표기한 것도 있다. 그러므로 그것은 처벌할 만한 잘못은 아닌 것으로 보인다.

영성에 대해서는 조선 후기까지도 확실한 지식이 없었던 것으로 보인다. 1769년(영조 45) 지사 이익정(李益炡)이 임금에게 영성단에 제사 지낼 것을 청하였다.[207] "여러 가지 오례의를 보면 예부터 남성(南星)에 보답하는 제사가 있었으며, 더욱이 지금 임금께서 성수무강(聖壽無疆)의 날을 맞아 옛 제도를 다시 가꿔 근본에 보답하는 뜻을 다할 일"이라고 주장했다. 그러자 영조는 "경은 짐이 남성에게 아첨하게 할 작정이오?" 하며 웃었다. 영의정 홍봉한이 "그런 견해가 나온 이상 막을 이유가 없다"는 의견을 냈지만, 영조는 다시 거론하지 말라고 했다. 이튿날 이익정은 상소를 올려 다시 이 문제를 거론했다. 임금의 나이가 팔순을 바라보게 되었고, 백성들 중에는 백 살을 헤아리는 이도 많다면서, "이는 남성의 빛이 이 나라를 비춰주고 있기 때문"이라고 주장했다. 그러니 이에 보답하는 제사를 드리는 것이 도리에 맞다고 덧붙였다. 그러나 영조는 "그런 요청이 어디 있느냐"면서 "그럴 까닭이 없고, 이웃나라에 창피할 따름"이라고 응대했다.

영성단 제사 문제는 이 정도에서 그치고 더 이상 논의되지 않은 것으로 보인다. 그런데《영조실록》기사의 끝에는 사관의 간단한 논평이 달려 있다.

"이익정은 나이가 70을 넘고, 그동안 온갖 벼슬을 다 거치며 은총을 입었다. 그런데도 무엇을 더 바라고 이런 주장을 거듭하는지 부끄러움을 모른다"고 논평하면서 "당시 아첨의 시류가 성행하여 이익정 같은 늙은이가 이러는 정도는 그다지 그르다고 할 수도 없다"고 덧붙였다.

실제로 그해에 이익정은 만 70세를 맞으며 만 75세의 임금에게 영성단 제사를 권한 것이다. 그런데 그가 말하는 '남성에 대한 제사'는 남극노인성을 가리키는 것이 확실해 보인다. 그렇다면 이익정은 노인성과 영성을 구별하지도 못한 채 이런 주장을 했던 것인지도 모른다. 혹은 이미 노인성제와 영성제가 섞여 혼용되다가 사라진 지 오래되어 사람들이 이를 구별하기 어려웠을 가능성도 있다. 여하튼 이익정은 영성단 제사를 지내자면서 실제로는 노인성에 대해 감사하는 제사를 말하고 있었다.

그러나 1797년(정조 21) 윤 6월 예조판서 민종현의 주장으로 일단 영성과 노인성 제사는 복구되었던 것으로 보인다.

3) 그 밖의 상서로운 별들

조선 초의 《천문유초》에 따르면 상서로운 별, 즉 서성(瑞星)은 오행이 화기에 차서 순조로울 때 생기는데, 그 종류로는 경성(景星), 주백(周伯), 함예(含譽), 격택(格澤) 네 가지가 있다. 경성은 덕성(德星)이라고도 부르는데, 도(道)가 세워진 나라에 나타나며, 다른 경우도 비슷하게 설명되고 있다.[208] 그러나 서성의 종류는 이보다 훨씬 더 많을 수도 있다. 예를 들어 중국의 고전 《영대비원(靈臺秘苑)》은 이 네 가지에 귀사(歸邪)와 천보(天保)를 더하여 여섯 가지를 들고 있다.[209]

'서성'이란 표현은 이런 별들을 나타내는 데 사용되었을 뿐 아니라 노인성을 뜻하는 밀로도 쓰였던 것 같다. 예를 들어 앞에 소개한 1382년(우왕 8)의 노인성은 《고려사》에서는 노인성이 아니라 그저 '서성'이라 표현되었다. '경성'은 고려의 학자 이규보와 임춘 등의 글에도 상서로운 조짐이란 의미로 문학 작품에 사용되었다. 실제 천문 현상과는 상관없는 수사(修辭)로서의 별 이름인 것이다.[210] 조선 후기의 홍대용은 '慶星'이라는 다른 한자로 표기하고 있는데, 아마 거의 같은 뜻으로 보인다.[211]

'함예'와 관련해서는 세종 때 재미있는 논의가 있었다. 1431년(세종 13) 1월 27일 중국에서 돌아온 통역 김옥진(金玉振)이 "중국에서는 함예성(含譽星)이 출현했다는 흠천감의 보고로 백관이 축하를 올렸다"고 보고했다. 이에 세종은 우리나라 사신이 이를 보지 못한 것은 갑자기 나타났다가 바로 사라졌기 때문임이 분명하다면서, 중국에서 모두 축하를 한다면 우리도 축하해주는 것이 마땅하다고 말했다. 이어 세종은 "내가 고전을 찾아보니 혜성과 비슷하지만 꼬리가 짧은 것이 함예성인데, 지금 중국에 나타났다는 별이 그와 같았다”
면서 틀림없는 함예성일 것이라고 덧붙였다. 그리고 2월 8일에는 중
국에 축하의 글을 지어 보냈다. 김옥진의 보고가 있은 지 11일 만의
일이다.[212]

서성이라 규정하기는 어렵지만, 도교의 틀 안에서는 수많은 별들
이 신격화되어 초제의 대상이 되었다. 중종 때 조광조 등의 주장으
로 없어지기까지 이들 별에 대한 초제는 소격서에서 담당했다. 해,
달, 오행성, 칠성(七星)과 태일(太一) 등은 특히 제사를 많이 받은 별
이다. 그러나 이들 별은 도교 신앙의 틀 안에서 관측의 대상이 된 것
이 아니라, 실제 천체와는 거의 상관없는 성신(星神)으로 자리 잡은
것으로 볼 수 있다.[213]

한국 도교에서 신격화된 천체들에 대해서는 여기에서 다루지 않
겠다.

4장

그 밖의 하늘의 변이들

하늘에서 천둥이 칠 때 사람들은 다 두려워한다. 그러므로 이를 뇌동(雷同)이라 하는 것이다. 나는 천둥소리를 들으면 처음에는 겁이 나지만, 여러모로 생각하고 반성하여 거리낄 만한 일이 없다고 생각되면 몸이 펴지게 된다. (……) 비록 천둥이 칠 때 두려울 것이 없다 하더라도 우리는 역시 불가불 삼가지 않으면 안 된다. 옛사람들은 어두운 방 안에서도 속이지 않았다는데, 내 어찌 그에 미칠 수 있을까 보냐.

1. 천둥, 번개, 벼락: 조선시대 이전

음과 양이 부딪치면 우레 또는 천둥〔雷〕이 생기고, 그것이 아주 심하게 부딪쳐 빛을 내는 것을 번개〔電〕라 한다. 그리고 우레가 물체에 부딪치는 것를 벼락〔震〕이라 한다. 대체로 이런 해석은 18세기 말에 편찬된 문헌에 나와 있다.[1] 요컨대 이들 자연현상은 해와 달이나 별 등이 천체 그 자체와 관련된 것은 아니지만, 역시 하늘에 속하는 현상으로 여겨졌다. 아직 대기권의 개념이 없던 옛사람들로서는 이들 재이가 '하늘이 땅에 내리는 것'으로 여길 수밖에 없었을 것이다. 전통사회에서는 그것이 '전기' 현상이라는 것을 이해할 수도 없었다. 그러나 음과 양의 충돌을 말하는 것은 오늘의 전기 개념을 연상시킨다.

신라의 시조 혁거세 60년(3) 9월에 "천둥번개가 치고 벼락이 성의 남문을 때렸다"는 기록이 우리 역사에서 찾아볼 수 있는, 천둥번개나 벼락에 관한 첫 기록이다. 이 이야기는 "금성의 우물 속에서 용 두 마리가 나타났고, 폭우가 내렸다"는 설과 함께 기록되어 있다.[2] 필자의 조사에 따르면 신라에서는 23건, 백제에서는 7건, 고구려에서는 9건의 기록이 《삼국사기》에 전해진다.

31년(대무신왕 14) 11월	천둥이 치고 눈은 없었다〔有雷無雪〕.
68년(태조왕 16) 10월	천둥이 쳤다〔雷〕.
153년(차대왕 8) 12월	천둥이 치고, 지진이 있었다. 그믐에는 객성이 달을 범하였다〔雷地震 晦客星犯月〕.
217년(산상왕 21) 10월	천둥이 치고 지진이 있었으며, 동북에 패성이 나타났다〔雷地震 星孛于東北〕.
262년(중천왕 15) 11월	천둥과 지진이 있었다〔雷地震〕.
299년(봉상왕 8) 12월	천둥과 지진이 있었다〔雷地震〕.
377년(소수림왕 7) 10월	눈은 오지 않고, 천둥이 쳤다〔無雪雷〕.
535년(안원왕 5) 12월	천둥이 치고 돌림병이 돌았다〔雷大疫〕.
661년(보장왕 20) 5월	신라 북한산성을 공격하던 중에 우리 진영에 큰 별이 떨어지고 천둥과 벼락이 쳤다.

기원전 16년 (온조왕 3) 10월	천둥이 치고 복숭아와 오얏 꽃이 피었다〔雷 桃李華〕.
186년(초고왕 21) 10월	구름이 없는데 천둥이 치고, 패성이 20일간 보였다〔無震而雷 星孛于西北〕.
238년(고이왕 5) 4월*	궁궐 문 기둥에 벼락이 치고 누런 용이 그 문에서 날아갔다〔震王宮門柱 黃龍自其門飛出〕.
333년(비류왕 30) 12월	천둥이 쳤다〔雷〕.
612년(무왕 13) 4월*	궁궐 남문에 벼락이 쳤다〔震宮南門〕.
649년(의자왕 9) 11월	천둥이 치고 얼음이 얼지 않았다〔雷無氷〕.
660년(의자왕 20) 5월*	폭풍우가 밀려오고, 천왕사와 도양사 탑에는 벼락이 쳤다. 백석사 강당에도 벼락이 떨어졌다. 검은 구름이 용 모양이 되어 하늘에서 동서로 나뉘어 싸웠다.

표 3_ 신라

3년(혁거세 60) 9월*	금성 우물에 용 두 마리가 나타났다. 무섭게 천둥이 치고 비가 내렸고, 성 남문에 벼락이 떨어졌다〔二龍見於金城井中 暴雷雨 震城南門〕.
128년(지마왕 17) 11월	천둥이 쳤다〔雷〕.
139년(일성왕 6) 10월	(말갈이 8월에 침입한 데 이어) 또 침략하였으나 천둥이 심하자 물러갔다〔又來 雷甚 乃退〕.
143년(일성왕 10) 11월	천둥이 쳤다〔雷〕.
149년(일성왕 16) 11월	천둥이 치고 서울에 전염병이 돌았다〔雷京都大疫〕.
196년(벌휴왕 13) 4월*	궁궐 남쪽 큰 나무에 벼락이 떨어지고, 금성 동문에도 벼락이 쳤다. 임금이 죽었다〔震宮南大樹 又震金城東門 王薨〕.
214년(내해왕 19) 12월	천둥이 쳤다〔雷〕.
483년(소지왕 5) 11월	천둥이 치고 서울에 전염병이 돌았다〔雷京都大疫〕.
487년(소지왕 9) 10월	천둥이 쳤다〔雷〕.
510년(지증왕 11) 10월	천둥이 쳤다〔雷〕.
586년(진평왕 8) 5월	천둥과 벼락이 치고, 별들이 비 오듯 떨어졌다〔雷震星隕如雨〕.
662년(문무왕 2) 8월*	사찬 여동이 그 어미를 때리더니, 벼락에 맞아 죽었다〔沙飡如冬打母 天雷雨震死 身上題須墨堂三字〕.
663년(문무왕 3) 5월*	영묘사 문에 벼락이 떨어졌다〔震靈廟寺門〕.
671년(문무왕 11) 4월*	흥륜사 남문에 벼락이 떨어졌다〔震興輪寺南門〕.
687년(신문왕 7) 2월	원자가 태어났다. 이날 날씨가 음침하고 천둥번개가 크게 쳤다〔大雷電〕.
698년(효소왕 7) 6월*	황룡사 탑에 벼락이 쳤다(《삼국유사》 3, 〈황룡사 구층탑〉.《삼국사기》에는 없음).
718년(성덕왕 17) 6월*	황룡사 탑에 벼락이 쳤다〔震黃龍寺塔〕.
719년(성덕왕 18) 9월*	금마군 미륵사에 벼락이 쳤다〔震金馬郡彌勒寺〕.
747년(경덕왕 6) 3월*	진평왕 능에 벼락이 쳤다〔震眞平王陵〕.
758년(경덕왕 17) 7월*	천둥번개가 크게 치고, 절 16곳에도 벼락이 떨어졌다〔大雷電 震佛寺十六所〕.
768년(혜공왕 4) 6월	서울에 천둥이 치고, 우박으로 초목이 해를 입었다.
821년(헌덕왕 13) 12월 29일	천둥이 크게 쳤다〔大雷〕.
845년(문성왕 7) 11월	천둥이 치고, 눈은 없었다〔雷無雪〕.
868년(경문왕 8) 6월*	황룡사 탑에 벼락이 떨어졌다〔震黃龍寺塔〕.

위에서 *표시는 《증보문헌비고》에 수록되어 있는 기록을 가리킨다. 다른 재이의 기록이 그런대로 충실하게 《증보문헌비고》에도 실려 있다는 사실은 지금까지 살펴본 내용으로도 충분히 알 수 있다. 그런데 뇌진(雷震)은 대부분 무시하고, 일부만 《증보문헌비고》에 기록한 것이 특이하다.[3] 이 기록이 어떤 의미를 갖고 있는지에 대해서는 뒤에 다시 거론할 것이다. 한편 《증보문헌비고》에는 《삼국사기》에 없는 기록이 하나 들어가 있어 눈길을 끈다. 698년(효소왕 7) 6월 황룡사 탑에 벼락이 떨어졌다는 기록이다. 《삼국사기》에는 이런 기록이 보이지 않는다. 《증보문헌비고》 편찬자들이 이 기록만은 《삼국유사》의 내용을 베낀 것이 분명하다.

또 758년(경덕왕 17) 7월 23일과 821년(헌덕왕 13) 12월 29일 천둥과 벼락이 쳤다는 기사에 날짜를 밝힌 점은 아주 특이하다. 편찬 과정의 실수일 가능성도 있으나, 《삼국사기》에는 날짜가 밝혀진 경우가 일식 이외에는 매우 드물기 때문이다.

고구려와 백제의 천둥, 번개, 벼락 기록에서는 이렇다 할 특이한 반응을 발견할 수 없다. 그러나 신라의 기록을 보면 벼락이 임금과 관련 있는 듯한 느낌이 든다. 예를 들어 신라의 시조 혁거세는 서기 3년 3월에 죽었는데, 바로 그 앞의 기사에는 그 전해 9월에 용 두 마리가 금성의 우물에 나타났고, 폭우와 함께 천둥이 요란했으며, 성의 남문에 벼락이 쳤다는 내용이 적혀 있다.[4] 또 196년 4월 기사는 궁궐 남쪽의 큰 나무에 벼락이 떨어졌고, 금성 동문에도 벼락이 내리더니 임금이 죽었다는 투다.[5]

천둥번개와 벼락이 임금의 운명을 예고하는 듯한 기록도 있다. 687년(신문왕 7) 2월 기사에는 "원자가 태어났는데, 이날 날씨가 음침하고 천둥번개가 크게 쳤다"고 되어 있다.[6] 이때 태어난 원자는 4

년 뒤 신문왕이 죽자 뒤이어 왕위에 오른 효소왕이다. 《삼국사기》는 만 네 살로 임금이 된 효소왕이 10년 뒤에 죽은 것으로 전하는데, 별다른 기록은 보이지 않는다. 하지만 네 살부터 열네 살까지 어린 임금의 노릇이 어떠했을지는 불 보듯 뻔하다. 비록 그의 뒤를 이은 성덕왕이 같은 어머니에게서 난 동생이었다지만, 그의 재위 기간 중 왕실의 분란이 있었음을 짐작할 수 있다.

《삼국사기》 758년(경덕왕 17) 7월 23일의 기사는 "왕자가 태어났다. 천둥번개가 크게 치고, 16곳의 사찰에 벼락이 떨어졌다"는 내용이다.[7] 이때 태어난 왕자는 아버지 경덕왕이 764년에 죽자 여덟 살의 나이로 즉위했는데, 어머니의 섭정을 받았다. 여덟 살에 임금이 된 혜공왕은 16년간 자리를 지키다 780년 4월 스물네 살에 반란군에게 살해당하였다. 《삼국사기》는 그의 재위 기간에 대해 "임금이 어려서 즉위하였고, 장성해서는 음악과 여색에 빠져 기강이 문란하고 재이가 뒤를 이었다"고 평가하고 있다. 아닌 게 아니라 그가 왕위에 있는 동안에는 재이 기록이 유난히 많다.

687년과 758년의 이 기록은 천둥번개와 벼락이 치는 가운데 태어난 왕자가 뒤에 임금으로서 기구한 일생을 살게 되었음을 보여주는 뜻에서, 즉 재이의 기록으로 쓰인 듯하다. 천둥번개는 물론이고 특히 벼락을 불길한 재이로 보는 태도는 신라의 다른 기록에서도 나타난다. 662년(문무왕 2) 8월 사찬 여동이 그의 어미를 때렸는데 벼락에 맞아 죽었다는 것이다.[8]

황룡사 9층탑에 벼락이 떨어진 기록을 살펴보자. 《삼국유사》에 따르면 황룡사는 553년(진흥왕 14)에 세워졌고, 9층탑은 그 후 거의 1세기 뒤인 645년(선덕여왕 14)에 세워졌다. 그런데 이 탑은 그 후 여러 차례 벼락을 맞아 거듭 다시 지어졌다고 《삼국유사》는 전하고 있

는데, 그 과정은 다음과 같다.[9]

표 4_ 삼국유사에 실린 벼락 기록

698년(효소왕 7) 6월	첫 벼락	720년(성덕왕 경신) 다시 세움.
868년(경문왕 무자) 6월	2차 벼락	같은 임금 때 다시 세움.
953년(고려 광종 계축) 10월	3차 벼락	1021년(현종 신유) 다시 세움.
1035년(정종 을해)	4차 벼락	1064년(문종 갑진) 다시 세움.
1095년(헌종 을해)	5차 벼락	1096년(숙종 병자) 고쳐 세움.
1229년(고종 무술) 겨울		서산의 전란으로 탑과 장육상, 건물이 모두 불에 탐.

《삼국유사》에 기록되어 있는 황룡사의 벼락이 《삼국사기》와 《고려사》에는 어떻게 반영되었을까? 이미 지적한 것처럼 《삼국사기》와 《삼국유사》의 벼락에 대한 첫 기록은 서로 다르다. 《삼국사기》가 718년의 기록을 처음으로 꼽은 데 비해 《삼국유사》는 698년이 처음이었다. 특히 《삼국유사》는 성덕왕 때 첫 벼락이 떨어졌다는 사찰의 기록은 잘못이라면서, 성덕왕 때에는 무술년이 없었다고 적고 있다. 그런데 《삼국사기》에 기록된 718년은 무술년이 아니라 무오년이다. '무오'와 '무술'은 서로 혼동할 수도 있는 글자이기 때문에 황룡사 9층탑이 698년에 첫 벼락을 맞았는지, 아니면 718년에 첫 벼락을 맞았는지는 밝히기 어려울 것 같다. 《삼국유사》 기록대로 탑을 새로 세운 것이 720년이라고 인정하더라도, 벼락 맞은 것이 2년 전이었는지 22년 전이었는지는 확인하기 어렵다. 결국 《삼국사기》와 《삼국유사》 어느 쪽의 기록이 옳은지를 판단하기란 쉽지 않을 것으로 보인다.

여하튼 868년에 두 번째로 황룡사 탑이 벼락을 맞았다는 것은 《삼국사기》와 《삼국유사》가 서로 일치한다. 그러면 이후의 벼락은 《고려사》에도 기록되어 있을까?《고려사》〈세가〉편에는 황룡사의 낙뢰 기록이 전혀 보이지 않는다. 그러나 1012년(현종 3) 5월 기사 가운데 경주의 조유궁을 헐어 그 목재로 황룡사 탑을 수리했다는 내용이 보인다.[10] 또 1095년(현종 1) 8월에 황룡사 탑을 수리하라는 명령을 내린 기록이 있다.[11] 그리고 949년(정종 4) 10월에 황룡사 9층탑이 불탔다는 기록이 있고, 같은 기록이 현종 1년(1095) 6월에도 보인다.[12] 두 번의 화재가 왜 일어났는지는 기록되어 있지 않은데, 벼락을 맞은 것일 수도 있다.《삼국유사》가 전하는 황룡사의 벼락과 그 후의 복구에 대한 얘기가 《고려사》에는 없지만, 어느 정도 잘 반영되어 있다.

황룡사 9층탑이 벼락에 여러 차례 파괴되는 과정을 읽으면서 우리가 알 수 있는 사실은 당시 불교 사찰은 도시 한가운데에 자리 잡고 있었으며, 벼락의 가장 좋은 표적이 될 수밖에 없었다는 것이다.

위에 소개한 삼국시대의 기록을 보면 벼락이 친 기사는 고구려 1회, 백제 3회, 신라 12회다. 그러면 이들 벼락은 어디에 떨어졌던 것일까? 고구려에서는 전투 중 진영에 떨어졌다고만 되어 있어 분명하지 않다. 백제에서는 궁궐의 문기둥(238)이나 궁궐 남문(612), 그리고 사찰의 탑과 강당(660)에 떨어졌다. 신라의 12회는 사찰에 떨어진 것이 가장 많아서 절반이 넘는 7회이고, 나머지는 궁궐의 문 2회, 왕릉 1회이며, 사람한테 떨어진 경우 1회, 대상이 분명하지 않은 경우 1회다.

삼국시대의 벼락 맞은 건조물로는 단연 사찰이 많았다. 이는 당시 사찰이 평지에서 가장 높은 건물이었기 때문일 것이다. 당연히 고려 시대에도 비슷한 경향을 보이지만, 사찰보다는 궁궐이 점차 벼락의 대상이 되어가는 양상을 띤다. 조선시대로 접어들면 사찰은 벼락의 대상에서 완전히 벗어난 듯한데, 이는 사찰이 평지에서 높게 서 있지 않았기 때문인 듯하다.

고려시대의 천둥번개와 벼락의 기록을 모아보면 다음과 같다.《고려사》에 기록된 재이는 모두 268건으로, 왕대별로는 다음과 같다.

표 5_ 고려사에 실린 왕대별 재이

태조		혜종		정종		광종	1
경종		성종		목종		현종	10
덕종		정종	5	문종	10	순종	
선종	2	헌종		숙종	4	예종	15
인종	29	의종	9	명종	14	신종	1
희종	2	강종	1	고종	34	원종	12
충렬왕	33	충선왕	3	충숙왕	12	충혜왕	3
충목왕	6	충정왕	3	공민왕	32	우왕	19
창왕		공양왕	7				

벼락이 친 기록은《고려사》에 따로 적혀 있는데, 총 138건을 왕대별로 나누어보면 다음과 같다.

표 6_ 고려사에 실린 왕대별 벼락 기록

태조		혜종		정종		광종	
경종		성종	1	목종	1	현종	6
덕종		정종	5	문종	9	순종	
선종	4	헌종	1	숙종		예종	
인종	17	의종	7	명종	12	신종	
희종	2	강종		고종	14	원종	1
충렬왕	7	충선왕		충숙왕	8	충혜왕	
충목왕	3	충정왕		공민왕	11	우왕	8
창왕		공양왕	4				

다른 재이의 분포와 그리 크게 다르지 않아 이 통계에서 큰 의미를 찾아낼 수는 없을 것 같다. 하지만 벼락을 맞은 대상이 밝혀진 42건을 구체적으로 살펴보면, 사람 8회, 불교 사찰 12회, 궁궐이나 기타 정부 건물 13회다. 또 조선 초기의 20회 남짓한 기록은 거의 정부 건물이지 불교 사찰은 보이지 않는다.[13] 한국 역사에서 '도시의 하늘'이 어떤 모양으로 바뀌었는가를 보여주는 사례라고 할 수 있다.

앞에서 간단히 소개했던 것처럼 《증보문헌비고》가 《삼국사기》와 《삼국유사》에서 벼락이 친 것을 중심으로 14회의 기록만 실은 까닭은 쉬 짐작할 수 있다. 18세기 이후의 조선 지식인들은 천둥번개는 그리 중요한 재이로 여기지 않았던 것이다. 하지만 벼락은 여전히 중요한 재이로 보았다. 특히 이 같은 재이가 불교 사찰에 집중된 것처럼 기록된 것은 사대부들의 배불 정신에 비춰볼 때 벼락을 그리 좋은 일로 여기지 않았음을 보여준다. 《증보문헌비고》가 사찰에 떨어진 벼락을 중심으로 기록한 까닭도 이런 인식 때문이었을 것이다.

고려시대의 재이를 기록한 최천벽의 《천동상위고》는 다른 재이에 비하여 이 부분을 소략하게 다루었는데, 벼락을 중심으로 싣고 있다. 여기에 기록된 고려시대의 벼락은 13회뿐인데, 그 가운데 임금이 죽을 조짐으로 해석한 경우가 4회나 된다. 948년(정종 3) 9월, 1006년(목종 9) 6월, 1034년(덕종 3) 6월, 1040년(정종 6) 7월에 있었던 벼락은 각각 정종, 목종, 덕종, 정종의 죽음을 예언한 것으로 해석되어 있다.[14] 이들 4회의 벼락은 뒤에 편찬된 《증보문헌비고》에도 모두 실려 있다. 그러나 《증보문헌비고》는 《천동상위고》보다 더 많은 벼락 기록을 싣고 있지만, 그중 어느 것도 구체적으로 임금의 죽음 등과 연관 짓지는 않았다.

이들 기록의 기원이 되었을 것이 분명한 《고려사》에도 이들 네 기록이 들어 있다. 그런데 《고려사》 역시 임금의 죽음과 연계하여 설명하고 있지는 않다. 다만 그 비슷한 해석을 948년의 벼락 사건에서 읽을 수 있다. 《고려사》의 경우 재이 기록은 〈천문지〉와 〈오행지〉에는 상세하고, 〈세가〉 편에는 빠진 경우가 많다.

그러나 948년(정종 3) 9월의 벼락에 대해서는 〈오행지〉보다 〈세가〉 기록이 더 상세하다. 〈오행지〉에는 "임금이 천덕전(天德殿)에 갔는데 갑자기 뇌성벽력이 치면서 궁궐 서쪽에 벼락이 떨어졌다"고만 적혀 있다.[15] 하지만 같은 사건이 〈세가〉 편에는 "임금이 천덕전에 나가 동여진에서 보내온 말 700필과 방물 등을 살피고 있던 중이었다. 그런데 갑자기 뇌성과 비가 내리며 일하던 사람과 궁궐 서쪽을 벼락이 때렸다. 임금이 이에 크게 놀라 가까이 모시던 신하들이 부축해 중광전에 모셨으니 비로 병이 났고, 그래서 죄수들을 용서해주는 조치가 내려졌다"고 기록되어 있다. 그 뒤 임금은 병이 위독해져 이듬해 3월에 죽었다고 덧붙이고 있다.[16]

《고려사》는 정종의 죽음이 벼락 때문인 것처럼 서술하고 있는 것이다. 그로부터 200여 년이 지난 후 1707년에 쓰인 《천동상위고》에는 좀 더 자세히 설명되어 있다. 《천동상위고》는 이 벼락에 대해 《천경(天鏡)》이라는 책을 예로 들어 벼락이 궁궐을 치는 것은 '대부가 반역을 꾀하거나〔大夫謀逆〕', '임금이 갑자기 죽게 된다〔人君暴亡〕'는 의미라고 해설하고, 948년의 경우 5년 이내에 유혈 사건이 일어나고, 이듬해 3월에 임금이 죽었다고 설명하고 있다.[17]

《천동상위고》에 따르면 목종의 죽음 역시 벼락으로 예언되었다. 1006년(목종 9) 6월 천성전 치문(鴟吻)에 벼락이 쳤는데, '대부가 반역할 조짐'이었다는 것이다. 실제로 1009년(목종 12) 2월에 강조(康兆)가 군대를 일으켜 궁궐에 들이닥쳤고, 임금은 자리에서 쫓겨나 죽임을 당했다. 이에 대해 《고려사》〈오행지〉에는 아무런 설명 없이 "천성전 치문에 벼락이 떨어졌다"고만 기록되어 있다. 〈세가〉 편에는 같은 기록이 좀 더 상세히 적혀 있다. 임금이 근심하면서 자신의 잘못이라 책하고 죄수에게 특사령을 내리고 관리들을 시상하고 승진시켰다는 것이다.[18]

《천동상위고》에서 왕의 죽음과 연관지어 설명한 세 번째 벼락은 1034년(덕종 3) 6월 초하루에 일어난 것이다. 이 벼락이 황성의 주작문 낭옥(廊屋)에 떨어지더니 '임금이 갑자기 죽게 된다'는 예언대로 그해 9월 왕이 죽었다고 최천벽은 쓰고 있다. 이 이야기 역시 《고려사》에는 그런 사실이 있었음을 〈오행지〉와 〈세가〉 편에 기록하고 있을 뿐[19] 임금의 죽음과 연관시키지는 않았다.

최천벽이 같은 성질로 꼽은 네 번째 벼락은 1040년(정종 6) 7월의 것이다. 정종의 죽음을 알리는 조짐으로 여겨진 이 벼락에 대해서도 《고려사》는 그런 연관성에 대해서는 언급하지 않고 있다. 그러나 《고려사》〈세가〉 편이 '의춘루(宜春樓)에 벼락이 떨어졌다'고만 간단히 기록하고 있는 것에 비해 〈오행지〉에는 조금 주목할 만한 기록이 덧붙여져 있다. 의춘루에 벼락이 떨어진 다음 10월에 사천소감 태사국 지사 임광한(林匡漢)이 "역법에 따르면 8월 중기에는 천둥이 소리를 거두는 법인데, 올해에는 가을부터 천둥소리가 그치지 않으니 이는 시령(時令)에 어긋나는 일입니다. 임금님께서는 반성하고 조심하여 덕을 쌓아 재변을 물리치시기 바랍니다"라고 아뢰었다는 것이다. 이어 이 기사는 다음 해인 1041년(정종 7) 10월 선운관 밖에서 사람이 벼락에 맞았다는 사실을 전하고 있다.[20]

전체적으로 볼 때 《고려사》는 벼락이 임금의 죽음을 예언하는 조짐이라고 노골적으로 표시하고 있지는 않다. 그러나 《천동상위고》

가 고려 초기의 네 차례 벼락을 왕의 죽음과 관련된 재이로 본 것과
는 다르지만,《고려사》도 두 정종(3대 定宗과 10대 靖宗)의 죽음을 어
느 정도 벼락과 연결시키고 있다

앞에 인용한《천동상위고》에 분명하게 나오는 것처럼 벼락은 대부
의 반란이나 반역을 뜻하는 것으로도 여겨졌다. 대부라면 물론 높은
자리에 있는 인물을 가리킨다.《천동상위고》의 해석이 과장된 측면
은 있지만,《고려사》에서도 고관대작의 반란이나 반역을 벼락과 연
결지은 대목이 몇 차례 발견된다.

대표적인 경우로 이자겸을 벼락과 연계시킨 기록을 들 수 있다.
이자겸은 여러 대에 걸쳐 정치를 좌우하던 귀족 집안에서 태어났으
며, 그의 둘째 딸이 예종의 비가 되면서 지위가 더욱 높아졌다. 1122
년(예종 17) 예종이 죽고 그의 아들 인종이 14세의 나이로 왕위에 오
르자 이자겸의 권세는 하늘을 찔렀다. 인종이 바로 이자겸의 외손자
였기 때문이다.《고려사》〈열전〉의 '반역자 편'에 들어 있는 '이자겸
전'에는 다음과 같은 대목이 나온다.

> 그가 어머니 상을 당하여 물러났다가 다시 정사를 보게 된 것은 1124
> 년(인종 2) 7월의 일이었다. 그가 상복을 벗고 나오자 모든 관료들이
> 죽 늘어서서 축하 인사를 하였다. 그 태도가 흡사 임금을 모시는 것과
> 같았다.

《고려사》는 이어 "이날 큰비가 내리고 천둥번개가 치며, 저잣거리
에는 물이 한 길이나 찼다. 이자겸은 다른 집안에서 왕비가 나오면
권력이 분할될 것을 두려워해서 임금에게 억지로 청하여 그의 셋째
딸을 왕비로 바쳤고, 임금도 어쩔 수 없이 이를 따랐다. 이날에는 큰

바람이 불어 기와가 날아가고, 나무가 뿌리째 뽑혔다. 그 후 넷째 딸을 왕비로 바쳤을 때도 큰 비바람이 일었다”[21]고 전하고 있다. 이런 설명이 《고려사》의 다른 곳, 즉 〈세가〉 편이나 〈오행지〉 부분, 천둥번개 부분 등에는 실려 있지 않다.

이자겸의 위세에 대해서는 《고려사》 〈세가〉 편에도 비판적으로 기술되어 있기는 하지만, 큰 비바람 등으로 설명되고 천둥쳤다는 내용은 〈열전〉의 ‘이자겸전’에만 기록되었을 뿐이다. 그런데 《고려사절요》에는 바로 이 부분이 차례대로 기술되어 있다. 게다가 한 가지 기록까지 덧붙이고 있다. 즉 이자겸이 상복을 벗고 백관의 진하를 받는 대목에서 “큰비와 천둥번개, 그리고 저잣거리가 물로 넘쳤다”는 내용 바로 뒤에 “벼락이 영은관을 때렸다”는 기록이 더해진 것이다.[22] 영은관에 벼락이 떨어졌다는 기록은 《고려사》의 다른 곳에 실려 있다. 〈오행지〉에 “1124년(인종 2) 7월 기해일에 큰비가 내리고 번개가 치고 저잣거리가 한 길 깊이로 물에 잠겼”으며, “영은관에 벼락이 치고, 덕산방에서는 사람이 벼락을 맞았다”는 기록이 그것이다.[23]
《고려사》 〈열전〉에는 또 1122년이나 1123년 겨울께 개국사에 벼락이 치자 최기우(崔奇遇)가 이런 상소를 올렸다고 기록되어 있다.

한나라 연광(延光) 연간에 겨울 뇌성이 있고 벼락이 쳤는데, 이는 바로 염(閻) 황후의 형제가 정권을 휘두른 탓에 일어난 재이였습니다. 재이란 공연히 나타나는 것이 아니오니, 바라옵건대 폐하께서는 하늘의 꾸지람을 깨닫고 재이를 없앨 방도를 강구하소서!

그의 상소는 절실하고 곧았는데, 이 말을 들은 이자겸이 앙심을 품고 있다가 뒤에 그를 귀양 보냈다.[24] 그런데 개국사에 벼락이 쳤다는 내용은 같은 《고려사》의 다른 부분에도 나온다. 예종 1122년(예종 17) 10월 계축일에 큰 바람이 불고 우박이 내렸으며, 개국사 탑에 벼락이 떨어졌다는 것이다.[25] 결국 '최기우전'의 기사는 1122년 겨울을 가리키고, 개국사에 떨어진 벼락은 그 절의 탑에 떨어진 것임을 알 수 있다.

《천동상위고》를 쓴 최천벽은 이자겸의 전횡이 더 일찍부터 시작되었다고 지적했다. 1114년(예종 9) 4월에 큰 우박이 내리고 벼락이 문덕전 동쪽 회랑의 기둥을 때린 게 바로 이자겸의 등장을 예고한 조짐이었다는 것이다. "이자겸의 숨겨진 뜻이 겉으로 드러나지는 않았지만 그의 간사한 짓의 싹은 이미 1114년의 벼락으로 시작되었다"는 설명이다.[26]

1134년(인종 12) 6월에는 서경의 대회궐, 건룡전에 벼락이 떨어졌다고 《고려사》 〈세가〉 편과 〈오행지〉는 똑같이 전하고 있다. 그러나 《고려사》는 이 사건을 묘청 일파의 서경 천도 주장과 연결시키지는 않았다. 같은 책의 '묘청전'에도 그런 흔적은 없다. 이와 달리 《천동상위고》는 이를 묘청의 반란과 연계시키고 있다.[27]

벼락을 이렇듯 정치적 의미가 아닌 개인적 이유로 설명하는 경우도 있다. 대표적인 기록은 《고려사》에 나오는 다음의 내용이다.

> 1206년(희종 2) 6월 병인일에 대장군 박정모가 벼락을 맞았다. 박정모는 사람됨이 탐욕스럽고 사기성이 많았다.[28]

비슷한 낙뢰 사망 사건이 또 있다. 《고려사》의 1376년(우왕 2) 7월 경진일의 기록이다.

한천군(漢川君) 왕규와 그 아내 박씨, 그리고 어린 자식이 벼락을 맞았다. 세상에 전해지기를 '벼락맞은 집 물건을 지니면 부자가 된다'고 하여 장안 사람들이 몰려들어 그 집의 말, 소, 보물, 돈, 비단, 기명 등은 물론 나무, 돌, 기와, 벽돌장까지 집어갔다. 심지어 아직 숨도 끊어지지 않은 왕규와 박씨의 팔다리며 몸의 살점까지 떼어갔다. 왕규의 집은 삽시간에 폐허가 되었다. 도당에서는 순군(巡軍)과 전법(典法)을 시켜 그의 재산을 추심하여 전부 그 친족에게 돌려주었다.[29]

이상 고려시대까지의 천둥번개와 벼락 가운데 특히 벼락에 대한 여러 가지 반응을 살펴보았다. 여기서 우리는 벼락의 경우 임금의 죽음을 예고하는 해석이 있었다는 것을 알 수 있다. 그러나 이런 해석은 《천동상위고》에 강하게 나타날 뿐, 《고려사》에서는 그리 강하게 드러나지 않는다. 그보다는 요직에 있는 사람들이 반란을 일으킬 조짐이라는 해석이 많은 듯하다. 그리고 이런 정치적 의미와는 무관하게 개인에게 벼락이 떨어졌을 경우에는 '천벌'이라는 의식이 강하게 내재했음을 알 수 있다. 벼락을 천벌로 보는 시각은 오늘날에도 이어지고 있다.

고려 당대에 천둥, 번개, 벼락 등을 중요한 재이로 여겼다는 것은 고려시대에 뇌신단(雷神壇)이 있었다는 사실로도 잘 알 수 있다.[30]

우레를 맡은 신에게 올리는 제사와 비의 신에게 올리는 제사는 같은 단에서 지냈는데, 단의 높이는 석 자이며 사면에 층계가 있었다. 성안의 서남쪽 월산(月山)에 단을 세웠는데, 입하 후 신일(申日)에 제사 지냈다고 한다.

《증보문헌비고》의 재이에 대한 태도는 지금까지 소개했던 다른 경우와 상당히 차이가 있다. 벼락만을 집중적으로 다루고 있을 뿐 아니라, 그 수가 극히 적다. 앞에 열거한 《삼국사기》의 기사 가운데 고구려 기록은 아예 생략했고, 백제의 경우도 세 가지만 실었다. 신라도 11개뿐이다. 흥미로운 사실은 《증보문헌비고》에 실린 삼국시대의 벼락은 거의 불교 사찰에 떨어진 경우라는 것이다. 이는 18세기 무렵 사대부들이 불교에 대해 가졌던 부정적인 감정이 반영된 것으로 보인다. 고려시대의 벼락도 44회의 기록만을 남기고 있다. 필자가 《고려사》에서 뽑아낸 벼락 138회 가운데 3분의 1 정도만 선택적으로 실린 것이다. 그리고 이들 기록 역시 많은 수가 불교 사찰이 피해를 입은 경우이며, 일부는 정부 건물이 피해를 입은 경우다.

2. 천둥, 번개, 벼락: 조선시대 이후

조선시대에 들어와서도 천둥, 번개, 벼락은 중요한 재이였다. 그러나 조선 후기에는 상당히 합리적인 인식을 갖게 되었음을 여러 사료에서 찾아볼 수 있다. 《증보문헌비고》는 벼락〔雷震〕을 매우 소홀히 다루고 있다. 앞에서도 지적했지만, 고려 때까지의 기록은 극히 간단하다. 《고려사》에는 144건이 기록되어 있는데, 《증보문헌비고》에는 그 가운데 44건만이 실려 있을 뿐이다.

그런데 《증보문헌비고》에 실린 조선시대의 벼락은 더욱 간단하다. 고종 때까지 모두 23건만이 기록되었는데, 벼락의 피해가 구체적인 경우만 적어놓았다. 물론 실록에 기록된 재이의 수는 이루 헤아릴 수 없다. 조선 전기에는 아무 피해가 없는 단순한 천둥소리까지 기록했을 뿐만 아니라 이를 둘러싸고 적지 않은 논란과 소요가 벌어지기도 했다. 필자가 미국 유학 시절에 조사하여 아직 발표하지 않은 자료에 따르면, 조선 초기 130년 남짓 동안에 기록된 천둥번개는 502회이고, 벼락은 133회다. 이를 합한 635회의 기록은 같은 기간 중 나타난 다른 재이 가운데 '낮에 보이는 별〔星晝見〕' 1281회, 햇무리 따위〔日珥나 白虹貫日 등〕 1191회에 이어 세 번째로 많은 것이다. 조선시대 전 기간을 조사한다면 적어도 이 숫자의 3배는 될 것으로 보인다. 그런데 조선 말기에 최종 편찬된 《증보문헌비고》는 천둥번개는 제외하고 벼락 가운데 대표적인 것만 44회를 싣고 있다.

조선시대에 이 현상에 대한 인식의 변화를 알기 위해서는 전통시대의 반응을 몇 갈래에서 살펴볼 필요가 있다. 우선 조선 초기의 태도를 몇 가지 소개해본다.

1406년 7월의 일이다. 태종은 가까운 신하들과 더불어 천둥과 벼락, 그리고 재이와 점치는 일 등에 대해 토론하고 있었다.[31] 그때 마침 전라도 관찰사 박은(朴訔)이 그 전날 벼락에 맞아 사망한 사람의 수를 말하였다. 그러자 임금은 "천궁이 사람을 벼락치는 이치를 나는 알지 못하겠다"고 말했다. 이에 좌우에서 말하기를 "세상에서 말하기를 벼락은 하늘의 내려침이라 사람들의 죄악이 가득하거나 하늘을 꿰뚫게 되면 하늘이 여기에 벌을 내린다고 합니다"라고 대답했다. 그러자 임금은 "내가 경전과 역사책을 읽은 바에 따르면 역대에 권세를 부린 간사한 무리들이 나라를 빼앗고 임금을 협박한 일이 많았건만 그들이 목숨을 보전하고 천벌을 받지 않았으니, 이는 무슨 까닭이냐"라고 반문했다. 그리고 "사람들이 액운을 만나면 사특한 기운에 부딪쳐 벼락을 맞는 수가 있으니 그것이 나로서는 실로 두렵다"고 덧붙였다. 이어서 태종은 벼락만이 아니라 재이 일반에 대한 견해를 밝혔다.

태종은 재이가 생기는 까닭에 대해 옛글에는 모두 사람의 하는 바에 따라 생긴다고 쓰여 있다면서 "《중용(中庸)》에도 '나의 기운이 순한즉 천지의 기운 역시 순하다' 하였으니, 무릇 한 사람의 기운이 천지의 순함을 부를 수 있다는 이치가 실로 묘하다. 그러한즉 나라는 것은 역시 여러 사람 가운데 한 사람에 지나지 않고, 따라서 여러 신하들이 각기 자기 할 일에 충실히 임하여 한 사람도 게을리하지 않는다면 어찌 나의 공경하고 삼감을 기다려 순하게 될 것인가"라고 말했다. 그리고 결론으로 "천도(天道)는 선한 사람을 복 주고 악한 자에게는 화를 주는 법이지만, 그 효과는 오랜 후에 이르게 마련이어서 사람들은 이를 의심하고 믿지 않는다"고 지적했다.

이렇듯 태종은 천둥과 벼락이 중요한 재이임을 인정하고, 그것이 오랜 후에 나타나는 '인간의 선악에 대한 하늘의 반응'이라고 설명하고 있다. 여기서 특이한 점은 임금 스스로가 재이에 대해 수상한 이론을 들어 설명하고, 신하들의 반응은 그의 말에 동조하는 정도에 머물고 있다는 점이다. 여하간 태종은 이런 논의를 한 다음 점치는 일[卜筮]에 대한 생각을 밝혔다. 한편 당시에는 벼락을 맞은 사람에 대한 보고가 많았던 것으로 보인다. 《태종실록》에는 5월에 인동과 남원에서 두 건, 6월에는 광주, 완산, 남원, 현풍, 서울 등에서 벼락 맞은 사람이 있었다고 적혀 있다.[32]

태종은 다른 재이에도 관심을 가졌으며, 천둥과 번개에 대해서 조심하였다. 1410년(태종 10) 11월 그믐날 밤에 번개가 치자 임금은 서운관의 입직자를 불러 이에 대해 물었다. 하지만 그 관원은 '보지 못했다'고 대답하면서 "겨울의 우레는 해로울 것이 없다"고 덧붙였다. 그러자 임금이 노해서 그 관원을 책망했다.[33] 그다음 해 11월에 천둥이 치자 태종이 여러 책을 참고한 다음, 이는 때에 맞지 않는 천둥이니 응당 빈민과 고아 등을 돌보라고 의정부에 지시했다.[34]

그 밖에도 태종은 천둥과 번개 등에 민감하게 반응했다. 1412년에는 천둥소리를 즉각 보고하지 않았다 하여 서운관 관리들을 처벌하려 한 적도 있다.[35] 1414년 10월에는 밤에 천둥과 번개가 심하고 바람이 부는 가운데 비까지 내리자 소격전에 대언을 보내 초제를 지내게 했다.[36] 1416년에는 천둥과 번개가 치자 태종은 '천재(天災)가 무섭다'며 정사를 돌보지 않겠다고까지 했으며, 이에 나흘 전 영의정으로 임명된 유정현이 정전에 나와 정사를 볼 것을 주청했다.[37] 또 1417년 10월 태종이 포천으로 사냥을 나갔는데, 낮에 눈이 오더니 밤에는 우박과 함께 천둥과 벼락이 쳤다. 태종은 천변이 두렵다면서 다음 날 돌아가기로 결정했다.[38] 11일 뒤에 임금은 매달 하던 천둥과 벼락에 대한 보고를 앞으로는 해마다 10월 초에 한꺼번에 몰아 보고하라고 지시했다.[39]

조선 초기의 천둥, 번개, 벼락에 대한 당시 지식층의 반응은 앞에서 소개한 태종의 여러 반응에서 대강 짐작할 수 있다. 당시 사람들의 이런 생각은 고려 말의 학자 이규보(李奎報)의 글 〈천둥에 관하여〔雷說〕〉에서도 짐작할 수 있다.

하늘에서 천둥이 칠 때 사람들은 다 두려워한다. 그러므로 이를 뇌동(雷同)이라 하는 것이다. 나는 천둥소리를 들으면 처음에는 겁이 나지만, 여러모로 생각하고 반성하여 거리낄 만한 일이 없다고 생각되면 몸이 펴지게 된다. (……) 비록 천둥이 칠 때 두려울 것이 없다 하더라도 우리는 역시 불가불 삼가지 않으면 안 된다. 옛사람들은 어두운 방 안에서도 속이지 않았다는데, 내 어찌 그에 미칠 수 있을까 보냐.[40]

이규보는 천둥과 번개에 대해 그 원인을 설명하기보다는 어쨌든 인간이 두려워해야 할 일로 인식하고 있었던 것이다. 이는 고려 말의 이규보나 고려 말에 과거에 급제하여 조선 왕조의 제3대 임금이 된 태종이나 마찬가지였다.

태종의 아들 세종 시기에 천둥, 벼락 등에 대한 반응은 다음과 같이 나타난다. 세종 20년에 천둥, 번개가 심하자 영의정 황희가 "겨울철에 천둥, 번개가 심한 것은 자연의 섭리를 담당하는 재상의 잘못 때문"이라며 자리에서 물러나겠다고 했다.[41] 그는 "늙고 건망증이 심하며, 귀와 눈도 나쁘다"는 등의 말과 함께 "제대로 임금을 돕지 못한다"며 "천변이 잇따르는 것은 소신 때문이니 물러나게 해달라"고 간청하였다. 또 우의정 허조(許稠) 역시 비슷한 뜻에서 물러나겠다고 나섰다. 물론 세종은 "근래 천변이 이어 나타나는 것은 나의 책임일 뿐이니, 그대들은 더욱 조심하고 반성하며 일하라"고 격려했다. 그런데 《세종실록》에는 1438년(세종 20) 11월 18일과 19일에만 천둥, 번개가 크게 쳤다고 기록되었을 뿐, 10월에서 11월까지는 다른 기록이 없다. 그렇다고 다른 심각한 재변이 기록된 것도 아니다. 따라서 당시 기록만으로는 자세한 사정을 알기 어렵지만 그들의 반응이 지나쳐 보이긴 한다. 사실은 천둥, 번개가 더 있었는데 기록이 생략되었거나, 아니면 다른 정치적 이유가 있었으나 이때의 천변을 계기로 이들이 사직했을 수도 있을 것이다.

세종은 1434년 경연에서 《명신언행록(名臣言行錄)》을 읽다가 중국에서 어느 사람이 죽을 때 천둥, 번개가 치는 등의 천변이 있었다는 기록을 보았다. 세종이 이런 천변이 왜 일어나는가 하고 묻자, 사관 권지(權枝)가 이렇게 대답했다. "주희가 죽은 날에도 천둥, 번개가 치고 비가 내렸습니다. 사람들은 철인(哲人)이 위축받으면 하늘도 움직인다고 하였습니다."[42]

1444년 7월에는 가뭄 끝에 비가 내리면서 벼락이 연생전 등을 쳤는데, 궁녀 한 명이 벼락에 맞아 죽고, 민가에서도 여자 하나가 벼락을 맞았다.[43] 세종은 고관들을 불러 중국의 고사를 예로 들어 재변에 대한 두려움을 말하고 "사면 조치 등을 포함한 비상의 은전을 시행하려 하니 백성을 기쁘게 할 방법을 상의하라"고 지시했다. 신하들은 "벼락이란 양기(陽氣)가 내려치는 것으로, 그 기에 닿으면 죽는다"고 하면서, 재변이라 할 것도 없다고 응대했다. 그들은 "목석과 금수도 벼락에 맞아 죽습니다. 그런데 어찌 그것이 꼭 인사(人事)의 잘잘못에 따라 일어난다고 할 수 있겠습니까" 하고 입을 모았다. 신하들은 또한 이미 가뭄 때문에 백성을 위한 조치가 시행된 뒤라 더 실시할 만한 일도 없다고 말했다.

그러나 세종은 주장을 굽히지 않고 "궁녀와 궁궐 안의 부엌 심부름꾼들이 오래 안에 갇혀 지내고 있으니 이를 줄여 내보내라"고 하며, 그 밖에도 노인 우대책과 노역 동원자들에 대한 조치를 강구하라고 지시했다. 그다음에 이어지는 《세종실록》의 기록에 따르면, "세종은 벼락에 맞아 죽은 궁녀 차(車)씨에게는 10석(石)의 미두(米豆), 종이 60권, 그리고 관을 부의로 하사하였다. 이튿날에는 대역, 모반, 살인, 강도 등을 비롯한 중죄인을 제외한 죄수들에게 사면령을 내렸고, 그다음 날에는 전국 80세 이상의 노인에 대해서 면천(免賤)과 봉작(封爵)을 시행하였다. 또 이날 임금은 궁녀 45명을 밖으로 내보냈다"고 한다.[44]

조선 초기의 천둥, 번개, 벼락에 대한 이 같은 반응은 그 후에도 지속되었다. 세종 때 영의정과 우의정이 사직의 뜻을 밝힌 것을 앞에서 예로 들었지만, 그 후에도 여러 차례 그런 예가 있었다.

1474년(성종 5)에는 영의정 신숙주가 천둥, 번개가 심하고 사람이

벼락에 맞아 죽자 몇 차례 사직의 뜻을 밝혔다.[45] 1480년(성종 11)에
는 영의정 정창손과 우의정 등이 같은 이유로 사직하였다.[46] 1486년
(성종 17) 11월에는 영의정 윤필상과 우의정 이극배가 물러나려 했
다.[47] 그 전날 어전에서 잔치가 벌어졌는데 한밤중에 갑자기 소나기
와 함께 천둥, 번개가 몰아쳤다. 이에 영의정과 우의정이 "이는 훌륭
한 임금 아래 자격도 없는 못난 자신들이 백관 위에 자리를 차지하
고 있어 일어난 일"이라고 하면서 물러나기를 청한 것이다. 물론 성
종은 이들의 사직을 물리치면서 잘못은 정승들에게 있는 것이 아니
라 자신에게 있다고 말하였다.

연산군 때에도 비슷한 일이 있었다. 1495년(연산군 1) 11월 초하루
에 영의정 신승선과 우의정 어세겸이 사직의 뜻을 밝혔는데, 이는
10월 말의 천둥, 번개 때문이었디. 새로 임금에 오른 연산군은 그것
은 자기 잘못이라며 거절하였다.[48] 중종의 재위 중에는 1513년 10월
의 천둥, 번개로 좌의정 송일이 물러날 뜻을 밝혔고, 1516년 12월에
는 영의정 정광필이 사직을 청했다.[49] 이런 전통은 그 후에도 계속되
어 1566년(명종 21) 12월과 1573년(선조 6)의 10월에도 천둥, 번개가
치자 3공이 사직을 청했다.[50] 물론 항상 그랬듯이 임금은 그 잘못이
자기에게 있다면서 사직을 만류한다.

천둥, 번개 때문에 사직을 청한 3공 가운데 실제로 면직된 경우도
있었다. 1509년(중종 4) 윤 9월에 천둥, 번개가 쳤을 때였다.[51] 그달 6
일 밤 우박과 함께 천둥, 번개가 쳤다. 이튿날 아침 경연 자리에서
우의정 유순정이 "초겨울에 천둥, 번개가 치는 것은 재변"이라고 말
하였고, 많은 사람들이 이 논의에 가담하였다. 그리고 같은 날 영의
정 유순과 좌의정 박원종, 유순정이 사직의 뜻을 밝혔다. 천둥, 번개
가 그칠 때가 되었음에도 이런 재이가 있는 것은 임금의 잘못이 아

니라 자신들의 잘못이라면서 물러나겠다고 한 것이다. 물론 임금은 거절했지만, 그 후 대간의 압박이 계속되자 결국 영의정 유순의 사직을 허락하게 된다.

유순이 물러난 날(24일) 기사에는 사관의 논평이 붙어 있는데, 그가 18세의 나이에 훌륭한 글을 써서 이름을 날리고 그 후 여러 고위직을 거쳤다고 소개하고 있다. 그리고 연산군 때에 영의정을 하다가 중종반정 이후에도 그 자리를 지킨 것을 두고, "그는 겁이 많고, 비루하게 처신하며, 아무 말 하지 않는 것을 처세술로 삼았다"고 소개하며, 당시 공론이 그를 옳지 않게 여겼다고 논평했다. 그런데 재미있는 사실은 유순이 영의정에서 물러나고 3일 만인 27일 새로 삼정승이 발탁되었는데, 영의정에는 좌의정이었던 박원종이, 좌의정에는 우의정이었던 유순정이 한 자리씩 승진하였고, 우의정에는 병조판서 성희안이 올랐다는 것이다. 자세한 연구가 더 필요하겠지만, 이 사건의 핵심은 중종반정의 주도 세력이었던 박원종 등이 구시대의 인물인 유순을 그 기회에 축출하고 쿠데타의 실세들이 실권을 완전 장악한 것으로 추측된다. 따라서 1509년 윤 9월의 천둥, 번개를 실권 장악의 계기로 활용한 것이라 볼 수 있다.

천둥, 번개는 이렇게 영의정을 물러나게 하는 계기가 되기도 했지만, 반대로 새 인재가 관직에 화려하게 등용되는 계기가 되기도 했다. 예를 들어 조선시대의 대표적 성리학자 가운데 한 사람으로 꼽히는 정여창은 1490년(성종 21) 7월의 벼락 때문에 관직을 얻었다. 7월 초하루 천둥, 번개가 치고 비가 쏟아졌는데, 이날 오후에 진선문 밖에서 사람이 벼락에 맞는 일이 일어났다. '대궐 안에서 사람이 벼락에 맞았다'고 하여 이 재이를 둘러싸고 임금과 신하가 논의를 하게 되었다. 이때 임금의 구언(求言)이 있자 당시 사섬시(司贍寺) 정

(正) 조효동(趙孝仝)이 긴 상소를 올려 자기 고향 함양의 숨은 인재인 정여창을 천거하였다. "김종직의 제자로, 지리산에서 홀로 공부하여 학문을 닦았다"는 추천의 말에 성종은 크게 감복하여 그를 즉시 장사랑(將仕郎)으로 삼아 소격서 참봉으로 발령하였다.[52] 정여창의 발탁보다 더 흥미로운 사실은 바로 이 벼락이 계기가 되어 거의 700명이나 되는 전직 관리 등이 빼앗겼던 직첩(職牒)을 되돌려 받았다는 사실이다.[53] 그동안 여러 사건에 연루되어 자격을 잃었던 사람들이 이를 계기로 복권된 것이다. 아마 이런 규모의 복권은 조선시대에 아주 드물거나 거의 없었을 것으로 생각된다.

한편 임사홍(任士洪)은 천둥, 번개와 벼락 등으로 인해 여러 가지 개인적인 사건을 경험한 대표적 인물이라 할 수 있다. 1486년(성종 1/) 3월 그는 다른 사람들과 함께 직첩을 돌려받았는데, 그 직접적 계기가 된 것이 바로 벼락이었다. 선공감에서 공릉(恭陵)의 정자각을 막 수리했는데, 그 추녀에 벼락이 떨어져 많은 사람들이 놀랐으나 다행히 다친 사람은 없었다.[54] 왕릉에 벼락이 떨어졌다는 보고를 들은 임금은 제사를 지내도록 명하고, 아울러 예조와 홍문관에 옛날의 전례를 연구해 보고하라고 지시했다. 이에 대해 예조가 최근 사면령을 내렸던 사례를 보고하였고, 홍문관은 중국의 많은 예와 고려의 경우를 보고하였다.

이에 따라 성종은 사면령을 내리고 수십 명의 관리들에게는 직첩을 되돌려주는 조치를 취했다. 임사홍도 그중 하나였다. 그 덕분에 그는 귀양에서 풀려나게 되었다. 그러자 사헌부, 사간원, 홍문관 등의 관리들이 들고일어났다. 파당을 지어 나라를 어지럽힌 그의 죄는 용서받을 수 없는 것인데, 이번에 그를 복권시키는 것은 절대 용납할 수 없다고 반대했다. 벼락이 친 것은 3월 4일인데, 임사홍의 복권에 대한 언관들의 반대는 3월 내내 계속되었다. 그러나 임금은 그에게 관직을 내리겠다는 것이 아니라 다만 그의 아버지가 공신이었고 그의 아들이 부마이니 직첩만 돌려주는 것이라 말하면서 끝내 복권 조치를 취소하지 않았다. 다른 사건으로 귀양갔던 임사홍이 왕릉에 떨어진 벼락 덕택에 복권되어 그 후 다시 관직에 나갈 수 있게 된 것이다.

그러나 11년이 지난 1497년(연산군 3) 6월 임사홍은 선정전 문에 벼락이 치자 이번에는 그 피해를 받게 된다. 그때 연산군은 벌써 몇 달에 걸쳐 '공신들에게 지나치게 은혜를 베푸는 데 대한 비판의 소리'에 시달리고 있었다. 특히 임사홍 같은 소인에게 가자(加資)한다는 것은 당치 않다는 항의가 빗발쳤다. 그런데 때마침 1497년 6월 27일 밤 이경에 선정전의 문에 벼락이 떨어진 것이다.[55]

다음 날 승정원은 "전에 대궐에 벼락이 떨어지기는 했으나 정전(正殿)에 벼락이 친 일은 없다"며 "이번에 벼락이 정전을 때린 것은 재변 가운데 큰 사건"이라고 임금에게 보고했다. 임사홍을 몰아내는 논의가 강렬해졌음은 물론이고, 결국 연산군도 "대간(臺諫)의 주장이 그렇다면 임사홍 등의 가자를 취소하는 일이 어렵지 않다"고 말했다. 실록에는 이에 대한 사관의 논평이 붙어 있다. "임사홍이 처음에는 천변을 두려워할 바 없다 하여 죄를 받더니, 이제는 다시 천변 때문에 가자를 취소당하게 되었다. 하늘의 앙갚음이 무섭다."[56]

1513년(중종 8) 2월에는 종묘의 소나무를 벼락이 때리자 그것을 계기로 현덕왕후를 추복(追復)시키는 운동이 일어났다. 현덕왕후는 문종의 세자빈으로 단종을 낳고 3일 만에 죽은 권씨를 가리킨다. 단종을 몰아내고 정권을 잡은 수양대군, 즉 세조는 결국 단종을 죽이고 1456년에는 권씨를 서인으로 폐했다. 그런데 훗날 1513년 2월 28일 천둥, 번개가 크게 치더니 종묘의 소나무 두 그루가 벼락을 맞는 일이 일어난 것이다.[57] 이 벼락 때문에 왕후 자리에서 쫓겨나 종묘에서 제사를 받지 못하던 현덕왕후는 자기 자리를 되찾게 되었다.

현덕왕후의 신원을 결정한 것은 3월 3일로, 종묘의 소나무에 벼락이 떨어진 지 5일 만이다. 그러나 이 문제는 이미 50일 동안이나 논란이 되고 있던 쟁점이었다. 그러던 중 벼락이 치는 바람에 간단히 결판이 난 것이다. 이 사실은 《중종실록》에 기록된 사관의 논평을 통해서도 알 수가 있다. "처음에는 고관들 가운데 반대 의견이 많아 대간을 중심으로 추복 논의가 시작된 지 5순(旬) 동안 결정을 내리지 못하고 있었으나, 종묘의 소나무에 벼락이 떨어지자 국론을 막기 어렵게 되어 간단하게 결판이 났다"는 것이다.[58]

실제로 《중종실록》을 보면 그 전해 11월, 중종이 연산군의 묘소가 천대받고 있는 것을 안타깝게 여겨 그 문제를 조사하라고 지시하면서, 아울러 현덕왕후에 대해서도 보고하도록 지시했다고 나온다.[59] 하지만 역사를 더 되짚어보면 현덕왕후의 복위 문제는 세조가 죽은 후부터 시작되었다. 1471년(성종 2) 당시 열여덟 살밖에 안 되었던 남효온이 처음 그 문제를 제기했다. 연산군 때에는 김일손 등이 다시 이 문제를 거론했다.[60] 현덕왕후가 폐서인된 것이 1456년이니, 남효온이 복위를 거론한 것은 그로부터 15년 만의 일이고, 세조가 죽은 지 겨우 3년 뒤의 일이다. 실제로 현덕왕후가 복위된 것은 57년 만인데, 종묘의 소나무에 떨어진 벼락이 그 계기를 마련해준 셈이다.

천둥, 번개와 벼락을 중요한 재변으로 여겼음은 이상의 논의로 충분히 알 수 있다. 이런 재변이 일어나면 임금과 신하들은 여러 방면으로 심각한 논의를 하였다. 그러나 다른 재변과 마찬가지로 거의 똑같은 정치적 해석이 나왔다. 한편 다른 재변에 대해서 강력하게 반발했던 연산군은 말년에 천둥, 번개 등에 대해서도 같은 반응을 보였다. 실록에는 다음과 같은 대목이 나온다.

> 임금이 "전에는 대간을 비롯한 많은 사람들이 10월의 우레를 재변이라 여겨 번갈아 심한 말로 상소를 올리는 자들이 있었는데, 지금도 10월의 우레는 재변이라며 상소하여 간하는 자가 있소?" 하고 승정원에 묻자 승지들이 "월령(月令)에는 우레는 8월에 그 소리를 거둔다고 하였으므로 8월 이후의 우레를 보통스럽지 않다고는 하지만, 10월의 우레란 해마다 있사오니 그리 재변이라 할 것이 없사옵니다. 또 대간 등도 이에 대해 논란하여 간하는 자는 없습니다"고 아뢰었다. (사관이 논평하여 말하되) 임금이 이미 간관을 죽여 위엄을 세웠으므로, 언로가 막혀 사람들이 감히 함부로 입을 놀릴 수 없을 줄 알기 때문에 (임금이) 이렇게 뽑낸 것이다.[61]

사관의 논평이 당시 상황을 잘 보여준다. 실제로 연산군의 재위 말년에는 누구도 감히 겨울의 우레 같은 재이에 대해 문제 삼지 못하였을 뿐 아니라 보고조차 하지 못했다. 실제로 이 기사는 10월 16일의 일로 기록되고 있는데, 10월 초하루부터 16일까지 겨울 우레가 있었다는 언급은 없다. 이미 여러 달 동안 우레뿐만 아니라 다른 재이의 기록도 당시 실록에는 남아 있지 않다.

이처럼 극히 예외적인 경우를 제외하고, 근대 서양과학이 들어오기 전의 조선시대에서 천둥, 번개와 벼락은 중대한 재이로 여겨졌다. 그리고 이 재변이 일어났을 때에는 다른 경우와 마찬가지로 여러 가지 조치가 취해졌는데, 소격서에서 초제를 지내는 일도 그중 하나였다. 《동문선(東文選)》에는 두 곳의 소격서에서 지낸 초제의 제문이 남아 있다. 하나는 ‘소격서에서 뇌성보화천존에게 비를 기도함〔昭格署雷聲普化天尊祈雨〕’이라는 제목의 글인데, 서거정(徐居正)이 쓴 것이다. 또 하나는 ‘뇌성보화천존에게 드리는 초제〔雷聲普化天尊醮〕’라고만 제목을 붙였는데, 같은 시대의 이승소(李承召)가 쓴 것이다.[62] 도교에서는 뇌우를 담당하는 뇌신(雷神) 또는 뇌공(雷公)을 ‘뇌성보화천존’이라 불렀다. 그리고 우레는 여름에는 비를 불러오는 신으로 여겨 재이로 보지 않았고, 10월 이후의 우레는 재이로 여겼다. 실제로 앞에서도 인용되었고, 사료에 가끔 등장하는 《예기(禮記)》〈월령〉 편에는 “중추월에 낮과 밤이 반으로 나뉘고, 우레는 비로소 소리를 거둔다”고 되어 있고, “중춘월에는 낮과 밤이 반으로 나뉘고, 우레가 비로소 소리를 내며 번개가 시작된다”고 적혀 있다. 천둥, 번개는 추분이 지나면서 없어졌다가 이듬해 춘분이 지나서야 다시 시작하는 것이 순리라는 이야기다. 따라서 겨울의 천둥, 번개, 벼락은 때에 맞지 않는 재이로 여겼다.

이순지의 《천문유초》에도 같은 설명이 나온다.[63] “우레는 2월에 땅에서 나와 180일 동안 활동하고, 8월에 땅 속으로 들어가 180일 동안 숨어 있는 법이다. 우레란 양(陽)의 소리인데, 때가 아닐 때 나타나면 그것은 임금의 권위를 엿보는 조짐이다”라고 쓰여 있다. “음과 양이 서로 만나면 우레가 되고, 만물을 낳는 짐”이라고도 쓰여 있다. 또 “음과 양이 만나면 우레가 되고 만물을 낳는다”고 쓰여 있는가 하면, “음과 양이 만나면 우레가 되고 서로 충돌하면 벼락이 된다”고도 설명하고 있다. “우레는 하늘의 기〔天氣〕에서 나오고, 번개는 땅의 기〔地氣〕에서 나온다”는 설명도 있다. “구름이 없는 가운데 우렛소리가 나는 경우를 고요(鼓妖)라 하며, 우레 중 급격히 몰아치는 것을 벽력(霹靂)이라 한다”고도 설명되어 있다.

우레와 관련된 재미있는 경우로는 '우레칼〔雷劍〕'이나 '우레화살〔雷箭〕', '우레도끼〔雷斧〕'와 '우레창〔雷槍〕' 등을 들 수 있다. 세종 때에는 시골 백성이 이런 것을 발견하면 임금에게 바쳤다고 한다. 1443년(세종 25) 10월 전라도 영광 사람 김원기(金元奇)가 우레칼을 바쳤다.[64] 김원기의 아내가 밤에 문밖에 나갔다가 벼락을 맞고 기절해 쓰러졌는데, 한참 뒤에 깨어나 들어왔다가 다음 날 나가 보니 그 자리에 우레칼이 박혀 있었다는 것이다. 그 이듬해 3월에는 임천 사람 성필(成弼)이 우레칼 두 자루를 얻고, 직산 사람 돌마와 허승룡(許升龍)이 우레화살을 얻어 임금에게 바쳤다. 임금은 성필에게는 면포 여섯 필을 주고, 돌마와 허승룡에게는 면포 두 필씩 하사하였다.[65] 1513년(중종 8) 7월에는 전라도에서 우레도끼와 우레창을 중종에게 바쳤다는 기록이 있다.[66]

그런데 우레칼이나 우레화살 등에 대한 설명은 실록에 나오지 않는다. 여하튼 고려 때와는 달리 조선시대에 벼락을 '하늘이 죄 있는 자에게 내리는 천벌'이라는 식의 설명은 찾아볼 수 없다. 실제로 이수광은 천둥, 번개는 음과 양이 부딪쳐 생기는 기(氣)로, 그것이 죄지은 사람을 벌하는 것이라 말함은 한낱 억측에 지나지 않는다고 말했다.[67]

그의 뒤를 이은 실학자 이익은 '우레도끼'에 대해 다음과 같이 설명하고 있다.[68]

그것은 하늘에서 별똥별이 떨어져 생긴 것으로, 모양이 도끼 같은 경우를 가리킨다.

이 기사 앞의 다른 기사에서 이익은 뇌진(雷震)을 풀이하고 있는데, 이를 음양의 충돌로 설명하며, 대체로 전통적인 수준을 따르는 경향을 띠었다. 특히 이익은 번개를 오행 가운데 화(火)의 성질로 설명하면서, 아울러 그것이 왜 경우에 따라 멀리 퍼지고 그렇지 않은 가도 덧붙여놓았다. 그러면서도 뇌신 같은 것이 있을 수도 있다는 정도로 전통적인 태도를 수용하였다.[69]

이익은 또 정전기 현상에 대해 재미있는 기록을 남기고 있다.

고양이는 그 성질이 열(熱)이 많아 어둠 속에서 손으로 문지르면 생선 굽듯이 탁탁 소리를 내며 불꽃을 튀긴다. 마찬가지로 비단옷을 문질러도 불꽃을 내는데, 그것은 인체의 기운이 쩌 올려 불을 일으키는 것이다. 고양이와 비단에서 일어나는 현상이 똑같다.[70]

고양이 털과 비단에서 일어나는 정전기를 같은 현상으로 파악한 것은 상당히 진전된 생각이나 아직 전기 현상에 대한 기본적 인식은 없었던 듯하다.

홍대용은 자신의 자연관을 설명한 대표적 작품《의산문답(毉山問答)》에서 다음과 같이 설명하고 있다.

우레(雷)란 증발한 기가 막혔다가 서로 부딪쳐 불을 내는 것으로, 번개〔電〕는 그 빛이요 천둥〔雷〕은 그 소리다. 불이 닿으면 물체는 타게 된다. 그런데 번개가 먼저 치고 우렛소리가 나중에 오면 그것은 멀리서 생긴 경우이고, 우레와 번개가 함께 일어나면 가까운 곳에서 생긴 것이다. 땅에서 먼 경우는 공중에서 없어지지만, 땅에서 가까울 때면 충돌하여 벼락이 된다. 우렛소리가 없이 번개만 번쩍이는 경우는 100리 이상 먼 경우이고, 번개가 보이지 않고 우렛소리만 들리는 경우는

쌓인 구름으로 가렸기 때문이다.[71]

이 정도면 이익의 설명보다는 상당히 과학적으로 들린다.

19세기 초에 유희(柳僖)가 쓴 박물사전 《물명고(物名考)》는 우레와 관련된 여러 가지—뇌고(雷鼓), 뇌거(雷車), 뇌부(雷斧), 뇌설(雷楔), 뇌환(雷丸) 등—에 대해 "이런 설은 황당하여 믿을 수 없다"고 적고 있다. 그러나 벼락이 떨어진 곳에서는 가끔 돌로 된 도끼 등(石斧, 石楔, 石丸)이 발견된다고 덧붙이고 있다.[72] 이들은 대개 뇌신이 가지고 다니던 물품이란 뜻으로도 쓰인 듯하나, 실제로 모두 중국의 문헌에 나타나는 용어들이다. 뇌설이나 뇌부에 대해서는 송대의 이름난 과학자 심괄(沈括)의 《몽계필담(夢溪筆談)》에도 그 허황함이 지적되어 있고, 뇌거는 《회남자》에 나오는 등 중국 역사 책에서 쉽게 찾아볼 수 있다. 다만 이런 말들이 얼마나 널리 한국 역사에서도 사용되었는지는 아직 밝혀져 있지 않다.

이상 소개한 학자들은 실제로 17세기 이후 서양 선교사들의 글을 읽은 것으로 알려져 있다. 그런 서양의 영향을 일부 받은 인물로는 19세기 초의 대학자 이규경(李圭景)을 가장 먼저 꼽을 수 있다. 이규경이 남긴 방대한 저술은 아직 제대로 연구되지 못하고 있는데, 그 가운데 〈우레, 번개, 벼락에 대한 변증[雷電霹靂辨證說]〉이라는 장문의 글이 있다.[73] 이 글에는 바로 앞에 소개한 대부분의 우레 관련 용어들에 대한 중국 문헌의 조사 내용이 소개되어 있다. 그는 앞에 나온 심괄의 《몽계필담》을 비롯해 방이지(方以智)의 《물리소지(物理少識)》, 일본의 《화한삼재도회(和漢三才圖會)》 등을 인용하여 여러 가지 현상을 설명하고 있다.

그러나 이규경 역시 이전의 학자들과 크게 다르지 않게 전통적인 설명을 훨씬 상세하고 다양하게 소개하고 있다. 그중 재미있는 기록은 "북방에는 우레가 없는 나라가 있고 남방에는 항상 우레가 있는 나라도 있는데, 그 까닭은 북방은 음한(陰寒)하고 남쪽은 양난(陽煖)하기 때문"이라는 것이다. 그는 이 글을 《물리소지》에서 인용하였다. 이규경의 이 글이 정확히 언제 쓰였는지는 알 수 없다. 대강 1830년 전후에 쓴 것으로 보이는데, 이 글에서는 서양 과학의 영향을 찾아볼 수 없다. 그러나 다른 글에서는 서양에서 가져왔다는 정전기 발생 장치가 서울에 있었다는 사실을 기록해놓고 있다. 1830년께 서울에 사는 강이중(姜彝中)의 집에 뇌법기(雷法器)라는 게 있는데, 유리공 모양의 것을 돌리면 불꽃이 튀어나온다는 설명과 함께 중국에 많고 일본에도 있다고 했다.[74] 그는 이 장치가 바로 천둥, 번개의 이치를 따라 민든 것이라고 설명히고 있다. 천둥, 번개, 버락의 이치를 근대 과학적 설명으로 이해하려는 초보 단계에 접근해 있었던 것이다.

그 후 그 첫 단계에 발을 들여놓은 대표적 인물은 이규경의 한 세대 뒤의 인물인 최한기였다. 1866년에 그는 중국에서 활약하던 영국 의사 벤저민 홉슨의 저술들을 기초로 《신기천험(身機踐驗)》이란 책을 편찬했는데, 그 가운데 '전기'에 대한 항목이 들어 있다. 그리고 1876년 개국 이후 주로 중국에 소개되고 있던 근대 과학 지식이 국내에 소개되기 시작했다.[75]

2부

재이의 과학사상

1장

천(天) · 재(災) · 지(地) · 변(變)

오호라, 오직 하늘만이 만물의 아버지입니다. 그러기에 하찮은 사나이가 갈 곳을 잃어도 하늘을 부르게 마련입니다. 항차 한 나라의 임금 된 자야 어떻겠습니까? 그럼에도 불구하고 옛 성현의 예법에 의하면 오직 천자만이 하늘에 제사할 수 있게 되어 있고, 작은 나라의 임금은 감히 제사를 지내지 못하게 되어 있습니다. 근래 원단에서의 제사를 중지하였던 까닭은 바로 이 때문입니다. 어찌 터럭만큼이라도 불경스러운 마음이 있어서이겠습니까? 제가 모자라고도 어리석은 몸으로 하늘의 사랑을 받들어 신하와 백성의 위에 서게 된 것도 이미 오래되었습니다…….

1. 가뭄

1) 삼국시대

오늘날 우리는 가뭄을 하늘이 내리는 재앙으로 여기지 않는다. 그러나 전통적 자연관에서는 그것을 하늘의 현상으로 여길 수밖에 없었을 것이다. 하늘에서 비가 내리지 않아서 일어나는 재이었기 때문이다.

《삼국사기》를 중심으로 가뭄에 대한 기록을 찾아보면 우선 눈에 띄는 것은 그 기록이 고구려에는 아주 적어서 12회 정도만 남아 있으나, 백제는 같은 기간에 훨씬 많은 32회의 기록을 남기고 있다는 사실이다. 신라는 통일 이전에 38회, 통일 후 28회로 모두 66회의 가뭄이 기록되어 있다.[1]

이들 가뭄의 기록을 삼국으로 나누어 연도별로 나타내면 다음 표 1과 같다.

108년의 가뭄이 고구려와 백제에서 함께 기록되었고, 506년의 가뭄이 백제와 신라에서 함께 기록되어 남아 있을 뿐, 그 밖의 가뭄 기록은 삼국이 모두 다르다. 삼국의 가뭄 기록을 연도별로 섞어놓는다면, 105회가 될 것이다. 삼국 초기부터 통일신라가 망할 때까지 950

고구려	72, 108, 272, 300, 378, 388, 406, 495, 523, 536, 563, 571. (12회)
백제	기원전 15년, 서기 15, 19, 27, 55, 90, 108, 187, 208, 227, 239, 246, 248, 257, 316, 331, 382, 402, 417, 433, 447, 479, 499, 500, 501, 506, 600, 606, 630, 636, 653, 657. (32회)
신라	11, 18, 75, 98, 111, 134, 145, 150, 174, 196, 201, 210, 226, 253, 259, 268, 280, 286, 292, 302, 313, 314, 317, 372, 381, 397, 401, 420, 453, 480, 492, 497, 506, 575, 585, 613, 628, 632, 696, 705, 709, 714, 715, 716, 745, 747, 754, 769, 786, 788, 790, 795, 798, 809, 817, 820, 827, 832, 840, 848, 858, 886, 888, 906, 907, 921. (66회)

년 가운데 가뭄이 있었던 해가 105년이 된다는 뜻이다. 평균 9년에 한 번씩 가뭄이 기록된 셈이다. 그러나 이런 기록에서 이렇다 할 통계적 의미를 찾기란 어려울 것 같다.

한국사의 초창기 가뭄에 대한 '반응' 중 특히 우리의 흥미를 끄는 것은 신라의 9대 임금 벌휴(伐休)에 대한 기록이다. 벌휴(또는 發暉)는 탈해왕의 손자였는데, 아달라왕이 자식 없이 죽자 184년 그 뒤를 계승해 196년까지 왕위를 지켰다. 《삼국사기》는 그의 즉위에 대해 이런 논평을 달았다.

임금은 바람과 구름을 점쳐서 미리 홍수와 가뭄을 알아내고, 그해 농사가 풍년이 될지 그렇지 않을지를 미리 예측하였다. 또한 사람의 착하고 악한 것도 알 수가 있어서, 사람들은 그를 성인이라 칭하였다.[2]

이 대목에서 신라 사람들은 임금이 어떤 신통력을 가진 인물이기를 기대하였음을 알 수 있다. 또 2세기 말까지는 아직 가뭄이나 홍수를 재이로 보고 정치를 가다듬거나 기도를 통해 해결할 수 있다는 생각이 정착되지 못하고 있었음도 알 수 있다.

초기의 한발(旱魃)에 대해서는 그저 가뭄이 있었다고 기록하거나, 가뭄 때문에 기근이 따랐고 심할 경우에는 백성들이 서로 잡아먹을 지경이었다고 적었다. 또 가뭄이 심해서 굶주리는 백성이 생겨 이를 구휼하였다는 기록도 있다. 그러나 가뭄 때문에 비를 내려달라고 기도를 드렸다거나 죄수를 석방하는 등의 조치를 하였다는 기록은 조금 뒤부터 보이기 시작한다.

백제의 경우는 55년(다루왕 28)에 이미 가뭄이 있자 죄수를 돌보고 사형수를 용서하였다는 기록이 보인다. 또 227년(구수왕 14)의 가뭄 때에는 처음으로 동명묘(東明廟)에서 기우제를 지내 효험을 얻었다고 적혀 있다. 두 번째 기우제는 402년(아신왕 11)에 있었는데, 임금이 횡악(橫岳)에서 친히 기우제를 지냈더니 비가 왔다는 기록이 있다. 세 번째 기우제는 600년(법왕 2)에 있었다. 그해에 가뭄이 심하자 임금이 칠악사에 가서 비를 빌었다고 한다. 그러나 이 경우 그 효험으로 비가 왔다고는 적고 있지 않다. 오히려 임금이 죽었다는 기록이 바로 뒤에 나온다.

고구려의 경우 첫 기우제 기록은 563년(평원왕 5)에야 보이는데, 그해 가뭄이 심하자 임금이 반찬을 줄이고 산천에 기도하였다고 한다. 고구려에서는 유일한 기우제 기록이다.

신라의 첫 기우제는 253년(첨해왕 7)의 기록에서 찾아볼 수 있다. 그해 5월부터 7월까지 비가 오지 않아 임금이 조상의 사당과 명산에 기도해 비를 빌었더니 비가 내렸다고 한다. 또 268년(미추왕 7)에는 봄부터 여름까지 비가 오지 않았다. 이에 임금이 신하들을 남당(南堂)에 모아놓고, 친히 정치와 형정의 잘잘못에 대해 의견을 물었다. 그리고 다섯 신하를 각지에 보내 백성들의 어려움을 알아보게 하였다. 492년(소지왕 14)의 가뭄 때에는 임금이 자신의 잘못이라면서 반찬을 줄였다. 비슷한 반응은 585년(진평왕 7)의 가뭄 때에도 나타난다. 임금이 정전(正殿)을 피해 신하들을 만나고, 반찬을 줄였으며, 남당에 나아가 친히 죄수를 보살폈다는 것이다. 여기에서 한걸음 더 나아가 628년(진평왕 50)의 가뭄 때에는 저자〔市〕를 옮겼을 뿐만 아니라 용 그림을 그려놓고 기우제를 지냈다. 이와 비슷한 반응은 832년(흥덕왕 7)의 가뭄에도 기록되어 있는데, 이때 임금은 정전을 피하고, 반찬을 줄였으며, 죄수들을 사면해주었다.

이처럼 《삼국사기》에 기록되어 있는 가뭄에 대한 반응을 보면 삼국시대에 점점 중국의 영향을 받고 있었음을 알 수가 있다. 가뭄에 대한 궁극적 책임을 임금에게 돌리는 태도는 268년 신라에서 처음 보인다. 그 후 세 나라에서 부분적으로 나타나는 여러 가지 대응은 모두 정치적 반응의 일부라고 할 만하다. 예를 들어 492년 이후 피전(避殿: 임금이 정전을 피함), 감선(減膳: 반찬을 줄임), 여수(慮囚: 죄수를 살핌) 등이 행해졌다. 628년 가뭄 때에는 사시(徙市: 저자를 옮김)까지 시행하였다는 기록이 있다. 이들 가뭄 때의 여러 조치는 그 후 더욱 발달하여 조선시대까지 줄곧 실시되었다.

한편 기우제는 처음에는 명산(名山)이나 조상의 사당 등에서 행해졌지만, 600년에 백제에서는 처음으로 불교 사찰에서 기우제를 지낸 기록이 남아 있다. 또 628년의 가뭄에 대해 신라에서는 처음으로 화룡(畵龍)기우제를 지냈다. 이들 기우제의 형식은 점차 다양해지고 발전하는데, 그 과정은 뒤에 가서 더 자세하게 설명할 것이다.

삼국시대 가뭄에 대한 기록 가운데 특히 우리의 눈길을 끄는 것은 다음 세 가지다.

첫 번째는 백제 동성왕(東城王) 말년의 기록이다. 499년(동성왕

21) 여름 가뭄이 몹시 심해서 백성들이 굶주려 서로 잡아먹을 지경이 되었고, 도둑이 들끓었다. 신하들이 임금에게 창고의 곡식을 풀어 백성을 구하자고 하였지만, 임금은 듣지 않았다. 그해 한산(漢山)에서 고구려로 망명한 사람이 2000명을 넘었다. 겨울에는 전염병이 돌고 해가 바뀌었다. 500년(동성왕 22) 봄에 임류각(臨流閣)이란 전각을 궁궐 동쪽에 세우며 연못도 파고 특이한 짐승도 길렀는데, 신하들이 이에 항의하는 상소를 올렸으나 임금은 일절 응대하지 않았다. 다시 간하는 신하가 있을까 하여 아예 대궐 문을 닫아걸었다. 이듬해에는 여름에 우박이 내리더니 또 가뭄이 찾아왔다. 그러나 임금은 임류각에서 밤새 즐기며 잔치를 벌였다. 501년에는 봄부터 할멈이 여우로 변해 달아나거나, 남산에서 두 마리 호랑이가 싸우더니 역시 여름과 가을에 걸쳐 가뭄이 들었다. 그런 가운데 11월 사냥을 갔던 임금이 칼에 찔려 12월에 죽고 말았다.

동성왕의 암살 사건은 가뭄 외에도 몇 가지 조짐으로 설명되고 있는데, 그중 가장 큰 조짐이 가뭄이었다. 즉 동성왕 말기 3년 동안의 가뭄은 바로 이 임금의 실정과 그에 따른 암살을 예고하는 조짐으로 여겨졌던 것이다.

두 번째는 600년(법왕 2)에 있었던 가뭄이다. 《삼국사기》에 따르면 이때 처음으로 불교 사찰에서 기우제를 지냈다는 기록이 남아 있다. 삼국시대에 불교가 들어오면서 불교식 기우제가 많이 실시되었을 것으로 보이지만, 이때가 처음이자 마지막 기록이다. 이는 아마도 《삼국사기》를 펴낸 김부식이 불교에 우호적인 인물이 아니었기 때문일 것이다. 반면 《삼국유사》에는 753년(경덕왕 12)의 가뭄 때 대현(大賢)스님이 얼마나 신통하게 가뭄에 대처하였는가를 소개하고 있다.[3] 그해 여름 가뭄이 심하자 임금은 남산의 용장사(茸長寺)에 있던 그에게 궐 안으로 들어와 금강경을 강하여 비를 빌도록 청하였다.

《삼국유사》는 대현스님이 얼마나 신통력을 가진 인물인가를 그가 행한 기적을 예로 들어 설명하고 있다. 그가 궁궐 안에서 금강경을 강하자 말랐던 대궐 안의 우물물이 마구 용솟음쳤는데, 그 물길이 일곱 길이나 솟아올랐으므로 사람들이 그 우물을 금광정(金光井)이라 불렀다는 것이다. 이듬해(754) 여름에는 법해(法海)스님을 황룡사에 초청하여 화엄경을 강하게 하고 임금도 향을 바쳤다. 그 자리에서 임금이 그에게 대현스님의 금광정 이야기를 하자, 법해스님은 그런 일쯤은 아무것도 아니라면서 "나는 창해(滄海)를 기울여 그 물이 장안으로 흐르게 할 수 있다"고 말하였다. 임금이 농담으로 받아들였는데, 곧이어 관리 하나가 와서 "동쪽의 연못이 넘쳐 내전 50여 칸이 물에 잠겼다"고 보고하였다. 임금이 망연자실히지 법해스님이 웃으며 말하기를 "동해가 기울려고 하다 보니 수맥이 먼저 넘쳤습니다"라고 하였다. 임금은 자신도 모르게 벌떡 일어나 절을 하였다. 이튿날 감은사(感恩寺)에서 "어제 낮에 바닷물이 넘쳐 불전 뜰 앞까지 왔다가 저녁에 나갔다"고 보고하였다. 임금은 그를 더욱 믿고 존경하였다. 이 기록을 통해 삼국시대에 불교식 기우제가 성행하였음을 짐작할 수 있다.

세 번째는 기우제의 달인이라 할 만한 기인(奇人) 이효(理曉)의 이야기다. 통일신라 때의 일이다. 715년(성덕왕 14) 6월 가뭄이 크게 들자 임금은 하서주(河西州) 용명악(龍鳴嶽)에 사는 거사(居士) 이효를 불러 임천사(林川寺) 연못에서 기우제를 지냈다. 그러자 비가 열흘이나 계속 내렸다고 《삼국사기》에 기록되어 있다. 이듬해 6월에 또 가뭄이 들자, 이번에도 이효를 불러 기우제를 지냈더니 비가 내렸다.[4]

두 차례나 기우제를 지내 효과를 보았다는 이효가 어떤 인물인지
는 알 길이 없다. 다만 그가 '거사'로 불린 점을 감안할 때 불교보다
는 도가 쪽 사람이었을 가능성이 있다. 그럼에도 불구하고 그가 기
우제를 지낸 장소(임천사)가 불교 사찰 같다는 사실이 눈길을 끈다.
또 이효의 기우제 성공 사례가 《삼국유사》에는 나오지 않고, 반대로
법해스님 등의 기우제 성공은 《삼국사기》에서 빠졌다.

2) 고려시대

《고려사》〈오행지〉에는 모두 186회의 가뭄 기록이 남아 있다. 우선
지적해둘 점은 가뭄 기록이 개국 초기 1세기 동안에는 두 번밖에 없
다는 것이다. 그 후에는 같은 해에 가뭄 기록이 두세 번 겹친 경우도
있기 때문에 1011년부터 고려가 멸망한 1392년까지를 살펴보면, 실
제로 이들 기록은 이 기간에 162년 동안에는 한발이 있었고 나머지
221년 동안에는 한발이 없었던 것을 의미한다. 고려 초기 100년을
제외하면 대략 10년 사이에 4회의 가뭄이 있었고, 그 분포는 대체로
고르다. 예를 들어 10회 이상의 가뭄이 기록된 왕대를 살펴보면 현
종(15회), 문종(13회), 예종(11회), 인종(11회), 의종(12회), 고종(15
회), 충렬왕(19회), 충숙왕(14회), 공민왕(12회) 등으로, 이들 임금은
대체로 재위 연수도 길었기 때문에 그리 특이한 현상이라고는 할 수
없다.

고려의 첫 가뭄 기록은 934년(태조 17) 서경(西京)에 가뭄과 누리
〔蝗〕가 있었다는 것이다.[5] 이 기록은 그해에 가뭄이 있었다는 사실
만 전할 뿐 언제였는지는 분명하지 않고, 이렇다 할 반응도 적혀 있
지 않다. 그러나 거의 60년 뒤에 나타나는 두 번째 가뭄 기록은 비교

적 상세하다. 991년(성종 10) 7월 날이 가물자 임금은 다음과 같은 교
서를 내렸다.

"늦여름이 지나고 초가을도 이미 반이 지나는 지금까지 비가 오지 않
으니 심히 걱정되는 바이다. 혹시 나의 정치가 잘못되었더란 말인가?
아니면 형벌과 상을 주는 일이 알맞지 않았더란 말인가? 감옥을 열어
죄수를 석방하였고, 나 또한 정전을 피하고 음식의 반찬을 줄였으며,
절에서 빌었고 산천에 기도하였도다. 그런데도 아직 석연(石燕: 비바
람을 만나면 난다는 돌)이 날아다니는 것을 보지 못하고, 오히려 금오
(金烏: 태양)의 밝음을 보게 되니 이는 나의 덕이 부족하여 이 가뭄을
불러온 것이로다. 이에 노인을 공경하는 예를 베풀어 농사를 걱정하
는 마음을 표하고자 하노라. 옹희 3년(986)에 노인들에게 베풀었던 전
례를 기준 삼아 서울에 사는 서민들 가운데 여든 살 이상인 사람은 해
당 관서에서 모두 조사하여 기록해 보고하라."[6]

10세기 이전의 가뭄에 대한 반응 가운데는 가장 상세한 기록이다.
이 내용을 보면 성종이 가뭄에 대해 수차례에 걸쳐 여러 조치를 취
하였음을 알 수 있다. 그의 교서에 쓰여 있는 조치들은 그전부터 몇
단계를 거쳐 취하였던 것이다. 실제로 삼국시대 이후 가뭄에 대한
조치는 점점 다양해지면서 단계적으로 취해졌던 것으로 보인다.
　1011년(현종 2) 이후 1031년까지 기록된 가뭄은 15회로, 그 내용은
표 2와 같다.[7]

1011년(현종 2)	4월	날이 가물어 정미일에 종묘에서 기우제를 지냈고, 저자를 옮겼으며, 도살을 금하였고, 삿갓과 부채의 사용을 금하였다. 억울한 죄수가 없나 재심사하고, 가난한 백성을 구제하였다. 신유일에 송악산에 기도하였더니 큰비가 내렸다.
1012년(현종 3)	6월	가뭄이 심해 관계자에게 억울한 옥사를 재심사하게 하고, 가벼운 죄수는 풀어주었다. 산천(山川 : 명산대천)에 기우제를 지냈다.
1017년(현종 8)	9월	가뭄과 누리 때문에 임금이 정전을 피하고 반찬을 줄였다.
1019년(현종 10)	4월	가뭄으로 계묘일에 신사(神祠)에 기도하였다.
	5월	가뭄이 심해 신사일에 죄수를 돌보았다.
1020년(현종 11)	7월	을축에 오랜 가뭄 때문에 죄수를 돌보았더니 큰비가 왔다.
1021년(현종 12)	4월	가뭄으로 경오일에 기우제를 지냈다.
	5월	경진일에 남성(南省) 마당에 토룡(土龍)을 만들어놓고 무당과 판수를 모아 기우제를 지냈다. 경인일에 비가 왔다.
1022년(현종 13)	5월	가뭄으로 경오일에 군망(群望)에 기우제를 지냈다.
1023년(현종 14)	6월	무술일에 가뭄 때문에 죄수를 돌보았다.
1024년(현종 15)	4월	가뭄으로 기묘일에 여러 사당에 기우제를 지냈다.
1025년(현종 16)	4월	날이 가물었다. 갑자일에 임금의 교서가 내렸다. "농사일이 한창 바쁜 이때 가뭄이 심하여 앞으로 백성을 먹일 식량이 부족할 것이 걱정이로다. 내 이를 가슴 아파하여 정전을 피하고, 반찬을 줄이며, 도살을 금하고, 음악을 삼가며, 억울한 옥사를 다스리고, 군망에 기도하게 하노라. 나의 덕이 심히 부족함을 심각하게 반성할 것이로되, 여러 신하들 또한 이에 상응하는 노력을 할지어다."
1027년(현종 18)	5월	초하루 경자일에 군망에 기우제를 지내고, 갑인일에는 가뭄으로 정전을 피하고 반찬을 줄였으며 죄수를 풀어주었다. 을묘일에 다시 기우제를 올렸더니 병인일에 비가 내렸다.
1031년(현종 22)	4월	날이 가물었다. 무자일에 군망에 기우제를 지냈다.

현종 때의 조치들을 대강 구분해보면 다음과 같다.

임금 스스로 하는 일: 정전을 피하고, 반찬을 줄인다. 음악을 삼가고, 스스로 덕의 부족함을 반성한다.

나라에서 취할 정책: 도살을 금지하고, 억울한 옥사를 다스리며 죄수를 돌보고 풀어준다. 저자를 옮기고, 삿갓과 부채 사용을 금한다. 가난한 백성을 구한다.

기우제: 송악산, 산천, 군망에 기우제를 지냈다는 기록이 보인다. 종묘, 신사, 여러 사당에 기우제를 지내기도 하였다. 또 토룡을 만들어놓고 무당과 판수에게 기우제를 지내도록 하였다.

위에 소개한 《고려사》 〈오행지〉 가운데 현종 때의 가뭄 기록에는 빠져 있으나, 같은 〈오행지〉의 조금 다른 부분과 〈세가〉 편에 들어 있는 기사 중에는 이런 것도 있다. 즉 1024년(현종 15) 5월 계사일에 비가 내렸는데, 이에 대해 《고려사》는 다음과 같이 명하고 있다.

가뭄이 심하여 백성들이 모여 하늘에 비를 내려달라고 기도하고 있었다. 임금이 그 소리를 듣고는 스스로 음식을 물리치고, 목욕재계한 다음 향을 피우며 하늘에 기도하였다. "과인에게 잘못이 있다면 즉시 벌을 내려주십시오. 허물이 백성들에게 있다 하더라도 과인이 또한 그 벌을 받아야 하옵니다. 비노니 비를 내리셔서 백성을 구해주소서!" 그러자 곧 큰비가 내렸다.[8]

같은 시기의 가뭄에 관한 또 다른 기록은 《고려사》 〈유진(劉瑨)열전〉에 보이는데, 이 역시 앞에 열거한 〈오행지〉에는 들어 있지 않다.[9] 현종 초 당시 검교태사 수문하시중이었던 유진은 "전염병이 돌고, 가뭄이 드는 까닭은 모두 형벌을 주는 일이 때를 맞춰 시행되지 못하기 때문"이라고 주장했다. 그는 《월령》과 《옥관령(獄官令)》을 근거로 "3월부터는 죄수를 줄이고, 처벌을 완화하며, 악형을 삼가고, 경범자를 출옥시키고, 감옥을 수리하고, 형구를 정비하고, 또 입춘에서 추분 사이에는 사형을 구형하지 않는 것 등을 원칙으로 삼자"고 말하였다. "법관들이 이를 잘 알지 못하고 있으니 앞으로는 이를 따르도록 하자"는 주장도 곁들였다. 임금은 유진의 주장을 따랐다.

초기의 가뭄에 대해 현종 때의 기록만을 살펴보았는데, 이런 가뭄 기록이 〈오행지〉에만 실려 있는 것은 아니다. 또 현종 때까지의 가뭄에 대한 반응은 대부분 유교적 반응이었다. 삼국시대의 기록에도 이미 나타나던 불교적 반응이나 도교적 반응이 아직 보이지 않는 것이다. 《고려사》의 가뭄에 대한 첫 도교적 반응은 1032년(덕종 1) 4월 신유일에 임금이 몸소 구정(球庭)에 나아가 초제를 지내 비를 빌었다는 기록에서 발견할 수 있다.[10] 다음 임금인 정종은 1036년(정종 2) 6월 몸소 초제를 지내 비를 얻었고, 1040년(정종 6) 5월에도 회경전(會慶殿)에서 초제를 지내 비를 빌었다.[11] 앞서 이야기한 산천에 대한 기우제 역시 도교적 관행과 연결된 것으로 보이지만, 본격적으로 도교적인 초제가 등장한 것은 이때가 처음이다. 그 후 초제는 계속되었던 것으로 기록은 전해준다.

불교가 국시였던 고려의 불교적 기우제는 언제 처음으로 기록에 나타나는지 살펴보자. 1036년(정종 2) 5월 문덕전(文德殿)에 도량(道場)을 차려 닷새 동안 기우제를 지냈다는 기록이 그것이다. 이어 다음 달에도 같은 장소에 도량을 차리고 비를 빌었다.[12] 곧이어 5년 뒤에도 문덕전에서 금강명경(金剛明經) 도량을 차려 기우제를 올렸다.[13] 그전의 도량도 같은 성격의 것이었음을 짐작할 수 있다.《고려사》기록에 따르면 그 후 불교적 기우제는 여러 가지로 계속되었음을 알 수 있다. 여러 사찰에서 금강경이나 그 밖의 불경을 강하면서 비를 기원하는 전통이 이어져온 것이다.

1106년(예종 1) 6월의 기우제는 불교식 중에도 좀 특이한 방법으로 행해졌다. 6월 가뭄이 심해지자 새로 즉위한 예종은 자기의 부덕으로 인한 것이라고 하면서 여러 조치를 취하며 신하들에게 의견을 묻는 구언(求言)의 명령을 내렸다. 그리고 무자일에 법운사(法雲寺)에서 기우제를 지낸 데 이어 다음 날 기축일에는 임금이 몸소 장령전(長齡殿)에 행차하여 선승(禪僧) 담진(曇眞)에게 불법을 강하게 하는 기우제를 지냈다. 당시 나라에서는 가구경행(街衢經行), 즉 불경을 외우며 거리를 행진하는 기도회가 성행하였다. 이때 서울의 5부 지역 백성들이 비를 빌면서 거리를 행진하였는데, 행렬이 궁궐 서쪽에 이르자 때맞춰 비가 내렸다. 임금은 곡식과 포목을 내리고 다시 행진을 시켰으나 이번에는 효과가 없었다. 7월 초하루에는 회경전에 반야(般若)도량을 설하고 왕사(王師) 덕창(德昌)을 시켜 비를 빌게 하였다.[14] 불교식 기우제를 담당하였던 승려의 이름이 밝혀져 있는 것이 특이한 편인데, 그 후에도 1121년(예종 16) 가뭄에는 왕사 덕연(德緣)이 두 차례 기우제를 담당하였고, 1346년(충목왕 2) 5월에는 승려 백운(白雲)에게 기우제를 명하였으나 효험을 보지 못하였다.[15]

기우제를 담당한 승려는 그 효험에 따라 그에 상당한 대우를 받았을 것이다. 또 이런 기우제는 나라에서 일체의 비용을 지원하는 것이 보통이었으나, 고려 후기에는 그 비용을 고관들이 대기도 했다. 1287년(충렬왕 13) 4월 가뭄이 심해지자 재상들이 개인 재산을 시주

해 보제사(普濟寺)에서 기우제를 지냈다는 기록에서 이 같은 사실을 확인할 수 있다.[16]

도교식의 기우제가 1032년 이래 계속되었음은 앞에서 지적한 바 있다. 그런데 꼭 도교적이라고 할 수 없는 대표적인 전통 민속 신앙적 기우제로는 무당이 기우제를 주관하는 경우를 들 수 있다. 무당이 기우제의 주역으로 등장한 예로는 1101년(숙종 6) 4월 을사일에 무당을 햇볕에 내세워 비를 빌었다〔曝巫祈雨〕는 기록이 있다.[17] 이 부분은 햇볕이 쨍쨍 내리쬐는 날 무당이 기우제를 지냈다는 것으로 이해하면 될 듯하다.[18] 한편 귀신을 부르는 무당 등은 음양사상에 따르면 강한 음(陰)이다. 이런 무당 등을 불러모아 뙤약볕 아래 내세움으로써 태양의 극성한 양(陽)을 중화시키고 음의 기운을 돋우려 한 것이다. 따라서 이후에는 같은 내용의 기록인데도 '폭무(曝巫)'라는 표현은 보이지 않지만, 늘 그런 의미가 깔려 있었다고 생각된다.《고려사》에는 무당에 의한 기우가 200회나 기록되어 있다.[19]

그 가운데 많은 무당을 불러 기우제를 지낸 사례로는 1133년(인종 11) 5월 300여 명의 무당을 동원해서 도성청(都省廳)에서 지낸 것과, 이듬해인 1134년(인종 12) 6월 초하루 250명의 무당을 도성(都省)에 모아 지낸 기우제를 들 수 있다.[20] 그 밖의 기록에는 무당을 불러 기우제를 지냈다는 얘기만 있을 뿐, 무당의 수는 나와 있지 않다. 그러나 무당이 많을수록 음기가 더 강해진다고 여겼던 만큼 그 수가 적지 않았을 것이다.

다음 고려 때 시작된 기우의 또 다른 형태로는 원구(圓丘) 기우제가 있다. 첫 원구 기우제 기록은 1120년(예종 15) 7월에 보인다. 그 후 원구 기우제는 1121년(예종 16), 1261년(원종 2), 1308년(충렬왕 34), 1309년(충선왕 1), 1313년(충선왕 5), 1321년(충숙왕 8), 1379년(우왕 5)에 시행된 것으로 《고려사》는 전한다.[21] 원구는 원단(圓壇), 환구(圓丘) 등으로도 불리는데, 하늘에 제사하는 곳을 가리킨다. 고려 초 983년(성종 2)에 개성의 회빈문(會賓門) 밖에 처음 건립되었고, 거기에서 처음으로 임금이 풍년을 기원했다.[22] 물론 삼국시대에도 임금이 하늘에 직접 제사를 지내 재앙이 없어지기를 빌었다. 그러다 중국으로부터 좀 더 세련된 제천의식을 받아들이면서 고려 초쯤 제천을 위한 제단으로 원구가 세워졌다. 이 제단은 처음엔 기우제에 사용되지 않다가 차츰 이용된 것으로 보인다.

그러나 원구 기우제는 유교 사회가 점점 무르익으면서 반성의 문제를 제기하였다. 중국의 유교사상을 깊이 받아들이면서 고려의 임금이 과연 천명(天命), 즉 하늘의 명을 받아 나라를 통치한다고 할 것인지, 아니면 중국 천자의 지배 아래 이 땅에 군림하는지를 분명히 해야 했기 때문이다. 《고려사》〈오행지〉의 '한발 편'에 기록된 고려시대의 원구 기우제는 모두 9회였다. 이 가운데 인종 15년의 기우제는 "하늘에 제사를 지내 비를 빌었다〔祭天祈雨〕"라고만 되어 있다. 원구란 표현이 없다. 그러나 원구가 고려 때 중요한 역할을 했다는 사실은 같은 《고려사》의 〈예지(禮志)〉에 상세히 기록되어 있는 것만 보아도 충분히 알 수 있다.[23]

표 3_ 고려사 예지에 실린 기우제 기록

1120년(예종 15)	7월	1309년(충선왕 1)	4월
1121년(예종 16)	윤 5월	1313년(충선왕 5)	5월
1137년(인종 15)	5월 기축 제천기우	1321년(충숙왕 8)	3월
1261년(원종 2)	4월	1379년(우왕 5)	5월
1308년(충렬왕 34)	5월		

위의 기록된 원구 기우제는 9회에 불과하지만, 고려 일대에서 원구 기우제는 훨씬 더 광범위하게 실행되었을 것이다. 《고려사》를 편찬하는 과정에서 조선의 학자들이 이를 그리 합당하지 않은 방법이라 여겨 기록을 많이 생략한 듯싶다. 또 위의 기우제 분포를 보더라도 지극히 불균형한데, 이런 불균형 자체가 이 방법의 기우제가 훨씬 많았다는 방증이다.

그런가 하면 《고려사》는 가뭄에 대한 유교적 반응을 좀 더 잘 반영했으리라 짐작할 수 있다. 앞에서 현종 때의 가뭄 기록을 검토하면서 알 수 있었던 것처럼 유교적 반응은 잘 기록되어 있는 편이다. 대표적인 기록 중 하나는 1194년(명종 24) 태사가 제시한 '일곱 가지 수성할 일〔七事修省〕'이다. 그 내용은 다음과 같다.[24]

1. 원통한 옥사를 다스릴 것〔治冤獄〕
2. 홀아비, 과부, 고아 등 외로운 사람을 도울 것〔賑鰥寡孤獨〕
3. 노력 동원을 줄이고, 세금을 감해줄 것〔輕徭薄賦〕
4. 어질고 착한 인재를 등용할 것〔進賢良〕
5. 탐욕스럽고 간사한 자를 물리칠 것〔黜貪邪〕
6. 원한에 찬 남편과 아내의 한을 풀어줄 것〔恤怨曠〕
7. 음식과 반찬을 줄일 것〔減膳羞〕

유교적 관점에서 볼 때 가뭄은 중대한 재이인데, 그 책임을 임금과 관리들이 지지 않고 무당·판수나 또는 승려 등에게 미루는 것부터가 온당치 않다고 여겼던 것이다. 예를 들어 1329년(충숙왕 16)의 가뭄에 대해 당대의 대학자 백문보(白文寶)도 같은 논평을 남기고 있다. 그해 5월 가뭄이 심해 무당들을 불러 기우제를 지냈다. 그런데 기우제가 6일이나 계속되자 무당들이 고역으로 여겨 모두 달아났다는 것이다. 그래서 달아난 무당을 붙잡기 위해 풀어놓은 사람들이 거리를 가득 채웠다고 한다.[25] 이어 사관은 백문보의 말을 다음과 같이 인용하고 있다.

> 음양을 다스리는 일은 재상의 직분이다. 가뭄이 심하면 이에 더욱 두렵게 여겨 하늘을 공경하여 하늘의 꾸지람에 답할 일이건만, 이런 생각은 하지도 않은 채 비가 오지 않는 책임을 헛되이 무당에게나 지우고 있으니 이런 잘못이 또 어디에 있겠는가?

공민왕 때에는 가뭄이 심하자 임시 관청까지 세워 죄인을 재심사한 기록도 있다. 이는 '칠사수성' 가운데 제1조를 위한 조치라고 할 수 있다. 1365년(공민왕 14) 5월 가뭄 때문에 죄수를 재조사하기 위한 임시 관청으로 형인추정도감(刑人推整都監)을 세운 것이다.[26] 또한 고려시대에는 우사(雨師)를 모시는 제단도 설치되어 있었다. 고려에서 처음 우사에게 제사를 지낸 기록은 1039년(정종 5) 정월에 보인다.[27] 새해를 맞아 한 해 동안 가뭄이 들지 않게 해달라는 뜻의 제사였다. 그런데 이 기록은 《증보문헌비고》에도 실려 있는데, 이 기록을 그대로 옮긴 다음 날짜가 맞지 않는다는 뜻의 설명〔非時日也〕을 덧붙였다.[28]

우사에 대한 제사는 이미 신라 때 시행된 기록이 있다. 입하(立夏) 후 신일(申日)에 탁저(卓渚)에서 우사에게 제사를 지냈다는 것이다.[29] 또 고려시대에는 작은 제사〔小祠〕의 하나로 우사를 섬겼는데, 우사와 뇌신을 같은 제단에서 제사 지낸 것으로 나온다.[30] 높이가 석 자인 우사단 겸 뇌신단은 성안의 서남쪽 월산(月山)에 있었는데, 입하 후의 신일에 함께 제사했다. 신라 때나 고려 때나 같은 날짜에 제사 지냈을 것이다. 그런데 1039년 고려에서 우사에게 지냈다는 첫 제사 기록이 1월이었다는 것은 잘못일 가능성이 높다. 앞에 인용한 《증보문헌비고》가 이 기록에 대해 '날짜가 맞지 않는다'는 논평을 붙인 것도 이 때문이라 여겨진다.

고려 때 가뭄에 대한 지식인들의 태도는 이곡(李穀)의 글에서 잘 나타난다. 이곡은 유명한 학자 이색(李穡)의 아버지로, 그는 다음과 같은 글을 남겼다.

> 홍수와 가뭄이란 과연 하늘이 내리는 것일까? 아니면 사람의 잘잘못에 따라 생기는 것일까? 요(堯) 임금이나 탕(湯) 임금도 이런 재난을 면할 수 없었던 것을 보면 하늘의 운수인 듯도 하지만, 좋고 나쁜 징조가 그 조짐이 있는 것으로 보자면 사람 일의 잘잘못에 따른 것으로도 보인다.[31]

3) 조선시대 초기

조선 초기의 가뭄에 대해서는 이미 필자가 논문을 통해 다룬 일이 있다.[32] 그 논문에서 조선 초기 10대에 걸친 임금들(태조에서 연산군까지)이 재위한 기간 중 가뭄이 기록되지 않은 햇수를 표(표 4)로 만들어보았는데, 아주 흥미로운 사실을 발견하게 된다. 조선 초기의 실록은 가뭄을 특히 늦봄부터 여름까지 적어두고 있는데, 그런 기록이 별로 없는 해가 있기에 이를 주목해본 것이다.

임금	재위 연수	가뭄이 기록되지 않은 햇수
태조	7	0
정종	2	0
태종	18	0
세종	32	1
문종	2	0
단종	3	0
세조	14	5
예종	1	0
성종	25	2
연산군	12	5
	115	13

이 표에서 눈에 띄는 것은 세조와 연산군 때에 가뭄이 별로 심하지 않았다는 사실이다. 세조는 재위 기간 14년 중 5년 동안 가뭄 걱정을 하지 않았고, 연산군은 재위 12년 가운데 5년 동안 가뭄으로부터 자유로웠다.

필자는 조선 초 1세기 남짓 동안의 모든 재이 기록을 조사해보았다. 그 결과 세조와 연산군 때에는 재이 기록이 적다는 사실을 발견할 수 있었다. 위 표에 나타난 가뭄 기록도 그러한데, 이것은 조선 초기의 재이 기록에 대한 일반적 경향을 잘 보여준다고 할 수 있다. 《고려사》에는 5년에 두 해꼴로 가뭄이 든 기록이 있는 데 비하여, 조선 초에는 가뭄 기록이 아주 많아진 것으로 보인다. 그런데 유독 세조와 연산군 때만은 그렇지 않았다.

그렇다면 세조와 연산군 때에는 가뭄이 덜 들었던 것일까? 조선 초기 115년 동안 해마다 가뭄이 들었는데, 어째서 세조와 연산군 때만은 여러 해 동안 가뭄이 없었던 것일까? 물론 세조와 연산군 시기에 가뭄이 실제로 적었다고 생각할 사람은 없을 것이다. 세조와 연산군은 조선 초기의 대표적 전제군주라 할 수 있다. 이들이 집권하는 동안 신하들은 함부로 말하기를 두려워하였다. 가뭄이나 그 밖의 자연 재이는 신하들이 임금에게 간언할 수 있는 기회로 활용되었는데, 신하들과의 간쟁을 기피하는 임금에게 이런 재이를 계기로 간한다는 것은 상당히 위험한 일이다. 그런 위험을 무릅쓰고 바른말을 할 사람이 세조와 연산군 때에는 적었다고 봐야 한다. 따라서 조선 초기 세조와 연산군 시대에 가뭄 기록이 유난히 적은 것은 실제로 가뭄이 적어서가 아니라 당시의 조정 분위기가 위압적이고 임금이 신하들의 논란을 기피하였기 때문으로 볼 수 있다.

조선 초 가뭄에 대한 반응은 대체로 고려시대와 다르지 않다. 가뭄은 농경사회에 가장 심각한 위협일 수밖에 없었고, 당연히 비를 오게 하려는 온갖 노력을 기울이게 마련이었다. 조선 초기 기우의 형태는 다음 몇 갈래로 나누어 설명할 수 있다.

(1) 원단 · 기우

하늘에 직접 제사를 지내 정성을 드리는 형태는 가뭄뿐만 아니라 질병이나 그 밖의 재이 또는 재앙에 대해서도 행해졌다. 그 가운데 정식으로 제천을 위한 제단을 쌓고 제사를 지내는 경우 그 제단을 원구(圓丘), 원단(圓壇), 환구(圜丘) 등이라 불렀다. 고려에서 처음 원구를 만들어 기우제를 지낸 기록은 1120년(예종 15)에 나타난다. 《고려사》에는 모두 9회 기록되어 있다.

그러나 조선 초의 원단 기우제는 그리 자주 실행되지 않았다. 원단을 세우고 거기에서 제천(祭天)한다는 것은 곧 조선의 임금이 직접 천(天)에 고한다는 의미인데, 이는 사대(事大)의 예에 어긋난다는 해석이 강했다.

필자의 조사에 따르면 태조 때에는 적어도 한 번, 태종 때에는 적어도 8년에 걸쳐 원단 기우제가 행해졌다. 태조 때의 원단 기우제는 1398년(태조 7) 4월에 시행되었고, 태종 때에는 1401, 1405, 1406, 1407, 1410, 1416, 1417, 1418년에 행해졌다.[33]

원단 기우제는 세종 때에도 여러 차례 실시되었다. 필자의 조사에 따르면 적어도 1427년(세종 9)까지는 원단 기우제를 올린 것으로 보인다. 확인된 해만 1419, 1420, 1425, 1426, 1427년 등 다섯 해나 된다.[34] 그러나 바로 이후 '원단에서의 기우제는 온당한 일이 아니다'는 생각을 가지면서 폐지하게 되었다.

원단 기우제의 필요성에 대해서는 태종 때부터 논란이 있었다. 예를 들어 1411년(태종 11) 10월 남교(南郊)에 원단을 다시 쌓았다. 그에 앞서서는 '천자가 아니면서 하늘에 제사함은 옳지 않다'는 신료들의 주장에 따라 폐했는데, 이때 다시 '중국에서 진(秦)이 서쪽에 있어 서방의 백제(白帝)를 제사하였듯이 우리나라는 동방에 있으니 청제(靑帝)만은 제사함이 옳다'는 의견이 나와 원단을 다시 복구했다는 것이다.[35] 두 달 뒤의 기록에 따르면, 이 의견은 영의정부사 하륜(河崙)과 예조참의 허조(許稠)가 낸 것임을 알 수 있다. 이들은 "제후의 나라로서 우리가 하늘에 제사함은 옳지 않으니 청제만을 제사하자"고 임금에게 아뢰었다. 이에 대해 태종은 "우리나라의 제천 관행은 이미 오래된 것이니, 그 의견이 옳다"면서도 "그러나 원단에 기우제를 올린다고 해서 비가 오겠느냐"고 논평했다.[36]

동방을 주재하는 청제만을 제사하겠다고 세우던 원단에 대해서는 이듬해 8월에도 다시 건축 명령이 내려졌다. 그러나 18일 뒤 예조의 건의를 받아들여 태종은 원단 제도에 대해 상세하게 조사해 보고할 것을 명하고, 그로부터 사흘 뒤에는 조사 결과에 따라 원단 건축을 철회했다. 예조의 1차 보고를 받고 임금은 "짐도 제후국으로서 제천한다는 것이 옳지 않음을 알고 있었다"면서 "이는 고려의 잘못된 관행을 따랐기 때문이다"라고 말하였다. 또 태종은 "우리가 제천한다면 호천상제(昊天上帝)에게 직접 제천할 수 있는 것이지, 어찌 동방청제에게만 제천할 수 있느냐"고 말하기도 했다. 여하튼 예조는 성석린, 하륜, 이직 등과 상의하여 원단의 폐지를 건의하였다. 이들은 《예기》와 《춘추》〈호씨전(胡氏傳)〉 등을 인용하여 이런 주장을 폈고, 임금은 이를 채택해 원단을 폐기하였다.[37]

그러나 1416년(태종 16) 6월 원단 기우제가 다시 실시되었다. 가뭄이 심해지자 태종이 그 방법이라도 동원해야겠다고 판단하였던 것으로 보인다. 태종은 좌의정 유정현(柳廷顯)을 헌관으로 삼아 원단 기우제를 지냈는데, 그날 큰비가 내렸다. 여기에 고무된 까닭인지 태종은 7월에도 원단 기우제를 올려 역시 효과를 보았다고 실록은 전한다. 그 후 태종은 1418년 세종에게 왕위를 물려줄 때까지 3년 동안 해마다 원단 기우제를 시행하였다.[38] 태종 말년의 원단 기우제 복원에 대해서는 당시의 학자 변계량(卞季良)이 그 정당성을 뒷받침해 준 것이 분명하다.

예문관 제학 변계량은 상소를 올려 "예부터 비를 빌 때는 제천(祭天)을 행하였다"고 주장하며 "우리나라는 단군이 직접 하늘에서 내려와 세운 나라이지, 중국의 천자로부터 봉(封)함을 받아 세워진 나라가 아니다"고 강조하였다.[39] 변계량의 〈기우원단제문(祈雨圓壇祭文)〉은 《동문선》에 두 편이 실려 있는데, 그중 하나는 이렇게 시작된다.

"오호라, 오직 하늘만이 만물의 아버지입니다. 그러기에 하찮은 사나이가 갈 곳을 잃어도 하늘을 부르게 마련입니다. 항차 한 나라의 임금 된 자야 어떻겠습니까? 그럼에도 불구하고 옛 성현의 예법에 의하면 오직 천자만이 하늘에 제사할 수 있게 되어 있고, 작은 나라의 임금은 감히 제사를 지내지 못하게 되어 있습니다. 근래 원단에서의 제사를 중지하였던 까닭은 바로 이 때문입니다. 어찌 터럭만큼이라도 불경스러운 마음이 있어서이겠습니까? 제가 모자라고도 어리석은 몸으로 하늘의 사랑을 받들어 신하와 백성의 위에 서게 된 것도 이미 오래되었습니다……."40

이 제문에는 '조선은 단군이 직접 하늘에서 내려와 세운 나라이지, 중국의 봉힘을 받은 나라가 아니다'라고 강조한 부분이 없다. 하지만 약간 다른 논리로 원단 제천을 합리화하고 있다. 즉 하늘은 이 세상 모든 것의 근원이므로 하찮은 사람(匹夫)이라도 급할 때는 하늘을 찾을 수 있다는 것이다. 그러니 한 나라의 임금이 하늘에 직접 호소하는 것은 당연하다는 얘기다. 이 글은 천자만이 제천할 수 있다고 규정한 중국 성현들의 예법이 옳지 않음을 암시하면서 작은 나라의 임금도 직접 하늘에 제사를 지낼 수 있음을 주장하고 있다. 조선의 임금은 하늘의 사랑(天眷)을 직접 받아 임금이 된 것이지 중국 천자의 봉함을 받아 임금이 된 것이 아님을 은근슬쩍 말하고 있는 것이다.

이 글은 물론 변계량이 쓴 것이지만, 임금이 하늘에 올리는 글의 형식으로 쓰였다. 이 제문이 언제 것인지 확실하지 않지만, '최근에 원단 기우제를 중지한 것은 중국의 예법 때문이지, 전혀 불경스러운 생각에서 그러한 것이 아니다'고 변명한 대목을 볼 때 1416년(태종

16) 6월 원단제가 복구되면서 올린 제문일 가능성이 높다.

이렇게 원단 기우제는 조선 초에 줄곧 실시되었지만, 태종 때에 그 타당성을 두고 심각한 논란이 있었다. 이 논란은 다음 임금인 세종 때로 이어졌다. 세종이 즉위한 다음 해인 1419년(세종 1) 봄부터 가뭄이 심하였다. 온갖 기우제를 다 지냈으나 소용이 없자 세종은 6월 신하들과 이를 논의하였다. 이 자리에서 변계량이 원단 제천의 예를 다시 행하자고 말하였다. 세종은 즉위년에도 원단제를 지내지 않았고, 이듬해에도 다른 기우제는 지냈지만, 원단 기우제는 올리지 않고 있었다. 변계량이 원단 기우제를 '다시' 하자고 나선 것은 그 때문이다. 이에 대해 세종은 "예법에 어긋난다"며 거절하였다. 그러나 변계량은 다음과 같은 점을 들어 제천하는 것이 옳다고 주장하였다.

첫째, 우리나라는 2000년 동안 제천을 해왔으니 이제 와서 폐할 수 없다. 둘째, 우리나라는 수천 리에 걸친 나라여서 옛날 백 리 땅을 가진 제후국에는 비할 수가 없으니 제천해서 안 될 까닭이 없다. 셋째, 항상 제천을 한다면 잘못일지 모르지만, 사안에 따라 행하는 것은 옳다.

세종은 그 말을 옳게 여겨 제천 날짜를 정하라고 명하였다. 그리고 다음 날 당장 원단 기우제가 실시되었다.[41] 또 다음 해인 1420년(세종 2) 5월에도 원단 기우제를 올렸는데, 이때는 변계량의 주장에 상왕(태종)이 뜻을 같이해 시행된 것으로 기록되어 있다.[42]

1425년(세종 7) 여름 다시 가뭄이 심하자 세종은 7월 4일 원단 기우제를 지내라고 향축을 내렸다. 다음 날 원단 기우제를 지냈는데 8일에 비가 오고, 10일에는 큰비가 내렸다. 임금은 관계자들에게 말 한 필씩을 하사하였는데, 제문을 지은 대제학 변계량도 상을 받았다. 그가 쓴 제문은 5일자 실록에 남아 있다.[43] 이듬해인 1426년(세종

8) 5월에도 원단 기우제가 실시되었다. 5월 3일 임금이 원단제를 위한 향축을 내렸고, 다음 날 기우제를 행하였는데, 이날 실록에 제문이 실려 있다. 이때도 변계량이 제문을 지었는지는 알 수 없다. 또 당장에 효과가 있었다는 기록도 보이지 않는다.[44] 다시 그다음 해인 1427년(세종 9)에는 6월에 원단 기우제를 지냈고, 제문이 남아 있다. 이 제문은 예문관 제학 윤회(尹淮)가 썼다.[45]

즉 세종은 초기에는 아버지 태종이 복구시킨 원단 기우제를 그대로 따랐지만 10년 정도 지난 후에는 원단 기우제를 의식적으로 기피하였던 것으로 보인다. 특히 변계량이 죽은 1430년 이후에는 이를 이론적으로 뒷받침해줄 학자도 마땅히 없었을 것이다. 게다가 학구적이었던 세종은 '원단 기우제는 조선의 임금으로서 타당하지 않은 일'로 판단한 듯싶다. 1439년(세종 21) 7월 가뭄이 심해 승문원 판사 정척(鄭陟)이 원단 기우제를 건의하였으나 세종이 거절한 기록에서 그런 생각을 읽을 수 있다.[46]

특히 1443년(세종 25) 7월의 가뭄 때 세종이 승정원에 한 말에는 원단 기우제에 대한 그의 견해가 잘 나타나 있다.[47] 그해 7월 10일 세종은 승정원에 이르기를 "고려에서는 원단제를 시행하였지만, 상왕(태종)께서 예법에 어긋나는 일을 모두 혁파하면서 원단제도 없앴다"고 하였다. 이어 세종은 "예법에 따르면 천자는 하늘과 땅에 제사하고 제후는 산천에 제사한다고 하지만, 이때의 제후란 중국이 봉한 중국 안의 제후를 가리키는 것이며, 우리나라는 바다 밖에 떨어져 있다. 그래서 전에 변계량은 기우제를 지낼 때면 반드시 제천할 것을 강청하였고, 그 덕에 비가 내리면 이는 제천한 때문이라고 말하였던 것이다"라고 지적하였다. 그리고 세종은 "옳은 일이라면 나도 결의하여 제천할 수 있다. 그러나 평상시에는 제천을 하지 않다가 재변이 있다 하여 제천하는 일은 옳지 않은 것 아니냐"고 반문하였다. 또 "제천을 한다면 임금 스스로 제사를 주재할 일이지, 신하를 보내 지낼 일이 아니다"라면서 "제사는 아주 청결하고, 제기도 제대로 갖추어 지내야 한다"고 강조하였다.

이런 세종의 뜻에 대해 승지들이 동조하는 태도를 보이자 세종은 "제천 문제는 중대한 사항이니 의정부나 예조와 상의하라"며 고위 관리들을 불러모았다. 이에 대한 중신들의 의견은 일치하지 않았다. 황희, 이숙치, 김종서, 허후는 "항상 제천하는 것은 옳지 않으나 재변을 만나 제천함은 가하다"면서 "그러나 사람을 보내 제천할 일이지, 친제는 옳지 않다"는 의견을 냈다. 그러나 신개(申槪)는 "중국에서도 한발(旱魃)에 제천해서 비를 얻었을 이치가 없다"고 말하였고, 하연(河演)도 "평상시 하지 않던 일을 가뭄이 있다고 해서 하는 것은 불가하다"고 반대하였다. 또 권제(權踶)는 다음과 같이 말하였다.

신(神)은 예가 아닌 것을 받아들이지 않습니다. 예가 아닌 일을 하늘이 어찌 용납하겠습니까? 하늘이란 이(理)일 뿐이거늘, 만약 이에 조금이라도 어긋남이 있다면 상천(上天)은 이를 지지하지 않을 것입니다. 비록 재변을 당하였다고 하더라도 결코 제천할 수는 없습니다.

임금은 신개, 하연, 권제의 의견이 옳다고 지적하면서 북방 민족들이 제천하였던 고사를 예로 들면서 "절박한 마음에서 그런 생각을 한 것이니, 다시 상의해 의견을 올리라"고 명하였다. 실록에 따르면 신하들의 의견은 여전히 둘로 갈렸던 것으로 보인다. 하지만 이틀 뒤 예조에서 중국의 예를 들어 "비상시에 의정부가 백관을 이끌고 제천하는 것은 옳은 일"이라는 의견을 보고하자, 세종은 원단에서의 기우는 하지 않더라도 다른 기우제는 지내라고 말하였다.

이듬해 1444년(세종 26) 7월 다시 가뭄이 심해 예조가 원단 제천을 건의하자 세종은 이를 예에 어긋나는 일이라고 물리치며, 승정원에 "제천을 주장하는 논의를 다시는 임금에게 올리지 말라"고 명하였다.[48]

세종 말년으로 갈수록 제천은 더욱 어려워졌다. 1449년(세종 31) 7월의 가뭄에 영의정 황희가 원단 제천을 건의하였다.[49] 그는 "늘 제천한다면 잘못이겠으나, 위급할 때 한 번쯤 하는 것은 괜찮을 듯싶다"는 6년 전의 의견을 되풀이했다. 특히 공자가 병에 걸렸을 때 그의 제자 자로가 '모든 신에게 기도할 것'을 주장하자 공자가 이미 오래 기도하였다고 하면서도 자로의 말을 서설하시 않은 일을 들며 원단 기우제를 거듭 주청하였다. 이에 대해 세종은 "그러고도 비를 얻지 못하면 헛되이 예를 어겼다는 이름만 얻는다"며, "그 대신 비록 이단이기는 하지만 소격전의 기우제도 제천에 해당하니 이를 세자에게 시켜 행하는 것이 어떻겠느냐"는 의견을 냈다. 그러자 황희는 "의정부가 이미 대신이 해오는 일을 세자가 친행할 필요가 없다"고 반대하였고, 임금도 이를 받아들였다.

한편 이 기록에는 사관의 논평이 달려 있다. 사관은 우리나라 원단 제천의 전통에 대해 그 잘못을 비판하고, 이를 주창했던 변계량의 잘못을 지적하였다. 또 황희는 현명한 재상이지만 공자와 자로의 인용부터가 그릇된 해석에 따른 잘못이라고 일침을 놓았다. 앞에 황희가 인용한 공자와 자로의 일화는 《논어》〈술이(述而)〉 편에 나온다.[50] 이후 원단 기우제는 없어진 것으로 보인다. 하지만 원단은 세조 때에 다시 복구된 적이 있다.[51] 1456년 말에서 1457년 초에 걸쳐 겨울 동안 복구된 원구단은 가뭄 때 제사를 지내기 위해 만들어진 것이 아니었다. 그보다는 조선 왕조의 정통성을 강조함으로써 정권 탈취라는 비판에 대응하려는 정치적 계산에서 나온 것으로 보인다.

원단 기우는 조선 초기에 잠시 시행되었다. 그리고 원단은 조선 말기에 대한제국을 선포하면서 다시 만들어졌다가 이내 사라졌다.

(2) 소격전의 기우초

앞에서도 언급했지만 세종은 말년에 원단 기우제를 복원하기 어렵다는 사정을 알고서는 그 대신 하늘에 제사를 지내는 소격전에서 세자의 주재 아래 기우초(祈雨醮) 제사를 지낼 것을 주장했다.

도교의 초제를 담당했던 소격전은 고려의 '유물'이다. 조선이 건국되면서 고려의 여러 기관이 혁파되었으나 소격전은 없어지지 않고 유일한 도교 사원으로 한양에 남아 있었다. 소격전은 뒤에 소격서로 이름을 바꾸면서 중종 때까지 중요한 역할을 하다가 '조광조의 소격서 혁파 운동'으로 1518년(중종 13)에 폐지되었다. 그러나 이듬해 조광조의 실각과 함께 1522년(중종 17)에 다시 복구되었다가 선조 때에 완전히 없어졌다.[52]

조선 초기에는 가뭄이 들면 여러 가지 기우제가 치러졌다. 그중 소격전에서 올린 기우제는 당시 사람들의 또 다른 자연관을 보여준다. 소격전에서 지내는 제사는 '초(醮)' 또는 '초제'라 하는데, 조선 초기 기우초를 지낸 기록은 대략 표 5와 같다.[53]

1406년(태종 6)	7월 병진 좌정승 하륜, 소격전에서 기우 (《태종실록》 12:6a)
1407년(태종 7)	5월 정묘(《태종실록》 13:23b)
1410년(태종 10)	6월 신유(《태종실록》 19:65b)
1419년(세종 1)	4월
1420년(세종 2)	4월
1425년(세종 7)	7월
1427년(세종 9)	6월; 7월
1431년(세종 13)	5월
1434년(세종 16)	7월 기청제(祈晴祭)
1435년(세종 17)	8월
1436년(세종 18)	4월
1439년(세종 21)	4월; 7월
1440년(세종 22)	4월
1441년(세종 23)	8월 기청제
1443년(세종 25)	5월
1445년(세종 27)	5월
1449년(세종 31)	6월; 7월
1458년(세조 4)	5월 무술(《세조실록》) 12:17b) 소격전에서 태일기우초례를 행하다.
1469년(예종 1)	7월
1489년(성종 20)	가을

그러나 이능화(李能和)가 자신의 책 《조선도교사(朝鮮道敎史)》에 실은 이 기록은 일부만을 어디선가 찾아 남긴 것으로 보인다. 이능화는 이 기록의 출처를 밝히지 않고 있다. 어쨌든 이 기록은 아주 불충분하다. 필자가 실록에서 추가로 찾아낸 것만 해도 대강 다음과 같다.

표 6_ 실록에서 추가로 찾아낸 기우제 기록

1394년(태조 3)	5월 정미일(《태조실록》 5:20a)
1401년(태종 1)	4월 갑술일(《태종실록》 1:25a) 좌부승지 박신(朴信)을 새 서울의 소격전에 보내 별전(別殿)에서 태일초제를 행하다.
1405년(태종 5)	4월 경인일(《태종실록》 9:16a) 5월 갑인일(《태종실록》 9:20a) 소격전에서 태일초(太一醮)
1416년(태종 16)	《태종실록》 31:36a~b 소격전에서 북두(北斗) 기우초
1448년(세종 30)	5월 병술일(《세종실록》 120:12b)
1451년(문종 1)	5월 신해일(《문종실록》 7:34b) 사직기우제와 태일초를 행하다.
1481년(성종 12)	6월 을사일(《성종실록》 130:2b) 기우제를 오래 지내도 소용이 없자 임금이 정승을 보내 삼청전에서 비를 빌게 하겠다며 글 잘하는 사람에게 제문을 짓도록 승정원에 지시하다.

이를 통해 우리는 조선 초기 소격전에서 기우초제가 빈번히 행해졌음을 알 수 있다. 이는 하늘에 대한 제사의 하나이지만 유교적 예법에 어긋날 게 없다고 여겼기 때문일 것이다.

이상의 도교적 기우제 가운데는 단순히 "소격전에서 비를 빌었다"는 식으로 쓰여 있는 경우가 많지만, 그 밖에 태일초를 지냈다는 기사나 삼청전에서 기우제를 지낸 기록도 있다. 이들은 모두 소격전에서 지낸 것이다. 다만 소격전의 어디에서 초제를 지냈느냐에 따라 다른 표현을 썼던 것으로 보인다. 조선 초기 소격전에는 네 개의 전각이 있었는데, 삼청전(三淸殿), 태일전(太一殿), 직수전(直宿殿), 십일요전(十一曜殿) 등이었다.[54]

소격전에서 행했던 기우초를 나열해보았으나, 어떤 내용이었는지는 밝혀져 있지 않다. 어떤 규모로 초제를 지냈고, 그 의식을 행한 사람들의 처우가 어떠하였는지를 전혀 알 수 없다. 그러나 적어도 고려 때부터 성행하였던 도교 기관을 소격전으로 통일하고, 왕실의 질병이나 국가 안위 문제 등의 위기 상황에서 소격전에서만 지내는 초제였기 때문에 사대부들의 반대는 그리 심하지 않았던 것으로 보인다.

소격전에서의 기우제가 어떻게 진행되었는지는 밝혀져 있지 않다. 하지만 조선 초의 성현(成俔)이 남긴 글에 따르면 궁중에서 왕자나 공주가 태어나면 대신을 시켜 3일 동안 소격전에서 초제를 지내도록 하였고, 그때 적지 않은 제수품이 들어갔음을 알 수 있다. 1494년(성종 25) 봄에 원자가 태어났을 때 성현은 자신이 직접 이를 맡아 시행했디고 기록하고 있다.

소격서는 중국 도가의 행사를 모방하여 태일전에서 칠성과 여러 별들에게 제사를 지내는데, 그 상(像)은 모두 머리를 풀어헤친 여자 모양이다. 삼청전에서는 옥황상제, 태상노군(太上老君), 보화천존(普化天尊), 자동제군(梓潼帝君) 등 10여 신위(神位)를 모셔놓고 제사 지내는데, 모두 남자의 형상이다. 그 밖에 안팎의 모든 단에는 사해용왕(四海龍王)이나 신장명부시왕(神將冥府十王)과 수부(水府)의 모든 신을 모셔 위패에 이름 쓴 것이 무려 수백이다. 헌관과 서원은 모두 흰옷에 검은 두건을 쓰고 재를 올리고, 또 관을 쓰고 홀을 들고 예복을 입고 제사를 지내며, 제수(祭需)는 과일·인절미·차·과자·술이다. 분향백배하고, 도사(道士)들은 머리에 소요관(逍遙冠)을 쓰고 몸에는 얼룩얼룩한 검은 옷을 입으며 경쇠를 24통 울리고 난 후에 두 사람이 도경(道經)을 읽고 또 축사를 푸른 종이에 써서 소지(燒紙)를 올린다.

그 하는 짓이 어린애 장난과 같으나 조정의 벼슬아치가 헛되이 발사(拔祀)를 받드니, 한 번 제사를 지내는 데 드는 비용이 너무도 많다.[55]

같은 시대의 서거정(徐居正) 역시 도교가 성행하고 있다고 평가하면서 그 비용이 적지 않다고 지적하였다. 소격서와 마니산의 참성단이 도교 의식을 행하는 곳이라면서 "사대부 집에서 새해에 복을 빌 때, 집을 짓거나 고칠 때, 재앙을 없애려고 빌 때 등등에 언제나 비는 대상은 별자리〔星宿〕와 신선〔眞君〕이며, 거기에 들어가는 비용이 적지 않다"고 말하였다.[56] 당시 도교가 상당히 성행했음을 지적한 것이다.

이렇듯 도교적 기우의 대표적 형태라 할 수 있는 소격전의 기우제는 조선 초기에는 그런대로 지속되었다. 그러나 차츰 소격전의 운명과 같은 길을 걷게 된다.

(3) 불교식 기우

조선 초기 가뭄이 심할 때 가장 많은 경비를 들여 여러 차례 거듭한 기우제는 불교적인 것이었다. 불교 사찰에서 기우제를 지내거나, 불교 경전을 강하는 법석(法席)을 차려 많은 승려들을 불러모아 비를 비는 경우 등 여러 가지가 있었다. 특히 조선 초기의 불교식 기우제에 대한 기록은 좀 모호한 특징을 보이는데, 예를 들어 1394년(태조 3)과 1397년(태조 6)에 가뭄 때문에 사찰〔佛宇〕과 신사(神祠)에서 비를 빌었다는 기록이 있다.[57] 1405년(태종 5) 4월에는 승려와 무당을 모아놓고 비를 빌었다는 기록도 있는데, 불교식 기우제와 토속신앙적 기우제가 함께 진행된 모습을 보인다.[58]

그러나 이 기록이 어떤 내용을 전하는 것인지는 분명하지 않다.

아마 승려와 무당을 함께 모아놓고 기우제를 지냈다는 뜻은 아닐 것으로 보인다. 따로 지낸 기우제를 이렇게 묶어 실록에 남긴 듯하다.

태종의 불교식 기우제에 대한 태도는 약간 모호하다. 1405년 승려와 무당을 함께 모아놓고 기우제를 지낸 것 같은 기록은 1410년(태종 10) 6월에도 보인다.[59] 그러나 막상 1406년(태종 6) 윤 7월에 우정승 조영무(趙英茂)가 장의사(藏義寺)에 기우를 위한 도량을 설치하자고 건의하자 태종은 거부한다. "절에 가서 기우제를 지내는 일은 옛 예법에 없는 일인데 어찌 다시 그런 잘못을 저지르겠느냐"는 것이었다.[60] 그러나 실제로 사찰에서 기우제를 지내는 일은 뒤에 제법 기록되어 있다. 1411년(태종 11) 5월 가뭄에는 중흥사(重興寺)에서 승려들을 불러 기우제를 지냈고, 이어서 7월에는 흥천사(興天寺) 사리전에서 승려 100명을 모아 기우제를 지내도록 했다. 그러나 나흘 뒤 행향사(行香使)가 제물을 받으러 궁궐로 찾아오자 임금은 이 방식의 기우제를 중단시켰다. "다른 형식의 기우제는 고례(古禮)에 다 기록되어 있어서 그대로 시행할 만하지만, 사찰에서의 기우는 옛 법에 없다"며 "내가 전에 부처에게 비를 빌었으나 그다지 반응이 없었고, 혹시 불교가 효험이 있다고 한들 세상에 지공(指空) 같은 승려도 없는데 어찌 효과를 바랄 수 있겠느냐"며 이를 중단시킨 것이다.[61]

그러나 태종이 중단을 명하였던 흥천사에서의 기우제는 2년 뒤 실시되었다. 1413년(태종 13) 7월 흥천사 사리탑에 100명의 승려를 모아놓고 조계종 판사 상형(尙形)이 기우제를 집전했다. 이렇듯 태종은 불교식 기우제를 인정하면서도 "불교나 무당의 허탄함을 안다. 혹여 비가 온다고 해도 그것이 승려나 무당의 덕은 아니다. 하지만 가뭄을 물리치기 위해서는 모든 수단과 방법을 동원하지 않을 수 없기 때문에 사찰에서도 기우제를 지내게 한 것"이라고 변명하고 있다.[62] 1416년(태종 16) 5월에도 흥복사(興福寺)에서 승려 100명을 모아놓고 〈대운륜청우경(大雲輪請雨經)〉을 사흘 동안 낭송하게 하는 기우제를 지냈다. 기우제가 끝난 다음에는 승려들에게 포목[白苧布, 綿布, 正布]을 차등적으로 나눠주었다. 같은 해 5월 말에 태종은 "불교식 기우제가 효과가 있는지는 알 수 없지만, 백성들의 요구를 거절할 수 없다"면서 사찰 기우제를 허가하였고, 이에 따라 6월에 다시 흥천사 사리전에서 100명의 승려가 모인 가운데 기우제가 시행되었다.[63]

태종은 불교를 배척한 임금으로 알려져 있지만, 그의 기우제에 대한 태도로 이를 단정하기는 조금 어렵다. 특히 1413년 태종이 불교식 기우제를 완전히 폐지한 것처럼 써놓은 《문헌비고》의 기록이 잘못이라는 것은 그 후에 불교식 기우제가 치러진 것만 보아도 알 수 있다.[64] 한발에 대한 불교식 반응은 성종 때까지 지속된 것으로 보인다. 세종 때에는 흥천사에서 기우제를 지낼 바에는 좀 더 깨끗하게 준비해야 할 것이라고 승정원에 지시한 일이 있고, 흥천사의 기우제 준비가 소홀하게 되자 임금이 화를 내어 아들 수양대군에게 진행을 맡겼다. 수양대군은 두 손을 합장하고 몸을 흔들며 열심히 탑돌이를 하였고, 다른 고관들이 따랐다고 실록은 전한다. 1451년(문종 1) 5월 초에는 안평대군 등을 시켜 흥천사에 가서 기우제를 지냈는데, 비가 흡족하게 내렸다. 다음 날 문종은 기뻐하면서 흥천사 기우제에 참여하였던 승려 81명에게 면포를 나누어주었고, 승정원에 술을 내리고 임금 자신도 함께 마셨다. 또 김종서, 정인지 등의 대신에게도 술을 내렸다.[65] 세종 말엽에 흥천사에서 합장하고 탑돌이를 하며 기우제를 지내게 한 것은 물론이다. 1457년(세조 3) 5월 흥천사 기우제에는 108명의 승려가 동원되었고, 예종 때에는 흥천사, 원각사, 흥덕사,

내불당 등 여러 곳에서 기우제가 실시되었다.[66]

성종 때부터 불교식 기우제에 대한 반대가 있었던 것으로 보인다. 1481년(성종 12) 6월에는 흥천사에서 기우제를 지냈고, 이듬해 7월 가뭄이 심하자 예조에서는 전례에 따라 흥천사 기우를 시행하자고 건의하였고, 이를 임금이 받아들였다. 또 효험이 있다 하여 참가자에게 상을 내렸다는 기록도 있다.[67] 그러나 바로 이 시상에 대해 유학자들이 들고 나섰다. 이틀 뒤 홍문관 직제학 이명숭(李命崇)이 반대 의견을 임금에게 올린 것이다. 하늘이 비를 내린 것은 임금의 정성이 하늘에 미쳤기 때문인데 기우제를 지낸 승려들을 시상한 것은 사람들에게 불교의 힘이 크다는 잘못된 인상을 줄 수 있으니 시상을 취소하라는 주장이었다. 성종은 상을 내리는 것은 비가 내린 데 대한 기쁨을 나타내려는 깃일 뿐 불교의 힘으로 비가 내렸다는 뜻은 아니라고 변명하였다. 하지만 교리와 전한 등의 직책에 있는 다른 신하들도 임금의 뜻에 반대하는 의견을 냈다. 성종은 이들의 항의를 받아들이지 않았다.[68]

1485년(성종 16) 6월 가뭄 때에 홍문관 전한(典翰), 정성근(鄭誠謹) 등이 글을 올려 원각사 기우제를 취소해야 한다고 주장했다. 불교의 가르침이 허탄하고 망령스러운 것은 이미 임금도 알고 있는 일이며 최근 흥천사에서 기우제를 지냈지만 아무 효과도 없었다며 불교의 무력함을 주장한 것이다. 이에 대해 성종은 예조에서 근거를 대며 원각사 기우제를 거행하자고 건의하여 허락했을 뿐 불교를 좋아하는 것이 아니라고 대답하였다. 이어 만약 불씨(佛氏)에게 신통력이 있다면 흥천사에서 기우제를 올렸을 때 바로 비가 왔을 것이 아닌가 하면서 인력과 경비를 남용할 것이 없다고 응대하였다.[69] 신하들의 배불론에 굴복하여 불교식 기우제를 포기한 것을 알 수 있다. 대체로 불교식 기우제는 성종 때에 수그러지기 시작하였다.

(4) 무당 기우

무당들을 불러모아 기우제를 지내는 방식은 조선 초기에 널리 실행되었다. 취무도우(聚巫禱雨)라 불리는 이 기우제는 모두 예를 들 수 없을 정도로 해마다 몇 차례씩 진행되곤 했다. 예를 들어 1401년(태종 1) 4월에 가뭄이 들자 임금이 걱정하여 여러 가지 기우제를 지내게 했는데, 그 가운데 하나가 무당들을 불러 기우제를 올린 것이다. 이듬해 7월 가뭄에는 무당들은 사평부(司平府)에서, 장님들은 명통사(明通寺)에서, 그리고 승려들은 연복사(演福寺)에서 기우제를 지내게 하였다. 이것이 보통 무당을 동원한 기우의 모습이었다. 이처럼 장님과 승려들의 기우가 함께 행해지는 일도 많았던 것이다. 승려와 무당을 모아 기우제를 지낸 기록은 1405년(태종 5) 4월에도 보인다.[70]

1406년 7월에는 백악(白岳)에 무당을 모아 기우제를 지냈고, 1410년(태종 10) 6월에는 승려와 무당을 모아 사흘 동안 기도하였다. 예조에서는 그 뜰에서 무당을 모아 기원하였는데, 구경꾼이 구름처럼 모였다. 그런데 관청 안에서 기우제를 지내는 것은 전에 없던 일이어서 사람들이 비난을 했다. 1411년(태종 11) 5월에는 무당 70여 명을 백악산당(白岳山堂)에 모아놓고 기우제를 지냈다. 3일 뒤에 비가 크게 내리자 무녀 74명에게 쌀 한 섬씩을 하사하였다. 같은 해 7월에도 백악에서 무당 기우제가 열렸다. 태종 때의 무당 기우제에는 대체로 70명 정도의 무당이 동원되었음을 알 수 있다.[71]

태종 때에 무당을 동원한 기우제는 계속되었고, 세종 때에도 마찬가지였다. 이런 관행은 그 후에도 지속되었다. 실록에는 특히 여자 무당〔女巫〕이라고 밝힌 경우는 드물고, 그냥 '무당을 모아〔聚巫〕'라 표현하고 있지만, 모두 여자 무당이었을 것으로 보인다. 여하튼 이런 기우제는 1413년 7월, 1414년 5월, 1415년 6월, 1416년 5월 한강·백악·우사단 또는 다른 이름 있는 산 등에서 행하였다고 기록되어 있다. 태종 말기 1418년 6월에는 관청이 있던 개성에서도 서울과 함께 무당 기우제가 행해졌다.[72]

무당의 기우제 가운데 가장 중요한 것은 아마 국무당(國巫堂)에서 지낸 기우였을 것으로 보인다. 1400년(정종 2) 12월 예조에서는 불공을 올리고 국무당과 기타 여러 곳에서 시행하는 기도 등의 음사(淫祀)를 일절 없애야 한다고 주장했다. 이에 대한 결론은 불사만 없애기로 한 것이었다. 11년 뒤인 1411년(태종 11) 7월에 세종이 고려 이래의 여러 가지 제사 가운데 고전을 연구해 없앨 만한 것은 없애라고 지시했으나, 예조에서 국무당은 없앨 수 없다고 보고했다.[73]

고려에 이미 존재하였던 국무당은 조선시대에는 성수청(星宿廳) 등에 소속되었는데, 끊임없는 배척을 받으면서도 조선 후기까지도 명맥을 이어갔던 것으로 보인다. 당시 어디에 국무당이 있었는지는 확실하지 않다. 그러나 조선 초기의 무당 기우제를 지낸 장소로 백악이 많이 나오는데, 이는 경복궁의 북쪽 도성이 지나는 자리로, 그곳이 국무당의 자리였을 가능성도 있다. 국무당은 국무(國巫), 즉 무당을 가리키기도 하고, 국무가 기거하는 장소를 가리키기도 한다. 중종 때인 1510년 국무를 성 밖으로 몰아내 사특하고 망령스러운 짓을 없애자는 주장이 있었다는 기록이 있고, 1515년에는 무녀 돌아니〔石乙非〕가 국무라 칭하며 궁궐을 마음대로 드나들어 생긴 폐해를 논한 기록도 있다. 1517년(중종 12)에도 국무를 자칭하는 자에 대한 얘기가 기록되어 있다.[74]

여하튼 무당에 의한 기우제는 그 후에도 줄곧 계속되었다. 세종 대만 해도 가뭄 때마다 무당을 모아 기우제를 지냈는데, 특히 세종 7년(1425) 6월의 기우제를 당하여 예조에서는 무당이 기우제를 지낼 때 유의(襦衣)를 입고 화로를 들게 하는 것은 신에게 기도하는 뜻에 어긋난다면서 다음부터 이를 금하자고 건의하여 허가받았다는 기록이 나온다. 그전까지는 더운 여름에 기우제를 지내면서 무당은 더운 옷에 화로까지 가지고 다녔던 것으로 보인다. 특히 이런 무당의 기우제에 대해서도 중국의 고전에서 그 전거를 찾아 뒷받침하고 있음을 알 수 있다. 남녀 무당을 기우제에 동원하는 것은 중국의《문헌통고》에도 나온다는 보고가 1425년(세종 7) 7월 2일자의 기록에 남아 있기 때문이다.[75]

물론 무당을 기우제에 동원하는 일에 대해서는 자주 비판이 있었고, 무당은 일반적으로 천시되었던 것이 사실이다. 그래서 중종 때에는 이런 기록도 있다. 1521년(중종 16) 1월 주강 시간에 임금이 무당을 모아 기우제를 지내는 문제에 대해 말하였다.

가뭄이란 재이 가운데서도 큰 것인데, 어찌 무당을 시켜 기도한다고 없어지겠는가? 사신(史臣)이 말하듯이 응당 공경하고 두려워하여 하늘의 뜻에 답하면 될 것이다. 우리나라에서도 가뭄이 있으면 장님과 무당을 모아 기도하는데, 이는 도움이 되지 않을 것이다.

중종의 말에 특진관 심정(沈貞)은 전폭적으로 지지하면서도 이 방법은 오래전부터 행해져왔음을 지적하였다. 또 시강관 서후(徐厚) 역시 임금의 말에 적극 동조하였다.[76] 이날 강독 시간에 어떤 교재를 사용하고 있었는지는 알 수 없지만, 중국의 어느 책을 읽다가 이런 논평이 나왔음을 짐작할 수 있다. 그리고 적어도 그 자리에서는 임금과 두 신하가 모두 무당의 기우에 대해 옳지 않다고 공감하고 있었음을 알 수가 있다. 그럼에도 불구하고 심정이 가볍게 논평하였던 것처럼 오랜 관행으로서의 무당 기우가 그 후 바로 사라졌던 것은 아니다.

(5) 기우 전문가 문가학

기우 전문가에 대한 흥미로운 기록이 있다. 통일신라 때인 715~716년에도 이효(理曉)라는, 기우에 뛰어난 효험을 낸 인물이 등장하였는데, 조선 초기의 문가학(文可學) 역시 그런 인물이다. 그가 기록에 등장하는 것은 1402년(태종 2) 7월 오랜 가뭄 끝에 비를 오게 하는 데 결정적으로 기어하면서부터다. 그해 가뭄이 극심하여 7월에 들어서도 이미 대신들을 종묘사직과 명산대천, 그리고 소격전에 보내 기우제를 지냈고, 무녀들은 사평부에서, 장님들은 명통사에서, 승려들은 연복사에서 기우하였다. 태종은 가뭄을 걱정하여 7월 초하루부터는 하루 한 끼만 식사를 하고 금주령을 내려 대궐 안의 술잔과 주기(酒器)들을 모두 치웠다. 그런 가운데 7월 8일 밤에 비가 조금 내렸고, 이튿날에는 더 많은 비가 왔다. 안평부원군이 희우시(喜雨詩)를 지어 바쳤고, 정승들은 대궐에 들어가 임금에게 축하하고 술을 권하였다. 이에 임금은 술 들이기를 허락하고 의정부에도 술을 내렸다.[77]

이어지는 기사는 이때의 비가 문가학이란 기우 전문가 덕택이었음을 시사하고 있다. 그 기사에 따르면 진양(晉陽) 사람 문가학은 예문관 직제학 정이오의 추천으로 비를 오게 하는 재능이 있다고 알려지게 되었다. 임금이 내관을 시켜 불렀더니 그가 말을 타고 급히 왔는데, 사흘을 기약한 뒤 재계하고 비를 빌었으나 효과가 없었다. 이에 임금이 한 번 더 해주기를 청하자, 그는 임금에게 말을 타고 급히 오느라고 정성이 부족했던 탓이라며 송림사에서 재를 올리겠다고 아뢰었다. 그다음 날 그는 임금에게 와서 그날 해시(亥時)에 비가 오기 시작하여 내일은 크게 비가 올 것이라 예언하였다. 과연 해시가 되자 비가 왔고, 그다음 날에도 비가 내렸다.[78] 이 기사는 7월 8일과 9일에 내린 비를 가리키고 있음이 분명하다.

이어지는 기사에 따르면 문가학은 원래 광주(廣州)에 있었는데, 그곳 목사가 그가 기우에 능함을 알고 그를 청하여 기우제를 올리려 하였지만 처음에는 사양하였다고 한다. 다시 강청하자 그는 비를 빌었고 세 번이나 효과를 보았다. 이에 사람들이 놀라 그 술(術)을 물으니 답하기를 "이는 내가 할 수 있는 일이 아니다. 왕공대신이 한발을 근심하여 청할 때, 그 뜻을 내가 상제께 전할 따름이다"라고 하였다. 또 그는 어려서부터 《신중경》을 익혀 외우며 그 도에 통하였는데, 평생 바라는 바가 모두 나의 술 속에 있다고도 하여 많은 사람들이 그를 따랐다고 한다.

다음 해인 1403년(태종 3) 5월 임금은 문가학에게 송림사에서 기우를 위한 청재(淸齋)를 지내라고 명하였다는 기록이 있다.[79] 그 효과에 대해서는 이렇다 할 기록이 없으며 이듬해에 그의 이름이 보인다. 1404년(태종 4) 4월 문가학을 순금사에 가뒀다는 기록이 그것이다.[80] 그는 처자를 진주에 데려다주고 오겠다고 임금의 허락을 받아 떠났는데, 9개월이 지나도록 돌아오지 않았다는 것이다. 이에 임금은 그가 자기를 속였다고 하여 순금사에 명하여 진주에 공문을 보내 그를 압송하라 하였고, 이렇게 해서 문가학이 붙잡혀왔다. 하지만 그는 바로 석방되었다고 기록되어 있어 그가 언제 진주에서 잡혀 올라와 얼마 동안 갇혀 있었는지는 알기 어렵다. 여하튼 다음 달 5월 그는 다시 기우제를 맡아 지낸 것으로 기록되어 있다. 다만 그를 가뒀다는 기록이 나오는 날짜에서 그가 기우제를 지내기까지는 37일 사이의 일일 것이다.

그로부터 1년 후인 1405년(태종 5) 5월 가뭄에 그의 이름이 다시 등장한다. 임금이 가뭄 때문에 노심초사하고 있을 때 문가학이 기우제를 지내자고 청하여 이를 허락하였다. 그 후 비가 오기는 하였지만, 먼지를 재울 정도밖에 되지 않았다는 기록이 전부다.[81] 그 이듬해에 그는 모반 사건의 주모자로 등장한다. 문가학과 그 일당을 체포하여 순금사에 가두고 조사를 한 것이다.[82] 이 기사에 따르면 원래 문가학은 진주 사람으로 태일산법(太一算法)을 대강 익혀 비와 갬을 미리 알 수 있냐고 주장하였는데, 이를 믿는 사람들이 제법 있었다. 임금이 이를 시험해보고 그를 서운관 시일(視日)로 임명하였는데, 효과가 없자 그를 배척하여 개성유후사(開成留後司)에 보냈다. 이에 어리석은 백성을 꾀고, 생원 김장(金藏)에게 말하기를 "지금 불법이 쇠잔하여 천문에 이상한 일이 일어나는데, 나는 《신중경》을 읽고 입신하여 능히 귀신을 부릴 수 있고, 천병과 신병도 어렵지 않게 거느릴 수 있다. 만약 인병만 얻는다면 능히 큰일을 꾀할 수 있다"고 하였다. 이에 김장이 동조하여 몇몇 전직 관리들과 작당하여 난을 일으키려다 발각되었다.

태종은 이 사건이 일어나자 "천병과 신병을 부를 수 있다 하니, 문가학이 미친 것이 분명하다. 죄 없는 연루자가 많으니 이를 빨리 분별해내라"고 지시하였다. 조사 끝에 문가학 일당 여섯 명이 처형되었다. 문가학의 아들은 어리지만 교수형을 받았다. 이들은 문가학을 왕으로 삼고, 좌의정·우의정 등 고위직을 각기 맡기로 하고, 그에 해당하는 도장도 여럿 만들었으며, 12월 21일에 거사하기로 작정하였다는 것이다.

그 후 세종 원년(1419)에는 문가학과 알던 어떤 사람이 그를 잊지 못하고 난언(亂言)을 하다가 붙잡혀 참형을 받았다는 기록이 있다.[83] 1427년(세종 9)에는 문가학 일당으로 몰렸던 사람들이 모두 풀려났다. 억울한 경우라고 다시 판정을 받았기 때문이다.[84] 1435년(세종 17) 8월의 기사에도 문가학 일당에 대한 사면조치가 있었다.[85] 문가학 사건은 가뭄에 대한 태종의 관심이 유별났던 분위기 속에서 기우제에 능한 인재가 출세해가는 과정과, 오래지 않아 낭패를 보고 그 출세자가 반역을 꾀하게 되는 여건을 잘 보여준다.

(6) 석척 기우(동자 기우), 화룡 기우, 호두 기우

석척(蜥蜴) 기우란 도마뱀을 이용한 기우제를 말한다. 이 기우제는 조선 초기에 상당히 널리 애용되었다. 처음 기록된 것은 1407년(태종 7) 6월에 있었던 기우제다. 이날 석척 기우를 하게 된 동기는 이렇다. 대호군 김겸(金謙)은 태종에게 소동파(蘇東坡)의 시에 옹기 그릇 속의 도마뱀에 대한 것이 있고, 그 주석에 기우 방법이 설명되어 있어서 자기가 그대로 해보니 과연 비가 왔다고 말하였다. 그래서 임금이 그를 불러 즉시 시행하라고 명하였다. 대궐 안의 광연루(廣延樓) 아래 뜰에 옹기 그릇 둘을 놓고 그 안에 도마뱀을 잡아넣었다. 옆에는 자리를 준비하여 향을 피웠다. 남자아이 20명에게 푸른 옷을 입혀서 버들가지를 들게 하고 노래를 시켰다. "도마뱀아, 도마뱀아! 구름을 일으키고 안개를 품어 내어 비를 내려라. 그러면 너를 돌려보내줄게." 그러나 이틀 동안 비가 오지 않자 아이들을 돌려보내며 쌀 한 섬씩을 주었다.[86]

실제로 이 기우는 시간이 지나면서 점점 인기를 얻은 것이 아닌가 생각된다. 동원되는 어린이의 수가 많아지기 때문이다. 석척 기우는 줄곧 시행되었는데, 처음에 20명이던 동자가 1411년에는 32명으로 늘었고, 1425년(세종 7)에는 70명으로 불어났다. 세종 때 60명을 오르내리던 수는 1460년(세조 6) 5월에는 82명으로, 1469년(예종 1)에는 100명으로 늘어났다. 기우 장소로는 경회루 연못가가 가장 많이 이용되었다.[87]

석척 기우 방법은 성현의 《용재총화》에도 나오는데, 위의 것과 똑같은 노래를 하면서 '석척 기우' 또는 '동자(童子) 기우'가 행해졌음을 보여준다.

"도마뱀아, 도마뱀아. 구름을 일으켜 안개를 토해라. 그래서 비가 쏟아져 내리게 하라. 그러면 너를 돌려보내줄게〔蜥蜴蜥蜴興雲吐霧俾雨滂沱 放汝歸去〕!"[88]

조선 후기 실학자 이규경의 글에도 석척 기우 또는 동자 기우에 대한 의견이 들어 있다. 그에 따르면 이 관행은 당송 시기에 중국에서 시작되었다. 이규경은 이 글에서 중국의 구체적인 예를 들고, 소년들이 부르는 노래를 소개했는데 태종 때에 불렀던 노래나 성현이 인용한 노래와 똑같은 내용이다. 도마뱀을 구하기 어려우면 수궁(守宮) 또는 갈호(蝎虎)라는 집의 벽에서 사는 도마뱀 비슷한 동물을 쓴다고 했다. 그런데 이 동물은 물에 넣으면 죽어버리기 때문에 동자들의 노랫말을 바꾼다고도 지적하고 있다. 또 도마뱀을 쓰는 이유는 그것이 구름과 비를 만드는 용과 비슷하기 때문이라고 적었다.[89]

물을 만들어내는 용과 비슷하기 때문에 도마뱀을 향해 기우제를 지내는 풍습은 용을 만들거나 그려놓고 기우제를 지내는 것과 마찬가지였다. 이 방법은 도마뱀의 방법이나 마찬가지로 크게 유행하고 대중적 인기를 얻었다. 예를 들면 1426년(세종 8)과 이듬해에도 오방 토룡에 기우제를 지냈고, 각 방위와 중앙의 토룡에 기우하였다.[90] 토룡이란 흙으로 빚은 용을 가리킨다. 화룡(畫龍) 기우는 용을 그림으로 그려서 쓰는 것을 말한다.[91]

이와 같은 논리에서 행해졌던 기우의 형태로 호랑이 머리를 물속에 넣고 기우제를 지내는 방법이 있다. 침호두(沈虎頭) 기우라 부를 수 있는 이 방법은 용이 원수로 아는 호랑이를 잡아넣어 주어 용을 움직이게 하겠다는 발상에서 나왔다. 1427년(세종 9) 5월 한강과 양진에서 호두를 넣고 기우제를 지냈다. 세종은 3년 뒤 5월에 가뭄이 심하자 각 도에 명하여 용이 있는 곳에는 모두 호두를 넣으라고 하였다. 말하자면 용이 있다고 여겨지는 전국의 명산대천 호랑이 그림이나 형상을 물속에 넣은 것이다. 세종은 이런 행위에 대해 의문이 없지 않았다. 세종은 1431년(세종 13) 5월 가뭄 때에 승정원에 지시하여 침호두 기우제를 연구하라고 하였다. 중국에서는 용이 있다는 연못 등에 호두를 넣는 기우를 좋아하는데, 자신은 이를 믿을 수가 없다고 하면서도 옛글에 있는 일이니 그렇게 하면 어떠냐고 물었던 것이다. 승지는 이를 곧 예조에 물었고, 그 결과 진행하자는 건의가 있었는지 며칠 뒤에 양진과 광진에서 침호두를 하였다는 기록이 나온다.[92]

(7) 음양 기우 및 그 밖의 기우

가뭄에 지내는 기우제에는 온갖 방법이 동원되었다. 그만큼 절박한 문제이기 때문이다. 그러기에 태종은 마침 서울에 머물고 있던 일본의 승려들까지 동원해 기우제를 시행하기도 했다. 1415년(태종 15) 6월 상호군(上護軍) 평도전(平道全)이 한강에서 기우하기를 청하였다. 그 직전인 5월 말에는 일본에서 세 차례나 사신이 다녀간 기록이 있지만 그가 정확히 어디에서 온 인물인지는 알 수 없는데, 상호군이라는 조선의 관직명으로 보아 대마도주가 보내 자주 드나든 인물이었던 것으로 짐작된다. 그는 일본 승려 몇을 데리고 왔으니 한강 물가에서 사리를 물속에 담그고 작은 북을 치면서 일본식으로 기우제를 지내면 효과가 있을지 모르겠다고 건의했다.

태종은 그의 말에 따랐다. 실록에는 태종의 말이 인용되어 있다. "사리를 담그고 기도한다는 것이 이미 망령스러운 짓이다. 항차 거국적인 기우에도 비를 얻지 못하였거늘, 일개 일본 중의 기도로 효과가 있겠는가? 이번 이 가뭄은 신하와 백성들의 죄가 아니라, 나에게 그 책임이 있다"는 논평이었다.[93] 그러면서도 일본식 기우를 지낸 것으로 보인다.

1416년 6월 예조는 기우 규정을 두 갈래로 정해 임금에게 올렸다. 하나는 《문헌통고》에 따라 4월 이후 가뭄에는 사직·산천 등에 제사하고, 어린이 14명에게 검은 옷을 입혀 춤추고 운한시(雲漢詩)를 노래하게 하는 기우제 의식을 행하자는 것이다. 또한 원단에서 기우할 때도 이 노래를 부르게 하고, 풍운뇌우단, 삼각산, 한강, 목멱, 사직, 종묘 등의 기우에서도 이 노래를 하자는 것이다. 다른 하나는 남문을 닫고 북문을 열어 음(陰)을 성하게 하는 동중서(董仲舒)의 방법에 따른 것으로, 가뭄에는 남문을 닫고 북문을 열자고 건의하였다. 태종은 이를 따랐다.[94]

《문헌통고》나 동중서를 인용하면서 여러 가지 기우 방법이 조선 초기에 실시되었다. 예를 들면 1425년(세종 7) 6월 가뭄에는 "저자를 옮기고(徙市), 양산과 부채를 사용하지 못하게 하며〔斷繖扇〕, 도살을 금하였다〔禁屠殺〕"는 기사가 나온다. 이어 예조의 보고에 따라 《문헌통고》의 방식대로 도성 안팎에서 북을 치지 말라고 하였다. 인정 (人定)과 파루(罷漏)에도 시각을 알리면서 북 대신 종을 치게 한 것 이다. 1426년 4월 예조에서 보고한 것처럼, 음양압승지술(陰陽壓勝 之術)의 옛 제도에 따라 제향(祭享) 이외의 경우에는 인정과 파루에 도 쇠로 만든 종을 치게 하였다.[95]

그 후에도 줄곧 숭례문(崇禮門, 남대문)을 닫고 숙정문(肅靖門, 북 문)을 열며, 저자를 옮기고, 인정과 파루에 북 대신 종을 치는 등의 조치가 계속된다.[96] 성현의 책에도 저자를 남쪽으로 옮기고, 남문을 닫고 북문을 여는 기우제 조치가 기록되어 있다.[97] 이런 조치는 모두 음양사상에 따른 것이다. 가뭄은 양이 지나치게 일어나서 생기는 현 상이다. 마치 장마가 음이 성해서 생기는 것처럼. 따라서 가뭄이 심 할 때에는 남쪽을 차단하여 양기를 줄이고, 북쪽을 열어서 음기를 받아들일 필요가 있다는 논리였다. 마찬가지로 중국의 전통 사상에 따르면 왕궁이 임금의 관할이라면 시장은 왕비의 영역이다. 즉 궁궐 이 양이라면 저자는 음이 된다. 따라서 종로에 있는 저자를 더 남쪽 으로 옮겨 명동 구리개〔銅峴〕쯤으로 옮긴다면 그만큼 음기를 남쪽으 로 가져가 양기를 누르려는 노력에 해당한다고 할 수 있다.[98] 또 북 을 치지 못하게 하는 이치도 음양사상에 기인한다. 북을 만드는 가 죽이 양에 속하는 데 반해 종을 만드는 구리나 쇠는 음에 속하기 때 문이다. 그렇지 않아도 양기가 극성한 가뭄 때에 양기로 내는 소리 를 울릴 필요가 없다고 여겼기 때문이다.

물론 이런 음양사상에 대한 비판도 없지 않았다. 세종은 1436년 (세종 18) 4월에 "동중서가 진정한 학자이기는 하지만, 그가 말하는 음을 열어주고 양을 막으라는 주장〔縱陰閉陽之說〕은 상당히 괴이하 다. 하나 옛사람들이 모든 신을 동원하라고 하였으니, 이는 지극한 정성을 다하라는 뜻일진대, 어찌 괴이하다 하여 하지 않을 수 있겠는가? 이후 가뭄이 있을 때면 지체하지 말고 종음폐양의 주장을 따를 일이다"라고 말하였다.[99] 음양사상에 의거한 한발책이나 그 밖의 기우제 등에 대해서는 의문이 그치지 않았으나, 오랜 전통에 따라 그대로 실행하는 것이 조선시대의 관행으로 굳어갔음을 알 수 있다.

가뭄에 대한 조치 중에서 음양사상과 관련하여 가장 흥미로운 것은 조선 초의 여성 해방 문제와 관련해 생각해볼 만한 '궁녀들의 해방 사건'이다. 1414년(태종 14) 6월 세자(양녕대군)의 건의에 따라 태종은 궁녀를 세 팀으로 나누어 번갈아 입시하게 하였다. 가뭄이 든 것은 여인의 원망 때문일지도 모르니, 번갈아 입시케 하여 남녀의 정을 다하게 한다면 화기(和氣)를 일으켜 가뭄의 재이를 누그러뜨리는 효과가 있으리라는 것이었다. 태종은 즉시 이를 받아들었고, 세자도 세자궁으로 돌아가 같은 조치를 취하였다. 이어서 태종은 시녀 10여 명을 밖으로 내보냈고, 명빈전의 시녀 세 명도 내보냈다. 또한 방자들을 번갈아 근무하게 하였다.[100]

세종 역시 같은 조치를 취한 기록이 있다. 이를 태종에게 건의하였던 양녕대군은 왕위에 오르지 못하고 동생인 충녕대군이 세종으로 즉위하였으나, 그 역시 이 조치를 따른 것이다. 세종은 즉위한 다음 해 1419년 5월에 당 태종이 재이를 당하여 궁녀를 내보냈던 고사가 있으며, 부왕인 태종의 예도 있으니 자신도 비슷한 조치를 하겠다고 나섰다.[101] 하지만 이때는 시행하지 못한 것으로 보이며, 1436년(세종 18) 5월에 궁중 시녀 7명, 수사(水賜) 6명, 동궁 시녀 2명을 내보냈다. 재미있는 사실은 그 전날 사복시에 명하여 말 100필만 남기고, 나머지는 모두 목장에 방축하라고 한 것이다. 역시 가뭄을 해소하기 위한 조치였다. 그해 7월에는 다시 궁녀 8명과 방자 3명을 내보냈는데, 그들에게 주는 보수를 절약하여 가뭄에 대비하려는 조치였다는 설명이 붙어 있다. 바로 이틀 뒤에 시녀들의 월급을 깎았다는 기사는 같은 맥락의 조치로 보인다. 1444년(세종 26) 7월에는 궁녀 45명을 내보냈다는 기록이 있는데, 그 이유는 밝히지 않았다.[102] 궁궐 안의 여성들을 가뭄 때 밖으로 내보낸 것은 오랜 궁 생활에서 생길 수도 있는 원망을 풀어주어 화기를 더하며 가뭄을 극복하겠다는 음양사상의 측면과, 경비를 절약한다는 실질적인 측면이 있었던 듯하다. 물론 경비 절약이라는 실용적 측면은 가뭄을 당하여 임금이 절약하고 검소한 태도를 보이라는 요청에 응하는 것도 된다.

가뭄에 대한 반응이나 조치에는 여러 종류가 있다. 세종은 가뭄 때문에 뱀이 한밤중에 임금의 책상에 나타나자 화를 면하기 위해 진양대군의 집으로 거처를 옮긴 기록도 있다.[103] 가뭄이 들 때면 임금 스스로 술을 끊고 나라에 금주령을 내리기도 했다. 물론 세종에게 변계량이 그랬던 것처럼 "술은 사특한 기운을 물리치고 피를 통하게 해주는 좋은 약"이라면서 가뭄 때문에 술을 끊을 필요는 없다는 논리를 펴 다시 술을 들게 한 일도 있지만, 이는 예외적인 경우다.[104] 특히 절약의 차원에서도 금주령은 자주 내려졌다.

기우 의식은 엄격하고 아주 자세하게 정해져 있었다. 이는 삼국시대 이후 고려를 거쳐 자리 잡은 것으로 《세종실록》 1439년(세종 21) 1월의 기사에서 그 상세한 예를 읽을 수 있다.[105] 또 성현은 15세기 말의 기우제가 어떻게 진행되었는지를 자세하게 설명하고 있다. 먼저 5부에 명하여 개천과 길을 수리하고 청소한 다음, 종묘사직, 사대문, 그리고 오방에서 용제(龍祭)를 3일 만에 지낸다. 용제는 저자도(楮者島)에서도 베풀어 도류(道流)가 《용왕경(龍王經)》을 읽게 한다. 호랑이 머리를 개성의 박연(朴淵)과 서울의 양진(楊津)에 넣고, 창덕궁의 후원, 경회루와 모화관의 연못에서는 동자를 동원하여 석척 기우를 3일 동안 한다. 동네마다 물병을 놓고 버들가지를 꽂고 향을 피우며, 아이들이 모여 비를 부른다. 저자는 남으로 옮기고, 남문은 닫고 북문을 연다. 임금은 대궐을 피하고 반찬을 줄이며, 북을 치지 않으며, 죄인을 심사하여 사면한다는 것 등이 설명되어 있다.[106]

이긍익은 《연려실기술》에서 기우제를 다음과 같은 12단계로 정리하였다.[107]

1. 삼각산, 목멱산, 한강

2. 용산강, 저자도

3. 산천단, 우사단

4. 사지단, 북교(北郊)

5. 종묘

6. 삼각산, 목멱산, 한강(제1차와 같음)

7. 용산강, 저자도(제2차와 같음)

8. 산천단, 우사단(제3차와 같음)

9. 북교, 모화관에서 동자 기우도 함께 함

10. 사직단, 경회루에서 동자 기우도 함께 함

11. 종묘, 춘당대(春塘臺)에서 동자 기우도 함께 함

12. 5방 토룡제: 동단은 선농단 옆에 있고, 남단은 한강가에, 중앙단은 종각 옆에, 서단은 양화도 곁에, 그리고 북단은 북교의 여단(厲壇) 옆에 있다.

(8) 정치적 한발 대책

가뭄에 대한 반응에서 가장 중요한 부분은 역시 정치적 대응이라

할 수 있다. 이상한 자연현상은 재이로서 주목을 받았기 때문이다. 당연히 한발이 있을 때 논의되는 핵심 문제는 언제나 그것의 정치적 의미였음을 알 수 있다. 1427년(세종 9) 임금과 신하들이 가뭄에 어떻게 대처할 것인가를 논의한 대목은 비를 빌기 위해 행할 일곱 가지〔祈雨七事〕를 다음과 같이 나열하고 있다.[108]

1. 억울한 옥사와 실직자를 다스린다.
2. 홀아비, 과부, 고아, 독신자 등을 돌본다.
3. 요역과 세금을 줄여준다.
4. 어진 사람을 천거한다.
5. 탐욕과 사특한 사람을 내쫓는다.
6. 원통하고 억울한 일을 해결한다.
7. 반찬을 줄이고, 악기는 걸어만 두고 연주하지 않는다.

당연히 이를 위해서는 당대 정치가 무엇을 잘못하였는가를 생각해보아야 할 것이며, 그것을 알기 위해서라도 신하들에게 기탄 없는 의견을 물어야 할 것이다. 가뭄이 있을 때면 임금은 그런 의견 개진의 기회를 주어야 하며, 이것이 신하들의 견해를 밝힐 수 있는 중요한 기회가 되는 '이재구언(弭災求言)'이다. 예를 들면 세종은 1426년(세종 8) 5월 대제학 변계량을 불러 가뭄을 해결하기 위한 구언 교서를 쓰게 하여 이를 발표했다. 그런데 그에 앞서 4월 초에 이미 세종은 생일잔치를 사양한 기록이 있다. 그의 생일은 바로 4월 10일로 거의 해마다 가뭄이 심할 때였다. 당연히 세종은 생일잔치를 벌일 형편이 못 되었다.[109] 이재구언은 가뭄뿐만이 아니라 재이가 있을 때면 언제나 거론되는 부분이다. 성종 때는 구언을 하기 위해 신문고를

치게 하자는 논의까지 있었다. 그러나 신하들의 반대로 실현되지는 않았던 것 같다.[110]

가뭄이 심할 때면 재상은 스스로 책임을 자각하여 사직하는 것이 예의였다. 태종 역시 몇 차례나 가뭄에 대한 책임을 내세워 임금 자리에서 물러나겠다고 했다. 이에 대해서는 다음 절에서 상세하게 다루기로 하고, 여기서는 재상의 사임에 대해서만 살펴보자.

삼정승이 가뭄이 심할 때 사직을 청하는 것은 흔한 일이어서 구체적으로 예를 들 필요가 없을 정도다. 물론 사직은 허락되지 않았고, 임금 스스로 가뭄은 자신의 허물 때문이라고 말했다. 사실 삼공의 사직은 임금에게서 그런 반응을 얻기 위한 수단이었다고 할 수 있다. 그런데 유독 한 사람이 사직을 거부했다. 1449년(세종 31) 가뭄이 심하자 영의정 황희가 5월 27일에 사직을 청했다. "나이가 이미 90을 넘었고, 아무 공도 없이 녹을 먹고 있으니, 신을 파직하여 하늘의 꾸지람에 답하라"는 것이었다. 물론 임금은 허락하지 않았고, 황희는 얼마 동안 출근하지 않은 것으로 보인다. 그런 가운데 6월 6일에는 좌의정 하연(河演)이 한발을 이유로 사직을 청하였다. 실록에는 그의 사직 이유가 좀 더 길게 나와 있는데, 74세나 되어 건강이 나쁘다는 것과, 자기를 파직하여 이재에 도움이 되게 해달라는 내용이다. 임금은 이 또한 윤허하지 않았다. 이어서 좌우의 찬성과 참찬들이 모두 사직을 청하였으나 허락하지 않았다. 그런데 이때 우의정 황보인(皇甫仁)만은 사직의 뜻을 밝히지 않았다. 그의 주장은 "사직해도 임금님이 반드시 거절할 것이다. 그것을 알면서 겉으로만 사직하는 일은 나는 못하겠다"는 주장이었다.[111]

당시에는 아무 문제도 없었던 것으로 기록되어 있지만, 아마 뒤에 가면 이런 소신이나 고집은 용납되기 어려웠던 것으로 보인다. 한 세대 뒤인 성종 때에는 삼공이 한발에 빨리 사직하지 않았다 하여 이를 비난하는 사관의 논평이 실록에 있을 정도다. 1472년(성종 3) 5월 초하루 영의정 신숙주(申叔舟), 좌의정 최항(崔恒), 우의정 성봉조(成奉祖)가 사직의 뜻을 밝혔다. 성종은 "이번 가뭄은 나에게 잘못이 있다"며 사직을 허락하지 않았다. 이 대목에 이어지는 사관의 논평은 "바야흐로 가뭄이 심하여 온갖 수성(修省)하는 일이 모두 행해지는 형편인데도, 삼공은 일찍 사면하지 않아 식자들이 이를 비판하였다"는 내용이다.[112] 대체로 성종 이후에는 사직을 청하는 일이 더 많아진 것으로 보인다. 또 가뭄의 원인을 어느 특정 권세자에게 돌려 사직하지 않음을 비난하기도 했다. 1405년(태종 5) 가뭄이 심하자 익명의 대자보가 거리에 나붙었는데, 하륜이 정권을 휘두르고 있기 때문이라는 내용이었다. 결국 하륜은 다음 해 가뭄이 들자 사직을 청했고, 임금은 이를 받아들였다.[113]

가뭄을 계기로 사직을 허락하는 일도 없지는 않았다. 1516년(중종 11) 3월 27일 영의정 유순(柳洵), 좌의정 정광필(鄭光弼), 우의정 김응기(金應箕)가 가뭄을 계기로 사직을 청하였다. 임금이 허락하지 않자 유순은 재차 사직을 청하였다. 28일 세 차례, 29일에도 세 차례나 사직하면서 이번에는 좌의정이 그 자리에 천거까지 하였다. 30일에도 사직을 청하고 다음 달 초하루에는 몇몇 중신들이 그의 사직을 고려하는 듯하자 다시 사직을 청하였으나 거절당하다가 4월 6일에 마침내 사직이 허락되었다. 9일에는 좌의정과 우의정이 각각 한 자리씩 승진하여 영의정과 좌의정이 되었다.[114] 유순이 사직하기를 바란 것은 진심이었음이 분명하고, 9일 동안이나 질기게 사직을 청한 끝에 성공한 것이다. 이것 역시 가뭄에 대한 책임을 물어 물러나게 했다고 볼 수 없다. 다만 사직을 바라던 병들고 늙은 신하가 가뭄을 기회로 뜻을 이루었다는 정도로 설명할 수 있다.

(9) 태종의 비[太宗雨]

1849년에 쓰인 《동국세시기(東國歲時記)》 5월조에 '태종의 비[太宗雨]'에 대한 전설이 다음과 같이 기록되어 있다.

> 초열흘(10일)은 태종의 제삿날이다. 이날은 해마다 반드시 비가 오는데 이를 '태종의 비[太宗雨]'라 이른다. 태종이 죽음에 임박하자 세종에게 말하였다. "지금 가뭄이 한창 심하구나. 만약 죽은 뒤에도 앎이 있다면 내 기필코 이날만은 비가 오게 하겠다." 후에 그 말이 맞게 되었다.[115]

이 '태종의 비' 이야기는 아주 유명해서 그 전후의 야사 등에 널리 퍼져 있고, 조선 사람들에게 회자되었던 전설로 보인다. 《동국세시기》보다 2세기 앞선 17세기 초에 쓰인 글에도 이 이야기가 나온다. 박동량(朴東亮)에 따르면 임진왜란이 일어난 1592년에는 200년 만에 처음으로 태종의 비가 내리지 않아 사람들이 근심했다는 것이다.[116]

하지만 나의 조사로는 태종이 죽을 때 특히 가뭄이 심했던 것으로는 보이지 않는다. 또 그런 유언을 했다는 증거도 실록이나 그 밖의 자료에서 찾아볼 수 없다. 이 이야기는 조선 전기에 서서히 생겨나 조선 후기에는 널리 퍼졌던 것으로 보인다. 태종이 가뭄에 특히 민감했다는 것은 여러 사실에서 분명히 나타나고, 바로 그런 태도가 이런 전설을 만들어냈을 것으로 보인다.

태종은 재위 18년 동안에 네 번이나 임금 자리에서 물러나겠다는 뜻을 밝혔고, 그 시기는 모두 가뭄 때였다. 그냥 해보는 소리가 아니라 실제로 가뭄에 대한 책임을 느꼈던 것으로 보인다. 처음 왕위에서 물러나겠다고 한 것은 즉위한 지 3년이 안 된 1402년(태종 2) 7월이다. 이미 가뭄으로 금주령이 내려지고 임금이 반찬을 줄이고 온갖 대책을 모색하고 있었지만, 6월 2일 이후 7월 4일까지 비는 오지 않았다. 7월 4일 태종은 서류를 점검하다가 시독 김과(金科)에게 이렇게 말하였다.

"지금 비가 오지 않음은 덕이 없는 짐이 임금 자리에 있기 때문이다. 짐이 이 자리에서 물러나려 하노라."

이렇게 말하며 임금이 울고, 김과도 울었다. 이때 임금이 식사를 하지 않아 병에 걸렸다고도 기록되어 있다.[117]

1414년(태종 14) 6월에는 가뭄이 심한 가운데 임금이 세 살짜리 딸을 잃었다. 그를 위로하는 신하들에게 태종은 "짐의 죄과는 나라 사람 모두가 아는 일"이라면서 병술년(1406)에 자신은 이미 세자에게 자리를 물려주려 하였다고 했다.[118] 필자는 실록에서 그런 기록을 찾아내지 못하였지만, 태종이 가뭄에 민감한 반응을 보였던 것만은 분명한 사실이다. 1415년 여름 가뭄이 심하자 태종은 신하들에게 "짐이 문을 닫고 앉아 조용히 생각해보니 더 살고 싶지가 않소. 즉위 이래 공덕을 쌓아 백성에게 복을 주지는 못한 채 이렇게 가뭄 같은 재이만 계속되니 어찌 부끄럽지 않겠는가" 하고 왕위를 세자에게 넘기려 하나 그것도 실현되지 못한다며, "누가 알겠는가? 짐이 밤낮으로 이렇게 고민하는 줄을……" 하면서 울음을 터뜨리고 슬픔을 주체하지 못하였다. 안성부원군 이숙번(李叔蕃)과 이조판서 박은(朴閤)이 어쩔 줄 몰라하며 "전하의 하늘을 섬기고 백성을 근심하는 정성은 천지에 관통하고 있으며 이런 한발은 탕임금도 면하지 못하였다"고 말하였다. 이날 기사에 따르면 태종은 하루 한 끼만 먹고, 때로는 뙤약볕 아래 나가 앉아 있었기 때문에 이질에 걸려 오래 고생하였다고 한다.[119]

이듬해 1416년 여름에도 비슷한 가뭄이 있었고, 태종의 반응 또한 비슷하게 나타났다. 임금이 육조와 대간에 교서를 내려 말하기를 가뭄의 원인을 깊이 생각해보니 다른 데 원인이 있는 것이 아니라 바로 무인·경진·임오년의 일이 부자와 형제 사이의 도에 어긋났기 때문이라고 했다. 그러면서 변명하기를, 이는 하늘이 시킨 일이었지 자신이 즐겨 한 것이 아니라고 주장했다. 육조와 대간이 모두 황공하여 어쩔 줄 몰랐다고 《태종실록》은 전하고 있다. 다음 날에도 임금은 가뭄을 한탄하면서 무엇이 잘못되어 이렇게 가뭄이 심한지 숨김없이 의견을 말하라면서 신하들이 삭발하라면 그렇게 하겠노라고 말한다. 또 가뭄은 모두 자기 잘못이므로 전위(傳位)하려 하지만, 나라의 변란이란 이런 때에 일어나기 쉬우므로 어쩌지도 못한 채 억지로 왕위를 지키고 있다고도 말한다.[120] 태종이 말한 무인(1398), 경진(1400), 임오(1402)의 일이란 '왕자의 난' 등으로 알려져 있는, 당시의 권력 다툼을 둘러싼 내부 갈등과 쿠데타를 가리킨다. 며칠 뒤 태종은 정도전의 자손을 금고에서 풀어주고, 이어 정도전의 아들 정진(鄭津)에게 직첩을 돌려주었다.[121]

'세자에게 왕위를 넘기겠다'는 말은 다음 해 가뭄 때에도 나왔다. 1417년 윤 5월 태종은 가뭄이 든 것은 부덕한 자신이 17년이나 왕위에 있기 때문이라면서, 세자에게 양위하려 하지만 세자가 경망하여 이러지도 저러지도 못하고 있다고 말했다.[122] 나이 50이 넘은 태종은 건강이 쇠약해지면서 마음도 약해지고 있었던 것으로 보인다. 세자 양녕에 대한 실망도 점점 커지고 있었던 것이 분명하다. 드디어 태종은 1418년 6월 양녕을 폐하고, 동생 충녕을 세자로 삼았다. 그리고 두 달 뒤 8월 8일에 세자 충녕대군이 태종의 뒤를 이어 조선 제4대 임금인 세종이 되었다.

태종은 임금 자리를 충녕에게 물려주고 상왕으로 유유자적하게 되었다. 왕위에서 물러난 지 거의 2년 뒤인 1420년(세종 2) 4월 가뭄이 들었는데도 상왕은 사냥 구경을 다녔고, 하늘을 향해 크게 웃으면서 가까운 신하들에게 다음과 같이 말했다. "내 먹기는 하지만 어찌 마음이 편하기야 하겠는가?"[123] 왕위에 있을 때 가뭄이 들면 밥을 줄이고 행동을 삼가던 태도와는 다르다.

(10) 측우기와 수표, 그리고 수차

태종이 이렇게 느긋하게 지내는 것과 달리 세종은 예전에 아버지가 하던 가뭄 걱정을 떠맡게 되었다. 세종은 사냥 구경에서 돌아온 아버지에게 문안을 드리러 갔다 오는 길에 풀뿌리를 캐보고는 가뭄이 얼마나 심한가를 가늠하였다. 그날 세종은 가뭄을 이유로 자신의 생일잔치를 하지 말라고 지시했다.[124]

그러나 아무리 걱정하고 길가의 풀을 캐보아도 비가 얼마나 왔는지, 또는 그 정도면 충분한 양의 비가 내렸는지를 판단하기는 어려웠다. 1441년(세종 23)의 《세종실록》을 보면 당시 각 지방에서 비가 오면 그 정도를 정부에 보고하고 있었음을 알 수 있다. 하지만 그것은 풀뿌리를 캐보고 비의 양을 가늠하는 방식이어서 '땅의 성질이 건조하고 습한 정도에 따라 다르고, 흙 속에 빗물이 얼마나 젖어들었는지도 판단하기 어려워' 측우기를 만들게 되었다. 또 개천과 한강에는 물이 얼마나 흐르고 있는가를 재어서 가뭄의 정도를 가늠하기 위해 마전교(馬前橋)와 한강에 수표를 세우게 되었다.[125]

가뭄의 정도를 정확히 알기 위한 방편으로 측우기와 수표를 같은 시기에 만들었음을 알 수 있다. 가뭄에 대한 걱정과 절실한 필요성이 측우기를 발명하게 했고, 가뭄을 물리치기 위해 한강과 그 밖의 물에 호랑이 머리를 담그며 기우제를 지내던 정성이 결국 수량의 과학적 측정에 대한 바람으로 이어졌다고 할 수 있다. 해마다 기우제를 지내러 한강에 갔던 관계자들은 한강의 수위를 보고 가뭄의 정도를 보고했을 것이고, 그런 태도가 나중에는 수표를 세워서 한강의 수위를 수치로 나타내려는 생각으로 발전한 것으로 보인다. 말하자면 측우기와 수표는 가뭄을 걱정하고 기우제를 지내던 것에서 한걸음 더 나아간 셈이다. 요즘 기준으로 친다면 기우제가 결국 과학적 발명을 낳았다고 볼 수도 있다.

물론 가뭄에 대한 대책은 둑을 쌓아서 물을 저장해둔다거니, 수치를 발달시켜 아랫물을 위로 끌어올리려는 노력으로도 나타났다. 1429년(세종 11) 12월 통신사로 일본에 다녀온 박서생(朴瑞生)은 귀국한 뒤 일본의 수차에 대해 보고하면서, 그것을 대략 만들어 올려 보급하기를 권하였다. 일본의 수차는 급류에 설치하면 저절로 움직이지만 물살이 느린 곳에서는 움직이지 않는다. 이것을 인력으로 움직이게 한다는 것이다. 세종은 수차의 개량 보급에도 남다른 관심을 보였다. 하지만 수차가 작동 즉시 물이 새어 관개 효과가 없음을 보고받자, 세종은 1431년(세종 13) 5월 "중국과 일본에서는 모두 효과적으로 사용되고 있는 수차가 왜 우리나라에서만 사용되지 못한다는 말인가"라고 묻고 관계자를 각 도에 파견하여 수차를 관리하게 한다.[126]

다음 달 박서생은 일본의 수차를 설명하면서 조선에서 수차가 사용되지 못하는 것은 수차 제작이 잘못되었기 때문이라고 지적했다.

공조참의였던 그는 통신사로 일본에 갔을 때 그를 따라가 수차를 연구하고 온 김신(金愼)에게 수차 제작을 감독하게 하라고 건의하였다. 그는 수차 제작의 네 가지 요체는 수차의 크기, 격수판의 크기, 물통의 크기와 간격, 물살을 세게 만드는 기술에 달렸다고 설명하였다. 따라서 수차는 설치할 지역에 따라 형태도 달라질 수밖에 없다고 강조했다. 1431년 6월 그의 건의를 받아들여 임금은 김신에게 수차를 만들어 시험해보라고 명하였다. 이렇게 만들어진 수차는 10월에 시험되었고, 그 결과가 기록에 남아 있다. 왜수차와 오치선(吳致善)이 만든 수차를 시험해본 결과 왜수차는 관개용으로 사용할 만하지만, 오치선의 수차는 우물물을 길어 올리는 데에나 쓸 수 있었다는 것이다. 보급을 권고받은 임금은 혼자서 어찌 각지에 이를 보급할 수 있겠느냐면서 각 도에서 그 모양을 보고 만들어 내년 농사에 쓸 수 있게 하라고 지시하였다. 그해 11월에는 왜수차와 함께 당수차(唐水車)를 제작할 것을 지시했다. 세종 때에는 일본과 중국의 수차를 국내에 보급하려 했음을 알 수 있다. 연말에는 두 수차의 제작 기술자가 경기 · 충청도에 한 명, 전라 · 경상도에 한 명씩 파견되었다.[127]

그러나 세종의 노력은 그리 좋은 성과를 올리지는 못한 것으로 보인다. 4년 뒤인 1435년(세종 17) 여름에 여러 도에 설치하였던 수차를 없애라고 명한 것이다. 왜냐하면 하루 길어 올리는 물의 양이 너무 적고, 멀리 끌어올릴 수도 없을 뿐 아니라, 관리들의 닦달로 농민들의 원성이 많았기 때문이다. 세종은 자원하는 곳의 수차는 굳이 없애지 말라고 하였다. 세종은 이런 실패가 백성들이 옛것을 그대로 지키려고만 하지 새것을 싫어하는 습성 때문이라고 못마땅하게 여겼던 것 같다. 세종은 수차나 제언이 모두 농사에 긴요함에도 불구하고 수구염신(守舊厭新)의 태도 때문에 보급되지 못하였다고 말하고 있다.

1434년(세종 16) 6월에는 세 왕자와 도승지 안숭선(安崇善)에게 장의문 밖에 설치되어 있는 자격수차를 구경하고 오라고 지시하였다. 안숭선이 좋다고 보고하자 임금은 자기도 한번 가보겠다고 다짐하였다.[128]

문종 역시 수차의 중요성을 강조했으나, 그 결과는 그리 성공적이지 못했다. 1488년(성종 19)에는 중국까지 표류하였다가 돌아온 최부(崔溥)가 중국식 수차를 소개하였고, 이를 감독해 직접 만들어낸 일도 있다. 1496년(연산군 2) 최부는 지방에 가서 수차에 대해 가르쳐주고 돌아왔다는 기록도 있다. 또한 1502년(연산군 8)에 김익경(金益慶)은 수자를 만늘었지만 역시 크게 환영받지 못하였다. 승지가 김익경의 수차가 정교하게 만들어졌으니 이를 본떠 보급하자고 건의하자 임금은 백성들이 쉽게 만들 수 없을 뿐 아니라 가뭄에 수차가 큰 쓸모가 있겠느냐면서 가까운 지역에서나 실시해보라고 하였고, 결국 경기, 충청 지역에서만 시험 삼아 사용해보기로 하였다. 그 결과가 어찌 되었는지는 알 수 없다. 기록에 따르면 조선 초부터 계속 시험만 반복했을 뿐 어떤 모델도 성공하였다는 내용이 없다.[129]

1546년(명종 1) 4월에도 비슷한 노력이 있었다. 낮에 경연 자리에서 시독관이 말하기를, 제주도 사람이 유구에 표류하였다가 중국 복건(福建) 지방에 가서 수차를 배워 돌아왔는데, 그 수차를 제작해 보급하자는 것이었다. 나흘 뒤 호조에서는 크고 작은 수차를 만들었는데 서울에는 알맞은 물이 없으니 반송지(盤松池)에서 시험할 것을 건의하여 허락받았다. 이틀 뒤에는 호조판서가 작은 수차를 만들어 전국에 보급할 것을 건의하여 허락받았다.[130]

이처럼 조선 초기에 수차가 끊임없이 제작되고 보급이 시도되었다. 그러나 그 효과는 별로 없었던 것으로 보인다. 수차의 제작과 보급의 결과에 대해서는 기록하고 있지 않기 때문이다. 항상 수차의 제작·보급이 새삼스럽게 시작된 것처럼 기록은 전한다. 수차 보급과 사용이 별로 성공적이지 못했음을 보여준다. 수차 실패의 원인으로는 여러 가지를 생각할 수 있다. 조선 초기의 수차는 산발적으로 전수되고 실시되었을 뿐이어서 사회경제적 의의가 거의 없었던 것으로 보인다. 또는 가난 때문에 농민들이 수차를 만들 여유가 없었고, 한국의 지세와 자연조건 및 토양이 대체로 자연수로 만족할 만하였으며, 가물 때는 어차피 수차를 쓸 수도 없다는 등의 원인을 들기도 한다. 또 수차에 사용할 알맞은 목재가 한국에는 부족했다는 점을 들기도 한다.[131]

여하튼 조선 전기 수차 기술의 변화는 크게 달라지지 않았다. 수차 기술은 농업 기술로서 대단히 중요할 뿐 아니라 그 사회의 기계 기술, 자료 기술, 그리고 그 바탕이 되는 물리적 지식의 수준을 반영하는데, 이 부분에서 조선 사회는 별 진전을 이루지 못하였다고 할 수 있다.

당시에는 수리를 위해 어떤 기계 장치를 이용한다는 의식이 그리 발달하지 않았다. 예를 들면 세종 때 유순도(庾順道)는 갈오격수(渴烏激水)의 방법을 써서 가뭄에 물을 끌어올리는 실험을 하였으나 실패한 기록이 있다. 갈오란 스포이트 같은 장치인데 구부러진 관을 써서 낮은 곳의 물을 높은 곳으로 끌어올리려 했던 것으로 보인다. 1431년 5월 유순도는 임금에게 이 실험을 건의해서 실시했으나 실패하자, 작은 대나무로 만들었을 때에는 성공하였는데 이번에는 되지 않는다고 보고했다. 모세관 현상을 잘못 이해해서 큰 관을 써도 물을 위로 끌어올릴 수 있다고 생각한 것으로 보인다.[132] 1396년 문과에 급제한 유순도는 1421년에는 서장관으로 중국에 다녀온 일이 있고, 일찍이 태종 때에는 왕명으로 중국에 가서 공부하고 돌아온 당대 최고의 천문학, 의학 권위자였다. 그러나 아직 모세관 현상에 대한 이해는 없었음을 알 수 있다.

조선시대에는 가뭄에 대한 걱정이 측우기를 낳고, 수표를 제작하도록 자극했지만, 가뭄을 극복하는 과학적인 방법을 찾는 데는 성공하지 못한 것으로 평가된다. 이는 가뭄 현상을 정치적 문제로 파악하려는 재이사상이 강하였기 때문이다.

2. 지진 및 기타 지변

《삼국사기》에 기록된 삼국시대의 지진 등 땅의 이상현상은 모두 97건이다. 지진은 고구려 19회, 백제 16회, 신라 62회가 기록되어 있다. 우리 역사에 기록된 최초의 지진은 고구려 유리왕 21년(2) 8월에 일어난 것이다. 고구려에서 일어난 지진의 직접적 피해가 구체적으로 기록된 경우는 거의 없다. 다만 502년(문자왕 11) 10월에 일어난 지진으로 백성의 집이 무너지고 사람이 죽었다고만 적혀 있다. 지진 피해가 구체적으로 언급된 유일한 기사다.

백제에서는 27년(온조왕 45) 10월에 지진이 일어난 집이 기울어졌는데, 그 이듬해 2월에 왕이 죽었다고 기록되어 있다. 전해에는 가뭄이 심하고 지진이 발생했다는 기록만 있는데, 이 지진이 임금의 죽음을 예고하였다는 뜻을 암시하는 듯하다. 89년(기루왕 13) 6월 지진으로 집이 파괴되고 죽은 사람이 많았다. 380년(근구수왕 6) 5월에는 땅이 갈라져 그 깊이가 5길, 폭이 3길이었는데, 사흘 뒤에 다시 합쳐졌다.

신라의 첫 지진 기록은 지진이라는 표현은 쓰지 않고, 땅이 갈라지고 거기서 샘이 솟았다고 했다. 34년(유리왕 11)의 일이다. 부수적 설명이 있는 지진을 살펴보자면 우선 100년(파사왕 21) 10월의 경우를 들 수 있다. 서울에 지진이 일어나 집이 무너지고 사람이 죽었다는 기록이다. 123년(지마왕 12) 5월에는 금성(金城)의 동쪽에 있는 민가가 가라앉더니 연못이 되었다. 229년(내해왕 34) 9월에는 지진이 있었고, 이어 10월에는 큰눈이 내려 5자나 쌓이더니 이듬해 3월 임금이 죽었다. 246년(조분왕 17) 10월에는 백기(白氣)가 피륙을 펼쳐 놓은 듯이 동남에 퍼졌고, 이어 11월에는 서울에 지진이 있더니 이듬해 5월 임금이 죽었다. 304년(기림왕 7)에는 8월에 지진으로 샘이 솟더니 9월에는 지진으로 집이 무너지고 사망자가 생겼다. 458년(눌지왕 42) 2월 지진이 있고 금성의 남문이 스스로 부서지더니 8월에 임금이 죽었다. 471년(자비왕 14) 3월에는 서울에서 땅이 2길이나 갈라지고 더러운 물이 솟았다.

478년(자비왕 21) 2월에는 붉은빛이 땅에서 하늘까지 피륙을 펼쳐 놓은 것처럼 보이고, 10월에는 서울에 지진이 있었다. 이듬해 479년(자비왕 22) 2월 3일 임금이 죽었다. 246년에는 조분왕, 458년에는 눌지왕, 479년에는 자비왕이 각각 지진이 일어나고 얼마 뒤에 죽었다고 기록은 전한다. 문무왕도 681년(문무왕 21) 7월 1일에 죽었는데, 그에 앞서 5월에 지진이 있었고 별똥별이 삼(參)의 큰 별을 범하는 이변이 있었다. 6월에는 천구성이 떨어졌다.

효성왕의 죽음 역시 예고된 것처럼 기록되어 있다. 742년(효성왕 6) 2월 동북쪽에 지진이 일어났는데 소리가 벼락 치는 듯하였다. 5월에는 유성이 삼의 큰 별을 범하더니 임금이 죽었다는 것이다. 문무왕의 죽음 때와 비슷하다. 경덕왕이 죽기 전에도 그 조짐으로 지진이 일어난 것으로 기록되어 있다. 765년(경덕왕 24) 4월에 지진이 일어나고, 6월에는 유성이 심(心) 별자리를 범하더니 그달에 임금이 죽었다고 했다.

766년(혜공왕 2) 2월의 지변은 특이한 현상〔地陷: 땅이 움푹 가라앉아 꺼짐〕이었다. 강주(康州)에서 땅이 밑으로 꺼지면서 연못이 생겨났는데, 사방 50자가 넘고 물은 검푸른빛이었다. 같은 임금 때인 779년(혜공왕 15) 3월에는 서울(당시 경주)에 지진이 일어나 가옥이 파괴되고 100여 명이 죽었다. 처음으로 지진으로 죽은 사람의 숫자를 밝히고 있다. 이어서 금성이 달에 들어갔고, 이듬해에는 정월에 누런 안개가 꼈으며, 2월에는 흙비가 내렸다. 그러더니 4월에는 반란이 일어나 임금과 왕비가 살해되었다. 지진은 바로 그런 정변의 조짐으로 기록되었다는 생각이 든다. 831년(흥덕왕 6) 1월의 지진 기록은 그러한 생각을 갖게 하기에 충분하다. 바로 이어서 우징(祐徵)을 시중 자리에서 물러나게 하고, 그 대신 이찬 윤분(允芬)을 시중에 앉혔다는 것이다. 지진 때문에 시중 자리를 바꾼 것이라고 한다면 성급한 판단일까. 마찬가지 상황이기는 하지만, 870년(경문왕 10) 4월의 지진 기록은 그 후 5월에 일어난 왕비의 죽음과 관련지으려는 것이 아니었을까 하는 생각이 든다. 게다가 875년(경문왕 15) 2월 서울과 나라 동쪽의 지진은 7월 8일 임금의 죽음을 예고한 것으로 받아들인 듯하다. 《삼국사기》에는 지진 말고도 20일 동안 혜성이 나타났으며, 5월에는 궁궐의 우물에 용이 나타났다는 기록도 있지만 말이다. 916년(신덕왕 5) 10월에는 벼락 치듯 소리가 나며 지진이 일어났는데, 이듬해 1월에는 금성이 달을 범하였고 7월에 임금이 죽었다. 이 경우 역시 지진을 임금의 죽음과 연관 짓는 것으로 보인다. 특히 통일 신라 이후에 일어난 지진은 임금의 죽음을 예고하는 대표적인 재이 로 간주된 듯하다.

지진이라고 쓴 것은 아니지만 그 밖의 땅의 이변, 즉 지변(地變)으 로는 땅에 불이 났다는 기록이 2회 있다. 609년(진평왕 31) 정월 경주 의 모지악(毛只岳)에서 땅이 불붙었는데〔地燒〕, 가로 세로가 각기 4 보, 8보였고, 깊이는 5자나 되었으며, 10월 15일에야 꺼졌다. 657년 (태종 4) 7월에는 경주 토함산 동쪽에 불이 나서〔地燃〕 3년이나 탔다 고 한다. '지소(地燒)', '지연(地燃)' 등으로 표현은 다르지만 대체로 같은 의미일 것으로 생각되는데, 지금으로서는 이들 재이의 정체가 무엇인지 가늠하기 어렵다. 다만 최근에도 경주와 포항 일대에 유전 (油田)이 있을 가능성을 말하는 사람들이 있는데, 그런 역사 기록과 관련이 있는 게 아닌가 생각된다.

다음은 고려시대의 지진 기록을 살펴보자.《고려사》의〈오행지〉에 는 84회의 지진이 기록되어 있다. 대체로 초기에는 경주, 금주 등의 경상도 지역에서 지진이 발생한 것으로 기록되다가 뒤에는 지명은 적지 않고 지진이 있었다고만 되어 있다. 아마 뒤의 지진은 고려의 수도인 개성에서 일어난 것으로 보인다. 이들 기록 가운데에 지진에 대한 반응이 기록된 경우는 세 건이다. 그중 두 건은〈오행지〉에 "점 괘에 말하기를〔占曰〕……"이란 표현의 논평이 달려 있다.[133]

첫 번째 경우는 1184년(명종 14) 3월 개성에서 일어난 지진인데, 이에 대해서는 점괘에 말하기를 "신하가 신하답지 못하다〔臣不臣〕" 고 되어 있다. 또 같은 임금 때인 1196년(명종 26) 2월의 지진에 대해 서는 비슷한 논평으로 "호령이 신하로부터 나온다〔號令從臣出〕"고 되어 있다. 두 점괘가 거의 비슷한 셈인데, 이는 당시 지진이 발생하

면 관상감에서 이에 대한 점을 쳐서 보고하였음을 알려주는 대목이
기도 하다. 여하튼 왜 이런 논평이 《고려사》에 나타나 있을까? 이는
이의민의 정치적 부상과 최충헌의 등장을 비판적으로 보는 시각을
드러낸 것으로 보인다. 아버지는 소금 장수였고 어머니는 여종 출신
이었던 이의민은 장대한 체격과 담대한 용력으로 정중부의 난에 가
담하여 출세가도를 달렸다. 장군으로 활약하던 그는 1179년 경대승
이 정중부를 죽이고 집권하자 고향 경주로 피하였다가 경대승이 죽
은 후 명종의 부름에 따라 개성에 돌아오게 된다. 1183년 12월에 그
는 공부상서로 임명되어 개성으로 돌아왔고, 이 지진은 3월에 일어
났다고 기록되어 있다. 10여 년 동안 정권을 휘두르던 이의민은
1196년 4월 최충헌에게 피살당한다. 1184년 3월의 지진 점괘가 의미
하는 '신하답지 못한 신하'란 득세하기 시작한 이의민을 지칭한 것이
며, 1196년 2월에 '호령이 신하로부터 나온다'고 한 것은 최충헌이
새로 집권하여 세상을 지배하게 된다는 예언이었던 것이다.

1385년(우왕 11) 7월 큰 지진이 일어났는데, 그 소리가 진중의 말
들이 달려가는 듯하였고 집과 담이 무너졌으며, 송악의 서쪽 봉우리
에서 바위가 떨어져 내렸다. 이에 대해서 우왕은 이렇게 논평하였
다. "이번 지진은 하늘이 요동을 함락시키려는 것이 아닐까?"[134] 당
시 요동은 새로 등장한 명나라가 원나라와 싸우던 분쟁지였다. 우왕
이 정확히 무슨 뜻에서 이런 말을 했는지, 그리고 사관들이 왜 이 기
록을 중시하여 《고려사》에 남겼는지는 판단하기 어렵다.

지진 역시 중요한 재변이었기 때문에 그 불길함을 극복하기 위해
제사 등을 지냈음을 알 수 있다. 《고려사》에 따르면 1023년(현종 14)
지진에 해괴제(解怪祭)를 지냈고, 1228년(고종 15)에 지진이 일어나
자 선경전에서 삼청(三淸) 초제를 지냈다고 한다.[135]

《고려사절요》에 따르면 1362년(공민왕 11) 10월 지진이 일어나자 임금은 무엇이 잘못되어 재이가 일어나는지 신하들에게 의견을 물었다. 감찰대부 김속명(金續命)과 우헌납 황근(黃瑾)이 이렇게 아뢰었다. "땅이란 신하의 길을 가리킵니다. 그런데 지금 상과 벌이 명확하지 않아서 신하들은 대소관리들이 태만하고 해이하여 그 직분에 열성을 다하지 않습니다. 또 군공이 있다 하여 평민이 갑자기 재상이 되는가 하면, 하인배가 조정의 반열에 오르기도 합니다. 신하의 길이 이렇게 혼란하여 지진이 일어나는 것입니다. 바라옵건대 지금부터 신상필벌을 엄히 하여……."[136]

요컨대 임금이 신하들을 다스리는 일이 잘못되어 지진이 일어난다고 설명하고 있다. 조선 중기에 나온 《천동상위고》에는 '임금이 약하고 신하가 강할 때〔主弱臣强〕', '외척이 권력을 휘두르거나〔外戚擅權〕', '왕후나 비빈이 정치를 오로지하면〔后妃專政〕' 지진이 일어난다고 했다.[137]

이 책에 기록된 지진은 1036년(정종 2), 1226년(고종 13), 1260년(원종 1), 1318년(충숙왕 5), 1376년(우왕 2), 1385년(우왕 11)의 경우뿐이다. 이들 지진은 병란이 일어날 조짐이었으며, 또 구체적 사실을 들어 소개하고 있다. 이 밖에도 고려시대에는 여러 가지 땅에 대한 변이가 있었음이 기록되어 있다. 《천동상위고》에도 고려시기의 지동(地動), 지열(地裂), 지함(地陷), 지연(地燃), 그리고 산붕(山崩), 산사(山徙), 산명(山鳴) 등이 기록되고 해설되어 있다.

《고려사》〈오행지〉에는 지진에 이어 특이한 땅의 변이 한 가지가 소개되어 있다. 즉 우리 역사상 유일한 화산 폭발의 기록이 그것이다. 1002년(목종 5) 6월 탐라에서 산의 네 곳에서 구멍이 뚫려 붉은 물이 닷새 동안 솟구쳐 나오더니 멈추었다. 그것이 모두 기왓돌이 되었다. 1007년(목종 10) 탐라의 바다에서 상서로운 산이 솟아 나왔다. 태학박사 전공지(田拱之)를 보내 관찰하게 하였다. 탐라 사람들이 말하기를 산이 처음 나올 적에는 구름과 안개가 자욱하고 캄캄해지면서 땅이 천둥 때처럼 흔들리기를 이레 동안이나 밤낮으로 계속되었다. 그리고 나서 날씨가 개기 시작했는데, 산의 높이는 100여 길이었고 둘레는 40여 리나 되었다. 초목은 없이 연기만 자욱하게 덮였는데, 쳐다보아서는 석류황(石硫黃) 같아서 사람들이 무서워서 감히 가까이 가지 못하였다. 전공지가 바로 그 산 밑에 접근해 그 모양을 그려 바쳤다.[138]

이어서 《고려사》의 〈오행지〉에는 산이 무너지고 돌이 떨어진 기록이 한데 나온다. 《증보문헌비고》는 이 자료들을 다시 분류하여 지진 다음에 지연, 지경, 산이(山異·山崩, 山鳴 등), 석이(石異) 순으로 나열하고 있다.[139] 앞에 소개한 화산 기록이 《증보문헌비고》에는 산이 가운데 가장 먼저 나온다. 여하튼 필자의 조사에 따르면 지경 4회, 산이 10회, 석이 15회가 《고려사》에 기록되어 있고, 같은 기록이 《증보문헌비고》에도 있다.

대부분 단순한 관찰 기록이어서 당시의 반응을 알 수가 없다. 그 가운데 당시의 반응이 기록된 몇 가지 경우만 살펴보자. 1342년(충혜왕 복위 3) 7월 밤에 송악산이 울었다〔松岳鳴〕. 임금이 괴이하게 여겨 그 까닭을 묻자 내시〔嬖人〕 진무작금(陳無作金)이 대답하기를 "해롭지 않은 일입니다. 옛 시에 말하기를 '높은 산이 세 번 울어 전각을 푸르게 두른다'는 구절이 있습니다"라고 하였다. 임금이 기뻐하여 포목을 하사하고 낭장 벼슬을 내렸다.[140] 이 내용이 《고려사》 〈오행지〉가 아니라 〈세가〉에 버젓이 등장할 뿐 아니라, 《고려사절요》와 《증보문헌비고》에 모두 남아 있다. 그런데 《천동상위고》는 이 재이에 대해 이런 논평을 붙이고 있다.

> 이는 나라의 위태로움을 나타내는 조짐이다. 이때 임금은 임금답지 못하고 신하는 신하답지 못하며, 황탄하기가 짝이 없어 나라 일은 돌보지 않아 나라 백성이 도탄에 빠져 어렵기가 이때보다 더할 때가 없었다. 11월에 원나라 황제가 8명의 사신을 보내 임금을 묶어서 수레에 실어 보냈다. 나라가 생긴 이래 어찌 이처럼 심한 재앙이 있었겠는가. (……) 황제는 임금을 함거(檻車)에 실어 게양(揭楊)으로 유배 보내니, 북경에서 남쪽으로 2만여 리 떨어진 곳이라. 이듬해 정월에 행차가 악양(岳陽)에 이르렀을 때 임금은 귤을 먹고 죽으니, 그 원통함이 어찌 여기에 이르게 되었던고…….[141]

조선시대에 쓰인 《천동상위고》의 논평을 볼 때, 1342년 송악산의 울음은 불길한 것이라 해석되어야 마땅하다. 그럼에도 불구하고 이를 길조로 해석하여 임금으로부터 상을 받은 일을 비판하고 있다.

산이 무너져 내리는 일〔山崩〕 역시 불길한 일이었다. 환관 신소봉(申小鳳)은 공민왕을 따라 원나라에 가 있던 인물이다. 11년이나 공민왕을 따라다니다가 그가 임금이 되자 대호군이 되고, 이어 공1등을 받고 상호군이 되었으며 다시 영원부원군이 되었다. 노국공주가 죽자 그 능을 지켜 복상이 끝난 다음에는 '충근절의익위공신'이라는 칭호와 함께 '밀직사상의회의도감사'라는 자리를 받았다. 그리고 임금은 백관에게 명하여 그를 영빈관에서 영접하게 하였다. 그날 송악산이 무너졌다. 이에 사람들이 환관은 참상관으로 오르지 못하는 법인데 이제 옛 법을 어겨 그를 높였으니, 나라의 진산(鎭山)이 무너짐은 이 때문이 아닌가 하고 말하였다. 이는 《고려사》〈열전〉에 있는

내용이다.[142]

《고려사》에는 산이(山異) 기록이 10회, 석이(石異) 기록이 15회 남아 있다. 위에 예로 든 경우는 그에 대한 반응이 상세하게 나오지만, 그 밖에는 대개 단순 기록에 그치고 있다. 또 별도로 땅이 함몰했다는 기록이 있는데, 1001년(목종 4) 중원부 장연현에서 논 3결이 함몰하여 연못이 되었는데, 그 깊이를 잴 수 없었다는 기록이 그것이다.[143] 《고려사》〈오행지〉에 실린 지함(地陷) 기록은 그 후에도 몇 차례 더 이어진다. 1191년(명종 21), 1214년(고종 1), 1298년(충렬왕 24), 1311년(충선왕 복위 3)의 기록이 그것이다. 이 가운데 1298년 1월의 기록이 흥미롭다. 수녕궁의 서문 밖에서 땅이 터지면서 높이가 두어 자나 되는 샘이 솟아올랐는데, 오시에 시작하여 유시까지 계속되었다는 것이다.

고려시대에 땅이 탔다는 기록〔地燃〕은 2회 있다. 1130년(인종 8) 11월 백주(白州)) 토산(兎山) 서남에서 땅속으로부터 불이 솟아 나와 초목과 모래와 바위를 태웠다고 보고하였다. 땅속 2자까지 붉었으며, 그 아래에는 습기가 있고 흙 색깔은 검었다. 동서로 1320자가 넘고, 남북으로 3360자나 되었다. 6월 20일부터 9월 15일까지 빛이 밤과 낮을 가리지 않고 비쳐 이달 3일까지 계속되더니 비가 와서 점점 꺼졌다. 두 번째 기록은 1180년(명종 10) 3월 의연촌(衣淵村)에서 땅이 탔는데 연기가 그치지 않았고, 가로세로가 각각 여섯 자를 넘었다고 서경유수(西京留守)가 보고하였다.[144] 흥미로운 사실은 이 기록이 《고려사》〈오행지〉에는 화재 기록 가운데 연대순으로 섞여 있는데, 〈증보문헌비고〉에는 이 두 기사가 지진에 이어 땅이 탔다는 별도의 기록으로 묶여 있다는 것이다. 땅이 탔다는 것은 시대에 따라 땅에 관한 재변으로, 또는 불에 관한 재변으로 다르게 인식되었다는 사실을 보여준다.

고려시대의 재미있는 변이 한 가지는 바로 지경(地鏡) 현상이다. 고려시대의 지경은 모두 4회 기록되어 있는데, 다음과 같다.[145]

표 7_ 고려시대의 지경 기록

1086년(선종 3) 5월	서경 용덕부(龍德部) 남가(南街)에서 지경이 나타났다. 70보(步) 이상이 물처럼 그림자를 비춰주었는데 한 달여 만에 사라졌다.
1087년(선종 4) 6월	지경이 다시 서경 용덕부 남가에 나타났다.
1105년(숙종 10) 5월	서경 용덕부의 제연로(梯淵路)에 지경이 다시 나타났는데, 사람들이 말하기를 여기가 명월리(明月里)라 하였다.
1151년(의종 5) 6월	서경 제연에서 보현경방(普賢經坊)에까지 지경이 나타났다.

이 기록에 나오는 지경이란 바로 신기루임을 알 수 있다. 땅이 거울처럼 비쳤다는 글자 그대로의 뜻으로 보아도 그렇다. 그런데 신기루 현상이 거의 똑같은 곳(즉 서경의 어느 곳)에서만 관찰된 것으로 기록된 것은 이상한 일이다. 흔치 않은 신기루가 같은 곳에서만 일어난 것으로 기록된 이유는 짐작하기 어렵다.

이에 대해서는 18세기의 이익이 조사해놓은 일이 있다. 그는 《여지승람》에서 선종 3년의 기록과 숙종 10년의 기록만을 옮겨놓고 있다. 그리고 《여사(麗史)》에는 이들 기록이 빠졌다고 논평하고 있다. 그는 이어 그해에 있었던 덕종의 왕비 김씨와 숙종의 죽음에 상응한 것이 아닐까 하고 적고 있다.[146] 그는 또 중국 문헌의 예를 든 다음, 이 현상은 기가 성하여 생기는 것이라고 썼다. 18세기의 실학자에게 지경 현상은 잘 알 수 없는 이상한 현상으로 인식되었음을 알 수 있다. 여하튼 지경 현상은 이후 조선 초기까지 기록되지 않았다.

지진에 대한 태도는 조선시대에도 비슷했다. 조선시대에는 1392
년 개창 시부터 1527년까지 490회의 지진이 실록에 기록되어 있다.
그런데 《증보문헌비고》에는 같은 기간 동안 지진 기록이 2회밖에 없
다. 이 기간뿐만 아니라 조선시대 전 기간에 걸쳐 지진 숫자는 실제
보다 대폭 축소되어 기록되었다. 그 이유에 대해서는 여기서 논의하
지 않겠지만, 《증보문헌비고》에 기록된 조선시대의 지진을 열거하
면 다음과 같다. [147]

표 8_ 증보문헌비고에 실린 조선 지진 기록

1478년(성종 9)	지진
1518년(중종 13)	5월 계축 서울 밖에서 큰 지진이 일어났는데 4일간 계속되었다. 태묘전 기와가 떨어지고 대궐 안의 담이 무너지며, 민가가 부서 저 사람들이 집 밖에 나와 제난을 피하였다.
1546년(명종 1)	5월 지진
1574년(선조 7)	봄 서울에 지진
1577년(선조 10)	10월 강원도 지진
1590년(선조 23)	12월 을유 서울에 지진, 집이 흔들림
1594년(선조 27)	6월 경술 지진
1603년(선조 36)	1월 지진
1618년(광해군 10)	1월 갑자 큰 지진
1630년(인조 8)	여름 관동과 영남 지진
1632년(인조 10)	1월 계축 지진: 11월 말 계해에도 같음
1633년(인조 11)	9월 무신 지진; 10월 정묘 같음
1634년(인조 12)	12월 갑진 연일 지진
1635년(인조 13)	1월 무진 지진
1637년(인조 15)	10월 부평부(富平府)에서 땅이 꺼졌는데[地陷], 너비는 10자가 넘고 깊이는 밑이 보이지 않았다.
1638년(인조 16)	9월 계유 지진
1643년(인조 21)	5월 지진
1664년(현종 5)	여름 전주에 지진
1667년(현종 8)	4월 지진

1669년(현종 10)	3월 남방에 지진
1674년(숙종 원)	10월 무오 지진, 서운관이 보고하지 않아 처벌
1675년(숙종 1)	8월 임오 상주, 옥천 등 다섯 읍에 지진이 일어났는데 집의 벽이 모두 흔들렸다. 9월 임진에는 서흥 등 7개 읍과 용강에서 지진
1676년(숙종 2)	3월 정미 공주 등 10개 읍에서 지진으로 집이 흔들렸다.
1678년(숙종 4)	1월 평양, 삼화, 전주, 진안, 곡성, 구례 지진; 3월 함열, 임천, 은진, 노성 등 지진
1680년(숙종 6)	5월 순천 등 지진
1681년(숙종 7)	5월 다시 지진
1686년(숙종 12)	11월 지진
1739년(영조 15)	7월 임술 밤에 지진
1740년(영조 16)	9월 계사 밤에 지진
1743년(영조 19)	3월 병진 지동
1744년(영조 20)	4월 갑술 밤에 지진
1746년(영조 22)	5월 을사 밤 지진
1748년(영조 24)	9월 경신 지진
1751년(영조 27)	9월 신사 밤 지동
1752년(영조 28)	9월 기묘 지진
1754년(영조 30)	5월 기미 지동; 6월 계축 같음
1759년(영조 35)	1월 무자 지진
1769년(영조 45)	2월 계미 지진; 3월 기축 같음
1782년(정조 6)	1월 신유 지진
1784년(정조 8)	2월 계해 지진
1810년(순조 10)	1월 함경도 지진
1827년(순조 27)	8월 지진
1846년(헌종 12)	6월 병인 지진
1869년(고종 6)	3월 지진
1882년(고종 19)	12월 지동
1888년(고종 25)	10월 지진
1898년(광무 2)	11월 지진

　지진은 조선 초기 필자가 조사한 시기에서 성주현(星晝見), 훈적(暈適), 천둥번개[雷電]에 이어 네 번째로 많은 재이인데,《증보문헌비고》는 전혀 다르게 반영하고 있는 셈이다. 실록에는 적어도 490회나 기록된 지진이《증보문헌비고》에는 같은 기간 동안에 단 2회의 기록만 남아 있으니 이상한 일이다. 여러 가지 원인이 있겠지만 무엇보다 지진에 대한 인식이 조선 후기로 들어오면서 합리화되었기 때문으로 보인다.

　조선 초기의 지진에 대한 반응은 다양하며, 그것을 일일이 설명할 수는 없다. 1408년(태종 8) 7월 지진이 일어나자 사간원에서 임금에게 보고를 올렸는데, 중국 사신이 서울에 가까이 오면서 지진이 시작되었다고 했다. 당시 중국 사신은 처녀를 뽑아 가려고 온 것으로 보이는데, 그런 일을 당하지 않으려고 처녀를 감추곤 했다. 만약 발각될 경우에는 처벌을 받았다. 그런 조치들이 화기(和氣)를 상하게 하여 지진과 그 밖의 재이를 일으킨다는 것이 사간원 상소의 요지였다.[148] 여하튼 조선 초기에는 해괴제 같은 것을 지내 지진의 피해를 막아보려 했다.[149]

　세종은 지진이 천둥번개보다 심각한 현상이라고 여겼다. 1432년(세종 14) 5월 경연에서 세종은 지진은 재이 가운데서도 중요한 것이라고 말하였다. 그래서 중국의 고전에도 지진은 반드시 기록했다는 것이다. 이어서 세종은 우리나라에는 지진이 없는 해가 없는데, 특히 경상도에 많다고 하였다. 하지만 1429년의 지진처럼 우리나라 지진은 그리 심하지 않았다. 그때 마침 임금은 독서 중이어서 지진이 일어났다는 것도 몰랐는데, 서운관의 보고를 받고 그제야 알았다는 것이다. 그러나 세종은 이번 지진이 혹시 오랑캐의 변란이라도 일어나려는 것인가 하고 걱정했다.

이에 대해 권채(權採)가 대답하였다. "천둥번개는 재변 가운데 작은 것이고, 지진은 큰 것입니다. 하지만 어떤 일이 잘되면 좋은 징조가 나타나고, 일이 잘못되면 나쁜 조짐이 보인다는 것은 억지로 갖다붙이는 주장〔牽合不通之論〕일 뿐입니다." 그러자 세종은 "경의 말이 옳소. 천지의 재이가 응하여 나타나는 것은 혹은 가깝게 혹은 멀게 나타나므로, 10년 사이에는 꼭 그 영향이 없다고 말할 수 없소. 한·당 시기의 학자들은 재이사상에 깊이 빠져서 억지로 갖다붙이는 해석을 많이 하였지만, 나는 이에 동조하지 않소"라고 응대하였다.[150] 세종은 신하들이 재이에 대해 구체적으로 그 의미를 규정하는 것을 못마땅하게 여겼다. 물론 이런 태도는 임금으로서 당연한 일이라 하겠다.

1452년(문종 2) 4월에는 지진이 일어나 집이 흔들리는 일이 생겼다. 이에 대해 《문종실록》에는 오곡이 잘 익지 않아 백성이 큰 기근으로 시달릴 것을 예고하였다고 적혀 있다.[151] 여기서 예보하였다〔占曰〕는 표현은 당시 천문지리를 맡은 서운관의 예언을 말하는 것으로 보인다. 얼마 뒤 서운관 관리가 지진을 제대로 보고하지 않았다는 죄로 40대의 태형을 받았다는 기록을 보아도 알 수 있다.[152]

지진이 조선시대에 중요한 재이로 간주되었다는 것은 지진이 일어나면 재상이 사직하는 경우가 제법 여러 차례 있었다는 사실에서도 알 수 있다. 예를 들면 1493년(성종 24) 2월 서울에 지진이 발생하자 영의정 윤필상(尹弼商) 등이 사직을 청했다. 무능하고 부덕한 자신이 너무 오래 높은 자리에 있어서 지진이 일어난 것이라는 의견이었다. 좌의정, 우의정 등은 "하늘은 임금이며, 땅은 신하와 같은데, 지금 땅이 진동하는 것은 저희 신하들 때문"이라면서 면직시켜주기를 청했다. 성종은 "잘못은 짐에게 있지 경들에게 무슨 잘못이 있겠는가"라면서 사직을 허락하지 않았다. 사실 이때 세 명의 관리들이 독직, 서얼의 신분 상승 문제 등으로 탄핵을 당하고 있었는데, 때마침 지진이 일어나면서 사직 소동이 벌어진 것이었다. 2월 9일에 일어난 지진으로 탄핵의 소리가 높아졌고, 임금은 거듭 거부하다가 결국은 2월 20일에 두 명을 자리에서 물러나게 했다.[153]

재상이 지진 때문에 사직을 청하는 일은 그 뒤에도 계속된다. 1498년(연산군 4) 7월에는 지진이 일어나자 때마침 홍문관의 탄핵을 받고 있던 도승지 신수근(愼守勤)이 사직을 청하였고, 1513년(중종 8) 5월의 지진에는 좌의정 송일(宋軼)이 사직하겠다고 나섰다. 1515년(중종 10) 3월 지진에는 3정승이 함께 사직을 청하였으며, 1542년(중종 37) 1월 지진에도 3정승이 사직을 청하였다. 물론 임금은 그들의 사직을 허락하지 않고, 그 책임이 자신에게 있다고 말하였다.[154]

그러나 지진에 대한 이와 같은 태도가 연산군 말기에는 상당히 다르게 나타난 일도 있다. 연산군은 비교적 초기부터 지진에 대한 재이론적 해석에 불만을 가졌다. 1498년(연산군 4) 7월 4일에 경상도 관찰사 김심(金諶)이 사직을 청하였다.[155] 지난 6월 동안 11일, 13일, 그리고 20일에 도내의 17개 읍에서 1~4차례 지진이 있었다는 게 사직의 이유였다. 그러자 임금은 그것은 '음이 성하고 양이 위축[陰盛陽微所致]'되었기 때문에 일어난 것이라고 말하였다. 몇 차례 논의를 거친 다음 홍문관에서 글을 올려 지진의 원인을 여러 갈래로 나누어 설명했다. 임금이 약하고 신하가 강하거나 포학하여 함부로 사람을 죽일 때 지진이 일어나고, 여자가 정치할 때 지진이 일어나며, 외척이 전횡하거나 환관이 권력을 휘두를 때 지진이 발생했다는 것이다. 그 밖에도 형벌이 제대로 시행되지 않거나 옥에 억울한 사람이 가득하면 지진이 일어나고, 임금이 간하는 소리를 듣지 않고 색에 빠져도 지진이 일어난다며 옛 문헌을 인용해 말하였다. 그러자 7월 9일 도승지 신수근이 발끈하여 자신을 면직시켜주기를 청했다. 홍문관이 말한 내용 중에 갑자기 출세하여 높은 자리를 차지하였다거나 외척이 전횡한다거나 하는 것은 자신을 가리킨 것이라는 이유였다. 이에 대해 임금은 홍문관의 젊은이들이 헛되이 옛사람들의 말을 인용한 것이니 사직할 것 없다고 말하였다.

이 정도로 그쳤던 연산군의 지진에 대한 반발은 후년에는 더욱 강하게 드러난다. 1503년(연산군 9) 8월 23일 전국 각 지방에서 거의 지진이 있었다는 보고가 들어왔다. 지진 발생지는 경기와 충청 거의 모든 곳과 경상 및 전라의 몇 개 지역이었다. 이에 대해 승정원에서 지진에 대응하여 정사의 잘못을 바로잡고, 반성할 일이라고 진언하였다. 다음 날 임금은 승지와 토론한 끝에 법의 집행에 원한을 낳지 않게 하라는 지시를 내렸다. 이에 승정원이 그와 함께 구언의 교서를 내리는 것이 좋겠다고 권하자, 임금은 "구언하면 시폐를 진언하지는 않고 자신의 일들을 거론하니 불가하다"며 거절하였다. 때마침 대간은 지진을 이유로 들어 예정된 잔치와 사냥 등을 취소하라고 나섰다. 그러자 연산군은 지진이란 음이 성하고 양이 미약해서 일어나는 것인데 신하가 그 도를 잃고 임금을 제대로 섬기지 못하는 것도 그런 경우라고 말하였다. 임금은 이어 영의정 등에게 정부의 잔치와 양로 잔치, 그리고 사냥 등은 모두 예정대로 실시하겠다며, "대간이 지진 때문에 이를 중지하라고 하나 지진이란 해마다 일어나는 일인데 어찌 지진 때문에 이를 중단할 수 있느냐? 대간이 사리를 제대로 모르고 하는 소리다"라고 말하였다. 이에 영의정 성준(成俊) 등이 "정부의 잔치와 양로 잔치, 그리고 사냥은 모두 시행해도 무방하다"면서 대간이 사리를 잘 몰라서 하는 말이라고 동조하였다. 이 대목에서 《연산군일기》는 사관의 논평을 달아놓고 있다. "이때 임금이 아직 혼미하고 패란한 지경에는 이르지 않았으나, 성준 등은 대신의 자리에 있으면서 아첨을 일삼아 임금의 악을 조장하였으니, 어쩔 것인가!"[156]

실학자 이익에 이르면 지진에 대해 상당히 합리적인 인식을 갖게 된다. 일본에는 지진이 흔하여 한번은 관백(關白)의 5층 누각이 무너지고 400명의 사망자가 발생하였으며, 사람 살던 곳이 큰 연못이 되기도 했다는 통신사 일행의 말을 인용하기도 한다. 지진이나 땅이 꺼지는 등의 일은 그리 놀랄 만한 일이 아니라면서, 이익은 원래 땅 속에는 빈 구멍이 많다고 말한다. 우리나라에도 가끔 굴이 있어 그 깊이를 가히 알 수 없을 정도라고 했다. 또 개울의 흐름이 단절되는 현상도 이와 관련해 설명하고 있다.[157]

땅에 얽힌 재이로는 지진 말고도 여러 가지가 있다. 산사태가 난다(山崩)거나, 돌과 바위가 저절로 자리를 옮겼다거나(石移), 산이 울리는(山鳴) 현상 등에 관한 기록이 있다. 이 경우 대개 해당 관리를 보내 해괴제를 지내도록 했다. 물론 이런 제사를 지내기 위해 서울에 산천단을 두기도 했다. 각 지방에 있는 성황당 역시 이에 상당하는 역할을 하였다. 특히 조선 초 태종은 사냥을 다닐 때나 온천에 갈 때면 근처 일대의 산에 내시를 파견하여 제사를 지냈다. 1413년(태종 13) 9월부터 10월에 걸쳐 유성 온천에 행차하였을 때 태종은 "언덕과 골짜기마다 신(神)이 있다"면서 매일 내시를 파견해 제사를 지냈다.[158] 그때 날을 바꿔 차례로 제사 지낸 곳은 진주의 태령산신, 문의, 양성의 신, 형각진의 신, 계룡산의 신, 용담현의 용연과 주율산의 신, 마이산의 신, 완산의 성황신, 계룡산과 웅진의 신, 광주의 성황당 신, 해룡산 신 등이다.

연산군은 이런 재이에 대해서도 신하들과 약간의 의견 충돌을 빚었다. 1498년(연산군 4) 1월 서울의 백악(白嶽)에서 돌이 떨어지자 임금은 검열 김습과 내관 두 명을 보내 이를 살피게 하였다.[159] 다음 날 좌의정 어세겸(魚世謙)과 우의정 한치형(韓致亨)이 백악에서 큰 바위가 떨어지며 며칠 동안 큰비가 내리고, 산사태와 홍수가 나는 것은 큰 재이이니 사직하겠다고 나섰다. 임금은 때가 마침 초봄으로 날씨가 따뜻해지고 비가 연일 내려 일어난 일이니 꼭 재이랄 것도 없다고 말하였다. 땅 속의 얼음이 녹아 바위가 떨어지는 것이라고 했다. 최근 금성이 낮에 보인다거나, 연일 비가 내리는 것은 모두 음이 성하고 양이 위축되는 것으로, 즉 임금이 약하고 신하가 강하다는 조짐이라고 설명하였다. 이에 어세겸과 한치형이 반대하고 나섰다. "임금이 약하고 신하가 강해서 그런 일이 일어난다는 말씀에 놀라지 않을 수 없습니다"라면서 대간과 홍문관이 임금의 지나침을 바로잡으려 함은 그 직분상 당연한 일이니 그들의 간절한 정성을 받아들일 것을 간하였다. 게다가 지금은 한나라 때 왕씨가 집권할 경우나, 고려 때 최충헌이 정권을 휘두를 때와는 달라 융성하고 밝으니 가당치 않다는 말이었다. 그러자 연산군은 한 발 뒤로 물러나 "내 뜻은 정승들에게 한 말이 아니다"라고 응수하였다.

조선 말기의 시인이며 관리였던 황현(黃玹)은 1901년(광무 5)의 일로 다음과 같은 이야기를 기록해 남기고 있다.[160] "지리산이 사흘을 우는데 그 소리가 수백 리까지 들렸다. 그 당시 안영중(安永重)이란 사람이 운봉(雲峰) 경계에서 지리산 산맥을 끊는 공사를 하고 있었다. 그에 따르면 지리산 산맥은 바다를 건너 왜국을 만들고 있기 때문에 만약 산맥을 끊어 눌러주면 일본은 자멸한다는 것이었다. 임금은 이 말을 듣고 기이하게 생각하여 그를 양남도시찰(兩南都視察)로 임명하여 그 공사를 맡겼다. 그 지역 관찰사가 이를 중단시켜달라고 정부에 청하였으나 무시하고 공사를 진행하였는데, 안영중이 산이 우는 소리를 듣고 두려워하여 공사를 중단하였다는 것이다. 그리고 얼마 되지 않아서 그는 현풍군수가 되었다고 했다.

우리 역사에서 지진이나 그 밖의 땅에 관련된 재이들은 상당히 중요한 역할을 했음을 알 수 있다. 하지만 그것은 아주 복잡하여 간단히 정리하여 알아보기 쉽게 만들 수는 없다.

3. 화재

《삼국사기》에 기록된 화재는 모두 19건이다. 고구려에는 기록이 없으나, 백제에 3회가 기록되어 있는데, 220년(구수왕 7) 10월, 333년(비류왕 30) 5월, 447년(비유왕 21) 5월의 것이다. 구수왕 7년 10월에는 왕성(王城)의 서문에 불이 났고, 비류왕 30년 5월에는 왕궁에 불이 났으며 그 불이 민가까지 태웠다고 한다. 이어 7월에는 궁궐을 수리했다는 기사가 있다. 타버린 궁궐을 복구하는 공사를 한 것으로 보인다. 447년에는 궁궐 남쪽 연못 속에서 불이 나 수레바퀴 모양의 불길이 밤새도록 타다가 꺼졌다고 한다. 이어 7월에는 가뭄으로 곡식이 덜 익었고, 많은 백성이 기근 때문에 신라로 흘러 들어갔다고 하나, 이것이 연못 속의 불 때문인지는 확실하지 않다.

신라에는 적어도 15회의 기록이 남아 있다.

영묘사(靈廟寺)란 어떤 절인데, 연달아 불이 났단 것인가? 662년부터 6년 사이에 3회, 703년에도 불이 났다고 되어 있고, 이 숫자는 전체 기록 가운데 단연 많은 것이다. 영묘사는 靈妙寺로도 표기하는

132년(지마왕 21)	2월 궁궐 남문에 불이 나다.
153년(일성왕 20)	10월 궁궐 문에 불이 나다.
262년(미추왕 1)	7월 금성(金城) 서문(西門)에 불이 나서 인가 100여 구(區)를 태웠다.
482년(소지왕 4)	2월 큰 바람이 나무를 뽑았고, 금성 남문(南門)에 불이 났다.
596년(진평왕 18)	10월 영흥사(永興寺)에 불이 나 350집에 옮아 집들이 불탔다. 임금이 친히 구제에 나섰다.
657년(태종 무열왕 4)	7월 동쪽 토함산에서 땅이 불에 타다.
662년(문무왕 2)	2월 영묘사(靈廟寺)가 불에 타다.
666년(문무왕 6)	4월 영묘사가 불에 타다.
668년(문무왕 8)	12월 영묘사가 불에 타다.
703년(성덕왕 2)	7월 영묘사가 불에 타다.
798년(원성왕 14)	3월 대궐 남쪽 누교(樓橋)가 불타다.
813년(헌덕왕 5)	2월 현덕문(玄德門)이 불타다.
852년(문성왕 14)	2월 조부(調府)에 불이 나다.
855년(문성왕 17)	12월 진각성(珍閣省)에 불이 나다.

데, 선덕여왕 4년(635)에 별을 제사하는 사찰로 건립된 것으로 전해진다. 《삼국사기》 직관지에 정식 관직으로 규정된 7개 사찰 가운데 하나로서, 신라에서는 해마다 영묘사 남쪽에서 농업신인 영성(靈星)에 제사를 지냈다고 한다.[161] 당대에 중요한 사찰이었음이 분명하고, 여기에 연달아 불이 났다는 것은 어떤 의미가 있을 것으로 보이지만, 추측하기는 어렵다.

《삼국사기》의 화재 기록은 뒤에 《증보문헌비고》에는 몇 개 기록이 생략되는 대신 내용이 약간 보충되었다. 우선 262년의 화재가 민가 10여 구를 태웠다는 기록이 300여 호로 바뀌어 있고, 813년의 화재는 시조묘의 현덕문이라고 보충되어 있어서, 현덕문이 시조묘에 있음을 알 수 있다. 특히 《삼국사기》에는 없는 재미있는 기록이 하나

들어 있는데, 다음과 같다. 선덕여왕 때 지귀(志鬼)가 화귀(火鬼)로 변하는 일이 생기자, 임금이 술사(術士)를 시켜 주문을 짓게 하였다. 그 주문은 다음과 같다. "지귀는 마음속의 불이니, 몸이 불타 화신이 되도다. 푸른 바다 저쪽에 가버리니 볼 수도, 친해질 수도 없네〔志鬼 心中火 燒身變火神 流移滄海外 不見不相親〕." 당시 사람들은 이 글을 써서 벽이나 문에 붙이면 화재를 막을 수 있다고 믿었다.[162]

다음은 《고려사》에 기록된 고려시대의 화재를 살펴보자. 특히 《고려사》〈오행지〉에는 불에 대해 이런 설명이 곁들여져 있어서 당시 사람들의 불에 대한 생각을 짐작하게 해준다.

오행의 두 번째는 불〔火〕이니, 타오르는 것이 그 본성이다. 그 본성을 잃으면 재앙이 되어, 양(陽)은 절도를 잃고 화재가 함부로 일어나 종묘에 불이 나고 궁궐이 불타게 된다. 때로는 초목의 재이가 되며〔草妖〕, 때로는 가축이 화를 입고〔羊禍〕, 때로는 벌레의 재이〔羽蟲 之孼〕가 생긴다. 이는 불이 타오르지 못해 일어나는 재이인데, 그 징조로 항상 따뜻한 경우도 있다. 그 색은 붉기 때문에 이를 붉은 재앙 또는 붉은 조짐〔赤祥〕이라 한다.[163]

이 설명에 이어서 《고려사》에는 많은 재이가 기록되어 있다. 그 가운데 먼저 언급된 재이는 화재에 대한 것이다. 《고려사》〈오행지〉에 모두 169회 기록되어 있는데, 시기에 따라 들쭉날쭉함이 없이 비교적 고르게 기록되어 있다. 10세기에는 단 2회의 기록만 남아 있지만, 11세기부터 50년간의 통계를 만들어보면 다음과 같다.

표 10_ 고려시대의 화재 기록 통계

1001~1050: 19회	1051~1100: 19회	1101~1150: 37회
1151~1200: 17회	1201~1250: 24회	1251~1300: 22회
1301~1350: 16회	1351~1392: 14회	

12세기 전반기에는 37회나 기록되어 유난히 많아 보일 뿐 대체로 2년 남짓에 1회의 화재가 기록되어 있다.

화재는 대개 사찰의 탑, 관청이나 창고 등에서 일어났다. 그러나 민가의 화재 피해가 많았음을 알 수 있는데, 100호 이상의 민가가 피해를 입은 경우는 다음과 같다.

표 11_ 고려사에 실린 화재 기록

1158년(의종 12)	4월 신창관리에서 320여 호가 불에 탔다.
1161년(의종 15)	3월 동계(東界) 선덕진(宣德鎭)에 불이 나서 병고 300여 칸과 민가 300호가 탔다.
1234년(고종 21)	1월 큰 바람이 불었고, 대궐 남쪽에서 수천 가옥이 불탔다. 같은 해 3월에는 큰 바람이 불고 대궐 남쪽의 실화(失火)가 수천여 가옥에 옮겨 붙었다. 같은 해 7월 연강(沿江) 남쪽 마을에서 100여 호가 불탔다.
1236년(고종 23)	3월 시가 남쪽에서 수백 호가 불탔다.
1245년(고종 32)	3월 강화도 견자산(見子山) 북쪽 마을에서 민가 800여 호가 불에 탔는데, 불에 타 죽은 노약자가 80여 인이었다.
1249년(고종 36)	2월 강화도에서 100여 호가 불탔다.
1250년(고종 37)	5월 양온동(良醞洞)에서 민가 100여 호가 불탔다.
1251년(고종 38)	3월 누교(樓橋) 북쪽 마을에서 200여 호가 불탔다.
1253년(고종 40)	11월 율포리(栗浦里)에서 100호가 불에 탔다.
1271년(원종 12)	2월 저시교(楮市橋) 근처의 민가 300여 호가 불탔다.
1272년(원종 13)	2월 큰 바람이 불어 환병동리(環餠洞里)에서 100여 호가 불탔다.
1276년(충렬왕 2)	윤 3월 염점동(鹽店洞)에서 1000여 호가 불에 탔다.
1277년(충렬왕 3)	3월 대부(大府)에서 화재가 나 민가 800여 호가 불탔다.
1281년(충렬왕 7)	3월 저판교(猪板橋)에서 100여 호가 불에 탔다.
1291년(충렬왕 17)	4월 순마(巡馬) 남리(南里)에서 불이 나서 100여 호가 연소하였다.
1322년(충숙왕 9)	3~4월 성안의 각 마을에서 300여 호가 불탔다.
1324년(충숙왕 11)	3월 을사일에 앵계리(鶯溪里)에서 민가 100여 호가 불탔고, 정미일에는 지장방리(地藏坊里)에서 300여 호가 불탔다.
1358년(공민왕 7)	2월 초하루 기사일에 삼척현(三陟縣)에서 민가 167호가 불탔다.

100호 이상의 피해를 낸 화재는 모두 21건인데, 눈에 띄는 점은 화재가 봄철에 집중되어 있다는 것이다. 7월과 11월에 일어난 불이 각기 한 번씩 있지만, 나머지는 모두 봄철 화재다. 실제로 우리나라는 봄철 가뭄 때에 화재 위험이 높은데, 이것이 잘 반영된 것이다. 또 한 가지 주목할 만한 기록은 1234년(고종 21) 1월과 3월에 같은 곳에서 수천 가옥이 불탔다는 것이다. 이는 증명하기 어려운 일이지만, 역사가가 실수로 두 번 써넣은 것이라고 생각된다. 마지막 기록도 주목할 만하다. 1358년에 먼 지방인 삼척에서 화재가 났음에도 피해 가옥 수를 정확하게 167호라고 밝힌 것은 아주 특이한 일이다. 100호 이상에서 피해 호수가 이렇게 정확하게 끝자리까지 밝혀진 것으로는 이것이 유일하기 때문이다.

《고려사》에 기록된 169회의 화재는 다른 재이에 비해 사실을 그대로 반영한 것으로 보인다. 그렇다고 화재 기록이 사실만을 반영하고 재이적인 성격이 없었다고 보기는 어렵다. 이런 재이성에 대해 이희덕 교수는 다음과 같은 견해를 보이고 있다. 1009년(목종 12) 1월 대부(大府) 유고(油庫)의 화재가 천추전에 옮겨 붙은 것은 '당시 목종의 모후 천추태후가 섭정하면서 김치양과 내통하여 왕정을 어지럽히던 정정(政情)의 반영이며, 특히 천추태후의 궁이 재를 당한 것은 태후에 대한 천계(天戒)로 보겠다'는 해석이다. 또 헌종 1년 6월 황룡사 탑에 불이 난 것은 당시 계림공(鷄林公)과 이자의(李資義) 사이의 권력 투쟁을 나타낸 것으로, 다음 달에 이자의는 죽임을 당하고 그달에 바로 황룡사 탑이 수리되었다고 지적한다.[164] 그 후에도 몇 가지를 이런 관계로 추정하고 있는데, 어느 정도 공감할 수 있는 추측으로 보인다.

그러나 더 중요한 사실은 당시 고려 사람들의 생각은 어떤 것이었던가를《고려사》에 기록된 당대 논평을 통해 살펴보는 일이다. 예를 들어 화재에 대한 반응이 처음 기록된 것은 1084년(선종 1) 2월 변방의 수비초소 세 곳에서 불이 나자, 그 책임을 물어 담당 군관을 파면하고, 해당 3개 현에 도량을 설치하여 기도하게 했다는 내용이다.[165]

6년 뒤의 화재도 매우 흥미롭다. 1090년(선종 7)에 일어난 화재에 대하여《고려사》〈오행지〉, 〈세가〉, 그리고《고려사절요》의 세 가지 사료가 서로 다른 내용을 전하고 있기 때문이다.

《고려사》〈오행지〉

1090년(선종 7) 1월 신미일에 횡천군에서 창고에 불이 났다. 3월 무자일 밤에 번개와 벼락이 크게 치더니 신흥창(新興倉)에 수만 석의 곡식이 타면서 그 불꽃이 하늘을 덮었다.[166]

《고려사》〈세가〉

1090년(선종 7) 1월 임진일에 보제사(普濟寺) 수륙당(水陸堂)이 불탔다. 이에 앞서 호부 낭중을 겸하고 있던 태사국 지사(知事) 폐인(嬖人) 최사겸(崔士謙)이 송나라에 갔다가 수륙의문(水陸儀文)을 구해와서 임금에게 이를 짓기를 청하였는데, 공사가 끝나기 전에 불이 난 것이다.
3월 무자일 밤에 번개와 벼락이 크게 치더니 신흥창에 불이 났다. 홍원사(弘圓寺)와 국청사(國淸寺)의 공사를 중지하였다.[167]

《고려사절요》

1090년(선종 7) 1월 보제사 수륙당이 불탔다. 이에 앞서 태사국 지사 폐인 최사겸이 송나라에 갔다가 수륙의문을 구해와서 임금에게 이를 짓기를 청하였는데, 공사가 끝나기 전에 불이 난 것이다. 사신(史臣)은 말한다. "폐인이 임금에게 아첨하여 사랑을 구하는 것을 하늘이 경고하는 것일까? 옛날 양(梁)의 무제(武帝)는 동태사(同泰寺)의 불상을 짓기를 마치자마자 불이 났던 일이 있으니, 하늘과 인간 사이의 감응함이 예나 지금이나 같도다. 세상의 불교의 화복설(禍福說)에 현혹된 사람들은 이를 보고 가히 거울 삼을 만하다."

3월 무자일 밤에 번개와 벼락이 크게 치더니 신흥창에 수만 석의 곡식이 타면서 그 불꽃이 하늘을 덮었다. 조야가 크게 놀랐으나, 백성의 가옥에는 피해가 없었다. 어사대에서 일관을 힐난하여 말하기를 "이런 화재가 일어날 때면 반드시 그 조짐이 있었을 터인데 어찌 그대들은 이에 대해 보고히지 않았단 말인가?" 하니 태사승 오상(吳相)이 말하였다. "지난해 화성이 천균성을 지키므로 이를 보고하였으나, 태사국 지사 최사겸이 이를 억제하여 임금님께 알리지 않았습니다." 이에 최사겸을 내치고, 오상 역시 연루되었다. 예부에서 아뢰기를 "위나라 명제 청룡 2년 4월에 화재가 있어 명제가 고당륭(高堂隆)에게 '이는 무엇 때문인가? 예에도 또한 빌어서 재앙을 소멸시키는 뜻이 있는가?' 하니, 그가 대답하기를 '대저 재변이 발생하는 것은 하늘이 경고하여 가르치는 것이니 오직 예에 따르고 덕을 닦아야만 재앙을 이길 수 있습니다'라고 하였습니다. 또 옛날 화재에 대해 예언한 경우를 살펴보니 모두 건축에 관한 것이라 경계하였으니 마땅히 모든 공사를 파하고 검소하도록 힘쓸 것입니다. 또 관계자에게 명하여 재초(齋醮)를 시행하게 하소서"라고 하였다. 이에 임금이 홍원사와 국청사의 공사를 중단하였다.[168]

1090년의 화재에 대해서는 여러 가지를 생각해볼 수 있다. 우선 1

월 신미일은 1월 5일이고, 임진일은 26일이다. 또 3월의 무자일은 23
일이다. 특이한 사실은 《고려사》의 경우 〈오행지〉 기사가 가장 간단
하고, 〈세가〉에 좀 더 상세한 기록이 남아 있다는 것이다. 특히 1090
년 1월의 화재에 대해서 〈오행지〉에는 1월 5일(신미일)에 횡천군의
창고에 불이 났다고 기록하였으며, 〈세가〉 편에는 1월 26일(임진일)
보제사의 수륙당이 불탄 것만 기록하고 횡천군의 화재는 적지 않았
다. 특이한 점은 《고려사절요》가 《고려사》의 기록을 훨씬 상세하게
보충하고 있는 것이다. 특히 1월 보제사 화재에 대해 사신의 논평이
적힌 것과 3월 23일(무자일)에 일어난 신흥창 화재에 대해 상세한 논
의를 소개한 것은 《고려사》에서는 찾아볼 수가 없었다. 이때 화재
사건의 중심인물로 보이는 최사겸에 대해서는 《고려사》〈열전〉에서
다루고 있지 않아서, 이 사료가 어디서 나온 것인지 알 수가 없다.
어쩌면 《고려사절요》가 《고려사》와는 다른 사료를 상당히 많이 이용
했다는 증거일지도 모르겠다. 여하튼 이 부분은 뒷날에도 흥미롭게
보였는지 《증보문헌비고》에도 실려 있다.[169]

　1090년 3월 23일에 발생한 신흥창 화재는 피해가 컸던 사건이었음
을 짐작할 수 있는데, 그 직후 고려를 방문하였던 중국 사신 서긍의
글에도 그 흔적이 남아 있다. 그가 고려에 온 것은 1123년으로, 신흥
창 화재가 있은 지 33년 뒤의 일이었다. 그에 따르면 전에는 대의창
(大義倉)이 서남문에 있는데, 화재로 300만 섬이 모두 타버리는 사
고가 일어나 장패문(長覇門)으로 옮겼다는 것이다. 고려 사람들은
이곳이 여러 물줄기가 모이는 장소이기 때문에 화재를 이길 수 있다
고 생각했다고 한다.[170] 그렇다면 신흥창이란 창고 이름이 아니라 '새
로 지은 창고'라는 뜻이 아닐까 생각된다.

　1152년(의종 6) 3월에는 궁궐의 수풀 사이에서 불빛 같은 게 환하

게 비쳐 사람들이 불이 났다고 여겼다. 그래서 불을 끄려고 대궐 밖
으로 모여들었다가 불이 아님을 알고 물러갔다. 그때 사람들이 말하
기를 임금이 밤놀이를 좋아하여 이런 변고가 생겼다고 하였다.[171]
1175년(명종 1) 10월에는 밤에 궁궐에서 불이 나자 여러 사원의 승려
와 궁궐 지키던 군인들이 불을 끄려고 왔으나 정중부, 이준의, 수직
하고 있던 이의방 형제 등이 사변이 일어날 것을 염려하여 불 끄러
온 사람들을 궁안에 들이지 않았다. 그래서 궁궐은 모두 불에 타버
렸고, 임금은 산호정에 나가 통곡하였다.[172]

정중부 등이 쿠데타로 정권을 잡고 의종을 폐하고 명종을 왕위에
앉힌 직후의 일이었다. 비슷한 일은 1230년(고종 17) 대창고 8곳에
모두 불이 났을 때에도 일어났다. 최우(崔瑀)는 변란이 일어날 것을
걱정하여 그의 사병을 불 끄러 보내지 않았고 불길은 밤새도록 잡히
지 않았다.[173]

1281년(충렬왕 7) 2월에 대궐 짓는 일을 담당하던 관청〔造成都監〕
이 불에 타는 사고가 일어났다. 원나라에서 목수를 초빙해 궁궐을
수리하고 있었는데, 그 일이 3년이나 걸려 백성들이 고통을 받고 있
었다. 불이 나자 사람들은 하늘이 경고하는 재변이라고 말하였다.[174]
1090년의 화재에 대한 해석을 연상시킨다. 또 이 시기 사람들은 불
이 저절로 일어나는 경우도 있다고 여긴 듯하다. 1324년(충숙왕 11) 3
월 괴동리(槐洞里)에서 불이 났는데, 바람이 없는데도 저절로 치솟
아 번지더니 많은 인명과 재산 피해를 냈다. 사람들은 이를 '하늘의
불〔天火〕'이라 불렀다.[175]

1283년(충렬왕 9) 4월 무신일 밤에 유성 등이 떨어지면서 순창궁
(順昌宮)이 불에 타버렸다. 그야말로 하늘의 불이 땅 위에 내린 셈이
다. 그날 밤에 어떤 붉은 물체가 한 말 크기에서 돗자리만 해지더니

순창궁에 떨어지고 유성까지 떨어져 불이 났다. 이어서 폭풍이 불면서 불길이 번져 궁중에 하나도 남은 것이 없게 되었다.《고려사》〈세가〉편과 〈오행지〉편에 이 같은 내용이 똑같이 실려 있다.《고려사절요》는 좀 더 부연하고 있고,《증보문헌비고》는 이 부연된 기사를 싣고 있다. 이 사건이 생기자 임금은 문창유(文昌裕)와 오윤부(伍允孚)를 불러 이르기를, "일찍이 화재가 있으리라 하더니 어떻게 이를 알았는가?" 하자, 문창유가 대답하기를, "하늘의 꾸짖음이 분명하니, 이는 오히려 작은 재변입니다"라고 하였다. 오윤부는 하늘의 재변이 뚜렷하니 재변을 물리치기 위한 기도회〔消災道場〕를 차리자고 건의했다는 기록이《고려사》〈열전〉에 실려 있다.[176]

고려시대의 불 가운데 한국사에 가장 뚜렷이 남은 사건은 제주도의 화산 폭발이다. 1002년(목종 5) 6월 탐라산에서 4개의 구멍이 열리고, 붉은 물이 솟아오르다가 닷새 만에 멈췄다. 그리고 그 솟아 나온 물이 모두 기왓돌 같은 돌로 되었다. 5년 뒤 1007년(목종 10)에는 탐라에서 상서로운 산이 바다로부터 솟아올랐는데, 대학박사 전공지를 보내 살펴보게 하였다. 탐라 사람들 이야기가 산이 처음 솟아오를 때는 안개와 구름 때문에 날이 어두웠고, 땅이 천둥치듯 요동쳤다. 7일 낮과 밤이 지난 다음 비로소 날이 갰는데, 산 높이가 100여 장, 둘레 40여 리였다. 초목은 없고 연기가 산 위를 덮었는데, 석류황 같았다. 사람들이 두려워 감히 가까이 가지 못하는데, 전공지는 산 밑까지 가서 그 그림을 그려다 바쳤다.[177]《고려사》〈열전〉에는 전공지에 대한 간단한 소개가 나온다. 그는 영광 사람으로 성종 때 진사과에 합격하여 관직에 올랐고, 목종 말년에 대학박사로 있을 때 제주도에 다녀왔으며, 현종 초기에는 형부시랑, 중추원 부사로 있다가 1014년(현종 5) 5월에 사망하였다.[178] 그런데 《고려사》에는 이 사실이 화재에 관한 기록에 들어 있지 않고 산과 땅이 무너지는 사고를 소개하는 부분에 포함되어 있다. 《증보문헌비고》에도 산이 무너지는 재변들과 함께 기록되어 있다.[179]

조선시대의 화재 기록은 어떤가? 필자가 거의 30년 전에 조사한 결과를 보면, 조선 초기 130년 동안에 70회의 화재가 실록에 기록되어 있다. 《조선왕조실록》 CD를 활용하면 수백 회의 기록을 찾을 수도 있을 것으로 보인다. 그런데 《증보문헌비고》에 들어 있는 화재는 수십 회에 불과하다. 필자의 조사에 따르면 중종 22년까지 70회를 헤아리는데, 《증보문헌비고》에는 단 4회만이 있다. 1400년(정종 2) 2월의 문묘(文廟) 화재, 1400(태종 즉위) 11월 수창궁의 화재, 1510년(중종 5) 봄 흥인사 사리각의 화재, 1514년(중종 9) 12월 존경각(尊經閣)의 화재 등이 그것이다. 뒤의 세 가지 화재에는 간단한 논평이 붙어 있다. 즉 1400년 수창궁의 화재에 대해서는 임금이 여덟 가지로 자책하면서 구언하였다는 내용이다. 1510년에 화재가 난 흥인사는 정릉(貞陵)에 있던 원찰(願刹)이라고 설명했고, 1514년의 화재에 대해서도 임금의 구언이 있었다는 논평이다.[180]

그런데 1400년 11월에 있었다고 기록된 수창궁의 화재는 12월에 있었던 것이 분명하다. 《정종실록》에 따르면 수창궁에 불이 난 것은 태종이 즉위한 11월 13일(계유일)부터 한 달 열흘 뒤인 12월 22일(임자일)이라고 분명하게 적혀 있다.[181] 불은 침전에서 시작하여 대전으로 번졌고, 여흥백 민제, 판문하 김사형, 좌의정 이거이, 우의정 하륜 등이 모두 모여 불을 잡기에 바빴다. 임금은 놀란 가운데 궁궐은 이미 다 타서 소용없으니 사람이나 다치지 않게 하라고 명하였다.

태종은 이 화재를 계기로 재이를 물리치기 위한 구언을 발표하였다. 하루나 이틀 뒤에 발표한 것으로 보이는데, 잘못된 말이라도 모두 용납하겠다는 뜻을 밝히면서 구언의 교서를 내렸다. 이에 대해서는 이듬해 초인 정월 14일(갑술)에 참찬문하부사 권근이 장문의 상소를 올린 것이 《태종실록》에 남아 있다. 그가 길게 설명한 안건은 여섯 가지인데, 다음과 같다.

1. 효도를 할 것〔篤誠孝〕
2. 정사에 부지런히 임할 것〔勤聽政〕
3. 신하들을 자주 만날 것〔接朝士〕
4. 경연을 열심히 할 것〔勤經筵〕
5. 절의를 상줄 것〔節義〕
6. 여제를 지낼 것〔行厲祭〕

이들 6개 조목을 설명하면서 권근은 정몽주의 절개를 높이 평가하며 그를 추증할 것을 건의했다. 권근의 상소문은 《연려실기술》에도 남아 있는데, 특히 여기에는 임금이 권근의 말을 모두 받아들였다고 적혀 있다. 그러나 《태종실록》에는 태종의 반응을 기록하지 않았다.[182] 이때 정몽주의 추증은 이뤄지지 않았지만 화재를 계기로 이같은 과감한 제의를 했다는 것은 흥미로운 일이다.

고려시대에는 주로 거리의 민가, 상가, 창고 등에 화재가 많았던 것으로 기록되어 있지만, 조선시대에는 주로 왕릉의 화재가 많이 기록되어 있다. 《증보문헌비고》에 따르면 왕릉에 불이 났을 때 역대 임금들은 3일 동안 소복하고 감선(減膳)하는 등의 조치를 취하였다고 기록한다.[183] 이런 전통은 1900년까지도 계속된 것으로 보인다. 1900년(고종 광무 4) 10월 14일 경운궁에 불이 나 선원전이 타버렸다. 궁내부 대신은 이날 축시(밤 2시쯤)에 불이 나서 역대 임금의 어진

(御眞)까지 불탔다고 보고하고, 실화의 책임을 철저하게 조사해 처벌하겠다고 말하였다. 고종은 이런 조치를 지시하면서도 한편으론 자신의 부덕과 선조를 받들고 효성을 다하는 일을 소홀히 한 탓이라며 자책했다. 이후 3일간 문무백관이 소복을 입고 도살을 금하며 철시하고 철악(撤樂)하는 등 거애(擧哀) 행사를 베풀었다.[184]

그러나 이런 의례적인 자책은 그것이 왕실의 사당이나 왕릉 등에 관계되었을 경우에 한했다. 그 밖의 화재에 대해서는 합리적으로 받아들이게 되었던 것이다. 예를 들어 조선 초기 성종 때의 화재 사건을 보자. 1475년(성종 6) 1월 4일 임금은 형조에 전지를 내리기를, 도성 안에서 연일 실화 사건이 있으니, 이는 어리석은 백성이 불조심을 하지 않아서 생기는 일이기는 하지만 이를 틈타 도둑이 발호할 것이 걱정이라면서 방화범을 찾아낼 방법을 강구하라고 지시하였다. 나흘 뒤인 1월 8일에는 경복궁 양심당의 복도에 불이 났다. 불 끄는 데 공을 세운 사람들에게 상을 준 다음 날 임금은 서울에 화재가 많은데 방화인지 조사하여 범인을 잡아내라고 지시하였다. 그리고 1월 20일 저녁 경연 시간에 임금은 이렇게 질문하였다. "화재는 어찌하여 일어나고, 또 없기도 하는가?" 이에 대해 도승지 신정(申瀞)은 "집집마다 조심하면 불이 나지 않을 수 있지만, 조심하지 않으면 불이 나는 것입니다"라고 하였다. 참찬관 임사홍은 이렇게 말하였다. "《춘추좌전》에 보면 화재는 때로 시운(時運)에 달렸다고도 하지만, 그 이치를 신은 잘 모르겠습니다"라고 하였다. 신정이 다시 나서서 "혜성이 있으면 화재가 난다는데, 임진년에는 혜성이 나타나 화재가 많았습니다"라고 하였다. 임진년이라면 그 3년 전인 1472년을 가리키는 것으로 보인다. 《성종실록》은 신정이 임사홍의 말을 듣고 알지도 못하면서 함부로 이런 말을 하여 사람들로부터 비웃음을 샀다고 논평하고 있다. 그다음 날 형조에서는 전에 왕이 내린 지시에 따라 방화범을 찾아내고, 상벌 규정을 정하여 보고하였다.[185] 이때의 불에 대한 반응을 보면 상당히 합리적인 인식을 가지기 시작했음을 알 수 있다.

조선 초기에는 화재 예방을 위한 조치도 마련되어 있었다. 특히 세종 8년(1426) 2월에는 화재로 서울의 6분의 1에 해당하는 2400호가 잿더미로 변하면서 화재 방비책을 더욱 강화하게 된 것으로 보인다. 1417년(태종 17)의 금화령(禁火令)에서 이미 화재 책임을 밝혀 처벌하는 규정이 발표되었으나, 이제는 금화도감(禁火都監)이라는 임시관청이 생겨 이 일을 담당하게 되었던 것이다. 이 기관은 그 후 수성금화도감(修城禁火都監)이라는 이름으로 바뀌어 조선 후기까지 존속했다.[186] 화재 방지와 화재 발생 시의 처리 및 처벌 등은 오늘의 기준으로도 명확한 것이어서 당시의 특별한 사상을 반영하지는 않는다. 당연히 여기서 상세하게 다룰 필요는 없다.

하지만 불은 조선시대를 통하여 여전히 신성한 존재로 여겨졌다. 불은 밝음과 빛을 상징하고, '박혁거세'라는 이름에도 나타나 있듯이 정치적 지배자를 뜻하기도 했다. 불은 또 생명력과 복을 상징한다. 그래서 우리 전통사회에서는 불은 대를 이어 꺼뜨리지 않고 계승하게 되어 있어서, 며느리가 불씨를 꺼뜨릴 경우에는 소박을 맞는 일도 있었다.[187] 그래서 조선시대에는 낡은 불을 버리고 해마다 새로 불을 만들어 쓰기 시작하는 의식도 있었다. 《동국세시기》에는 해마다 청명에는 내병조(內兵曹)에서 느릅나무나 버드나무를 마찰하여 새 불을 일으키고, 그 불을 각 관아에 나누어준다고 적혀 있다. 한식에 찬밥을 먹는 풍습은 이 새로운 불이 전달되기 전에는 헌 불을 쓰면 안 되기 때문이었다. 청명과 한식은 같은 날이거나 하루 차이가

있어서 그렇게 되는 것이다.[188]

불에 대한 이해가 깊어지는 가운데 새로운 불의 세계가 열리기 시작한 것도 사실이다. 예를 들어 중국에 사신으로 갔던 정두원(鄭斗源)은 1631년(인조 9) 7월에 귀국하면서 서양식 총을 가져왔는데, 당시 실록에는 "서양총〔西砲〕이란 것은 화승(도화선)을 쓰지 않은 채 돌로 쳐서 불이 저절로 일어나게 하는 것"이라고 기록되어 있다.[189] 돌로 쳐서 저절로 불을 일으켜 총을 쏘는 방법에 대해서 약간의 놀람이 있었을 것임은 짐작할 수 있지만, 이미 부싯돌은 잘 알려져 있었기 때문에 그리 놀라운 일은 아니었다. 정두원 자신은 이에 대해 놀랐겠지만, 우리나라 부평(富平)의 아남산(阿南山)에 화석이 많다고 하니 이를 사용하면 만들 수 있을 것이라고 보고하였다고 다른 기록은 전한다.[190] 화석(火石)이란 부싯돌을 가리키는 것이 분명하나. 화포는 이미 널리 사용되고 있었고, 단지 스스로 불을 붙일 수 있는 장치가 달려 있어서 약간 놀라움을 주기는 하였지만, 부싯돌이 널리 알려져 있어서 그리 크게 놀랄 일은 아니었음을 알 수 있다.

또 이미 황을 사용하고 있었는데, 그것이 개화기에 자기황(自起黃)이라고 불리는 성냥으로 바뀌어 서양에서 들어오게 되었다. 1885년 8월 영국인이 양화도에 공장을 세워 우리나라에서 처음으로 성냥이 만들어졌다. 영국인이 서울의 양화도에 집을 짓고 자기석류황을 만들어 판다는 사실이 1886년의 신문에 보도되었다.[191] 이때쯤부터는 석탄과 석유도 외국에서 수입하여 사용하기 시작하였다.

이와 함께 전기에 대한 지식도 퍼지기 시작하였다. 전기에 대한 초보적인 지식은 이익의 글에서도 보인다. 어두운 곳에서 고양이 털이나 비단을 가볍게 문지르면 불꽃이 일면서 탁탁 하는 생선 굽는 듯한 소리가 난다고 했다.[192] 정전기 현상을 관찰하여 기록한 것이다. 그러나 그 이유에 대해서 이익은 인체의 기가 쪄올라 불을 일으키는 것이라면서, 고양이 털에서 불이 나는 이치도 마찬가지라고 말한다. 또 이를 보더라도 화완포(火浣布)를 믿지 못하는 사람들은 어리석다고 했다. 이익은 화완포에 대한 긴 글을 쓰기도 했다. 화완포란 석면(石綿)을 가리킨다. 이익은 중국 기록 가운데 화완포에 대한 것을 소개하면서 남방에는 화산이 있는데 그 속에는 타지 않는 나무도 있다고 했다. 또 그 가운데에는 화서(火鼠)가 있는데 그 무게가 100근이며 털이 불 속에 있어서 항상 흰데, 그것을 포목으로 짜서 사용한다고 기록했다. 또 어느 곳에는 불꽃이 타고 있는 산이 있고, 그 산의 초목이나 조수의 털에서 화완포를 얻게 된다는 설도 소개하고 있다. 그런 다음 이익은 서양인 애유략(艾儒略)의 《직방외기(職方外紀)》에는 이 화완포가 돌을 단련하여 만든다고 되어 있는데, 서양 사람들은 경험한 것을 기록하고 있어서 믿을 만한 이야기라고 결론 내리고 있다.[193]

조선 후기까지 불의 정체에 대한 인식은 여전히 혼돈스러웠다. 화완포를 이상하게 여기던 태도는 이익보다 앞선 이름난 실학자 이수광의 글에서도 보인다. 이익이 소개한 내용의 일부는 이미 이수광의 글에도 들어 있다.[194] 화완포는 중국에서는 이미 전국시대에 알려져 있었을 것으로 보인다. 《열자(列子)》에 그 대강의 내용이 소개되어 있는 것으로 보아 이를 짐작할 수 있다.[195] 그러나 우리나라에 언제 처음으로 석면으로 만든 제품이 알려졌는지는 정확하지 않다. 어쩌면 이수광이 살았던 시대에 처음 알려졌는지도 모른다.

그런 과정을 거쳐 근대적 정전기의 발생 장치를 처음 알게 된 것은 일본에서 만든 장치가 서울에 들어오면서부터다. 이규경이 1830년 전후에 쓴 것으로 추정되는 글 가운데에는 그가 서울 강이중의 집에서 뇌법기(雷法器)를 구경하게 된 전말이 소개되어 있다. 그에 따르면 불을 만드는 방법에는 나무를 마찰하는 방법과 양수(陽燧: 렌즈)로 만드는 방법 등 여러 가지가 있다면서, 새로운 방법으로 뇌법기를 소개하고 있다. 뇌법기는 서양에서 처음 만든 것으로 유리공 모양인데 이를 돌려서 불꽃을 내게 된다. 이런 것이 중국에는 이미 많으며 일본에서도 왜관을 통해 우리나라에 들어오고 있다고 소개하고 있다. 또 이런 방법으로 오래된 병을 고칠 수도 있다고 했다.[196] 아직 불과 전기를 구별하지 못한 채 전기에 대한 초보적 인식의 단계임을 알 수 있다. 이런 인식의 폭이 조금 넓어져 전기 현상에 처음 눈뜨기 시작한 것은 중국에서 근대 과학지식이 들어오면서였다. 예를 들어 최한기는 처음으로 '전기(電氣)'란 용어를 중국으로부터 들여온 것으로 보인다. 1866년의 일이다.[197]

근대적인 불과 전기의 개념이 섞여 있는 가운데 오행사상에 바탕을 둔 전통적 불에 대한 인식은 쉽게 사라지지 않았다. 19세기 후반에도 대원군은 관악산의 불기운을 잡는다며 경복궁의 정문 양쪽 입구에 해태를 세웠다고 할 정도였다. 1868년 6월 대원군은 경복궁을 다시 짓고 7월에 그곳으로 궁궐을 옮겼는데, 이때 경복궁 정문 앞에 이 상상의 물짐승을 세운 것이다. 경복궁에는 불이 자주 났는데, 그 까닭은 화체(火體)를 가진 관악산이 경복궁 터를 기준으로 할 때 안산(案山)이 되기 때문이라는 것이다. 관악산의 불기운을 누르기 위해 대원군은 흰 돌을 깎아 만든 해태를 대궐 앞에 세우고, 관악산 최고봉에는 우물을 파고 그 속에 구리로 만든 용을 넣었다고 한다.[198]

4. 벌레(곤충)의 재해

1) 황충

황충(蝗蟲)은 우리말로 '누리'라고 옥편에 쓰여 있다. 그것은 메뚜기의 일종으로 무리를 지어 날아다니며 농작물에 엄청난 피해를 주는 것으로 알려져 있다. 특히 중국에서는 그 피해가 극심했다고 하는데 한국에서의 누리 피해는 그렇게 크지 않았던 것으로 보인다. 그럼에도 불구하고 우리 역사에는 황충 기록이 상당히 많이 나온다. 하지만 황이란 글자가 과연 메뚜기나 그와 유사한 곤충만을 가리키는 것인지는 의문이다. 1920년대에 처음으로 황충에 대한 관심이 일어났는데, 어떤 학자들은 이것이 '풀무치'라고 주장하고, 또는 '벼멸구'라는 주장도 있었으며, 또 다른 학자는 더 넓은 의미의 농작물 해충이라 판정하기도 하였다.[199]

우리 역사에서 황충에 대한 기록이 처음 나오는 것은 《삼국사기》〈신라본기〉의 18년(남해왕 15) 기사다. 그해 가뭄이 들었는데, 가을 7월에는 황충이 일어났고, 기근이 심하였다. 정부가 창고를 풀어 구제하였다는 기록이다. 6년 뒤인 24년(남해왕 21) 9월에는 황충이 있었고, 바로 임금이 죽었다고 기록되어 있다. 황충이 임금의 죽음과 무슨 관계가 있음을 뜻한 것인지는 분명하지 않다.

신라의 다음 황충 기록은 109년(파사왕 30) 7월의 것이다. 황충으로 곡식이 해를 입자 임금은 산천에 두루 제사 지냈고, 그 결과 황충이 물러났으며 풍년이 들었다고 한다. 122년(지마왕 11) 7월에는 황충이 날아다니며 곡식을 해쳐 기근이 들고 도적이 많았다. 720년(성덕왕 19) 7월과 754년(경덕왕 13) 8월에 황충이 창궐했을 때는 대신이

고구려	55년(태조 3) 8월, 62년(태조 10) 8월, 118년(태조 66) 7월, 388년(고국양왕 5) 8월, 406년(광개토왕 15) 7월, 502년(문자왕 11) 8월, 536년(안원왕 6) 8월, 571년(평원왕 13) 8월—8회
백제	208년(초고왕 43) 가을, 211년(초고왕 46) 8월, 321년(비류왕 18) 7월, 454년(비유왕 28) 8월, 521년(무령왕 21) 8월—5회
신라	18년(남해왕 15) 7월, 24년(남해왕 21) 9월, 109년(파사왕 30) 7월, 122년(지마왕 11) 7월, 161년(아달라왕 8) 7월, 237년(조분왕 8) 8월, 259년(첨해왕 13) 7월, 292년(유례왕 9) 7월, 313년(흘해왕 4) 7월, 389년(내물왕 34) 7월, 397년(내물왕 42) 7월, 399년(내물왕 44) 7월, 406년(실성왕 5) 7월, 465년(자비왕 8) 5월, 497년(소지왕 19) 7월, 720년(성덕왕 19) 7월, 754년(경덕왕 13) 8월, 769년(혜공왕 5) 5월, 787년(원성왕 3) 7월, 788년(원성왕 4) 8월, 797년(원성왕 13) 9월, 853년(문성왕 15) 8월, 872년(경문왕 12) 8월, 921년(경명왕 5) 8월—24회

사직한 것으로 보인다. 성덕왕 때는 중시 사공(思恭)이 사직하였고, 경덕왕 때에는 시중 조량(朝良)이 물러났다.

《삼국사기》에서 베낀 것으로 보이는 《증보문헌비고》의 기록은 조금 다르다. 고구려 광개토왕 11년 7월에 가뭄이 들고 황충이 있었다고 기록되어 있지만, 《삼국사기》에는 보이지 않는다. 또 신라의 경우에는 465년(자비왕 8) 5월의 황충 기록이 빠져 있다. 삼국을 합하여 모두 37회 정도인 듯하다.

가장 흥미로운 것은 김유신의 후손인 김암(金巖)과 황충에 대한 기록이다. 김유신의 현손(玄孫)인 김암은 머리가 뛰어난 사람으로 당나라에서 유학하여 음양과 방술, 둔갑술 등을 배워 일가를 이뤘다. 혜공왕 때에 귀국하여 사천대박사(司天大博士)가 되었고, 여러 벼슬을 지내며 백성을 위해 일하였다. 그런데 황충이 서쪽에서 일어 패강(浿江)의 경계까지 들을 덮어 백성이 근심하므로, 그가 산마루에 올라 향을 피우고 하늘에 빌었더니 홀연히 비바람이 크게 일어나 황충이 모두 죽었다.[200] 이때 김암이 퇴치하였다는 황충은 769년(혜공 5) 5월의 것으로 보인다.

《고려사》에 기록된 황충은 모두 26회로 다음과 같다.

표 13_ 고려사에 기록된 황충 기록

934년(태조 17)	988년(성종 7)	1009년(목종 12) 6월
1016년(현종 7) 7월	1016년(현종 7) 9월	1017년(현종 8) 9월
1020년(현종 11) 6월	1028년(현종 19) 8월	1127년(인종 5) 7월
1145년(인종 23)	7월 1147년(의종 1)	7월 1149년(의종 3) 6월
1151년(의종 5) 8월	1191년(명종 21) 8월	1199년(신종 2) 7월
1223년(고종 10) 7월	1228년(고종 15) 5월	1255년(고종 42) 7월
1260년(원종 1) 5월	1280년(충렬왕 6) 3월	1291년(충렬왕 17) 5월
1343년(충혜왕 13) 8월	1365년(공민왕 14) 5월	1376년(우왕 2) 9월
1390년(공양왕 2) 5월	1390년(공양왕 2) 6월	26회

《고려사》는 이들 황충의 재이를 가뭄과 함께 〈오행지〉의 금(金) 항목에 포함했다. 고려시대의 황충 기록 가운데 흥미로운 반응을 남긴 경우는 다음과 같다. 1016년(현종 7) 7월의 황충에 대해서는 임금이 교서를 내렸는데, 가을걷이를 앞두고 황충이 날아 해를 끼침은 형정(刑政)의 잘못 때문일 수 있다면서 도류(徒流: 곤장과 징역으로 다스리던 형벌과 귀양을 보내던 형벌) 이하의 죄수는 보증인을 대면 출옥시켜 주었다. 이어 9월에도 교서를 내려 정전을 피하며 식사를 간소하게 하고, 궁궐 안에서 음주와 풍악을 금하도록 하였다.[201]

1133년(인종 11) 5월에 임금은 조서를 내려 당시의 재이에 대해 길게 발표하였다. 그 가운데에 황충이 일어났다며 그 원인을 설명하고 있다. 그러나 이 시기의 황충에 대해서는 같은 《고려사》의 황충 기록만 모아놓은 〈오행지〉 부분에는 들어 있지 않다. 여하튼 이 조서에서 인종이 말하기를 자신의 덕이 부족하여 궁궐이 불타고 국고가 텅 비어가는 등의 국가적 어려움이 겹쳤는데, 간관의 보고에 따르면 경기 지역에서 황충이 솔잎을 먹고 있다는 것이다. 그리고 이 황충의 원인에 대해서는 《경방역(京房易)》을 인용하여 "벌레는 사람에게 이익을 주는 것 없이 모든 것을 먹어치우니, 이는 고관들이 나라의 녹을 먹으며 이익 되는 일은 하지 않음에 상응하는 것"이라고 규정하고 있다. 당시 가뭄이 심하여 여러 가지 대책을 취하였다는 기록도 함께 보이지만, 이 조서는 가뭄에 대한 말은 없이 주로 황충에 대해서만 언급하고 있는 것이 특이하다.[202]

1145년(인종 23) 7월 북방의 7개 주와 서쪽의 해주에 황충이 일어나자 태사가 다음과 같이 아뢰었디. "이제 항충이 사방에서 일어남은 나라 안에 사특한 사람이 많고 조정에는 충신이 없이 자리만 차지하고 벌레처럼 녹만 받아먹고 있으니, 도를 아는 사람을 앉혀 재이를 물리쳐야 합니다." 앞에 나온 황충에 대한 해석과 거의 같은 반응이다. 1199년(신종 2) 7월에 황충이 들끓었을 때 여러 곳에 가까운 신하들을 파견하여 죄수를 돌보게 하였고, 1228년(고종 15) 5월의 황충에는 내시를 서울과 외방에 파견하여 신사(神祠)에서 제사를 지내게 하였다.[203]

《고려사》〈열전〉 '간신전(姦臣傳)'의 최홍재(崔弘宰) 전기에는 황충이 그와 같은 간신 때문에 생기는 것이라는 해석이 있다. 간관 최유청(崔惟淸) 등이 상소하여 그와 같은 탐욕스럽고 간사한 자가 자리에 있어 국법을 문란케 하고 나라를 좀먹어 가뭄이 일어나며 황충이 번창한다면서, 그를 쫓아내어 하늘의 경계에 대응해야 한다고 주장했던 것이다. 이 상소로 인해 최홍재는 좌천되었다.[204] 대체로 이 정도가 《고려사》에 기록된 황충에 대한 반응이다.

위에서 소개한 것처럼 고려에는 황충 기록이 적지 않지만, 조선시대에는 거의 보이지 않는다. 《증보문헌비고》에는 조선시대 황충 기록이 1477년(성종 8)에 한 번 나올 뿐이다. 다른 벌레에 관한 기록〔蟲災〕은 2회 보인다.[205] 이것만 보면 조선시대에는 황충이 없었던 것으로 보일 지경이다. 그런가 하면 이긍익의 《연려실기술》 역시 다른 재이를 실으면서도, 황충은 아예 기록하지 않아 더욱 그런 느낌을 준다.

하지만 실록을 살펴보면 꼭 그런 것만은 아니다. 필자의 조사에 따르면 조선 초기 100여 년 동안, 1392년부터 1526년 사이에만도 88회의 황충 기록이 있기 때문이다. 태조, 정종, 세조 때에는 각각 1회씩, 성종 때에는 3회만이 기록되어 있으나, 태종, 세종, 중종 때는 각각 29회, 25회, 28회로, 아주 많은 기록을 남기고 있다. 이와는 대조적으로 문종, 단종, 예종, 연산군 때에는 황충에 대한 기록이 전혀 없다.

1408년(태종 8)에는 황충이 있을 때 그런 재해를 일으킨다는 귀신(포)에게 제사 지내는 의식을 정하였다.[206] 제사 방식은 예조에서 중국의 《문헌통고》를 참고해 만들었다. 실제로 이 제사는 조선시대를 통해 실시되었다고 《증보문헌비고》에 적혀 있다.[207] 하지만 황충이 생길 때는 제사보다는 황충을 잡아 없애려는 노력을 상당히 기울였던 것으로 보인다. 1441년(세종 23) 9월 황해도에 황충이 번지자 임금은 그것을 잡아 번식하지 못하게 할 방도를 강구하라고 지시했다.[208] 1444년(세종 26) 윤 7월에는 공주에서 황충이 번식하여 곡식을 해치므로 군사를 풀어 이를 잡았는데, 모두 60석 이상을 잡았다다.[209]

그 후에도 황충에 관해서는 잡아 없앤다는 의식이 어느 정도 나타나고 있다. 1477년(성종 8) 7월 경연이 끝난 다음 대사간 손비장(孫比長)이 임금에게 아뢰었다. 경기, 충청, 황해도에 황충이 번져 곡식을 해치는데, 이는 하늘의 재앙이지 인력으로 어쩌지 못하는 일이라고 말하고, "그러나 당나라의 태종은 황충을 삼켜 황충의 재이를 없앴고, 요숭(姚崇)은 황충을 잡아 이를 물리쳤으니, 사람의 노력으로 조금 덜 수 있을 것이라면서 관리들을 보내 황충을 잡자고 건의하였다. 그의 주장은 "황충을 잡는다고 이를 전부 잡을 수는 없지만, 만약 한 자락의 밭의 황충을 모두 잡는다면, 한 자락의 땅만큼은 그 재앙을 벗어날 것"이라고 했다.[210]

황충에 대한 기록은 1400년부터 50년 사이에는 24년 동안이나 기록되어 있지만, 1450년부터 1500년까지 50년 동안에는 3년만 황충이 기록되어 있다. 이것은 대체로 황충의 피해가 15세기 동안 급격히 감소한 것을 보여주는 것이 아닐까 해석된다.

1476년(성종 7) 조선 왕실은 3개의 병풍을 만들었는데, 하나는 훌륭한 임금에 관한 것이고, 다른 하나는 처음엔 훌륭하였으나 나중에 잘못된 임금을, 그리고 마지막 병풍은 훌륭한 왕비나 배우자들을 나타낸 것이다. 임금의 명에 따라 완성된 이 병풍에 대해 실록은 상세하게 설명하고 있다. 그런데 훌륭한 임금 10명, 훌륭하다가 나빠진 군주 5명, 현비(賢妃) 10명에 대해 그 사적을 설명하고, 이에 대한 시를 붙여 그림을 그린 이 병풍에는 훌륭한 임금 10명 가운데 마지막으로 당의 태종이 들어 있다.

당 태종의 그림에 대한 설명은 이렇게 시작된다. "태종 때 수도 지역에 황충이 일어났다. 임금은 후원에서 황충을 보자 몇 마리를 집어들고는 빌면서 말하였다. '백성에게는 곡식이 곧 목숨이거늘, 네가 그 곡식을 먹는구나. 차라리 내 폐와 장을 먹어라' 하면서 손을 들어 이를 삼키려 하였다. 좌우에서 간하여 나쁜 곤충이 혹시 병이라도 일으킬까 두렵다고 말하자, 그는 말하기를 '짐이 백성을 위해 재앙을 받는다면 어찌 병인들 피할손가' 하고는 그냥 삼켰다. 그해에는 황충이 재앙이 되지 않았다."[211]

당 태종이 황충을 삼켜 재이를 없앴다는 이 고사는 그다음 해의 경연 자리에서도 논의되었다. 1511년(중종 6) 5월에 가뭄이 심하자 경연에서 다시 이 일화가 거론되었다. 저녁 경연에서 읽은 것은《자치통감》이었는데, 황제가 재상들에게 친히 조서를 내려 말하기를 "짐이 스스로 몸을 불태워 하늘의 꾸지람에 답하겠노라"고 하자 그다음 날 큰비가 내리고, 황충은 모두 죽었다는 대목에 이르렀다. 이에 대해 시강관 구지신(具之愼)이 이렇게 논평하였다. "태종이 스스로 분신하려 하자 하늘은 즉시 비를 내렸고, 황충은 바로 죽었습니다. 대저 필부(匹夫)와 필부(匹婦)라도 하늘을 감동시킬 수 있거늘, 임금이 몸을 닦고 반성하여 삼간다면, 하늘이 이에 어찌 응하지 않겠습니까?"라고 하였다.[212]

황충을 삼켰다는 기록이 아니라 분신을 거론한 것이 조금 다르기는 하지만, 같은 맥락의 기사다. 여하튼 당 태종의 황충 삼키기는 역사상 유명한 일화로 우리 역사에서 자주 인용되었던 것으로 보인다. 1798년(정조 22) 4월에도 "당 태종은 삼대 이후의 뛰어난 군주인데도 '황충을 삼키는 일〔吞蝗之事〕'이 있었다"고 언급한 기록이 있다.[213]

중국과학사로 유명한 영국의 조지프 니덤은 그의 대표작인《중국의 과학과 문명》에서 당 태종의 황충 이야기를 거론한 적이 있다. 그의 대표적 논문인 〈중국과 서양에서의 인간의 법과 자연법〉에서 그는 이 일화를 자신의 주장을 뒷받침하기 위한 증거의 하나로 이용했다. 그런데 그가 전하는 바에 따르면 당 태종은 "메뚜기가 하늘로부터 벌로써 내려진 신성한 것이 아니라는 것을 증명하기 위해 튀긴 메뚜기 한 접시를 공개적으로 먹었다"고 적었다.[214] 이 글에서 니덤은 당 태종이 튀겨놓은 메뚜기를 먹었다고 말하고 있다. 이는 한국어로 번역된 글에서 인용한 것인데, 한국어판의 원판인 일본어판이나, 다시 그것의 원본인 영어판이 모두 똑같이 튀긴 메뚜기를 가리키므로, 잘못된 번역은 아니다.[215] 니덤 스스로가 당 태종은 메뚜기를 날것으로 먹은 것이 아니라 불에 튀겨서 먹었다고 잘못 알고 있었던 것이다. 서양인은 메뚜기를 튀겨 먹는 것이 역겨운 일이라고 여겼기 때문에 니덤의 이런 논평이 나온 것 같지만, 한국에서는 튀긴 메뚜기가 기호식품에 속하는 일이고 보면, 우리가 보기에 니덤의 해석은 타당하지 않다고 할 수 있다. 또 니덤이 이 부분을 인용했다고 쓴 사료는 특이한 중국 책이어서 필자가 찾아볼 수 없었지만, 이쩌면 '튀긴 메뚜기'라는 말은 니덤이 착각한 것일지도 모른다. 당 태종이 삼킨 것은 살아 있는 황충이라고 옛 사료에는 기록되어 있기 때문이다.

여하튼 조선시대에 황충의 피해는 그리 크지 않았던 것으로 보인다. 물론 지금으로서는 충분한 조사가 불가능하지만, 삼국시대와 고려에 비하면 황충의 피해는 덜했던 것으로 여겨진다.[216] 그러나 선조 때의 황충에 대해서는 《선조실록》에 이례적으로 사관의 논평이 달려 있다. 1603년(선조 36) 7월 황충이 황해도의 황주, 서흥, 봉산, 장연 등지에서 일어났다. 황해도 감사 한덕원(韓德遠)의 장계에 따르면, 7월 초에 황충이 생기기 시작하여 들을 덮었는데 혹 푸르거나 검으며 크기가 세 잠 잔 누에만 하고, 이미 잎사귀를 다 먹고 이삭을 먹고 있다고 하였다. 그리고 여기에 사관의 논평이 붙어 있다. "올해는 한발의 혹심함과 수재의 참혹함이 근래 없던 정도였다. 그에 더

하여 바람과 우박이 벼를 해치고, 벌레는 곡식을 먹었다. 무릇 홍수, 가뭄, 바람, 황충[水旱風蝗]은 그 하나만으로도 족히 재앙이거늘, 이 넷이 한 해 중에 모두 오니 이를 어쩌겠는가."[217]

물론 조선 후기에도 가끔 황충 피해가 기록되어 있기는 하다.《숙종실록》에 따르면 1719년(숙종 45) 5월 평안도에 황충이 무섭게 일어나 크기가 두 잠을 잔 누에만 한 황충들이 익어가는 보리와 밀 등을 닥치는 대로 먹어치워 일대가 적지(赤地)로 변했고, 백성들이 서로 모여 울고 있다고 했다. 영조 때에도 1726년(영조 2), 1727년(영조 3), 1731년(영조 7)에 충청도 서북과 경기, 그리고 함경도에 황충이 있었다고 기록은 전한다.[218]

2) 송충과 그 밖의 곤충

황충 다음으로 그 피해가 많이 기록되어 있는 것은 송충(松蟲)이다.《삼국사기》에는 전혀 기록이 없지만,《고려사》에는 빈번히 나온다.《고려사》의 〈오행지〉에는 나무에 관련된 재이로서 다른 재이와 함께 송충에 대한 기록이 있다. 같은《고려사》〈오행지〉에 황충은 가뭄과 함께 금(金)에 속하는 재이라고 분류하고 있다. 그런가 하면 지렁이와 다른 벌레 등은 토(土)에 속하는 재이로 다시 다른 분류에 넣고 있다. 현대인의 동물학적 관점은 거의 상관없다.《고려사》〈오행지〉에 들어 있는 송충 기록은 표 14와 같다.

이 가운데 송충의 피해에 대한 반응이 흥미롭게 기록된 것이 여럿 있는데, 1101년의 경우 태사가 아뢰기를 벌레가 소나무를 먹는 것은 전쟁의 조짐이라면서 몇 곳에 기도장[道場]을 차리라고 건의해 그대로 따랐다고 한다. 1102년(숙종 7) 4월에는 승려에게 화엄경을 5일

1100년(숙종 5) 5월	1101년(숙종 6) 4월	1102년(숙종 7) 4월
1122년(예종 17) 7월	1133년(인종 11) 4월	1151년(의종 5) 8월
1186년(명종 16) 5월	1223년(고종 10) 7월	1224년(고종 11) 5월
1275년(충렬왕 1) 10월	1353년(공민왕 2) 9월	1354년(공민왕 3) 6월
1356년(공민왕 5) 4월	1361년(공민왕 10) 5월	1364년(공민왕 13) 5월
1365년(공민왕 14) 4월	1389년(공양왕 1) 5월	1390년(공양왕 2) 4월
1391년(공양왕 3) 4월	1392년(공양왕 4) 5월	

동안 강하게 하여 송충을 물리치려 하였고, 5월에는 임금이 신하들을 거느리고 사흘 밤 동안 초제를 지냈으며, 6월에는 재상을 시켜 삼소(三所)에 제사하게 하였고, 승려 2000명을 나누어 서울의 여러 산을 돌며 반야경을 강하게 하였고, 군사 500명을 송악에 보내 송충을 잡게 하였다. 다각적으로 송충과의 싸움을 벌였음을 알 수 있다.[219]

1151년(의종 5) 8월에 기록된 송충에 관한 기사도 흥미롭다. 전해부터 이미 해주에서 소나무가 해충을 입었는데, 이번에는 황충이 극성이었다. 이에 대해 태사는 옛 성현의 말을 인용하여 곡령(鵠嶺)에 소나무가 있으니, 성(城)과 소나무는 임금과 신하에 해당하고 벌레들은 소인이니, 벌레가 소나무를 먹을 때 정치가 어지럽고 소나무가 곡목(鵠木)이 될 때 세상이 어지러워진다고 말하였다.[220]

고려의 마지막 임금인 공양왕 때의 송충은 고려의 멸망을 예고하는 조짐이라 여겨졌던 것이 분명하다. 1389년(공양왕 1) 5월에 송충이 들끓자 중방(重房)에 명하여 5부 백성들을 거느리고 송충을 잡게 하였으며, 6월에는 귀산사(龜山寺)에서 대반야 법석을 차려 빌었다. 1390년(공양왕 2) 4월과 1391년(공양왕 3) 4월에는 사람을 보내 송충을 잡으려 하였다. 그런데 고려 왕조의 마지막 해인 1392년(공양왕

4) 5월의 송충에 대해서는 이렇게 기록되어 있다. 송충이 송악의 솔잎을 먹기 시작하였는데, 열흘 뒤에는 대묘(大廟)의 소나무도 먹기 시작하였다는 것이다. 송충은 5~6년 동안 소나무를 먹었지만, 그동안 대묘의 소나무만은 해치지 않았는데, 이제 그곳 소나무마저 먹기 시작하였다는 것이다.[221] 고려의 멸망을 예고하는 재이라고 여겼음을 짐작할 수 있다. 실제로 조선 후기의 실학자 이익은 고려 때의 송충 기록을 여럿 소개한 다음, 특히 공양왕 때의 일은 고려의 국운이 다해가는 조짐이었다고 썼다.[222]

조선시대의 송충 기록에 대해서는 다 조사해보지 못하였지만 몇 가지를 소개하면 다음과 같다. 태종은 1403년(태종 3) 4월 송충을 잡으라고 명하였는데, 여러 관청과 백성, 관리 등이 사람을 내어 만여 명이나 송충 잡이에 나서서 한 사람이 3되씩을 잡아 땅에 묻었다. 이 과정에서 태종이 신하들과 나눈 대화가 흥미롭다. 임금이 좌우에 "송충이 어느 시대부터 있었던가" 하고 묻자, 좌부대언 김한로(金漢老)가 "고려 원종 때에는 300명을 동원해 송충을 잡아 강물에 넣었다"고 대답하였다. 그러나 《고려사》에는 그런 기록이 보이지 않는다. 또 태종은 말하기를 "송충의 재이는 기(氣)에 의해 생기는 것이어서 사람의 힘으로 능히 물리칠 수 있다"고 말했다. 이 기록의 끝에는 당시 제릉(齊陵)에는 팔뚝만 한 벌레가 한 마리 있었다는데, 길이가 한 자였다.[223] 이듬해 4월에도 송악산에서 송충을 잡아 땅에 묻었다는 기록이 있다. 그다음 해인 1405년 4월에도 서울 주변의 여러 산에 사람을 풀어 송충을 잡았다는 기록이 나온다. 태종 때 송충을 잡은 기록은 1415년(태종 15) 4월과 1418년(태종 18) 4월에도 보인다.[224]

때로는 송충 역시 중대한 재이로 여겨졌다. 1536년(중종 31) 4월 저녁 경연 자리에서 시강관 김광진(金光軫)은 옛글을 인용하면서

"공은 없이 녹을 받아먹는 자가 많으면 벌레가 소나무와 잣나무 잎을 먹는다"고 말했다. 또 소나무는 겨울에도 죽지 않는 것만 보아도 심상한 나무가 아님을 알 수 있다면서 이제 벌레가 소나무 잎을 다 먹고 있음은 군자의 도(道)가 사라지고 소인의 도가 자라고 있는 까닭이라 지적하며, "벌레가 소나무를 먹는 일은 곧 재변"이라 단언했다.[225] 이에 앞서 대간이 고려 때에는 송충이 심하자 이를 재이라 여겨 대신이 자리를 사양한 일도 있다면서 고관들을 다그친 대목도 있다.[226] 그러나 고려 때에 송충 때문에 대신이 자리를 사양한 기록은 보이지 않는다.

아직까지 한국 역사에서 곤충이 어떤 위치를 차지하고 있는지에 대해서는 제대로 연구되지 않았다. 처음에 인용한 백운하 등의 연구가 있지만 매우 미흡한 상태다. 예를 들어 《과학사상》(세21호)에는 박규택의 논문이 있는데, 고문서에 나타난 해충의 기록은 《삼국사기》 37건, 《고려사》 49건, 《증보문헌비고》 8건, 실록 38건으로 모두 132건이라고 소개되어 있다.[227] 어떻게 이런 숫자가 나왔는지는 알 수 없으나, 실제보다 크게 부족한 숫자다. 우리 역사에 남아 있는 곤충에 대한 기록은 이보다 훨씬 많고, 대부분 해충에 대한 것이다. 이 글에서 소개하는 내용만으로도 실록에 남아 있는 해충 등의 기사는 1526년까지만 해도 황충 88건, 기타 벌레 104건이나 된다.

우리 역사상 최초의 벌레 기록은 《삼국사기》에 나온다. 정체는 알 수 없지만, 벌레 이야기가 두 번 기록되어 있다. 823년(헌덕왕 15) 1월 5일에 서원경에 벌레가 하늘에서 떨어졌으며, 9일에는 희고, 검고, 붉은 세 가지 벌레가 눈 속에서도 기어 다녔는데, 빛을 보고 그쳤다는 기록이다.[228] 이 벌레가 어떤 의미에서 기록되었는지는 짐작하기 어렵다. 또 어떤 종류의 벌레였는지도 알 길이 없다. 《증보문헌비고》에는 10년(유리왕 29) 6월 모천(矛川)에서 붉은 개미와 검은 개미가 떼를 지어 싸웠는데, 검은 개미가 많이 죽었다는 기사가 있다. 이에 대해 사람들이 말하기를 검정은 북방의 색깔이어서 이는 북부여의 멸망을 알리는 조짐이라는 논평이 붙어 있다.[229] 그러나 같은 시기의 《삼국사기》를 보면 붉고 검은 동물은 개미가 아니라 개구리로 나온다. 붉은 개구리 떼와 검은 개구리 떼의 싸움에 대해서 같은 논평이 붙어 있는 것이다.[230] 역사가 편찬되는 과정에서 사료가 어떻게 변질될 수 있는가를 보여주는 예라고 하겠다. 또 《증보문헌비고》에는 이들이 '용과 물고기의 이변〔龍魚異〕' 가운데 일부로 기록되어 있다. 이것이 삼국시대 황충 기록 이외의 벌레 기록 전부라는 사실만 지적해둔다.

송충과 황충을 제외한 다른 벌레들에 대한 고려시대의 기록은 《고려사》〈오행지〉의 토(土) 부분에서 발견할 수 있는데, 여기 기록된 사실만 차례대로 적어보면 표 15와 같다.[231]

표 15의 몇 가지 벌레 기록에서 특이한 점은 우선 태조~공민왕 때의 기록들과 현종 때로 분류된 마지막 기록이 《고려사》 편찬자들에게는 성격이 다른 것으로 파악되었다는 사실이다. 같은 토성(土性)의 재변으로 파악하면서도 두꺼비, 지렁이, 벌, 개미, 밤벌레와 독벌레 등은 함께 다루고, 명충에 관한 것은 뒤에 따로 기록한 것이다. 또 두꺼비를 이들과 같은 곳에 분류한 것도 기이한 일로 여겨진다.

이 가운데 명종 17년에 벌레가 밤나무 잎을 먹었다는 기록에 대해서는 18세기의 실학자 이익이 그 사실을 인용하고 있다. 이익은 《성호사설》에 근세에 벌레가 밤나무 잎을 먹어 나무가 말라 죽었는데, 그 벌레는 2치 남짓 하고 청색에 흰 털이 났다고 썼다. 고려 때의 권경중(權敬中)이 밤은 북방의 과실이니 벌레가 그 잎을 먹는다면 이

태조 8년 3월 계축	두꺼비가 궁성 동쪽의 어제(魚堤)에서 수도 없이 많이 나왔고, 병진일에는 지렁이가 궁성에서 나왔는데 길이가 70자나 되었다. 사람들이 발해가 우리나라로 항복해올 조짐이라고 하였다.
인종 4년 5월 정축	벌이 흥국사와 광화문 사이를 연락부절로 날아다녔다.
명종 9년 7월 무진	영통사 경내에서 큰 개미들이 떼를 지었는데, 지름이 2자 이상이었고, 사흘 동안 서로 싸워 십중팔구가 죽었다.
명종 17년 5월	벌레가 밤나무 잎을 먹었다.
고종 8년 3월 무신	비가 내렸는데, 청색 지렁이가 수창궁 밖에서 화의문 남쪽 판교까지 길에 가득하여 행인들이 피해갔다.
고종 14년 3월 정축	수창궁 서문 밖 큰길에서 판교까지 지렁이가 나와 실타래처럼 얽히고 또는 흩어져 있었는데, 그 수가 헤아릴 수 없이 아주 많았다.
고종 15년 3월 계미	수창궁 문에서 서문 길까지 3치 남짓의 청색 지렁이가 비를 따라 많이 내렸다.
고종 33년 5월	독벌레가 비와 함께 내려왔는데, 가는 그물 같은 것에 쌓여 있었다. 갈라 보니 흰 털을 자른 것 같았다. 음식과 함께 사람 몸속으로 들어가거나, 피부에 붙어 빨아먹으면, 사람이 즉시 죽었기 때문에 이를 식인충이라 불렀다. 여러 약으로 시험해보아도 죽지 않았으나, 파즙을 바르니 간단히 죽었다.
공민왕 8년 5월 정유	붉고 검은 개미 떼가 서로 싸웠다. 사천감이 보고하기를, 병지(兵志)에 따르면 개미가 싸우면 큰 전쟁이 일어난다고 하였다.
공민왕 9년 4월 임진	붉고 검은 개미 떼가 서로 싸웠는데, 지난해나 마찬가지로 역시 초엿샛날이었다.
현종 8년 6월	명충(螟蟲).
현종 9년 5월	서북 지방에 명충.

는 북방의 신하들이 참소를 당할 염려가 있다고 풀이하였는데, 그의 설명이 꼭 옳지는 않겠지만, 그것 역시 큰 재변임이 분명하다고 논평했다.[232] 실제로 《고려사》의 '권경중전'에는 이 사실이 기록되어 있다.[233]

현종 때 두 번만 기록된 명충(螟蟲)에 대해서는 똑같은 기록이 《증보문헌비고》에도 남아 있는데, 여기서는 명충이 황충과 함께 분류되어 있다. 마디충이라고도 하는 명충 나방의 유충은 벼, 조, 피 따위의 줄기 속을 파먹어 이들 곡식을 말라 죽게 하는데, 며루 또는 멸구라고 부르기도 한다. 조선시대에도 많은 피해가 있었을 것으로 보이는데, 실제 기록은 많지 않다.《증보문헌비고》에 가뭄과 황충을 기록한 부분에 다른 해충에 관한 기록이 2회 나온다. 하나는 선조 5년 5월에 벌레가 벼이삭을 먹었다는 기사이고, 또 하나는 숙종 1년 5월에 부평(富平)에 누고〔蟲蝼, 蟲古〕라는 벌레가 땅속을 파고 새끼를 기르며 곡식의 싹을 먹고 있다는 기사다.[234] 이와는 전혀 다른 부분에는 '용과 물고기의 변이〔龍魚異〕'에 관한 기록에 몇 가지 곤충 기사를 함께 실었는데, 그 가운데 조선시대의 기사는 다음과 같다.[235]

1. 선조 7년: 함경도에서 벌레가 눈과 함께 내렸다.

2. 숙종 4년 1월: 흡곡에 밤사이 크게 눈이 내렸는데, 누렇고 검은 살아 있는 벌레가 눈 위에 무수히 내렸다.

3. 광해군 9년 6월: 함경도 관찰사가 치계(馳啓)하기를 북청과 갑산 등에 흰 나비가 장사진을 치고 들어왔는데 3일 동안 그치지 않았다.

4. 인조 15년: 8월 기해에 흰 나비가 떨어진 것이 마치 눈이 쌓인 것과 같았다.

5. 선조 24년 4월: 서울 서부 어느 집 뜰 5~6간에 개미가 서로 싸우는 듯 널려 있었는데, 머리와 허리가 잘려 죽은 놈이 이루 헤아릴 수 없이 많았다. 또 삼척, 양양, 울진에서는 개미가 바다를 덮고 바닷가에 찼는데, 그 가운데 산 것은 바로 날아가버렸다.

6. 인조 6년 7월: 홍주(洪州) 월산령 위에서 군대가 서로 싸우는 듯하여 사람이 가서 살폈더니 곧 나는 개미였다.

조선시대의 실록을 뒤지면, 곤충 또는 벌레에 대한 기록이 더 많이 발견될 것이다. 《증보문헌비고》에 기록된 것은 이 정도이지만, 필자가 실록을 조사한 바에 따르면 1392년부터 1526년 사이만 해도 벌레에 대한 기사를 104회나 찾을 수 있었다. 이 104회의 기록을 왕대별로 나누어보면 다음과 같다. 태조 3회, 정종 0(없음), 태종 28회, 세종 26회, 문종 5회, 단종 1회, 세조 3회, 예종 0(없음), 성종 3회, 연산군 0(없음), 중종 35회.

조선 초에는 벌레를 물리치기 위해 기도하는 격식도 마련되어 있었다. 1417년(태종 17) 7월 임금은 그 방법〔祈祭禳蟲之法〕을 정해 각 고을에 내려보냈다. 태종은 이런 격식이 옛날부터 있었다고 말하고, 호조좌랑 이성간(李成幹)을 보내 벌레의 피해를 조사하게 하였고, 각 지방에서는 이에 따라 제문과 제물을 마련하고 성심껏 기도하며, 또 부지런히 벌레를 잡으라고 명하였다. 이에 앞서 같은 7월 초에는 경기도 지방에 청색, 적색, 흑색의 해충이 나타났는데, 크기가 세 잠잔 누에만 하였다는 기사가 있고, 이 명령을 내린 같은 날에 임금은 함길도에 관리를 파견하여 황충을 잡으라고 명하기도 하였다. 이때의 벌레가 황충이었는지 아니면 다른 벌레도 포함한 충재(蟲災)였는지는 확실하지 않지만, 벌레를 물리치려는 기도 방식이 정해져 있었음을 알 수 있다.[236]

세종은 명충(멸구)과 특충(박각시나방 애벌레)의 해로움은 예부터 잘 알려진 일이라면서 이들 해충에 대한 사람들의 말을 소개하고 있다. 즉 이 해충은 안개가 심할 때 무리로 내려오는데, 처음에 이를 땅에 묻어주면 별로 힘들일 것도 없이 그 피해를 줄일 수 있다는 것이다. 세종 역시 이 생각을 옳게 보는지는 알 수 없지만, 각 도 감사에게 지시를 내리면서 이 이야기를 소개하고 있다. 또 사람들은 이

해충을 너무 많이 잡아 죽이면 화기(和氣)를 해치므로 좋지 않다고 말하는데, 이런 생각은 옳지 않다고 강조했다. 결론적으로 세종은 황충을 많이 잡아줄 것을 신하들에게 당부하고 있다.[237] 시작은 명충이지만, 나중에는 황충을 잡으라고 한 것이 앞뒤가 좀 어긋나는 기사이기는 하지만, 당시 해충에 대한 생각을 짐작하는 데 도움이 되는 내용이다.

전통사회에서의 곤충에 대한 생각이나 지식은 극히 재이론(災異論)적이라는 것을 지적할 수 있을 뿐이다. 이에 대한 생물학적 지식은 전혀 없었음을 알 수 있다. 그러다 보니 벌레나 곤충에 대한 분류도 시대에 따라, 또는 사람에 따라 달라졌다. 좀 더 깊은 연구가 이루어지면 훨씬 더 정리된 지식을 얻게 되리라 기대한다.

2장

상서로운 이변과 현상

조선왕조 중기에 이르면 세 쌍둥이에 대한 상서로운 의미에 의문을 가지기 시작했음을 알 수 있다. 오히려 이런 현상을 불길한 자연의 변화로 파악하는 경향이 점점 커졌다는 생각을 갖게 한다. 쌍둥이 기사가 다른 괴이하고 불길한 재이와 함께 거론되고 있다는 사실에서도 이를 짐작할 수 있다. 두 가지 사건이 이를 잘 보여준다. 1533년(중종 28)과 1545년(명종 원년)의 사건이 그것이다. 어느 종친(宗親: 임금의 친족)의 집에서 여종이 아들 세쌍둥이를 낳았는데, 그 아이들은 사람 몸뚱이에 개의 머리를 하고 있었다는 기사다. 당시 사람들이 이를 해괴하게 여겼다고 한다.

1. 다산: 세쌍둥이, 네쌍둥이, 다섯쌍둥이

앞에서 다룬 자연현상의 이변들은 모두 불길하게 여겨진 것이었다. 옛사람들은 이것을 재이 또는 그와 비슷한 여러 이름으로 불렀다. 그런데 자연의 이변 중에는 상서로운, 그리고 바람직한 조짐으로 여겨지는 것도 있었다. 상서로운 것 중 하나가 세쌍둥이의 출산이다. 물론 세쌍둥이가 상서롭다면, 네쌍둥이나 다섯쌍둥이가 더욱 드문 상서로운 일로 여겨졌을 것임은 짐작하기 어렵지 않다.

한국사에서 세쌍둥이 이상을 낳았다는 기록은 그리 많지 않다. 신라 때 다섯쌍둥이 기록이 한 번 있고, 그 후 네쌍둥이 기록이 몇 차례 있을 뿐이다. 물론 여기에 비하면 세쌍둥이 기록은 상당히 많은 편이다. 삼국시대에 8회, 고려 때에는 모두 12회가 각각 《삼국사기》, 《삼국유사》, 《고려사》, 《고려사절요》 등에 남아 있다. 하나 짚고 넘어갈 일은 삼국시대의 쌍둥이 기록은 모두 신라의 기록으로, 백제와 고구려의 기록은 전혀 없다는 것이다. 또 고려 때의 12건은 모두 남자아이 세쌍둥이라는 점이다. 즉 고려 때에는 세쌍둥이 기록만 남아 있고, 그것도 모두 남자 쌍둥이라는 사실이다.

또 쌍둥이가 태어나면 대개 나라에서 상을 주었다. 당시 사람들이 이를 경사로운 일로 여겼다는 것을 알 수 있다. 이런 전통은 줄곧 이어져 오늘에까지 이르고 있다. 지금도 세계 어디서나 세쌍둥이 등을 낳으면 대체로 경사로운 일로 여기고 있다.

1997년 11월 18일 미국 오하이오 주에서 29세의 주부가 한꺼번에 일곱 명의 아이를 낳은 일도 있다. 4남 3녀였는데, 이렇게 많은 아이를 성공적으로 낳은 것은 처음이었다. 기록상으로는 열쌍둥이도 있지만, 일찍 사망해 비교하기 어렵다. 우선 걱정스러운 일은 엄마가 어떻게 그 많은 아기들에게 젖을 먹일 수 있었을까 하는 것이다. 아닌 게 아니라 보도에 따르면 이 아기들에게 필요한 우유는 생후 반 년 동안에만 227그램짜리 3600통에서 5000통이라고 추산했다.[1]

이 보도에 따르면, 미국에서는 이미 네쌍둥이 다섯쌍둥이 등이 태어난 예가 있다. 1995년에는 여섯쌍둥이도 태어났다. 그런데 이들 쌍둥이들은 태어날 때는 매스컴의 주목을 받고, 독지가들의 원조도 많아서 어려움이 없었지만, 대개가 점점 어려워졌던 것 같다. 1934년 캐나다의 농촌에서 태어난 디온가(家)의 다섯쌍둥이 자매는 큰 화젯거리가 되었다. 1939년 시카고 박람회에서 이 아이들은 마스코트로 '이용'되었고, 온타리오 주정부는 '다섯쌍둥이의 집'을 짓고 아이들을 구경거리로 내놓았다. 하루 6000명의 관람객이 쌍둥이들을 구경했고, 주정부에서는 갖가지 상품을 개발해 이익을 챙겼다. 이 아이들은 9세까지 부모 품에서 자랄 수도 없을 지경이었다. 그 후 10년이 지나 그들이 성인이 되었을 때 주정부로부터 각각 11만 6000달러씩을 받기는 했지만, 정상적으로 성장하지 못한 상태였던 것 같다. 그 가운데 두 명은 이미 사망했고, 나머지 셋은 몬트리올 교외의 작은 집에서 함께 살았는데, 건강이 아주 나쁜 데다가 가난했다. 다른 여섯쌍둥이나 다섯쌍둥이들의 운명도 마찬가지였다. 처음에는 화제가 되어 대단한 혜택을 받는 듯했지만, 곧 사람들의 관심이 사라지면서 궁핍한 삶을 살았던 것이다.

비슷한 경우로 단정하기는 어렵지만, 한국에서도 20년 전에 네쌍둥이 자매가 태어나 1996년에 대학에 진학했다. 많은 사람들이 관심을 보이며 이 경사를 지원했다. 오늘날에도 세쌍둥이, 네쌍둥이 등을 경사로 여기는 태도가 살아 있음을 보여주는 경우다.

이와 같은 태도는 북한에서도 발견할 수 있다. 1996년 11월 21일 평양에서는 '삼태자 군인 접견식'이라는 특별한 행사가 열렸다. 신문 보도에 따르면 이 행사에는 김정일이 직접 참석하여 군인들을 격려했다. 삼태자(三胎子)란 세쌍둥이를 말한다. 북한에서는 세쌍둥이나 네쌍둥이는 특별한 우대를 받는다고 이 기사는 전했다. '삼태자 군인 접견식'에는 22개 집안의 세쌍둥이 군인들이 참가했다고 하니, 모두 66명의 군인이 상을 받았음을 알 수 있다. 북한에서도 쌍둥이 출산을 '나라의 경사'로 여기는 것이다. 세쌍둥이 출산 때에는 김정일 이름으로 생필품을 주고, 결혼할 때에는 양복과 한복을, 또 남자 아이에게는 금반지, 여자에게는 은장도를 선물한다고 한다. 부모들은 당에 충성하라는 뜻에서 세쌍둥이 이름을 일심, 편심, 단심 등으로 짓기도 한다. 북한이 세쌍둥이에 대해 이런 장려책을 쓰는 것은 이들을 함께 군대에 보내거나 산업체에 근무하게 함으로써 당과 국가에 충성하는 모범으로 내세우려는 목적이 있다고 한다. 1980년부터 1995년까지 15년 동안 북한에서 세쌍둥이가 태어난 것은 189건, 네쌍둥이가 태어난 것은 4건이라면서, 한국에는 그런 통계가 없어 비교하기 어렵지만 북한의 세(네)쌍둥이 출산 비율은 상당히 높은 것 같다는 논평도 따랐다.

북한에서는 여전히 세쌍둥이 출산을 경사로 여기는 전통이 있음을 보여준다. 요즘의 쌍둥이 출산은 여성들의 배란 촉진제 또는 임신 촉진제 사용으로 자주 일어난다고 밝혀져 있다. 1970년대 이후 쌍둥이가 많이 태어난 것은 배란 촉진제 때문이라는 것이다. 따라서 앞으로도 임신을 촉진할 필요성이 있는 한 더 많은 쌍둥이가 태어나리라는 것을 예상할 수 있다. 미국 보건통계에 따르면 1971년 이후 쌍둥이 출산이 4배로 늘었는데, 전문가들은 이것이 여성들의 임신 촉진제 복용이 증가한 데다 시험관아기 시술 등 출산 관련 기술이 크게 발달했기 때문이라고 해석한다.

최근 한국에서도 쌍둥이 출산이 부쩍 늘어났다. 학계에서는 현재 한국의 쌍둥이 출산율을 1퍼센트(임산부 100명당 1명) 정도로 추정하고 있다. 1970년대 말 산부인과와 소아과학회에 보고된 쌍둥이 출생 비율이 임산부 250명당 1명이었던 것과 비교하면 2.5배 많아진 것이다.[2]

현재로선 이 수준 이상의 통계는 나와 있지 않은 것 같다. 하지만 반세기 전의 흥미로운 통계가 남아 있다. 약물에 의한 다산 현상이 일어나기 전이라 참고하면 좋을 것이다. 1938~39년의 통계에 따르면, 우리나라에서는 10만 명의 출산 가운데 1.4~2.5건의 세쌍둥이가 출생했다는 통계가 있다.[3] 10만 명 출산에 약 2회의 세쌍둥이가 있었다는 것을 알 수 있다. 앞으로의 논의를 위해 참고할 만한 자료다.

1) 한국사 속의 쌍둥이 기록

한국의 역사 속에는 쌍둥이 기록이 어떻게 남아 있을까? 우선 두 쌍둥이는 그 대상이 되지 않는다. 특이하다 할 만큼 희귀한 현상이 아니기 때문이다. 그러나 세쌍둥이 이상은 희귀한 일이어서 기록으로 남기고 있다. 《삼국사기》에는 신라 벌휴왕 10년(193) 3월에 한지

부(漢祇部: 신라 때 둔 육부의 하나)의 한 여인이 4남 1녀의 다섯쌍둥이를 낳았다는 기록이 있다.[4] 이것이 가장 많은 쌍둥이를 낳은 기록이다. 그 후에는 다섯쌍둥이에 관한 기록이 없다. 그러나 세쌍둥이와 네쌍둥이 기록은 흔하다. 통일신라 때에는 모두 8번의 기록이 있는데, 그중 4회는 세쌍둥이, 나머지 3회는 네쌍둥이였다. 임금이 나락 100석 또는 200석을 하사했다는 기록도 함께 있다.

고려시대에는 12회의 세쌍둥이 기록이 《고려사》와 《고려사절요》에 있다. 고려 때 기록은 세쌍둥이가 모두 남자아이라는 점도 흥미롭다. 20여 년 전 필자가 조사해본 바에 따르면 조선 초기 1세기 동안 세쌍둥이에 대한 기록은 모두 41회였다. 그때의 연구에는 세종 때까지의 다산 기록이 모두 41회라 쓰여 있다.[5] 그러나 1995년에 나온 《조선왕조실록》 CD-ROM으로 자료를 검색해본 결과, 누락된 사례가 있었음이 드러났다. 필자는 CD-ROM의 도움으로 19세기 전반까지로 조사 범위를 넓힐 수 있었다. 그 결과 조선 태조부터 철종까지, 즉 1392년부터 1863년까지 쌍둥이에 관한 기록을 확인할 수 있었다. 한국 역사에 기록된 다산의 횟수를 정리하면 다음 표와 같다.

우리 역사 속에는 모두 162회의 다산 기록이 남아 있음을 알 수 있다. 다섯쌍둥이 기록이 1회, 네쌍둥이 기록이 8회, 세쌍둥이 기록이 153회다. 하지만 이 기록이 완전한 것이라고 볼 수는 없다. 고종 이후 지금까지(1863~1998)의 기록을 모두 조사한 것이 아니기 때문이다. 게다가 이 기록들을 살펴보면 기록 간에 편차가 심하다는 사실을 알 수 있다. 우선 사료별로 기록 내용이 다르다. 예를 들어 《증보문헌비고》에는 극히 일부 쌍둥이 기록만을 적어놓고, 그 끝에다 "이런 기록이 많으나 모두 적지 않는다〔若此類者多而今不盡錄〕"고 하여 더 많은 기록이 있음을 암시하고 있다.[6]

다섯쌍둥이: 1회	193년(벌휴왕 10) 3월: 4남 1녀
	670년(문무왕 10) 6월: 3남 1녀 사속(賜粟) 200석(《문헌비고》에는 100석)
	798년(원성왕 14) 6월: 3남 1녀
	825년(헌덕왕 17) 가을: 2남 2녀 사조(賜租) 100석
네쌍둥이: 8회	1546년(명종 1) 2월 8일: 4남
	1713년(숙종 39) 5월 10일: 4남
	1737년(영조 13) 5월 18일: 4남
	1791년(정조 15) 12월 26일: 2남 2녀
	1829년(순조 29) 8월 15일: 4남
세쌍둥이: 153회	신라(3남) 4회
	고려(3남) 12회
	조선 137회
한국 역사 속의 다산 기록 총계: 162회	

그럼에도 불구하고 이들 기록 가운데 몇몇은 그보다 훨씬 상세한 실록에서 아예 빠져 있다. 예를 들어 1629년(인조 7) 3월 평양부의 한 여자가 2녀 1남을 낳았다는《증보문헌비고》의 기록이 실록에는 보이지 않는다. 1776년(정조 원년)에는 양산군에서 한 여자가 3남을 낳았고, 안주에서는 3남이 태어났다고《증보문헌비고》에 기록되어 있지만,《정조실록》에는 그런 기록이 없다. 1779년(정조 3) 울산부에 사는 양인 이악지(李惡只)의 처가 3녀를 낳았다는 기록도《증보문헌비고》에는 있지만 실록에는 나오지 않는다. 게다가 잘못 기록된 것도 있다. 예를 들면 같은 사건이 실록에 두 번 나오기도 한다.

표 2에 소개한 다섯 쌍의 기록을 비교해보면 세쌍둥이 기록이 서로 일치하는 것을 확인할 수 있다. 비록 주인공 이름이 다르거나 세쌍둥이의 내용에 약간의 차이가 있지만, 모두 지방의 같은 장소에서

표 2_ 세쌍둥이 기록이 중복된 사례

A1	1522년(중종 17) 9월 25일(무진): 경상도 선산의 절 종 돌비[石乙非]가 세쌍둥이를 낳았는데, 쌀과 콩을 내렸다. 《중종실록》 16책 161쪽.
B1	1522년(중종 17) 11월 2일(갑진): 선산부에 사는 여자가 세쌍둥이를 낳았다. 《중종실록》 16책 172쪽.
A2	1524년(중종 19) 6월 6일(기해): 충청도 회덕현에 사는 일비(一非)라는 양녀(良女)가 한 번에 세 아들을 낳았다. 《중종실록》 16책 312쪽.
B2	1524년(중종 19) 7월 23일(병술): 충청도 회덕현에 한 번에 세 아이를 낳은 여인이 있었다. 《중종실록》 16책 324쪽.
A3	1529년(중종 24) 10월 1일(계해): 전라도 창평현의 양녀 어질덕(於叱德)이 사내아이 세쌍둥이를 낳았다. 《중종실록》 17책 157쪽.
B3	1529년(중종 24) 12월 2일(갑자): 전라도 창평현의 양녀 잉질덕(芿叱德)이 세쌍둥이를 낳았다. 횡간(橫看)에 따라 미두(米豆)를 제급(題給)하였다. 《중종실록》 17책 175쪽.
A4	1543년(중종 38) 5월 5일(무신): 경기 가평의 어떤 여인이 세쌍둥이를 낳았다. 《중종실록》 18책 675쪽.
B4	1543년(중종 38) 7월 13일(병진): 경기 가평의 관비 늣언이[芿叱言伊]가 딸 세쌍둥이를 낳았다. 《중종실록》 19책 4쪽.
A5	1543년(중종 38) 11월 11일(신해): 충청도 음성에 사는 양녀 막덕(莫德)이 딸 세쌍둥이를 낳았다. 《중종실록》 19책 22쪽.
B5	1543년(중종 38) 12월 25일(을미): 충청도 음성에 사는 사비 막덕이 딸 세쌍둥이를 낳았는데, 쌀과 콩을 주라고 명하였다. 《중종실록》 19책 30쪽.

일어난 일이다. 그런데 이들 두 기사가 서로 다른 날짜로 기록되어 있는데, 그 차이가 한 달 남짓에서 두 달 전후다. 이렇게 시간 차이가 나는 것은 그 사건이 일어난 날과 서울에 그 보고가 접수된 날이

다르기 때문일 것이다. 그러니까 이들 기록을 중복된 것으로 보아 이를 빼면 세쌍둥이 기록은 5건이 된다.

표 3_ 실록에 기록된 다산의 예

	재위 연수	쌍둥이 수	3남	2남 1녀	1남 2녀	3녀	기타 1	기타 2
태조	6년 2월	–	–	–	–	–		
정종	2년 2월	2	2	–	–	–		
태종	17년 9월	12	2	4	1	4	3子:1회	
세종	31년 6월	34	22	6	3	2	3子:1회	
문종	2년 3월	–	–	–	–	–		
단종	3년 1월	2	1	–	1	–		
세조	13년 3월	2	1	–	–	–		3兒:1회
예종	1년 2월	–	–	–	–	–		
성종	25년 1월	7	1	–	1	–	3子:3회	3兒:2회
연산	11년 9월	5	3	1	–	1		
중종	38년 2월	29	4	3	2	6	3子:11회	3兒:3회
인종	8월	–	–	–	–	–		
명종	21년 11월	11	2남	1	1	1	3子, 4子	3兒:5회
선조	40년 7월	2	1	1	–	–		
광해	15년 1월	2	1	–	–	–	3子:1회	
인조	26년 2월	8	3	1	2	1		3兒:1회
효종	10년	3	1	–	–	1	3子:1회	
현종	15년 3월	10	2	3	–	1	3子:3회	3兒:1회
숙종	45년 10월	5	–	3	–	–	3子, 4子	
경종	4년 2월	1	1	–	–	–		
영조	51년 5월	9	4	2	1	1	4남:1회	
정조	24년 3월	6	3	1	–	1	2남 2녀	
순조	34년 4월	1	–	–	–	–	4남	
헌종	14년 7월	–	–	–	–	–		
철종	14년 6월	–	–	–	–	–		
	471년	151	53	26	12	19	28	13(3兒)

이 기록은 조사부터 간단하지가 않다. 실록에 같은 기록이 두 번씩 나오는 경우도 있었고, CD-ROM을 이용하여 중종 이후의 기록을 찾는 것도 쉽지 않았다. 현재 한글 번역판만 디스켓으로 나와 있는데, 이것을 '쌍둥이'로 찾으면 전부 47건의 기록이 나타나고, '쌍동이'를 찾으면 55건이 나온다. 그러나 막상 기사(記事)를 읽어보면 두 쌍둥이에 관한 것도 있는데, 그것은 물론 세쌍둥이 이상의 출생만을 뜻하는 기사는 아니다. 어쨌든 '쌍둥이'와 '쌍동이'를 합쳐도 102건밖에 되지 않는다. 표 3에서 볼 수 있는 것처럼 그 총수가 151건이라면, 49건이 빠져 있는 셈이다. 이들 가운데에는 실록에는 빠져 있고 다른 기록(《증보문헌비고》)에만 나오는 경우도 있지만, 실록에 실려 있더라도 번역문에 '쌍둥이' 또는 '쌍동이'란 표현을 쓰지 않은 기사는 통계에 잡히지 않는다는 어려움이 있다. 조사에서 누락되는 것을 막기 위해 '호구'라는 분류 항목으로 찾거나, '3남', '2남(2남 1녀)', '1남(1남 2녀)', '3녀' 등 여러 가지 항목으로 검색해 모은 자료가 이상의 표로 나타난 셈이다. 이 정도로 다산의 예는 대체적으로 통계에 다 잡혔을 것이라 생각된다. 또 원문에 성별이 분명하지 않은 경우는 남자로 단정하여 3자(三子) 또는 3아(三兒)를 '남자 세쌍둥이'로 옮긴 경우가 있다.

원문을 찾아 확인하지 않을 수 없는 일이었다. 그런데 여러 정황으로 보아 '3자' 또는 '3아'라는 기록은 대체로 세 아들을 가리킨 것으로 보인다. 하지만 그렇지 않은 경우도 분명히 있고, 원래의 뜻으로 볼 때 그것은 '세 자식', '세 아이'를 뜻하기 때문에 꼭 '세 아들'이라고 단정하기는 어렵다.

2) 다산 기록의 특징

우선 다산의 기록이 정확하지 않다는 사실을 지적할 수 있다. 삼국시대의 다른 기록도 그렇기 때문에 다산의 경우도 마찬가지일 것이라 짐작된다. 또 고려 초기 1세기 동안의 기록이 없는 문제는 다른 자연현상에 대해서도 마찬가지이므로 그러려니 할 수 있다. 하지만 《고려사》의 고려 후기에 세쌍둥이에 관한 기록이 전혀 없는 것은 특이한 일이다. 쌍둥이에 관한 기록이 《고려사》에는 1185년(명종 15)에서 일단 끝나고, 마지막으로 1383년(우왕 9)에서야 다시 보이는 이유는 무엇일까? 《고려사》에는 고려 500년 역사 가운데 초기 100년과 후기 200년 동안에 아예 쌍둥이 출산에 관한 기록이 없는 셈이다. 그런가 하면 《고려사절요》에는 1225년에 세쌍둥이 남자의 출산이 흰건 기록되어 있는데, 이 200년 기간의 유일한 기록이다. 왜 《고려사》와 《고려사절요》의 세쌍둥이 기록이 달라진 것일까?

조선시대에도 쌍둥이 출산의 기록은 왕대별로 둘쑥날쑥하다. 세종 때 기록이 가장 많아서 재위 31년 6개월 동안에 34건이 있다. 1년에 1회 이상이다. 그다음으로는 태종과 중종 때에 쌍둥이 출생 기록이 많다. 그러나 선조 때에는 재위 40년에 겨우 2회의 쌍둥이 기록이 있고, 숙종은 재위 36년 동안 5건, 영조는 재위 41년 동안 9건으로 아주 적다. 조선 전기에는 쌍둥이 출산 기록이 많은데 후기에는 크게 감소했다. 전기(태조~명종, 1392~1567)에는 쌍둥이에 관한 기록이 104회였으나, 후기(선조~철종, 1567~1863)에는 겨우 47건이 남아 있다.

이 기록에서 알 수 있는 또 하나의 사실은 세쌍둥이라도 3남의 기록이 압도적으로 많다는 점이다. 세종 재위 기간의 34건 가운데 22

건이 3남의 경우로, 다분히 '남성 중심적'인 기록이라는 점을 알 수 있다. 게다가 고려 500년 동안의 쌍둥이 출산 기록 12건이 모두 3남이라는 점에서도 이는 증명된다. 관점에 따라서는 여아의 출산 기록이 제법 많다는 사실이 더 놀라운 일이라고 할 수 있다. 특히 세쌍둥이의 출산에 대해서는 남녀를 불문하고 나라에서 곡식을 하사했다는 점도 특기할 만하다. 또 여자 세쌍둥이 기록이 제법 남아 있다는 점도 조금 뜻밖으로 생각된다.

삼국시대부터 조선시대에 걸쳐 다산의 경우에는 곡식을 하사했는데, 고대에는 아주 많은 양을 내렸지만, 후세로 내려올수록 그 양이 적어졌다. 예를 들어, 신라 때에는 200석이나 100석을 내렸다는 기록이 《삼국사기》에 보이지만, 고려 때인 1035년에는 아이 한 명당 40석을 내렸다. 그것은 곧 30석으로 줄었고, 고려 말인 1383년에는 20석으로 줄어들었다. 조선시대에는 더욱 줄어 10석에서 5석을 오르내리다가 1437년(세종 19)에는 3석으로 줄어들었다. 조선 전기에는 10석, 7석, 5석에서 3석까지 하사되었음을 알 수 있다. 어느 경우에 많아지고 적어지는지는 대중하기 어렵다. 조선 후기에는 곡식을 하사했다는 기록만 더러 보일 뿐 그 양까지 밝혀진 경우는 드물다. 다산에 대한 포상이 시대가 지날수록 줄어들었다는 것을 알 수 있다.

조선 후기에 접어들면 곡식을 하사하는 관례가 점점 시들해진 것으로 보인다. 하사하는 곡식의 양이 점차 줄다가 후기에는 아예 없어진 것이 아닌가 생각한다.

3) 쌍둥이에 대한 태도 변화

시대가 흐를수록 세쌍둥이 등의 다산 현상을 귀하게 여기지 않았다는 사실은 여러 가지 면에서 드러난다. 초기의 다산에 대한 호의적인 태도는 1399년(정종 1)의 기록을 보더라도 알 수 있다. 그해 7월 함양에서 남자아이 세쌍둥이가 출생하자 임금은 서운관에게 옛글을 상고하게 했다. 그러자 서운관은 "한꺼번에 세 아들을 낳는 것은 태평세월을 주장한다고 하였고, 어떤 데에는 3년이 지나지 않아서 외국이 내조(來朝)한다고 했습니다"라고 보고했다.[7] 세종은 1431년에 세쌍둥이가 태어나자 "옛사람이 말하기를 한 태에 세 아들을 낳으면 현재(賢材)가 많다고 하였다"고 말했다.[8]

하지만 연산군은 의심의 눈초리를 던졌다. 1502년(연산군 8) 2남 1녀 출산에 대해 쌀과 콩을 내리자, 그것은 오히려 괴이한 일인데 포상하는 것이 이상하다며 옛일을 조사해 보고하라고 지시했다. 이에 대해 예조에서는 "쌀을 내려준 뜻은 상고하기가 어렵습니다. 어린아이를 기르기 어렵기 때문에 내려준 것으로 생각됩니다"라고 보고했다.[9]

세쌍둥이 출생은 점차 다른 기형 또는 자연재이와 함께 기록되기 시작한다. 1533년(중종 28) 3월에는 "유성이 북극성 아래서 나와 북쪽 하늘가로 들어갔는데 형상이 동이처럼 생겼고 빛은 붉어서 마치 횃불 같았으며, 꼬리 길이는 8~9척쯤 되었다. 천천히 돌면서 갔다. 또 천시(天市)의 서원(西垣)에서 나와 남쪽 하늘가로 들어갔는데 형상은 병 같고 꼬리 길이는 7~8척쯤 되었으며 붉은 빛깔이었다. 이 때에 일어난 천변은 극도에 이르렀다고 할 만하였다"고 적혀 있다. 이 기사와 함께 실록에는 종친 서성정(瑞城正)의 집에서 여종이 아들 세쌍둥이를 낳았는데 몸뚱이는 사람인데 머리는 개여서 사람들이 모두 해괴하게 여겼다는 기록이 있다. 이에 대해 사관은 음양의 기가 서로 화합하지 못함을 보여주는 것이라고 논평했다.[10]

명종 대에는 강원도에서 남자아이 세쌍둥이가 태어났고, 같은 때
에 충청도에서는 암송아지가 태어났는데 머리가 2개이고 이목구비
도 분명한데 역시 살아 있다 하였다. 왕이 원상(院相: 조선시대 왕이
죽은 뒤 어린 임금을 보좌하여 정무를 맡아보던 임시 벼슬)들에게 이에
대해 상의하라고 지시했다. 이들은 세쌍둥이는 전에도 있었다면서,
소가 머리 둘 달린 새끼를 낳은 것은 이른바 물괴(物怪) 가운데 큰
일이니, 홍문관에 역대의 옛일을 상고하게 하자고 건의했다. 그들은
《문헌통고》에 수록된 재이의 보응(報應)을 베껴서 보고했는데, 다음
과 같다.

진나라 건무 연간에 머리가 둘인 소가 있었는데 이는 천하가 양분될
조짐이라고 하였습니다. 그런데 그 뒤 민제(愍帝)가 몽진(蒙塵: 임금
이 난리를 피하여 안전한 곳으로 떠나는 일) 중에 역호(逆胡)에게 살해
당하고, 원제(元帝)가 강을 건너가 즉위함으로써 천하가 양분되었으
니, 이것이 그 보응입니다. 태흥 연간에도 머리가 둘인 소가 있었는데
이는 정치가 사문(私門: 보잘것없는 가문)에서 나와 상하의 분별이 없
을 징조라 하였습니다. 그런데 그 뒤 왕돈(王敦)이 정치를 어지럽혔으
니, 이것이 그 보응이었습니다. 이와 같은 요망 괴이한 일이 옛날에도
있었습니다. 그러나 하늘의 마음이 혹 임금을 사랑하는 소치에서 나
온 것인지 어찌 알겠습니까. 오직 임금이 그러한 요괴가 덕을 이기지
못한다는 것을 알고 두려워하며 덕행을 닦을 경우에는 요얼(妖孽: 요
사하며 악독한 귀신의 재앙)이 도리어 상서가 되었습니다. 후세의 임금
은 그러지 않아서 상서가 있으면 그 심지부터 교만해지고 재이를 보
고도 소홀히 하는 마음을 지녔기 때문에 그 조짐이 있으면 반드시 그
보응이 있게 되어 혼란과 위망이 따른 경우가 많았던 것입니다. 이를

거울 삼아 경계하소서.[11]

　조선 중기에 이르면 세쌍둥이에 대한 상서로운 의미에 의문을 가지기 시작했음을 알 수 있다. 오히려 이런 현상을 불길한 자연의 변화로 파악하는 경향이 생겼다. 쌍둥이 기사가 괴이하고 불길한 재이와 함께 거론되고 있다는 사실에서도 이를 짐작할 수 있다. 앞에 인용한 두 가지 사건이 이를 잘 보여준다. 1533년(중종 28)과 1545년(명종 원년)의 사건이 그것이다. 어느 종친의 집에서 여종이 아들 세쌍둥이를 낳았는데, 사람 몸뚱이에 개의 머리를 하고 있었다고 한다. 사람들이 이를 해괴하게 여겼다고 기록되어 있다. 명종 대에는 남자 세쌍둥이가 태어났다는 기록이 같은 때에 한 몸에 머리가 2개인 송아지가 태어났다는 기록과 함께 실려 있다.

　그 후에도 이런 태도는 지속되었다. 1546년(명종 1)에는 세쌍둥이와 네쌍둥이 기록이 있는데, 세쌍둥이 출산에는 쌀과 콩 10석을 주게 되어 있지만, 근래 흉년이 들어 비축해둔 곡물이 거의 떨어졌으니 감량해서 제급하는 것이 어떻겠느냐고 승정원에 물었다는 내용이다. 이에 대해 왕은 지시하기를, "비록 전례에 따라 준다 하더라도 국고가 어찌 줄어들겠는가"라고 했다.[12] 쌍둥이 출산 때 나라에서 주던 곡식을 줄이려 했음을 알 수 있다. 조선 후기로 갈수록 곡식을 내렸다는 구체적인 설명이 점점 적어져 곡식을 하사하던 관례가 차츰 사라져갔음을 보여준다.

　현종 때와 숙종 때의 기사에는 세쌍둥이 사건을 기형 또는 소의 기형과 함께 취급하여 길조가 아닌 흉조로 여기는 듯한 느낌을 주고 있다. 1667년(현종 8)에 딸 세쌍둥이가 태어났는데, 그중 두 딸은 각각 얼굴과 팔다리가 있었지만 배가 하나로 붙은 상태였다가 곧바로 죽었다고 했다. 1694년(숙종 20)의 2남 1녀 출산 기록은 머리 둘, 뿔이 넷인 송아지가 태어난 사건과 함께 실려 있다.[13]

4) 재앙으로서의 세쌍둥이

이렇게 세쌍둥이 등 다산에 대한 인식이 후세에 악화된 원인은 그것이 희귀한 일이 아님에도 포상해온 전례를 반성하기 시작했기 때문일 것이다. 특히 삼국시대에는 인구의 증가가 더욱 절실한 희망이기도 하여 한꺼번에 서너 쌍둥이를 낳는 것이 장려되었을 것으로 짐작된다. 하지만 실제로 다산이 인구 증가에 큰 도움이 되지 않는다는 점을 깨달으면서 쌍둥이에 대한 인식도 달라졌을 것으로 보인다.

어쨌든 이 다산 기록은 천민들 사이에서 일어난 예가 가장 많고, 군인 또는 상민에게서나 있는 일이지, 양반으로 보이는 사람의 경우는 거의 나타나지 않는다. 1713년(숙종 39) 5월 충청도 남포의 유학(幼學: 벼슬하지 않는 선비) 임세기(任世機)의 아내 백씨(白氏)가 한 태에서 네 아들을 출산한 경우가 유일한 기록이다.[14] 하물며 현직 관리의 경우는 기록된 예가 전혀 없다. 앞에서 종친의 집에서 한 여종이 세쌍둥이를 낳은 경우를 들었지만, 그 역시 종친의 부인이 아니라 그 집 여자 종이 낳은 경우다. 이는 당시 사람들이 이를 상서롭다기보다는 가문의 수치스러운 일로 여겼다는 사실을 보여준다고 생각된다. 물론 지체 높은 집안에서 이런 일이 생기면 숨길 수도 있지만, 천민 등 지체가 낮은 집안에서는 이를 숨기기도 어려울 뿐 아니라 오히려 나라로부터 곡식을 받는 기회로 여겨졌을 것이다. 자연히 천민들의 기록만 남게 되고, 따라서 정확한 통계를 나타내는 것도 아니라고 생각된다. 게다가 후세로 갈수록 쌍둥이 출산을 불길하게 보는 태도가 확산된 것이 아닐까 한다. 그러다 보니 기록도 적어졌을 것이다.

이는 쌍둥이 출산 보고가 시골에서나 있었지 서울에서는 극히 드물었다는 사실과도 관련이 있을 것으로 보인다. 실제로 쌍둥이 출산은 지방이 많고, 서울은 거의 없으며 경기 지역도 적은 편이다. 이를 아는 지방관들이 중앙에 보고하여 임금과 고위 관리들의 주목을 받고자 했던 것으로 보인다. 하지만 자기 집안에서 그런 일이 있다면 분명 감추었을 것이다.

고려시대에는 다산을 포상한 데 비해 중국에서는 다산을 다른 기형과 마찬가지로 불길한 일로 여겼다.[15] 하지만 다산을 바람직하지 않게 여겼음은 《고려사》〈오행지〉의 내용으로 미루어 짐작할 수 있다. 《고려사》는 조선 초기에 편찬된 섯인데, 다산 기록을 다른 인아(인체에 일어나는 기이한 현상)와 함께 기록하고 있기 때문이다.[16] 즉 인체와 관련된 기형이나 괴기한 현상을 다산과 함께 분류하고 있는 것이다.

《고려사》에서 11건의 3남 출산이 기록된 부분에는 연대순에 따라 1129년(인종 7)과 1220년(고종 7) 및 1223년(고종 10)의 괴기(怪奇) 기록 3건도 들어 있는데, 그 내용은 다음과 같다. 1129년 장평진의 관비가 크고 작은 알 세 말을 낳았는데, 그 알에서 작은 뱀이 나왔다. 1220년에는 중원부에서 어느 여자가 셋을 낳았는데, 사람이 아니라 두꺼비와 뱀과 개구리여서 사람들이 요녀라고 불렀다. 1223년에는 얼굴은 사람인데 뱀의 몸뚱이를 가진 아이가 태어났다. 이런 괴기한 기록이 세쌍둥이 기록과 섞여 있는 것은 조선 초기의 사관들이 세쌍둥이를 상서롭지 않게 여겼음을 보여준다.

이런 인식이 조선 초에 이미 쌍둥이를 환영하지 않는 분위기를 만들어 그 보고가 줄어드는 단초를 제공하게 되었을 것이다. 조선 후기에 그 경향이 더욱 심해져 아예 이를 불길하게 보는 태도가 자리 잡았고, 이 때문에 18세기 말부터 편찬된 《문헌비고》에는 여러 가지 인아가 다산과 함께 기록되었음은 물론이고, "이런 기록은 많지만 다 적지 않는다"는 논평을 끝에 붙이게 되었을 것이다.

《증보문헌비고》의 세쌍둥이 등의 기록은 '사람과 관련된 이변'이란 뜻의 제목 '인이(人異)' 아래 들어 있는데, 이 가운데에는 위에 인용한 《고려사》의 괴기한 기록도 들어 있고 조선시대에 일어난 비슷한 일들이 함께 들어 있다. 예를 들어 일곱 살짜리 소녀가 아이를 낳아 섬으로 유배당했다는 기사도 있다. 또 그 때문에 1767년(영조 43)까지 산음(山陰)현으로 불렸던 곳이 산청(山淸)이란 이름으로 바뀌게 되었다고 설명하고 있다. 이 사실은 《영조실록》에도 상세히 기록되어 있다. 조선 중기까지만 해도 그런대로 상서롭게 여겨졌던 다산 현상이 조선 후기에는 완전히 사람과 관련된 '재이' 또는 변괴쯤으로 여겨졌음을 알 수 있다.

한국사 속의 다산 기록_삼국시대

신라: 8회(고구려와 백제의 기록은 없음)

193년(벌휴왕 10)	3월 4남 1녀 《삼국사기》
666년(문무왕 6)	3월 10일 3子 《삼국유사》(《삼국사기》에는 없음)
670년(문무왕 10)	6월 3남 1녀 사조 200석(賜粟二百石 : 《문헌비고》에는 賜粟百石) 《삼국유사》에는 날짜가 1월 7일
791년(원성왕 7)	1월 3남 《삼국사기》
798년(원성왕 14)	6월 3남 1녀 《삼국사기》
814년(헌덕왕 6)	10월 3남 《삼국사기》
825년(헌덕왕 17)	가을 2남 2녀 사조 100석(賜租一百石) 《삼국사기》
882년(헌강왕 8)	12월 3남 《삼국사기》

고려: 12회

1019년(현종 10)	11월 3남 《고려사》, 《문헌비고》
1021년(현종 12)	12월 3남 《고려사》, 《문헌비고》
1023년(현종 14)	6월 3남 《고려사》, 《문헌비고》
1027년(현종 18)	10월 3남 《고려사》, 《문헌비고》
1035년(정종 1)	2월 3남 예에 따라 삼남에게 각기 조 40석을 주다. 《고려사》, 《문헌비고》
1037년(정종 3)	3월 3남 그 아이에게 속(粟) 30석 주다. 잉위항식(仍爲恒式) 《고려사》, 《문헌비고》
1052년(문종 6)	5월 3남 《고려사》, 《문헌비고》
1108년(예종 3)	8월 3남 《고려사》, 《문헌비고》
1109년(예종 4)	11월 3남 《고려사》, 《문헌비고》(10월로)
1185년(명종 15)	4월 3子 《고려사》, 《문헌비고》(3남으로)
1225년(고종 12)	5월 3남 곡식 30석을 주다. 《고려사절요》(《고려사》, 《문헌비고》에는 없음)
1383년(우왕 9)	5월 3남 사미 20석(賜米二十石) 《고려사》, 《문헌비고》

조선: 142회

1399년(정종 1)	7월 15일(계미) 각 3남 2건
1404년(태종 4)	5월 5일(을사) 3남
1406년(태종 6)	윤 7월 11일(무진) 2남 1녀. 미두(米豆) 10석 하사
1411년(태종 11)	3월 2일(임술) 3녀. 쌀을 내려주었다.
	9월 21일(기묘) 3녀
1412년(태종 12)	1월 2일(정해) 2남 1녀. 쌀을 주라고 명하였다.
	6월 3일(병진) 2남 1녀. 쌀을 내려주었다.
1413년(태종 13)	3월 15일(갑오) 3子(3남으로 번역). 쌀 6석을 하사
	5월 17일(을미) 1남 2녀. 쌀을 내려주었다.
	5월 28일(병오) 3녀. 쌀을 내려주었다.
1416년(태종 16)	1월 30일(계해) 3남
	3월 9일(신축) 2남 1녀. 쌀을 내려주었다.
1417년(태종 17)	윤 5월 16일(신미) 3녀. 3석을 내려주었다.
1419년(세종 1)	6월 7일(경진) 3녀. 쌀을 하사하였다.
	6월 18일(신묘) 3남. 쌀 10섬을 주었다.
1420년(세종 2)	1월 21일(경신) 3남. 쌀을 주게 하였다.
	12월 20일(갑인) 3남. 쌀을 하사하였다.
1421년(세종 3)	5월 3일(갑자) 3남. 쌀을 내려주었다.
1422년(세종 4)	2월 28일(을묘) 3남. 쌀을 내려주었다.
	8월 19일(계묘) 3남. 쌀과 콩을 내렸다.
1425년(세종 7)	3월 27일(정유) 2녀 1남
1426년(세종 8)	6월 29일(신묘) 3남. 쌀을 주게 하였다.
1427년(세종 9)	1월 19일(무신) 2남 1녀
1428년(세종 10)	6월 21일(임인) 3남. 전례에 따라 쌀을 하사하였다.
1429년(세종 11)	6월 28일(계묘) 2남 1녀. 전례에 의거하여 쌀을 하사하였다.
	12월 8일(경진) 3남. 전례에 따라 상을 주었다.
1430년(세종 12)	4월 11일(경진) 3남. 쌀을 주라고 명하였다.
1431년(세종 13)	5월 29일(임진) 3녀
	7월 5일(정묘) 3남의 2남이 먼저 죽어 반을 감하여 5섬만 하사하였다.
1432년(세종 14)	1월 13일(계유) 1남 2녀
1433년(세종 15)	6월 3일(갑신) 3子(3남으로 옮김). 쌀과 콩 합계 10석을 하사하였다.
1436년(세종 18)	윤 6월 2일(병인) 3남. 쌀과 콩 합계 10석을 하사하였다.
	11월 11일(임인) 3남. 쌀·콩 합계 7석을 내려주었다.
1437년(세종 19)	1월 2일(임진) 3남. 쌀·콩을 합하여 3석을 내려주었다.
1439년(세종 21)	7월 4일(경술) 3남. 쌀·콩을 합하여 10석을 내려주었다.

	11월 23일(정묘) 3남. 쌀 · 콩을 아울러 7석을 하사하였다.
1440년(세종 22)	6월 2일(임신) 3남. 쌀 · 콩을 합하여 5섬을 내렸다.
	7월 26일(병인) 3남. 쌀과 콩 아울러 7석을 하사하였다.
1441년(세종 23)	3월 15일(임자) 3남. 쌀과 콩을 내려주었다.
	5월 13일(무신) 2남 1녀. 쌀과 콩을 내려주었다.
1444년(세종 26)	4월 14일(계사) 2남 1녀. 쌀과 콩을 합해 5석을 내려주었다.
1445년(세종 27)	4월 17일(경신) 3남. 쌀과 콩 10석을 내려주었다.
1446년(세종 28)	1월 10일(무인) 3남. 쌀 · 콩 7석을 내렸다.
	7월 9일(을해) 1남 2녀. 쌀과 콩을 내려주었다.
	9월 1일(병인) 2남 1녀. 쌀과 콩 5석을 내렸다.
1447년(세종 29)	4월 9일(경자) 3남. 쌀과 콩 7섬을 하사하였다.
	7월 17일(정미) 2남 1녀. 쌀 5석을 하사하였다.
1452년(단종 원년)	11월 18일(병자) 3남. 쌀 · 콩 7석을 주었다.
1454년(단종 2)	4월 6일(정해) 1남 2녀. 쌀 · 콩 아울러 7석을 주었다.
1460년(세조 6)	8월 14일(정사) 3兒. 쌀 · 콩 10석을 내렸다.
1462년(세조 8)	12월 24일(갑신) 3남. 쌀 10석을 내려주었다.
1470년(성종 1)	3월 14일(계사) 3兒. 쌀 · 콩 아울러 10식을 내려주었다.
	6월 5일(임자) 1남 2녀. 쌀 · 콩 각각 5석을 내렸다.
1474년(성종 5)	4월 8일(임술) 3子. 쌀과 콩 아울러 10석을 내려주었다.
1476년(성종 7)	11월 18일(무오) 각 3子(3남으로 번역). (2건에) 쌀 · 콩 10석씩 내려주었다.
1481년(성종 12)	7월 10일(계미) 3兒. 쌀과 콩을 내리라고 명하였다.
1487년(성종 18)	6월 22일(경인) 3남
1499년(연산 5)	10월 29일(을묘) 3남
1500년(연산 6)	3월 20일(갑술) 3남
1502년(연산 8)	3월 11일(계미) 3남
	4월 7일(무신) 2남 1녀. 쌀과 콩을 하사하였다.
	10월 22일(신유) 3녀
1515년(중종 10)	윤 4월 12일(기사) 2남 1녀. 쌀과 콩을 합하여 10석을 하사하였다.
1519년(중종 14)	3월 24일(정사) 3子
1521년(중종 16)	3월 10일(임술) 3子
1522년(중종 17)	3월 15일(임술) 1남 2녀
	9월 25일(무진) 3子. 쌀과 콩을 내렸다.
	11월 2일(갑진) 3子
1523년(중종 18)	4월 18일(기축) 3子(번역은 3남)
	10월 13일(기유) 3子(번역은 3남)

연도	내용
1524년(중종 19)	6월 6일(기해) 3남
	7월 23일(병술) 3兒
1525년(중종 20)	1월 9일(무진) 3兒
1526년(중종 21)	5월 9일(신묘) 2남 1녀
	6월 8일(기미) 3녀
	7월 14일(을미) 2남 1녀
	8월 16일(정묘) 3녀
	9월 20일(경자) 3남
1527년(중종 22)	2월 27일(갑술) 3남
1529년(중종 24)	10월 1일(계해) 3남
	12월 2일(갑자) 3兒
1530년(중종 25)	2월 9일(기사) 3子
	6월 24일(임오) 3子
1533년(중종 28)	3월 9일(임자) 3子(번역은 3남)
1540년(중종 35)	10월 9일(정묘) 3子(번역은 3남)
	12월 16일(계유) 3녀
1541년(중종 36)	11월 1일(계미) 1남 2녀
1543년(중종 38)	5월 5일(무신) 3子
	7월 13일(병진) 3녀
	11월 11일(신해) 3녀
	12월 25일(을미) 3녀
1545년(명종 원년)	7월 14일(갑술) 3남
1546년(명종 1)	2월 8일(을미) 3子 ; 4子
	7월 18일(임신) 3兒
1555년(명종 10)	1월 22일(무오) 3兒
	3월 10일(을사) 3兒
1557년(명종 12)	6월 29일(경술) 2남(3자가 2자로 인쇄된 듯)
1558년(명종 13)	10월 25일(무진) 3녀
1561년(명종 16)	윤 5월 6일(을미) 3兒
1563년(명종 18)	2월 12일(신유) 1남 2녀
1566년(명종 21)	11월 1일(정사) 3兒
1588년(선조 21)	6월 16일(무진) 3남
1605년(선조 38)	4월 22일(병인) 2남 1녀
1614년(광해 6)	11월 26일(갑술) 3子, 3남
1626년(인조 4)	2월 7일(경진) 3兒. 식물(食物)을 하사.
1628년(인조 6)	9월 14일(신미) 1남 2녀. 식물을 하사.

	9월 곽산군 3남, 파주 2남 1녀 《증보문헌비고》 11:10b
1629년(인조 7)	3월 1남 2녀 《증보문헌비고》 11:10b(실록에는 없음)
1641년(인조 19)	6월 10일(갑인) 3녀. 전례에 의거하여 물품을 하사.
1642년(인조 20)	4월 8일(정미) 3남. 쌀을 하사할 것을 명하였다.
1647년(인조 25)	7월 11일(경술) 3남. 전례에 의거하여 쌀을 하사.
1654년(효종 5)	1월 15일(병오) 3녀. 전례에 의거하여 쌀을 하사.
	5월 21일(경술) 3子. 전례에 따라 쌀을 주도록 하였다.
	9월 30일(병진) 3남. 쌀을 하사하라고 명하였다.
1661년(현종 2)	5월 16일(갑자) 3兒, 3子
	6월 10일(정해) 3子 《현종개수실록》 6월 12일(기축)에 3子
1662년(현종 3)	9월 13일(계미) 3남
1667년(현종 8)	3월 10일(갑신) 3녀
1669년(현종 10)	5월 4일(병신) 3子
	12월 27일(병술) 3남, 2남 1녀
	《현종개수실록》 12월 27일(병술)에는 3남, 1남 2녀
1671년(현종 12)	3월 16일(정묘) 2남 1녀
1672년(현종 13)	윤 7월 9일(임오) 2남 1녀
1675년(숙종 1)	윤 5월 27일(갑인) 3子(번역은 3남으로)
1680년(숙종 6)	8월 3일(기미) 2남 1녀
1694년(숙종 20)	3월 9일(정미) 2남 1녀
1697년(숙종 23)	5월 17일(병신) 2남 1녀
1713년(숙종 39)	5월 10일(병술) 4子(4남으로 번역)
1723년(경종 3)	5월 11일(기축) 3남
1737년(영조 13)	5월 18일(을사) 4남
1748년(영조 24)	10월 11일(임진) 3남
1764년(영조 40)	5월 7일(무오) 3남
1765년(영조 41)	1월 16일(임술) 3녀
	1월 25일(신미) 2남 1녀
	2월 4일(경진) 3남
	2월 14일(경인) 3남
1770년(영조 46)	5월 15일(신묘) 2남 1녀. 쌀 하사.
1771년(영조 47)	6월 12일(신사) 1남 2녀
1776년(정조 원)	양산 3남, 안주 3남 《증보문헌비고》 11:10b
	(《정조실록》에는 없음)
1779년(정조 3)	3녀 《증보문헌비고》 11:11a(《정조실록》에는 없음)
1788년(정조 12)	8월 9일(무술) 3남

| 1791년(정조 15) | 12월 26일(병인) 2남 2녀. 원래 규정 이외에 특별히 곡식을 내렸다. 《증보문헌비고》에는 "철산부 이흥복(李興馥)의 아내가 2남 2녀를 낳고, 한성부 남부의 사비 덕이가 2남 1녀를 낳았다"고 되어 있음 (11:11a) |
| 1829년(순조 29) | 8월 15일(병자) 4남 |

2. 상서로운 자연현상: 서성, 가화, 사리, 감로, 흰 동물 등

우리 역사에는 상서로운 자연현상으로 기록된 것들이 있다. 이들을 크게 천문(노인성 등), 식물(서지, 가화 등), 동물(백치 등), 광물(사리, 감로 등) 등의 유형으로 나눌 수 있다. 이를 전반적으로 다루는 일은 대단히 어렵고 방대한 작업이다. 여기서는 상서로운 현상에 대해 어떤 반응과 기록을 남겼는지 대체적 흐름만을 살펴보기로 한다.

상서에 대한 연구는 아직까지 제대로 이루어지지 않았다. 예를 들어 필자는 1977년의 학위논문에서 한국사에서의 상서에 대해 세쌍둥이 등의 쌍둥이, 흰 동물을 비롯한 이상한 동물 상서, 상서로운 별들, 상서로운 곡식, 감로(甘露: 단 이슬), 사리 등 대표적인 경우를 간단하게 소개했다.[17] 그 후 삼국시대의 재이를 집중적으로 조사 보고한 신형식의 연구는 불길한 현상에 대해서는 자세하게 다루고 있으나, 상서로운 현상에 대해서는 간단하게 소개하고 있을 뿐이다.[18] 이희덕의 고려사 연구에는 '상서설(祥瑞說)'이라는 작은 단원에서 현학(玄鶴: 늙은 학)과 봉황에서 지초(芝草: 영지), 연리(連理: 결이 서로 통하는 두 나무의 가지), 백치(白雉: 흰 꿩), 가화(嘉禾: 낟알이 많은 큰 벼), 노인성(老人星: 남극성) 등 《고려사》〈오행지〉에 나타난 상서 몇 가지만을 간단히 소개하고 있다.[19] 그 밖에도 한국 역사에는 목가(木稼: 서리의 일종), 청량간 등 수많은 상서로서의 자연현상이 기록되어 있다. 하지만 한국 역사에 나타나는 모든 상서를 체계적으로 정리하고 그 의미를 다룬 연구는 지금까지 없었던 것으로 보인다.

이 글에서는 우선 그 대강을 소개하되, 지금까지 이루어진 간단한 수준의 연구에서 한 발 더 나아가 상서로 여겨졌던 자연현상 가운데 대표적인 것을 분야별로 골라 조금 더 상세하게 검토해보기로 한다.

1) 노인성 등 천문상의 상서

새해가 되면 임금은 도화서에서 그려 올린 그림을 신하들에게 하사했다. 이를 세화(歲畵)라 부르는데, 그 그림에 자주 등장하는 것이 노인성이다. 또 입춘 때에는 좋은 글귀를 적어 대문이나 기둥에 붙이는데, 이런 입춘첩(立春帖) 가운데에는 '북당훤초록 남극수성명〔北堂萱草錄 南極壽星明 : 북당에는 훤초가 푸르고, 남극에는 수성이 밝도다〕'이라는 글귀가 있다.[20] 조선의 개국과 함께 돌에 새겨 남긴 유명한 국보 천문도인 〈천상열차분야지도〉에도 노인성이 그려져 있다. 오늘의 천문학에서는 이 별이 카노푸스(Canopus)로 동정(同定 : 소속이나 명칭을 바르게 정하는 일)되어 있다.

노인성은 한국 역사에서는 수성(壽星), 남극성 등으로 알려져 있다. 최초의 수성 또는 노인성에 관한 기록은 《삼국사기》에 나온다. 사실상 《삼국사기》에는 단 한 번의 노인성 기록이 남아 있다. 934년(경순왕 8) 9월에 노인성이 보였다는 기록이 그것이다.[21] 그러나 이 상서로운 별이 나타났다는 기록이 있은 지 꼭 1년 뒤에 경순왕은 나라를 고려에 바치고 말았다. 신라로서는 상서로운 별이었다고 보기가 어렵다. 그런데 같은 시기의 고려에서도 이 별이 보였다고 《고려사》는 전하고 있다.[22] 태조 때의 기록 이외에 노인성에 대한 관심은 고려 때에 상당히 높았음을 알 수 있다. 934년 이후에도 1120년(예종 15) 8월에 수성이 보였다. 임금은 그달 을유일에 서경으로 갔는데, 사흘 뒤인 무자일에 수성이 나타났다. 노인성이 개성도 아닌 훨씬 북쪽의 평양에 나타났다는 뜻이다. 임금은 다음 달인 9월 기해일에 친히 수성명사(壽星明詞)를 짓고, 악공을 시켜 노래 부르게 했다.[23] 수성은 노인성과 같은 별로 여겨진다. 그런데 예종은 2년 뒤인 1122

년 4월에 45세를 일기로 죽었다. 이어 1123년(인종 1) 2월에는 서경 (西京) 유수(留守)가 노인성이 나타났다고 보고했다.[24] 《고려사》에는 이에 대한 특별한 반응이 기록되어 있지 않다.

1170년(의종 24)에는 2회의 기록이 남아 있다. 그해 2월 갑신일에 남극에 낭성(狼星, 시리우스: 큰개자리에서 가장 밝은 청백색의 별)이 나타나자 서해도 안찰사 박순가가 이를 노인성이라 여겨 역마를 달려 보고했다. 다음의 기록들은 이 보고에 따른 반응으로 보인다. 즉 다음 달 3월 기사일에 임금이 문하성 지사 최온(崔溫)을 서경에 보내 노인당에서 제사를 지내게 했고, 우부 승선 임종식(林宗植)을 해주의 상산에서 노인성에 제사 지내라고 파견하면서, 전국의 노인당 있는 곳에는 모두 사람을 보내 제사 지내도록 했다. 4월 초하루에는 친히 대궐 안에서 노인성에 초제를 지냈다. 그리고 사흘 뒤에 충주목 부사 최광균(崔光鈞)이 전달 28일 죽장사에서 노인성에 제사 지냈는데, 그날 저녁에 노인성이 나타나 세 번 술을 바쳤더니 사라지더라고 보고했다. 임금은 크게 기뻐했고, 신하들은 칭송했다. 신하들이 수성이 다시 나타남을 축하하자 임금은 이들에게 술과 과일을 내렸다. 수성이 다시 나타남에 따라 태자는 복원궁(福源宮)에서 초제를, 평장사 허홍재(許洪材)는 상춘정(賞春亭)에서 역시 초제를, 좌승선 김돈중(金敦中)은 충주 죽장사에서 제사를 지내게 했다.

의종의 잔치는 이 시기에 계속되었다. 모두 노인성의 출현을 축하하는 자리는 아니었는지 모르지만, 거의 이를 화제로 잔치를 열었던 것으로 보인다. 그해 2월 서해도에서 노인성이 나타났다는 보고가 올라온 것을 계기로 축하잔치가 열렸는데 윤 5월까지 거의 지속된 것으로 보인다. 여름 이후 노인성 이야기는 사라졌으나, 잔치는 계속되는 가운데, 정중부의 쿠데타가 일어나고, 의종은 그해 10월 이의민에게 죽임을 당한다. 이때 의종의 나이 45세였다. 그해에 노인성이 나타났지만 그의 수명을 늘려주지는 못했음을 《고려사》는 강조하는 듯하다.[25] 더욱 흥미로운 일은 쿠데타 이후 노인성을 보고했던 박순가가 바로 그 일 때문에 처벌을 받았다는 사실이다. 1171년(명종 1) 9월 당시 대신들의 상소로 박순가 등은 탄핵을 받는다. 박순가는 망령되이 노인성이 나타났다고 보고했기 때문에, 그리고 수주(水州) 지사 오록지(吳錄之)는 노인성 사건 직후 금거북〔金龜〕을 상서로운 일이라고 바쳤기 때문이다. 이들의 자손들은 금고(禁錮)형을 받았다.[26] 고려의 마지막 기록은 1382년(우왕 8) 7월 "서성이 서방에 나타났다〔瑞星見于西方〕"는 것이다.[27] 물론 이때의 서성이 노인성을 가리키는지는 분명하지 않다.

언제부터인지 확인하기는 어렵지만, 고려에는 이미 노인성에 제사하는 단이 세워져 있었다. 나라에서 정식으로 별도의 제단을 세운 것인지는 확실하지 않지만, 《고려사》〈예지〉의 기록에 따르면 1039년(정종 5) 2월 임오일, 1108년(예종 3) 8월 병술일, 1111년(예종 6) 2월 기해일에 노인성을 남교(南郊) 또는 남단(南壇)에서 제사 지낸 사실이 나온다.[28] 1170년(의종 24)에는 노인성의 출현을 축하하여 수성사(壽星祠)를 건축했다. 그 건축을 감독하던 병부낭중 진윤승(陳允升)이 1171년(명종 1) 원한에 찬 군인들에게 살해당했다는 기록 가운데 남아 있는 내용이다.[29] 의종은 이 수성사에서 제사를 지냈을 것으로 짐작된다. 삼국시대에도 노인성에 제사 지냈는지는 확인할 수 없다. 중국에서는 이미 오래전부터 제사를 지내왔기 때문에 이 시기에 이미 받아들여졌을 가능성도 없지 않다.

이와는 별도로 고려에는 영성단(靈星壇)이 있었다. 영성에 대한 제사는 삼국시대에 이미 실시되고 있었다고 《삼국사기》는 전한다.[30]

영성은 농업신으로 여겨졌던 별로서 노인성과는 다르다. 고려 때까지는 노인성과 영성의 숭배가 자리 잡고 있었음을 알 수 있다. 이는 조선 초에도 이어졌다. 1411년(태종 11) 1월에 임금은 중국의《문헌통고》를 읽다가 예조에 명하여 노인성의 제단을 쌓고 희생(犧牲)을 사용하여 제사하라고 지시했다.[31] 이어 예조에서는 "《천문지》를 살펴보면, 노인성은 항상 추분날 아침에 병방(丙方)에서 나타나 춘분날 저녁에 정방(丁方)에서 사라지는데, 노인성이 나타나면 나라가 잘 다스려지고, 임금이 수창(壽昌: 오래 살고 하는 일이 번성함)하는 까닭에, 추분날 남교(南郊)에 나가 기다린다고 하였습니다. 본조(本朝)에서 춘분·추분에 노인성을 제사 지내는 것은 대개 가을에 나타나고 봄에 사라지는 뜻을 취하여 이를 제사 지내는 것입니다"라고 보고하며 주나라 제도를 본받아 추분에 남교에서 제사 지내자고 건의했다. 그리고 상세한 제단의 건축 방법까지 설명하고 있다.

　세종 때에도 비슷한 기록이 있다. 1423년(세종 5) 8월 임금은 친히 노인성 등의 제사에 향과 축문을 전하였고, 이어 예조에서 올린 비슷한 내용의 보고도 기록되어 있다.[32] 세종대의 노인성단, 원단, 영성단, 풍운뇌우단은 모두 숭례문 밖의 둔지산에 있었다. 또 경상도 선산의 죽림사는 예전에 노인성이 비치는 곳이라고 하여, 매년 봄가을마다 사신을 보내어 제사를 지냈고, 세종 대에는 그곳에 제성단(祭星壇)을 지었다.[33] 하지만 조선시대에 들어오면 노인성을 관찰하여 이를 축하하는 관행은 사라진 것으로 보인다. 실록에 그러한 기록이 전혀 없기 때문이다. 노인성에 지내는 제사 역시 초기에는 도교와 관련하여 유지되다가, 16세기 초 중종 때 소격전이 혁파되면서 더 이상 제사도 지내지 않게 된 것으로 보인다.

　1797년(정조 21) 예조판서의 상소로 노인성과 영성에 제사 지내자는 논의가 크게 일어났고, 모든 대신이 찬성하고 나섰다.[34] 하지만 이 논의 결과가 어떻게 되었는지는 명확하지 않다. 여하튼 노인성에 대한 기록(제사를 지내는 일이나 노인성이 나타나 축하하는 기록 등)이 일절 보이지 않는다. 하지만 새해마다 도화서에서 노인성을 그려 올리는 일이 계속된 것을 보면 노인성을 주제로 글을 쓰는 경우도 흔했을 것이다. 세조 때 노인성을 들어 임금의 축수를 빌었던 시가 남아 있고, 영조 때에는 대궐 안에서 노인성이 글짓기 주제가 되기도 했다. 이능화(李能和)가 지적했듯이 조선시대에 환갑을 축하하는 시에 노인성이 자주 등장하며, 세상에 전하는 말로는 남극노인성이 보이는 제주도에 수명이 긴 사람이 많다고 했다.[35]

이순지의 《천문유초》는 28수의 정(井)수를 설명한 끝에 노인성을 소개하고 있다.[36] 낭성(狼星) 다음에 그림을 그려두었고, 추분의 새벽에 병(丙)의 방향에서 나타나 춘분의 저녁에 정(丁) 방향으로 진다고 설명하고 있다. 추분 때 크고 밝게 보이면 임금이 수(壽)하며 세상이 안녕할 조짐이고, 보이지 않으면 임금에게 좋지 않은 일이 생기고 전란이 일어나며 흉년이 들 조짐이라고 보았다. 이 책에는 또한 뒤에 서성(瑞星: 태평성대에 나타난다는 상서로운 별)이란 항목을 따로 두고 있는데, 서성의 종류로는 경성(景星), 주백(周伯), 함예(含譽), 격택(格澤) 등이 있다고 했다. 경성은 반달 모양의 별로 그믐이나 초하루에 나타난다는 등의 설명도 하고 있다. 세종 대에 사신이 중국에 갔다가 함예성이 나타났다는 이야기를 듣고 와서 보고하자 조정에서 이를 축하하는 글을 중국에 보낸 기록이 보인다.[37] 하지만 글을 쓸 때 수식하기 위해 이런 서성에 대해 쓰는 경우는 있지만, 이런 것들을 실제 관측했다는 보고는 남아 있지 않다.[38]

1769년(영조 45) 4월에는 지사 이익정(李益炡)이 영성단에 제사 지낼 것을 청하자 임금이 거절했다는 기록이 있다. 그는 임금의 나이가 80에 가깝고, 백성들 또한 요절하는 사람이 없고 100세에 이른 자가 많은 것은 바로 남성(南星)의 빛이 이 나라를 비추었기 때문이 아니겠느냐면서 이를 건의한 것이었다. 영조는 이런 일은 이웃나라에 창피스럽다고 거절한 대목이 눈에 띈다. 사관도 이에 대해 논평했는데, 이미 70이 넘어 온갖 고위직을 경험한 노인의 아첨을 어찌 크게 나무랄 수 있겠느냐는 비판이다.[39]

이 논의에서는 영성과 노인성, 남성 등이 섞여 등장하고 있어서 당시 이들에 대한 지식이 그리 정밀하지 않았음을 보여준다. 실제로 조선 말기에 편찬된 《증보문헌비고》는 노인성을 객성(客星: 혜성처럼 일시적으로 나타나는 별)과 함께 분류하고 있는데, "노인성은 항성이어서 혜성처럼 나타났다 사라졌다 하지 않는다. 중국의 경우 양쯔강 이남에서는 항상 보이지만, 그 북쪽에서는 보이지 않으며, 우리나라도 제주 이남에서는 보이지만, 그 북쪽에서는 보이지 않는다. 그러니 이들 노인성 기록은 잘못된 것이다"라고 단언하고 있다.[40]

그렇지만 일제시대 사람인 이능화도 쓴 것처럼 민간에서는 최근까지도 노인성에 대한 전설을 제법 믿어왔던 것이 사실이다. 17세기 초의 이수광은 제주 한라산 꼭대기에 오르면 노인성을 볼 수 있다고 기록하고 있고, 1세기 뒤의 이익은 노인성에 대해 상세한 기사를 남기고 있다.[41] 이익은 1170년 고려 의종 때의 노인성 사건을 두고 그것이 정말 노인성이었을지도 모른다고 말하면서 역사의 어려움을 설명하기도 한다. 그는 우리나라 육지에서는 노인성이 항상 보이는 것은 아니라면서, 예부터 제주도에서는 노인성이 보인다고 했다. 그의 당숙이 제주도 관직에 있을 때 노인 잔치를 열었는데, 140세 노인이 상좌에 앉았고, 100세 이상의 노인이 아주 많더라는 말도 소개하고 있다.

노인성에 대한 인식은 차츰 사라지고 있음을 알 수 있다.

2) 가화와 서지: 연리와 도리화

앞에 이미 인용한 춘첩(春帖)에 등장하는 훤초(萱草: 원추리)는 서지(瑞芝) 등을 가리킨다. 농사가 가장 중요한 생산 수단이던 고대에는 유난히 큰 이삭만 열려도 상서롭게 여겼을 것이다. 대표적인 것이 가화(嘉禾)다. 낱알이 유난히 많이 달린 이삭, 즉 가화를 임금에게 바쳤다는 기록이 《삼국사기》에 있다. 삼국시대의 가화 기록을 보면, 고구려에서는 548년(양원왕 4) 9월에 1회, 백제에서는 가화란 이름은 없고 그 대신 동성왕 11년(489) 가을에 합영화(合穎禾)라는 표현이 한 번 보인다. 신라에서는 '가화' 기록이 6회(186년, 242년, 294년, 452년, 697년, 880년) 나오고, 그 밖에 비슷한 기록이 하나 더 있다.

가화란 중국의 영향 아래 생긴 것이다. 삼국시대 오나라에서 가화라는 연호(232~238)를 쓰기도 했다. 가화는 곡식 가운데 으뜸으로, 군주의 덕이 훌륭하면 나타난다고 믿었다. 그런데 고려 역사에서는 가화란 말이 나오지 않는다. 조선시대에도 가화 기록은 거의 찾을 수 없다. 다만 1457년(세조 3) 9월 경상도 관찰사 이극배(李克培)가 가화를 바쳤는데, 세 이삭으로 된 것은 세 줄기였고, 두 이삭으로 된 것은 일곱 줄기였다는 기록이 있다. 이에 대해 임금은 '매우 가소롭다'고 했다고 한다.[42] 《증보문헌비고》에 따르면 가화 기록은 삼국시대 이후 고려시대에는 한 번도 없고, 조선시대에는 2회 남아 있다. 그중 하나가 위에 소개한 세조 때의 것이며 다른 하나는 1865년(고종 2) 11월의 기록이다. 고종 2년에 기록된 가화의 경우 한 그루에 열여섯 이삭이 달려 있었다고 한다.[43] 여기에는 가화 이외에도 이삭이 크고 많은 몇 가지 경우가 기록되어 있는데, 거의 모두 임금이 이를 물리쳤다는 설명이 붙어 있다. 그런데 당시 《고종실록》을 보면 앞에 설명한 고종 2년의 '가화'는 대원군에게 바쳐졌던 것으로, 한 그루에 열여섯 자루가 달린 옥수수〔一莖十六穗之玉塘〕로 보인다.[44] 《증보문헌비고》는 이를 가화라고 쓰고 있지만, 《고종실록》에는 그런 표현이 없는 점도 대조를 이뤄 흥미롭다.

이로 미루어 알 수 있는 사실은 한국 역사에 등장하는 '가화'는 어느 한 가지 곡물을 가리키는 것이 아니라 어느 곡물이건 이삭이 크고 많으면 '가화'라고 불렀을 가능성이 있다는 것이다. 또 삼국시대에는 반응이 기록되어 있지 않지만, 조신시대에는 기화를 모두 물리쳤다고 나온다.

식물 가운데 상서로운 현상으로는 서지(瑞芝), 서초(瑞草) 등이 있다. 영지(靈芝) 역시 같은 뜻으로 사용되었다. 이에 대한 기록은 많지 않다. 금지옥엽이란 말이 있는 것처럼 금지(金芝)란 표현도 보인다. '지'는 '芝', '芷'로 적기도 한다. 삼국 가운데 서지 기록이 남아 있는 것은 통일신라뿐이다. 704년(성덕 3) 1월 웅천주에서 금지를 바쳤다는 기록을 시작으로, 708년(성덕 7) 1월 사벌주에서 서지를 바쳤고, 724년(성덕왕 23) 봄(다음 기사에는 2월로 표기되었으니 1월로 볼 것이지만 《증보문헌비고》는 이를 3월로 처리함)에는 웅천주에서 다시 서지를, 754년(경덕왕 13) 5월에는 우두주에서 서지를 바쳤다는 기록 등 모두 4회가 남아 있다.

고려시대에도 서지 기록은 드물다. 첫 기록은 918년(태조 1) 6월 일길찬 능윤(能允)의 집 정원에서 서지가 났는데, 한 그루에 아홉 줄

기가 났고, 그 가운데 세 줄기에는 꽃이 피었다〔一本九莖三秀〕. 임금
에게 바쳤더니 임금이 내창(內倉)의 곡식을 하사했다.[45] 1062년(문종
16) 5월 중광전 뜰에 주초(朱草)가 총총하게 났다. 글 잘 쓰는 신하
들에게 부(賦)와 시(詩)를 짓게 했다.[46] 주초는 잎이 15개로 매일 하
나씩 15일까지 나고, 16일부터는 한 잎씩 지는 풀이라고 되어 있다.

그로부터 한 세기가 지난 의종 때에는 다시 서초에 대한 사건이
일어났다. 때마침 의종은 노인성이 나타났다 하여 축하를 받고 있었
다. 연복정에서 잔치를 하는데 신하들이 보이는 것마다 상서로운 일
이라면서 정자에 난 쑥까지 서초라 했다. 게다가 내시가 물새를 보
고는 현학(玄鶴)이라 하며 시를 지어 찬미하자, 임금이 오랫동안 감
탄하더니 자신도 시를 지어 화답하고 그 내시에게 벼슬을 주었다.[47]
하지만 의종은 얼마 후 임금자리에서 쫓겨나 목숨까지 잃게 된다.
1317년(충숙왕 4) 미륵사 중이 이상한 풀을 가져다가 영지라고 하며
임금에게 바쳤다. 충숙왕은 이를 중히 여겨 문사들에게 시를 지어
올리라고 했다. 이에 어느 사람이 시를 지어 바쳤는데, "어찌 신선의
기르는 재주를 얻고, 다시 감로를 얻어 뜰 안에 심어볼까!"라며 이를
비웃었다.[48]

조선시대의 서지 기록은 거의 보이지 않는다. 비슷한 경우로는 성
종 때 후원에 파가 났는데, 한 줄기에 아홉 가지가 나서 이를 서총
(瑞蔥: 상서로운 파)이라 불렀다. 1505년(연산군 11) 연산군이 여기에
축대를 쌓고 서총대라 불렀다.[49] 창덕궁 후원에 높이가 100여 척이
나 되는 누대를 쌓았는데 1000명이 앉을 만하였으며, 그 아래에는
못을 파고 그 곁에 정자를 지었다. 또 창덕궁 후원에서 경복궁·경
회루까지 임시 건물 3000여 칸을 이어 짓고, 망원정 아래의 조수(潮
水)를 끌어들여 창의(彰義)의 수각(水閣) 아래까지 파서 통하게 하려

고 도감으로 하여금 수도(水道)의 깊이·너비·고저를 측량하게 하고, 거기에 동원될 역부(役夫)의 수를 헤아려보니 50여만 명이나 되었는데, 다음 해에 역사를 시작하려다가 미처 성취하지 못하였다는 것이다. 연산군이 폐위되자 2년 안에 서총대는 철거되었다.[50] 이래저래 상서로운 풀로 여겼던 서지 또는 서초 등은 조선시대로 넘어오면서 완전히 불길한 풀로 바뀌었음을 알 수 있다. 이익이 서초란 "상서로운 것이 아니라 오직 재이일 뿐〔非瑞伊災也〕"이라 갈파한 사정은 바로 이런 정서를 반영한 것이다.[51]

이상에서 풀〔草〕에 관한 상서를 살펴보았다. 이제 나무〔木〕에 얽힌 상서를 살펴보자. 먼저 연리(連理) 현상이 있다. 두 나뭇가지가 서로 결이 통하는 것을 가리키는 말로, 지금도 좋은 부부 사이를 연리지계(連理之契), 비익연리지계(比翼連理之契)라고 표현할 정도로 상서로 간주했다. 신라 내물왕 7년(362) 4월 시조묘의 나무에 연리가 있었다는 것이 첫 기록이다. 이어 고구려 양원왕 2년(546) 2월 고구려 서울의 배나무에 연리가 생겼다는 기록이 보인다. 고려에는 973년(광종 24) 2월 개성 덕서리에서, 987년(성종 6)에는 충주에서 연리목이 보고되었다는 등 두 번의 기록이 남아 있다. 그런데 이들은 《고려사》〈오행지〉에만 남아 있을 뿐, 〈세가〉 편에는 들어 있지 않다. 또 이것을 어떤 조짐으로 여겼는지도 알 수 없다.[52] 조선시대에는 이에 대한 기록이 전혀 없다.

그 밖에도 죽었던 나무가 다시 살아났다는 기록이나 제철이 아닌 때, 특히 가을에 복숭아꽃이나 자두꽃 등이 피었다는 기록이 있으나 이들은 초기부터 길조는 아닌 것으로 여겨졌다.[53]

3) 상서로운 동물

옛날에는 색다른 피부 색깔을 가진 동물을 대체로 상서롭게 여겼다. 특히 희지 않은 동물이 희게 보일 때가 그러했다. 한국사에는 이런 이야기가 아주 많이 기록되어 있다.[54] 기원전 18년에 고구려의 제2대 임금 유리왕이 나라 서쪽으로 사냥 나갔다가 흰 노루를 잡았다는 이야기가 《삼국사기》에 전해진다. 이것이 최초의 흰 동물 기록이다. 그러나 이것을 상서로 여겼는지는 알 수 없다. 그 밖에 《삼국사기》에는 여러 가지 흰 동물〔白獐, 白鹿, 白鷹, 白鵲, 白烏, 白狐〕과 함께 신령스러운 동물〔神雀, 神鹿, 神馬〕, 빨간 동물〔赤烏, 朱豹〕, 푸른 소〔靑牛〕 등이 나온다.

임금이 상서로운 동물을 바친 사람에게 상을 내린 경우가 몇 번 보인다. 백제 초고왕 48년(213) 7월에 서부 사람이 흰 사슴을 잡아 바치자 임금이 곡식 100석을 하사했다. 또 신라 눌지왕 25년(441) 2월 사물현에서 꼬리가 긴 흰 꿩을 바치자 임금은 현의 관리에게 곡식을 하사했다.[55] 삼국시대의 흰 새와 흰 짐승 기록은 나라마다 약간 다르다. 예를 들면 흰 새에 대한 기록으로는 신라가 21회로 가장 많고, 백제와 고구려는 단 한 건도 없다. 흰 짐승 기록으로는 흰 사슴이 신라 1회, 고구려 4회, 백제 1회 있었고, 흰 노루는 고구려 4회, 그리고 흰 여우와 흰 말 등도 몇 번 보인다.[56] 이 밖에 고구려 기록에는 신작이 2회, 백제 기록에는 신작이 1회, 신록이 3회 남아 있는데, 신라에는 신령스러운 동물에 대한 기록이 전혀 없다. 어째서 고구려와 백제에만 신작과 신록이 기록되고, 신라에는 그런 기록이 보이지 않는지는 알 수 없다. 이런 기록은 고려 이후에도 전혀 보이지 않는다. 신령스러운 동물이란 무엇을 지칭하는지도 알기 어렵다.

여하튼 이들 동물은 거의 상서로운 것으로 기록되어 있다. 특히 흰 사슴이 많다. 이웃 일본에서는 650년에 흰 사슴이 나타났다는 이야기가 큰 사건으로 기록되어 있다. 650년 2월에 흰 꿩을 잡아 바치자 일본 조정에서 한참 토론이 벌어졌다. 백제 왕자[百濟君]는 이를 두고 중국 한나라에서 그런 상서가 있었음을 말했고, 중 몇 명은 고구려와 중국의 예를 들어 흰 동물은 상서로운 것이라고 강조했다. 왕자의 덕이 사방에 넘쳐흐르면 흰 꿩이 나타난다는 해석이었다. 이에 흰 꿩은 놓아주고, 연호를 고쳐 그해를 '백치 원년(白雉元年)'이라 선포했다.[57] '흰 꿩 1년'을 선포한 것이다.

그러나 우리나라에서 흰 동물을 길조 또는 상서라 여기던 해석은 일찍 사라진 것으로 보인다. 《고려사》에는 이런 기록이 거의 남아 있지 않다. 956년(광종 7) 임진현에서 흰 꿩을 바쳤다는 기록이 있고, 976년(경종 1) 5월에는 경산부에서 흰 까치를 바쳤다는 기록이 있다. 1029년(현종 20) 2월에는 흰 황새에 대한 기록이 있을 뿐이다. 1376년(우왕 2) 11월에는 서북면 만호 김득제(金得齊)가 흰 노루를 바친 기록이 있을 따름이다.[58] 여전히 흰 동물은 상서롭게 여겼음을 알 수 있다. 그래서 이를 잡아 임금에게 바쳤을 것이다. 그러나 그에 대한 반응은 상당히 절제되어 있다. 물론 이는 《고려사》를 편찬한 조선 초기 학자들의 역사적 평가가 반영된 결과일 것이다.

그래서인지 조선 초에는 이에 대한 반응이 오히려 《고려사》보다 적극적으로 나타난다. 조선 초기 1세기 동안 흰 동물 기록은 2년에 한 번꼴로 나온다. 특히 세종과 세조 때에 상서로운 동물의 기록이 많은데, 세종은 재위 32년 동안 23회, 세조는 재위 13년 동안에 11회의 기록을 남기고 있다. 특히 흰 꿩이 가장 많은데, 이들 흰 동물에 대한 두 임금의 반응은 대조적이다. 1411년 흰 꿩을 바치자, 태종은 이는 시골에 늘 있는 일이지 상서라 할 수 없다고 잘라 말했다. 세종도 흰 동물을 바칠 때마다 이를 거절하며 축하를 받아들이지 않았다. 1428, 1430, 1431, 1432, 1435, 1438, 1445년에도 거절했다는 기록이 있다.[59] 세종은 신하들이 흰 꿩의 출현을 축하하려 하자 이렇게 말했다. "만약 성인이 세상을 다스려 상서로운 일이 응하여 일어난다면 그 상서로움은 분명하겠으나, 나같이 덕이 부족한 사람이 어찌 상서를 응하게 할 수 있겠는가? 상서로운 것들의 출현이란 요행으로 생긴 것일 뿐이지 과인의 덕에 상응한 것은 아니다."[60]

그러나 세조는 이런 상서로운 일을 어느 정도 즐긴 것이 분명하다. 1466년(세조 12) 5월에 경상도 관찰사가 흰 사슴을 잡아 올렸는데, 그것이 서울에 도착할 때에는 털이 빠지고 새 털이 나와 누렇고 붉은색을 띠었다. 세조는 이것을 보고 흰 사슴이 아니라며 창덕궁 후원에 놓아주었다.[61] 당시 신하들이 이런 상서로운 일이 생기면 바로 임금에게 보고했음을 반영하는 기록이다.

연산군 때 경상도 감사 이점의 흰 꿩 사건은 흥미롭다. 1504년(연산군 9) 8월 이점이 흰 꿩을 바치자 조정에서는 임금을 완물상지(玩物喪志)에 빠지게 하고, 임금에게 아첨하여 은혜를 바라는 일이니 죄를 주어야 한다는 논의가 일어났다. 여러 차례 탄핵의 소리가 있었음에도 임금은 듣지 않다가 한 달 뒤인 9월 29일에 "흰 꿩을 올린 것은 무심코 한 일이다"라고 변명처럼 대답했다. 10월 초 비난하는 소리가 빗발치자, 연산군은 10월 13일 "경상도 관찰사 이점을 체임하라. 이점의 체임은 흰 꿩을 바친 것 때문이 아니라 수재와 한재를 숨기고 보고하지 않았으며, 또 대간의 논박을 받았기 때문이다"라고 하였다. 흰 꿩을 바친 것이 체임 이유가 아니라고 강조한 연산군의 뜻을 짐작하게 된다. 여하튼 이점은 이듬해 2월 한성부 우윤(右尹)

에 임명되어 복직했다.

연산군 말기에 관직을 지킨 그는 중종반정 이후에도 출세를 거듭했다. 하지만 1507년(중종 2) 2월 그가 대사헌에 지명되자 사헌부에서 "어찌 아첨하던 사람을 사헌부 우두머리로 삼을 수 있겠는가"라고 상소하여 임명이 취소되었다.[62] 그 후 형조판서, 한성판윤 등 여러 관직을 거치며 중신으로 활약했지만, 흰 꿩 사건은 그의 출세에 걸림돌이 되었음을 알 수 있다.

그 후 조선 역사에서는 흰 동물을 상서로 축하하는 일은 거의 사라진 것으로 보인다. 선조(재위 1567~1608) 때에는 백성이 임금에게 진상하라고 바친 흰 꿩을 춘천 부사가 되물렸다는 기록이 보인다. 또 17세기 학자 이수광은 흰 꿩이란 항상 있는 것이어서 조금도 이상할 것이 없다고 기록했다.[63]

4) 사리와 감로

《고려사》에는 1313년(충선왕 5)에 있었던 감로(甘露)와 사리(舍利)를 이용한 사기 사건이 기록되어 있다. 효가(曉可)라는 승려가 꿀물과 싸라기를 자기 몸에서 나온 감로와 사리라고 속이고 사람들을 현혹시켜 감옥에 갇히게 되었다는 이야기다. 사람들은 그의 말에 속아 그 감로와 사리를 마시기도 하고, 지니고 다니기도 했다. 또 효가는 사람들에게 자기는 불 속에 다비한 뒤 7일이면 법신(法身)으로 부활한다면서 직접 보여주기도 했다. 물론 그것은 속임수였다. 그는 몸을 숨길 수 있는 굴 위에 나무를 쌓아놓고 거기에 올라간 다음 불을 붙이게 하고는 사방에 연기가 자욱할 때 굴 속으로 몸을 숨긴 것이다. 그는 7일 동안 감과 배로 끼니를 때우다가 재를 헤치고 솟아 나

와 부활했다고 주장했다. 그러나 결국 모든 게 들통 나 감옥에 갇히는 신세가 되었다는 기록이다.[64]

감로는 천하가 태평하면 하늘이 내리는 꿀과 같이 단 이슬이란 뜻이다. 중국 역사에서는 한(漢)의 왕충(王充)이 쓴 《논형(論衡)》에 "꿀 같은 맛을 가지고 있으며, 왕자가 태평하면 내린다"고 적혀 있지만, 한국사에는 삼국시대 이후 아무런 기록이 없다.[65] 앞에 소개한 1313년의 가짜 감로 사건이 첫 기록이다. 물론 삼국시대의 사찰 가운데 감로사란 절이 있고, 고려 때의 것으로 보이는 감로 그릇〔甘露樽〕이 운문사에 남아 있기는 하다. 중국에서는 한대 이후 감로라는 연호가 여러 차례(기원전 53~50, 256~260, 265~266, 359~364, 926~927) 사용되었으며, 《삼국유사》〈왕력(王曆)〉편에도 그 중국 연호가 실려 있다. 그럼에도 불구하고 한국 고대사에서는 감로가 상서로서 그리 중시되지는 않았던 것으로 보인다. 특히 정치의 잘잘못과 관련하여 감로를 언급한 경우가 없다.

그러나 조선 초에는 감로에 대한 기록이 정치적 의미를 가지고 등장한다. 1414년(태종 14) 6월 정평(정주)과 함주(함흥)에 감로가 내렸다는 기록이 그것이다. 영의정 하륜 등이 윤 9월에 감로를 하례하고자 하였으나, 임금이 허락하지 않았다. 실록에 따르면 그 지역 사람들이 그 의미를 몰라서 늦게 보고해 그제야 하례를 행하려 했다. 태종은 이때에는 하례를 사양했으나 이듬해 4월 다시 함흥에 감로가 내리자 이를 사실로 확인했다. 이 사실은 태종이 죽은 후 예문관 대제학 변계량이 그의 일생을 찬양하는 신도비에 인용했다. "우리 동방에서는 전고(前古)에 있지 않았던 일이었으므로 정부에서 함께 전(箋: 임금에게 아뢰는 글)을 올려 하례했으나, 임금이 받지 않았다"면서, 두 번씩이나 감로의 상서를 얻었던 것도 마땅한 일이었다며 태

종을 예찬하고 있다.[66]

태종의 신도비는 세종 대에 변계량이 지은 글이다. 감로 기사는 실제로 세종 때 가장 많아서 모두 9회나 된다. 다음으로 가장 많은 감로 기사를 남긴 임금으로는 세조인데, 모두 4회가 전한다. 세종은 감로가 나타났을 때 대체로 신하들의 축하를 거절했으나, 세조는 이를 받아들였다. 하지만 세종도 처음에는 이를 받아들인 것으로 보인다. 1434년(세종 16) 3월 말일에 감로가 보고되고, 소나무에 내린 감로라면서 한 소반을 가져다 바치자, 세종은 이를 확인하고 전국에서 밀려드는 축하를 거절하지 않았다. 영의정 황희가 백관을 거느리고 치하하는 전을 올렸고, 전국 각지에서 수령들의 축하가 이어졌다.[67] 그러나 1436, 1437, 1439년(세종 18, 19, 21)에는 감로 보고가 있어도 축하를 받지 않았다. 문종 또한 삼로를 축하할 일로 여기지 않았다. 문종이 생전에 흰 꿩과 감로를 올렸을 때 이를 축하할 일로 받아들이지 않은 것을 칭송하는 글이 그가 죽은 뒤에 기록되기도 했다.[68]

하지만 세조는 환영했다. 여러 차례 감로와 사리 등에 대해 축하를 받았고, 이를 축하하는 뜻에서 강도 이하의 죄를 사면하는 명을 내리기도 했다.[69] 하지만 세조 이후에는 감로 기록이 보이지 않는다.

특히 사리와 함께 원각사에서 나타난 감로는 세조를 즐겁게 해주었다. 1464년(세조 10) 5월 임금은 흥복사를 세워 원각사로 삼도록 명했다. 효령대군이 회암사에서 원각법회를 베풀었더니 여래가 현상(現相)하고 감로가 내렸으며, 사리분신이 수백 개여서 그 사리를 함원전에 공양하였다는 것이다. 이와 같이 기이한 상서는 실로 귀한 것이므로 원각사를 세운다는 것이었다.

세조는 특히 감로와 함께 사리를 좋아했음을 알 수 있다. 사리란 불사리, 불골(佛骨)로도 불린다. 석가모니를 다비한 다음 8곡 4두나 되는 사리가 나왔고, 이를 아소카 왕이 전 세계에 나누어 보관하도록 보냈으며, 이를 보관하기 위해 8만 4000개의 탑을 세웠다고 한다.[70] 부처님의 진신(眞身)사리를 비롯하여 법(法)사리, 승(僧)사리 등으로 구별하기도 한다. 또 여러 가지 재질의 사리를 인정하기도 하지만, 근본적으로는 북방불교에서 신비화되는 경향을 보여 구슬 모양의 사리를 가리키게 되었고, 또 간절히 기도하면 이를 분신시켜 여럿으로 만들 수 있다는 믿음도 생겨났다. 사리신앙에 대해서는 이미 당나라 한유(韓愈)의 반불골소(反佛骨疏)가 있고, 고려 말에도 그런 비판이 강하게 일었으며, 정도전도 신랄하게 비판했다. 그러나 세조는 이런 전통을 무시하고 사리를 끔찍이 좋아했던 것으로 보인다.

한국사에서 기록된 첫 사리는 신라 549년(진흥왕 10)에 중국 양나라에서 들여온 것을 들 수 있다.[71] 또 일본에는 588년 백제에서 사리를 보낸 것이 첫 기록으로 남아 있다.[72] 삼국시대 이후 불교는 극성했고, 당연히 사리신앙도 활발했을 것이 분명하지만, 《삼국사기》와 《고려사》에는 그런 사실이 축소되어 남겨진 것으로 보인다. 유학자들이 불교를 반대했기 때문일 것이다. 오히려 사리에 대한 비판적 기사가 눈에 띈다. 앞에서도 인용한 고려 승려의 사리 사기 사건, 그리고 조선 초의 비슷한 사건의 기록이 그것이다. 1313년(충선왕 5) 효가란 승려가 사리와 감로를 가짜로 만들어 사람들을 속였고, 1463년(세조 9) 4월에는 개성 연복사 승려가 사리를 진상했는데, 열어보았더니 좁쌀이었다는 것이다. 임금이 그를 불러올리라 명했으나, 그는 이미 종적을 감춘 뒤였다. 또 같은 해 6월에는 성균관의 유생이 속리사 주지의 사리라면서 사리 세 알을 바쳤다. 이 기사에는 사관의 논평을 붙여 이를 맹렬히 비난하고 있다.[73]

그런데 바로 이런 사관의 논평이 있었던 세조 대야말로 우리 역사에서 사리가 가장 중요한 상서로 여겨지던 시기였던 것으로 판단된다. 1464년(세조 10) 5월 효령대군이 회암사에서 원각법회를 베풀었더니, 여래가 현상하고 감로가 내렸으며 사리가 수백 개 분신했다. 세조는 "이와 같이 기이한 상서는 실로 있기 어려우니, 흥복사를 다시 세워서 원각사로 삼고자 한다"라고 발표하고 사면령을 내렸다. 하지만 실록에 따르면 다른 사람은 아무도 보지 못하고, 오직 왕족인 영순군 이부(李溥)만이 이를 보았다고 말하였다.[74]

비슷한 상서는 1466년(세조 12)에도 계속된다. 1월에는 사리분신이 있어서 백관의 축하가 있었고, 죄인을 용서했다. 3월, 윤 3월, 4월, 7월, 10월에도 비슷한 일이 몇 차례씩 보인다.[75] 이듬해인 1467년(세조 13) 4월에도 비슷한 사건이 기록되어 있고, 1468년(세조 14) 1월과 5월에도 같은 경사가 있었다.[76] 세조는 이해 9월에 죽었는데, 그의 관 옆에서 10월 9일 법석을 열었더니 사리가 분신하여 207덩어리가 나왔다. 이에 사면령이 내려졌다.[77] 1469년(예종 1) 8월에는 영의정 한명회 등이 임금에게 사리분신을 축하했다는 기록이 있다.

그런데 특이한 점은 세조 이후에는 예종 원년에 사리 기록이 한 번 있을 뿐 실록에서 사라졌다는 사실이다. 고려 말의 학자 이색은 당대의 유명한 승려 나옹의 다비에서 나온 사리 155알을 두고 기도하여 558알로 분신했다면서 그것을 신륵사(神勒寺)에 안치했다고 기록했다.[78] 그런데 바로 이 기록을 겨냥한 것으로 보이는 논평이 이익의 《성호사설》에 보인다. 이익은 신륵사 탑이 무너졌을 때 직접 가서 그 사리를 보았다면서, 녹두 크기의 사리란 보통 모래알 같아서 믿기 어려웠다고 술회하고 있다.[79]

두 사람이 살았던 시대는 350여 년의 차이가 있는데, 불교가 흥하

던 사회에서 유교 사회로 완전히 탈바꿈했음을 보여준다. 이와 같은
시대적 변화가 두 학자의 사리에 대한 관점을 정반대로 바꿔놓은 것
이다. 그리고 그런 태도의 변화가 가장 날카롭게 나타난 것이 세조
시대였다.

암탉이 수탉으로 변하는 변괴

암컷은 음(陰)이고 수컷은 양(陽)인데 암컷이 수컷으로 변한다는 것은 음이 양을 범하는 것입니다. 일[事]로 보면 사도(邪道)가 정도(正道)를 가리는 것이요, 사람에게는 첩부(妾婦)가 그 남편을 억누르는 것이요, 안에서는 여알(女謁)이 성하고 환관이 나라의 정사에 간여하는 것이요, 밖에서는 오랑캐가 제멋대로 횡행하고 소인(小人)이 군자(君子)를 누르는 것이니 모두가 서로 비슷한 것입니다.

우리 역사에는 암탉이 수탉으로 변했다는 변괴(變怪) 또는 변이(變異)의 기록이 여러 차례 나온다. 닭은 사람과 가장 친근한 가축의 하나이면서 여러 가지 생각을 불러일으키는 동물이었다. 한국사에서 암탉이 수탉으로 바뀐 기록은 다음과 같다.[1] 이 기록 가운데 1~2는 《고려사》에서, 3~9는 30년 전에 필자가 《조선왕조실록》을 조사한 것이고, 10~37은 실록의 CD-ROM에서 추가로 조사한 것이다. 《삼국사기》와 《삼국유사》에서는 이런 변이를 찾아볼 수 없다는 점을 지적해둔다.

1. 932년(태조 15) 서울

2. 1277년(충렬왕 3) 승평

3. 1437년(세종 19) 6월 충청도 해미현

4. 1440년(세종 22) 9월 전라도 강진현

5. 1514년(중종 9) 11월 서울

6. 1515년(중종 10) 1월 서울

7. 1515년(중종 10) 2월 부평부

8. 1515년(중종 10) 3월 강릉

9. 1519년(중종 14) 4월 구례현

10. 1551년(명종 6) 2월 함흥

11. 1557년(명종 12) 4월 안성

12. 1558년(명종 13) 8월 전라도 무장

13. 1559년(명종 14) 10월 함경도 이성

14. 1559년(명종 14) 10월 경상도 의성

15. 1570년(선조 3) 8월 서울

16. 1601년(선조 34) 4월 장흥

17. 1603년(선조 36) 7월 고령

18. 1603년(선조 36) 7월 경기 금천현

19. 1603년(선조 36) 9월 충청도 연기현

20. 1605년(선조 38) 5월 평안도 의주

21. 1625년(인조 3) 2월 경상도 고성

22. 1631년(인조 9) 3월 경기 양수

23. 1643년(인조 21) 6월 평안도 의주

24. 1653년(효종 4) 6월 강원도 강릉부

25. 1656년(효종 7) 4월 경상도 울산부

26. 1660년(현종 1) 11월 평안도 순천(개수실록도 같음)

27. 1662년(현종 3) 2월 경기도 풍덕(개수실록도 같음)

28. 1663년(현종 4) 7월 강원도 강릉부(개수실록도 같음)

29. 1664년(현종 5) 2월 강원도 원주((개수실록도 같음)

30. 1669년(현종 10) 3월 경상도 대구부(개수실록도 같음)

31. 1669년(현종 10) 10월 충청도 은진현(개수실록도 같음)

32. 1670년(현종 11) 10월 경상도 합천(개수실록도 같음)

33. 1675년(숙종 1) 3월 강계

34. 1677년(숙종 3) 5월 경기도 남양에서 암탉이 수탉으로, 수탉은 암
    탉으로.

35. 1679년(숙종 5) 3월 홍산

36. 1684년(숙종 10) 8월 충청도 은진. 암탉에 뿔.

37. 1725년(영조 1) 6월 부평

그런데 《증보문헌비고》에는 이 가운데 일부만이 기록되어 있다. 그 기록은 9회뿐인데, 그 내용은 다음과 같다. 그중 세 번째 기록은 실록에는 없는 내용이다. 뒤에 설명하는 것처럼 1576년(선조 9)의 이 기록은 율곡 이이의 일기에서 옮겨놓은 것으로 보인다. 1678년(숙종 4) 8월 영산에서 일어난 변이 역시 실록에는 기록되어 있지 않다. 그 출처가 어디인지는 아직 밝혀지지 않았다.

표 1_ 증보문헌비고에 실린 암탉 변이 기록

a	932년(고려 태조 15)	4월 서경 백성 장견의 집에서 암탉이 수탉으로 변해 사흘 만에 죽었다.
b	1277년(고려 충렬왕 3)	승평군 관내의 별량(別良) 부곡 장대충(長大沖)의 집에서 암탉이 수탉으로 변했다. 대충의 말로는 20년 동안 병아리를 까던 닭이라고 한다.
c	1576년(선조 9)	2월 선산부에서 암탉이 수탉으로 변했다.
d	1625년(인조 3)	8월 고성현에서 암탉이 수탉으로 변했다.
e	1631년(인조 9)	양주에서 암탉이 수탉으로 변했다.
f	1653년(효종 4)	여름에 강릉부에서 암탉이 수탉으로 변했다.
g	1664년(현종 5)	여름에 암탉이 수탉으로 변했다(지역 불명).
h	1669년(현종 10)	10월 은진현에서 암탉이 수탉으로 변했다.
i	1678년(숙종 4)	8월 영산에서 암탉이 수탉으로 변했다.

1. 고려시대의 닭에 관한 이변

고려 태조 때 암탉이 수탉으로 변했다는 기록이 우리 역사상 닭의
변이와 관련된 최초의 기록이다.《증보문헌비고》에도 이 최초의 기
록이 그대로 실려 있다. 삼국시대에는 암탉이 수탉으로 변했다는 기
록이 없으므로, 고려 초의 이 기록이 최초의 것이 된다. 그런데《고
려사》〈오행지〉에는 닭에 대한 이변이 4회 기록되어 있고, 그 가운데
2회가 암탉이 수탉으로 바뀌었다는 위의 기록이다.

《고려사》〈오행지〉에 실린 닭에 대한 기록은 다음과 같다.[2]

1. 932년(태조 15): 4월 서경 백성 장견의 집에서 암탉이 수탉으로 변
   해 석 달 만에 죽었다.
2. 1017년(현종 8): 4월 상승국(尙乘局: 왕실용 가마와 말을 관리하던
   관아)의 암탉이 길게 울었다.
3. 1187년(명종 17): 경성의 여러 닭들이 울었는데, 날개는 치지 않았
   다.
4. 1277(충렬왕 3): 승평군 관내의 별량 부곡 장대충의 집에서 암탉이
   수탉으로 변했는데, 날개의 털과 꼬리와 엄지발톱은 수탉과 같으나
   볏〔冠〕만은 별로 높지 못했다. 대충이 말하기를, "이 닭은 20년을
   살면서 해마다 병아리를 쳤으나 작년에는 병아리를 치지 않더니 갑
   자기 수탉으로 변했다"고 하였다.

《고려사》〈오행지〉에는 3개월 만에 죽은 것으로 되어 있지만, 조선
후기에 나온《증보문헌비고》에는 3일 뒤에 죽은 것으로 되어 있다.
이를 근거로 한 것으로 보이는 관련 기사가《고려사》〈세가〉 편에 나

온다. 932년(태조 15) 5월 임금이 신하들에게 유서(諭書: 지방관이 부임할 때 임금이 내리던 명령서)를 내렸는데, 민가에서 암탉이 수탉으로 변하고 큰 바람에 관청 건물이 무너지는 변고가 있었다는 내용이다. 임금은 그 원인으로 진나라의 고사를 예로 들고 있다. 간신이 불측한 마음을 품자 그 집의 암탉이 수탉으로 변했다는 것이다. 이는 하늘이 분수에 넘치는 마음을 경계한 것이었음에도 불구하고 이를 깨닫지 못하여 결국 목이 잘리고 가문이 멸족하는 화를 입었다는 것이다. 임금은 신하들 사이에 그런 불행한 일이 없기를 바란다고 경고하고 있다.[3] 당시 고려는 후삼국을 완전히 통일하지 못하여 불안정한 상태였다. 이 경고가 어떤 세력을 겨냥한 것인지는 알 수 없다.

1277년의 기록은 《고려사》〈세가〉편에는 없는 내용이다. 《고려사절요》에서도 이를 찾을 수 없다. 《고려사》〈오행지〉에만 나오는 이 기사가 어떤 의미를 지니는지도 짐작하기 어렵다. 암탉이 울었다는 〈오행지〉의 두 기록 역시 그렇게 표현되어 있지는 않지만, 암탉이 '수탉처럼' 울었음을 지적한 것으로 보인다. 1187년(명종 17)의 기록에 대해서는 조원정(曹元正)의 난을 예고한 것이라는 해석이 있다.[4] 《고려사》에 기록된 내용은 실록에 비해 아주 적은 편이다. 암탉이 수탉으로 바뀐 기록만 보더라도 자료가 적어 그 의미를 상세하게 짐작하거나 논의하기가 어렵다.

2. 조선시대의 닭에 관한 이변

조선시대의 닭에 관한 변이, 그중에서도 암탉이 수탉으로 변한 기록에 대해서는 흥미로운 점을 발견할 수 있다. 1514년(중종 9)에서

1515년(중종 10) 사이에 기록된 4회, 1557년(명종 12)부터 1559년(명종 14)까지 기록되어 있는 4회, 1603년(선조 36) 한 해 동안의 3회, 그리고 1669년(현종 10)부터 1670년(현종 11)까지의 3회 등이 대표적인 경우다. 즉, ① 중종 대의 경우(1514~1515), ② 명종 대의 경우(1557~1559), ③ 선조 대의 경우(1603), ④ 현종 대의 경우(1669~1670)를 들 수 있다. 이 네 시기에 기록된 암탉이 수탉으로 변한 이야기를 집중적으로 검토해보자.

1) 중종 대

중종 8~9년에는 4회의 기록이 남아 있다. 즉, 1514년(중종 9) 11월 말일 서울에서의 일, 1515년(중종 10) 1월 역시 서울에서의 경우, 그리고 같은 해 2월의 경기도 부평과 3월의 강원도 강릉에서의 사건이 그것이다. 그 상세한 기사는 다음과 같다.[5]

1. 1514년(중종 9): 11일 30일 풍창군 심형의 집 암탉이 변하여 수탉이 되었다가 어느 날 저절로 죽었는데, 깃이 모두 저절로 떨어져 날아갔다.

2. 1515년(중종 10): 1월 6일 한성부 참군 안처명이 민가의 흰 닭을 가지고 승정원에 와서 말하기를, "이 닭은 본래 암탉인데 지금 수탉으로 변했습니다"라고 했다. 승정원에서 즉시 이 사실을 아뢰니 전교하기를, "그 전말을 상세히 물어서 아뢰도록 하라" 하였다. 승정원에서 즉시 닭 주인〔장원서(掌苑署)의 노(奴) 형손(亨孫)이다〕을 불러서 물으니 "지난여름에 태어난 닭인데 12월에 와서 비로소 수탉의 털이 생겼습니다"라고 대답하였다. 본사(本司)의 관원이 "이것

은 매우 비상한 일이므로 지금 감히 와서 알리는 것입니다"라고 말
하였다.

3. 1515년(중종 10): 2월 19일 경기 관찰사 임유겸(任由謙)이 장계하
   기를, "부평부의 별시위 기즙(奇緝)의 집에서 암탉이 변하여 수탉
   이 되었습니다. 그 닭을 함께 올려 보냅니다"라고 하니 전교하기를,
   "이것은 재변이다. 이 괴이한 물건을 유치(留置)할 수 없으니 소관
   관청에서 처치하게 하라"고 했다.

4. 1515년(중종 10): 3월 18일 강릉 사람 김문석(金文石)의 집에 반쯤
   검은 암탉이 2월 초부터 변하여 수컷이 되었다. 머리 위의 붉은 볏
   이 수탉과 같고 목털이 연하고 길며 발이 크고 며느리발톱이 나기
   시작하였다. 온몸이 붉은 수탉이 되어 길게 우는데, 우는 소리가 반
   은 쉬었다.

이상의 기록은 1514년 11월 말일부터 이듬해 3월 18일까지 불과 3
개월 사이에 암탉이 수탉으로 변한 변이가 4회나 보고되었음을 보여
준다. 이에 대한 반응을 살펴볼 필요가 있다.

첫 반응은 1515년 1월 11일 홍문관 부제학 허굉(許硡) 등의 상소로
나타난다.[6] 근래 여러 가지 재변이 일어나고 있는 데다가 닭의 변고
까지 생겨 경고를 하고 있다는 내용이다. 경방(京房)의 역(易)을 보
면 "임금이 여자의 말을 듣게 되면 요괴스러운 닭이 생긴다〔君用婦
言 則鷄生妖〕"면서 닭의 변고가 헛되이 나타난 것이 아니라고 강조
한다. 그러고는 길게 논의하기를, 임금이 며칠 전에 발표한 후궁의
간택 예정은 옳은 일이 아니면 취소하라고 압박하고 있다. 마지막으
로 닭의 변이를 이렇게 결론 내리고 있다.

암컷은 음(陰)이고 수컷은 양(陽)인데 암컷이 수컷으로 변한다는 것
은 음이 양을 범하는 것입니다. 일〔事〕로 보면 사도(邪道)가 정도(正
道)를 가리는 것이요, 사람에게는 첩부(妾婦)가 그 남편을 억누르는
것이요, 안에서는 여알(女謁)이 성하고 환관이 나라의 정사에 간여하
는 것이요, 밖에서는 오랑캐가 제멋대로 횡행하고 소인(小人)이 군자
(君子)를 누르는 것이니 모두가 서로 비슷한 것입니다.

그 후에도 닭의 변이가 계속되자 2월 21일에는 아침 경연에서 검
토관(檢討官) 유옥(柳沃)이 "암탉이 변하여 수탉이 된 일은 한나라에
도 있었습니다. 한 번뿐이었는데, 지금은 수탉이 된 것이 셋입니다.
음이 화하여 양이 되었으니, 그 변괴가 심합니다"라고 하니, 임금은
"위아래가 더 수성(修省)힘이 가하다"리고 하였다.[7]

며칠 뒤인 2월 25일에 장경왕후가 원자를 낳고, 일주일 만인 3월 2
일에 죽고 말았다. 이미 논의되고 있던 숙의(淑儀)를 간택해 올리라
던 명령은 이제 왕비를 어떻게 할 것인가로 바뀌기 시작한 것을 알
수 있다. 임금이 후궁을 뽑겠다고 하여 원성을 사게 된 것은 자신의
뜻이 아니라 자전(慈殿)의 뜻이라고 밝히고 있다. 자식이 귀하여 후
궁을 뽑아 자손을 번창하게 하라는 어머니 정현왕후의 언질이 있었
다는 것이다. 당시 임금은 27세, 정현왕후는 53세였다.

이때 닭의 이변이 어느 여성을 겨냥한 것인지는 《중종실록》의 기
록만으로는 확실히 알 수 없다. 그러나 그 시기에 고관을 지냈던 김
안로(金安老)는 중국의 고사를 들어 암탉이 수탉으로 변하는 일은
임금이 여자의 말을 듣거나, 여성이 정치를 농단할 때 일어난다면
서, 당시 닭의 이변이 1515년 3월 초의 장경왕후 사망으로 나타났다
고 설명하고 있다.[8] 그때 암탉이 수탉으로 변했다는 보고가 있었던

것은《중종실록》의 기록을 보면 알 수 있다. 그해 5월 이조정랑 김정
국(金正國)의 상소, 9월 대사헌 이행(李荇) 등의 상소, 10월 임금과
의 윤대에서 우참찬 남곤 등이 모두 암탉 괴변에 대해 언급하고 있
기 때문이다.[9]

당시 암탉의 변이가 어느 여성을 겨냥한 것인지는 확실하지 않다.
그 시기의 기록으로 보아 궁중에서 한창 활약하던 여성은 임금의 어
머니 정현왕후와 임금이 사랑하던 경빈(敬嬪) 박씨였다. 당시 궁궐
에는 긴장감이 감돌았다. 중종은 27세로, 임금이 된 지 10년째였는
데, 아들은 후궁 박씨가 낳은 복성군 이미(李嵋)뿐이었다. 1505년(연
산군 11) 채홍사의 눈에 띄어 중종반정 초기에 궁에 들어왔던 박경빈
은 중종의 사랑을 받아 숙원(淑媛)에서 빈(嬪)으로 승격했다. 1509년
(중종 4) 9월 숙의 시절에 아들을 낳으면서 더욱 총애를 받았을 것으
로 보인다. 원래 사족(士族: 문벌이 높은 집안)이었으나 퇴락하여 경
상도 상주에 살던 박수림(朴秀林)의 딸인 박경빈은 아들 하나와 딸
둘을 낳았다.

중종은 아직까지 왕후에게서 아들을 얻지 못한 상태였다. 1514년
(중종 9) 10월 5일 숙의 나(羅)씨가 아이를 낳다가 죽었다. 임금이 즉
위한 지 10년이 되도록 후사가 드물어서는 곤란하다는 소리가 나왔
을 것이다. 이런 배경에서 새로 임금의 후궁을 뽑아 올리라는 대비
의 지시가 1515년 정월 초에 내려졌다. 하지만 신하들의 반대로 취
소되었고, 그런 가운데 1515년 3월 초 장경왕후가 아들을 낳고 일주
일 만에 사망하는 사태가 벌어진 것이다.

중종 대의 암탉 변이는 이 궁궐 안 여성들에 대한 비판이 반영된
것으로 보인다. 그것은 경빈 박씨가 임금의 총애를 믿고 나쁜 짓을
많이 했다는 의미로도 보이지만, 다른 한편으로는 중종의 어머니,

즉 정현왕후를 겨냥한 것일 수도 있다. 1527년(중종 22) 4월 경빈과 그 아들 복성군이 쫓겨나 곧 죽임을 당했는데, 정현왕후가 조사관에게 언문 쪽지를 보내 채근함으로써 급속히 벌어진 일로 기록되어 있다.[10]

어느 경우이든 이 재변 기록을 통해서 당시 사람들은 궁중의 여성들이 지나치게 나서고 있다고 생각했음을 알 수 있다.

2) 명종 대

1551년(명종 6) 2월 10일 함흥에서 암탉의 변괴가 있다는 보고가 있자 12일 아침 강의에서 임금은 신하들과 이에 대해 논의했다. 이 자리에서 특진관 상현(姜顯)은 "이 변괴는 이교(異敎)를 존중하고 양종(兩宗: 조계종과 천태종)을 설립했기 때문"이라면서 당시 불교 부흥의 주역이던 '불측하고 간사한' 보우(普雨)를 강하게 비난했다.[11]

정만종(鄭萬鐘)이 함경감사로 있을 적에 보우에게 현혹되어 늘 관사(官舍)에 두면서 떠받들고 하지 않은 짓이 없었다니, 함흥은 실로 보우가 자취를 드러낸 곳이다. 그런데 재변이 마침 그곳에서 생겼으니, 어찌 그 사람 때문이 아니겠느냐는 주장이다. 보우를 내쫓는다면 하늘의 재변은 저절로 사라질 것이라고 그는 주장했다.

당시 승려 보우와 그의 불교 부흥에 대해서 사대부들의 반대가 불길처럼 번지고 있을 때였다. 그리고 보우의 뒤에는 임금의 어머니 문정왕후(1501~1565)가 있었다. 1515년 장경왕후가 죽자 1517년 중종의 계비로 들어온 그녀는 1534년(중종 29) 명종을 낳았고, 명종이 그의 이복형 인종의 뒤를 이어 1545년 열두 살에 왕위에 오르자 명종의 섭정이 된다. 함흥에서 일어난 암탉 변이는 그녀가 섭정으로 정권을 장악한 지 6년 뒤의 일이다. 명종이 아직 열여덟 살밖에 되지 않았을 때다. 당시 사람들은 암탉 변괴를 승려 보우 때문이라고 말했지만 사실은 문정왕후를 겨냥한 것임을 짐작하게 한다.

보우는 1549년(명종 4)경부터 문정왕후와 가까워져 조정의 반발을 불러일으키기 시작했다. 명종 6년 4월부터 6월까지 보우를 극형으로 처벌하라는 간쟁이 계속되었음에도 6월 25일에 보우는 임금의 특명에 의해 판선종사(判禪宗事) 도대선사(都大禪師) 봉은사 주지가 되었다. 이에 대해 《명종실록》에는 다음과 같은 논평이 붙어 있다.

적승(賊僧)을 숭신하여 벼슬을 판사로 하고, 공공연히 하비(下批: 후보자 중 하나를 점찍어 관직에 임명하던 일)하기를 조관(朝官: 조정의 신하)에 하듯이 하였으니 그 정체(政體)에 어떻다고 보는가. 보우 등은 또한 품계 높은 관원을 자처하여 머리에는 옥관자요, 허리에는 붉은 띠를 띠고 있는가 하면 앞에 나열하여 길을 인도하는 사람들은 또 쌍라를 불어 길을 경계하면서 앞뒤로 옹호하여 길을 메웠다. 제산(諸山: 많은 절)의 승려들이 임금처럼 우러러보며 달려 나가 맞이하고 보내기를 감히 조금도 어기지 못하며 승왕(僧王)으로 지목하였다. 또 문서를 만들어 열읍(列邑)의 관문에 통보하고 예조에 보첩(報牒)하여 공공연히 가부(可否)하기를 각 관사의 체제와 다름없이 하고 있으니, 이것은 임금이 양종의 예모(禮貌)는 그 스스로 살펴서 마련하라고 하교한 때문이다. 온 나라의 장정들을 팔도의 산사로 몰아넣어 간승을 받들게 하고 잡다한 일까지 다 궁금(宮禁: 궁궐) 안을 통하고 있으니 그 말류(末流)의 폐단을 이루 다 말할 수 있겠는가.[12]

1553년 국정은 임금에게 넘겨졌으나, 문정왕후의 섭정은 계속되었다. 언문 쪽지를 임금에게 보내 사건을 처리하게 하고, 마음에 들지 않는 결정을 할 경우에는 임금을 때리기도 했다고 야사는 전한다. 명종 12년부터 14년 사이에 일어난 암탉의 성전환 변이 기록은 이를 겨냥하고 있는 것으로 보인다. 1559년(명종 14) 10월의 변괴에 대해서는 다음과 같은 논평이 실려 있다.

> 생명체는 태어날 때부터 암컷과 수컷이 정해져 결코 서로 뒤바뀌지 않는 것이니, 이는 음과 양의 바꿀 수 없는 정해진 이치[陰陽不易之定理]다. (……) 암탉이 새벽에 울면 집안이 망한다고 하였는데, 더구나 수탉으로 변해 볏과 뒷발톱이 나고 울기까지 하였음에랴.
> 당시에 모후(母后)가 안에서 국정을 잡고 외척이 밖에서 권력을 휘둘러, 임금은 위에서 고립되고 중들은 아래에서 날로 번창하였다 음양이 뒤바뀌고 재이가 거듭 일어나는데도 군신 상하가 멍청히 두려워할 줄 모르니, 아! 통탄할 일이다.[13]

  명종 대의 암탉 변이 기록은 정권을 휘두른 문정왕후를 겨냥하고 있음을 알 수 있다.

  문정왕후는 섭정 초부터 '여자 임금'으로 지목받기 시작했다. 1547년(명종 2) 9월에 양재역에서 붉은 글씨로 "위로는 여자 임금이 정권을 휘두르고, 아래로는 이기 등 간신이 정치를 흔들어, 나라 망하는 모습을 서서 기다리게 되었으니, 이 어찌 한심하지 않은가?"라고 쓴 벽보가 발견되었다. 또 다른 사건에서도 윤결(尹潔) 형제의 대화 가운데 "윤원형은 여자 임금에게 아첨하여……" 라는 대목이 보인다. 문정왕후를 아예 '여자 임금[女王]'으로 불렀음을 알 수 있다.[14] 당시 암탉 변이에 관한 기록이 바로 이를 겨냥하고 있음은 틀림없는 사실이다.

3) 선조 대

1570년(선조 3) 8월에 암탉이 수탉이 되었고, 1591년(선조 24)에는 기형 병아리에 대한 기록이 2회 있다. 10년 뒤인 1601년(선조 34) 4월에는 암탉이 수탉으로 바뀐 변고가 있었고, 1603년(선조 36)에는 7월에 2회, 9월에 1회의 같은 이변이 기록되었다. 그리고 마지막으로 1605년(선조 38) 5월 평안도에서 암탉이 수탉으로 변한 변괴가 일어났다. 특히 1603년에는 한 해 동안 3회의 암탉 변이가 기록되어 있다.

하지만 이 재변이 어느 특정인을 겨냥한 것인지는 가늠하기 어렵다. 선조는 열다섯 살의 어린 나이에 왕위에 올랐지만 권력을 휘두른 여성이 있었던 것은 아니기 때문이다. 선조(재위 1567~1608) 초기의 대비는 실제 어머니가 아니었고, 그를 임금으로 앉히고 잠깐 섭정을 하다가 1년 이내에 그만두었다. 따라서 초기의 변괴도 대비 때문이라고 하기는 어렵다. 물론 선조의 비 역시 아직 어려서 정치에 관여할 형편이 아니었다.

그렇다면 선조 36년에 3회나 변괴가 기록된 이유를 어떻게 설명할 수 있을까? 1603년 직전 또는 직후에 정권에 간여한 여성은 거의 없어 보인다. 굳이 가능성을 따지자면 1602년 새로 선조의 계비가 된 인목왕후를 들 수 있다. 그녀는 1606년(선조 39) 선조에게는 유일한 적자인 영창대군을 낳았다. 그리고 바로 그 아들 때문에 그의 아버지 김제남은 처형당하고 영창대군 역시 여덟 살의 어린 나이에 살해당하는 비극을 겪게 된다. 인목왕후가 궁궐에 들어온 것은 1602년이

지만 갓 결혼한 왕비가 권력 다툼에 적극 개입하여 '암탉'으로 지목
될 형편은 아니었던 것으로 보인다.

마지막 가능성으로는 세자빈 유(柳)씨(1576~1623)를 들 수 있다.
광해군은 17년이나 세자로 있다가 임금이 되었고, 선조 말년에도 그
렇게 확고한 힘을 가진 상황이 아니었으므로, 유씨 역시 세력을 휘
두를 수 있는 형편은 아니었다고 생각된다. 결국 선조 말년의 암탉
은 당시 새로 권세를 잡기 시작한 김상궁, 즉 김개시(金介屎)를 가리
킨 것으로 해석된다.

김개시는 선조 말년에 입궁해 후궁이 되었는데, 선조를 독살하는
데 가담했다는 설도 있다고 《인조실록》에는 적혀 있다.[15]

궁첩(宮妾)의 폐해가 어느 시대인들 없었을까마는 폐조(廢朝: 임금을
몰아냄) 때처럼 심한 적은 없었다. 김씨는 곧 이른바 김상궁인데 일찍
이 선조의 후궁으로 있다가 뒤에 폐주(廢主: 내몰린 임금)의 사랑을
받게 되었다. 무신년 선조의 승하 당시 약밥에다 독약을 넣었다는 말
도 있었다. 적신 이이첨이 그에게 빌붙어 흉모비계(凶謀秘計)에 가담
하지 않은 것이 없었으며, 내외의 크고 작은 벼슬이 모두 김씨와의 협
의를 거친 뒤에야 낙점을 받았으므로 권세가 온 나라를 기울였다. 부
끄러움을 모르는 사대부로서 빌붙지 않은 자가 없었다.

선조 말년부터 김상궁은 이이첨과 함께 광해군 일대를 통해 가장
강력한 실권자로 인정받을 정도였다. 모든 인사가 이들 두 사람에
의해 좌우되었고, 거기에는 뇌물이 절대적인 역할을 한 것으로 기록
은 전한다.[16] 인조반정 이튿날 김상궁은 처형되었다.

4) 현종 대

현종의 재위 15년 동안에는 닭에 관한 이변이 모두 7회 기록되어
있다. 이 기록은 《현종실록》이나 《현종개수실록》에 똑같이 나타난
다. 이들 기록은 다음과 같다.

1. 현종 1년(1660) 11월 평안도 순천
2. 현종 3년(1662) 2월 경기도 풍덕
3. 현종 4년(1663) 7월 강원도 강릉부
4. 현종 5년(1664) 2월 강원도 원주
5. 현종 10년(1669) 3월 경상도 대구부
6. 현종 10년(1669) 10월 충청도 은진현
7. 현종 11년(1670) 10월 경상도 합천

위에서 한두 해 사이에 세 건 또는 그 이상의 암탉 변이가 있었던
것은 현종 10년에서 11년 사이다. 그런데 해당 시기에 권력을 휘둘
렀던 인물이 잘 드러나지 않는다. 당시의 사료를 들추어보아도 마찬
가지다.

그렇다면 현종 10년의 암탉은 누구를 겨냥한 것이었을까?

우선 임금의 어머니나 부인 또는 후궁 등이 그 대상이 될 수 있는
데, 자세히 살펴보자. 현종은 1641년 그의 아버지 봉림대군이 청나
라의 인질로 심양(瀋陽)에 가 있을 때 태어났다. 귀국 후 소현세자가
석연치 않은 죽음을 맞자 봉림대군은 세자가 되었다가 임금(효종)이
되었다. 현종은 효종의 유일한 적자로 그 뒤를 이어 임금이 되었다.
이때 그의 나이 18세(1659년)였다. 이후 10년 뒤인 1669년과 1670년

에 암탉의 변이가 일어났다. 하지만 그의 어머니 인선왕후 장씨나 그의 아내 명성왕후 김씨 어느 쪽도 두드러진 정치력을 드러낸 적이 없다.

하지만 이들 암탉 기록이 나타난 지 10년이 지난 후, 다음 임금인 숙종 6년(1680)에 '경신대출척(庚申大黜陟)' 사건이 일어나 수많은 사람들이 희생된다.[17] 이 대사건에는 당대의 세력가 영의정 허적(許積)의 서자 허견(許堅)과 그와 친하게 지내던 복창군(福昌君), 복선군(福善君), 복평군(福平君) 등이 개입되어 있다. 이들은 효종의 동생 인평대군의 아들들로서, 현종 때부터 이미 왕실의 후사가 아슬아슬하게 이어지는 상황을 보면서 왕위가 그들에게 돌아올 가능성을 기대하게 되었다. 현종 즉위 3년 후인 1661년 명성왕후 김씨는 외아들을 낳았는데, 그가 바로 숙종이 된다. 효종은 아들을 하나밖에 얻지 못했고, 현종 역시 아들 하나만을 얻어 그 아들이 즉위해 숙종이 되었다. 그전까지는 후궁에게서 아들을 여럿 얻기도 했는데 이때부터 아들은 점점 귀해졌고, 아들이 왕위를 계승하는 것조차 힘들어졌다.

그러나 이들 삼복(三福) 형제에 대한 문제는 현종 재위 기간 중에는 그럭저럭 넘어갔던 것으로 보인다. 이는 이들을 키운 할머니 인선왕후의 비호가 강하게 작용했기 때문일 것이다. 현종의 재위 기간에 이들은 중국에 사신으로 다녀오기도 했지만 궁중에 함부로 출입하면서 궁녀들과 추문을 일으켰다. 그런데 이 추문이 숙종 초에 와서 문제가 되기 시작했다. 1674년 1월 인선왕후가, 그리고 8월에는 현종이 죽고 숙종이 즉위한 다음 해인 1675년 3월에 숙종의 어머니 명성왕후가 이들을 고발하고 나선 것이다. 명성왕후는 직접 정청에 나가서 발을 사이에 둔 채 흐느껴 울면서 대신들에게 이들의 추문을 상세히 설명하고 처벌을 요청했다.[18] 이 이례적인 사건은 야사에도 기록되었을 정도로 유명하다. 왜냐하면 5년 뒤에 일어난 '경신대출척' 또는 '경신환국(庚申換局)'의 서막이 되었기 때문이다.

명성왕후는 김우명(金佑明)의 딸이고, 김우명은 김육(金堉)의 둘째 아들로, 그의 형 김좌명(金左明)과 함께 당대의 세력가였다. 이 사건을 처음 임금에게 상소한 사람이 바로 청평부원군 김우명이다. 야사에 따르면 그는 원래 이들 왕족 형제에게 우호적이어서 여러 차례 그들을 비난하는 소리를 들었지만 계속 두둔해오다가 이때 비로소 상소한 것으로 보인다. 그의 외손자 숙종이 왕위에 오르기는 했지만, 겨우 열네 살이었기 때문에 그를 위협하는 세력을 제거할 필요성이 있었을지도 모른다. 전해에 자의대비 복상 문제가 생겼을 때 남인과 협조했던 김좌명의 아들 김석주(金錫胄)는 '경신환국'에서는 남인을 토벌하고 서인 정권을 회복하는 데 큰 역할을 담당하게 된다. 그 공으로 그는 1680년 보사(保社)공신 1등이 되고, 1682년 우의정에 오른다. 여덟 살 아래인 명성왕후는 그의 사촌 여동생이다.

하지만 현종 10년에 있었던 3회의 암탉 변이가 명성왕후를 겨냥한 것인지는 분명하지 않다. 그것을 밝히려면 그 시기에 임금의 어머니 인선왕후와 임금의 아내 명성왕후의 역학관계를 정확히 알아야만 하기 때문이다. 암탉이 52세의 인선왕후를 겨냥한 것인지, 아니면 29세의 명성왕후를 겨냥한 것인지는 단언하기 어렵다. 하지만 현종 9년에 세 왕족 형제가 경기 지역에 사냥을 나가 피해를 준다는 대사간의 고발이 있었고, 그해 연말에는 송시열이 "바깥사람이 기생과 악대를 끼고 대궐에 출입한다는 말을 들었다"고 상소했는데, 이 기사에는 "이때 복창군 이정(李楨) 등이 기생을 끼고 궁중을 출입한다는 말이 외간에 퍼졌고, 요무(妖巫)의 일도 매우 자자했으므로 송시

열이 이런 상소를 하게 되었다”고 설명하고 있다.[19] 이런 사건이 별 문제 없이 넘어간 것은 인선왕후의 입김이 더 셌음을 뜻한다. 그렇다면 ‘암탉’은 인선왕후가 될 것이다.

남인 집권 시기에 편찬된 《현종실록》과 서인에 의해 고쳐진 《현종개수실록》에 암탉의 변이 기록은 그대로 실려 있다. 송시열의 상소문도 마찬가지다. 이 사실에서 뭔가 특별한 의미를 찾기는 어려울지 모른다. 하지만 당시 《현종실록》은 남인들이 쓴 것을 서인들이 집권하면서 고친 것이다. 그럼에도 남인과 서인의 이 자연현상에 대한 해석은 다르지 않았던 것으로 보인다.

3. 닭의 변이에 대한 일반적인 검토

1494년(성종 25)에는 부제학 성세명(成世明)이 세 발 달린 암탉에 대해 언급하면서 “중국에서는 임금이 부인의 말을 쓰면 닭이 요물을 낳는다〔君用婦人言 則鷄生妖〕고 한다”고 소개하고, “최근의 닭 변괴는 궁중에서 불사(佛事)를 거행하는 데 부녀자들이 앞다투어 참석한 때문이다”라고 설명하고 있다.[20] 같은 해석이 1517년(중종 12) 대간의 합동 상소문에도 보인다. “부녀자가 정사를 전횡하면 나라가 안정되지 못하고, 암탉이 수탉처럼 울면 임금이 빛나지 못한다”고 하였고, “임금이 부녀자의 말을 써주면 세 발 달린 닭이 생긴다”는 것이다.[21] 이런 해석은 중국의 여러 고전에 기록되어 있다는 설명도 덧붙였다.

1559년(명종 14) 10월의 변괴에 대해서 어떤 논평이 있었는지는 앞에서 소개했다. 음과 양의 이치가 뒤바뀌어 암탉의 변괴가 일어나는 것은 당시에 모후(母后)가 국정을 잡고 외척이 권력을 휘두르면서 임금은 고립되고 중들이 날로 번성하였기 때문이라는 해석이다. 음과 양의 뒤바뀜에서 비롯된다는 일반적 해석은 현종 때에도 나타난다. 1653년(효종 4)의 임금과 대신들의 대화에서 이경여(李敬輿)는 암탉이 수탉으로 변한 것은 음이 왕성하고 양이 쇠미하기 때문이라고 해석한다. 예를 들면 조정에서는 군자가 양이 되고 소인이 음이 되며, 논의에서는 옳은 것이 양이 되고 그른 것이 음이 되며, 인심에 있어서는 선념(善念)이 양이 되고 사의(私意)가 음이 된다는 설명이다.[22]

암탉이 수탉으로 바뀌거나, 또는 암탉이 수탉처럼 울거나, 그 밖의 닭의 변괴에 대해 차츰 일반적 재이로 보고, 여성과 연계시키려던 태도를 바꾼 것으로 해석된다. 물론 조선 중기까지도 닭의 성전환 같은 현상은 있을 수 없다는 인식은 갖지 못했다. 중종 대의 김정국(金正國)은 수탉의 알에 대한 기록을 남기기도 했으며, 이이는 1576년(선조 9) 2월 선산에서 암탉이 수탉으로 변한 일을 적으면서 자기가 벼슬을 버리고 귀향했다고 일기에 기록하여, 마치 이 닭의 변괴가 자신의 거취와 관련이라도 있는 듯한 인상을 준다.[23] 그러나 이 암탉 변이 현상이 당시 《선조실록》이나 《선조수정실록》에는 나오지 않는다. 물론 선조 25년 이전의 실록은 임진왜란으로 많은 부분이 소실된 이유도 있지만, 아무튼 이이의 개인 일기에 기록된 암탉의 변괴가 당시 실록에는 없다.

비슷한 경우로는 1689년(숙종 15)에서 1694년(숙종 20) 4월 사이의 기록을 들 수 있다. 즉 숙종의 왕비 민씨가 장희빈과의 싸움에서 패하여 친정으로 나가 있을 동안의 일을 전하고 있다.

5월 4일 중궁 민씨가 안국방의 친정으로 나갔다. 관에서 제공하는 음식은 이미 끊어져 형제 집안에서 음식을 바치고 있었다. 어느 날 암탉 한 마리를 바치자 왕비는 이를 뜰에 놓아 기르게 했다. 그런데 그 모양이 점점 달라지더니 오래되자 수탉으로 변하였다. 또 뜰에 옥매화나무가 죽은 지 3년 만에 홀연히 꽃을 피우니 사람들이 이상한 징조라고 의아해했다. 그러더니 1년이 못 되어 복위되었다.[24]

숙종 15년과 20년 사이에는 암탉이 수탉으로 변했다는 기록이 단한 건도 실록에 나오지 않는다. 실제로 이후에는 암탉이 수탉으로 변한 변괴의 기록을 거의 찾아볼 수 없다. 그에 대한 해석도 조선 후기에 접어들면 상당히 합리적으로 바뀌었음을 알 수 있다. 더구나왕비 민씨의 집에서 일어난 암탉의 성전환은 흉조가 아닌 길조로 해석되었다. 아주 특이한 해석이다.

비슷한 시기 서양 사람들은 암탉이 수탉으로 바뀌는 문제를 어떻게 보았을까? 1474년 바젤에서는 수탉이 알을 낳자 창조주의 섭리를 어긴 불경죄로 그 닭을 화형에 처했다는 기록이 있고, 1730년에도 스위스에서 비슷한 재판이 벌어졌다.[25] 옛사람들은 아주 희귀한일이기는 하지만, 닭의 자연적인 성전환이 있을 수 있는 일이라고 생각했음을 알 수 있다.

4장

유교에서의 재이사상

중세 사람들은 근심스럽게 종말의 조짐이 어떻게 올 것인지에 주목했다. 전염병, 일식, 지진, 전란 등은 종말이 다가오는 조짐으로 여겼다. 이것이 사람들의 행동에 어떤 영향을 미쳤는지는 정확히 알 수 없다. 다만 분명한 사실은 이 때문에 중세에 기록을 남긴 사람들은 인간적인 동기나 역사적 인과관계를 설명하는 데 만족스러운 노력을 보이지 않았다는 점이다. 그들은 인간적인 틀 안에서가 아니라 신의 섭리 속에서 그 증거를 찾으려 했다.

자연의 이상 현상을 두려움의 대상으로 보는 태도는 다른 고대 문명에서도 나타나는 특징이다. 그러나 그런 원시적인 자연관은 중국에서 좀 더 수준 높은 지식체계가 한반도에 들어오면서 차츰 바뀌어 갔다. 특히 고려시대 이후의 자연관은 중국의 영향을 강하게 받은 것으로 보인다. 이 장에서는 먼저 중국 재이사상의 전개 과정을 유교사상의 전개와 함께 간략하게 짚어본 다음, 한국 역사에서는 재이사상이 어떻게 나타나는가를 살펴보기로 한다.

특히 한국 역사에서의 자연관의 변화 추이는 한국사가 유교화하는 과정에서 체계적으로 나타난다. 이를 이해하기 위해 우선 중국의 대표적인 유학 사상가들의 자연관을 간단히 비교 검토해볼 필요가 있다. 중국의 대표적인 유학자로는 한나라 동중서, 당나라 한유, 송나라 주희를 들 수 있다. 이들의 이름은 《고려사》와 조선 초기 역사에서 자주 등장하는 만큼 한국에 깊은 영향을 주었다. 우선 이들 세 유학자의 재이에 관한 태도를 간단히 살펴본 다음, 그들과 동시대인으로서 반대 입장에 있었던 사상가들에 대해서도 알아보기로 한다. 이런 검토를 통해 우리는 중국의 역사에서 재이에 관한 태도가 다양하게 전개되었고, 같은 시기에도 여러 갈래의 의견이 있었음을 알 수 있다. 하지만 그런 다양성을 한국에서는 찾아보기가 어렵다. 한국사에서는 유교 전통이 중국에서보다 더 체계적으로 발전해왔음을 느끼게 된다.

이 부분은 주로 필자가 30년 전에 쓴 학위논문에서 발췌하여 정리한 것이다.[1] 그 후 이 방면의 연구서로는 특히 중국에서 약간의 논문과 저술이 나왔지만, 이를 모두 섭렵한다는 것은 현실적으로 불가능하다. 아울러 대략적인 윤곽을 살펴보는 데에는 30년 전 필자의 견해를 간단히 정리하는 정도로 충분할 듯싶다.

1. 중국 역사 속의 자연관

1) 동중서

유교의 가장 중심인물인 공자(孔子)는 자연에 대해 이렇다 할 관심을 표시하지 않았다. 원시 유교는 인간사회를 관심의 대상으로 삼았을 뿐 자연을 품고 있지 않았던 것이다. 공자의 언행을 적은《논어》를 보더라도 자연현상에 대해서는 거의 다루지 않았고, 공자가 자연에 대해 논평하는 경우도 거의 찾아볼 수 없다.

춘추전국시대에 자연현상에 관해 유별나게 관심을 표시한 제자백가의 부류로는 공자의 유가보다는 음양가(陰陽家)나 묵가(墨家), 그리고 자연을 주조로 삼은 도가(道家) 등을 들 수 있다. 한대에 들어와 유학이 다소 부활했는데 대표적인 유학자가 바로 동중서(董仲舒)다. 동중서는 전국시대까지 유행하던 여러 학파의 사상을 종합하고 유가의 전통을 계승하여 한대의 유학을 세웠는데, 그의 사상 속에는 원래의 유가사상에는 부족했던 자연관이 듬뿍 담기게 되었다. 그것은 전국시대까지의 다른 학파들의 사상을 종합하여 수용했기 때문에 가능했던 것이라 해석된다.

동중서의 대표작으로는 《춘추번로(春秋繁露)》를 들 수 있다. 이들 저술을 통해 동중서는 한나라의 왕권을 정당화하는 한편 왕권의 절대화를 방지하는 지적 장치로서 재이론을 확립시켜놓았다. 그에 따르면 왕이란 삼재(三才)를 관통하는 자다. 즉 우주를 구성하는 세 가지 요소인 '천＝지＝인'을 통일하여 하늘의 뜻이 지상에 실현되도록 천명을 받은 자가 바로 왕이라는 것이다. 그래서 왕(王)이란 글자는 삼(三＝三才)을 관통하는 모양이라는 해석도 있다.

하늘의 명[天命]을 받아 땅에서 인간사회를 바로잡는 것이 임금에게 부과된 의무다. 원래 인간은 하늘을 본떠 만들어졌다. 그래서 하늘에 무수히 많은 별들이 있는 것처럼 사람에게는 무수히 많은 머리털이 있고, 하늘에 해와 달이 있어 세상을 밝혀주는 것처럼 사람에게는 눈과 귀가 있어 사람을 밝게 해준다고 보았다. 자연에 사계절이 있듯이 사람은 사지를 갖고 있으며, 사지가 열두 마디로 나뉘는 것은 자연의 열두 달과 상응하는 것이다. 인간은 곧 하늘이라는 대우주(macrocosm)가 작은 규모로 만들어진 소우주(microcosm)인 것이다.

그래서 그는 자연의 이상한 현상을 다음과 같이 설명한다.

자연의 이상한 현상을 이(異)라 하고, 그 작은 것을 재(災)라 한다. 재가 언제나 먼저 이르고, 이가 그 뒤를 따른다. 재란 하늘의 꾸지람이며, 이는 하늘의 위엄이다. 꾸지람에 이를 알지 못하면, 위엄으로 두렵게 한다. (……) 무릇 재이의 근본은 모두 나라의 잘못에 있다. 나라의 잘못이 아직 싹이 날 때에는 하늘이 재해를 내어 이를 꾸짖어 알린다. 이 경고에도 불구하고 그 변화를 깨닫지 못한다면 괴이함을 나타내어 놀라게 한다. 놀라게 하는데도 아직 두려워할 줄을 모른다면, 그 재앙이 드디어 이르게 된다. 이로써 우리는 하늘의 뜻이 인(仁)하고, 사람을 함정에 빠뜨리려 하는 것이 아님을 알 수 있다(《춘추번로》, 권8,〈필인차지(必仁且智)〉).[2]

자연현상의 정치적 해석이 동중서의 유교 전통과 함께 확립되었음을 알 수 있다. 그리고 이런 자연현상의 정치적 해석은 서양에서의 그것과는 상당히 다른 전통이라고도 할 수 있다. 중세에 서양 사람들은 종말의 조짐을 기다리는 듯했다. 오늘날 이에 대한 역사가의 평가는 다음과 같다.

중세 사람들은 근심스럽게 종말의 조짐이 어떻게 올 것인지에 주목했다. 전염병이나 일식, 지진, 전란 등은 종말이 다가오는 조짐으로 여겼다. 사람들의 행동에 이것이 어떤 영향을 미쳤는지는 정확히 알 수 없다. 다만 분명한 사실은 이 때문에 중세에 기록을 남긴 사람들은 인간적인 동기나 역사적 인과관계를 설명하는 데 만족스러운 노력을 보이지 않았다는 점이다. 그들은 인간적인 틀 안에서가 아니라 신의 섭리 속에서 그 증거를 찾으려 했다.[3]

근대 이전의 사람들은 동서를 막론하고 이상한 자연현상에서 어떤 불길한 조짐을 읽었다. 하지만 동양 사람들이 그것을 인간사회의 잘못이 하늘에 반영되는 것이라고 해석한 데 비해, 기독교가 굳게 자리 잡았던 서양에서는 신이 인간세계에 종말을 가져다주려는 조짐으로 여겼다. 이 현상은 서양의 점성술에 비교하자면 마치 '역(逆)점성술'이라고도 할 수 있다. 이런 특징은 이미 조지프 니덤이 지적

한 적이 있다.[4]

2) 한유

한유(韓愈)는 당(唐)대를 대표하는 문필가로서, 사상가로는 그리 널리 인정받지 못했다. 특히 한국에서 더욱 그런 것 같다. 사실 유교는 220년 한나라의 멸망과 함께 잠복했다가 618년 당나라가 일어나면서 서서히 다시 부흥하게 되었고, 한유는 바로 그런 유학의 부흥에 중요한 역할을 담당했다.

이 시기에 중국에는 불교와 도교가 성행하면서 온갖 참위사상(讖緯思想: 미래에 대한 예언 사상)이 재이설과 어울려 유행했다. 이 기간에 유교가 명맥을 겨우 유지할 수 있었던 것은 주로 과거제도를 통해 문학적 전통이 전해졌기 때문이다. 그런 의미에서 한유 역시 유명한 문장가라는 사실은 그가 당대 최고의 유교 전통의 대변자였음을 보여준다.

819년 한유는 그의 유명한 상소문 〈논불골표(論佛骨表)〉에서 불교와 도교 아래에 숨죽이고 있던 유교의 부흥을 강력하게 주장했다. 그는 헌종(憲宗)이 불사리(佛舍利)를 궁중에 들이자 강력히 항의하면서 이 상소를 올렸다. 불교가 들어온 이후 많은 사람들이 생산활동에 종사하지 않은 채 놀고먹는 인구가 늘어난 것도 문제이며, 왕조의 명운이 불교가 들어온 이후 자꾸 짧아지고 있다는 주장이었다. 한유는 결국 이 상소로 황제의 노여움을 사서 귀양을 가게 된다. 그럼에도 그는 송대의 신유학을 일으킨 선구자로 꼽힌다.

한유는 자신이야말로 공자와 맹자의 의발(衣鉢)을 이어받은 정통 계승자라는 의식을 가지고 있었던 것으로 보인다. 그는 동중서를 뛰어넘어 맹자가 바로 자신의 직접적인 사상적 선배라고 주장하고 있다.[5] 흥미롭게도 한유가 동중서를 무시하고 그의 사상적 선구자로 맹자를 꼽은 것처럼, 송나라의 주희 또한 한유를 뛰어넘어 그의 사상적 선구를 공자와 맹자에서 구하고 있다.[6] 물론 오늘날 중국사상사나 철학사에서는 동중서와 한유 모두 대표적인 유학자로 꼽히고 있다.

특히 한유는 한국 역사에서 중요한 의미를 가진다. 고려 말에 일어난 지식인들의 반불교 운동에서 한유의 주장이 중요한 원동력으로 작용했기 때문이다. 윤소종(尹紹宗) 등은 공양왕이 승려 찬영(粲英)을 왕사로 맞이하려 하자 이에 반대하는 상소를 올리면서 한유의 상소문을 예로 들고 있다.[7] 그는 한유가 예로 든 것처럼 불교가 중국에 들어온 뒤로 오히려 임금들의 재위 연수가 줄어들었음을 지적한 다음 당나라의 헌종도 한유의 반대를 무릅쓰고 사리를 들여오더니 얼마 안 되어 갑자기 죽었다고 지적하고 있다. 고려 말의 반불교 상소문들에서 우리는 한유의 논리가 그대로 원용되고 있음을 알 수 있다.

마찬가지로 조선 초 어변갑(魚變甲)의 〈벽불소(闢佛疏)〉 역시 한유의 상소문을 근거로 하여 논리를 전개하고 있다.[8] 고려 말에서 조선 초에 이르기까지 수많은 지식인들이 좀 더 합리적인 자연관을 말하면서 중국과 같은 유교 발달 단계를 따라가고 있는 것이다.

3) 주희

유교적 합리주의의 정점을 이루는 사상체계를 완성한 사람이 바로 주희(朱熹)다. 주자(朱子)라는 존칭으로 더 유명하다. 일부 중국

학자들은 주희를 과학사에서도 매우 중요한 인물로 평가한다. 특히 20세기 전반에 큰 영향을 미친 중국의 철학자이며 사상가 후스(胡適)는 주희를 귀납법 방법론에 가장 근접했던 사상가로서, 주희가 중요시했던 저술 《대학(大學)》은 바로 베이컨의 《새 기관*Novum Organum*》에 상당한 것이라고 주장했다.[9]

요컨대 중국의 유교에도 근대적 과학방법론이 도입되어 있었음을 강조한 것이다. 여기에서 거론되는 《대학》의 부분은 그 책이 제시하는 8조목 가운데 첫째 단계, 즉 격물(格物)을 가리킨다. 격물(格物)-치지(致知)-성의(誠意)-정심(正心)-수신(修身)-제가(齊家)-치국(治國)-평천하(平天下)의 8단계 가운데 첫 번째인 격물은 사물의 이치를 궁구하라는 뜻이고, 그렇기 때문에 이는 만물의 이치를 연구하라는 귀납법적 태도이며 과학적 방법이라는 것이다.

하지만 《대학》의 중요성을 강조한 주희가 과연 서양의 근대과학 방법론으로 꼽히는 귀납법을 염두에 두고 있었는지는 의문이다. 격물의 뜻이 '사물의 이치를 궁구한다(investigation of things)'는 것이지만, 여기서 '물(物)' 또는 사물이 과연 자연현상의 여러 가지를 가리킨 것이었는지는 의문스럽기 때문이다. 주희 자신은 《대학》의 격물에 대해 특별한 주석을 붙이지 않았지만, 이 책의 앞부분, 즉 소위 경문(經文)의 끝 부분에는 중요한 말이 나온다. 즉 "천자에서 서민에 이르기까지 한결같이 수신을 근본으로 삼는다"는 내용이다. 수신을 근본으로 한다(修身爲本)는 말은 바로 첫 단계인 격물에도 해당하는 것이다.

수신에 도움이 되는 격물이라고 할 때, 물의 뜻은 당연히 자연물이 될 수 없다. 인간의 수양이나 수신, 또는 인격 훈련에 도움이 되는 사물이란 역사 사건 등 교훈이 될 수 있는 일을 가리킨다. 실제로 주희가 관심을 가지고 있었던 격물이란 바로 그런 사건들이었고, 그래서 주희는 역사 연구에 각별했다고 필자는 판단한다. 주희의 이런 정신은 조선 선비들에게도 그대로 계승되어 투철한 역사의식으로 나타났다고 생각한다. 그 때문에 주희의 역사의식이 반영된《자치통감강목》이 조선시대의 대표적인 역사서로 활용되었던 것이다.

요컨대 유교사상은 한대에서 꽃피우기 시작하여 당대에 다시 부흥의 실마리를 찾고, 송대에 이르러 활짝 꽃을 피웠지만, 이 과정에서 나타난 합리적 정신은 아직 과학정신으로까지 발전한 것은 아니라는 뜻이다. 그래서 예를 들면 주희는 동중서의 인격신(人格神)으로서의 하늘은 부인하면서도, 그에 상당하는 하늘을 완전히 버리지는 못하고 있다. 푸른 하늘 저 위에 인간의 죄악을 판단하는 존재가 있다고 한다면 그것은 잘못이지만, 그렇다 하여 아무런 질서(원리)도 존재하지 않는다는 것 역시 옳지 않다고 그는 주장하고 있다.[10]

우주의 주재자로서의 하느님은 존재하지 않을지라도, 우주가 무질서한 곳은 아니라는 것이 신유학의 입장이었다. 아니 오히려 우주는 도덕률이 지배하는 세상이고, 그 때문에 사람은 누구나 그 도덕률을 따라야 한다. 그래서 주희는 당시 과학(천문학)의 발달로 일식은 예측 가능한 현상임을 알고 있으면서도, 재이에 관한 상소문에서는 일식이란 이 세상의 타락에서 비롯된 것이라고 적고 있다. 그에 따르면 모든 재이는 음이 성하고 양이 약해지는 데서 비롯되며, 따라서 군주의 수성(修省)을 통해서만 막을 수 있다고 주장하고 있다.[11]

당연히 주희가 편찬에 참여했다는《자치통감강목》(또는《강목》)의 서문에는 재이를 기록할 것을 요구하고 있다. 조선의 안정복(安鼎福) 역시 이 중국 역사책을 흉내 낸《동사강목(東史綱目)》에서 주희의 예를 따라 재이를 충실히 기록할 것을 다짐하고 있다. 물론 이런 재이들이 어떤 역사적 의미를 갖는지에 대해서는 논란이 있을 수 있다. 이 문제 연구의 선구자라 할 수 있는 에버하트는 주희의《강목》에 나타나는 재이 기록은 조작되었을 가능성이 높다고 평가하고 있다.[12] 재이의 조작 여부는 간단히 단정할 문제가 아니다. 다만 자연현상에 대한 해석은 유교사상 속에서 차츰 합리적이 되어갔지만, 주희의 신유학 시대에도 여전히 자연현상을 정치적 의미로 해석하는 재이론이 만연했음을 보여준다.

4) 비판적 전통: 왕충, 유종원, 왕안석

전통적 유학사상의 대표적 자연관을 간단히 소개했으니, 이번에는 그에 대한 비판적 입장을 소개해보고자 한다. 거의 동시대의 인물 가운데 반론을 제기한 이들은 후한대의 왕충, 당대의 유종원, 송대의 왕안석이 대표적이다.

왕충(王充)은 83년에 저술된《논형(論衡)》의 저자로 알려져 있다. 동중서 바로 뒤의 학자였던 그는 동중서의 재이론에 대해 비판적이었다. 그는 사람과 동물이 큰 차이가 없는 존재라고 말하는가 하면, 사람이 죽어서 귀신이 된다는 생각에 대해서도 가차 없는 비판을 가했다. 그는 당시로서는 지나치리만치 합리적인 사상가로 여겨질 정도다. 재이론에 대해서는 다음과 같이 쓰고 있다.

원래 재이라는 것은 있지도 않았고, 있었다고 해도 그것을 하늘로부터의 꾸지람이라 여기지 않았다. 왜냐하면 당시 사람들은 단순하고 나쁘지 않아서 서로 흠잡고 책임을 떠밀지도 않았기 때문이다. 그 후

세상이 타락하여 위아래가 서로 비난하게 되자, 재이가 일어나면 하늘의 꾸지람이란 말을 조작해내게 되었다. 하지만 오늘의 하늘은 바로 옛 하늘 그대로다. 옛날의 하늘은 후하고, 오늘의 하늘은 박할 이치가 없다. 하늘의 꾸지람이라는 것은 사람들의 마음이 그렇게 짐작할 뿐이다.[13]

물론 왕충의 사상이 오늘날과 다르지 않다고 생각해서는 안 된다. 당시로서는 별로 주목받지 못했던 사상가의 푸념으로, 자신의 의견을 과장하고 있기 때문이다. 풍우란이나 크릴 같은 학자들이 그런 위험성을 지적한 바 있다.[14] 그럼에도 불구하고 중국이 공산화된 이후 그의 유물론적 사상이 중국 유물론의 맹아나 되는 것처럼 추앙을 받았던 것도 사실이다.

한유와 같은 시기에 살았던 유종원(柳宗元) 역시 재이론에 대해 신랄하게 비판하고 있다. 그에 따르면 우주란 하나의 커다란 과일이나 마찬가지인데, 어찌 우주가 인간에게 행운을 주거나 또는 불행을 가져다줄 수 있겠느냐는 것이다. 운이 좋은 사람은 행운을 얻기도 하고 운이 나쁜 사람은 불행을 겪기도 하지만, 이는 모두 개인이 불러오는 일일 따름이라고 그는 말하고 있다. 따라서 인간이 자신의 행과 불행을 하늘에 호소하거나 원망하는 일은 모두 헛된 짓이라는 것이다.

그는 특히 초(楚)나라의 시인 굴원(屈原)이 쓴 〈천문(天問)〉이라는 철학적 시문을 빗대어 《천대(天對)》라는 글을 남겼는데, 이 글은 대표적인 반(反)재이론을 천명하고 있다. 동중서에서 한유로 이어지고 상당 부분 주희에게도 계승되고 있는 천인상감(天人相感)의 사상을 맹렬하게 비판했다고 할 수 있다. 같은 시기의 유우석(劉禹錫)도 유종원과 같은 태도를 보여 높이 평가되기도 했다.[15] 여기서 천인상감은 자연과 인간이 서로 느껴 움직인다는 뜻으로, 정치가 올바르고 왕이 덕을 잘 갖추어야 하늘과 자연도 이에 상응하여 조화롭고 평온해진다는 도교적 세계관이다.

이런 비판적 전통은 송대에는 왕안석(王安石)에 의해 계승되었다. 자연관에 대한 왕충이나 유종원의 비판적 태도는 중국 사상사에서도 그리 일찍부터 주목받은 것은 아니었다. 다만 마오쩌둥(毛澤東) 이후 유물론 예찬의 역사 해석이 주류를 이루면서 이들에 대한 평가가 새삼 높아지기 시작했다고 할 수 있다. 왕충은 유물론의 선구자로 칭송되었고, 비슷한 맥락에서 많은 사상가들이 재평가되었다. 유종원과 유우석도 그런 경우에 해당한다. 당연히 그런 역사적 경험과 무관한 조선시대의 학자들이 유종원을 유명한 문장가 이상으로 인식하고 있었는지는 의문이다.

반면 왕안석은 조선시대에 가장 널리 알려진 '이단(異端) 사상가'였다. 신법(新法)으로 알려진 개혁사상가였던 그는 특히 '삼부족설(三不足說)'로 유명했는데, 그 내용은 다음과 같다.

하늘의 재이를 두려워할 필요가 없고, 조상을 따라가려 노력할 필요가 없으며, 사람들의 말에 귀 기울이려 노력할 필요도 없다〔天變不足畏 祖宗不足法 人言不足恤〕.[16]

왕안석은 조선시대에 끊임없이 비난의 대상이 되었다. 예를 들어 1478년(성종 9) 4월 임금이 성균관에 행차하여 양로연을 베풀고 신하들의 진언을 들었다. 이 자리에서 지중추부사 이예(李芮)는 마침 흙비와 지진이 있었던 일을 예로 들어, 왕안석의 삼부족설을 거론하며 그를 만세(萬世)의 죄인이라 매도하고 있다.[17] 조선시대에 많은 사람들이 이 때문에 왕안석을 소인(小人)의 대표적인 인물로 꼽곤 했다. 실학자 이익(李瀷)의 《성호사설》에 삼부족설이 기록되어 있는 것도 당시의 정황을 잘 보여준다.[18]

2. 고려시대까지의 자연관과 유교

그러면 자연에 대한 재이론적 태도가 우리 역사에서는 어떻게 반영되었을까? 한국인들은 삼국시대부터 중국 문화의 영향을 받았는데, 자연관에 있어서도 유교적 자연관과 그에 대한 비판적인 분위기로부터 상당한 영향을 받았다. 물론 유교 도입 이진의 자연관 역시 삼국시대의 한국인에게 어느 정도 영향을 주었을 것이다. 또 중국의 영향 이전에 존재했던 원시적 사상도 지속적인 영향을 미쳤을 것이다.

하지만 이런 원시적 또는 원초적 자연관이나 이후 중국에서 들어온 여러 가지 자연관이 구체적으로 한국인들에게 어떤 영향을 미쳤는지는 정확히 알 수 없다. 유교가 체계적으로 자리 잡으면서 유교적 영향이 확고해지기 전에는 여러 갈래의 사상이 혼재했음을 알 수 있을 뿐이다. 따라서 여기서는 중국의 유교적 자연관이 어떤 영향을 주었는지를 살펴보는 것으로 그 단서로 삼는 것이 좋겠다.

유교가 우리나라에 영향을 주기 시작한 것은 삼국시대다. 그러나 유교 경전을 읽고 외우는 일을 말하자면 일찍부터 유교의 영향이 있었다고 할 수 있지만, 실제로 유교 정신이나 유교적 자연관이 언제부터 영향을 주었는지는 자세히 알 수 없다. 앞에서 조선시대에는 비교적 초기부터 왕안석의 삼부족설이 부정되어왔다는 점을 지적했지만, 그 이전에 동중서의 재이설이 얼마나 받아들여졌으며, 한유의 사상이 얼마나 알려져 있었는지는 알 수 없다. 아울러 그에 반대하는 대표적 입장인 왕충이나 유종원 등의 사상이 고려 때까지 알려졌는지도 알 수가 없다.

현상윤은 《조선유학사》에서 그 시작을 통일신라의 설총과 최치원으로 삼고 있지만, 자세한 논의는 없다. 이병도는 《한국유학사략》에서 삼국시대는 물론이고, 기자조선으로까지 유교적 전통을 끌어올려 설명하고 있는데, 그가 말하는 유교적 전통이란 모든 '유교적' 학문이나 제도를 아우른 것으로 유교가 중심 사상으로 자리 잡았다는 뜻은 아니다. 이병도는 이런 뜻에서 통일신라의 강수와 설총을 당시의 거유(巨儒)로 꼽고 있다.[19]

당연히 삼국시대부터 중국 유학 전통의 천견설(天譴說)[20]이 자연현상에 대한 해석에 적용되기 시작했음을 알 수 있다. 자연의 재이가 바로 하늘의 꾸지람이라는 해석이다. 동중서나 다른 이름을 거론하지 않더라도 천인합일(天人合一) 사상에 근거한 천견설이 조금씩 원용되기 시작했음을 보여준다.[21] 물론 고려 말까지, 그리고 조선 초까지도 불교적인 자연현상(사리, 감로 등)이 기록되고, 조정에서 논의되었음은 이미 앞에서 설명했다. 그렇다면 고려 초까지는 불교적 자연관이 착실하게 자리 잡은 가운데 유교적 자연 해석 역시 서서히 확립되기 시작했음을 알 수 있다.

고려 전기는 불교적 세계관이 확고했던 시기다. 당연히 불교적인 자연관이 지배했다. 그래서 고려 초의 유학자 최승로(崔承老)가 성종 1년(982)에 상소문에서 "불교를 행함은 몸을 닦는 근본이요, 유교를 행함은 나라를 다스리는 근원〔行釋敎者 修身之本 行儒敎者 理國之

源]”이라 한 것은 고려 초의 사정을 잘 말해주고 있다.[22] 물론 최승로는 이 상소를 통해 나라를 다스리는 일이 더 중요함을 강조하여 유교의 중요성을 내세운 것으로 보이지만, 이는 반대로 유교가 고려 사회에서 별로 중시되지 않고 있음을 반영한 것이라고도 하겠다.

실제로 958년에 중국의 과거제도를 모방해 고려에서도 과거제를 처음 실시했는데, 고려 말까지도 과거로 인재를 선발하는 일은 그리 활성화되지 못했다. 인종 1년(1123) 고려를 방문했던 중국 사신 서긍(徐兢)은 고려의 학문 수준이 주로 성률(聲律)에 치중하고, 경학(經學)은 발전하지 못하고 있으며, 문장은 당나라를 흉내 내는 수준이라고 논평했다.[23] 하지만 이때쯤에는 동중서의 이름 정도는 꽤 알려졌던 것이 분명하다. 임완(林完)의 상소문에는 처음으로 동중서의 이름과 그의 재이론이 등장한다. 원래 송나라에서 귀화한 문신 임완은 인종 12년(1134)의 〈재이상서(災異上書)〉에서 다음과 같이 진언했다.

신이 일찍이 보건대, 동중서의 책(策)에 이르기를, “국가에서 장차 도를 잃을 허물이 있을 때 하늘에서 먼저 재이를 내려 꾸지람을 하여도 스스로 반성할 줄 모르므로, 또 괴이한 일을 내려서 경고했는데도 오히려 고칠 줄 모르면 곧 상패(傷敗)하는 법입니다. 이는 하늘의 마음이 임금을 사랑하여 그 어지러운 것을 중지시키려 함이었으므로, 크게 무도한 시대가 아니라면 하늘은 모두 그를 붙들어 안전하게 하려는 것이니, 임금이 위로 하늘의 꾸지람에 보답하기 위해서는 억지로 할 수는 없는 것이고, 다만 진실로써 응하지 않으면 안 될 것이다”라고 했습니다. 또 전(傳)에 이르기를, “하늘에는 진실로 응할 것이요, 헛됨〔虛文〕으로 하지 않는다”고 하였는데, 진실이란 덕(德)이며, 허문

이란 도량(道場)에서 재(齋) 지내고 기도하는 것 따위를 말합니다.[24]

동중서의 재이설 소개와 함께 임완은 당시 활동하고 있던 묘청(妙淸)의 머리를 베어 하늘의 경계에 답하고 백성의 마음을 달래자고 주장했다. 여기서 우리는 묘청의 등장을 보게 된다. 그리고 묘청의 사건이야말로 고려시대의 가장 중요한 자연관의 변화를 웅변해주는 사건이라 생각된다. 즉 전통적인 자연관이 유교적인 자연관으로 바뀌는 것을 볼 수 있다.

묘청의 사건은 전통적 자연관이 유교적 자연관으로 탈바꿈하는 계기로 보인다. 묘청이 온갖 자연현상을 빌미 삼아 천도운동을 벌인 것과 달리 김부식 등의 반대파는 좀 더 합리적인 사상으로 무장한 것으로 보인다. 그러나 역사는 그렇게 쉽게 전환되지 않는다. 앞에서 간단히 소개한 임완의 상소가 이를 보여준다.

흥미로운 사실은 묘청 사건을 둘러싼 싸움은 불교 문제에 대해서는 아무런 갈등도 없이 끝난 것처럼 기술되어 있는 것이다. 묘청은 승려라고 되어 있고, 그에 반대한 대표적인 인물인 김부식은 유학자로 밝혀져 있다. 그러나 김부식 측은 아직 불교에 대해 직접 비난의 화살을 돌리지는 않았음을 알 수 있다. 또 김부식은 재이에 대한 태도에서도 근본적으로 묘청과 대립하지는 않았던 것으로 보인다.

물론 묘청은 인위적인 상서까지 만들어가며 자신들의 주장을 관철시키려 했다. 1132년(인종 10) 4월 임금이 평양에 가자 대동강 물이 오색찬란한 빛을 냈다. 묘청 일행이 떡을 빚어 그 안에 기름을 넣고 그 떡을 강물 속에 담가두었기 때문에 그 기름이 조금씩 떠올라 강물 표면에서 오색 무지개처럼 빛을 발했던 것이다. 백수한 등은 상소하여 "신룡(神龍)이 침을 토하여 일어나는 천 년에 한 번 나올까

말까 하는 상서로운 일이다"라며 축하했다.[25] 또 유학자 문공유(文公裕)의 묘지(墓誌)에 따르면, 묘청은 당시 대화궐(大華闕)[26]의 남쪽 산 위에 등불을 달아놓고 수성(壽星)의 상서가 나타난 것처럼 소문을 내기도 했다.[27] 상서로운 일이 있었던 것처럼 조작함으로써 정치적 목적을 달성하려는 의도였다. 이 사건과 관련하여 흥미로운 일은 문씨 형제가 서로 정반대 입장에 있었다는 점이다. 형 문공인(文公仁)은 아우와는 정반대로 묘청 일파에 동조하고, 서경 천도를 추진하기도 했다. 하지만 아우 문공유는 이에 반대한 것으로 기록되어 있다. 형은 보수적이고 아우는 진보적 태도를 보여준 것은 당시의 급격한 사상 전환을 보여주는 예가 될 수도 있을 것이다.

또 묘청은 팔성당론(八聖堂論)을 펼쳐 불교적이고 도교적인 성향을 유감없이 드러냈다. 1131년(인종 9) 8월 임금은 평양에 관리를 보내 묘청의 건의에 따라 팔성당을 짓고 화상을 그려 붙였는데, 팔성(여덟 성인)의 이름이 도교적인 명칭과 불교적 신격(神格)을 혼합한 형식으로 되어 있다.[28] 특히 주목할 점은 《고려사》 〈세가〉 편에는 팔성당 기사가 들어 있지 않은데, 《고려사절요》에는 들어 있다는 것이다. 그런데 《고려사》와 《고려사절요》에는 똑같이 관련이 있음직한 다른 기록이 보인다. 즉 같은 시기에 무속신앙을 통제하려던 시도가 있었음을 보여주는 것이다.

> 일관(日官: 길일을 택하는 일을 맡아보던 관상감의 벼슬)이 아뢰기를,
> "근래 무당을 믿는 풍속이 크게 유행하여 음사(淫祀: 부정한 귀신에게
> 지내는 제사)를 하는 일이 날로 심해지고 있으니 관계당국에 명하여
> 모든 무당을 쫓아내게 하소서" 하니, 임금이 이를 따랐다. 무당들이
> 이를 걱정하여 재물을 추렴하여 은병(銀瓶) 100여 개를 사서 권귀(權

貴)에게 뇌물로 바쳤더니, 권귀가 상소하기를, "귀신이란 형체가 없어서 허와 실을 알 수 없습니다. 이를 일절 금지함은 마땅하지 않다고 봅니다" 했다. 임금이 이를 옳게 여겨 금령을 늦추었다.[29]

즉 이 기사는 거의 똑같은 내용으로 양쪽 사료에 모두 기록되어 있다. 그러나 《고려사절요》는 이 기사에 이어 팔성당 기사를 넣고 있으나, 《고려사》 〈세가〉 편에는 팔성당 기록이 보이지 않는다. 물론 《고려사》에는 〈열전〉의 '묘청' 조(條)에 팔성 기사가 들어 있기는 하다.

주목할 만한 사실은 일관이 무당을 배척하는 일에 앞장섰다는 점이다. 기록에 나타난 대표적인 일관은 백수한(白壽翰)으로 묘청 일파의 중요한 인물이었다. 이때 일관의 건의를 반대한 권귀가 어떤 사람인지는 분명하지 않지만, 당시 묘청 일파는 무당으로 대표되는 민간 신앙을 배척하면서 그들의 종교적 입장을 내세우려 했던 것으로 보인다. 그렇다면 묘청 일파는 전통적인 민간 신앙과 싸우는 한편 새로 등장한 좀 더 합리적인 유교 사상과도 다퉈야 하는, 즉 양쪽의 적과 투쟁하고 있었다고 볼 수 있다.

이에 대해 김부식 일파가 어떻게 대응했는지는 알 수 없지만, 노골적으로 비판만 한 것은 아닌 듯하다. 이는 아직 유교적 태도를 너무 드러내놓을 시기는 아니었음을 보여준다. 또 김부식 등이 재이에 대해 묘청 일파보다 합리적인 생각을 가졌는지도 확실하지 않다. 13세기 고려의 지식인들은 유교적인 태도로 완전히 전환할 준비가 되지 않았던 것으로 보인다.

이병도(李丙燾)는 당시의 상황을 다음과 같이 요약했다.

요컨대 당시 고려에서는 밖으로는 금나라의 커다란 세력이 나타나 만
주를 석권하고 요와 송을 멸망시키거나 물리치고 고려를 위협하여 고
려 군신으로 하여금 두렵고 근심하지 않을 수 없게 했다. 안으로는 이
자겸(李資謙), 척준경(拓俊京)의 난으로 대궐이 잿더미로 변해가고
왕권은 쇠미하여 기강은 문란하고, 기개와 도덕은 부패와 침체의 상
태를 면치 못했다. 비록 권신을 쫓아내고 대권을 되찾았지만 그 상처
가 매우 컸으며, 더구나 인종의 즉위 이래 천변재이(한발, 우박 같은
것)가 자주 나타나 거의 편한 해가 없었다. 내외의 국정이 이러한지라
위정자, 특히 왕실의 심사는 미루어 짐작할 수 있다. 이러한 시국에
처하여 매양 예민하게 활동하는 자는 고려시대에는 (전통적으로 역사
적 근거를 가진) 부도(浮屠), 음양, 지리, 도참의 비술(秘術)을 농하는
술수의 무리니, 이때야말로 그러한 종종(種種)이 비설을 농할 수 있는
일대 호기를 주었다고 말할 수 있다.
서경 대화궁의 창조, 묘청 등의 서경 천도 운동은, 즉 이런 기회에 계
획한 것으로…….[30]

그러나 임완의 상소에서도 알 수 있듯이 유교적인 재이관이 서서
히 강조되기 시작한 것은 분명해 보인다. 앞에 인용한 것처럼 임완
은 재이를 당하여 임금이 실(實)로써 해야지 허(虛)로써 할 일이 아
니라면서, 종교적인 재초(齋醮: 도교에서 재앙을 없애는 기도 의식)나
기도 등이 허한 일이고, 임금의 진실한 태도가 덕이며 실이라고 강
조한 것이 그것이다. 자연의 재이가 생기는 데는 반드시 이유가 있
게 마련이라면서, 그에 상응한 대책을 세우려 했던 태도가 서서히
바뀌고 있었던 것이다. 정치적 해석이 강해지고 있음을 느낄 수 있
다. 고위 관리들이 재이에 대해 책임지고 물러나겠다는 태도도 나타

나기 시작했다. 재이에 대해 유교적 반응이 점차 고조되고 있었음을
보여준다.

1114년(예종 9) 4월에는 큰 우박이 내리고 문덕전(文德殿) 동쪽 행
랑 기둥에 벼락이 떨어졌다. 다음 날에 우박이 내렸다. 어사대부 임
유문(林有文) 등이 천재에 대해 책임을 지겠다며 사직의 뜻을 밝히
자, 임금이 물리쳤다.[31] 1179년(명종 9) 11월에는 지진이 일어나고 화
성이 목성을 침범했다. 재상 이광정(李光挺)과 최충렬(崔忠烈)이 성
변(星變) 때문에 사직하게 허락해달라 했으나 임금이 허락하지 않았
다. 12월에도 이광정은 다시 사직의 뜻을 밝혔으나, 역시 허가하지
않았다.[32] 그해 8월 기사에 따르면 당시 이광정은 참지정사(參知政
事)였다. 1184년(명종 14)에도 비슷한 기록이 보인다. 그해 8월 금성
이 거듭하여 상장(上將), 집법(執法) 등의 별을 침범하자, 문하시랑
이광정과 어사대부 문장필(文章弼)이 거짓으로 사직서를 제출했다
는 것이다.[33] 재이를 계기로 대신이 사직하겠다고 나서는 것은 흔한
일이었다. 하지만 이 기록 가운데 마지막 경우는 '거짓' 사퇴였다고
《고려사절요》의 기록은 전하고 있다. 이광정은 늙어서까지 벼슬을
몹시 탐한 사람이라고 비판하는 기록이 그해(1184) 11월에 보인다.
더구나 명종 대의 이들 두 기사는 《고려사》의 〈세가〉에는 빠져 있다.
이듬해 1185년(명종 15) 8월에는 금성이 나타나자 평장사 한문준(韓
文俊)이 거짓으로 자리에서 물러나겠다고 했으나, 임금이 허락하지
않았다.[34]

물론 《고려사절요》가 어떤 이유에서건 이광정, 한문준 등의 사직
은 '거짓'이라고 단정하고 있고, 또 《고려사》가 이들 기록을 아예 무
시한 것은 주목할 만한 대목이다. 하지만 이들이 재이를 계기로 사
직서를 제출한 것은 분명한 사실이다. 즉 이 시기에는 재이에 대해

고관이 책임을 져야 한다는 인식이 자리 잡고 있었음을 알 수 있다. 비록 그런 인식이 이광정 등 당시 사람들에게 얼마나 심각하게 받아들여졌는지는 판단하기 어렵지만 말이다.

13세기 후반에 들어오면서, 특히 충렬왕(재위 1275~1308) 때부터 유교적 성향이 뚜렷이 나타나기 시작했다. 1280년(충렬왕 6) 3월 임금은 "오늘날 유학을 한다는 사람들은 과거시험을 위해 글만 공부할 뿐, 경사(經史)에 통한 사람은 없다"면서 "경서나 사서 한 가지 이상에 통한 사람을 골라 국자감에서 가르치게 하라"고 지시했다. 그래서 일곱 명을 경사교수로 임명했다.[35] 1296년(충렬왕 22) 정초에는 교서를 내려 경사교수도감(經史敎授都監)을 두어 경서 하나에 통하거나 한 가지 재주를 가진 사람을 우선 선발하여 임용하겠다고 선포했다.[36] 안향(安珦)의 주자학 도입은 비로 이 시기, 즉 1286년 그의 중국 방문을 통해 이루어진 일로 알려져 있다.

이렇게 유교적 태도가 강화되기 시작했지만, 막상 자연의 재이에 대해서는 유학자들도 꼭 유교적인 태도만을 강조하지는 않았던 것으로 보인다. 오랫동안 지속되어온 불교적 또는 도교적인 전통 때문에 자연현상에 이상이 일어날 경우, 이를 합리적으로 설명하기보다는 과거의 종교적인 해석에 기대는 수밖에 없었던 것이다. 그러나 고려 후기에 접어들면 지배적이던 종교적 제도가 타락하면서, 이런 태도를 문제 삼기 시작했다. 불교는 그 영향력이 막강할수록 국가 재정을 좀먹는 원인이 되었으며, 승려의 도덕적 타락상도 두드러졌기 때문이다. 때마침 새로 성장해가던 유교 집단으로서는 기득권층을 공격할 수 있는 좋은 계기가 되었다. 고려 말의 유학자들은 불교나 도교가 지닌 불합리한 자연관에 대해서도 차츰 공격의 화살을 쏘아대기 시작한다.

1352년(공민왕 1) 당대의 대표적인 유학자 이색(李穡)의 상소에는 다음과 같은 내용이 나온다.

> 중세 이후 (불교도가) 날로 번성하여 개울가와 산굽이마다 절 없는 곳이 없습니다. 승려와 불도들은 점점 비루해졌고, 백성 가운데 놀고먹는 자가 많아 식자들이 매양 이를 걱정하게 되었습니다. 부처는 대성인(大聖人)이어서 그가 좋아하고 싫어함이 반드시 사람과 같을 것이거늘, 어찌 그의 죽은 혼령인들 자신의 추종자들의 이와 같은 모습을 부끄러워하지 않겠습니까? 신은 엎드려 비옵나니, 앞으로 금령을 엄히 하여, 이미 승려가 된 자는 도첩(度牒)을 주되 도첩 없는 자는 바로 군대에 편입시키고, 새로 세운 절은 철거하도록 하되, 만약 이를 어길 경우 그곳 수령을 벌준다면 양민이 모두 중이 되는 일은 없을 것입니다.[37]

이색은 유교적 장점들을 강조하면서, 공자와 유교 경전을 언급하고 있지만, 불교를 비난하지는 않고 있다. 오히려 부처를 대성인이라 높이고, 임금의 불교 신앙에 대해서도 긍정적으로 논평하고 있다.

하지만 이런 태도는 점점 사라져가면서 젊은 층에 의해 신랄한 배불론(排佛論)이 싹트게 된다. 실제로 당시 기록에는 불교도들의 도가 넘친 행동, 특히 부도덕한 행동에 대해 언급되어 있다.[38] 이색이 1357년(공민왕 6) 10월에 처음으로 유교적인 삼년상(三年喪) 제도를 도입한 것은 당시의 변화하던 이념상을 잘 보여준다.[39] 12세기 고려를 방문했던 중국 사신 서긍의 글에는 고려인들이 예를 갖추지 못했다고 비판하는 대목이 나온다.[40] 당시 중국인의 눈에는 고려가 제대로 예의를 갖추지 못한 나라로 보였던 것인데 고려 후기에는 중국의 예법을 빠른 속도로 받아들였음을 알 수 있다.

당시 유교화는 상당히 빠르게 진행되었지만, 젊은 유학자들을 만족시키기에는 너무나 더딘 속도였다. 근본적이고 깊이 있는 개혁을 추구하던 신흥 사대부층에게는 이색 같은 기성학자들이 추진한 개혁이나 현실 비판은 너무 미약했던 것이 분명하다. 1세기 뒤의 일이기는 하지만 서거정(徐居正)은 위에 인용한 이색의 불교 배척 태도가 말로는 억불이라지만 부처를 대성인이라 부르면서 실제로는 불교를 북돋우고 있으며, 한 가지를 비판하면서 백 가지를 권장하는 셈이라고 지적했다.[41]

하지만 불교에 대한 부정적 인식은 해가 바뀔수록 강해져서, 고려 말기에 이르면 불교에 대한 비판은 전례없이 강도 높아진다. 1391년 5월 성균관 내사성 김자수(金子粹)는 중국의 역사를 예로 들면서 불교의 피해를 직접적으로 호소하고 나섰다. 당나라의 한유가 헌종에게 올린 상소에서 말한 것처럼, 요순시대 이래 삼대에 이르기까지 모두가 장수를 누리고 백성은 안락했는데, 그 시기에는 불교가 들어오기 전이었다. 하지만 한나라 영평(永平) 연간에 불교가 들어온 후 어려운 일이 잇달아 일어나 나라의 운명이 길지 못했다는 것이다. 그 후 불교가 퍼져갈수록 국운도 더욱 짧아졌으니, 이는 역사를 보면 누구나 알 수 있는 사실이라고 설명한다. 상소문은 계속된다.

(중국의 역사적 사실을 예로 들어보면서) 여기서도 알 수 있는 것처럼 임금의 마음 한 가지가 하늘을 감동시킬 수 있고, 임금의 잘못된 행동 한 가지가 천변(天變)을 불러올 수 있습니다. 바라건대 전하께서는 항상 공경하는 마음으로 상제(上帝)를 대하여 비록 아무도 없는 곳에서라도 상제가 내려다보는 것처럼 할 것이며, 하늘에 응접할 때에 염려

하는 싹을 더욱 조심히 할 것입니다. 보고 듣고 말하고 행하는 데에는 반드시 예(禮)로 할 것이며, 출입하고 기거하는 데는 결코 불경스러워서는 안 될 것입니다. 일을 처리함에 사사로운 욕심에 눈이 가려지지 않고, 고식(姑息)에 흐르지 않는다면, 이 공경하는 마음은 족히 하늘을 감동시켜 재이를 없애주고, 교화(教化)를 새롭게 해주어 나라를 흥하게 해줄 것입니다. 어찌 꼭 불교를 믿어 탑과 사찰을 지어야만 나라의 명운이 길어지겠습니까? 항차 신라처럼 불사를 많이 하여 나라를 망하게 하지 말라는 조상의 가르침을 저버릴 수 있겠습니까?[42]

자연의 불규칙 현상이 임금의 마음가짐 하나, 또는 임금의 행동 하나에 달려 있다고 단언하는 태도가 강하게 나타나기 시작한 것이다. 그리고 이런 인식이 담긴 상소문은 같은 시기 여러 학자들에 의해 집중적으로 제출되었다. 성균관 박사 김초, 낭사 허응, 정당문학 정도전, 이조판서 정총 등의 상소문이 그것이다. 6월에는 전 전의감 부정 김전, 성균 생원 박초 등의 상소가 올라갔다.[43] 김초(金貂)는 상소문에서 머리 깎은 자는 모두 죽여 용서하지 말라고까지 극언하고 있다. 정도전(鄭道傳)은 상소문에서 "나라가 일어날 때는 사람의 말을 듣고, 나라가 망할 때는 귀신의 말을 듣는다〔國家將興聽於人 國家將亡聽於神〕"는 옛말을 인용하기도 했다. 자연의 이상 현상이 일어났을 때 귀신에게 기도하여 이를 해결하려는 것은 잘못이고, 신하들의 말을 듣고 해결하는 태도를 가져야 한다는 점을 강조한 것이다.

그러나 유학자들 사이의 내부 갈등 속에 왕위에 오른 44세의 공양왕은 그저 평범한 인물이었고, 당연히 그전에 해왔던 것처럼 불교적인 방식으로 자연 재이를 물리치려 했다. 1390년(공양왕 2) 1월에는 승려의 말을 듣고 불사를 일으키기도 했고, 인왕불(仁王佛)을 별전에 두고 매일 아침저녁으로 절했을 뿐 아니라 재이만 나타나면 즉시 여기서 기도하여 이를 물리쳐 보려 했다.[44]

《고려사》에 따르면 그해에 봄부터 여름까지 재이가 그치지 않고 일어났다. 6월에는 금성이 거의 매일같이 낮에 나타났다. 7월 병신일에는 금성이 낮에 보이는 일이 또 일어나자 임금은 두려워서 문을 잘 잠그라고 명한 기록이 보인다. 그때 서운관이 개성에서 한양으로 천도할 것을 건의했다.[45] 《도선밀기(道詵密記)》의 지리쇠왕설에 따르면 서울을 한양으로 옮겨 개성의 지덕을 쉬게 할 필요가 있다는 것이었다. 새로 즉위한 공양왕에게는 시의적절한 제안이었을 것이다. 두 달 뒤인 9월에 공양왕은 반대 여론을 무시하고 서울을 옮기기로 결정했다.

그런데 서울을 옮기는 날(9월 병오일)이 되자 비바람이 크게 쳤으며, 천둥번개가 요란하고, 사람과 가축이 얼어 죽는 일이 벌어졌다. 결국 같은 해 12월 형조판서 안원(安瑗) 등의 제청으로 다시 개성으로 돌아가야 한다는 여론이 일어났고, 이듬해 2월 기미일에 임금은 남경을 떠났다. 공양왕의 천도는 실패로 돌아가, 반년 만에 제자리로 돌아오게 된 것이다. 당시 기록에 따르면 돌아온 바로 다음 달 3월 초하루에 일식이 일어났고, 4월에 혜성이 나타나 열흘이나 보였다. 또 가뭄이 시작되어 금주령이 내려졌으며, 가벼운 범법자에게 사면령을 내렸다. 그때 공양왕은 이재구언(弭災求言)의 교지를 내렸는데, 특히 혜성의 출현을 계기로 재앙을 물리치려면 어찌하는 것이 좋겠는가를 숨김없이 말하라고 구언했다. "나의 과오나 시정(時政)의 잘잘못, 민간의 이해 등 어느 것이나 숨김없이 말하라. 그 말이 쓸 만하면 즉시 상을 내릴 것이요, 말이 적합하지 않더라도 죄주지 않겠다"라고 했다. 앞에서 소개한 강경한 논조의 배불소(排佛疏)들은 바로 이 기회에 올린 상소문이었다.

재이를 이유로 수도를 남경으로 옮겼다가 다시 개성으로 돌아왔으며, 공양왕이 직접 재이에 대해 구언함으로써 신진사대부들의 기탄없는 정부 비판이 진행되었음을 알 수 있다. 정도전은 상소문에서 공양왕의 친불교적 성향을 강하게 비판했다. 그리고 다음과 같이 유교적인 이재 방법을 설명하고 있다. 당시 정당문학의 자리에 있던 그는 "옛날에는 재이가 있으면 삼공(三公: 태위, 사도, 사공 세 벼슬의 통칭)이 인책면직되었다"고 하면서 "신의 관직을 파면함으로써 재이를 그치게 하옵소서"라고 했다.[46] 또 그는 동중서의 말을 인용하여 재이를 물리치는 방법을 소개하고 있다. 동중서에 따르면 하늘은 임금을 사랑하여 재이를 먼저 나타내어 이를 견고(譴告)함으로써 두려워하고 반성하도록 한다는 것이다. 따라서 "바라옵건대 임금께서는 사람을 쓰거나 처벌할 때 가깝고 먼 정도나 귀하고 천한 기준으로 결정하지 마시고, 공과 죄의 유무만을 따져서 정당하게 처리하여 서로 어긋나지 않게 하십시오. 그렇게 한다면 임용이 공정하고 상벌은 올바르게 되며, 인사(人事)가 바로 되면 천도(天道) 또한 순응할 것입니다"라고 하면서, 임금이 정치를 잘하기만 한다면 자연의 재이는 일어나지 않는다는 점을 강조하고 있다.

물론 이 상소문은 앞에서도 인용한 것처럼 수많은 배불소의 하나로 제출된 것이다. 그러나 불교적, 도교적 또는 다른 미신적 이재(弭災) 방법에 익숙한 공양왕으로서는 여전히 전통적 방법에 기대었고, 정도전을 비롯한 많은 유교적 교양을 갖춘 지식층은 이를 적극적으로 비판했던 것이다. 특히 앞에 인용한 성균관 박사 김초의 상소문 가운데 승려와 무당의 목을 베라는 요청은 공양왕을 격앙시키기에 충분했다. 임금은 이 상소문을 빌미로 김초를 목 베려 했다. 임금은 이첨(李瞻)에게 그 방법을 물었고, 이첨은 "우리나라는 태조 이래 불법을 믿어왔는데, 이제 김초가 이를 배척함은 선왕의 법도를 어긴 것이오니 처벌하여 마땅한 일입니다"라고 대답했다. 임금은 이를 옳게 여겨 형조에 이를 처리할 것을 명했다. 그러나 형조는 사안이 가볍다고 미루었고, 결국 정몽주가 나서서 김초를 구해주었다.[47]

이 이야기는 《고려사》〈세가〉나 《고려사절요》에는 없지만, 《고려사》〈열전〉의 '이첨전'에 상세하게 기록되어 있다. 정몽주가 김초를 어떤 말로 변호했는지는 《고려사》〈열전〉의 '정몽주전'에 기록되어 있다. 즉 왕이 김초를 처벌하려 하자 정몽주가 나서서 다음과 같은 말로 그를 변호했다.

> 믿음이란 임금에게는 큰 보배입니다. 나라는 백싱에 의해 지켜지고, 백성은 믿음에 의해 보전되는 것입니다. 근일에 임금님께서 교시를 내려 구언하시기를, "말하는 사람은 벌 받지 않을 것이다" 했기에 모든 사람들이 다투어 상소하여 정치의 잘되고 잘못된 점과 삶의 좋은 곳과 어두운 곳을 모두 솔직하게 말했습니다. 실로 두려워하지 않는 조정인 것입니다.[48]

임금이 김초를 벌하려 함은 임금이 처벌하지 않겠다는 애초의 약속을 어기는 것이므로 옳지 않다는 지적이다. 이 상소문 덕분에 김초는 목숨을 건졌다. 하지만 정몽주가 김초를 변호한 것은 다소 의외의 일이다. 당시 김초는 정도전에게 더 가까운 젊은이였던 것으로 보이는데, 정몽주가 임금에게 올린 간쟁을 통해 정적(政敵)일 수도 있는 김초를 구해준 셈이 되기 때문이다.

하지만 실제로 정몽주는 바로 그런 간쟁을 통해 그의 정적인 정도전과 이성계 일파를 정계에서 쫓아내는 데 성공하기도 한다. 1392년 (공양왕 4) 4월 1일 조준, 정도전, 남은, 윤소종, 남재, 조박 등이 모두 유배당하게 된 것은 바로 정몽주 일파가 임금을 간쟁으로 움직여 이들 정적을 물리친 결과였다. 그러나 정몽주는 사흘 뒤 이방원(李芳遠)이 보낸 자객에게 살해되었다. 귀양 갔던 이성계 일파는 모두 되돌아오고, 정몽주 일파가 대신 제거됨으로써 새 왕조의 기틀을 확고히 다지게 되었다.

이처럼 고려 말에 이르면 자연의 재이를 정치를 잘못한 데 대한 경고로 간주하여 임금이 구언하고 수성하는 태도를 보이는 일이 많아진다. 그 대신 자연의 이상 현상을 불교적 도량이나 도교적 초제, 또는 그 밖의 전통적이고 미신적인 방법에 의해 물리치려는 태도는 적어진다. 말하자면 유교적 재이관이 서서히 자리 잡기 시작했음을 알 수 있다. 그런 의미에서 재이를 계기로 한 김초의 상소와 그에 대한 왕의 처벌 의사, 또 그것을 막았던 정몽주의 상소 등이 모두 유교적 자연관의 승리라고 할 수 있다. 그러나 그런 유교적 자연관의 승리를 이성계와 정도전 일파는 일단 무시하면서 정권 쟁탈에 나섰던 것이다.

정몽주의 승리와 좌절은 고려 말에 일어난 유교적 자연관의 승리와 좌절이라고도 말할 수 있다. 그것은 정몽주와 정도전 모두에게 유교의 사상적 또는 이념적 실패를 의미하지만, 그 의미는 정몽주와 정도전에게 똑같은 것이 아니었다. 정몽주는 새로 등장하는 유교적 자연관 또는 유교적 사상을 가지고 정치적 승리를 꾀하다 실패했지만, 정도전은 같은 사상적 성향을 가지고 있었음에도 불구하고 일단 그런 사상적 태도를 접어두고 정치적 승리를 통해 훗날의 사상적 복구를 꾀하려 했다고 할 수 있다.

이렇게 생각할 때 정도전과 정몽주의 유교적 경향이 근본적으로 다르다고 보기는 어렵다. 하지만 그들이 추구한 불교 배척과 유교적 세계관의 천명은 아직 성공하기 어려운 상황이었다. 대체로 고려 말에 주자학이 들어왔고, 조선 왕조에 이르면 성리학 또는 주자학을 중심으로 하는 나라가 되었다고 말한다. 하지만 자연관을 둘러싼 갈등 과정을 살펴보자면, 정몽주나 정도전 등을 비롯하여 당시의 누가 성리학적 자연관을 가지고 있었는지 의문스럽다.

《고려사》에는 안향이 중국에서 성리학을 배워 왔다는 기록이 나온다. 또 정자와 주자의 이름이 등장한다. 1391년 6월 성균관 생원 박초(朴礎)의 상소문에는 이런 구절이 나온다.

> 맹자가 양수(楊朱)와 묵적(墨翟)을 배척하고 공자를 높인 이레 한나라의 동자(董子)와 당의 한자(韓子), 송의 정자(程子)와 주자(朱子)가 모두 이 가르침을 지지하여 이단을 배척했으니, 천하만세의 군자입니다. 왕안석과 장천각(張天覺) 등은 불교를 일으키고 풍속을 바꾸었으니, 천하만세의 소인입니다. 만약 동, 한, 정, 주자가 오늘날 왕안석, 장천각과 모두 함께 살아 있다면, 임금님께서는 동-한-정-주를 따라 천하만세의 법을 세우시겠습니까? 아니면 왕안석과 장천각의 오랑캐를 높이고 짐승을 흉내 낸 가르침을 채택하시겠습니까?[49]

이렇게 정자와 주자가 동자와 한자와 함께 거론된다는 사실이 당시에는 신유학 또는 정주학(성리학)의 영향이 미치지 않았음을 나타낸다. 고려 말의 사상계는 성리학이 자리 잡기는커녕 불교 배척의 초기 단계였음을 알 수 있다. 당시의 대표적인 모델은 당나라의 한유 정도였고, 한나라 유학의 대표자라 할 수 있는 동중서조차 많이 인용되지 않았던 시대였음을 보여준다.

그렇다면 고려 말까지만 해도 아직 성리학이 수용되지 않았다고 생각된다. 당시 재이를 둘러싸고 벌어진 논쟁은 불교에서 유교로의 전환기에 지나지 않을 뿐, 성리학 또는 신유학적 단계에는 들어서지 않았음을 보여준다.

3. 조선 초기의 재이와 그에 대한 반응

많은 사람들이 조선 왕조는 성리학을 사상적 근거로 내세우며 일어난 새로운 역성혁명 정권이라고 생각한다. 그러나 고려 말의 사상계가 그랬던 것처럼 조선 초의 사상계 역시 유교적인 사상이 지배적이지는 않았다고 생각된다. 따라서 자연의 이상 현상에 대한 반응도 유교적인 것과는 거리가 있었다. 그런 경향의 몇 갈래를 구체적으로 살펴보기로 한다.

우선 불교적 태도를 볼 수 있다. 그에 못지않게 풍수지리설에 도참사상이 곁들여진 반응도 많다. 음양오행 사상을 함께 생각해도 좋을 것이다. 나아가 곧 사그라지게 되는 도교적 반응까지 얽혀 나타나는 것이 조선 초의 자연관이다.

1) 불교적 반응

조선 왕조를 개창한 태조 이성계(李成桂)는 불교도로 알려져 있다. 고려 말의 승려 태고(太古)와 나옹(懶翁)의 불제자 격이었고, 자연히 나옹의 제자 무학(無學)과 가까웠다. 1392년 새 왕조를 개창하고 임금의 자리에 오른 다음 3개월 만에 맞은 첫 생일을 이틀 앞두고 그는 무학을 왕사(王師)로 임명했다. 1392년 10월 9일의 일이었다.[50] 조선시대의 첫 왕사이자 마지막 왕사인 것으로 보인다.

그 후에도 태조의 친불교 성향은 계속되었다. 자연 재이가 일어나면 불교적 반응을 보이는 것은 당연한 일이었다. 1393년(태조 2) 10월 29일 별의 변괴가 자주 나타나자 승려들을 시좌소(時坐所: 임금이 임시로 지내던 궁전)에 모아서 재앙을 없애는 도량(道場)을 베풀게 하고는, 임금이 중궁(中宮)과 더불어 예불행향(禮佛行香)하였다.[51] 이에 앞서 같은 달인 10월 동쪽에 무지개가 나타났고, 금성이 각 별자리의 왼쪽을 침범했으며, 별똥별이 떨어졌다는 등의 변괴가 기록되어 있다. 임금 내외가 별의 변괴에 대응하여 불교적 행사를 벌였다는 것은 이에 대한 반응이었을 것이다. 《태조실록》에 기록된 정도로는 그리 대단한 성변(星變: 별의 위치나 빛에 생긴 이상)이라 하기는 어렵다.

이듬해(1394) 정월 초나흘날에는 세자(世子)를 자운사(慈雲寺)에 보내어 사대연성법석(四大緣成法席)을 베풀고 별의 괴변을 물리치게 하였다. 임금이 친히 거둥하여 이를 구경하였다.[52] 그 후 태조 시기에 비슷한 기록이 나타나는데 다음과 같다.

표 1_ 태조의 불교적인 반응 기록

1394년(태조 3)	5월 8일(병오): 가뭄으로 절과 신사(神祠)에 기우제를 지내고, 시장을 옮기다.
1395년(태조 4)	4월 25일(무자): 사신을 총지사와 현성사 등에 보내서 부처님에게 재를 올려 천변을 제거하게 하였다.
1395년(태조 4)	10월 17일(정미): 임금이 겨울을 당하여 천둥과 샘물이 끊어올랐으므로, 금경법석(金經法席)을 내전에서 베풀고, 사람을 여러 절에 나누어 보내어 법석을 베풀게 하였다.

1396년(태조 5)	9월 1일(병진): 천변지괴가 여러 번 나타났으므로, 참찬문하부사 안익(安翊)과 정당문학 한상질(韓尙質)에게 명하여 백악산에 제사 지내게 하고, 사람을 여러 절에 보내서 소재법석(消災法席)을 베풀게 하였다.
1396년(태조 5)	11월 10일(갑자): 상의문하부사 도흥(都興)을 광암사에 보내어 성변(星變) 소재법석을 베풀었다.
1397년(태조 6)	4월 25일(정미): 판삼사사 이거인(李居仁)을 회암사에 보내고, 우복야 유구를 광암사에 보내어 성변에 대하여 기도하여 재앙을 없애는 법석을 베풀고, 검교 참찬문하부사 최융(崔融)을 소격전에 보내어 화성독초(火星獨醮)를 베풀게 하였다.
1397년(태조 6)	5월 15일(병인): 어떤 별이 왕량성(王良星)에서 나와 북쪽으로 흐르니, 재앙을 없애는 법석을 지천사에서 베풀었다.
1397년(태조 6)	7월 22일(신미): 사람을 보내어 불우(佛宇), 신사(神祠)에 기도하였으니, 오래 가물고 또 바람이 불기 때문이었다.
1397년(태조 6)	8월 20일(기해): 토성(土星)이 벌성(罰星) 남쪽 제일성(第一星)을 범하였으므로, 승도들을 모아 기도하는 법석을 베풀었다.
1398년(태조 7)	1월 22일(경오): 성변을 기양(祈禳)하는 법석을 지천사에서 베풀었다.
1398년(태조 7)	2월 3일(경진): 천변을 기양하는 법석을 장의, 지천, 안암, 왕흥 등 네 절에 베풀었다.
1398년(태조 7)	2월 14일(신묘): 천변을 기양하는 법석을 지천사에서 베풀고, 또 영성부원군 오사충(吳思忠)을 장의사(藏義寺)에 보내어 십이인연(十二因緣) 법석을 베풀었다.
1398년(태조 7)	5월 3일(기유): 오랫동안 가물자 《운우경(雲雨經)》을 흥복사에서 강설(講說)하게 하고, 소나무가 말라 죽자 재앙을 물리치는 법석을 연화사에서 베풀게 하였다.
1398년(태조 7)	5월 22일(무진): 승려 108명을 모아서 재앙을 없애는 법석을 베풀고 5일 만에 그치었다.
1398년(태조 7)	8월 13일(병진): 해괴제(解怪祭)를 봉산에서 베풀고, 금경소재도량(金經消災道場)을 행하였다.
1398년(태조 7)	8월 17일(경신): 천변과 지괴가 있으므로, 법석을 오대산 상원사와 금강산 표훈사 등의 절에서 베풀었다.

태조는 기이한 자연현상에 대해 주로 불교적인 대응을 했던 것으로 보인다. 그러나 말년에는 유학자들이 불교적 자연관에 대해 반대하기 시작했다. 1398년(태조 7) 12월 14일 경연에서 시강관에게 일식의 원리를 묻자 다음과 같은 대답이 돌아왔다.

임금이 경연에 앉아서 《논어》의 '북진거기소 중성공지(北辰居基所衆星拱之)' 장(章)을 강론하다가 시강관 전백영(全伯英)에게 물었다. "일식은 어째서 그렇게 되는가?" 백영이 대답하였다.
"사람의 하는 일이 아래에서 감촉(感觸)되면, 하늘이 실로 위에서 반응하는 것이니, 부처가 말한 아수라왕의 일은 그릇된 것입니다."[53]

태조에 이어 즉위한 정종 역시 자연현상에 대해 불교적인 반응을 보였다. 1399년(정종 1) 7월에는 천재, 지괴가 여러 번 보이므로, 기양하는 도량을 5일 동안 베풀었다.[54]

8월에는 경상도 바닷물이 울주에서 동래까지 길이 30리, 너비 20리로 피같이 붉었는데, 무릇 나흘 동안이나 이어졌다. 수족(水族)이 모두 죽었다. 사람들이 "천구성(天狗星)이 바다 가운데에 떨어진 까닭이다"라고 말하였다. 임금이 명하여 도량을 통도사에 베풀어 기양하였다. 곧이어 8월 10일에는 같은 목적의 도량을 불은사에서도 베풀었다.[55]

이렇게 임금이 불교의 힘에 기대자 1400년(정종 2) 1월 24일 서운관은 재이를 불교의 힘으로 막을 수 없다는 글을 임금에게 올렸다. "재이의 견고(譴告)는 불신(佛神)에게 빌어서 그치게 할 수는 없습니다. 원하건대, 밤낮으로 공경하고 두려워하여 천변에 대답하소서"라는 것이었다. 경연 자리에서는 지경연사 하륜(河崙)이 고려 말 반불 논의를 연상시키는 논리로 불교가 자연재이에 대해 무력함을 강조했다. 이에 대해 임금은 진심으로 기도하지는 않는다고 하면서도 "석씨(釋氏)의 도를 천하 사람이 모두 믿는 것은 반드시 참(眞)이라 생각하기 때문이다"라고 논평했다. 그러자 이번에는 같은 지경연사 권근(權近)이 불교의 자연철학을 배척하며 유교의 자연철학을 옹호했다. 유교의 오행설(五行說)이 옳고, 불교의 사대설(四大說)은 옳지 않다는 말이었다. 사대설이란 자연의 근본 요소로 지(地), 수(水), 화(火), 풍(風)을 꼽는 자연관을 가리킨다.[56]

당연히 불교적인 자연관이 정종 대에도 강하게 나타났다. 1399년 (정종 1) 8월 부엉이가 솔개에 쫓겨 근정전 위에 모이자 승려들을 불러 불경을 읽어 기양하였고, 1400년 3월에는 금성이 낮에 나타났다 하여 기양 문두루도량(祈禳文豆屢道場)을 7일 동안 현성사에서 베풀었다. 같은 해 8월에는 역시 부엉이가 나타났다 하여 14명의 승려에게 정전(正殿)에서 《금경(金經)》을 읽게 하였다.[57]

태조가 불교에 얼마나 열심이었던가는 그가 왕위에 오른 1년 뒤인 1393년(태조 2) 7월 해인사에 대장경을 안치하면서 소원을 비는 글에서도 느낄 수 있다. 그는 자신이 왕위에 오른 것도 불교의 힘이라 평가하고, 앞으로 불교의 힘으로 나라를 복되게 하고 백성을 이롭게 하겠다고 다짐했을 정도다.[58] 또 정종과 태종 대의 대표적 학자인 권근이 경연에서 불교를 비판하는 말을 한 것을 앞에서 소개했지만, 사실 그는 불교에 가까운 인물이었다. 1311년(고려 충선왕 3) 12월에 그의 고조부인 권단이 죽었는데, 그는 승려였다. 또 권근의 증조부인 권부는 그해 11월에 원나라에서 들어올 때 대장경을 가지고 왔다.[59] 권근 역시 다분히 불교적인 분위기에서 교육을 받았다. 그에게 양촌(陽村)이라는 호를 지어준 스승 이색은 불교도였으며, 권근 자신이 불교와 당대의 승려 및 사찰에 대해 많은 글을 남겼다. 예를 들어 1395년 신덕왕후 강(康)씨가 죽어 정릉에 묻히자, 그 동쪽에 원당(願堂)으로 170여 칸의 흥천사(興天寺)가 세워졌는데, 이 사찰의 건립 과정을 설명하는 글을 쓰기도 했다.

제3대 임금 태종은 어떠했던가? 그는 철저히 불교를 배척했던 것으로 알려져 있다. 《증보문헌비고》를 보면 이 같은 사실이 드러난다.[60] 불교를 배척한 태종에 관한 기록은 많이 있다. 1413년(태종 13)에 가뭄이 들자 태종은 언젠가 가뭄이 끝나면 비가 오게 마련인데, 사람들은 부처의 덕으로 비가 내렸다고 할 것이니 앞으로는 기우하는 데 불교 행사를 벌이지 말라고 명했다.

하지만 조선 왕조가 초기에 불교를 탄압한 것은 사찰의 재정적 기반을 왕실로 되돌려 왕권을 강화하려는 의지와 관련이 있다. 태종은 1400년 11월 13일 왕위에 오르자마자 정부와 예조에 명하여 귀신과 불사의 일을 없애도록 의논하게 하였다. 태종은 "귀신과 부처의 일은 내가 감히 알지는 못하나, 징험이 없는 것이 또한 명백하니 무슨 소용이 있겠는가? 그러나 우리 태상왕과 상왕께서 모두 높이고 믿으시니, 비록 다 혁파하지는 못하더라도 없앨 만한 것을 참작하여 아뢰도록 하라"고 명했다.[61] 또 1401년(태종 1) 신하들의 요구에 따라 여덟 살의 원자(元子)를 성균관에서 교육받게 했다. 태종은 원래 고려 말에 왕실과 사대부 자식들이 대개 그랬던 것처럼 승려를 스승으로 두고 배우게 할 생각이었다.[62]

가장 혹심한 재이의 하나인 가뭄에 대해 태종은 적어도 그의 재위 11년까지는 주로 불교적 대응으로 일관했다. 태종 대에 상당한 배불적 조치가 있었음에도 불구하고 한발에 대해 불교적으로 반응했고, 그것이 아주 중요하게 여겨졌다. 성종 때까지 한발에 대한 불교적 반응은 지속되었다고 판단된다. 1485년(성종 16) 6월에 가뭄이 생겼을 때 성종은 원각사에서 기우제를 지내려고 했으나 신하들의 반대로 무산되었다. 이 일은 불교적 자연관이 중대한 전환점을 맞고 있음을 보여주는 좋은 예다.[63] 물론 그전에 세조 같은 임금은 불교를 지지했던 것으로 유명하고, 세종 역시 그에 못지않게 불교 신자로 행세하여 신하들과 갈등을 빚기도 했다. 특히 세조 대에는 감로와 사리 등 불교에서 상서로운 것으로 여기는 현상에 대한 기록이 많은데, 이는 당시에 불교적 분위기가 강했음을 반영한 것이다.[64]

2) 지리도참과 재이

가뭄이나 일식, 혜성 등의 자연재이에 대해서는 주로 종교적 이재(罹災) 또는 양재(禳災)의 의식을 행하는 것이 당연한 일일 것이다. 하지만 풍수지리학과 도참사상(합쳐서 지리도참)은 이런 자연의 재이와 어떻게 연관되는 것인가? 원래 풍수지리학이란 집터나 조상의 묏자리가 사람에게 어떤 영향을 미친다는 믿음에서 비롯한다. 그에 비해 도참사상은 전혀 다른 영역의 것으로, 중국 고대의 하도낙서(河圖洛書)의 전통에서 비롯된 것으로 여겨진다. 즉 자연에 나타나는 무늬가 인간에게 어떤 의미를 가진다고 보고 그 의미를 찾으려는 노력이다.

풍수지리설은 삼국시대 후기에 유행했고, 이와 함께 도참사상도 중시되기 시작했다. 고려 태조 왕건은 풍수지리의 대가로 유명한 도선(道詵)의 예언에 따라 왕이 되었다고 전해질 뿐 아니라, 왕창근(王昌瑾)의 '거울의 참언〔古鏡讖〕' 등의 전설도 남아 있다. 조선 왕조를 개창한 이성계 역시 풍수설과 도참사상에 얽혀 있다. 고려 중기부터 유행했다는 목자득국(木子得國)[65]의 파자참(破字讖)이나, 이성계가 왕이 될 것을 예언했다는 서까래 3개의 전설 등은 모두 글자를 둘러싼 도참사상이라 할 수 있다. 고려 이후 도참사상은 주로 새 왕조의 탄생이나, 왕조의 명운을 예언하는 방향으로 활용되었다. 도읍을 새로운 곳으로 옮김으로써 나라의 명운을 연장할 수 있다는 지기쇠왕설(地氣衰旺說)도 그런 경우다. 천도설을 주장했던 지리도참 사상가로는 묘청, 보우, 신돈 등이 있는데, 모두 유명한 승려였다. 고려시대에는 신라 말의 도선 이래 불교 전통 속에서 지리도참 사상이 이어져왔음을 알 수 있다.

조선시대의 지리도참 사상가로는 무학(無學), 휴정(休靜), 남사고(南師古) 등을 들 수 있다. 이들 또한 불교의 전통을 이어받은 인물이다. 무학과 휴정은 당대의 대표적 승려였고, 남사고는 승려에게서 교육받은 인물이다. 무학은 조선의 첫 임금 태조를 도와 서울을 새 도읍으로 정하는 데 큰 영향을 미쳤다. 휴정은 임진왜란 때 의병을 지휘했던 의병장으로, 《서산대사비결(西山大師秘訣)》이라는 도참서를 남겼다. 남사고 역시 《남사고비결》, 《남사고비기》, 《격암유록》 등의 도참사상이 담긴 책을 썼다.

한양이 조선의 새 도읍으로 정해지기까지는 지리도참 사상가들의 치열한 논의가 있었다. 사람마다 다른 혼란스러운 지리도참설 논의를 태조는 마뜩지 않게 여겼다. 그래서 1394년(태조 3) 8월 태조는 음양산정도감(陰陽刪定都監)을 설치하여 지리도참설을 정리할 것을 명했다. 이 기관에는 당시의 고관들이 모두 포함되어, 서운관원과 함께 이 작업을 맡았다.[66] 새 도읍을 정하는 데 자연현상 그 자체는 그리 중요한 역할을 한 것으로 보이지 않는다.

하지만 새 도읍 한양으로 천도했다가 다시 개성으로 돌아가기로 한 결정에는 자연재이가 중대한 몫을 했다. 지리도참 사상이 재이설과 밀접하게 관련되어 영향을 미쳤음을 잘 보여준다. 개성으로 되돌아가기로 한 결정이 이루어진 것은 1399년(정종 1) 2월 26일인데, 그에 앞서 2월 12일부터 거의 매일 까치와 까마귀가 대궐에 와서 울거나, 유성이 나타나거나 목성의 변이가 일어났다. 이 때문에 천도 논의가 이루어지는데 《정종실록》은 다음과 같이 전하고 있다.

> 종척(宗戚: 왕의 종친과 외척)과 공신을 모아서 도읍을 옮길 것을 의논하였다. 서운관에서 상언하였다. "뭇 까마귀가 모여서 울고, 들까치가 와서 깃들이고, 재이가 여러 번 보였사오니, 마땅히 수성(修省)하여 변을 없애야 하고, 또 피방(避方)하셔야 합니다."
> 임금이 이에 종친과 좌정승 조준(趙浚) 등 여러 재상들을 불러 서운관에서 올린 글을 보여주고, 또 피방해야 될지의 가부를 물으니, 모두 피방해야 한다고 대답하였다. 임금이 어느 방위로 피방해야 할지를 물으니, 대답하기를, "경기 안의 주현(州縣)에는 대소신료(大小臣僚)와 숙위(宿衛)하는 군사가 의탁할 곳이 없고, 송도(松都)는 궁궐과 여러 신하의 제택(第宅)이 모두 완전합니다" 하니, 드디어 송경(松京: 개성)에 환도하기로 의논을 정하였다. 애초부터 도성 사람들이 모두 구도(舊都)를 생각하고 있었으므로, 환도한다는 말을 듣고 서로 기뻐하며 손에 손을 잡고 이고 지고 하여 길에 연락부절못하니, 성문(城門)을 지키어 이를 제지하도록 하였다.[67]

　이렇게 옛 수도 개성으로 환도했으나 5년 뒤 태종에 의해 다시 한양이 조선 왕조의 수도가 된다. 태종은 적지 않은 반대를 무릅쓰고 천도를 단행하는데, 역시 그 근거로 지리도참설과 가뭄 같은 재이를 들고 있다는 점을 주목해야 한다. 태종은 다음과 같이 말했다.

> 의정부(議政府)에 명하여 한경(漢京)에 천도할 가부(可否)를 의논하니, 의정부에서 흉년이 들었기 때문에 불가하다고 대답하였다. 임금이 말하기를, "《음양서(陰陽書)》에 이르기를, '왕씨(王氏) 500년 뒤에 이씨(李氏)가 일어나서 남경(南京)으로 옮긴다'고 하였는데, 지금 이씨의 흥(興)한 것이 과연 그러하니, 남경으로 옮긴다는 말도 믿지 않을 수 없다. 또 지난번에 궁궐 터를 정할 때에도 말하는 자가 분운(紛紜)하여 결정되지 않으므로, 내가 몸소 종묘(宗廟)에 나아가 점쳐서 이미 길(吉)한 것을 얻었고, 이궁(離宮)이 이미 이루어졌으니, 천도할 계획이 정하여졌다. 장차 10월에 한경으로 옮길 터이니 본궁에 거처하지 않겠다"며, 좌우에게 일렀다. "한경은 부왕께서 개창하신 땅인데, 기묘년에 조박(趙璞)이 상왕께 청하여 갑자기 송도에 와서 지금까지 돌아가지 못하였으니, 죄는 박에게 있다."[68]

태종은 이어 각 관청의 분사를 한양에 두고 거처할 곳을 수리하도록 명하고, 10월 8일 송경을 떠나 11일 한양에 도착해 종묘에 배알했다. 10월 19일 이궁이 완공되자 이름을 창덕궁(昌德宮)으로 지었다.

조선 왕조의 수도를 한양으로 정했다가 1399년에 다시 개성으로 환도하고, 6년 뒤인 1405년에 태종이 다시 한양으로 돌아오게 된 배경에는 지리도참과 재이라는 중요한 문제가 감춰져 있음은 물론이다. 우선 '왕자의 난' 등을 거치면서 태조 이성계와 아들인 태종의 입장이 서로 달라졌고, 도읍을 어디로 정하느냐에 따른 권력자들 사이의 정치적, 경제적인 갈등 또한 아주 중요한 요소였음을 알 수 있다.

하지만 그런 문제는 이 책의 주제가 아니므로 건너뛰고, 자연관으로서의 지리도참 사상과 재이 사상의 흐름을 살펴보기로 한다. 새 왕조의 도읍 결정 문제는 조선 초기에 지리도참 사상을 바탕으로 한 자연관에 근본적인 변화를 불러일으키는 데 기여한 것으로 보인다. 새 서울을 정하는 데 논란이 많았기 때문에 이성계는 음양산정도감을 설치해 이론들을 정리하려 했다. 그런데 1394년(태조 3) 8월 태조 일행이 새 수도를 정하기 위해 무악(毌岳)을 찾았을 때 판서운관사 윤신달(尹莘達)과 서운 부정 유한우(劉旱雨) 등이 "지리의 법으로 보면 여기는 도읍이 될 수 없습니다"라는 의견을 밝혔다. 임금이 "여기가 좋지 못하면 어디가 좋으냐?"고 묻자 유한우가 "신은 알지 못하겠습니다"라고 대답했다. 태조는 노하여 "네가 서운관이 되어서 모른다고 하니, 누구를 속이려는 것인가? 송도의 지기(地氣)가 쇠하였다는 말을 너는 듣지 못하였느냐?"고 다그쳤다. 이에 대해 유한우는 "이것은 도참(圖識)으로 말한 바이며, 신은 단지 지리만 배워서 도참은 모릅니다"[69]라고 했다. 서운관의 고위 관료인 유한우가 자신은 지리는 알지만, 도참은 모른다고 공개적으로 말고 있는 것은 흥미로운 대목이다.

어쩌면 유한우의 태도에서 우리는 그때까지 한 덩어리로 묶여 있던 풍수지리와 도참사상이 확실하게 분리되고 있음을 알 수 있다. 지리와 도참의 분리는 한국 사상사에서 대단히 중요한 역사적 전기라고 생각된다. 실제로 이런 의견을 말한 유한우는 그 자리에 있던 윤신달과 함께 풍수지리의 전문가로서 활동하였고, 그 후 조선 왕조에서는 풍수지리 전문가가 서운관의 전문 관료로 줄곧 활동하게 된 것으로 보인다. 그리고 이들은 대체로 도참으로부터 거리를 두려고 했다.

이런 현상이 나타난 이유 중 하나는 태종이 특히 도참사상을 억압

했기 때문이다. 그는 왕위에 오르자마자 도참서를 금지할 것을 명령
했다.

술수(術數)에 관한 그림이나 서적을 금하도록 명하였다. 한양에 환도
하기를 의논하는데, 평양백 조준, 창녕백 성석린 이하 문신 10여 인에
게 이르기를, "불행히 화재가 있었으니 경등은 서운관의 비밀도적(秘
密圖籍)을 상고하여 천도의 이해를 의논해 아뢰도록 하라"고 하니, 이
때에 의논이 분운(紛紜)하여 정해지지 못하였는데, 우정승 하륜이 건
의하기를, "마땅히 무악에 도읍하여야 합니다"라고 하였다. 임금이 여
러 대신들에게 이르기를, "지금 참위(讖緯: 예언) 술수(術數: 길흉을
점치는 방법)의 말이 이러쿵저러쿵 그치지 않아 인심을 현혹하게 하니
이들을 어떻게 처리해야 하는가?"하고 묻자, 여러 재상이 모두 말하기
를, "따를 수 없습니다"라고 하였으나, 대사헌 김약채는 홀로 그대로
따라야 한다고 하였다. 임금이 말하기를, "신도(新都)는 부왕께서 창
건하신 것이니, 어찌 반드시 따로 도읍을 세워서 백성을 수고롭게 하
겠는가?"하고, 드디어 서운관에 명하여 술수, 지리에 관한 서적을 감
추도록 하였다.[70]

실제로 태종은 재위 말년에 여러 차례 도참서를 금하는 조치를 취
했다. 1417년(태종 17) 6월에는 요망한 말을 퍼뜨렸다 하여 강계의
무녀들을 치죄하고 다음과 같이 말했다.

"참위의 서(書)를 내가 믿지 않은 지 오래되었다. 왕씨, 이씨의 사
이에 목자(木子)란 말이 있었고, 삼각산의 남쪽에서 눈으로 삼지(三
池)를 본다는 말이 있어, 사람들은 이를 모두 믿었다. 정도전이 처음
에 말하기를, '일 없는 한가한 사람이 말을 만들어 이런 책을 내었다'

고 하더니, 끝에 가서는 이를 믿어 드디어 수보록가(受寶籙歌)에도 올렸고, 하륜도 또한 이를 믿었지만, 내 생각으로는 이 같은 일은 덕정(德政)을 가영(歌詠)함에 불가하다고 여겨져 일찍이 고치도록 명하였다. 종사(宗社)의 화복장단(禍福長短)을 어찌 이로써 알겠는가? 일찍이 서운관에 명하여 이러한 요서(妖書)를 모두 불살라버리게 했는데, 나는 모두 불살라버렸는지 알지 못하겠다.”

또 몇 달 뒤인 11월에는 도참서를 금하는 명을 내리기도 했다. “참위, 술수의 말은 세상을 미혹하고 백성을 속이는 것이다. 나라를 다스리는 자가 마땅히 먼저 버려야 하기 때문에, 이미 서운관에 명하여 요망하고 허탄(虛誕)하여 바르지 못한 글을 골라서 불사르게 하였다. 이제부터 서울과 외방에 사사로이 간직하고 있는 요망하고 허탄한 글은 오는 무술년 정월까지 한하여 자수하여 바쳐서 역시 불살라 없애게 하고, 만일 정한 기한까지 바치지 않는 자는 여러 사람이 진고(陳告)하도록 허락하여 조요서(造妖書)의 율에 의하여 시행하고, 범인의 가산은 고한 사람에게 상으로 충당하라”고 하였다. 다음 달 12월에도 서운관에 간직하고 있는 참서 두 상자를 불살랐다는 기록이 보인다.[71]

실제로 도참설은 왕조가 일단 안정된 다음에는 전혀 반가운 게 못된다. 도참설이 왕조의 운명에 대해 왈가왈부하는 주장을 부추기기 때문이다. 그래서 태종은 왕조의 안정이 확보되었다고 생각하고 도참설 또는 술수의 책을 불사르도록 했을 것이다. 그리고 같은 이유로 조선 역사에는 더 이상 술수 또는 도참 서적이 등장하지 않게 되었다. 이후 도참설에 가장 가까운 인물이 남사고인데, 그는 ‘술사(術士)’로 불렸고, 당대의 대학자 이이와 교류했으며 예언가로 이름을 날리고 몇 가지 예언서를 남겼다. 그는 전통적인 도참사상에서 벗어나 있었다고 생각된다. 그 후에 나온 도참서로 《정감록(鄭鑑錄)》이 있다. 이 또한 민간에서만 퍼져 대중적인 관심을 끌었을지 모르지만, 공식적으로 문제 되지는 않았던 것으로 보인다.

조선 왕조의 개창과 새 도읍의 선정 과정에서 큰 역할을 담당했던 지리도참설이 지리와 도참으로 완전히 분리되어 도참설은 재야사상 또는 지하사상으로 스며들었으며, 지리설은 왕도풍수설로는 논의 대상이 되지 못하고 주로 사대부 계층의 조상음택을 잡는 데 필요한 지식으로 자리 잡게 되었다.

3) 도교적 반응

조선시대에 들어와 박해를 받으며 쇠락의 길로 접어든 또 다른 사상 조류로는 도교 사상을 들 수 있다. 고려시대에는 자연의 재이가 일어나면 대부분 도교적인 반응을 보였으나 조선에 들어오면서 점차 줄어들었다. 개국 초 태조는 예조의 건의를 받아들여 여러 도교 기관들을 폐지했다. 1392년(태조 1) 11월 소격전 한 곳만 남기고 복원궁, 신격전, 구요당, 소전색, 태청관, 청계 배성소 등지를 모두 폐지했던 것이다.[72]

하지만 이런 기구의 간소화가 실질적으로 도교적 자연관이 크게 쇠퇴했음을 뜻하지는 않는다. 자연의 이상 현상에 대한 도교적 반응이 지속적으로 기록되고 있기 때문이다. 특히 태종은 북두칠성의 신앙을 갖고 있었던 것으로 알려졌다. 북두칠성은 도교에서도 가장 중시하는 숭배 대상이었기 때문에 철폐되었던 태청관이 복구되기도 했다.[73] 칠성 신앙은 지금까지도 강하게 남아 있다. 많은 사찰에 칠성당이 있고, 관 위를 덮는 판을 칠성판이라 부르는 것만 보아도 그

렇다.[74]

도교는 북두칠성만이 아니라 수많은 실제의 별이나 상상의 별들에 대해 초제를 올려 자연의 이상 현상을 물리칠 수 있다고 여겼다. 당연히 조선 초기에는 자연 재이를 물리치기 위해 온갖 초제가 행해졌다. 소격전과 대청관이 초제를 지내는 장소로 이용되었다. 1393년(태조 2) 11월에는 얼음이 얼지 않고 안개가 끼는 이유로, 1394년(태조 3) 5월에는 가뭄 때문에 소격전에서 태일성(太一星)을 초제한 기록이 있다.[75] 1396년(태조 5) 7월에는 왕비가 병에 걸리자 승려들을 불러들여 내전에서 빌고, 소격전에서는 초제를 지냈다. 1397년(태조 6) 4월에는 특히 화성이 항성을 범한다 하여 불교적 기양과 함께 소격전에서 초제를 지냈다.[76] 1398년(태조 7) 8월에는 좌정승 조준이 임금을 위하여 목숨을 비는 초례(醮禮)를 소격전에서 베풀었으며, 이틀 뒤에는 상왕이 같은 목적으로 역시 소격전에서 초례를 베풀었다.[77] 당시 태조는 병중에 있었다.

조선 초기 내내 이런 도교의 역할은 지속된다. 비록 고려 때의 여러 도교 기관이 소격전으로 흡수되었지만, 자연의 이상 현상이 있을 때나 왕실의 안녕에 관한 문제가 생길 때는 도교적 행사로 이를 극복하려고 했다. 물론 유학자들의 비판이 높아졌고, 도교의 중요성에 대한 의문이 제기되었다. 세종은 1425년(세종 7) 7월에 "도사(道士)라는 것은 매우 허황하다"면서, "도교와 불교는 모두 믿을 것이 못 된다. 그런데 도사의 말은 더욱 허황하다. 소격전의 일은 또한 도교다. 그러나 별[星]에 제사하는 것은 큰일이므로 역대로 전해와서 지금까지 폐하지 않았다"고 말하고 있다.[78] 즉 허황하다고 하면서도 폐할 수는 없다는 것이다.

결국 조선시대 도교의 본부였던 소격전은 신유학 또는 성리학의 열기와 함께 16세기 초 중종 대에 이르러서 조광조(趙光祖) 일파의 맹렬한 반대로 폐지되었다. 하지만 조광조의 몰락과 함께 다시 복원되었다가 임진왜란 이후에는 완전히 없어진 것으로 보인다.[79] 소격전 폐지 문제는 그전에 이미 여러 차례 논의되었다. 1484년(성종 15) 1월 성종이 소격서의 혁파를 논의하고자 했을 때, 대신들은 "나라의 큰일은 제사와 군사에 있는데, 초제도 사전(祀典)의 큰 것으로 그 유래가 또한 오래되었으니, 가볍게 없앨 수 없습니다"라고 하며 반대했다. 1490년(성종 21) 12월에는 혜성이 나타나 승정원에서 소격서의 초제를 건의했는데, 임금이 전교하기를, "덕을 닦는 데 있는 것이지 빌어서 물리칠 수 있는 것이 아니다"라고 대답하였다. 《성종실록》에는 다음과 같은 논평이 실려 있다.

사신이 논평하기를, "이 전교를 보면 성상(聖上)의 학문이 고명함을 알 수 있다. 어찌 진나라, 한나라 이후의 임금으로서 훌륭한 임금에 가깝다고 하지 않겠는가? 우리나라는 본래부터 불교가 성행하였고, 도교는 다만 나라에 소격서만 있을 뿐이었다. 뒤에 임금이 그것이 허황된 것임을 알고서 승정원에 묻기를, '소격서는 폐지할 수 없느냐?' 고 하였으니, 이는 우연히 한 말이 아니라 반드시 뜻한 바가 있었던 것인데, 당시의 대신이 동조하는 자가 없었으니, 애석한 일이다"라고 하였다.

그러나 2년 뒤의 기록에는 "소격서의 제사는 과연 정도(正道)가 아니다. 그러나 조종조(祖宗朝)부터 있었으니, 갑자기 혁파할 수는 없다"고 되어 있다.[80] 조선 초기에 자연의 이상 현상에 대해서는 고려 시대에 그랬던 것처럼 불교와 도교적 반응이 중심이 되고, 거기에 덧붙여 무당들의 반응을 비롯한 여러 가지 토속신앙적인 반응이 뒤섞여 나타났다. 물론 유학자들은 자연의 재이란 임금의 잘못된 정치가 가장 중요한 원인이라고 주장했지만, 그들 역시 이런 종교적 반응에 대해 크게 반대하지 않았다. 이런 의미에서 조광조의 소격서 혁파운동은 조선 왕조가 유교 사회로 본격적으로 진입하는 과정에서 일어난 것이라고 볼 수 있다.

연산군 말기에도 소격서가 폐지된 일이 있다. 1506년(연산군 12) 1월에도 소격서를 없애는 듯한 대목이 나타나지만, 중종이 즉위한 후 바로 소격서가 수리되었다는 기록이 보인다.[81] 그러나 조선 중기에 들어오면서는 소격서에서 초제를 지냈다는 기록은 거의 보이지 않는다. 이것이 사실을 그대로 반영하는 것인지, 아니면 사관들이 이를 중요하지 않게 여겨 실록에서 제외한 것인지는 확실하지 않다. 아마 사소하게 여겨 생략했을 것으로 짐작된다. 여하튼 소격서 혁파는 조광조 일파의 정치적 승리를 가져다준 중요한 계기로 여겨진다. 물론 이 사건은 조광조의 몰락을 의미하는 것으로 보일 수도 있다. 중종은 몇 달 동안 대간의 시위와 조광조 일파의 역할에 염증을 느껴 결국 조광조의 처벌을 승인했던 것으로 해석되기 때문이다.

그 후 소격서와 자연현상에 대한 도교적 반응은 임진왜란 이후 저절로 없어진 것으로 이해할 수 있다. 1630년(인조 8) 8월 음성현감이 임진왜란 이후 폐기된 채 복원되지 않았음을 안타까워하면서[82] 소격서의 복원을 상소했으나 실현되지 않았다.

4. 조선 초기의 재이와 왕권

재이설에는 하늘이 정해준 지상의 지배자가 정치를 잘못할 때 일어난다는 생각이 자리 잡고 있다. 따라서 조선의 임금은 왕위를 누가 어떻게 만들어주었는가에 따라 여러 가지 이념상의 제약을 받을 수밖에 없다. 알다시피 조선 왕조는 개창과 함께 중국으로부터 인준을 받기를 원했고, 나라 이름도 중국의 선택에 맡겼다. 또 500년 동안 사대관계를 유지하며 조공을 바쳤다. 중국에서 볼 때에는 중국의 천자가 직접 천명을 받들어 천하를 다스리는 것이고, 조선은 중국의 속방(屬邦)이며 제후(諸侯)에 지나지 않는다. 하지만 조선의 입장에서는 당연히 사정이 다르다. 바로 이런 이념의 차이 또는 갈등이 조선시대를 통하여 자연의 이상 현상에 대한 조신 지식층의 생각에도 큰 영향을 미치게 마련이었다.

조선과 중국의 관계에 대한 최근 우리 역사가의 입장은, 한국 사학자 한영우의 글에서 대략적으로 알 수 있다.

> 두 나라는 형식상 천자와 제후왕의 관계를 맺어 새 왕이 즉위하면 천자의 승인(인신)과 고명을 받고, 명(明)의 달력을 썼다. 이를 책봉(冊封)이라 한다. 명은 조선뿐 아니라 모든 주변 국가에 대하여 똑같은 책봉 형식을 취했다.[83]

여기서 제후왕에 대한 주석은 다음과 같다.

> 중국은 자기의 황제만을 천자로 부르고, 주변 국가의 임금을 제후로 취급하였다. 그러나 제후에는 등급이 있어서 거리가 가까운 제후는

천자의 직접 통치를 받았지만, 거리가 먼 제후는 독립국가로 인정하였다. 조선은 중국의 먼 제후로서 이를 번방(藩邦: 제후의 나라) 또는 황복제후(荒服諸侯)로 부르고, 성교(聲敎: 제왕이 백성을 교화하는 교육)의 자유를 인정하였다. 즉 조선 국왕의 주권을 인정한 것이다. 따라서 조선은 명의 속국이나 식민지가 결코 아니었다.

조선의 중국에 대한 사대주의에 식상한 현대 한국인으로서는 이 민감한 문제를 어떻게 서술하느냐를 고민하지 않을 수 없었을 것이다. 요컨대 한국의 역사학자들은 당시 조선과 명나라와의 관계가 형식상 조공관계요 제후로 취급되기는 했으나, 실질적인 독립국가였음을 강조하고 있다.

물론 외국 학자들의 평가는 좀 더 냉정하다. 그러나 어느 경우이든 동아시아 전통사회에서 큰 나라와 작은 나라의 관계, 즉 사대관계를 오늘의(또는 19세기적인) 식민지 관계 비슷한 것으로 설명하기에는 무리한 부분이 있을 수밖에 없다. 근대사회의 식민지 관계와는 다른 전통사회에서의 조선과 중국 간의 사대관계를 제대로 이해하기 위해서도 조선인들이 가졌던 왕권과 조선의 국권 등에 대한 인식을 살펴볼 필요가 있다. 이를 위해서도 당시 재이에 대한 해석은 중요한 의미를 가진다. 이미 앞에서 언급했듯이 당시 유교 사회에서 재이란 정치의 잘잘못과 관계있다고 여겨졌다. 따라서 조선의 정치 주체인 조선 임금은 어떤 형태로든 자연의 재이에 대해 책임을 질 수밖에 없다. 그런데 조선 임금이 중국 천자의 제후로서 이 땅을 지배하는 것이라면 재이에 대해 어느 정도 책임을 져야 하는가? 또 조선 왕이 재이에 대해 책임을 져야 한다면 조선 왕실은 중국과는 달리 별도의 천명을 받아 이 땅을 다스린다는 논리가 성립한다. 그럴 경우 조선은 그 천명을 드러내는 노력을 얼마나 했는가? 또 그 논리를 지나치게 드러낼 경우 중국과의 마찰은 어떻게 되는가 등등의 흥미로운 문제가 남게 된다.

이 글에서는 이런 문제들의 몇 갈래만을 다뤄보기로 한다.

1) 제후(천자의 대리자)로서의 조선 임금

조선의 임금은 중국 천자의 대리인에 불과하다는 해석이 가능하다. 이와 관련해 《삼국사기》에 나타나는 첫 기록은 32년(대무신왕 15) 12월에 고구려가 한나라에 사신을 보내 조공했고, 이에 한나라 광무제가 고구려 임금의 왕호를 회복했다는 기록이다. 또 고구려는 343년(고국원왕 13)에 임금이 아우를 연(燕)에 보내 칭신(稱臣)하고 조공했다는 기록이 있다. 이때 고구려는 연의 침략으로 왕의 어머니와 아내가 붙잡혀 갔으므로 저자세 외교를 펼칠 수밖에 없었다.

하지만 그 후 줄곧 한반도의 나라들은 중국의 나라들에 조공을 바치고, 책봉을 받는 관계를 확립해갔다. 일제 시기에 근대적 역사의식이 성장하면서 이러한 사대관계에 대한 강한 비판이 일어났고, 대표적 경우가 신채호(申采浩)의 비판이다. 신채호는 특히 김부식의 사대사상을 강하게 비판했다. 그러나 중국에 대한 조공관계 또는 사대관계는 상당 부분 중국의 강요에 따른 것만은 아니다. 우리 왕조에서 자발적으로 사대관계를 추진했다는 것도 엄연한 사실이기 때문이다. 이런 경향은 중국이 오대(五代)의 혼란기에 있을 때에도 고려 왕실이 적극적으로 중국의 어느 나라와 사대관계를 확립하려 노력했다는 사실에서 알 수 있다. 공식적 관계를 확립한 경우 고려는 연호(年號)를 포기하고, 중국의 역법과 연호를 채택했지만, 혼란 가운데 중국 어느 나라와도 사대관계를 형성하지 못했을 때에는 고유 연호를 사용했던 것이다.[84] 일부 현대 역사학자들은 고유 연호를 사용하는 것이 대단한 독립정신의 표현이라도 되는 것처럼 설명했는데, 20세기 역사학의 시대착오에 불과하다.

고려 말에서 조선 초에 걸친 시기에도 그 상태는 마찬가지였다. 조선 초에 이미 확립되어 있던 사대관계에 대해 일본 학자 이마니시 류(今西龍)는 일본인들은 중국의 주자학을 제대로 소화하여 흡수했기 때문에 그렇지 않았으나, 조선인들은 주자학을 제대로 소화하지 못한 채 그 정신보다 형식에 치중하여 중국의 천자를 그들 자신의 천자로 여겼다고 해석했다.[85]

그러나 이는 지나친 해석이다. 조선시대를 통해 조선의 지식층은 중국 임금을 천자로 부르고 조선의 왕들에게는 천자란 표현을 쓰지 않았던 것은 사실이다. 그러나 중국을 사대하고, 중국 임금을 천자로 불렀다는 사실이 조선 왕의 권위를 손상하는 방향으로 해석되지는 않았다. 그리고 그런 해석을 가능하게 해준 몇 가지 사상의 틀이 엄연히 존재했음을 알 수 있다. 그중 몇 가지를 거론함으로써 조선시대 왕권의 성격과 재이에 대한 임금의 책임 문제에 대해 생각해보기로 하자.

2) 천명과 조선의 임금

왕조의 개창과 함께 가장 먼저 완성한 것 중 하나가 천문도였다. 1395년에 완성된 〈천상열차분야지도〉는 하늘의 기본 별자리인 28수를 비롯하여 하늘에 대한 여러 가지 정보와 함께 1464개의 별을 묘사하고 있다. 돌에 새겨져 지금도 남아 있는 이 천문도의 발문은 권근이 썼다. 그 가운데 일부를 인용하면 다음과 같다.

예부터 제왕이 하늘을 받들어 나라를 다스림에는 하늘을 관측하여 백성에게 시간을 알려줌으로써 시작하지 않은 경우가 없었습니다. 요(堯)임금은 희(羲)와 화(和)를 시켜 사계절을 바로잡게 했고, 순(舜)임금은 선기옥형(璇璣玉衡)을 사용하여 움직이는 천체 일곱 가지의 운동을 관측했습니다. 이는 하늘을 공경하여 백성을 부지런히 살피는 일을 게을리할 수 없기 때문입니다. 생각하건대 전하께서는 성스럽고 용감하시며 자애롭고도 명철하시어, 이제 선양(禪讓)을 받아 나라를 얻게 되었습니다. 나라 안과 밖이 태평을 누리게 되었으니 이는 곧 요순의 덕과 같고, 먼저 천문을 관측하여 중성(中星)을 바로잡으시니 이는 요순의 다스림과 같습니다. 요순이 천상을 관측하고 기구를 정비한 본뜻은 하늘을 공경함에 있었을 뿐입니다. 생각하건대 전하께서도 마음속 깊이 하늘을 공경하여 위로는 하늘의 시간을 받들고 아래로는 백성의 다스림에 부지런하시니 뛰어난 공덕이 성대하게 빛나 요순과 같이 융성할 것입니다. 더구나 이 천문도를 좋은 돌에 새기니, 영원히 자손만대의 보물이 되리라 굳게 믿습니다.[86]

조선 왕조의 개창과 함께 만들어진 이 천문도는 중국적 세계관이나 천문사상을 무시한 채 요순의 직접적 후계자로서 이성계가 새로운 조선을 창건했다는 인식을 가지고 있음을 알 수 있다. 천명(天命)이란 용어를 직접 쓰지는 않았지만 천명을 받아 나라를 세웠다고 강조하고 있는 것이다.

《태조실록》을 보면 '천명'이란 단어가 당시에 널리 사용되었음을 알 수 있다. 1392년 7월 17일 이성계는 조선 왕조를 개창하여 첫 임금으로 즉위하는데, 그는 왕위를 거절하면서 "예부터 제왕의 일어남은 천명이 있지 않으면 안 된다. 나는 실로 덕이 없는 사람인데 어찌 감히 이를 감당하겠는가?"라고 말했다.[87] 이와 비슷한 기록이 조선 초의 실록에는 흔히 보인다. 이런 생각을 반영한 결과는 세종 대에 나온 《용비어천가(龍飛御天歌)》(1445)에서 쉽게 찾아볼 수 있다. 제13장에 다음과 같은 기록이 있다.

> 말씀을 사뢰는 사람이 많았지만 천명을 의심하시매, 꿈으로 재촉하시니.
> 노래 부르는 사람이 많았지만 천명을 모르시매, 꿈으로 아뢰시니.

여기 나오는 선사(先詞)는 중국 고사를 인용한 것으로 무왕(武王)이 폭군 주(紂)를 토벌하고 새 왕조 주(周)를 세운 경우를 예로 든 것이다. 뒤의 경우는 이성계의 인기가 높아져 목자득국 등의 노래를 부르는 사람이 많았으나, 이성계가 천명을 깨닫지 못하므로 꿈에 신인(神人)이 하늘에서 내려와 금자〔金尺〕를 주면서 "공은 품자(稟資)로서 문무를 겸하였고, 또한 백성이 따르니, 이 나라를 바로잡을 이가 공이 아니고 뉘리오" 하였다는 고사를 가리킨다.[88]

이처럼 '목자득국'이나 '몽금척' 등의 설화에서 나타나듯 조선 왕조는 독자적인 천명을 받아 왕조를 시작한 것으로 되어 있다. 그것은 애당초 중국 천자의 책봉의식과는 아무 상관없는 일이었다. 그래서 이성계가 스스로 임금 자리에 올라 새 왕조를 개창한 사실을 명나라의 황제 역시 필부(匹夫)로서 천하를 얻었다는 사실에 비유한 일도 있다.[89] 바로 이런 배경 속에서 조선시대에는 명나라와 조선의 유사성을 강조하는 설화가 발달한 것으로 보인다.[90]

그 후 조선 임금들은 한결같이 천명을 언급했다. 태종은 1412년 7월 큰 바람이 부는 재변이 있자, 다음과 같이 말했다.

내가 부덕한 사람으로 삼가 대업을 이어받으매, 오직 상제(上帝)에 어김을 얻을까 염려하였다. 그러므로 근자에 왕위를 세자(世子)에게 선양하고, 나로 말하면 별궁(別宮)에 물러가 거처하면서 여생을 마치려 하였으나, 대소신료 모두가 '불가하다' 하고, 또 내 마음으로도 '내 비록 왕위를 사양한다 하더라도 호령(號令)과 정사(政事)는 어린 임금에게 모두 위임할 수 없다'고 여겼는데, 정사에 참여하여 들었슨즉, 그 정사의 실수 때문에 재변을 가져온 것은 실로 과인에게 말미암은 것이다. 만약 그렇다면 그때에 대위(大位)를 사양했다 하더라도 국가에 이익 됨이 없었을 것이므로, 드디어 그 뜻을 이루지 못하고 곧 오늘에 이르렀다. 지난날 내 상제에게 고하기를, '내가 이 자리에 있는 것은 내가 구하여서 얻은 것이 아니라 바로 상제가 명한 것이니, 내가 만약 죄가 있다면 어찌하여 내 몸만 죄를 주지 아니합니까?' 하였으니, 근일의 과인 마음을 경 등이 어찌 다 알겠는가?[91]

폭풍이 몰아치는 것은 태종 자신의 잘못이며, 그래서 자신에게 왕의 자리를 맡긴 하늘, 즉 상제에게 잘못을 빌었다는 내용이다. 《태종실록》에는 이와 비슷한 기록이 많이 나온다. 세조 역시 비슷한 생각을 가지고 있었다. 조카를 왕위에서 몰아내고 임금이 된 그는 1457년 1월 신하들이 상왕(노산군=뒤의 단종)을 서울 밖으로 나가게 하라고 강권하자 이를 거절하며 이렇게 말했다. "옛날부터 제왕이 일어날 적엔 반드시 천명이 있었으니, 나의 일 또한 천명인 것이다."[92]

당연히 조선 왕조를 통틀어 임금을 '하늘'과 관련짓는 표현을 흔히 찾아볼 수 있다. 천청(天聽), 천안(天顔), 천총(天寵) 등등. 심지어 이웃나라의 사신이 조선의 임금을 '황제'라고 부르자 모르는 척했다는 기록(성종 22)도 있다. 야인(野人)들이 우리나라에 와서 천안을 뵙고는 기뻐하여 "황제를 배알하였다"고 했는데, 중국의 예를 따라 왜와 여진의 사신을 조현(朝見: 신하가 조정에 나아가 임금을 뵙는 일)하게 했다는 것이다.[93]

비록 천명이란 표현을 사용하고, 천명을 받아 왕조를 개창하고 왕위에 올랐다고 말했지만, 조선의 임금들이나 지배층은 천명 문제를 내놓고 앞세울 생각은 없었다. 중국과의 마찰을 우려했기 때문이다.

3) 원단과 왕권

이렇게 조선의 임금들은 하늘의 명(천명)을 받아 임금이 되었다고 믿었기 때문에 무슨 일이 있을 경우 직접 하늘에 제사를 지냈다. 대표적 제단이 원구단(園丘壇), 원구(園丘), 환구(圜丘), 또는 원단(園壇)이다. 삼국시대 이후 줄곧 이런 형태의 제천(祭天)을 위한 제단이 있었고, 그것이 조선 초에 그대로 계승되었다. 조선 초에는 다음과 같은 기사가 기록되어 있다.

> 예조에서 아뢰었다. "우리나라에서는 삼국시대 이래로 원구단에서 하늘에 제사를 올리고 기곡(祈穀)과 기우(祈雨)를 행한 지 이미 오래되었으니, 경솔하게 폐할 수 없습니다. 사전(祀典)[94]에 기록하여 옛날 제도를 회복하되 이름을 원단이라 고쳐 부르기 바랍니다." 임금이 그대로 따랐다.[95]

조선 왕조는 원단을 수축한 기록도 있는데, 이때 중국 문헌을 참고하여 그 양식과 제례의식을 정비했다. 이에 대한 반론도 없지 않았다. 새 왕조를 개창하자 예조전서 조박 등은 여러 가지 제례 등의 개정 정비를 주장하면서 "원구는 천자가 하늘에 제사 지내는 예절이니, 이를 폐지하기를 청합니다" 하고 나선 것이다.[96] 곧이어 대사헌 남재(南在)는 환관의 제어, 불교 배척, 여자의 외출 제한 등 12개 조목을 건의했는데, 그중에는 제천 행사를 중단하라는 내용도 있었다.

귀신의 도(道)는 착한 사람에게는 복을 주고 악한 사람에게는 재앙을 주게 되니, 사람이 덕을 닦지 않고 번거롭게 자주 제사 지내는 것이 무엇이 이익 되겠습니까? 옛날에 천자는 천지(天地)에 제사 지냈고, 제후(諸侯)는 산천(山川)에 세사 지냈고, 대부(大夫)는 오사(五祀)에 제사 지냈고, 사·서인(士·庶人)은 조부와 아버지에게 제사 지냈는데, 각기 당연히 제사 지낼 만한 것에 제사 지낸 것이니, 어찌 스스로 착한 일을 하지 않고서 오로지 귀신만 섬겨 그 복을 얻으려는 이치가 있겠습니까. 원컨대, 지금부터는 제사의 예전(禮典)에 기재되어 도리상 마땅히 제사 지내야 될 것을 제외하고서 그 외의 부정한 제사〔淫祀〕는 일절 금단(禁斷)시켜, 이로써 일정한 법으로 삼고 이를 어긴 사람은 엄격히 다스리게 하소서.[97]

천자만이 하늘에 직접 제사 지낼 수 있고, 조선의 임금은 산천에만 제사 지낼 수 있다는 논리는 그 후에도 가끔 등장하는 제천의 반대 논리가 된다. 그럼에도 불구하고 조선 왕조의 원구 제사는 끈질기게 계속된다.

이에 대한 태종의 태도 변화는 대표적이라 할 만하다. 태종은 1411

년(태종 11) 10월 원단을 남교(南郊)에 쌓았는데 앞서 조정에서 "천자가 아니면 하늘에 제사할 수 없다"는 이유로 폐지했던 것을 회복한 것이었다. 그 이유는 "진나라가 서쪽에 있기 때문에 다만 백제만 제사하였는데, 우리나라는 동쪽에 있으니, 또한 마땅히 청제(靑帝)[98]를 제사하라고 한다" 하였기 때문이다. 그해 12월 영의정 하륜, 예조참의 허조(許稠) 등이 다만 동방청제(東方靑帝)를 제사하도록 청하며 "제후의 나라로서 하늘을 제사하는 것은 예에 부합하지 않으니, 청제만 제사하기를 청합니다" 하자 태종은 "우리 동방에서 원단에 제사한 지가 이미 오래인데 경 등의 의논이 옳다. 그러나 만일 수한(水旱: 장마와 가뭄)의 재앙이 있으면 원단에 제사하지 않은 까닭이라고 말하지 않겠는가?" 하였다.[99]

1412년(태종 12) 8월에는 다시 원단 쌓는 일을 파하도록 명하는데, 태종은 "어찌 육천(六天)[100]이 있겠는가? 예법에 제사할 만하면 호천상제(昊天上帝)에 제사 지낼 일이고, 불가하다면 청제만 어떻게 제사하겠는가? 만약 가뭄의 재앙이 나의 잘못에 있다면, 어찌 하늘에 제사한들 도움이 되겠는가? 내가 즉위한 이래 청우(晴雨: 날이 갬과 비가 옴)를 빌었으나 얻지 못했으니, 이것은 나의 정성이 하늘에 이르지 못함일 것이다. 하늘은 반드시 예절에 어긋나는 것을 받지 않을 것이다"라고 하며 원단 제사를 거부했다. 하지만 1416년 6월과 1418년 7월에는 원단에서 기우제를 지냈다. 특히 1416년의 경우에는 당장 큰비를 얻은 것으로 《태종실록》은 전한다.[101] 이는 그해 6월 초하루 당대의 대학자 변계량(卞季良)의 상소에 따른 것이었다. 변계량은 이 글에서 "우리 동방은 단군이 시조인데, 대개 하늘에서 내려왔고 천자가 분봉(分封)한 나라가 아닙니다. 단군이 내려온 것이 당요(唐堯)의 무진년(戊辰年)에 있었으니, 오늘에 이르기까지 3000여

년이 됩니다. 하늘에 제사하는 예가 어느 시대에 시작하였는지를 알지 못하겠습니다만, 그러나 또한 1000여 년이 되도록 이를 혹은 고친 적이 아직 없습니다. 태조 강헌대왕(康憲大王)이 또한 이를 따라 더욱 공근(恭謹)하였으니, 신은 하늘에 제사하는 예를 폐지할 수 없다고 생각합니다"라고 하였다.[102]

그런데 1792년(정조 16) 정조가 내린 하교에 따르면 "지금의 남단(南壇)은 옛날 하늘에 제사하던 환단(圜壇)이다"라고 하면서 원구, 환구단을 이름만 고쳐 광해군 이후 남단이라 불렀다는 대목이 있다.[103] 그 후 줄곧 조선 임금들은 남단에서 하늘에 제사를 지냈다. 특히 가뭄이 심할 때면 임금이 직접 지내거나 고관을 보내 하늘에 기우제를 지냈다는 기록이 많이 남아 있다. 남단은 풍운뇌우단(風雲雷雨壇)[104]을 겸하기도 했다. 조선 초기에는 오락가락하면서 원단이 유지되었고, 제천 행사가 진행되었다. 그러나 차츰 직접 제천하는 경우도 줄어들면서 광해군 이후에는 남단에서 제헌이 계속된 셈이다. 영조는 1731년(영조 7) 6월 비를 기원하기 위해 남단에 나갔다. 이때 햇볕이 타는 듯했는데 보련(步輦: 지붕이 없는 임금의 가마)을 타고 일산(日傘: 큰 양산)은 걷어 뙤약볕을 직접 받았고, 그곳에서 노숙(露宿)하다가 한밤중 4고(鼓)에 임금이 직접 남단에 나아가 제사를 지냈다.[105]

조선 왕조에서 임금이 남단으로 가서 친제하는 일은 줄곧 계속되었다. 특히 가뭄에는 임금이 직접 남단에서 기우제를 지내거나 고관을 파견했다. 남단을 남교(南郊)라고도 불렀는데, 원래는 풍운뇌우단과 상통하는 구조를 만들어, 직접 제천하는 형식을 피하면서 실질적인 제천을 했던 것으로 보인다.

이런 전통을 수정하여 1897년(고종 34) 9월 17일 고종은 이를 다시

'환구단'으로 고쳐 불렀다. 이곳에서 천지에 제사 지내고, 황제로 즉위했으며, 이해를 광무 원년이라 불렀다. 이어 동지와 설날의 기곡제(祈穀祭)를 환구에서 행하도록 정했다.[106] 지금의 조선호텔 자리에 환구단을 세웠던 남별궁(南別宮)이 있었다. 이후 나라 이름을 대한(大韓)으로 고치고, 시해된 왕후 민씨를 황후로 추봉했다.

4) 조선의 시조 단군

조선 왕이 직접 하늘에 제사 지내는 문제는 조선 초기에 상당한 논란 끝에 차츰 정리되었으며, 조선은 중국에서 봉함을 받은 나라가 아니라 단군으로부터 시작되어 유구한 역사를 가진 독립국가임을 강조하는 경향 역시 초기부터 강하게 나타났다. 예에 어긋난다며 제천을 위한 원단을 철폐하자고 건의한 예조전서 조박의 상소문도 조선은 단군의 나라임을 강조하고 있다. 개국 첫해에 "조선의 단군은 동방에서 처음으로 천명을 받은 임금이고, 기자는 처음으로 교화를 일으킨 임금이오니, 평양부로 하여금 때에 따라 제사를 드리게 할 것입니다"라고 주장했던 것이다.[107]

변계량 역시 "우리 동방은 단군이 시조인데, 대개 하늘에서 내려왔고 천자가 분봉한 나라가 아닙니다"라고 단군을 강조한 것은 앞에 인용한 바 있다.[108] 고려 때부터 시작된 단군 숭배는 조선 초까지도 그리 강하지 않았던 것으로 보인다. 그러나 세종 때에는 단군이 기자보다 높은 자리를 차지하기 시작한다. 1412년(태종 12) 6월에 "단군은 실로 우리 동방의 시조이니, 마땅히 기자와 더불어 한 사당[廟]에 제사 지내야 한다"는 논의가 있어 그대로 실시했다는 기록이 있다.[109]

그러다가 1425년(세종 7) 9월에는 정척(鄭陟)이 상소하여 그때까지 소홀히 다뤄졌던 단군에 대한 제사를 바로잡았다. 그의 상소문에 따르면 단군은 기자 사당에 부수적으로 있었던 것이 분명하다.

평양에 들러서 기자 사당을 배알하였습니다. 그런데 기자 신위는 북쪽에서 남쪽을 향해 있고, 단군 신위는 동쪽에서 서쪽을 향해 있었습니다. (……) 신의 어리석은 소견으로 단군은 요임금과 같은 시대에 나라를 세워 스스로 국호를 조선이라고 하신 분이고, 기자는 주나라 무왕의 명을 받아 조선에 봉하게 된 분이니, 역사의 횟수를 따지면 요임금에서 무왕까지가 무려 1230여 년입니다. 그러니 기자의 신위를 북쪽에 모시고, 단군의 신위를 동쪽에 배향하게 한 것도, 실로 나라를 세워 후세에 전한 일의 선후에 어긋남이 있다고 생각합니다. (……) 만약 단군과 기자가 같은 남향으로서, 단군이 위가 되고 기자가 다음이 되게 한다면 나라를 세운 선후가 어긋나지 않을 듯하오나, 기자는 무왕을 위하여 홍범(洪範)을 진술하고 조선에 와서 여덟 조목을 만들어서 정치와 교화가 성행하고 풍속이 아름다워져서 조선이라는 명칭이 천하후세에 드러나게 되었고, 그렇기 때문에 우리 태조 강헌대왕께서 명나라 태조 고황제에게 국호를 정하는 일을 청했을 때 태조 고황제는 조선이라는 명칭을 이어받기를 명하였던 것이고, 그 뒤로 중국 사신으로서 평양을 지나는 자가 혹 사당에 가서 배알하게 된 것이니, 그런즉 명칭은 기자 사당으로 되어 있는데, 단군 신위를 모시는 것은 진실로 미편한 일입니다. 신이 또 들으니 기자 사당에는 제전(祭田)이 있고 단군을 위해서는 없기 때문에 기자에게는 매달 초하루와 보름마다 제물을 올리되 단군에게는 봄가을에만 제사한다 하옵니다. 현재 단군 신위를 기자 사당에 배향하게 되어서 한 방에 함께 계신데

홀로 단군에게는 초하루, 보름에 제물을 올리지 아니한다는 것은 또
한 미안하지 않을까 합니다. 신의 생각에는 단군의 사당을 별도로 세
우고, 신위를 남향하도록 하여 제사를 받들면 거의 제사의식에 합당
할까 합니다" 하니, 이 글을 예조에 내리어 그대로 이행하도록 명하였
다.[110]

그 후 5년 뒤에 정척은 다시 산천단 순심별감으로서 평양 기자묘
신위를 '조선후 기자(朝鮮侯箕子)'라고 한 것이 잘못이라며 '기자' 두
글자를 삭제하자고 건의했다. 이에 대해 세종은 기(箕)는 나라 이름
이고 자(子)는 작(爵)인데, 이를 칭호로 함은 불가하고, '조선후'라고
일컫는 것도 옳지 않은 듯하니 '후조선 시조 기자'라고 함이 어떨지
상의해 보고하라 했다. 좌의정 황희, 우의정 맹사성, 찬성 허조 등은
'후조선 시조 기자'라 하는 것이 마땅하다고 하였는데, 총제 정초(鄭
招)는 '조선 시조 기자'라 하는 편이 옳다고 주장했다. 그러나 임금은
황희 등의 의견을 따랐다.[111] 1456년(세조 2) 세조는 이를 다시 검토
하여 '조선 시조 단군', '후조선 시조 기자' 그리고 '고구려 시조 동명
왕'으로 정했다.[112]

그러나 단군의 존재도 점점 경시되었던 것으로 보인다. 단군 사당
은 평양에 있어서 중국 사신이 조선에 들어올 때면 단군과 기자 사
당에 들러 절하는 예가 있었고, 나라에서 향축을 내려 정기적으로
제사를 지냈을 따름이다. 하지만 조선 후기로 들어오면서 다시 단군
에 대한 관심이 높아졌다. 이는 당시 중국에서 전통적 한족의 왕조
였던 명이 망하고, 오랑캐 왕조라 생각되던 청이 들어서면서 대륙의
오랑캐 왕조와는 다른 소중화국(小中華國)으로서의 자부심이 단군
되살리기를 가속했을 것으로 보인다. 당시 단군, 기자 등의 능묘를

손질한 기록도 여러 차례 보인다. 예를 들면 영조는 전조(前朝)의 옛 능과 단군, 기자, 신라 · 고구려 · 백제의 시조(始祖)의 능을 수축(修築)하라고 명하였다.[113] 오늘날 북한이 단군릉을 복원했다는 것도 이런 기록을 근거로 했을 것이다.

단군의 사당에 대해서는 언젠가 평양 사람들이 숭령전(崇靈殿)이란 이름을 붙였고, 영조는 이 이름으로 사액(賜額)했다는 기록이 있다. 능과 사당 외에도 황해도 구월산의 삼성묘(三聖廟)는 환인, 환웅, 단군을 모신 사당으로 조선시대에는 여기에서도 계속 제사를 지냈고, 강화도 마니산에서도 제사가 행해졌다.

한편 일부 조선 후기 학자들은 단군에 대한 비판적 의견을 피력했는데, 이익(李瀷)도 그중 하나다. 1759년에 안정복(安鼎福)이 쓴《동사강목》에서 단군에 대한 비판적 견해가 잘 나타나 있다.[114] 고려 후기부터 주목하기 시작한 단군은 조선 왕조의 개창과 함께 중시되었으나 일단 통상적 시조로서 제사를 지내는 수준으로 정착했다가, 조선 후기에 더욱 주목받게 되었다.

5) 분야설과 조선

이처럼 조선의 지식층은 자연의 이상 현상을 임금의 잘잘못과 연관시키려는 재이설을 뒷받침하기 위해서라도 조선 왕권의 독자성을 인정하는 사상적 기제(메커니즘)를 마련해야 했고, 앞에 소개한 내용이 그런 장치의 중요한 부분이었다고 할 수 있다. 조선 임금은 중국에서 봉함을 받아 왕위에 오르는 것이 아니라 독자적으로 천명을 받는다는 의식과, 따라서 조선에서는 중국이나 마찬가지로 독립적으로 하늘에 제사 지내는 예를 갖추고 있다는 주장이 그것이다. 이외에도 조선에는 중국의 시조와 거의 같은 시기에 나라를 세운 시조 단군이 존재한다는 의식 역시 중요한 부분이었다.

이런 이유를 들어 조선에서 일어나는 자연 재이는 모두 조선 임금에게 귀착한다는 생각이 자리 잡게 되었다. 그러나 이런 의식만으로는 중국 중심의 세계관을 완전히 떨쳐버리기에는 부족했을 것이다. 그래서 또 다른 사고가 등장하는데, 하늘의 중심 부분은 당연히 중국 천자의 몫이지만, 그 주변 일부는 조선 임금의 책임이라는 분야사상이다.

원래 분야란 개념은 천문학에서 유래한다. 앞에 소개한 조선 초의 석각천문도 〈천상열차분야지도〉에도 하늘의 별자리를 28수로 나누어 그린 것이 있는데, 각 성좌가 지상의 어느 분야에 해당하는지도 표시되어 있다. 이순지의 《천문유초》는 별자리와 그 의미 등에 대해 그림을 곁들여 상세하게 설명하고 있다. 천문도의 제목 속에 이미 '분야'란 표현이 들어 있음을 주목해도 좋을 것이다. 즉 하늘의 어느 구역은 지상의 어느 나라에 상응한다는 사상이 전국시대에 확립되어 있었고, 그런 사상이 조선의 지식층에게 재이의 분야적 해석을 가능하게 했다. 하늘의 재이가 일어났다고 해도 우리나라를 가리키는 분야에서 일어난 것이 아니라면 그만이라는 해석도 가능하기 때문이다. 예를 들어 1403년(태종 3) 8월의 다음과 같은 기록을 주목할 수 있다.

달이 필성(畢星: 28수 중 열아홉 번째 별자리의 별들)의 큰 별을 가리었다. 판서운관사 장사언(張思彦)을 불러 묻기를, "월엄(月掩)이니 월범(月犯)이니 월입(月入)이니 월수(月守)니 하는 것을 어떻게 구별하며, 또 달이 필성을 가리면 그 응험이 어떠하냐?" 하니, 사언(思彦)이 대답하기를, "달이 별에 가까우면 '범(犯)'이라 이르고, 별을 막으면 '엄(掩)'이라 이르며, 별이 달에 들어갔다가 도로 나오면 '입(入)'이라 이르고, 별이 달에 들어가서 오래 있으면 '수(守)'라고 이릅니다. 만일 달이 필성을 가리면, 그 응험은 군사를 일으키는 일에 있습니다. 그러나 어젯밤에 달이 필성을 가린 땅은 유방(酉方) 지역이니, 우리나라 안은 아닙니다" 하였다. 사언이 물러간 뒤에, 내수(內竪)에게 명하여 서책을 내다가 보니, 달이 필성을 가리는 응험이 과연 사언의 말과 같았다. 임금이 말하였다. "하늘이 재이로써 견고(譴告: 천변지이를 내려 인간을 꾸짖음)하니 수성하지 않을 수 없다. 모름지기 교서를 반포하여 구언해서, 신료들과 더불어 두려워하고 조심하는 뜻을 함께하려고 한다."[115]

이 경우는 정확히 분야 개념으로 하늘의 재이를 조선과는 관련 없다고 해석한 것은 아니다. 하지만 이와 비슷하게 분야 또는 그와 유사한 개념으로 재이에 대한 의미를 조선과는 무관하다고 해석하는 경향은 흔히 발견된다. 그러나 비록 그런 해석이 제시되어도 임금은 언제나 그럼에도 불구하고 두려워하고 몸을 닦아야 한다고 강조한다. 바로 그와 같은 반응을 앞에서도 읽을 수 있다. 또 앞에 소개한 것처럼 하늘을 여섯 구역으로 나누고 그 하늘 가운데 동쪽의 하늘을 관장하는 청제에게만 제사하자는 논리도 분야 사상이라 함직하다.

4년 뒤 1407년(태종 7) 10월 초하루에 흥미로운 사건이 벌어졌다. 서운부정 윤돈지(尹敦智)가 일식 예보를 실수하여 순금사에 갇히게 되었다. 그날 일식을 예보하여 임금이 신하들을 거느리고 소복차림으로 정전 월대 위에 나가서 진시부터 오시까지 기다렸으나 일식이 없었기 때문이다. 이튿날 임금이 지신사 황희(黃喜)에게 이르기를,

"예전에 일식해야 마땅한데 일식하지 않았다는 말이 있는데, 나는
작은 나라의 임금이지만, 천자 같은 이가 공구(恐懼) 수성하면 혹 이
런 이치가 있을 것이다. 지금 갑자기 술자(述者: 관상감에서 일식이나
월식 따위의 일을 맡아 보던 벼슬)의 추보(推步: 천체의 운행을 관측함)에
차오(差誤)가 있다고 하여 죄를 돌리는 것은 불가하지 않겠는가?"
하였다.[116] 이 사건 역시 분야설과는 직접적인 관련은 없지만, 일식
이라는 중국과 조선에 공통되는 재이의 경우 중국의 천자가 잘 처신
하면 작은 나라인 조선의 임금과는 상관없이 일식이 일어나지 않을
수도 있다는 생각이 바탕에 깔려 있다.

1411년(태종 11)에 달이 금성을 범하는 일이 생기자 태종은 다음과
같이 말했다. "내가 《문헌통고》를 보니, 28수가 하늘에 벌려 있고 여
러 나라가 각기 열수(列宿: 하늘의 무수한 별)의 분도(分度: 일정한 범
위) 안에 있게 되어, 만약 성변이 있게 되면 그 분도 안에 있는 나라
가 이를 근심하였다. 그러므로 지난번에 달이 목성을 범했을 적에
일관이 기양하기를 청하였으나, 나는 우리나라가 미성(尾星: 28수의
여섯 번째 별자리의 별들)과 기성(箕星: 28수의 일곱 번째 별자리의 별들)
의 분도 안에 있고, 또 달이 목성을 범하는 것이 매우 잦으니, 무슨
빌 필요가 있겠는가 생각하여 기양하지 말라고 명하였다. 지금 달이
금성을 범했기 때문에 《문헌통고》를 찾아보았더니, 이에 대해서는
아무것도 없었다."[117]

그런가 하면 1425년(세종 7) 12월 영의정이 근래 여러 차례 별에
이변이 있음을 걱정하자 세종은 "성수(星宿: 28수의 스물다섯 번째 별
자리)는 각각 나누어진 영역[分度]이 있어서 우리나라의 분도에 속
한 것이 아니면 허물은 없다"고 말한 것으로 기록되어 있다.[118] 분야
에 대해 민감하게 반응했음을 보여주는 예다.

조선이 28수 가운데 기(箕)와 미(尾)의 분야를 차지하고 있다는 것은 제법 널리 인정되었다. 하지만 여기에 대해서도 이론은 있었으니, 중국의 해석과 약간의 차이가 있었기 때문이다. 조선의 분야에 대해서는 여러 곳에 논의된 기록이 있는데,《증보문헌비고》에는《한서(漢書)》의 기록을 시작으로 천문학자 진탁(陳卓)의 소견, 당의 천문역산학자 일행(一行)의 주장, 명·청 시대 천문서의 기록 등등과 함께 조선 학자 유형원(柳馨遠)과 안정복의 주장도 소개되어 있다.[119] 유형원은 중국 문헌 기록을 근거로 조선의 경우 충청도 이북은 기와 미 분야에 속하고, 영남과 호남 지역은 기와 두(斗: 28수의 여덟 번째 별자리) 분야에 속한다고 결론짓고 있다. 안정복 역시 비슷한 해석을 하고 있다. 18세기 말의 학자 홍양호(洪良浩)가 우리나라를 연나라, 제나라와 가깝고, 성수를 보던 기성(箕星)과 두성(斗星)의 분야에 해당한다고 본 것도 이를 가리킨다.[120]

《증보문헌비고》의 이 부분에는 1449년(세종 31)에 혜성이 연의 분야에 나타났는데, 천문관이 이는 우리나라와는 무관하다고 했다. 그러나 임금은 홀로 걱정하여 말하기를, "우리나라는 본래가 연 분야와 같은데, 어찌 무관하달 수 있겠는가?" 하더니 머지않아 세종이 승하했다는 기록이 보인다.《세종실록》에 따르면 세종 31년 12월 22일에 혜성이 관측되었고, 비록 그 위치가 조선의 분야는 아니지만 여러 가지 조치를 하는 것이 어떻겠느냐는 논의가 있었다. 하지만 '두려워하고 몸을 닦아 반성하여야 한다〔恐懼修省〕'고 하였으니, 이것이 제일 중요하고, 오늘날 시급한 일은 백성을 편히 쉬게 하고 급하지 아니한 일을 제한다면 달리 할 만한 일이 없다고 의논이 모아졌다. 임금 역시 공구수성하겠다고 다짐하는 정도로 끝났다. 이듬해 1월 17일에는 혜성이 보이지 않게 되었다.[121] 당시 기록으로 볼 때 그리 유난스러운 혜성은 아니었음을 알 수 있다. 그런데 후세의 《증보문헌비고》에서는 이 혜성이 마치 세종의 죽음을 예고한 듯이 기록되어 있다. 언제 이런 해석이 생겨 《증보문헌비고》에까지 실리게 되었는지는 알 수 없으나, 적어도 세종 당시 또는 세종의 죽음 직후에 이런 해석이 있었던 것 같지는 않다. 이렇게 역사 속에서 사실이 조금씩 변질되어 나타나는 현상 역시 매우 흥미로운 문제다.

6) 재이와 조선의 왕권

조선 왕조에서는 초기부터 줄곧 하늘을 어떻게 볼 것이냐를 두고 사상적 고민과 갈등을 거듭했다. 조선 왕조는 중국의 고명과 책봉을 받았고, 조공을 게을리하지 않았다. 바로 이런 사대관계의 확립은 일부 사대부 지식층에게는 자존심 상하는 일이었을 것이다. 물론 그것이 불가피한 일이라는 것도 알았을 것이다. 홍만종(洪萬宗)의 《순오지(旬五志)》에는 이런 대목이 나온다.

임백호제(林白湖悌)가 운명할 무렵 자제들의 울음을 그치게 하고 이렇게 말했다. "사이팔만(四夷八蠻)이 제각기 황제라 일컫지 않은 자가 없고 오계(五季)의 시대에는 황제라고 자칭한 자의 수가 한이 없었건만, 우리나라만은 홀로 황제란 칭호를 가져보지 못했으니, 이러한 나라에서 살 바에는 차라리 죽는 것이 낫지 않겠느냐?" 이런 이야기는 일시적인 비유로 한 웃음의 말에 지나지 않는다. 하지만 오늘날의 시점에서 본다면. 여러 가지 폐백 물건을 바치느라고 개나 돼지 노릇을 하는 일이 해마다 계속되고 있었으니 참으로 가련한 노릇이 아닐 수 없다.[122]

앞의 이야기의 주인공인 임제(林悌)는 당대의 대표적인 문필가였다. 그와 비슷한 기분을 느꼈던 조선의 지식인은 제법 많았을 것이다. 임경업(林慶業) 장군 역시 "이 작은 땅덩이에서 살아야 한단 말인가!" 하며 안타까워했다고 한다.[123] 이런 태도는 어찌 보면 큰 나라 중국 옆의 작은 나라 조선, 또는 한국 지식인의 공통되는 마음이었을 것이다.

그러기에 역설적으로 소중화를 더욱 외치게 되었다고 할 수도 있다. 조선시대 어린이 교육의 대표적 교재였던《동몽선습(童蒙先習)》은 본문 끝에 다음과 같이 가르치고 있다.

오호라! 우리나라가 비록 바다 귀퉁이에 있어 땅이 좁고 작으나 예악(禮樂)과 법도와 의관과 문물이 모두 중국의 제도를 준수하여 인륜(人倫)이 위에서 밝고 교화가 아래에서 행해져서 풍속의 아름다움이 중국과 같아, 중국인이 작은 중화라 칭한다.[124]

그러나 중화, 또는 화를 '중국'으로 번역하는 것은 당시의 정서를 그대로 나타내는 것이라 보기 어렵다. 물론 중국 땅에 문명이 자리하고 있었음을 부인하지 않았지만, 조선의 지식인이 말하는 '중화' 또는 '화'는 문명문화를 가리키는 표현이었지, 반드시 중국 땅을 가리킨다고 말하기 어렵기 때문이다. 예를 들어 중국 문화·문명에 심취해 있던 세종은 "중국 사람들은 흔히 서로 사람을 잡아먹는다"라며 우리나라 사람은 그러지 못한다고 말한 일이 있다.[125]《세종실록》에서 '중국 사람'은 '中國之人'으로 표현되었을 뿐, 중화라고 쓰지는 않았다.

조선 초《고려사절요》를 쓴 역사가들은 고려 후기에 원나라에 복

속했던 100년간의 역사에 대해 백성이 100년 동안 평화를 누렸다고
하며 칭송하고 있다.[126] 또 조선의 제3대 임금 태종은 세자를 중국의
황녀와 결혼시키면 좋겠다는 의사를 밝힌 일이 있고, 실제로 고관들
은 중국 사신을 통해 이를 추진하기도 했다. 이에 대해 좌정승 하륜
은 "만일 대국의 원조를 얻는다면 동성(同姓)이나 이성(異姓)의 누가
감히 난(亂)을 일으키며, 난신(亂臣), 적자(賊子)가 어떻게 생기겠습
니까? 전조(前朝) 때에 원나라에서 공주를 하가(下嫁: 공주나 옹주가
귀족이나 신하에게 시집감)시켜 100년 동안 내외에 근심이 없었으니,
이것은 지난날의 경험입니다"라고 말했다.[127]

이처럼 조선의 사대부 지식인은 대체로 중국에 대한 형식적 복속
을 그리 수치스러워하지는 않았다. 그러면서도 조선 왕조는 하늘에
대해 독자적 위치를 확보하려고 노력했음을 확인할 수 있다. 앞에
소개한 여러 가지 조치 이외에도 조선 왕조는 개국 초부터 천문 연
구에 매진하여 특히 세종 때에는 큰 발전을 이루었다. 그러나 중국
의 입장에서 천문역산학은 중국의 천자가 할 일이지, 조선 임금이
할 수 있는 일은 아니었다. 이에 대해 세종은 천문 연구 개발 사실
을 중국 사신에게는 알리지 않았고, 중종 때에는 중국 사신에게 보
여줄 서류에 천문기구들에 대한 내용이 들어 있어 이를 감추게 하는
대목도 있다.[128] 즉 조선의 천문 관측은 중국에 알리지 않고 은밀하
게 진행되었던 것이다.

이처럼 조선과 중국의 관계는 매우 복잡한 양상으로 전개되었고,
재이에 대한 조선 왕과 사대부 학자들의 태도 역시 마찬가지였다.
조선에서 발생하는 자연의 이상 현상에 대해서는 조선 임금이 모든
책임을 지고, 그 바탕 위에서 논의하려는 태도가 확립되었음을 알
수 있다.

천명사상에 관련하여 조선 임금의 위치에 대해서는 논란이 있지만, 가뭄이 심하거나 혜성이 연일 나타날 경우 그것을 중국 천자의 잘못이라고만 탓하고 방관하는 것은 있을 수 없는 일이었다. 재이가 일어나는 이유는 이 땅의 정치가 잘못되었기 때문이며, 따라서 당연히 이 땅의 군주가 책임져야 한다는 의식이 지배적이었다.

5장

조선 초기의 정치와 재이

1392년 조선 왕조의 창건은 여러모로 새로운 시대의 시작으로 볼 수 있다. 사상적으로는 유학이 나라를 이끄는 중추사상으로 자리 잡게 되는 계기가 되었다. 이 시기의 유학 또는 유교를 역사가들은 주자학, 정주학 또는 신유학이라고 부른다. 그러나 막상 재이에 대한 반응이나 재이의 해석을 보면 이 시기의 유교를 신유학이라 할 수 있을지 의문이 든다.

조선시대에 널리 읽힌 사서(四書)의 하나인 《중용(中庸)》 제24장에는 전지(前知)에 관한 기사가 다음과 같이 실려 있다. "지성의 도는 앞일을 알 수 있나니, 나라가 바야흐로 일어나려면 반드시 길조가 있으며, 나라가 망하려 할 때는 반드시 흉조가 있다〔至誠之道 可以前知 國家將興 必有禎祥 國家將亡 必有妖孽〕."

지금까지 삼국시대 이래 조선시대까지 사람들이 얼마나 자연현상의 길흉에 관심을 가졌는지를 여러 가지 재이를 통해 알아보았다. 앞으로는 이런 재이에 대한 생각이 구체적인 현실정치에서 어떻게 반영되었는지를 설명해보려 한다. 물론 이 설명은 입체적으로 하기가 아주 어렵다. 재이에 관한 기록이 너무나 많아 그것을 모두 분석하고 의미를 찾아내기란 불가능하기 때문이다. 따라서 여기서는 조선 초기의 권력 다툼에서 재이가 어떤 역할을 했는지를 좀 더 극명한 정치 활동 부분에만 초점을 맞춰 살펴보려고 한다. 그것은 주로 왕권과 신권의 갈등을 중심으로 나타나기도 한다. 왕권이 강하면 신하들은 힘을 잃게 마련이고, 반대로 신하들이 득세하면 임금은 제구실을 하기가 어려워진다. 이런 힘겨루기에서 재이가 어떤 몫을 했는지를 살피자는 뜻이다.

1. 조선의 유교화와 '재이의 정치'

1392년 조선 왕조의 창건은 여러모로 새로운 시대의 시작으로 볼 수 있다. 사상적으로는 유학이 나라를 이끄는 중추사상으로 자리 잡게 되는 계기가 되었다. 이 시기의 유학 또는 유교를 역사가들은 주자학, 정주학 또는 신유학이라 부른다. 그러나 막상 재이에 대한 반응이나 재이의 해석을 보면 이 시기의 유교를 신유학이라 할 수 있을지 의문이 든다.

고려 말기에 벌어졌던 이념적 갈등의 핵심에는 동중서의 유교사상이 불교사상과 날카롭게 대립하고 있었음을 확인하게 된다. 이런 특징은 이미 앞 상에서 살펴보았나. 고려 말기에는 동중서의 이름도 몇 차례 등장하고, 실제로 고려 말에 불교 배척의 논리를 제공한 사상적 기반은 당나라 한유의 논리로 여겨지기도 한다.

그렇다면 조선 초기의 정치 속에서 재이사상은 어떤 역할을 했을까? 조선 왕조 개창 이후 왕을 둘러싼 싸움은 왕조의 존폐를 위협할 정도였다. 그러다가 이방원이 쿠데타를 통해 집권한 후에는 세종이나 성종 같은 상당히 안정된 시기가 있었는가 하면, 그와는 대조적으로 조카인 단종을 쫓아내고 왕권을 빼앗은 세조, 그리고 신하들과 이런저런 이유로 끊임없이 대립하다가 결국 신하들에게 쫓겨나고 마는 연산군 등이 조선 초의 정치와 사상의 갈등을 잘 보여준다.

이들의 정치적 입지와 사상은 재이와는 어떻게 연관되어 발동했을까? 정치현실과 정치사상, 그리고 재이의 세 갈래 실이 어떻게 서로 얽히고 어울리며 조선 초기의 왕실을 장식했는지를 풀어보려는 것이 이 장의 목적이다.

물론 정치현실의 중심축을 이루는 맥을 꼽으라면 왕권과 신권 사이의 갈등을 들 수 있다. 단적으로 말하자면 태종, 연산군 등은 왕권의 강화를 지상 목표로 삼아 투쟁했는데 태종은 어느 정도 성공했으나 연산군은 결국 왕위까지 박탈당하고 말았다고 할 수 있다. 그러나 왕권의 강화를 어느 정도 양보하고 신하들의 권능을 인정해준 세종, 성종, 중종은 비교적 평탄한 재위 기간을 역사에 남겼다.

1) 정도전의 유산

서울의 궁궐에는 정도전이 지은 이름이 여럿 남아 있다. 그는 이성계를 도와 조선 왕조를 개창했을 뿐 아니라 새 수도에 지어진 궁궐의 여러 전각 이름을 지었고, 조선 왕조의 기초가 되는 제도와 법령을 마련하는 일에도 중추적 역할을 담당했다. 그의 사상을 살펴보는 것은 조선 왕조의 기틀이 어떤 배경 속에 건축되었는가를 살피는 데 필수적이다.

그의 저서 가운데 《조선경국전(朝鮮經國典)》(1394)은 뒤에 조선 왕조의 기본 틀을 만들어준 《경국대전(經國大典)》(1474)의 선구였다. 그는 그 밖에도 뒷날 《고려사》의 원본으로 생각되는 고려의 역사도 집필했다.[1] 정도전의 《고려사》 37권은 태조 4년에 정총(鄭摠)과 함께 찬수하여 태조에게 바친 것으로, 고려 말에 이인복(李仁復), 이색(李穡)이 지은 《금경록(金鏡錄)》을 참작하고, 이제현(李齊賢)과 기타 사신들의 사찬을 수록하여 편년체로 엮은 사서다. 이 책은 지금 전하지 않아서 자세한 내용을 알 수 없다. 그러나 정총이 지은 서문이 《동문선(東文選)》에 남아 있고, 태종·세종 때에 이에 대한 개찬 작업이 이루어지면서 그 내용의 일부가 알려지게 되었다. 그는 그 시대의 대표적 역사가로서 그 나름의 역사의식을 투철하게 가지고 있었음을 알 수 있다.

이성계의 집권과 함께 새 왕조의 틀을 짜는 일에 적극 참가하게 된 정도전은 이런 투철한 역사의식을 가지고 그가 구상하는 새로운 이상 사회를 건설하기 위해 개혁정치를 내세웠다. 그의 개혁정치에서 재이에 관한 사상을 살피는 것은 이 시기의 정치와 사상, 그리고 자연관을 함께 이해하는 데 매우 중요한 부분이라 할 수 있다.

그는 우선 고려 말기에도 그랬던 것처럼 불교가 지배적인 시대사조를 깨뜨리고 새로운 자연관이 자리 잡아야 한다고 믿고 있었음이 분명하다. 그의 마음의 질문에 대해 상제(上帝)가 답하는 형식으로 쓰인 《심문천답(心問天答)》(1375)에는 다음과 같은 말이 나온다.

풍우(風雨)와 한서(寒暑)는 나의 기(氣)요, 해와 달은 나의 눈이다. 네가 한 번이라도 조그마한 실수가 있으면 나의 기가 어그러지고 나의 눈이 가려지는 것이니, 네가 나를 병 되게 한 것이 또한 많은데, 어찌 스스로 반성하지 않고 문득 나를 책망하는가.

풍우와 한서는 하늘의 기가 되고, 해와 달은 하늘의 눈이 되며, 사람은 천지의 마음이다. 그러므로 사람의 하는 일이 한 번 조금이라도 그 바른 도리를 잃으면 하늘의 풍우와 한서가 반드시 어그러지게 되고, 해와 달이 반드시 가려지는 데 이를 것이니, 이는 사람이 천지를 병들게 하는 바가 또한 많다고 할 것이다.

대개 천지만물이 본래 동일체이므로 사람의 마음이 바르면 천지의 마음도 바르고, 사람의 기가 순하면 천지의 기도 또한 순하니, 이는 천지에 재앙과 상서가 진실로 인사(人事)의 잘하고 잘못하는 데 말미암은 것이다.

인사가 옳으면 재앙과 상서가 그 항상 한 것을 따를 것이요, 인사에 실수가 있으면 재앙과 상서가 그 바른 것을 잃는 것이다. 어찌 이것으로써 스스로 그 몸을 반성하여 너의 당연히 할 바를 닦지 않고 문득 하늘을 책망하는가?[2]

이 글은 한나라의 사상가 동중서의 글을 연상하게 한다. 동중서와 그 후의 중국 사상가들이 그랬던 것처럼, 정도전은 하늘을 하나의 유기체로 파악하고 인간과 자연, 또는 인간과 하늘과 자연을 하나의 통일체로 파악하고 있음을 알 수 있다.

동중서는 "사람은 곧 하늘을 닮았다〔身猶天也〕"라고 하면서 해와 달은 하늘의 눈과 귀이고, 바람은 곧 입과 코로 숨 쉬는 것과 같다고 한다. 그는 좀 더 구체적으로 나아가 인체의 오장(五臟)은 자연의 오행(五行)을 닮은 것이고, 팔과 다리〔四肢〕는 사계절〔四時〕, 인체의 열두 마디는 한 해의 열두 달에 상응한다고 말했다. 따라서 지상에서의 재이란 다름 아닌 국가의 잘못에서 비롯되며, 그것은 하늘의 꾸지람이고 하늘의 위협이라는 것이다.[3] 정도전은 재이는 곧 정치의 잘못에서 비롯된다는 흥미로운 주장을 펼치면서 정치의 총책임을 임금(군주)으로부터 분리하려 했다. 그는 나라를 다스리는 실제 총책임자로 총재(영의정)를 꼽는다. 임금에게 가장 중요한 일은 바로 그 총책임자를 뽑는 일이라는 것이다. 《조선경국전》의 '치전(治典)' 첫머리는 그의 이런 생각을 잘 나타내고 있다.

치전은 총재(冢宰)가 관장하는 것이다. 사도(司徒) 이하가 모두 총재의 소속이니, 교전(敎典) 이하 또한 총재의 직책이다. 총재에 훌륭한 사람을 얻으면 6전(典)이 잘 거행되고 모든 직책이 잘 수행된다. 그러므로 "인주(人主)의 직책은 한 사람의 재상을 논정(論定)하는 데 있다"고 하였으니, 바로 총재를 두고 한 말이다.

총재란 위로는 군부를 받들고 밑으로는 백관을 통솔하여 만민을 다스리는 것이니, 그 직책이 매우 큰 것이다. 또 인주의 자질에는 어리석은 자질도 있고 현명한 자질도 있으며 강력한 자질도 있고 유약한 자질도 있어서 한결같지 않으니, 총재는 인주의 아름다운 점은 순종하고 나쁜 점은 바로잡으며, 옳은 일은 받들고 옳지 않은 것은 막아서, 인주로 하여금 대중(大中)의 지경에 들게 해야 한다.[4]

그가 생각한 이상적 정부론은 유학자들이 가지고 있던 두 가지 이상을 동시에 실현하려는 노력일 따름이다. 그의 입장에서 보면 독특하다고 할 것도 없는 당연한 이상일 수도 있다. 어차피 세습제가 확립된 왕조시대에 임금이 언제나 뛰어난 사람이 나올 수는 없는 일이다. 따라서 임금의 자질과는 상관없이 재상을 잘 뽑아 재상이 정치를 책임지게 하면 나라는 좀 더 안정된 정치를 할 수 있게 되고 왕조 역시 더욱 안정될 수 있다. 정도전이 "인주의 자질에는 어리석은 자질도 있고 현명한 자질도 있으며 강력한 자질도 있고 유약한 자질도 있어서 한결같지 않으니……"라면서 재상의 중요성을 말한 것은 이 때문이다. 임금의 직책은 재상을 잘 선택하는 데 있다고 그는 설명하고 있다.[5]

따라서 정치의 잘못으로 일어나는 재이 책임 역시 재상이 책임져야 한다고 그는 판단하고 있다. 그의 《경제문감(經濟文鑑)》(1395)은 《조선경국전》의 보유편이라고도 할 수 있는데, 중국과 우리나라 역대 왕조의 재상 제도의 변천 과정과 그 득실을 서술하면서, 재상이 정치를 맡는 것이 가장 이상적이라고 강조한다. 군주가 현명하고 재상까지 현명하면 가장 이상적이지만, 군주가 현명하지 못하더라도 재상이 현명하면 정치는 잘 운영된다고 보았다. 정도전의 이와 같은 주장은 유학자들의 공통된 태도이기도 하고, 특히 재상 반열에 있던 그로서는 나라의 실권을 자신이 행사하고 싶다는 뜻의 표출일 수도 있을 것이다. 정도전은 임금의 일은 재상을 논하는 데 있으며, 재상은 음양을 다스리는 책임을 진다고 주장한다. 이어서 그는 정권은 반드시 재상에게 있어야 한다면서, 그 이유를 이렇게 설명한다.

> 정권이 하루라도 조정에 있지 않으면 안 된다. (정권이) 조정에 있지 않다면 대각(臺閣)에 있을 것이며, 대각에 있지 않다면 궁궐에 있을 것이다. 그것이 조정에 있을 때는 나라가 다스려지지만, 그것이 대각에 있으면 나라는 혼란하고, 그것이 궁궐에 있다면 나라가 망한다.[6]

그러나 재상 중심 체제가 군주의 입장에서는 마땅하지 않기 때문에, 이 문제를 둘러싸고 군주와 유학자들이 갈등을 일으키는 것은 역사에서 흔히 있는 사례다. 조선 초기의 정치사는 바로 군주 중심이냐 재상 중심이냐의 문제였다고도 해석할 수 있다. 《경국대전》은 미흡한 상태로나마 재상 중심 체제를 규범화한 것으로 보이는데, 이는 정도전 이래 조선 초기 사대부들의 의지가 반영된 것이기도 하다.

2) 이방원의 반발과 재이론 수용

정도전의 이상 정부론은 왕실의 입장에서는 마뜩치 않은 것이었다. 일단 정권을 잡고 새 왕조를 개창한 이성계의 입장에서는 왕위를 오래 누리면서 어린 왕자를 세자로 삼아 잘 교육시켜 왕위를 자연스럽게 계승하는 것이 가장 이상적이었을 것이다. 이미 나이가 많고 새 왕조를 세우는 데도 한몫을 단단히 했던 다섯 번째 왕자, 이방원보다는 현재 왕후의 두 아들 가운데 둘째이면서 막내아들이기도 한 여덟 번째 왕자 이방석(李芳碩)을 세자로 삼는 편이 더 편안한 일이었다. 정도전으로서도 이미 성인이 되어 교육 효과가 전혀 없을 방원보다는 어린 소년 방석을 가르쳐 왕위에 오르게 하는 편이 재상 중심 체제를 실현시키는 데 유리했다.

그러나 정몽주를 살해하는 등 새 왕조 개창에 가장 공이 많았던 방원으로서는 어린 이복동생을 세자로 세우고 정도전이 세자의 사부(師傅: 세자시강원에서 교육을 맡은 으뜸 벼슬)가 되어 교육하게 된 상황을 지켜볼 수가 없었다. 그는 결국 1398년 8월 '왕자의 난[戊寅靖社]'을 일으켜 정도전과 세자 방석 등을 모두 치치하고 정권을 거머쥐게 된다. 하지만 잠시 그의 형(정종)에게 임금 자리를 넘겨주었다가 곧 스스로 왕위에 오르니 그가 바로 제3대 임금 태종(재위 1400~1418)이다.

두 차례의 '왕자의 난'을 통해 형과 두 아우를 죽이고 아버지를 왕위에서 몰아내며 즉위한 태종은 의정부의 삼정승을 제쳐놓고 육조가 직접 임금에게 정부 일을 보고하고 처리하도록 하는 육조직계제(六曹直啓制)를 채택했다. 정도전이 주장하던 영의정 책임제를 완전히 무시하고 국왕이 직접 정치일선에 나서겠다는 뜻이었다. 정도전의 유교적인 정치 이상은 그저 이상으로 끝나고 말았다. 그 후 조선의 임금들은 정도전이 바랐던 것처럼 현실정치를 떠나 상징적 존재로서 재상 위에 군림(reign)만 하는 것이 아니라 실제 나라를 다스리는(rule) 위치를 차지했다고 할 수 있다.

흥미로운 사실은 강력한 군주가 되고자 했던 태종이 언관과 언론을 장려했다는 사실이다.[7] 특히 그가 설치한 신문고는 재이를 당했을 경우 백성들의 비판과 의견을 듣기 위한 그 나름의 직접 통치의 방법이었다. 태종의 《재이로 인한 구언교서〔因災異求言敎書〕》는 권근이 대신 집필한 것으로, 태종은 다음과 같이 말하고 있다.

> 하늘을 공경하고 백성에게 부지런하나, 오히려 아랫사람의 심정이 위로 통달하지 못할까 염려하여 신문고를 두어 원통하고 억울함을 펴게 하였던 것이다. 그렇건만 과매(寡昧)한 나는 덕에 밝지 못하여, 즉위한 이래로 재앙과 변괴가 겹쳐 오므로 두 번 교서를 내리어 바른말을 들려주기를 구하였던바, 모두 쓸 만한 말이었으나 다 거행하지 못하여 실신(失信)한 것이 많았다. 근자에 큰 바람이 나무를 뽑고 오랜 비가 곡식을 해치고 산이 무너지고 집들이 표류되었으니, 음요(陰妖)의 재앙이 오늘날보다 더 참혹할 수 없다. 화기(和氣)가 상하고 재앙을 부르는 것이, 허물은 실상 내게 있으니 스스로 아프게 책망하여 깊은 못에 떨어지는 것 같다.[8]

언뜻 보기에는 왕권 강화를 위해 여러 가지 수단과 조치를 취하고 있던 태종이 이렇게 적극적으로 구언을 하고, 신문고까지 활용했다는 것은 이해하기 어려울지도 모른다. 하지만 재이는 유교사회에서는 구언의 기회로 여겨졌고, 고려 왕조 때 과거에 급제하기도 했던 태종으로서는 이와 같은 재이사상에 익숙해 있었다. 재이는 어느 해, 어느 계절에나 일어나게 마련이고, 그런 재이가 일어났을 때 임금으로서는 재빠르게 이에 대처하여 무엇이 잘못되고 있는지 구언하고 조치를 취하는 것이 바람직한 군주의 모습이었다. 태종은 바람직한 군주상을 과시함으로써 재이에 대한 책임을 재상이 아닌 군주인 자신이 지고 있음을 과시하여 왕권의 강화를 노렸다.

우리는 앞에서 여러 가지 재이에 대한 역대 임금들의 반응 등을 살펴보면서 태종이 재이에 대해 얼마나 민감한 반응을 보였는지를 확인했다. 실제로 태종은 다른 어느 임금보다도 재이에 대해 민감한 반응을 보였고, 또 그에 대응하기 위해 노력했다. 특히 가뭄에 대한 그의 반응은 많은 예를 들어 설명했다. 봄철의 가뭄은 흔히 일어나는 일이었고, 그때마다 태종은 이재(弭災)를 위한 온갖 수단을 총동원했다. 심지어 그는 가뭄이 심할 때 죽었는데, 자신이 죽으면 하늘에 말하여 가뭄을 없애달라고 청하겠노라고 말할 정도였다. 그래서 해마다 그가 죽은 날에는 비가 내렸고 그 비를 '태종의 비〔太宗雨〕'라 했다는 이야기가 《동국세시기(東國歲時記)》에 남아 있다.[9]

하지만 이것은 역사적 사실과 무관한 전설일 뿐이다. 1422년 4월 초반에 세종은 물러난 태종과 함께 사냥을 즐겼고, 태종은 새 궁궐로 들어갔다. 그런데 실록에는 5월 초하루부터 갑자기 그의 병이 심해져 10일에 죽었다고 적혀 있을 뿐 4월부터 5월 10일 사이에 가물었다는 기록은 없다. 그럼에도 불구하고 언제부터인지 '태종의 비'는 살아 있는 전설이 되어 조선 중기 동안 야사에 기록되기 시작했고, 그것이 19세기 초에 쓰인 《동국세시기》에 남게 된 것이다. 1907년 휘문의숙(徽文義塾)에서 만든 《고등소학독본(高等小學讀本)》에도 한 과(科)를 '태종의 비'로 채우고 있으며, 1997년에 방영된 드라마에도 그 이야기가 실화인 양 소개되었다.[10]

그러나 태종이 처음부터 모든 재이에 대한 책임을 스스로 감당하려 한 것은 아니다. 태종이 왕위에 오르기 직전 그의 형인 정종 때에는 재이의 책임을 물어 의정부를 바꾼 일도 있었다. 1399년(정종 1) 8월 좌정승 조준(趙浚)이 사직의 뜻을 밝혔으나 반려되었다. 12월에도 재이를 이유로 다시 사직하려고 하자, 그를 판문하로 보내고 심덕부(沈德符)를 좌정승에 임명했다.[11] 이때는 태종이 직접 권력을 휘두를 수 있는 때가 아니었을지도 모른다. 그는 1차 '왕자의 난'으로 권력 핵심에 접근했지만, 왕위 계승자의 입지를 확고히 다진 것은 아니었기 때문이다.

태종이 즉위한 직후에도 비슷하게 재이를 이유로 재상이 사직의 뜻을 비쳤고, 태종은 이를 받아들였다. 그러나 1401년(태종 1) 3월의 실록을 보면 재상이 물러난 일이 반드시 재이 때문이 아님을 알 수 있다.

우정승 하륜이 사직하기를 청하니 허락하였다. 륜이 아뢰기를, "신이 재주롭지 못한 사람으로서 외람되게 정승의 지위에 있어 변괴를 가져왔습니다. 예전 사람도 정승이 되어 변괴를 만나서 사직한 자가 또한 있었습니다"라고 하였다. 처음에 좌정승 이거이(李居易)가 일찍이 아상(亞相: 어사대부)이 되었는데, 큰아들 이저(李佇)가 부마가 되었고, 또 정사(定社)의 공(功)에 참여하였으므로, 병권을 맡아 총애가 날로 새로웠고, 작은아들 이백강(李伯剛)이 또 부마가 되었으므로 총애를 믿고 부도한 일을 자행하였다. 임금이 세자로 봉하여진 때를 당하여 상왕이 여러 절제사의 관할인 군관을 고쳐서 모두 삼군부(三軍府)에 소속시켜 감무(監撫)하게 하였다. 이리하여 여러 절제사가 명령을 듣고 병권을 즉시 삼군부에 바쳤는데, 오직 거이와 저만이 병권을 그대로 잡고서 즉시 송납(送納)하지 아니하였다. 이에 판의흥삼군부사 이무(李茂) 등이 임금께 아뢰기를, "거이 부자가 병권을 내놓기를 아깝게 여기오니 뜻을 헤아릴 수 없고, 또 신 등을 지목하여 말하기를 '한 덩어리 고기'라 하니 일찍이 염려하지 않을 수 없습니다"라고 하였다.

임금도 역시 이를 미워하여 마침내 거이를 내보내어 계림부윤을 삼고, 저로 완산부윤을 삼으며, 이무로 영흥부윤을 삼았었다. 즉위한 뒤에 거이로 좌정승을 삼았으니, 대개 그 마음을 기쁘게 하려는 것이요, 오래 맡기고자 한 것은 아니었다. 거이가 이를 알지 못하고 조금도 사면할 뜻이 없으므로, 윤이 가만히 임금께 고하고 재이를 칭탁하여 사직한 것이었다.[12]

국역본 실록 CD-ROM의 이 기사에 ‘우정승 하륜이 좌정승 이거이를 파면시킬 명분으로 먼저 사직하다’라는 제목을 붙여놓은 것이 재미있다.

1402년(태종 2) 9월에는 우정승 이무가 재이를 이유로 사직했다. “근일에 천변이 여러 번 나타났습니다. 신이 섭리[燮理: 음양을 고르게 다스림]의 직책에 있어 주상의 덕에 도움이 되지 못하고, 무릇 시위(施爲: 어떤 일을 베풀어 이룸)하는 바가 모두 물망(物望: 여러 사람이 우러러보는 명망)에 어그러지니, 하물며 위로 천심에 답할 수 있겠습니까? 원컨대 신의 직책을 거두어 덕 있는 사람에게 주소서” 하자 태종은 “천변이 어찌 재상에게 관계되는가?”라고 응수했다.[13] 그래도 그가 계속 사직의 뜻을 밝히자 태종은 “변괴가 재상에게 관계됨이 없지는 않으나, 인군(人君)으로서 재상에게 돌릴 수는 없다”고 말했다. 그러면서도 태종은 중국 임금의 즉위를 축하하는 사절로 하륜이 자원하자 그를 좌정승으로 임명하고, 다음 해 4월에야 이무 대신에 성석린을 우정승으로 삼는다.[14] 당시 태종은 우정승 이무를 중국에 보내려 했으나, 그는 이미 와병 중이어서 멀리 갈 형편이 아니었고, 다른 고관들도 사정이 비슷했다. 그런데 하륜이 자원하는 바람에 감격하여 “임금이 기뻐서 울고, 하륜도 또한 울었다”고 당시 실록은 전한다.

　태종은 재이를 핑계로 대신을 자리에서 물러나게 하지는 않았지만, 초기에는 자신만이 모든 재이에 대한 최종적인 책임자임을 강조하지도 않았다. 그러다 점점 재이에 대한 책임을 스스로 강조하게되었다. 특히 1406년(태종 6) 윤 7월 가뭄 등의 재이로 인해 불평하는 여론이 일자 하륜은 이를 계기로 사직했다. 때마침 가뭄이 심하자 많은 익명서가 종루와 길거리에 나붙었는데, 하륜이 정권을 휘두르기 때문이라는 내용이었다.[15] 앞의 인용에서도 알 수 있듯이 이 시기 하륜은 중국에 사신으로 가면서부터 4년 동안이나 좌정승 자리를 지키며 태종의 심복 노릇을 했던 것으로 보인다. 태종은 "재이는 재상의 허물 때문이 아니다"라고 말하며, 자신이 재이의 책임을 지겠다고 표명했다.

　이 사건은 태종에게 깊은 인상을 남겼던 것으로 보인다. 10여 년 후인 1417년(태종 17) 5월 가뭄과 함께 여름 서리까지 내리자 태종은 다음과 같이 말했다.

기타의 천변지괴는 간혹 다른 일 때문이기도 하지만 서리가 내리는 연고에 있어서는 곧 임금이 형벌을 씀에 중도를 잃은 소치라 하겠다. 그러나 또 죄주는 데 원정(原情: 사정을 하소연함)하지 않는다면 반드시 서리가 내리는 것도 제때를 잃는 법이다. 지난번 진산군(晉山君)이 수상(首相)이 되었을 때 사람들이 생각하기를, "백성들이 한숨지으며 서로 원망하여 천지의 변괴를 초치한 것은 모두 진산이 그렇게 만든 것이다"라고 하였지만, 진산으로 하여금 집에 있게 하고 다른 사람을 수상으로 삼았어도 하늘의 변괴는 역시 그와 같았다.

이제는 진산이 이미 죽고, 수상과 육대언을 자주 바꾸었어도 그 사람들도 또한 이와 같으니, 이것은 재상이 봉직한 과실이 아니라 내가 백성들의 위에 있은 지 18년이 되니 모두 나의 소치로 그런 것이다. 자식도 재주 없어 전위(傳位: 임금 자리를 후계자에게 넘겨줌)할 수 없고 또한 스스로 죽을 수도 없으며, 탈도(脫逃)할 수도 없는 노릇이니 헛되이 이 일 때문에 마음 아플 뿐이다.[16]

아마 태종은 반년 전에 죽은 하륜이 간절히 생각났던 것인지도 모른다. 여하튼 하륜을 비난하는 익명서 사건은 《연려실기술》에도 들어 있고, 11년 뒤 태종이 그 사건을 들어 재이란 재상의 잘못으로 일어나는 것이 아니며 잘못은 임금에게 있다고 말하는 이 대목도 《연려실기술》에 남아 있다.[17]

태종이 재이에 대해 책임시려는 태도는 점점 더 깅했고, 심지어 재이의 책임을 지고 왕위에서 물러나겠다고 한 일도 여러 번 있었다. 실제로 그는 1418년 세종에게 자리를 물려주었는데, 이때도 재이가 계기였음을 알 수 있다.

물론 정종이 왕위를 동생인 태종에게 물려줄 때도 재이를 핑계 삼았다.[18] 정종의 선위(禪位)교서에는 이런 표현이 있다. "하늘 뜻이 허락하지 않고, 인심이 믿지 않아서, 황충과 가뭄이 재앙으로 되고, 요얼(妖孼: 재앙)이 거듭 이르니, 진실로 과인의 부덕한 소치로 말미암은 것이므로, 무서워하고 두려워하여 하늘과 사람에게 부끄러움이 있다"는 것이다. 나름대로는 열심히 정사를 돌보았으나 임금으로서의 덕이 부족하여 재이가 계속되니, 동생에게 임금 자리를 넘기겠다는 뜻이다. 이미 실권을 장악하고 있던 태종은 형의 체면을 살려주기 위해 이런 정도의 글로 얼버무리며 스스로 왕위를 차지했다고 할 수 있다. 실록은 이 글을 쓴 사람은 권근이라고 밝히고 있다.

태종은 네 번이나 선위 의사를 밝혔는데, 그때마다 재이에 대한 책임론을 펴고 있다. 첫 번째 선위 사건은 즉위한 지 겨우 2년 남짓 뒤인 1402년 7월에 있었다. 가뭄이 심하자 임금은 7월 초하루부터 하루 한 끼만 먹고 눈물을 흘렸으며, 금주령을 내렸다. 7월 4일 경상도 도관찰사 이문화(李文和)가 사직하기를 청하였다. "6월 초 2일에 비가 온 뒤로 지금까지 계속 비가 내리지 않아 이 도(道)의 가뭄이 더욱 심하니, 이것은 반드시 신의 죄입니다. 청컨대 계문(啓聞)하여 신의 직사(職事)를 체임(遞任)하여주소서" 하자, 태종은 "가뭄은 과인이 부른 것이요, 경의 죄가 아니다"라고 하며 사직을 허락하지 않았다.

그러나 실제로 가뭄이 너무 심하여 그날 각사(各司: 서울에 있던 관아를 통틀어 이르는 말)에서 진언한 것을 친히 보고, 시독 김과(金科)를 불러 "지금 하늘이 비를 주지 않는 것은 부덕한 내가 왕위에 있기 때문이다. 내가 왕위를 사양하고자 한다"며 눈물을 흘리니, 신하도 함께 울었다고 실록은 전한다. 그러나 곧 7일 가랑비가 조금 내리고 8일 밤에는 비가 더 내려 가뭄을 걱정하지 않아도 되었다. 9일에는 비가 내려 정승 김사형(金士衡)과 이무가 대궐에 나아가 하례하고 약주를 들기를 청하니, 임금이 허락하고 의정부에 술을 내렸다.[19] 이렇게 첫 번째 선위 사건은 가볍게 지나갔다.

그러나 두 번째 선위는 그렇게 간단하지 않았다. 1406년(태종 6) 가뭄이 심하여 좌정승 하륜이 사직을 청하는 일도 있었지만, 그 후 8월에도 여러 재이가 잇달았다. 5일에는 부엉이가 경복궁 누각과 침전 위에서 울었고, 경상도 의성현에서 지진이 일어났다. 10일에는 태백성이 낮에 나타났고, 13일에 다시 부엉이가 경복궁 근정전에서 울었으며, 청양현에서 서리가 내려 메밀이 죽었다. 14일 부엉이가 경복궁 침전에서 울고, 15일에는 침전과 근정전에서 울었다. 17일 금성이 헌원성의 좌각을 범하고, 18일에도 부엉이가 울었다고 실록은 전한다. 바로 이날 18일에 태종은 세자에게 임금 자리를 넘기겠다고 말한 것이다.[20]

> 임금이 세자 제(禔)에게 전위하고자 하니, 여러 신하가 굳이 간하였다. 처음에 임금이 재이가 자주 보인다고 하여 세자에게 전위하고자 하여, 여흥부원군 민제, 좌정승 하륜, 우정승 조영무, 안성군 이숙번에게 비밀히 고하니, 하륜 등이 모두 불가하다고 하였으나 임금이 따르지 아니하였었다. 이날 의안대군 이화, 영의정부사 성석린이 백관과 기로(耆老: 연로하고 덕이 높은 사람)를 이끌고, 전정(殿庭)에 반열하여 지신사 황희를 시켜 들어가 아뢰게 하였다. "전하께서 춘추가 한창이고, 세자가 아직 성년이 못 되었으며, 아무 변고도 없었는데, 갑자기 전위하시고자 하니 신 등은 그 이유를 알지 못하겠으므로 황공해하고 있습니다." 임금이 말하였다. "내가 아직 늙지 않고, 세자가 어린 것도 알고 있다. 그러나 내 마음이 이미 결정되었으니 고칠 수 없다. 내가 전위하려는 까닭을 두 정승이 이미 알고 있다."

이렇게 전위 반대 의견이 빗발치자 태종은 당장 전위하겠다는 것은 아니라면서 신하들을 물리쳤다. 그러나 전위의 뜻을 쉽게 굽히지 않자, 신하들은 모두 나서서 더욱 반대를 했다. 18일의 전위 소동은 26일에 전위 의사를 철회하면서 일단락되었다. 원래 태종은 꿈 때문에 전위하겠다고 나선 것으로 기록되어 있다. 처음에 임금이 이숙번을 불러 비밀히 말하기를, 밤마다 꿈에 어머니가 나와서 울면서 "너는 나를 굶기려 하느냐?"라고 했다는 것이다.

1409년(태종 9)과 1410년(태종 10)에 있었던 3, 4차 전위 소동도 역시 재이 때문이었다. 1409년 7월 27일에 태종은 "풍우와 뇌진, 상박, 산붕, 수일 등으로 죽은 자가 심히 많으니, 모두 나의 부덕한 소치다. 내가 공구수성하고자 하니 무릇 대소공사(大小公事)를 내게 아뢰지 말고 정부에서 처결하라. 만일 큰일을 스스로 결단하지 못하겠거든 세자에게 들어서 행하라"[21]고 말했고, 8월 11일에는 세자에게 전위하는 문제를 검토하라고 지시했다. 물론 이번에도 반대가 심했고, 13일에 이숙번이 "선위하여 재앙을 제거하였단 말은 듣지 못하였다"며 반대하자, 태종은 "그러면 어느 때 이 무거운 짐을 벗을 수 있겠는가?"라고 물었다. 이숙번은 "사람의 나이 50이 되어야 혈기가 비로소 쇠하니 나이 50이 되기를 기다려도 늦지 않습니다"라고 말했다.[22]

네 번째 전위 사건은 싱겁게 마무리되었다. 1410년 10월 6일 우레와 비가 그치지 않았다. 임금이 울면서 신하들에게 이르기를, "내가 부덕하여 부하(負荷)된 책임을 감당치 못하기 때문에 천변이 이와 같다"고 하여 물러날 뜻을 비치자 이숙번이 간하였다. "부모가 자식에게 대하여 항상 그 단점을 책하는 것이오니, 하늘이 인애(仁愛)하기 때문에 재이를 보인 것입니다. 만약 재이의 변으로 만기(萬機: 임금이 보는 여러 가지 정무)를 싫어하신다면 게으른 마음이 생길 것입니다. 마땅히 부지런하고 잘 생각하여 천심에 보답하소서."[23] 마지막 전위 소동은 이렇게 끝났다. 역시 천변이 전위의 계기가 되었으나, 아주 가볍게 끝난 것이다.

1418년에 태종은 18년 동안의 재위 끝에 아들 세종에게 자리를 물려주고 퇴위했다. 이 유명한 사건은 그해 6월 3일 세자였던 양녕대군을 폐하고 충녕대군(세종)을 그 자리에 올리는 것으로 시작되었다. 그리고 한 달 뒤인 7월 4일에 임금이 비밀히 내선(內禪: 임금이 생전에 아들에게 왕위를 물려주는 일)할 뜻을 밝히고, 6일에 이를 공개적으로 밝혔다. 8월 10일에 충녕대군이 내선을 받고 근정전에서 즉위하였으니 그가 바로 조선의 4대 왕 세종이다.[24] 태종은 전위하면서 "내가 재위한 지 이미 18년이다. 비록 덕망은 없으나 불의한 일을 행하지는 않았는데, 능히 위로 천의에 보답하지 못하여 여러 번 수재, 한재와 충황(蟲蝗)의 재앙에 이르고 또 묵은 병이 있어 근래 더욱 심하니, 이에 세자에게 전위하려고 한다"고 말했다. 세종이 즉위한 직후에도 태종은 병조판서를 불러 자신은 질병과 천변 때문에 물러났다면서, 앞으로 교외로 나가 쉬겠지만, 병권만은 임금이 30세가 될 때까지 자신이 쥐겠다는 뜻을 밝혔다.[25]

요컨대 태종은 재이에 대해 임금인 자신이 책임진다고 선언하고, 또 그런 의지를 보여줌으로써 지배권을 확실히 하는 데 도움을 받았다. 그가 재위 기간 중 네 번이나 왕위에서 물러나겠다고 한 것은 액면 그대로 받아들이기는 어려울 듯하다. 그는 신하들을 상대로 정치적 게임을 벌였을 뿐이다. 여기에서 임금다운 임금은 어떻게 처신해야 신하들의 존경을 받을 수 있는가 하는 것이 가장 중요한 문제가 되었다. 당연히 태종은 재이를 계기로 신하들의 존경을 이끌어내는 기회로 이용한 측면도 있었던 것으로 보인다. 왕위에서 물러나겠다는 의사 표시 역시 때로는 신하들의 분열된 의견을 통일하고, 자신의 힘을 모으는 데 활용하려는 의도였다.

그러나 재이에 대한 태종의 반응이 전적으로 정치적이었던 것만은 아니었다. 그는 실제로 재이의 대부분이 자신의 잘못이라는 점을 꽤 인정하고 있었던 것으로 보인다.[26] 1416년(태종 16) 5월 가뭄이 들자 그가 한 말은 정치적 제스처만은 아닌 것으로 보인다. 온갖 조치를 취해 비를 빌어도 별 소용이 없자 태종은 이렇게 말하고 있다. "가뭄의 연고를 깊이 생각해보니 까닭은 다름이 아니라 다만 무인, 경진, 임오의 사건이 부자, 형제의 도리에 어긋남이 있었음이다." 무인(1398)의 사건이란 정도전과 이복형제들을 처단한 일이고, 경진(1400)의 사건은 그의 형 방간(芳幹)을 제거한 일이며, 임오(1402)의 사건은 그가 정권을 잡은 해의 갈등을 말한다. 이 모든 과정을 통해 그는 결국 두 이복동생과 형, 그 밖에 많은 사람들을 죽이고 정권을 잡았으며, 이런 피비린내 나는 싸움이 재이를 일으킬 수밖에 없으리라고 믿었던 것이다. 물론 그는 형제까지 죽인 일을 "그러나 또한 하늘이 그렇게 한 것이지 내가 즐겨서 한 것은 아니다"라며 변명했고, 이 말을 들은 육조와 대간이 모두 황송하고 두려워하여 "성상의 하교는 신 등이 차마 들을 것이 아닙니다. 청컨대, 이것을 가지고 염려하지 마소서. 이것은 바로 하늘에 응하고 사람에게 따른 것인데, 어찌하여 천심에 합하지 아니할 이치가 있겠습니까?"라며 위로했다.

세월이 지나면서 태종은 형제들을 죽이고 잡은 정권에 대해 회의를 느끼고 있었음이 엿보이는 대목이다. 또 오랜 임금 노릇에 지쳐 있었다. 실제로 태종은 1418년에 50세의 나이로 임금 자리를 아들에게 넘기고 편안하게 여생을 즐겼다.

3) 세종 초 양상(兩上) 시대의 재이와 정치

세종 이도(李祹: 1397~1450)는 아버지 태종의 선택에 의해 1418년 8월 왕위에 오르게 된다. 만 21세를 겨우 넘긴 세종은 그로부터 32년 동안 왕위에 있으면서 온갖 분야에 걸쳐 위대한 업적을 남겼다. 그러면 그가 왕위에 있는 동안에 당시 사람들은 자연현상에 대해 어떤 태도를 보였고, 또 어떤 점에서 눈에 띄는 기록을 남겼을까? 과연 세종이나 당시 지식인들은 자연 재이를 어떻게 해석했을까? 그전보다 더 합리적인 자연관을 만들어가려는 노력은 있었을까?

먼저 눈에 띄는 것은 세종 재위 첫해에 햇무리〔日暈〕 기록이 유난히 많다는 사실이다. 세종 1년(1419)에는 봄부터 가을까지 거의 하루 걸러 한 번씩 햇무리가 실록에 기록될 정도다. 해는 임금을 상징하므로 당연히 언제나 밝게 빛나야 한다. 그런데 대낮에 햇무리가 보인다는 것은 태양이 밝지 못하다는 것을 뜻한다. 이는 곧 임금의 총명이나 임금의 권위가 손상되고 있음을 의미한다. 그러면 이 시기에 무엇이 권위를 손상하거나 그 총명을 어지럽히고 있었던 것일까?

당시 사람들은 그렇게 생각했던 것이 분명해 보인다. 그렇지 않고서야 세종 1년에만 햇무리가 이렇게도 유난스럽게 많이 기록되었을 이유가 없지 않은가? 보통 햇무리는 비슷한 몇 가지 다른 재이〔일이(日珥), 백홍관일(白虹貫日) 등〕와 함께 분류되는데, 이런 기록이 고구려에는 없고, 백제 2회, 신라 4회뿐이다. 고려시대에는 모두 228회 나타난다. 한 해 평균 1회도 안 되는 셈이다. 그런데 세종 초년(1419)에는 햇무리 현상이 한 해 동안에만 74회나 기록되어 있다. 우리 역사상 한 해 동안의 햇무리 기록으로는 가장 많은 것이다. 그에 대해 상세히 설명하기 전에 먼저 고려 말의 햇무리 기록 하나를 간단히 살펴보기로 하자.

우왕 1년(1375) 11월 햇무리 등이 일어나자 서운관이 옛 기록의 연구 결과라며 아뢰기를, "여악(女樂)을 버리고 어질고 좋은 인재를 받아들일 것"을 권했다.[27] 이 기록에 대해 이희덕 교수는 "공민왕 말년의 정치적 혼미와 우왕을 보좌한 이인임, 지윤, 임견미 등 간악한 정치 세력에 대한 간접적인 비방이 암시되어 있는 듯하다"는 논평을

하고 있다.[28]

임금의 총명을 가리는 간신 또는 어떤 일을 제거하라는 뜻으로 보인다.

그러면 세종 초년의 기록을 소개하기 전에 조선시대의 햇무리 기록을 대강 살펴보자. 조선 왕조의 개국(1392) 이후 1527년까지 필자가 조사한 바에 따르면 실록에는 모두 1191회의 햇무리가 기록되어 있다. 왕대별로는 태조 12년 동안에 13회, 정종 약 1년 동안에 3회, 태종은 18년에 40회가 기록되어 있으나, 세종 대에는 압도적으로 증가해 재위 32년 동안에 모두 359회나 된다. 세종 이후를 살펴보면 문종(2년) 35회, 단종(3년) 47회, 세조(15년) 271회, 예종(1년) 5회, 성종(24년) 8회, 연산군(13년) 80회, 그리고 마지막으로 중종의 재위 23년 동안에 339회로 조사되었다. 그런데 특이한 점은 재위 연수를 고려해보더라도 세종, 세조, 중종 재위 기간 중에 햇무리가 유난히 많았다는 것이다. 이것이 각 해당 시기에 어떻게 해석될 수 있을지에 대해서는 여기서 다루지 않겠다.

다만 세종 때의 경우를 조금 더 깊이 있게 분석해보면, 흥미로운 사실을 발견하게 된다. 세종 재위 32년 동안의 359회는 아주 많은 숫자인데, 이를 연차별로 다시 나누어보면 다음과 같다. 세종 즉위년 7회, 세종 1년 70회, 세종 2년 4회, 세종 3년 20회, 4년 3회, 5년 0, 6년 0, 7년 3회, 8년 0, 9년 8회, 10년 31회, 11년 22회, 12년 12회, 13년 28회, 14년 0, 15년 1회, 16년 5회, 17년 5회, 18년 18회, 19년 35회, 20년 4회, 21년 9회, 22년 2회, 23년 3회, 24년 0, 25년 12회, 26년 12회, 27년 19회, 28년 7회, 29년 8회, 30년 5회, 31년 6회. 이중 주목할 만한 연도는 1년(70회), 3년(20회), 10년(31회), 11년(22회), 13년(28회), 19년(35회) 등이다. 세종 1년에 유난히 많은 햇무리 등이 관측된 셈인데, 왜 그럴까? 어느 왕조 시기에도 한 해 동안에 이렇게 많은 햇무리를 실록에 남긴 경우는 없다.

실록의 CD-ROM에서 '햇무리'를 찾아본 결과 필자가 30년 전 실록을 직접 읽으며 조사한 횟수보다 좀 더 많았다. 1년에 20회 이상 햇무리가 기록된 경우만 소개하면 다음과 같다. 성종 때까지 나타난 햇무리 기록은 모두 767건으로, 이 가운데 10퍼센트가 바로 세종 1년(1419)에 기록되었다. 더욱이 세종 초, 문종 초, 단종 초, 세조 초 등 모두 즉위 초기에 햇무리 기록이 많이 나타났지만, 세종 1년의 74건에는 미치지 못한다. 그나마 단종 2년에 36건이 기록되어 많은 편인데, 그래도 세종 1년의 절반 정도일 뿐이다.

표 l_ 세종~세조의 즉위 초기 햇무리 기록

세종 1년	74건	단종 2년	36건
세종 3년	20건	세조 2년	32건
세종 10년	28건	세조 3년	33건
세종 11년	21건	세조 8년	29건
세종 13년	28건	세조 10년	24건
세종 19년	33건	세조 11년	24건
문종 즉위년	21건		

세종 초기에 햇무리 기록이 이렇게 유별나게 많은 데에는 분명 이유가 있을 것이다. 앞에서도 소개한 것처럼 햇무리는 임금의 밝음이 제대로 빛나지 못할 때 관측되는 것으로 여겨졌다. 임금의 총명이 흐려지는 것은 마치 태양이 흐릿하여 햇무리가 나타나는 것처럼, 또는 반대로 햇무리가 나타나서 태양의 광명을 어지럽히는 것처럼 임금이 제대로 임금 노릇을 하지 못했다는 신하들의 평가가 반영된 것이다. 그러면 세종은 즉위 첫해 동안 임금답지 못했던 것인가?

그렇다. 세종은 특히 첫해 동안 임금답게 처신할 수가 없었다. 태종이 뒤에서 권력을 쥐고 흔들고 있었기 때문이다. 1418~1419년에 세종은 단지 태종의 허수아비에 지나지 않았던 것이다. 그런데 태종은 왕위를 아들에게 물려주고 4년 동안 실권을 쥐고 있다가 1422년에 죽었다. 그렇다면 왜 햇무리에 대한 기록은 이 4년 동안 고르게 나타나지 않고, 유독 1419년 봄부터 가을까지 집중되어 있을까?

그에 대한 대답은 의외로 간단하게 찾을 수 있다. 세종은 1418년 8월 11일에 즉위했으나 실권은 여전히 아버지 태종이 가지고 있었다. 세종이 이름뿐인 임금인 상태를 비판하는 가운데 햇무리 기록이 후세에 남게 되었다는 것이다. 이 시기에 '강상인(姜尙仁)의 옥사'가 일어났는데,《동각잡기》에도 그 내용이 간단히 실려 있다.

> 태종이 이미 상왕이 된 뒤에 병조에서 잘못한 일이 있었으므로 입직했던 참판 강상인, 좌랑 채지지를 금부에 가두고 아울러 판서 박습, 참의 이각, 정랑 김자온 (……) 등을 모두 추고하여 옥에 가두었다가 강상인은 수레에 사지를 찢고, 박습은 목을 베었다. 공사(供辭: 죄인이 범죄 사실을 진술하던 일)에 관련된 이관, 심정도 베고, 영의정 심온이 역시 관련되었으므로 의금부 진무 이양으로 하여금 심온을 수원으로 압송하여 자살케 하고, 그의 처자는 종을 삼았으며 그 나머지는 귀양을 보내게 하였다.[29]

이 옥사는 세종 즉위 직후에 일어난 가장 큰 사건이었다. 이 사건으로 병조의 고위층을 포함한 여러 관리들이 죽임을 당하고 처벌을 받았다. 이를 전통적 역사에서는 '강상인의 옥사'로 부르는데, 그 내막은 좀 더 복잡한 권력 게임이었다. 태종이 세종의 정권 장악을 보장해주기 위해 세종의 가장 힘센 배후세력이 되어가고 있던 그의 장인 심온과 그를 따르던 사람들을 완전히 소탕해준 사건이었다.

이 사건은 8월 25일에 시작되었다. 11일 세종이 즉위한 지 겨우 2주일 뒤였다. 상왕(태종)이 병조에서 군사에 관한 보고를 자신에게 소홀히 하고 임금에게만 한다고 화를 내며 강상인 등 두어 사람을 의금부에 가두라고 명했던 것이다. 다음 날에는 병조판서 이하 여럿이 붙잡혀갔다. 그다음 날 27일에는 이들 여섯 명을 조사했으나, 이렇다 할 혐의를 찾지 못했고, 29일 상왕은 이들이 과거 공신이었음을 들어 용서하는 것으로 결론을 내렸다.[30]

그런데 그전에 이미 8월 23일 상왕의 추천으로 중국에 보낼 사신으로 심온이 선발되었고, 9월 초하루에는 상왕과 임금이 그를 전별하는 잔치를 베풀었다. 그에게는 영의정이란 직함이 주어졌다.[31] 심온이 중국으로 떠난 다음에 사헌부, 사간원 등에서 강상인 등을 처벌하라는 여론이 조금 일었고, 이들의 직첩(職牒)을 거두며 강상인은 관노로 만들고, 다른 사람들은 유배 보내는 조치가 내려졌다. 이 정도로 일이 마무리되는 듯했다. 그런데 11월에 들어 갑자기 사태가 심각하게 돌아가기 시작했다.

11월 3일 이들은 다시 체포되어 압송되었고, 13일부터 모진 고문과 함께 심문이 이어졌다. 혹독한 압슬형을 견디지 못한 강상인 등은 심온이 공모하여 상왕을 무시하게 되었다고 진술했다. 조사가 시작된 지 열흘 만인 23일에 심온이 주모자로 밝혀진 것이다. 11월 26일 백관을 불러 모은 가운데 강상인은 거열형(車裂刑: 다리를 두 수레에 각각 묶어 몸을 찢어 죽이는 형벌)을 받았고, 박습과 이관은 목이 베이고, 심온의 동생 심정 역시 목이 베였다. 이들의 일가들은 거의 유배되었다. 한 달 뒤인 12월 22일 영의정 심온은 죄인으로 붙잡혀 의

주에서 서울로 압송되어왔다. 그는 고문 끝에 복죄하고 25일에 사약을 받았다. 심온의 아내와 딸들은 천인으로 몰락했다.[32]

심온은 세종의 장인이었다. 세종은 공비(恭妃) 심씨의 아버지인 심온조차 보호할 수 없을 정도로 왕권을 행사하지 못하는 허수아비였던 셈이다. 왕비는 시아버지의 횡포 속에 속수무책으로 아버지를 잃고, 어머니와 동생들이 천민 신세가 되는 것을 지켜보아야 했다. 물론 태종은 이 사건을 거의 조작하여 아들 세종의 정치적 입지를 다져주려 했던 것으로 보인다. 특히 임금의 장인으로서 여러 사람들의 주목을 받아왔던 심온은 스스로 "지금의 사대부들이 나를 보면 모두 은근(慇懃)한 뜻을 보내니 내가 심히 두렵습니다. 마땅히 손〔客〕을 사절(謝絶)하고 조용히 여생을 보내야 하겠습니다"라고 말했다. 이 말을 전해 듣고 상왕이 옳게 여겼다.[33] 태종은 젊은 임금의 장인이 조용히 뒤로 물러나 있어야 아들의 정치적 입지가 안정될 것으로 기대했는데, 심온이 너무 활동적이어서 이씨 집안의 권력 장악에 위협이 될 수도 있다고 판단한 것이 분명하다.

그러면 햇무리는 무엇인가? 그런데 막상 햇무리 기록은 강상인의 옥사가 일어나 조정이 어수선했던 1418년 8월부터 연말까지는 거의 나타나지 않는다. 9월에 3일과 29일 2회, 10월에는 23일에 한 번, 11월에는 전혀 없고, 12월에 8일, 13일, 27일, 28일에 햇무리가 기록되었을 따름이다. 전부 합쳐도 4개월 동안 겨우 7회다. 그러다가 다음 해 초부터 햇무리 기록이 폭발적으로 늘어나게 된다. 세종 1년 (1419) 한 해 동안의 햇무리 기록 74회를 월별로 나누어보면 다음과 같다.

1월	4회	2월	10회	3월	2회	4월	14회
5월	9회	6월	8회	7월	7회	8월	8회
9월	9회	10월	1회	11월	0	12월	2회

4월 한 달 동안에는 거의 하루 걸러 한 번씩 햇무리를 보았다는 기록이 있고, 2월부터 9월까지는 햇무리가 아주 많이 관찰되었으나, 그해 겨울에는 그런 기록이 거의 사라졌음을 알 수 있다. 그 후 세종 10년의 햇무리 기록 28건 가운데 4월에 6회, 윤 4월에 13회, 5월에 7회로 대부분 봄과 여름에 걸쳐 기록되어 있다. 역시 28회가 기록된 세종 13년에도 5월에 7회, 6월에 6회, 7월에 7회, 8월에 6회로 대부분 봄, 여름에 많으며, 세송 19년에는 보두 33건의 햇무리가 기록되었는데, 1월 3회, 2월 4회, 3월 1회, 4월 5회, 5월 10회, 6월 5회, 7월 5회로 나타난다. 8월 이후에는 전혀 없다.

세종 시기에 햇무리 기록이 많은 해의 월별 분포를 살펴보았다. 그 후 성종 때까지의 월별 분포를 살펴보아도 햇무리 기록은 4월과 5월 전후로 많아지고, 9월 이후 겨울 동안에는 드물게 나타난다. 얼마 전 서울에서 관찰된 햇무리에 대한 기사가 실렸는데, 다음과 같다.

24일 오전 서울 하늘에 연한 무지갯빛 햇무리가 나타나 시민들의 탄성을 자아냈다. 기상청에 따르면 이날 오전 8시 25분부터 낮 12시 35분까지 4시간 10분 동안 서울 지역 상공에서 반지 모양의 햇무리 현상이 관측됐다. 특히 이날 햇무리는 이른 아침에는 무지개 형태로 지표면에 걸친 모양을 띠었으며 붉은색과 남색이 어우러진 연한 무지갯빛을 발하면서 장관을 연출했다. 햇무리는 대기 중의 얼음 입자들이 빛을 반사 또는 굴절시키면서 나타나는 현상으로 태양 주변을 원형 띠가 둘러싸고 있는 모양인데, 주로 봄가을에 많이 나타난다.

이날 햇무리도 서울 상공 5~6km 고도에 면사포 모양의 무리 구름이 형성된 데다 이 고도의 기온이 섭씨 영하 22.9도까지 떨어져 얼음이 발생할 수 있는 조건이 만들어졌기 때문이라고 기상청은 설명했다. 기상청은 "내일과 모레 전국에 걸쳐 비나 눈이 올 것으로 예상돼 햇무리가 비를 몰고 온다는 말이 이번에도 맞을 것 같다"고 말했다.[34]

앞에서 상세하게 소개한 것처럼 강상인의 옥사는 늦가을에서 겨울 동안에 일어났다. 햇무리가 그리 많이 관측될 시기가 아니다. 그러나 다음 해 봄부터는 햇무리가 더 많이 관찰되었을 것이다. 그런데 강상인의 옥사와 그 과정에서 세종이 아무런 힘도 발휘하지 못한 채 장인의 죽음을 지켜볼 수밖에 없었던 상황에 대해 사대부 지식층은 내심으로는 크게 반발했을 것이다. 그들의 비판적 태도는 사건이 일단락되고 새해가 시작된 다음에도 한동안 사라지지 않았을 것이다. 그 결과 눈에 띄는 햇무리 또는 햇무리에 가까운 현상을 모두 햇무리로 기록했으리라고 예상할 수 있다. 그리고 이런 기록은 뒷날 세종이 죽은 다음 실록을 편찬할 때 사료로 제출되어 역사적 자료로 활용되었을 것이다. 실록청은 3반으로 나뉘는데, 제1반은 즉위년과 3년, 6년, 9년……을 담당하고, 제2반은 1, 4, 7……년을, 제3반은 2, 5, 8……년을 담당한다. 즉 세종 즉위년을 편찬한 제1반은 바로 그다음 해를 담당할 수 없다. 이런 편찬 방식도 햇무리 기록이 세종 1년 봄부터 가을까지 집중되는 데 영향을 미쳤을 것이다.

심온을 죽음에 이르게 한 두 임금의 시대는 세종 1년 동안에 차츰 자리 잡아 그해 연말에는 안정된 상태에 접어든 것으로 보인다. 어느 누구도 상왕을 무시할 수 없게 된 것이다. 양반 지배층들도 더 이상 '두 임금' 사이에서 우왕좌왕하는 일 없이 나름대로의 규칙을 잡아갔다. 당시 실록에는 '두 임금'이란 표현이 줄곧 등장하지만, 그로 인한 문제는 더 나타나지 않는다.

4) 모범과 교훈으로서의 역사: 세종 대에 확립된 재이사상

세종은 한국 역사에서 가장 훌륭한 임금으로 손꼽힌다. 정치, 외교, 국방, 문화 등등 모든 분야에 걸쳐 조선 왕조의 기틀을 다졌고, 그런 노력은 집현전이라는 위대한 학문 연구기관을 만들어 더욱 진작되었다. 특히 한글을 창제하는 뛰어난 업적을 이루었고, 과학 기술 분야에서노 놀라운 성과를 후세에 남겼다. 특히 천문역산학 분야에서 여러 가지 뚜렷한 자취를 남기고 있다. 경복궁의 경회루 둘레에는 천문기상학의 여러 가지 관측기구들이 즐비하게 설치되었는데, 자동 물시계인 자격루를 비롯하여, 그것보다 더 정교한 천문시계인 옥루(玉漏) 역시 여기에 세워졌다.

천문 관측 장치로는 높이 7미터의 돌대를 쌓고 그 위에 세운 간의(簡儀)가 있었다. 간의 옆에는 높이 40자, 즉 9미터가 넘는 동표(銅表)가 세워졌다. 구리로 만든 이 태양의 높이〔高度〕관측 장치에는 그림자가 떨어지는 눈금의 정확한 관측을 위해서 정교한 '바늘구멍 사진 장치(camera obscura)'가 달려 있었다. 또 경회루 연못 북쪽에는 혼의(渾儀)와 혼상(渾象)을 세워 하늘의 움직임을 낮과 밤을 가리지 않고 관찰할 수 있도록 했다. 이와 함께 관상감(觀象監)에서 여러 가지 시계와 기상 장치를 발명하고 제작했다. 그중 가장 유명한 것이 측우기다. 하늘에서 내리는 비의 양을 정확하게 측정하기 위한 세계 최초의 강우량 측정 장치다. 이는 당시 발명되어 사용되었던 수표(水標: 수위를 재기 위하여 설치하는 눈금이 있는 표지)와 함께 생각하면 좋을 것이다. 지금은 측우기와 수표 모두 18세기의 것만 남아 있지만, 세종 대의 기록은 그 발명과 사용의 과정을 상세하게 보여주고 있다. 전 세계에서 가장 먼저 강우량 측정과 함께 강물과 개울의 물의 양(流量)을 정확하게 측정하기 시작했음을 보여준다.

물을 흘려서 정확한 시각을 재고, 종, 징, 북 등의 자동시보(時報) 장치를 울려 시각을 알려주는 자격루 외에도 여러 가지 시계가 만들어진 것은 뛰어난 업적으로 평가된다. 앙부일구를 비롯한 네 가지 해시계는 당시의 발명품으로 알려져 있다. 이런 천문 관측을 이용하여 1442년(세종 24)에는 《칠정산(七政算)》 내편과 외편을 완성하기도 했다. 원나라 때, 즉 고려 말에 들여오기 시작한 중국의 천문역산학이 세종 대에 이르러 모두 토착화된 셈이다. 이 역법의 완성으로 조선은 최초로 서울 기준으로 해와 달과 오행성 등 천체의 운동을 모두 정확하게 계산하여 예측할 수 있었다.

이 같은 천문역산학의 발달은 세종 대에 처음으로 자연의 여러 분야를 측정을 통해 관측하고 예측하게 되었음을 보여준다. 세종은 이들 기기를 만들면서 천기(天氣)를 관측하여 백성에게 시각을 알리기 위함(候察天氣 以授民時)이라고 말했다. 그리고 그동안 따로 관원이 천기를 관측해왔으나, 앞으로는 서운관이 담당하되 밤마다 다섯 사람씩 입직시켜서 천기를 살피게 하라고 지시했다.[35]

세종 대에 천문학과 역산학이 발달한 것은 농사에 필요한 역법의 발달에 따른 것이었다고 설명하는 경우가 많다. 물론 《칠정산》을 만들어 조선에 적합한 달력을 만드는 일은 농사일에도 필요하다고 할 수 있다. 하지만 세종 대의 천문역산학 발달은 이런 차원에만 그치지 않는다. 백성에게 시각을 알린다는 것은 바로 제왕으로서의 권위의 상징이었기 때문에 이를 완성하려 한 것이고, 마침내 세종 대에 그러한 업적이 이루어진 것이다. 농사일에는 그렇게 정확한 달력이 꼭 필요한 것은 아니며, 더구나 정확한 시계를 만들어 사용할 필요까지는 없다. 실제로 세종 대에는 여러 가지 시계를 발명했는데, 그것은 농사일보다는 오히려 제사 지내는 데 긴요했다. 1443년(세종 25) 예조에서 임금에게 다음과 같은 보고를 올렸다.

제향(祭享)의 행사에서 시각은 가장 중요합니다. 그러므로 일찍이 시각을 정하면서, 기상(起床)하는 북은 3경 1점의 자초(子初) 1각(刻)에, 집합(集合)하는 북은 3경 3점의 자정 1각에, 행사하는 북은 3경 5점의 축초(丑初) 1각에 치기로 하였습니다. 이미 정해진 법이 있시만 지금 아악령(雅樂令)은 천문누각(天文漏刻)을 알지 못하여, 혹 늦게도 하고 혹 빠르게도 하여 제사를 행하는 데 시각을 맞추지 못하니 매우 타당하지 못합니다. 지금부터는 경(更), 점(點) 소리가 들리지 않는 성문 밖 각처의 중사(中祀) 이상의 제사는 종묘에 제향하는 격례(格例)에 의하여 서운관 관원에게 행루(行漏)를 가지고 제소(祭所)에 나아가서 이 각을 알려주도록 하여, 시각을 맞추지 못하는 일이 없도록 하기를 청합니다.[36]

세종은 이를 그대로 따랐다고 한다. 그 후 이런 관행이 얼마나 지켜졌는지 조사해보지 못했지만, 제사 지내는 데 시계가 긴요하게 사용되었음을 알 수 있다. 농사일에는 시계가 거의 필요하지 않다.《칠정산》 같은 정확한 역법도 당시의 농업에 필요한 것이 아니었던 셈이다. 앞에서 말한 것처럼 세종이 이런 천문기구들을 만든 것은 백성들에게 정확한 시각을 알려주려는 목적이 아니었다. 그것은 제사 지내는 시각을 알기 위함이었고, 더 나아가 임금으로서의 권위와 의무를 위함이었다.

당시의 사정이 어떠했건 오늘날 우리가 볼 때 그것은 실증적 과학으로서 자연현상을 계량화하였으며, 실험을 통해 과학적 사실을 밝혀내려는 중요한 기틀로 보인다. 흥미를 끄는 또 다른 사건이 있는데, '누런 비 사건〔黃雨事件〕'이 바로 그것이다.

1441년(세종 23) 4월 말의 일이었다. 《세종실록》의 기록을 보자.

요수(潦水)의 빛이 누르니 사람들이 황우(黃雨)로 여기었다. 예조에서 의정부에 보고하기를 또한 '황우'라고 하니, 정부에서도 예조의 보고에 의거하여 치계(馳啓)하기를 '황우'라고 하였으나, 안평대군 이용(李瑢)이 서신으로 행궁에 보고하는데, "도성 사람들이 떠들썩하게 말하기를 '황우가 밤에 내렸다' 하므로 신이 즉시 사람을 시켜 두루 궁정의 물이 괴어 있는 곳을 살펴보게 하였더니, 모두 송화가 섞여 있었습니다. 그러나 그것이 실지인지를 알지 못하여 밤비〔夜雨〕가 그릇에 괸 것을 가져다 보니 송화가 없었습니다. 그러니 황우가 만일 하늘에서 내렸다면 하필 땅에만 내려오고 그릇에는 내리지 않았을 리가 있겠습니까. 또 이 물빛은 순황색(純黃色)이 아니옵고 송화를 섞은 것 같아서 가져다 맛을 보니 매운맛〔辛味〕이 바로 송화와 같았으므로, 또한 사람을 시켜 송화를 가져다 물 가운데 넣었더니 그 형상도 비슷하여 사람들이 분간하지 못했습니다. 25일은 어두울 무렵부터 풍세(風勢)가 점점 급해졌고 2경쯤 되자 비도 내리기 시작하였는데, 더욱이 밤새도록 바람이 불었으니 강한 바람이 불었다면 송화도 반드시 날았을 것입니다. 하루 동안 날아온 것이 쌓였다가 비로 인해 떠오른 것이라 괴이할 것이 없사오니, 만일 어떤 사람이 망령되게 황우라고 말하는 자가 있더라도 청하옵건대 의심하지 마옵소서"라고 하였다.[37]

그때 세종은 온양온천에서 요양 중이었다. 서울에서 누런 비가 왔다는 소문을 이미 들어 알고 있었는지는 확인할 수 없지만, 4월 26일에 누런 비가 왔다는 소문과 함께 그것은 잘못된 소문이라는 안평대군의 상세한 보고가 임금에게 전해졌음을 알 수 있다. 이 소식을 들은 세종은 29일 "만일 하늘에서 내린 것이 아니라면 그만이지만, 하늘에서 내린 것이라면 그것이 재앙이 됨을 실로 헤아릴 수 없다. 어찌 스스로 근심하고 두려워하지 않겠느냐. 정부에서 이미 황우로 여겼으니, 연소(年少)한 내 아우의 말을 믿는다는 것도 옳지 못하다. 더구나 비가 내린 지 여러 날이 되어 실험할 도리가 없는데, 이찌 그 진위를 변정할 수 있겠느냐"라고 말하고, 의문을 풀기 위해 사람을 서울로 보내 그것이 송홧가루가 섞여서 그렇게 보였을 뿐이라는 보고를 받고 그제야 의심을 풀었다.[38]

안평대군이나 세종은 모두 매우 실증적인 태도를 보여주고 있다. 다음 기사에서 측우기 발명의 단서가 되는 구절을 찾아볼 수 있다.

근년 이래로 세자가 가뭄을 근심하여 비가 올 때마다 젖어 들어간 푼수[分數]를 땅을 파고 보았었다. 그러나 적확하게 비가 온 푼수를 알지 못하였으므로, 구리를 부어 그릇을 만들고는 궁중에 두어 빗물이 그릇에 괸 푼수를 실험하였다.[39]

측우기가 처음 발명되어 사용된 것은 1441년 이전의 일로 당시 세자였던 문종에 의한 것임을 알 수 있다.

이와 함께 세종은 몇 가지 옛 일을 들어 자연의 이상한 현상을 꼭 재이라고 단정하기 어렵다고 말하고 있다. 고려 때에 문랑(門廊) 위에 홀연히 연기가 피어올랐는데, 사람들이 말하기를 "모기와 등에가 날아온 것이지 연기가 아니다"라고 했다는 것이다. 세종은 이어 "1436년에 흥천사의 사리각 위에서, 그리고 흥복사의 옥상에서도 모기와 등에가 날아와 모였는데, 사람들이 모두 놀라서 보고 서기(瑞氣)라고 하였으나 내가 승지 김돈을 보내어 살펴보게 하였더니 실은 모기와 등에였다"라는 일화를 소개하고 있다. 누런 비에 대해서도 "나 또한 진짜 송화로 여기노라"라고 결론지었다.[40]

며칠 뒤인 5월 초하루에 세종은 다시 한 번 그것은 누런 비가 아니라 여러 날 쌓였던 송화가 비에 떠오른 것이 틀림없다고 유시(諭示)했다. 문종은 뒷날 왕위에 오른 다음 함길도 관찰사가 그곳 바닷물이 누렇게 황토가 섞인 것 같다고 보고하자, 바로 그 옛날의 '누런 비' 사건을 지적하면서 그 바닷가에도 소나무가 무성한지 조사해 보고하라고 명령했다.[41]

실증적인 자연관이 서서히 자리 잡기 시작하는 모습을 볼 수 있다. 그렇다고 해서 자연의 이상 현상에 대해 과학적으로 설명하려는 노력을 체계적으로 시작했다는 의미는 아니다. 그것은 오랫동안 확립된 재이설에 대한 근본적인 도전일 수도 있으나, 세종은 결코 그런 도전적 자세를 갖지 않았다. 오히려 가뭄이 심할 때는 재이를 극복하기 위해 수성하는 태도를 지녔고, 다른 재이에 대해서도 마찬가지였다. 세종은 재이에 대해 신하들과 크게 생각이 다르지 않았다. 재위 기간 내내 그는 전통적인 재이설을 그대로 따랐다. 가뭄이 심할 때는 그에 상응하는 조치를 취했고, 임금이 삼가야 할 일을 지키는 등 조심했다. 신하들과 재이 문제로 갈등을 겪는 일은 거의 없었다.

1420년(세종 2) 2월 경연에서 세종은 유관(柳觀)에게 《고려사》의 교정 문제를 물었다. 유관이 "역사란 만세의 귀감이 되는 것인데, 전에 만든 《고려사》에는 재이에 대한 것을 모두 쓰지 아니하였으므로 지금은 모두 이를 기록하기로 합니다"라고 했다. 이에 세종은 "선과 악을 다 기록하는 것은 뒤의 사람에게 경계하는 것인데, 어찌 재이를 기록하지 아니하랴" 하였다. 그러나 5월에 이 일을 맡은 변계량이 《고려사》의 재이 기록을 뽑아 보고하니, 임금은 《전한서》와 《후한서》, 주자의 《강목》에도 재이를 다 적지는 않았다면서, "이제 교정할 적에 더 기록할 것은 없다"고 의견을 말했다.[42] 재이를 역사책에 기록하는 것은 당연한 일이지만, 그렇다고 유난스럽게 더 많은 자료를 찾아 넣으려 할 필요는 없다는 섯이다. 역사란 후세의 모빔과 교훈으로서 존재한다. 여기에 재이 기록이 빠질 수는 없다는 것이 그의 생각이었고, 당시 사대부 학자들의 의견이기도 했다.

따라서 세종은 과거시험에서도 재이와 관련된 문제를 출제하여 논하도록 했는데, 다음은 1423년(세종 5) 3월에 직접 근정전에 나가 문과시험을 보이며 낸 책제(策題)다.

인사(人事)가 아래에서 감동되면, 천도(天道)는 위에서 반응하게 되니, 이것은 고금을 통한 자연의 이치다. 경서(經書)와 사서(史書)를 상고해보건대, 혹은 그 반응이 있기도 하고 혹은 그 반응이 없기도 하니, 그것이 그렇게 된 이유를 얻어 들을 수 있겠는가. 봉황이 와서 희롱하고 바다에서 물결이 일어나지 않으며 보정(寶鼎)이 나온 것은 모두 상서(祥瑞)이고, 9년의 물과 7년의 가뭄과 부시(罘罳)에 화재가 난 것은 모두 재이인 것이다. 이것이 모두 감응이 있어서 온 것인지 감응이 없이 자연히 온 것인지. 창린(蒼麟), 백록(白鹿), 천서(天書), 지초(芝草) 등은 의심할 만한 상서(祥瑞)인데, 송의 진종(眞宗)은 거의 태평세상을 이루었으나 조(趙)의 석륵(石勒)은 마침내 나라가 떨치지 못했으니, 사건은 같은데도 성함과 쇠함이 다른 것은 무슨 이유인가. 내가 왕위를 계승한 이후로 태조, 태종의 서업(緖業)의 중대함과 이를 지키기가 어려움을 우러러 생각하며 만분의 일이라도 보답하기를 희망하여, 이른 아침부터 밤늦게까지 부지런히 한 것이 대략 몇 해가 되었다. 그러나 하늘과 사람의 이치에 어두워, 시행하는 즈음에 그 적당함을 얻지 못하였다. 금년에 수재와 한재가 잇달아 일어나고, 근년에 와서는 흉년이 거듭 들어서 백성들이 고향을 떠나 흩어지게 되고 평안도와 강원도의 두 도(道)가 더욱 심하니, 이런 일이 오게 된 것은 무슨 까닭인가. 오사(五事)의 실책이 있었던가. 혹시 교조(敎條)가 사리에 어긋났던가. 혹은 유사(有司)들이 봉행(奉行)할 제 한갓 실속은 없이 형식만 잘 꾸며서 성심으로 백성을 사랑함이 없었던가. 혹시 백성들의 원망이 있는데도 내가 미처 듣지 못했던가. 재이를 변화시켜 화기(和氣)를 띠게 하는 방법은 무엇인가. 흉년을 구제하는 정사를 강구(講求)하여 창고를 열어 백성을 구제했는데도, 백성이 굶주린 기색을 면하지 못한 것은 어떤 이유인가. 백성들로 하여금 굶주림으로 울면서 호소함이 없게 하고, 들에는 버려둔 송장이 없게 하는 방법은 어디 있을까. 평안도와 함경도는 야인(野人)과 이웃하여 여러 번 경보(警報)가 있었으니, 두 도(道)에 저장된 곡식을 만일 흉년 구제하는 데만 다 써버리면 뜻밖의 변고가 발생하였을 때 장차 무엇으로 군량을 준비하겠는가. 경(經)에, "중(中)과 화(和)를 '사람으로서' 다하면 천지도 그 자리를 정할 것이며 만물이 양육된다"고 하였으니, 이 도리를 다한다면 재이도 소멸될 수 있고 태화(泰和)한 세상도 기약할 수 있을 것인가. 나의 대부(大夫)들은 경술(經術)에 통달하여 정치하는 본의 대체를 잘 알아서 말을 할 만한 시기를 기다린 지가 오래되었을 것이니, 마음에 있는 것을 다하여 대답하라. 내가 장차 친히 볼 것이다.[43]

세종은 자연의 이상한 현상에 대해서는 일일이 신하들과 상의하여 일을 처리했음을 알 수 있다. 세종 스스로 말한 것처럼 "꼭 무슨 일이 잘못되었다고 해서 어떤 재앙이 응(應)한다고는 할 수 없는 것"이다.[44] 그러나 세종은 끊임없이 일어나는 재이에 대해 모두 반응하고, 그에 따라 조심스럽게 대처하는 태도를 보였다. 세종이 태어난 날은 4월 10일인데 해마다 이때쯤 가뭄이 시작된다. 어느 때는 심하게 몰아치기도 한다. 바로 이런 이유 등을 들어 세종은 왕위에 오른 후 처음 13년 동안에는 생일잔치를 사양했다. 세종이 생일 하례를 처음 받은 것은 1432년(세종 14) 4월 10일이었다.

2. 유교의 재이론에 대한 수정과 저항: 세조와 연산군 시대

1) 재이에 대한 세조의 소극적 저항

조카를 몰아내고 왕위를 차지한 강력한 군주 세조(재위 1455~1468)는 이상한 자연현상에 대해 어떤 반응을 보였던가? 세조는 강권으로 정권을 탈취했다는 점에서 태종과 비슷하다. 그러나 재이에 대한 태도는 상당히 달랐다. 상세한 내용을 살펴보기 전에 우선 세조가 왕위에 오르기까지의 과정을 간략하게 되새겨보자.

1450년에 세종이 죽자 문종(재위 1450~1452)이 즉위했다. 그러나 문종은 왕위에 오른 지 2년 만에 죽었고, 그의 아들 단종(재위 1452~1455)이 열두 살의 나이로 왕위에 올랐다. 그런데 수양대군이 1455년 윤 6월에 쿠데타를 일으켜 조카 단종을 몰아내고 왕위에 올랐으니, 그가 바로 세조다. 문종의 바로 아래 동생이었던 세조는 형보다 세 살이 적었는데, 그의 나이 39세에 쿠데타를 일으켜 정권을 움켜쥐었고, 2년 뒤에는 조카를 죽이고 왕위에 올라 13년 동안 왕위를 지켰다.

사실 왕의 재위 기간이 짧을 경우에는 자연현상에 대해 어떤 반응을 보였는지를 살펴보기가 쉽지 않다. 국가의 통치자로서 자신의 목소리를 제대로 내보기도 전에 왕위에서 물러난 경우에는 임금으로서 자연현상을 어떻게 대했는지 판단하기가 어렵기 때문이다. 대체로 재위 기간이 10년 전후인 경우에만 그 임금의 자연관을 말할 수 있는 셈이다. 그런 이유로 우리는 조선 초기의 재이사상을 살펴보기 위해서 비교적 재위 기간이 길었던 태조, 태종, 세종, 세조, 중종을 중심으로 생각할 수밖에 없다.

그러면 이런 조건에 맞는 세조는 이상한 자연현상을 어떻게 이해하고 반응했을까? '자연현상'이라 했지만 당시로서는 대체로 이상한 자연현상만을 말하는 것이고, 그것은 모두 재이로 여겨졌다. 앞에서 설명했듯이 재이로서의 자연 이상 현상은 임금의 잘못을 지적하는 것으로 여겨졌던 것이다. 당연히 세조의 입장에서는 자연의 이상 현상이 반가울 리 없었다. 특히 부도덕하고 부당한 방법으로 왕위에 올랐기 때문에 재이는 곧 임금의 허물로 보았던 당시 지식층의 의식에 주목하지 않을 수 없었다.

게다가 세조가 왕위에 있던 시기는 선왕인 세종 대를 통해 유교적 질서가 한 단계 성장하고 있던 때였다. 유교적 세계관에 눈을 뜨고 있던 사대부 사이에서는 정치를 도덕적 기준으로 평가하려는 인식이 강했다. 특히 세종 대에 집현전 등의 융성한 문치정책으로 사대부 학자들의 유교적 의식은 한층 높아져 있었다. 이러한 분위기에서 세조가 집권한 과정은 가장 부도덕한 것이었다. 도덕의식이 한껏 높은 사회적 분위기에서 가장 부도덕한 행동의 결과로 탄생한 세조 정권은 태생적으로 모순된 것일 수밖에 없었다. 바로 그런 맥락에서 세조가 재이론에 더욱 민감하게 반응한 것은 당연한 일이었다.

세조가 유교에 반감을 가지게 된 모습은 여러 가지로 드러난다. 우선 그는 조선 초의 대표적 불교 옹호자가 되었다. 실제로 조선 초의 가장 강력한 임금이었던 태종은 과격한 배불론자로 불교 탄압에 앞장섰고, 그의 아들 세종 역시 초기에는 불교를 억압했다. 그러나 특히 나이가 들어 몸이 아프기 시작하면서 불교에 호의적이 되었다. 세종은 안질, 임질, 다리가 아픈 병 등을 앓았던 것으로 보인다.

세종은 1448년(세종 30)에 극심한 반대에도 불구하고 궁궐 안에 불당을 세우고, 그에 앞서 1447년(세종 29)에는 《석보상절(釋譜詳節)》을 펴냈는데, 바로 이 부처의 일대기를 지은 책임자가 수양대군(뒤의 세조)이었다. 1446년에 죽은 왕비의 명복을 빌기 위해 아들인 수양대군에게 편찬을 맡겼던 것이다. 수양대군은 이 과정에서 불교에 더욱 깊이 빠졌던 것으로 보이며, 불교 예찬론을 펴기도 한다.[45]

사치스럽고 화려한 불당이 완성되자 세종은 재위 30년 12월 5일에 5일 동안의 경찬회를 마친 후 참가자들에게 "석씨의 도가 공자보다 나은 것은 하늘과 땅 같다"고 말했다.[46] 재위 14년 동안 세조는 많은 불사를 거행하며 원각사를 짓고 탑을 세웠으며, 불교 서적을 언해해 출간했다.

　반대로 한창 성장하고 있던 유교 제도는 일시 주춤하게 되었다. 예를 들어 집현전을 혁파하고 경연을 중단했으며, 대간의 규모를 줄이고 그 활동도 억압했다.[47] 유교의 위축은 특히 사육신으로 대표되는 유교 지식층의 조직적 또는 음성적 반발을 배경으로 했음은 물론이다. 집현전 학자들은 세조의 왕위 찬탈을 수용하기 어려웠다. 당시 성장하고 있던 유학자들에게 세조는 어린 조카 임금을 끝까지 보필해 훌륭한 정치를 했다는 전설적인 유교의 성인 주공(周公)과 비교되어 비난을 받았다. 이런 분위기를 잘 아는 세조 또한 유학자들을 억압할 수밖에 없었다.

　성삼문 등의 사육신 사건이 일어난 것은 1457년(세조 3) 6월 2일인데, 나흘 뒤인 6월 6일에 세조는 "집현전을 파하고 경연을 중단하며, 거기에 소장하였던 서책은 모두 예문관에서 관장하게 하라"고 명했다.[48] 이렇게 해서 조선 개국 초인 1420년(세종 2)에 유교 국가로서 필요한 의례와 제도의 확립을 위해 궁궐 안에 설치했던 집현전은 37년 만에 역사에서 사라지게 되었다. 물론 그 후에도 모든 분야에서 활약한 사람들은 대개 집현전 출신이었기 때문에 집현전이 폐지된 것과 달리 경연은 곧 복구되었다. 경연은 임금에게 유학의 경서를 강론하는 제도로서, 유교의 이상정치를 실현하려는 것이 목적이었으나, 실제로는 왕권의 행사를 규제하는 중요한 기능을 수행하였다.

　세조의 쿠데타는 조선 초 최대의 사건이었다. 특히 조선 왕조의 유교화 과정을 일시 중단시킬 정도로 사육신 사건은 후세에까지 강력한 영향을 주었다. 그런데 사육신 사건은 중요한 재이의 하나인 혜성의 출현과 관련이 있다. 6월 2일 성삼문 등과 함께 세조의 제거와 단종의 복위를 모의하던 김질(金礩)이 그 장인인 의정부 우찬성 정창손(鄭昌孫)과 더불어 세조를 사정전에서 만나 밀고하는데, 여기에 이미 혜성 이야기가 나온다. "자부승지 성삼문이 사람을 시켜서 신을 보자고 청하기에 신이 그 집에 갔더니, 성삼문이 한담을 하다가 말하기를, '근일에 혜성이 나타나고 사옹방의 시루가 저절로 울었다니, 장차 무슨 일이 있을 것인가?' 하므로, 신이 '과연 앞으로 무슨 일이 있기 때문일까?' 하였다"는 것이다.[49] 붙잡혀온 성삼문은 이어 김질과의 대질을 원했고, 그 자리에서 김질이 말한 것을 대체로 인정하면서도 그 곡절은 사실과 다르다며 "지금 혜성이 나타났기에 신은 참소하는 사람이 나올까 염려하였습니다"라고 말했다.

혜성의 출현이 당시에는 정변의 조짐으로 여겨졌다.[50]

그런데 사건이 일어나기 전인 5월 한 달 동안에만 실록에 기록된 혜성 출현 건수는 11회나 된다. 조선 왕조 개국 이후 그때까지는 가장 많은 횟수다. 그리고 당시 서울에 와 있던 중국 사신은 혜성이란 응험(應驗)이 많은 재이라면서, 음양서에서 혜성에 관한 부분을 베껴 임금에게 바치라 했고, 이에 따른 보고가 세조에게 올라왔다. 이에 대해 세조는 "임금은 천변이 있으면 마땅히 두려워하여 덕을 닦을 뿐이지, 음양서 같은 것은 볼 필요가 없다"고 대답했다.[51] 재이를 무시하려는 태도가 여기에서도 엿보인다.

세조 4년 11월부터 이듬해 봄 3월까지는 혜성에 관한 기록이 빈번하게 나타난다. 그런데 혜성이 오랫동안 나타났는데도 임금이나 신하들이 어떤 반응을 했는지는 기록되어 있지 않다. 혜성의 출현에 대해 어느 누구도 언급하지 않았던 것일까?

세조는 재이의 보고를 싫어했던 것이 분명하다. 앞에서 보았듯이 혜성에 대한 중국 사신의 보고를 무시한 것처럼, 그는 대체로 재이에 대한 보고를 무시하려 했다. 세조의 태도는 가뭄 기록과 그에 대한 반응에서도 알 수 있다. 필자가 30여 년 전에 조사한 바에 따르면 조선 초 역대 임금이 가뭄에서 해방되었던 햇수〔年數〕는 세조와 연산군이 가장 많아서 5년씩이다. 특징적인 것은 이들 임금의 각각 13년과 12년의 재위 기간 가운데 각각 5년 동안에는 가뭄이 실록에 기록되어 있지 않다는 사실이다.[52] 이것은 CD-ROM이 나오기 전에 한자로 된 영인본 실록을 조사한 것이어서 조금 부정확할 수는 있다. 실제로 CD-ROM에서 '가뭄'을 검색해보니 30년 전 조사 결과와 정확히 일치하지는 않았다. 하지만 분명한 사실은 가뭄에 대한 기록이 세조와 연산군 때 다른 임금의 재위 때보다 아주 적다는 것이다. 재위 기간이 10년 넘는 조선 초기의 임금들(태종, 세종, 세조, 성종, 연산군) 가운데 태종, 세종, 성종 대에는 한 해에 10회 이상 '가뭄' 기록이 보이는 경우도 많지만, 세조 때에는 세조 3년에 19건이 한 번 있었을 뿐이고, 연산군 때에는 연산군 8년에 16건 한 번뿐이다.

세조와 연산군 때 가뭄 기록이 유난히 적은 이유는 분명하다. 전제군주였던 이들 두 임금 앞에서는 누구도 감히 재이에 대해 말하고 싶어하지 않았을 것이다. 가뭄이 적어서가 아니라, 군주가 재이의 보고를 싫어하고, 신하들의 간쟁을 기피했기 때문에 자연히 그런 보고를 줄였을 것이며, 그 후 실록 편찬 시 수집한 사초(史草)에도 그런 기록이 적었을 것이다.[53]

2) 세조 대에 빈번해진 상서 기록

세조 일대에는 재이와는 정반대 현상인 상서로운 조짐에 대한 기록이 오히려 아주 많이 나타난다. 대표적인 것이 사리(舍利)와 감로(甘露)다. 이들은 상서로운 것으로 여겨졌을 뿐 아니라 불교적인 현상이기도 하다. 앞에서도 지적한 것처럼 세조는 독실한 불교도였다. 그래서 그전까지는 볼 수 없었던 사리와 감로에 관한 기록이 그의 재위 기간에 많이 남아 있다.

몇 가지 예를 들어보자. 세조 9년에 임금이 장의사(藏義寺)에 거동하였는데, 사리가 분신하니 백관이 하례했고, 이날 오색구름이 나타났다. 세조 10년과 11년에는 원각사에서 사리가 분신했고, 상서로운 기운이 나타나 역시 하례를 받았다.[54] 감로에 관한 기록은 더 많은데, 세조는 특히 감로를 상서로 받아들였다는 점에서 다른 임금과는 크게 다르다. 그전에는 감로 기록이 적을 뿐 아니라, 감로가 보고되는 경우에도 이를 상서라고 인정하지 않고 하례를 물리친 것으로 기록되어 있다. 반면 세조는 조선 초 임금 가운데 유일하게 감로를 여러 차례 상서로 인정하고 하례를 받았으며, 대사령을 내렸다.

세조 이전에는 어땠는지 살펴보자. 1414년(태종 14) 태종은 감로가 내렸다는 보고를 받고 이를 상서로 인정하지 않았다.

영의정 하륜 등이 전(箋)을 올려서 감로를 하례하고자 하였으나, 임금이 못하게 했다. 감로가 내린 것은 6월에 있었는데, 그 땅의 사람들이 그것이 상서인지를 알지 못하고 보고하지 않았다. 이때에 이르러 영길도 도순문사 이원(李原)이 사실을 조사하여 보고하였다. 임금은 백관이 전을 올려서 진하(陳賀)하고자 한다는 말을 듣고 예관을 불러서 전지하였다.

"여름철 가물어 타는 때를 당하여 분주히 비를 비는 데 겨를이 없는데, 비록 감로가 내렸다고 하더라도 족히 상서로울 게 없다. 또 내가 본래 상서를 좋아하지 않으며, 더군다나 성인도 아닌데 어찌 감히 이런 일을 당하겠느냐? 또 근년의 일을 가지고 말한다면, 건문 말엽에

추우(騶虞: 성인의 덕에 감응하여 나타난다는 상상의 동물)가 나왔고,
지금 황제가 백만의 무리를 거느리고 깊이 불모의 땅에 들어갔다가
기린(麒麟: 성인이 이 세상에 나올 징조로 나타난다는 상상의 동물)이
나타났었다. 이제 감로가 함주, 정주 사이에 내렸으니, 마땅히 한 지
방의 안정을 이룩한다면 어찌 야인의 변경(邊警: 국경 지역에 적이 쳐
들어왔다는 기별)이 있겠는가? 마땅히 속히 중외(中外: 서울과 지방)
로 하여금 하례하지 말게 하라.”

하륜이 예관을 시켜 다시 아뢰었다. “이것은 실로 세상에 드문 일이니
예(禮)를 폐할 수 없습니다.” 임금이 굳이 사양하고 말하였다. “비가
오고 햇볕이 나는 것이 제때에 맞아서 백곡(百穀)이 모두 풍등(豊登)
하면 이것이 상서가 되는 것이다. 감로가 내린 것이 옛날에 비록 있었
으나 반드시 정도(正道)의 세상에 있는 것도 아니었다.”

다음 날 하륜 등이 3품 이상의 문무관을 이끌고 전정(殿庭: 궁전의
뜰)에 들어가 청하기를, “하늘이 아름다운 상서를 내리시나 전하가 겸
양하여 받지 않으시니 덕이 지극히 성대합니다. 그러나 신 등은 하례
하고자 하는 마음을 이기지 못하겠습니다”라고 하였으나, 임금이 따
르지 않으니 하륜이 찬알(贊謁)을 시켜 칭하(稱賀)하고 나갔다.[55]

태종은 이듬해 4월에도 감로가 내린 것을 하례받지 않았다.[56] 세
조는 조선 초 임금 가운데 처음으로 사리를 자연의 축복으로 여기고
그렇게 하례받은 임금이지만, 감로의 경우에는 태종 대에도 보고되
었고, 세종 대에는 더 많은 기록이 남아 있다. 그렇지만 세종은 수많
은 감로 보고에도 불구하고 그것을 경사스러운 일로 여기지 않았다.
세종 대에는 여러 차례 감로 기록이 보이는데, 특히 1434년(세종 16)
3월 말일의 감로 보고에 대해서는 영의정 황희가 백관을 거느리고

하례한 것을 시작으로 5월까지 각 도의 감사들이 앞다투어 하례하는
전문을 올리고 있다. 그러나 임금은 받아들이지 않았다.

3월 30일 전 좌랑 홍원용(洪元用)이 소나무 가지에 맺혀 있는 감로
한 소반을 받쳐 왔다. 승정원에서 여러 승지들이 맛을 보니 맛이 꿀
과 같아 이를 진짜 감로라고 보고했다. 그러자 세종은 그전에 이미
세자가 후원에서 감로를 많이 확인했다고 하면서 굳이 부인하지는
않았으나 하례는 하지 말라고 지시했다.[57] 또 세종은 그 후 1436년
(세종 18) 5월, 1437년(세종 19) 5월, 1439년(세종 21) 3월 등에도 감로
가 보고되었으나, 하례하지 못하도록 했다.[58] 1445년(세종 27) 5월의
기록을 보면 세종의 감로에 대한 태도를 알 수 있다.

> 경상도 도절제사 최숙손(崔淑孫)이 흰 까치[白鵲]를 올리니, 예조판
> 서 김종서가 입직한 당상관과 더불어 하례하기를, "전자에는 감로가
> 광주(廣州)에서 내렸고 이제 들어온 흰 까치는 경상도에서 나타났사
> 오매, 상서가 여러 번 나타났으니 이로써 하례를 아뢰옵니다"라고 하
> 니, 임금이 이르기를 "감로는 방서(方書)에 항상 마신다는 글[常飮之
> 文]이 있으니 상서라 할 것이 못 되고, 흰 까치와 같은 것은 중국에서
> 이를 상고하면 천하에서 모두 하례하였으나 이 흰 까치가 어찌 족히
> 상서가 되리오. 내가 하례하는 말을 들으매 자못 부끄럽고 무안하다.
> 경 등은 삼가 다시 말을 말고 경중(京中: 서울의 안)의 대신들로 하여
> 금 알고 와서 하례하지 못하게 하라"고 하였다.[59]

문종 대에도 함길도 관찰사 김문기(金文起)가 버들숲에 이슬이 맺
혀 빛깔과 맛이 꿀과 같다 하여 이것을 자기에 담아서 바쳤다. 그러
나 문종은 "한기(旱氣)가 엉긴 것인데, 어찌 이것이 감로이겠는가?"

라며 이를 물리쳤다.[60]

그러나 세조 대에 들어오면 감로에 대한 반응은 다르게 나타난다. 1464년(세조 10) 4월 20일 감로가 전날 밤 후원에 내렸다. 세조는 입시하고 있던 여러 재상들에게 나가보라 했고, 이를 본 영의정 신숙주 등이 감로는 가장 좋은 상서이니 하례해야 마땅하다고 진언했다. 이에 세조는 하례를 허락했고, 곧 백관의 하례가 올려졌다. 그 하례의 전문이 실록에 남아 있다.[61] 이에 앞서서 이미 1459년(세조 5) 5월과 1462년(세조 8) 4월에도 감로가 후원에 내렸다는 기록이 있으나, 세조의 반응은 기록되어 있지 않다.[62]

그런데 기록에 따르면 바로 이 감로가 조선 초 최대의 불교 진흥 사업을 가능하게 만들었다고 한다. 감로 등이 나타나자 세조는 1464년(세조 10) 5월 2일 흥복사를 다시 세워 원각사로 만들겠다는 의지를 표명했다.[63]

영순군 이부(李溥)에 명하여 승정원에 전지하기를, "근일에 효령대군이 회암사에서 원각법회를 베푸니 여래가 현상하고 감로가 내렸다. 황가사의 중[僧] 3인이 탑을 둘러싸고 정근(精勤)하는데 그 빛이 번개와 같고, 또 빛이 대낮과 같이 환하였으며, 채색된 안개가 공중에 가득 찼다. 사리분신(舍利分身)이 수백 개였는데, 곧 그 사리를 함원전(舍元殿)에 공양하였고, 또 분신(分身)이 수십 매(枚)였다. 이와 같이 기이한 상서는 실로 만나기가 어려운 일이므로 다시 흥복사를 세워서 원각사로 삼고자 한다"고 하니, 승정원에서 아뢰기를 "지당하신 말씀입니다"라고 하고, 이어서 하례를 행할 것을 청하니 임금이 그대로 따랐다.

하교하여 강도 이외의 죄를 용서하게 하고, 이어서 승정원에 명하여 여러 도의 관찰사에게 치서(馳書)하기를 "죄명이 비록 유사(宥赦) 조건 안에 든다고 하더라도 그 사건의 정상이 중대한 자와, 죄명이 비록 절도라고 하더라도 드러난 흔적이 강도와 같은 자와, 끝내 비록 사면을 받을지라도 잘 조사하여 물적 증거가 있는 자는 방면하지 말라. 효령대군 이보가 부처를 만드는 데 매우 독실(篤實)하여 어려서부터 늙음에 이르도록 더욱 열심인데, 회암사를 원찰(願刹)로 삼고 항상 왕래하면서 재(齋)를 베풀더니 이때에 이르러 여래가 나타났고 신승(神僧: 신통한 중)이 탑을 둘러쌌다. 다른 사람은 모두 보지 못하였으나, 오로지 이보만이 이를 보았다고 스스로 말하였다"고 하였다.

47세의 세조는 10년째 임금 자리를 지키고 있어 왕위가 안정된 상태였다. 그의 큰아버지 효령대군(세종의 형)은 나이가 68세였나. 득히 효령은 세종 때 이래 줄곧 불교 중흥에 매진하여 많은 불교사업을 추진해온 주인공이기도 하다. 불교를 숭상하고 선가(禪家)에 적을 두면서 많은 불사를 주관하였기 때문에 유학자들로부터 비판을 받았지만, 불교의 보호와 진흥에 공헌한 바가 크다. 세조가 원각사를 세운 것도 반드시 그의 의지라기보다 효령의 입김이 작용한 결과일 수 있다.

흥복사는 고려 때부터 있던 절로 조선 초까지 중요하게 여겨졌다. 그러나 세종 때에 이르면 상당히 위축되어 세종이 악학도감(樂學都監)으로 삼으면서, 사람들이 큰절〔大寺〕이라고 불렀다. 그런데 그 절을 다시 크게 세우기로 한 것이다. 6월 5일에는 2100명의 군사를 건설 공사에 동원했고, 이웃한 인가 200호 이상을 헐어버렸다. 또 원각사 건설을 위해 청기와 8만 장을 구워 사용했다. 또 5만 근짜리 종을 만들었는데, 1465년(세조 11) 1월 16일에 완성했다. 이어 4월 초이렛

날에는 원각사가 완공되어 경찬회가 열렸는데, 120명의 승려가 참석했고, 구결(口訣)을 달아 번역한 《원각경》이 전시되었으며, 2만 명의 승려에게 식사 대접을 했다. 그다음 날 세조는 직접 원각사를 찾아가 큰 법회를 열었다.[64] 초파일 행사였을 것으로 보인다.

원각사는 건립된 지 40년 만인 1504년(연산군 10)에 폐사되었다. 이처럼 감로가 내리고 사리분신의 경사가 겹치며 서기(瑞氣)가 보이는 등의 상서로운 일이 이 절을 세우게 된 배경이었다. 원각사에 얽힌 상서는 그 후에도 수차례 기록되어 있다. 원각사가 건설되고 있던 기간은 물론이고, 완성된 후에도 상서로운 일은 계속되었다. 세조가 원각사를 찾은 초파일에는 서운(瑞雲), 우화(雨花), 감로의 상서가 있다 하여 백관이 진하하니, 강도 이외의 죄를 사면하였다. 비슷한 기록은 그 후에도 계속되었다. 실록에 따르면 이듬해 1466년(세조 12) 3월 22일과 4월 12일, 그리고 1467년(세조 13) 4월 7일에도 비슷한 상서가 일어났다.[65]

더욱 분명한 불교적 상서로 이 시기에만 기록된 것이 있는데, 바로 수타미(須陀味)다. 세조 때 몇 차례, 성종 초에 한 번 기록되어 있는 수타미는 "솔잎에 생긴 하얀 것으로 그 맛이 사탕처럼 달다"고 했다. 또 이를 조직적으로 채취해 모아두었던 것으로 보인다.[66] 특히 이런 꿀 같은 맛의 상서로운 현상에 대해서는 그것을 수집하여 일본에서 온 사신들에게도 맛을 보게 했다. 1468년(세조 14) 4월에는 일본의 승려 융원(融圓) 등을 위해 잔치를 베풀고 우리나라 사람들은 물길에 익숙하지 못하여 일본에 사신을 보낼 수 없다고 하면서 수타미를 내놓았는데, 융원 등이 맛보고 매우 좋아했다고 한다. 또 융원에게는 귀국할 때 수타미를 가져가도록 허락했다. 임금이 일본어 통역 전양민(田養民)을 불러, "융원이 수타미를 가지고 돌아가려 하는

데, 날이 따뜻하여 쉽게 사라질까 염려한 까닭으로 윤허하지 않았다. 이제 다시 생각하니, 만약 그늘진 곳에 말리면 쉽게 가지고 갈 것이다"라며 이를 하사했다. 융원은 이를 받으며 "전하의 은혜가 망극합니다. 가지고 돌아가 전하에게 전하고 또 본국의 승려들에게도 보이겠습니다"라고 하였다.[67]

　두 달 뒤에 유구국(琉球國)의 사신이 왔을 때도 수타미가 화제였다.[68]

사정전에 나아가 술자리를 베풀고, 유구국 왕의 아우 민의(閔意)가 사자로 보낸 고도로(古都老), 이난쇄모(而難酒毛) 등 5인을 인견(引見)하였다. 고도로, 이난쇄모로 하여금 술을 올리게 하고 이르기를, "너희들이 먼 길을 발섭(跋涉: 산을 넘고 물을 건너 길을 감)하여 신근(辛勤: 힘든 일을 맡아 부지런히 함)하게 내조(來朝)하였으니 즉시 불러보려 하였으나, 명나라 사신이 마침 와서 지금은 일이 많고 내가 또한 병에 걸려 보지 못하였을 뿐이다" 하니, 대답하기를 "전하의 말씀이 이에 이르니 감구(感懼: 지난일을 떠올리며 감회에 젖음)함이 다 깊습니다"라고 했다.

임금이 말하기를, "너희들은 누가 시켜서 왔느냐?" 하니, 대답하기를 "국왕의 아우 민의가 우리에게 이르기를, '조선에는 생불(生佛)이 있어 관음의 형상을 나타내고 사리가 분신하며 하늘에서 내린 사화(四花), 감로, 수타미의 놀라운 일이 있어 마음속으로 가서 배알하려 하나 아득한 한 모퉁이에 있어 감히 가지 못한다'고 하고, 이로써 우리들을 보냈습니다" 하므로, 임금이 말하기를 "너희들도 또한 수타미를 아느냐?"고 하니, 대답하기를 "단지 이름만 들었을 뿐입니다"라고 했다.

임금이 말하기를, "너희들도 보고 싶으냐?" 하니, 대답하기를 "보고자 합니다"라고 하므로, 앞에 나오게 하여 수타미를 내다주니 고도로, 이난쇄모 등이 받아서 맛을 보고 이르기를 "우리가 평생 보지 못한 것을 이제 얻어서 맛을 보았습니다"라고 하고, 따라서 향(香) 수냥(數兩)과 연적 1매, 부채 2자루를 올렸다. 임금이 고령군 신숙주(申叔舟)로 하여금 말하게 하기를, "너희들과 종일토록 술을 마시려 하였으나 너희들이 나와 마주 앉으면 마음에 편하지 못한 까닭으로 술과 고기를 주니, 너희는 마땅히 관(館)에 나아가 스스로 마시도록 하라"고 하였다.

세조가 불교에 얼마나 깊이 관여했는지를 알 수 있다. 그가 죽은 다음 1471년(성종 2)에 다른 일본 사신이 찾아와 성종의 즉위 인사를 하면서도 선왕이 얼마나 불법에 충실했는지를 말했을 정도다. 그 사신은 감로와 수타미의 상서를 말하고, 이와 함께 원각사를 건설한 것을 칭송하고 있다.[69] 그러나 그 후 실록에서는 수타미의 기록을 전혀 찾아볼 수 없다.

쿠데타를 통해 왕위에 오른 세조에게는 재이가 반가울 리 없었다. 혜성 같은 재이는 언제나 임금이 수성하는 계기로 여겨졌지만, 세조는 그런 재이를 계기로 신하들이 가혹하게 쏟아낼 비판이 두려웠을 것이다. 사육신 사건 당시에 이미 혜성이 나타났고, 가뭄 역시 다른 임금 때나 마찬가지로 많았을 터인데도, 세조 시기에는 혜성에 대한 반응도 거의 보이지 않고, 가뭄 기록은 아예 다른 시기보다 유난히 적다. 세조 재위 14년 동안 이런 재이만 무시된 것이 아니라 많은 재이가 무시되어 실록에 기록되지 못했다. 사육신 사건이 일어난 지 4일 뒤에 경연을 폐지했고 주로 경연을 담당했던 집현전까지 폐해버린 세조였다. 그의 입장에서는 집현전이란 그에게 저항하는 선비들의 집합이었고, 재이란 이들 선비들에게 간쟁의 계기가 될 것이었기 때문이다. 강력한 군주 아래 선비들은 재이에 눈감고 살아가는 지혜를 터득할 수밖에 없었던 셈이다.

이 시대에는 대신 상서 기록을 유별나게 많이 남기고 있다. 특히 독실한 불교도였던 세조의 시대에는 불교에서 상서로 여기는 사리, 감로, 수타미 등에 관한 기록이 유독 많다. 그중에서도 수타미가 상서로운 현상으로 기록된 것은 세조 대가 유일하다.

세조 대는 재이 기록이 가장 적고, 상서 기록은 가장 많은 시대로 꼽힌다.

3) 성종 대의 재이론 전개

세조가 지력으로 정권을 획득해 강력하게 나라를 이끌어간 것과는 달리 성종은 어린 나이에 왕위에 올라 임금 노릇을 배운 군주였다. 1468년 9월 세조가 죽자 세자였던 예종이 왕위에 올랐지만, 1469년 11월에 죽고 말았다.

그 뒤를 이은 임금이 바로 자을산군, 즉 성종(재위 1469~1494)이었다. 1450년생인 예종이 만 20세도 되기 전에 죽자, 그 뒤를 이어 왕위에 오른 성종은 1457년생으로 예종의 죽은 형(덕종으로 추존됨)의 아들이다. 성종의 나이 겨우 열두 살이었기 때문에 그의 할머니가 어린 임금의 배후에서 권력을 쥐게 되었다.

죽은 예종의 뒤를 이을 순서는 자을산군의 형인 월산군이었으나, 정희왕후 윤씨가 둘째 손자인 자을산군을 선택했다고 기록되어 있다.

겨우 1년 임금 노릇을 하고 죽은 예종과 달리 성종은 열두 살의 어린 나이에 즉위하여 25년 동안 왕위를 지켰다. 처음에는 자신의 의

지에 따라 정치를 할 수 있는 형편이 아니었지만, 점차 안정된 왕권을 행사하고 나라를 이끌 수 있게 되었다. 당연히 성종이 즉위하고 초기 얼마 동안은 할머니인 정희왕후와 대신들이 권력을 행사했을 것으로 짐작할 수 있다.

이 견습 기간 중 어린 임금은 하루 네 차례나 되는 경연과 신하들과의 만남을 통해 지식층의 사상체계를 흡수하게 되었다. 성종의 재이에 관한 태도가 처음 드러나는 것은 그가 어려서부터 천둥번개 같은 재이를 두려워하지 않았다는 야사 기록에서다. 그의 아버지인 세자가 일찍 죽자 세조는 그를 궁중에서 길렀다. 하루는 갑자기 벼락이 대궐 기둥을 치면서 비가 쏟아져 내시 백충신이 벼락에 맞아 죽었다. 좌우 사람들이 모두 넋을 잃었으나, 어린 성종은 홀로 얼굴빛 하나 변하지 않았다. 세조가 그의 기국과 도량을 크게 칭찬했다고 한다.[70] 《세조실록》에는 환관 백충신이 벼락을 맞은 사건으로 임금이 대사령을 내렸다고 기록되어 있다.[71]

성종은 어려서부터 총명하고 학문에 힘썼으며, 글도 잘 썼다고 한다. 그런 임금의 성향에 힘입어 그의 재위 기간에는 많은 저술이 나왔다. 《동국여지승람》, 《동국통감》, 《동문선》 외에 중국의 많은 서적이 간행되었다.

성종 초기의 재이와 관련된 반응 가운데 주목할 만한 기록은 성종 2년의 혜성을 계기로 일어난 사건이다. 그해 11월 27일에 처음 기록된 혜성은 길이가 두 길 남짓이었는데, 이듬해 1월 13일까지 나타났다. 이에 대해 조정에서는 12월 7일 특별경계를 위한 계엄령을 내렸다. 상당부원군 한명회(韓明澮)를 서영장으로 삼아 군사를 거느리고 충훈부에 주둔하게 하고, 문성군 유수(柳洙)를 동영장으로 삼아 군사를 거느리고 장춘문에 주둔하게 했는데, 이는 '성변(星變) 때문에 계엄(戒嚴)하는 것'이라고 실록에 기록되어 있다.[72] 다만 혜성이 나타난 것일 뿐인데 계엄령까지 내리면서 만약의 사태에 대비했음을 알 수 있다. 물론 조선시대에는 혜성이 정변의 조짐으로 간주되었다.

이어 11일에는 사면령을 내렸는데, 의금부, 형조, 사헌부에 전지하여, "지금 하늘이 이변을 보이니, 체옥(滯獄)한 자가 많아 화기(和氣)를 상(傷)하여 변을 초치(招致)한 것으로 염려된다. 그러니 이달 11일 매상(昧爽: 먼동이 틀 무렵) 이전까지의, 강상(綱常: 사람이 지켜야 할 도리)과 간도(奸盜: 간사한 도둑)에 관계된 것 이외에 장형 이하의 죄는 용서하게 하고, 아직 용서하지 않은 자 또한 속히 명확하게 분변하여 억울함이 침체되지 않게 하라"고 하였다.[73] 그리고 섭정하고 있던 대비는 다음 날 하교하여 자신의 족진들이 관직을 차지하고 일도 못하면서 나라 봉급만 축내고 있는 경우가 많기 때문에 이런 재이가 일어났을 것이라면서, 숨어 있는 인재를 발굴하여 등용할 것을 건의했다.[74]

성종은 하루 서너 번씩 매일 경연에 참석했고, 이런 과정을 통해 모범적인 유교적 군주로 성장했다. 그 결과 초기의 과거시험 문제〔策問〕에는 재이에 관련된 것도 보인다. 다음은 1474년(성종 5) 3월에 출제된 책문이다.

> 사람이 아래에서 감동하면 하늘은 위에서 응(應)하는 것이므로, 기쁜 일과 재앙은 각각 그 유(類)에 따라 응하는 것이다. 당요(唐堯: 중국의 요임금)는 성덕(聖德: 임금의 덕)을 갖춘 극치(克治: 삿된 생각을 물리침)의 인주(人主: 임금)인데도, '홍수(洪水)가 나를 경계시켰다'고 하는 재앙이 있었으며 노나라 애공(哀公)은 미약하고 쇠퇴한 세상

의 임금인데도 서쪽에서 사냥할 때에 기린을 잡은 상서가 있었으니, '천명은 차질이 없다'고 한 것도 과연 족히 믿을 것이 못 되는 것인가? 내가 덕이 적고 우매한 사람으로서 조종(祖宗)의 어렵고 큰 사업을 이어 지키는데, 밤낮없이 조심하고 공경하면서도 오히려 상하에 허물을 얻을까 하여 하늘을 두려워하고 백성을 구휼하면서 소의간식(宵衣旰食)하기에 겨를이 없었는데, 근년 이래로 비바람이 절기를 어기고, 가뭄과 황충의 재앙이 있으니, 이는 어찌 나의 실덕(失德)과 정치를 잘못한 감응으로 그러한 것이 아니겠는가? 매양 구언의 교지를 내려 시국을 구할 대책을 듣기를 기다리고 있는데도 충직하고 진실한 자는 대개 적으니, 이 어찌 "임금에게는 범(犯)함은 있으나 숨김은 없어야 한다"라는 의리이겠느냐? 지금 내가 가슴을 열어놓고 청어(淸語)를 듣고자 하니 만약 할 말이 있으면 너희들의 뜻을 숨기지 말라. 선인(善人)은 국가의 근본이므로 성제(聖帝), 명왕(明王)도 인재를 얻는데 힘쓰지 아니한 분이 없었다. 역대의 '인재' 임용하는 방법과 치란(治亂), 안위(安危)의 자취를 상세히 들려주겠는가? 지금 '인재를' 시취(試取: 시험으로 인재를 뽑음), 거천(擧薦: 천거), 전주(銓注: 인물을 심사하여 적당한 자리에 배정함), 승출(陞黜: 빼어버림)하는 법은 상세하지 아니한 것이 아닌데, 혹은 지장 환재의 근심이 있으니 어찌하면 관에 능한 사람을 알아 적당한 자리에 임용하여 서정(庶政: 여러 방면의 정사)을 다 빛나게 하여 지치(至治: 매우 잘 다스려진 정치)에 이르도록 하겠는가? 그대들 대부(大夫)는 평소에 강구하였을 것이니, 각기 마음을 다하여 대답하라.[75]

그 후 2년 뒤의 과거에 책문으로 출제했던 내용을 보면 같은 관심이 거듭되고 있음을 알 수 있다. 1476년(성종 7) 3월 21일 임금이 인정전에 나가 책문을 내어 문과를 시험 보았는데, 문제는 유능한 인재를 어떻게 알아볼 수 있는가[知人之明]였다. 임금은 이어 모화관으로 가서 무과를 실시하여, 활쏘기, 말타기, 격구를 시험 보아 18명을 합격시켰다. 27일에는 문과와 무과의 중시(重試)가 있었는데, 문과 중시에 책을 끼고 시험 보는 사람들이 여럿 적발되었다. 임금은 이를 발견하고 중시의 무효를 선언하고, 다음 날 다시 보기로 했다. 처음에 냈던 중시의 책문은 오랑캐를 어떻게 다룰 것인가[馭戎安民之策]였는데, 이를 무효로 하고 다음 날 다시 실시한 중시의 출제 문제가 재이론이다.[76] 그 재이에 관한 책문은 다음과 같다.

천하의 이치는 내 마음에 모여 있으니, 진실로 그 이치를 탐구한다면 그 이치를 통하지 아니할 리가 없다. 대개 해와 달이 운행함에 있어서는 일정한 법도가 있는 것이고, 일식과 월식도 역시 통상적인 이치다. 그래서 선유(先儒)에 '역산에 정통한 자는 비록 백 세 뒤라도 이를 알 수가 있다'고 하였다. 그러나 공자께서 《춘추》에 반드시 일식을 기록한 것은 무엇 때문이었는가? 선유는 또 '인군(人君)이 덕을 닦아서 정치를 행하면 마땅히 일식이 될 것도 되지 않는다'고 하였으니, 이미 통상적인 이치가 있는 것인데 이러한 말을 한 것은 무엇 때문인가? 또 해라는 것은 양기의 정수요, 달이라는 것은 음기의 정수로서 태양과 태음은 하나일 뿐인데, 요임금 때 10개의 해가 같이 떠오르고, 송나라 때 2개의 해가 서로 움직였으니 또한 무슨 이치인가? 조(潮) 석(汐)의 설(說)은 선유의 논의가 같지 아니한데, 그 불어나고 줄어드는 이치를 들을 수 있겠는가? 동해에는 밀물[潮]이 없고 전당강(錢塘江)이 사흘 동안 바다에 이르지 아니하였으니, 이는 또한 무슨 이치인가? 불이라는 것은 양기의 정수요, 물이라는 것은 음기의 정수로서 각각 그 성질이 있는데, 뜨거운 온천은 있으면서도 차가운 불(寒火)은 없으니, 무엇 때문인가? 얼음에 누에가 있고 불에 쥐가 있다니, 또한 이런 이치가 있겠는가? 귤이 회수를 건너면 탱자가 되고 담비가 문수를 건너면 죽는다니 또한 무슨 이치인가? 홍범(洪範)에 이르기를, '임금의 잘잘못은 해(歲)로써 징험하고, 경사(卿士)의 잘잘못은 달로써 징험하고, 서민의 상황은 별로써 살핀다'고 하였다. 또 말하기를, '비 오고 햇볕 나고 덥고 춥고 바람 부는 것은 정사의 엄숙하고 정연하고 지혜롭고 도모하고 착한 것의 응답이다'라고 하였는데, 비 오고 햇볕 나고 덥고 춥고 바람 부는 것은 일일이 과연 다섯 가지 일의 응답인가? 천하의 이치가 무궁한 것이니 이치를 통하지 아니함이 없는 다음에라야 가히 유자(儒者)라고 말할 수 있을 것이다. 장차 그대 대부들의 궁리하는 학식을 보고자 함이니, 편(篇)으로 지으라"고 하였다.[77]

성종은 경연에 열성이었는데, 그 자리를 통해 많은 고전과 역사책을 강론했다. 그 가운데는 중국의 고사를 바탕으로 한 재이론도 상당수 포함되어 있었다. 예를 들어 1485년(성종 16) 11월 9일 저녁 경연에서는 《한서(漢書)》〈천문지〉를 강독했다. 이 자리에서 검토관 황계옥(黃啓沃)은 성변이 언제 어떤 재앙과 화를 부른다고 그 시기를 못 박는 것은 억지라고 단언하고 있다. 하지만 임금은 이를 기회로 하늘을 공경해야 한다고 덧붙였다. 또 시독관 조지서(趙之瑞)는 중국의 고사를 예로 들어 하늘이 어떤 조짐을 보이는 것은 틀림없다고 말했다. 그러자 도승지 권건(權健)은 세종 때에는 천문을 아는 이순지, 김담, 정인지 같은 이들이 있었지만 지금은 아는 사람이 없다면서, 젊은 문신으로 하여금 천문을 익히게 하자고 건의했다. 이에 대해 성종은 천문이 비록 마땅히 알아야 할 것이기는 하나, 이러한 술

수를 숭상하면 간사한 사람들이 요망한 말을 만들어 백성들의 뜻을 동요시킬까 두렵다고 결론지었다.[78]

이런 과정을 통해 성종은 재이를 유교적 입장에서 적극적으로 받아들이면서도, 조심스러운 태도를 보이고 있다. 성종과 그의 신하들은 유교적 재이사상을 고전과 역사서를 통해 끊임없이 되새기면서도, 어떤 특정의 재이가 어떤 분명한 원인 때문에 어떤 기간 안에 그 영향을 나타내는 것은 아니라는 포괄적인 해석을 따랐음을 알 수 있다. 통치자로서 임금은 당연히 하늘의 뜻을 공경해야 하지만, 재이가 어떤 구체적 원인 때문이라고 판단하기는 어렵다는 것이다.

한 가지 더 예를 들어보자. 1491년(성종 22) 3월 저녁 경연에서는 이런 토론이 있었다.

석강(夕講)에 나아갔다. 《문헌통고》〈상위고〉를 강(講)하였는데, 강하기를 마치자, 기사관(記事官) 이상이 아뢰기를, "〈상위고〉는 바로 술수의 글이니 인주가 강독하는 것은 부당합니다. 《역경》에 이르기를 '천문을 관찰한다'고 하였고, 《서경》에 이르기를 '일월성신(日月星辰)을 관찰한다'고 하였으며, 또 이르기를 '선기옥형(璿璣玉衡)으로 살핀다'고 했으니 천문은 인주가 당연히 살펴야 할 것입니다. 그러나 이 글에 이르기를, '무슨 별에 어떤 빛이 있으면 어떠어떠한 감응이 있으며 어떤 모양이 있으면 어떠어떠한 일이 있다'고 하였으니 진실로 통하지 않는 논리를 억지로 끌어다 부합시킨 것이므로, 청컨대 강하지 말게 하소서" 하니 임금이 좌우에 고문(顧問)하였다. 시강관 김응기(金應箕)가 대답하기를, "'성인이 우러러 천문을 관찰하고, 굽어 지리를 관찰한다'고 하였으니, 천문은 인군이 마땅히 알아야 할 것입니다. 그러나 이 글은 마단림(馬端臨)이 제가(諸家)의 학설을 수집하여 만든 것이니, 실로 억지로 끌어다 부합시킨 곳이 있습니다. 전하께서 그것을 강독하시면서 그 말이 취할 만하면 취하소서"라고 하였는데, 이상이 다시 아뢰기를, "천도(天道)는 멀어서 알기 어려우니 이것은 정도(正道)에 어긋나는 글입니다"라고 하니, 임금이 말하기를 "지금 이 글을 보니 과연 억지로 끌어다 부합시킨 폐단이 있다. 그러나 천문을 알려고 하면 이 글을 강독하지 않을 수 없으며, 더러 그 말하는 바를 취하거나 취하지 않는 것은 나의 짐작에 달려 있다"고 하였다.[79]

"무슨 별에 어떤 빛이 있으면 어떠어떠한 감응이 있으며, 어떤 모양이 있으면 어떠어떠한 일이 있다"고 하는 따위의 구체적 상관관계란 억지논리라는 것이다.

여기에서 논란이 되고 있는 《문헌통고》는 송말(松末), 원초(元初)의 학자 마단림이 편찬한 제도와 문물에 관한 백과전서로, 1319년에 348권으로 간행되었다. 조선 초기까지 대표적인 참고서로 자주 활용되었음을 알 수 있다. 실록에서 인용된 숫자만을 보면, 태종의 18년 재위 기간에는 48회, 세종의 재위 32년 동안에는 52회가 기록되어 있다. 주로 예법을 참조하고, 재이에 대해서도 이 책을 많이 이용했음을 알 수 있다. 그러나 성종의 재위 25년 동안에 13회의 기록이 보일 뿐이고, 성종은 대개 예법의 경우만 참고했음을 알 수 있다. 앞에 인용한 대목을 통해 사대부 학자들은 《문헌통고》가 재이에 대한 해석으로는 참조할 필요가 없다고 판단했음을 알 수 있다.

그 대신 재이에 대한 포괄적인 반응을 강조하기 시작했다. 그전까지 재이란 각각 성격도 다르고 일어나는 이치도 다르며, 따라서 서로 달리 반응하는 것이 강조되었다면, 이제는 재이를 포괄적으로 정치에 대한 반성의 계기로 파악하려는 경향이 강하게 드러난 것이다.

이전까지 재이는 임금의 정치에 대한 하늘의 노여움으로 해석된 것과 달리 자연이 정치의 잘못 때문에 자연의 조화를 잃고 일어나는 현상으로 바라보게 되었다.

재이가 일어날 때마다 동원되던 종교적인 이재 수단은 점점 사라져갔다. 1482년(성종 13) 여름 가뭄을 걱정하던 임금은 7월 4일 오랜 관습에 따라 홍천사에서 기우제를 지냈고, 그 효과로 비가 내렸다고 판단하여 11일에는 관계 기관과 기우도량에 참가했던 승려들에게 상을 내렸다. 그러자 홍문관이 들고일어나 포상을 반대했다. 비가 내린 것은 임금의 지성에 하늘이 감동한 결과임에도 불구하고 홍천사 승려들을 포상한다면, 백성들은 부처의 힘이 크다고 잘못 생각할 수 있다는 것이다. 성종은 이에 대해 전교하기를, "내가 부처의 힘으로 비가 왔다는 뜻으로 상을 내린 것이 아니다. 다만 명산대천 등의 제사(祭祀)는 상을 논할 근거가 없기 때문에, 비가 내린 기쁨으로 인하여 승도들에게 상을 주어 나의 뜻을 보였을 뿐이다"라고 응답했다.[80]

가뭄이 들 때 홍천사에서 기우제를 지내는 것은 오래된 관례였다. 하지만 성종 때에는 그런 전통이 흔들리기 시작했다. 성종은 몇 년 전에도 홍천사에서 기우제를 지내고 승려들에게 상을 주었다가, 예문관 부제학 임사홍(任士洪) 등으로부터 비판을 받은 적이 있었다. 1474년(성종 5) 윤 6월의 일이었다.[81] 홍천사에서 기우제를 지내던 국초(國初)의 관행은 성종 대에 대체로 사라지게 되었음을 알 수 있다.

이 시기는 언론삼사(言論三司), 즉 홍문관, 사헌부, 사간원이 위력을 발휘하기 시작하던 때이기도 하다. 특히 학술 연구기관이었던 홍문관이 언론기관으로 크게 기능한 것은 1478년(성종 9)부터였다. 1482년(성종 13) 7월 임금은 대간의 지나친 간쟁을 괴로워하며 승지들에게 다음과 같이 말했다. "고려 말에는 임금이 약하고 신하가 강하여, 언론을 담당한 사람이 사직하고 물러가 2, 3일에 이르러 임금이 돈독히 타이르기를 두세 번에 이르면 나와서 일을 보았다. 그런데 조선은 개국한 지 오래되지 않았는데도 이미 대간이 그리 심하게 하려는 것이냐?" 그리고 대간들에게 "그들은 강남으로 가려는가? 왜국으로 가려는가? 다시 조정에서 일하지 않겠다는 것인가?"라고 물었다.[82] 그들은 다른 나라 사람이나 되는 듯이 비판이 너무 심하다는 논평이다.

성종의 재이에 대한 반응 가운데 가장 대표적인 것으로는 1490년(성종 21) 7월 천둥번개가 일어나고 사람이 벼락 맞는 사고가 발생하자 과거에 처벌되었던 690명에게 직첩을 되돌려준 일이다. 그 과정은 이렇다.

그해 7월 초하루에 큰비와 함께 천둥번개가 요란했다. 오후 미시(未時)에는 진선문 밖에서 사람이 벼락에 맞는 사고가 일어났다. 병조에서 이를 보고하자, 임금이 선정전에 나아가고, 승지(承旨)들이 입시하였다. 성종은 "천변이 이에 이르니 내가 매우 두렵다. 백성들이 원망하는 것이 있어서 하늘이 이를 경고함이 아니겠는가? 사유(赦宥)를 행하여 하늘의 견책에 보답하려고 하는데 어떠한가?" 하며 대사령을 내릴 것을 신하들에게 자문했다. 도승지 신종호(申從濩)가 고사를 살펴 보고하겠다고 대답했다.[83]

승정원이 1468년 5월에 내관 백신충이 벼락을 맞자 세조가 대사령을 내렸다는 기록을 찾아 보고했다. 임금은 구언을 명하고, 이어 "이는 바로 형벌이 적중함을 잃었으므로 백성이 원망을 일으켜 이변이 생긴 것이 아닌가 하고 여겨진다. 그래서 죄를 용서하는 전지를 이미 내렸다. 또 조사(朝士: 조정에서의 벼슬살이) 중에 직첩을 거둔 자로서 강상(綱常)이나 장오(臟汚: 관아의 재산이나 백성의 재물을 부정하게 차지하는 일)에 관계된 죄가 아니면 직첩을 돌려주어서 서용(敍用: 죄지어 면직되었던 사람을 재등용함)하는 것이 어떠하겠는가?" 하자, 영의정 윤필상(尹弼商) 등이 "상교(上敎: 임금의 지시)가 진실로 마땅합니다"라고 하였다. 이에 따라 690명의 직첩을 되돌려주었던 것이다.[84]

윤리적 문제와 부정부패에 관련되지 않은 죄받은 인사들이란 주로 세조 때에 정치적인 처벌을 받은 사람들을 가리킨다. 당시 사면된 인물들을 조사해보지는 않았지만, 《연려실기술》에는 이 사면령이 도승지 채수(蔡壽)가 천변을 기회로 아뢰어 병자(丙子)옥사에 연좌된 수백 인을 소방(疏放: 죄수를 너그러이 처결하여 놓아줌)하였다고 기록되어 있다.[85] 언제 어떤 천변이 계기가 되었는지는 기록되어 있지 않지만, 채수가 성종에게 "연좌된 사람이 너무 많아 오랫동안 먼 곳에 귀양 가 있으니 어찌 원통하고 억울함이 없겠습니까?"라면서 병자년의 옥사를 거론했고, 임금이 크게 깨닫고 수백 명을 놓아주었다는 것이다.

병자년 옥사란 1456년에 일어난 '사육신' 등의 사건을 가리킨다. 채수는 1468년(세조 14) 생원시에 합격하고, 이듬해 문과에 장원하여 사헌부감찰이 되었다. 성종 대에 여러 벼슬을 거쳤으며, 후세에 문장가로도 이름을 남겼다. 그가 도승지를 지낸 것은 1481년(성종 12) 봄이었으니, 이 기록에 따르면 690명에 대한 사면령은 이미 10년 동안 준비되었던 것임을 짐작할 수 있다. 《성종실록》에는 1490년 7월 초 천둥번개가 치고 사람이 벼락에 맞는 사고가 일어나 갑자기 사면령이 내려진 것처럼 되어 있으나, 야사가 전하는 채수의 역할이 옳은 평가일 것으로 보인다.

이 천둥번개는 정여창(鄭汝昌)이 벼슬길에 나아가는 계기가 되기
도 했다. 김굉필과 함께 김종직의 대표적 제자로 조선 성리학의 전
통을 세운 인물로 평가되는 그는 1478년(성종 9) 4월에 이미 추천된
적이 있었다. 당시 임사홍 등은 이를 반대하는 입장이었다.[86] 바로
한국사에서 유명한 장면인 사림파의 등장과 이에 대한 임사홍의 반
발을 여기서 이미 읽을 수 있다. 이때 사림파의 한 사람인 이심원(李
深源)이 함양의 정여창, 태인의 정극인(丁克仁), 은진의 강응정(姜應
貞)을 '성현(聖賢)의 무리'라며 임금에게 추천한 것은 바로 재이에
대한 구언에 응하여 올린 상소문에서였다. 또 남효온이 비슷한 내용
의 상소를 하자 임사홍은 이렇게 비판하고 나섰다.

"(이)심원이 경연(慶延)과 강응정을 천거하였는데 남효온도 경연을
추천하였습니다. 신이 삼가 듣건대, 남효온의 무리에 강응정, 정여창,
박연 등과 같은 이가 있는데, 따로 한 무리를 만들어서 강응정을 추숭
하여 부자(夫子)라고 하고 박연을 가리켜서 안연(顔淵)이라고 하며,
항상 소학(小學)의 도를 행한다고 하면서 서로 이론(異論)을 숭상하
니, 이는 진실로 폐풍(弊風)입니다. 한나라에는 당고[87]가 있었고, 송
나라에서는 낙당, 촉당[88]이 있었습니다. 이 무리들은 예전에 미치지는
못하나 족히 치세에 누(累)가 되므로 점점 커지게 할 수 없습니다. 또
포의(布衣: 벼슬이 없는 선비)로서 국가의 정사를 의논하니 더욱 옳지
못합니다."[89]

이렇게 과거에 이미 추천되었으나 기용되지는 못했던 정여창을
1490년(성종 21) 7월에 대궐 안에서 사람이 벼락을 맞는 사건을 계기
로 사섬시정 조효동(趙孝同)의 상소로 벼슬을 내리게 된다. 이 상소

에서 조효동은 정여창이 얼마나 훌륭한 효자인지를 강조했다. 그러자 성종은 그의 효성에 "나도 모르게 눈물을 흘렸다"면서 속히 벼슬자리를 주라고 명했다. 그리하여 효자가 아니라며 극구 사양하는 정여창에게 소격서 참봉이라는 벼슬이 내려졌다.[90]

성종은 오랜 재위 기간 중 자연의 재이에 대해 극히 유교적인 반응을 보였다. 성종이 17세 되던 해인 1474년(성종 5) 윤 6월 7일 경연에서는 황룡(黃龍)에 대한 논의가 있었다. 성종은 누런 용이 나타났다는 《강목》의 기록이 사실인지를 물었다. 그러자 시강관 이맹현(李孟賢)은 황룡이 나타난 게 맞다고 대답했다. 이 기사를 쓴 사관은 중국에서는 여러 가지 상서로운 일이 일어났다고 과장함으로써 신하들과 임금이 모두 속아 넘어갔다고 지적하면서, 이맹현이 황룡이 실재한다고 대답한 것은 실수라고 논평했다.[91]

재이에 대한 유교적인 반응은 임금이 자신의 잘못을 인정하고, 시폐를 없애기 위한 의견을 묻는 구언의 교서를 발표하는 것으로 요약된다. 예를 들어 조선 초기 임금들이 얼마나 자주 구언했는지를 비교해보면, 중종은 재위 39년 동안 226회로 연평균 5.8회이며, 성종은 재위 25년 동안 113회, 연평균 4.5회로 가장 많고, 다른 임금들은 이보다 훨씬 적다. 성종은 대단히 유교적인 재이론을 따랐다고 할 수 있다.

또 성종 대에는 상서 기록이 거의 보이지 않는다. 특히 세조 때에는 사리, 감로 등 상서 기록을 많이 남겼지만, 성종 대에는 그런 기록이 보이지 않는다. 흉조는 성실하게 기록했지만, 길조는 기록에서 제외했다는 뜻이다.

4) 재이사상과 '소인론(小人論)'의 등장

앞에 소개한 것처럼 정여창은 김굉필과 함께 김종직의 제자였고, 사림파에서 손꼽히는 인물이었다. 그는 1478년(성종 9) 4월에 이미 추천된 적이 있고, 임사홍 등은 이를 반대하는 입장에 있었다. 재이를 계기로 임금이 구언을 하자 신하들이 정여창을 천거했던 것이다.

그런데 임사홍과 그 반대파인 사림학자들은 정치적으로도 대립했지만 재이에 대한 해석에서도 큰 차이를 보였다. 성종 대에 이르면 재이 하나하나가 어떤 특별한 조짐일 것이라는 해석은 먹히지 않는다. 사림파 학자들은 재이가 임금의 책임이란 입장을 강하게 내세웠던 데 비해, 임사홍 같은 학자들은 재이를 심각하게 여길 필요가 없다는 입장이었다. 자연의 재이에 대한 해석의 차이는 결국 두 세력이 서로 충돌하는 원인으로 작용하게 된다.

대표적인 예가 '흙비〔雨土〕사건'이다. 성종 9년 4월 초하루에 흙비가 내리자 임금은 승정원에 전교하여 "이제 흙비가 내렸으니 하늘의 꾸짖음〔天譴〕이 가볍지 아니하다. 예전에 수나라 황제가 산을 뚫고 땅을 파며 급하지 아니한 역사(役事)를 하자 마침 하늘에서 흙비가 내렸는데, 일관이 '토목공사를 번거롭게 일으키므로 백성의 원망이 흙비를 부른 것입니다'라고 하였으니, 지금 숭례문의 역사가 부득이한 데에서 나온 것이라고는 하지만, 또한 급하지 아니한 역사는 아니겠는가? 하늘이 꾸짖어 훈계하는 것에는 반드시 까닭이 있을 것인데, 경 등은 어찌하여 한마디 말도 없는가?"라고 하였다.

흙비를 계기로 시작된 재이론은 날이 갈수록 신하들 사이에 서로 다른 반응을 불러일으키면서 갈등을 부추겼다. 성종은 의정부에 다음과 같은 전지를 내렸다.

하늘과 사람의 이치가 같아 현미무간(顯微無間: 현상계와 본체계 사이
에 떨어질 수 없는 관계가 있음)하니, 상서로움과 재이의 응함은 오직
사람으로부터 감응되는 것이다. 과매한 내가 한 나라에 임하여 밤낮
으로 공경하고 부지런하며 지워진 임무를 다하지 못할까 두려워하였
는데, 지난달에는 지진이 있었고 이달에는 흙비가 내리니 재변이 오
는 것이 어찌 불러일으키게 하는 바가 없겠는가? 내가 알지 못하는
사이에 부렴(賦斂: 조세 따위를 거두는 일)이 과중하였는가? 공역(工
役)이 번거로웠는가? 형벌이 적중하지 못하였는가? 사람을 쓰고 버
리는 데에 잘못이 있었는가? 현준(賢俊)한 이가 혹 등용되지 아니하
였는가? 혼인이 혹 때를 잃었는가? 수령의 탐혹(貪酷)함이 심한데도
감사(監司)의 출척(黜陟)이 혹시 잘못되었는가? 백성들이 그 고통을
견딜 수 없는네도 하정(下情)이 위에 통하지 아니하였는가? 허물을
얻은 이유를 깊이 생각하건대, 허물은 실로 내게 있는 것이므로 직언
을 들어서 천견(天譴)에 답하고자 하니, 중외(中外)의 대소신료에서
여항(閭巷)의 소민(小民)에 이르기까지 나의 지극한 마음을 본받아
재이를 일으킨 이유와 재이를 그치게 할 방법을 숨김없이 모두 진술
하라.[92]

이어 임금은 4월 3일 성균관에 거둥하여 양로연(養老宴)을 베풀고
영의정 이하 여러 고관들의 의견을 들었다. 영의정 정창손이 군자를
가까이하고 소인을 멀리하며, 이단을 물리치고 정도를 숭상하면, 나
라를 다스리는 요지는 이것에 불과하다면서, 임금에게 지금처럼 이
길을 실수 없이 따르면 될 것이라고 강조했다. 이 자리에는 학생들
을 포함하여 모두 2800명이 참석했으며, 즉석에서 수많은 신하들이
온갖 의견을 말했고, 임금은 "아름다운 말이 이보다 큰 것이 있겠는

가? 내가 마땅히 체득하여 잊지 아니하겠다”고 하였다.[93] 실록에 길게 소개되어 있는 것처럼 이 자리에서 나온 의견은 재이를 설명하는 여러 이론과 이를 물리치는 온갖 방안에 대한 소개가 중심이 된 셈이었다.

며칠 뒤인 4월 7일에 경연을 마치고 다시 재이에 대한 논의가 계속되었다. 대사간 김자정(金自貞)이 금주령을 내릴 것을 건의하자, 장령 박숙달(朴叔達)은 “지금의 공경대부는 잔치하고 노는 것을 일삼아 강 위에 정자를 짓고 왕래하면서 즐기니, 만일 중국 사신이 와서 보면 필시 이르기를 ‘나라 사람들이 놀고 잔치하는 것으로써 일삼는다’고 할 것입니다. 이뿐만 아니라 대소조사(大小朝士)가 혹은 문밖에서 활쏘기를 하거나 혹은 경저(京邸: 각 지방 관아의 서울 출장소)에서 잔치를 베풀며 기생과 광대를 청하여 놀이하고 희롱하면서 방자하게 구니, 청컨대 강가의 정자를 헐게 하고 기생을 데리고 잔치하는 것을 금하게 하소서”라고 하였다. 그러자 임금이 말하기를, “술을 금하는 소이는 비용을 줄이고자 하는 것인데, 만약 술을 금하는 영을 세우면 비록 한 병의 술을 가진 자라도 또한 구속을 당할 것이니, 원망하는 자가 반드시 많을 것이다. 또 당나라 때에도 재상이 곡강(曲江)에 나가서 노는 일이 있었으니, 1년 동안 근심하고 수고하였는데 하루도 즐기지 못하게 하는 것이 옳겠는가? 비록 놀며 쉬는 곳이 있다고 하더라도 무엇이 해롭겠는가?” 하고 좌우에 물었다. 영사 한명회가 “성상의 하교가 지당합니다”라며 동조하였고, 영사 노사신(盧思愼)이 말하기를 “신의 전장(田庄)도 강변에 있는데, 신의 조부가 정자를 지은 것이 신에게 전하여 이른 것으로 신도 때로 왕래하고 있습니다. 강변에 인가가 있는 것을 중국 사람이 본다고 해서 무슨 좋지 못함이 있겠습니까?”라고 하였다.[94]

이렇게 논의가 계속된 결과, 대체로 중신들은 금주령이 필요 없다고 주장한 데 비해 대간의 직책에 있는 젊은 층은 금주령을 옹호했던 것으로 보인다. 바로 이때 중요한 상소문 2개가 올라왔으니, 하나는 왕족 이심원(李深源)의 상소로 '세조 때의 훈신을 쓰지 말라'는 주장이었고, 다른 하나는 유학 남효온의 상소로, 단종 어머니의 소릉(昭陵)을 복위시키라는 주장이었다.[95] 이 두 가지는 매우 민감한 문제였다. 세조가 단종을 몰아내고 정권을 잡은 것을 전면 부정하는 의미가 깔려 있었기 때문이다. 사림파 학자들의 '역사 바로 세우기'가 시작되고 있음을 느끼게 된다. 성종은 단호하게 그들의 주장이 그릇되었다고 하며, 다음과 같이 의정부에 그의 뜻을 전했다.

지난번 흙비의 변으로 인하여 전교를 내려 구언하였던바, 유학(幼學. 벼슬하지 아니한 유생) 남효온은 소릉을 회복하기를 청하고 주계부정 심원은 세조조의 신하를 쓰지 말기를 청하였으니, 이는 모두 이치에 어긋나는 의논이며 맹랑한 말이다. 내가 널리 물어서 다스리기를 구하는 뜻에 어긋남이 있으므로, 조정에 있는 좌우의 신하가 모두 논죄하기를 청하고 나도 그르다고 여긴다. 그러나 임금이 구언하였다가 도리어 말한 자를 허물하면 언로에 막힘이 있을까 두려워하여 내가 우선 그대로 두는 것이다. 어찌 이것을 옳다고 생각하여 묻지 아니하는 것이겠는가? 내 뜻을 깊이 본받아서 신료에게 효유(曉諭: 알아듣도록 타이름)하라.[96]

세조 때의 신하를 쓰지 말라거나 소릉의 복원을 주장하는 것은 이 정도로 일단락되는 듯했지만, 또 다른 문제가 터졌다. 그 직전 4월 21일 사헌부에서 "요즘 흙비와 지진이 있었고 성안에 불이 나서 수백 집이 연소되었으니 재변이 이상하고, 또 가뭄의 징조가 있으니 모름지기 상하에서 몸을 닦고 마음을 반성하여야 할 것이므로, 늙고 병들어 약으로 먹거나 혼인과 제사 외에는 일절 술을 금하여 천견에 답하게 하소서"라고 하였고, 이에 따라 임금이 금주령을 내린 것이다. 그러나 도승지 임사홍이 이에 반대하고 나섰다.

신이 듣건대, 경연에서 대간들이 말한 바로써 술을 쓰는 것을 금하였다고 하나, 술이란 것은 본시 사람이 먹는 물건으로, 대저 임금이 큰 재변을 만난 뒤에 몸을 닦고 마음을 반성하며 술을 금한 것은 이 또한 한갓 문구(文具)일 뿐입니다. 이제 만약 가뭄의 징조를 재이라고 한다면 비의 혜택이 마르지 아니하여 밀보리가 무성하니 그 수확이 있을 것은 이를 점쳐서 알 수 있으며, 만약 흙비를 재이라고 한다면 예부터 천지의 재변은 운수에 있으니 운성(隕星)도 그 운수입니다. 이제 흙비도 때의 운수가 마침 그렇게 된 것인데, 어찌 재이가 있는 것이겠습니까? 만약 화재를 재변이라 한다면, 민가의 집이 붙어 있고 담이 연하였는데 삼가지 못해서 불이 나자 마침 바람이 불어 연달아 탄 것이니 족히 괴이할 것이 없습니다. 무릇 이 몇 가지 일은 모두 밝게 드러난 재이가 아닌데 갑자기 술을 금하는 것은 온당하지 못합니다. 또 오늘 전지를 내려 술을 금하였다가 내일 비가 내리면 또 금하지 아니하겠습니까? 요즘 날마다 관사(觀射: 임금이 참관하는 활쏘기 행사)가 있는데 술이 없으면 옳겠습니까? 또 단오에 의정부와 육조에서는 예로써 진연(進宴)함이 마땅하며, 비록 진연이 아닐지라도 문소전과 연은전에 친히 제사하고 모화관에 거둥하며, 또 이날 세 대비전(大妃殿)에 별선(別膳: 외국의 사신이나 공신에게 특별히 내려주던 궁중 음식물)을 올려야 하니, 단오 이전에는 술을 금하지 않는 것이 어떠하겠습니까? 비록 금할지라도 조사(朝士)는 적발됨이 없고 오직 소민(小民)만 죄를 받을 뿐입니다. 또 경회루에서 종친과 관사(觀射)한 일을 대간에서 말하였습니다. 예전에 시사(侍射)라는 글이 있으니, 임금이 비록 신하와 더불어 활을 쏠지라도 가한데, 하물며 그 날은 따로 종친을 모아서 친친(親親)의 의(義)를 편 것이므로, 친히 활과 화살을 잡으실지라도 정치에 방해됨이 없는 것이겠습니까? 이제 대간이, 주상께서 시를 짓는 것을 알면 '옳지 못하다'고 하고 활과 화살을 잡으시면 '옳지 못하다'고 하니, 그렇다면 문무의 재주를 폐해야 옳겠습니까? 대간이 또 사대부의 집이 참람하고 지나치다고 말하여, 칸살[間架]의 넓이를 정하기를 청하였습니다. 신 등은 생각하건대, 칸수[間數]는 이미 법을 세웠으니, 다시 세쇄하게 할 필요가 없다고 여깁니다. 대저 간사한 꾀는 측량하기 어려우니, 이러한 법을 비록 아무리 세울지라도 반드시 법 밖에서 교묘하게 짓는 것이 있을 것입니다.[97]

4월 27일 홍문관과 예문관은 글을 올려 임사홍을 강력하게 비난했다. 임사홍이 재이를 무시해도 좋다고 함은 왕안석의 '삼부족설'에 해당하는 소인의 주장이라는 것이다.[98] 그것은 이미 4월 3일 성균관 명륜당에서 열렸던 양로연에서 이예(李芮)가 설명했던 바였다.[99] 그런데 왕안석의 삼부족설이란 무엇인가? 《성종실록》에 기록된 것처럼 '천변은 족히 두려울 것이 없고, 조종은 족히 본받을 것이 없으며, 사람들의 말은 족히 괘념할 것이 없다'고 했다는 왕안석의 말이다.[100]

송나라의 정치가였던 왕안석(1021~1086)은 조선에서는 신법(新法)으로 나라를 망친 인물로 거론되었다. 그러다가 성종 8년 현석규

(玄碩圭)와 임사홍의 다툼을 계기로 왕안석은 파렴치하고 부도덕한 소인의 대표적인 예로 자주 지목되었다. 하지만 조선에서 왕안석의 삼부족설이 논의된 것은 이때가 처음인 것으로 보인다.

논쟁은 계속되어 4월 말에는 임사홍과 그의 아버지 임원준(任元濬)이 소인이라는 비난이 불처럼 일어났고, 4월 29일에는 그 진위를 검증하기 위해 정승을 지낸 자와 의정부, 육조의 참판 이상과 대간이 명을 받고 인정전 동쪽 뜰에 모였다. 이 자리에서 증인들을 대질까지 시키면서 이들이 과연 소인이냐는 문제를 놓고 토론했다. 이를 계기로 과거 임사홍과 현석규 사이에 있었던 다툼이 재론되기도 했다.

1477년(성종 8) 7월 도승지 현석규와 우승지 임사홍이 크게 언쟁을 벌인 일이 있다. 이 사건은 곧 큰 논란이 되었는데, 성종이 두 사람을 모두 승진 발령하는 것으로 사태를 마무리 지었다. 겨우 30세가 넘은 임사홍은 사간원 대사간으로, 현석규는 사헌부 대사헌으로 발령했다가 이를 반대하는 소리가 높자 오히려 더 높은 자리인 형조판서에 앉혔다. 이 사건은 사소해 보일 수도 있으나, 《연려실기술》은 성종 대의 중요한 사건으로 판단하여 이를 독립된 기사로 다루었다.[101] 그런데 이듬해 4월 초하루의 흙비 사건으로 임사홍은 '소인'이라는 낙인이 찍혀 5월 8일 의주로 귀양 가게 된다.[102] 그 후 조선시대를 통틀어 임사홍은 대표적인 소인으로 몰려 핍박받게 된다. 이 소인론은 성종 대 재이사상의 전개 과정에서 불거져 나왔다고 할 수 있는 것이다.

5) 연산군의 적극적인 재이론 비판

성종에 이어 왕위에 오른 연산군은 12년의 재위 기간 중 무오 (1498)와 갑자(1504)의 두 사화(士禍)로 얼룩진 역사를 남겨 우리 역사에서 가장 포악한 군주로 알려지게 되었다. 《연려실기술》 같은 야사에는 그가 재위하는 동안 온갖 퇴폐가 자행된 것으로 기록되어 있고, 결국 그는 폭군으로 낙인찍혀 왕위에서 쫓겨나고 곧 의문 속에 폭사하고 말았다. 조선의 임금 가운데 광해군과 함께 임금이 죽은 다음에 정해 올리는 묘호(廟號)를 받지 못한 임금이 되었다. 연산군 이륭(재위 1495~1506)은 1483년 여덟 살의 나이에 세자로 책봉되었는데, 정실 출신의 대군으로 뒤에 중종이 된 진성대군이 아직 태어나기 전이었다. 연산군은 어머니 윤씨가 1482년 8월에 죽임을 낭했음에도 불구하고 바로 이듬해 2월에 세자로 책봉되었고, 그로부터 11년 후에 왕위에 올랐다.

성종 대에 성장한 사림 세력과 그전부터 권력의 핵심에 있었던 훈구 세력은 성종 재위 시기에는 균형을 이루고 있었으며, 그런 균형 속에서 왕권은 신하들의 활발한 언론활동 때문에 상당 부분 위축되었다. 새로 임금이 된 18세의 연산군은 나날이 목소리가 커지고 있던 신권(臣權)을 억제하고 통제할 필요성을 느꼈다. 그는 11년이나 되는 오랜 세자 생활을 통해 세자 교육을 끊임없이 받아야 했는데, 그것은 열여덟 살의 군주에게 충분한 지식을 제공하기도 했지만 어느 정도 지겨운 경험으로 남았을 것이다. 야사가 전하는 이야기들이 이를 보여준다.

특히 사림의 분방한 언론활동은 새 군주 연산군을 노엽게 하는 일이 많았고, 이를 핑계로 훈구대신들은 1498년 김일손의 사초를 문제

삼아 김종직 문하의 사림을 일망타진하게 된다. 그에 이어서 1504년에는 모후의 폐비 사건을 들추어 훈구 측을 처벌함으로써 임금의 권력을 강화해갔다. 이 두 사건을 무오사화, 갑자사화라 부른다. 대체로 연산군 시절의 두 사화에 대해서는 적지 않은 연구가 있었지만, 최근에는 별로 학계의 관심을 끌지 못하고 있다. 그동안의 연구로 그 내용이 다 밝혀졌다고 판단되기 때문일 것이다. 게다가 정치 중심의 역사 연구가 근래에는 시들해졌다는 점도 그 이유로 작용했을 것이다. 여하튼 조선 초의 4대 사화를 신하들 사이의 갈등으로 해석하는 경향이 강했다. 특히 성종 대 이후 성장하기 시작한 신진 사림파 학자들과 전통적인 학자 세력이라 할 수 있는 훈구파 사이의 갈등과 대립이 사화의 중요한 원인으로 해석되었다.

예를 들어 한국 역사를 종합적인 통사로 정리한 국사편찬위원회의 《한국사》 1978년판에서는 연산군 시대의 양대 사화가 소제목을 달고 다뤄져 왔으나, 1996년에 새로 출간된 신판 《한국사》에는 더 작은 제목으로 들어가 있다. 그만큼 사학계의 관심이 사화로부터 멀어졌음을 보여준다. 그런데 어느 경우에나 연산군 시대의 두 사화는 사림파와 훈구파의 갈등이라는 구도로 설명하는 전통적인 틀이 그대로 유지되고 있음을 알 수 있다. 예를 들어 신판 《한국사》에는 이들 사화를 다음과 같이 간단히 설명하고 있다.

무오사화가 기성 세력인 훈구파와 신진 세력인 사림파의 대립, 갈등의 소산이었다고 한다면, 이 갑자사화는 궁정 중심의 관료 세력과 신진 사림을 포함한 정부 중심의 관료 세력의 대립이 표면화되어 나타난 사건이라고 할 수 있다.[103]

그러나 과연 이 시대의 사화를 단지 신하들 사이의 갈등으로만 설명해도 충분한가? 임금의 역할은 어디로 사라진 것인가? 임금은 가장 강력한 자리를 차지하고 있던 정권의 핵심이다. 그런 임금을 빼놓은 채 신하들 사이의 갈등만으로 당시의 정치를 설명하는 것은 미흡해 보인다.

연산군 시대의 갈등을 잘 보여주는 두 번의 사화는 그 시대를 대표하는 두 가지 이념적 갈등 요소를 여실히 드러낸다. 이 두 가지 이념 갈등의 핵심에는 바로 왕권 강화라는 문제가 있고, 당연히 임금의 역할은 중요하게 작용한다. 따라서 연산군 시대의 두 사화를 다음과 같은 각도에서 새로 조명할 필요가 있다고 본다. 첫 번째 사화(무오사화)는 새로운 역사관에 대한 갈등이 표출된 것이고, 두 번째 갑자사화는 새로운 자연관에 대한 갈능이 잘 드러나기 때문이나. 연산군에게 무오사화는 성리학적 새 역사관에 대한 반발이었고, 갑자사화는 새로운 성리학적 자연관에 대한 반발로 볼 수 있는 것이다.

따라서 연산군 시대의 자연관 변화라는 이 글의 주제에서 무오사화는 약간 거리가 있어 보인다. 그러나 갑자사화를 설명하기 위해서는 먼저 무오사화의 성격을 짚고 넘어갈 필요가 있다.

무오사화는 성종 때 시작됐던 '역사 바로 세우기 운동'의 문제라고 할 수 있다. 이때만 해도 자연관 문제는 그리 중요하지 않았다고 생각된다. 그러나 간단히 그 성격을 규정하고 갑자사화로 넘어가기로 한다.

무오사화의 발단을 김일손의 사초에 들어 있는 김종직의 〈조의제문(弔義帝文)〉에서 찾는 사람이 많다. 그러나 그 발단은 성종 대에 이미 신진 사림학자들에 의해 시작된 그들 나름의 '역사 바로 세우기'에서 시작되었다. 앞에서 성종 대의 재이사상을 논하면서 그 단서를 소개했다. 1478년(성종 9) 7월에 세조 때의 훈신을 쓰지 말라는 상소와 소릉을 복위하라는 상소가 올라왔을 때 임금은 말이 안 된다면서도 상소를 올린 신하를 처벌하지는 않았다. 재이를 핑계로 올린 상소였기 때문이다. 오히려 이들과 반대 입장이었던 임사홍 등이 처벌을 받았다. 그러나 1490년(성종 21) 7월 천둥번개가 치고 사람이 벼락을 맞는 사고가 일어나자 690명의 직첩을 되돌려주었다.[104]

'역사 바로 세우기'는 신유학의 이념이기도 하다. 신유학을 받아들인 신진 사림파 학자들이 조선의 개국과 세조의 왕위 찬탈 문제 등에 대해 올바른 역사의식으로 새롭게 평가해야 한다고 생각한 것은 당연한 결과였다. 물론 이것은 곧 왕실의 가족관계를 비판하게 되는 어려움이 따르는 문제였다. 하지만 성리학 또는 신유학이 강조하는 사서 가운데 대표적인 《대학》에도 "좋아하면서 그 사람의 나쁜 점을 알고, 미워하면서도 그 사람의 착한 점을 인정하는 사람은 세상에 드물다"라 쓰여 있다.

따라서 조선 왕조를 창건하고 일궈온 선왕들에 대해서도 잘못된 점은 짚고 넘어가야 한다는 것이 신진학자층의 요구였다. 하지만 사림파의 역사 바로잡기란 연산군과 그의 지지층인 훈구파 정치인들에게는 왕권에 대한 심각한 위협이 되었다. 연산군은 바로 세조의 증손자였고, 세조 시대를 부정한다는 것은 왕가의 권위를 무시할 수도 있다는 신호로 여겨졌던 것이다. 훈구파의 이해관계가 작용했던 것도 분명한 사실이다. 하지만 연산군으로서는 신진 사림파 학자들이 날이 갈수록 대담하게 세조 때의 잘못을 고치겠다고 나서는 '역사 바로 세우기'가 결국 왕권의 약화로 이어질 수밖에 없다는 사실을 잘 알았다. 당연히 그는 사림파 학자들의 주장에 쐐기를 박으려 했고, 그 때문에 사화가 일어난 것이다.

연산군 초기의 무오사화를 성리학적 역사관에 대한 연산군의 반발로 해석할 수 있는 것처럼, 그로부터 한참 뒤에 일어난 갑자사화는 주자학적 자연관 또는 재이사상에 대한 연산군의 반발로 해석될 수 있다. 달리 말하면 재이사상이 왕권의 위축을 의미한다는 사실을 깨달은 연산군이 재이사상을 배척하는 과정에서 나온 사화라고 할 수 있다. 사대부 관료들이 왕권 길들이기에 유용한 재이론을 지지하는 데 대해 연산군은 이를 반대하는 과정에서 불거진 충돌의 결과인 셈이다.

1495년 18세의 나이로 왕위에 오른 연산군은 그가 어렸을 때 왕비의 자리에서 밀려나 죽음까지 당한 생모 윤씨의 억울함을 어떻게든 풀어주려고 했다. 아들로서 당연한 생각이라 할 수 있을 것이다. 실록에 따르면 연산군이 윤씨의 죽음에 대해 자세하게 알게 된 것은 임금이 되고 3개월쯤 뒤였다. 성종의 장례와 함께 쓰인 묘지문(墓誌文)을 보고 어머니 윤씨가 폐비되어 죽은 사실을 알게 되었다는 것이다. 이를 알고 연산군은 수라조차 들지 않을 정도로 상심했다는 기록이 남아 있다.[105]

연산군은 집권 초기부터 대간의 핍박을 걱정해오던 터였다. 그러던 차에 영의정 노사신이 대간이 지나치게 왕권을 위협한다면서 대간을 잡아 가두겠다는 임금의 결단을 '용감한 결단'이라고 지원하고 나섰다. "근래에 대간이 비록 작은 일일지라도 꼭 이기려고만 힘써서 임금에게 논란을 벌이며, 몇 날 몇 달이 걸리더라도 꼭 이기고야 맙니다. 그러므로 그 폐단이 차츰 임금의 위엄이 떨치지 못하는 지경에 이르고 있습니다. 신은 이 점을 항상 걱정하였으나 폐습을 고칠 방법이 없었는데, '근자에 대간이 명령을 거역하였으니 잡아 가두라'는 상교를 받자옵고, 마음에 이는 실로 영걸한 임금의 위단(威

斷)이라 여겨 바야흐로 경하하기에 겨를이 없었습니다"라고 하며 임금을 지원했던 것이다.[106]

당연히 노사신을 탄핵하는 상소가 빗발치고 대간의 농성 반발이 3개월이나 계속됐다. 임금은 어쩔 수 없이 참판 이상의 고위관직에 있는 사람들에게 이 문제를 상의해 보고하라고 지시했고, 그들은 노사신에게 큰 잘못은 없지만, 이렇게 오랫동안 대간이 문제 삼고 있으니 그의 자리를 바꿔주는 편이 좋겠다는 의견을 내놓았다. 특히 박건(朴楗)은 대간이 조금 지나치더라도 너그럽게 받아들여 언로를 열어야 한다고 강조했으며, 그 점에서 노사신은 대신으로서의 체모를 잃은 것이라고 지적했다.[107] 결국 임금은 노사신을 영의정에서 물러나게 하고, 그 자리에 신승선(愼承善)을 임명했다.[108]

이렇게 대간의 득세를 못마땅하게 여겼기 때문에 비판의 기회가 될 수 있는 재이가 일어날 때면 연산군은 긴장하지 않을 수 없었다. 1495년(연산군 1) 9월 4일 임금이 경연에 나왔는데, 이날의 주제는 《강목》 왕망기(王莽紀) 3월의 일식이었다. 시독관 박억년(朴億年)이 아뢰었다. "해〔日〕라는 것은 모든 양(陽)의 근본이요 임금의 기상인데, 그것이 먹히는 것은 신자(臣子)가 군부(君父)를 배반하고 이적(夷狄)이 중국을 침노하며, 소인이 군자를 업신여기고 처첩이 남편을 타고 오르는 것으로서, 모두가 음이 성하고 양이 미약한 소치입니다." 이는 물론 이미 잘 알려진 일식의 해석을 반복한 것이다. 이어진 토론에서는 임금이 덕을 쌓고 이런 재이에 성의 있게 응해야 한다는 결론이 나왔다. 그리고 이를 당시 논란이 되고 있던 영의정 노사신의 탄핵 문제와 연관시켜서 그가 임금에게 아첨하여 언로를 막고 있다고 비난했다. 이에 대해 임금은 "노사신이 잘못했다면 대죄해야겠지만, 잘못이 없는 데야 무엇을 대죄하겠느냐"라고 하며 반발했다.[109] 앞으로 다가올 임금과 대간 사이의 재이론을 둘러싼 갈등을 예고하는 대목이라고 할 수 있다. 그해 12월 2일 겨울비가 내리자 연산군은 옛날에도 겨울비를 재앙으로 여겼는지를 물었다. 승지들이 홍문관에 문헌을 조사해 올리게 하자고 건의했다. 그러나 임금은 곧 《통감(通鑑)》에도 "큰비가 10여 일 계속 내렸다"는 기록이 있다면서 상고할 것까지는 없다고 말했다.[110]

연산군은 즉위 초부터 경연을 기피한 것으로 보인다. 이 핑계 저 핑계를 대고는 있지만, 경연이 임금의 권위를 훼손하는 토론장으로 변하는 것이 못마땅했기 때문으로 보인다. 1496년(연산군 2) 2월 2일에는 몸이 아프다며 경연에 불참했고, 이듬해 1월 2일에는 감기로 경연을 못하겠다고 거절했다.[111] 3월에는 안질을 핑계로 역시 경연을 거부했다.[112] 《대학연의(大學衍義)》를 읽는데, 두어 상을 넘기면 눈에 티끌이 덮이는 것처럼 침침해져서 오래 읽을 수 없다는 것이었다.

그렇게도 싫어하던 경연에 한 번 나갔던 연산군은 그 자리에서 재이 문제로 신하들에게 닦달을 당했다. 1497년(연산군 3) 1월 25일 경연에서 일어난 일이다.

경연에 납시었다. 장령 이수공(李守恭)이 아뢰기를, "16일 밤에 뇌성하는 변이 있었는데, 전하께서 하교에 이르기를 '재변이 아니다'라고 하였습니다. 신 등이 명을 듣고 깜짝 놀랐습니다. 《춘추》에 '3월에 크게 뇌성 번개하였다'라고 공자가 특서하였습니다. 주나라의 3월은 곧 지금의 정월이니 어찌 재변이 아니라고 할 수 있겠습니까. 또 하교에 이르기를, '이 재변은 대간 때문에 유래하였다'고 하였습니다. 윤씨는 폐비인데도 사당을 세우고 신주를 모셨으며, 관작은 범람하게 줄 수

없는 것인데 공신의 적장(嫡長)이라 하여 외람하게 당상관에 승진시
켰습니다. 환관[宦寺]의 화는 여총(女寵)보다도 심한 것입니다. 김효
강(金孝江)은 정해진 법을 변란하였지만 특별히 용서하였는데 여러
달 논계(論啓: 신하가 임금의 잘못을 따져 아룀)하였어도 윤허를 받지
못하였으니, 이것은 대간이 제구실을 못한 것으로서 역시 재변을 가
져올 만합니다. 그리고 삼공(三公)은 음양을 화하게 다스리며, 찬성
(贊成)은 이공(貳公)으로서 교화를 넓히는 직책인데, 지금 모두 사람
답지 않기 때문에 이렇게 된 것입니다"라고 하였다. 또 정언 조원기
(趙元紀)는 아뢰기를, "전하께서 재변을 만나면 공구수성하여야 합니
다. 그런데 지금 뇌성이 입춘 후에 있었다 하여 재변이라 할 수 없다
고 하니 신 등은 의혹됩니다"라고 하자, 왕이 이르기를 "재변이 아니
라고 하는 것은 아니다. 입춘이 지난 후 3양(陽)의 달이니 10월의 뇌
성에 비할 것은 아니다. 김효강은 죄가 있으므로 이미 태형 40대를 때
렸다. 윤씨는 비록 선왕께 죄를 지었지만 골육의 은혜를 잊을 수가 있
겠는가. 또 이미 드리는 예절을 따랐다. 지금의 재변은 어느 일 때문
에 일어난 것이라고 정확하게 가리킬 수는 없다. 만일 '아무 일이 잘못
됐고, 아무 허물 때문에 나타난 것이다'라고 한다면, 이것은 고집불통
이다. 대간이 근자에 오랫동안 대궐 뜰에 서 있으면서 일을 보지 않으
니 민원(民怨)이 심하다. 나는 그러므로 이것이 재변을 가져올 수 있
다고 한 것이요, 대간이 제구실을 못한다고 지적해서 말한 것은 아니
다"라고 하였다.[113]

연산군이 성리학의 재이론에 대해 반감을 가졌음을 느낄 수 있다.
그전에 이미 연산군은 신하들로부터 임금이 왕안석의 삼부족설을
지지한다는 의심을 받은 적이 있다. 9월 14일에 눈이 내리자 승지들

이 그 재이를 음양의 잘못 때문이라 해석했고, 임금도 이에 동조했다. 임금은 이것이 자신의 잘못 때문이라 인정하면서도 곧 사헌부에 전교하기를 대간들이 나랏일을 등한시하고 거듭 사직한 이유도 있을 것이라는 논평을 달았다.[114] 자신의 부덕도 있지만 대간이 너무 임금에게 반대하는 것도 잘못이라는 말이다.

이런 가운데 연산군을 왕안석에 빗대어 비판하는 대간의 소리가 그다음 달 5일에 기록되어 있다. 신하들이 임금의 태도가 "천변을 족히 두려워할 것이 없고, 조종(祖宗)을 족히 법 받을 것이 없고, 사람들의 말을 족히 괘념할 것이 없다[天變不足畏 祖宗不足法 人言不足恤]"는 왕안석의 말과 같다고 비판하자, 연산군은 왕안석은 신하로서 임금에게 아첨하는 뜻으로 이런 말을 한 것이니 자신과는 비교될 수 없다고 반박했다. 다음 날 임금은 다시 자신을 왕안석과 비교한 것은 유감이라고 하면서, "신진(新進)의 선비가 헛되이 학문만을 배워 사체(事體: 사리와 체면)를 모른다"고 비판했다. 또 대간은 말이 지나쳐도 처벌받지 않을 것이라 생각하고, 금수를 임금에 비할 정도가 되었다고 한탄했다. 이어 이것은 대간이 권세를 쥐고 있기 때문으로, 이래서는 나라가 오래갈 수 없다고 개탄했다.[115]

당시 대간이 들고일어나 반대하던 문제의 핵심에는 연산군의 생모 윤씨의 사당을 짓고 거기에 효사(孝思)라는 이름을 붙이겠다는 내용이 들어 있었다. 곧이어 공신에게 가자(加資: 품계를 올림)한다고 반대하는 소리도 높아졌다. 이때 대간의 공격 대상이 된 사람이 임사홍이었다. 그런 가운데 4월에는 경상도 여러 곳에 달걀만 한 우박이 내려 농사를 망쳤다는 보고가 있었고, 5월 24일에는 태백(금성)이 낮에 보였으며, 26일에는 경기도 여주에서 우박이 내렸다.[116]

홍문관 부제학 이승건(李承健) 등이 상차(上箚: 임금에게 상소문을 올림)하여 낮에 태백이 보이는 재이를 들어 임금에게 "위로 하늘의 경계를 두렵게 여기시고, 아래로 사람들의 말을 돌아보아 치안을 보전하도록 하소서"라고 했더니, 연산군은 "내가 하늘의 변괴를 두려워하지 않는 것이 아니다. 다만 이번 태백성이 낮에 나타난 것이 어찌 임사홍의 무리 때문이겠는가. 전고(前古)라고 그런 재이가 또한 어찌 없었으랴" 하고 대답했다.[117] 가끔 일어나는 자연 재이를 들어 그것이 꼭 임사홍 때문이라느니 또는 어떤 구체적 원인 때문이라느니 하지 말라는 지적이다. 6월 13일 연산군은 임사홍의 품계를 올려준다고 하여 나라의 흥망이 좌우될 이유가 없다고 말했다. 이튿날에는 "대간과 홍문관에 나이 젊어 일내기를 좋아하는 사람을 임명하지 말라"고 전교했다.[118] 과거에 급제하여 대간에 들어온 젊은 사람들이 재이만 생기면 그것을 기회 삼아 임금을 비판하는 일에 짜증이 났던 것이다.

그러나 좀 더 결정적인 재이가 일어난 것은 그로부터 불과 열흘 정도 뒤였다. 6월 27일 한밤에 선정전 기둥이 벼락을 맞은 것이다. 이튿날 승정원에서 이번 벼락이 친 곳은 정전(正殿)이어서 재이의 심각성이 크다고 지적했고, 이에 따라 임금은 정전을 피하고 반찬을 줄이면서 희정당에서 신하들을 접견했다. 일품 재상 및 의정부, 육조, 한성부, 대간, 홍문관 등 거의 모든 고위관리들이 참석했고, 이들 모두가 사태의 심각함을 지적했다. 실록에 따르면 결국 연산군은 '대간이 요구한 대로' 임사홍을 비롯한 공신들에 대한 가자를 취소했다.[119] 이 대목에 다음과 같은 논평이 붙어 있다. "이때 사람들이 조롱하기를, 임사홍이 당초에도 하늘의 변괴가 무서울 것 없다는 말 때문에 죄를 당하더니 금번에도 역시 하늘의 변괴 때문에 가자를 회수당하니, 하늘의 보응이란 무서운 것이다." 임사홍은 성종 때 이미 재이 때문에 처벌받은 적이 있었다.

무오사화는 앞에서 간단히 소개한 것처럼 연산군의 재이사상과는 거의 관련이 없어 보인다. 하지만 사화 전후를 통해 연산군의 재이에 대한 비판적 시각이 커지고 있었음을 알 수가 있다. 태백이 낮에 나타난 것을 재이로 보지 않았던 연산군은 선정전에 벼락이 치자 그만 깜짝 놀라 임사홍 등에게 가자하려던 계획을 취소했고, 결국 대간에 굴복하고 말았다.

6) 연산군의 재이론 부정

하지만 연산군은 곧 재이에 대한 태도를 바꾸게 된다. 무오사화가 일어난 1498년 초에 산사태가 일어나고 태백성이 낮에 보이며 비가 내리는 등의 이상 현상에 대해 그것은 재이라기보다는 음이 성하고 양이 약해서, 즉 임금이 약하고 신하가 강해서 일어나는 현상이라고 해석했던 것이다.[120] 그리고 그해 여름 김일손의 사초 문제를 빌미로 무오사화의 소용돌이가 일어났다. 그러나 수많은 사림파 학자들이 도륙을 당한 이 사화는 연산군의 재이관과는 거의 무관한 것으로 보인다. 하지만 사화를 전후로 연산군은 재이론에 대해 강하게 비판하기 시작했다.

사화가 일어나기 며칠 전인 7월 초였다. 경상도 관찰사가 6월 11일, 13일, 20일에 도내의 17곳에서 지진이 일어났음을 보고했다. 연산군은 이는 필시 음이 성하고 양이 미약하기 때문이라며 대신들에게 상의해보라고 지시했다. 이틀 뒤 대간이 인사 문제에 대해 지적하자 임금은 그런 지적에 일일이 다 응대할 수 없다면서 이런 비판이 일어나는 것 자체가 음도(陰道)가 너무 성한 까닭이라고 반박했다.[121] 신하들이 재이를 핑계로 너무 설친다는 비판이다.

7월 8일 홍문관 부제학 등이 상소하여 경상도의 지진을 예로 들어 재이의 중함을 말하고, 임금에게 경연에 좀 더 열심히 참석할 것을 권했다. 임금이 "아집을 버리는 것을 어렵게 여기시고 남의 의견을 좇는 것을 인색히 하시니, 이는 간언을 거부하고 자기 의사대로 하려는 조짐"이라며, 하늘에 순응하기 위해서는 덕을 닦아야 하며, 덕을 닦는 것은 학문을 부지런히 하는 데 있는데 임금이 경연을 등한시하고 있으니 잘못이라는 지적이었다. 이에 대해 연산군은 전교하기를 "경연이 비록 중하지만 내 몸 또한 중하다. 지금 만약 억지로 경연에 나갔다가 점점 큰 병을 얻게 되면, 이 일이 도리어 경연보다 중할 것이다"라고 대꾸했다.[122]

사흘 뒤 도승지 신수근이 지진을 계기로 홍문관이 올린 상소가 자신을 비판하고 있다면서 사직을 청하자 연산군은 "홍문관의 젊은 무리들이 한갓 옛사람들 말만 듣고 그와 같이 말한 것이다. 전일의 뇌변도 역시 재상이 정사를 잘못한 소치라고 하였는데, 어찌 그렇겠느냐. 경은 부디 사양하지 말라"고 하였다.[123]

그로부터 나흘 뒤에 무오사화가 일어났고, 연산군은 7월 동안에 많은 사림파들을 죽이거나 귀양 보냈다. 그 후 연산군은 더욱 대담하게 재이론을 거부했다. 특히 재이가 있을 때마다 들고일어나는 대간의 선발에 대해서 특별히 조심하라고 신수근에게 지시하기도 했다. 연산군은 "이제부터는 대간을 뽑되 마땅히 대체를 아는 자를 택해야 하며, 전의 대간같이 불초한 자나 연소한 자는 주의하지 말라. 그 나이가 비록 늙었을지라도 사체를 모르는 자는 역시 등용해선 안 될 것이니, 이 뜻을 전조(銓曹: 이조와 병조)에 유시하도록 하라"는 지시를 내렸다.[124]

9월에 태백성이 하늘을 가로지르고 큰 우박이 내리는 재이가 있었다. 신하들이 통상적인 진언을 올렸고, 임금 역시 통상의 반응을 몇 차례 보였다. 그러나 23일 대간이 근래 재이가 잦으니 의정부와 육조의 잔치 때 정전에서 여악(女樂)을 금지할 것을 건의했으나 연산군은 받아들이지 않았다.[125] 그리고 그해 윤 11월 21일 성균관 유생들에게 책제(策題)를 주어 글을 쓰게 했는데, "하늘이 높고 땅이 낮은 것이 정해진 이치이듯이 세상에는 높고 낮은 신분이 정해져 있다. 그러나 요즘 세태는 당파를 지어 비호하거나 나랏일을 함부로 비방하여, 임금조차 업신여기고 훈구대신을 가벼이 여겨 그른 것을 옳다 하고 옳은 것을 그르다 한다. 나는 이를 바로잡으려 한 것"이라고 했다. 얼마 전에 일어났던 무오사화에서 젊은 사림파 학자들을 가혹하게 처벌한 것을 염두에 두고 한 말이 분명하다. 또한 대간이 함부로 왕권을 비판하고 도전하는 일을 용납할 수 없다는 선언으로 해석된다.[126]

연산군은 줄곧 자연 재이에 대해 의심하는 태도를 보이면서도 때로는 신하들의 뜻에 맞춰 스스로 삼가고 조심하는 태도를 보이고 구언을 했으며, 때로는 이런 현상이 과연 재이인가 의문을 표시하기도 했다. 1499년(연산군 5) 2월 태백성이 낮에 나타나고 또 지진이 있어 이를 천변이라 규정하고 임금에게 두려워하며 조심하라고 신하들이 건의하자, 연산군은 전교하기를 "재변의 대응은 《춘추》에 상세히 논급되었다. 지진과 성변 그리고 변경의 변은 모두 음기가 성하고 양기가 쇠약한 소치이기는 하나, 이는 그 어느 일에 대한 응징이라고 지적하여 말할 수는 없는 일이다. 진실로 두려운 마음으로 닦고 반성하여 백성으로 하여금 원망이 없도록 할 뿐이다"라고 했다.[127]

연산군은 여전히 재이의 원인을 음성양미(陰盛陽微)에서 찾으려

했음을 알 수 있다. 1503년(연산군 9) 10월에는 태백성이 낮에 보이는 것에 대해 그것은 해마다 있는 일이라면서 예정대로 사냥을 강행했다.[128] 바로 같은 해 2월에 연산군은 일식과 월식에 대해서도 그것이 재이라고 볼 수 있느냐며 의문을 표시했다. 일관(日官)이 예보되었던 월식이 일어나지 않았음을 보고하자, 임금은 다음과 같이 반응했던 것이다.

일관이 아뢰기를, "월식을 할 때인데 때가 되어도 월식을 하지 않습니다"라고 하니, 전교하기를 "일식과 월식은 원래 정해진 자연의 법칙이지만, 군주가 덕행을 닦아 정치를 행하면 일식, 월식을 할 때 하지 않는다고 말하니 사실인가? 또 일관은 일식, 월식을 할 때를 먼저 알아서 어긋나지 않게 한다는 것은 어쩐 일인가? 어제 강(講)한 《통감강목》에 이르기를 '여름 5월에 일식이 있었다'고 했는데, 대체로 정해진 자연의 법칙이 있어서 변경할 수 없는 것이라면, 어찌 덕행을 닦아서 일식을 하지 않음이 있다고 말하겠는가? 일식, 월식을 하고 하지 않는 것이 군주에게 달렸다고 하는 것은 믿을 수 없는 것 같다"고 하였다. 승정원이 아뢰기를, "일월이 빛을 잃는 것은 큰 재변입니다. 옛말에 '일식에는 덕행을 닦아야 하고 월식에는 형벌을 잘 처리해야 한다'고 하였으니, 군주가 진실로 능히 덕행을 닦고 정치를 행하면 일식, 월식을 할 때 하지 않는다는 것은 선유(先儒)들의 변할 수 없는 정론입니다. 그러나 요제, 순제, 우왕, 탕왕 때에 일식, 월식을 할 때 하지 않는다는 기록이 없고, 조송(趙宋) 희령(熙寧) 연간에 와서 일관이 아뢰기를 '일식을 할 때인데 일식을 하지 않습니다'라고 하여, 모든 신하들이 궁궐에 들어가서 하례했습니다. 대체로 일식은 꼭 그믐과 초승에 있고 월식은 꼭 보름에 있는 것이 정해진 자연의 법칙인 것 같습니다. 그러나 해는 양의 정기요 달은 음의 정기이므로, 군신으로 말하면 임금은 양이요 신하는 음이며, 군자와 소인으로 말하면 군자는 양이요 소인은 음이며, 중국과 이적(夷狄)을 두고 말하면 중국은 양이요 이적은 음입니다. 양이 음을 이기는 것은 오히려 말할 수 있으나, 음이 양에 항거하는 것은 말할 수 없으므로 《춘추》에 일식은 기록했고 월식은 기록이 없습니다"라고 하였다.[129]

여기서 연산군은 "일식, 월식을 하고 하지 않는 것이 군주에게 달렸다고 하는 것은 믿을 수 없다"고 하여, 재이론에 강한 불신을 보이고 있다.

일찍이 그는 재이의 보고를 숨겨서 대간의 비판을 막아보려고 시도한 일도 있었다. 1500년(연산군 6) 4월 21일에 혜성이 나타났다는 관상감의 보고를 처음 들었을 때 연산군은 당대의 대표적 천문학자 김응기(金應箕)를 불러 혜성임을 확인하고서도 "아직 정확히 알 수 없는 일이니 떠들어서는 안 된다. 만일 대간에게 말이 새면 반드시 시끄럽게 와서 말할 것"이라고 반응했다.[130]

연산군의 재이론에 대한 노골적인 반대는 갑자사화가 전개되던 1504년 초여름부터 결정적으로 드러난다. 1497년(연산군 3) 6월 선정전에 벼락이 쳤을 때 임금이 일을 하지 않기 때문이라고 간언한 자들을 조사하여 처벌하라고 지시했다.[131] 그리고 다음 날 임금은 글을 내려 "지금 죄인을 죽인 것이 많은데 (……) 이렇게 죽이는 것이 옳은가? 그른가? 폭정인가? 정승들에게 물으라"고 말했다. 또 이어서 "지금 우박이 왔는데, 대저 하늘에서 재변이 있으면, 제왕이 공구수성한다. 그러나 무슨 일이 잘못되어서라고 지적하여 논하는 것은 불가하다. 지금 죄 있는 자를 죄주는데, 이것이 어찌 폭정이겠는가"라고 말했다. 그러자 정승들은 입을 모아 "근래 풍속이 각박하고 험악해졌으니, 죄인을 베는 것은 군왕으로서 당연히 할 일입니다. 설사 천변이 있더라도 누가 감히 다른 말을 하며, 누가 감히 폭정이라 하겠습니까"라고 대답했다.[132] 연산군의 재이론 비판에 아무도 감히 이론을 달 수 없을 만큼 연산군은 기세가 등등했고, 신하들의 사기는 극도로 위축되어 있었음을 알 수 있다.

연산군의 이 선언은 조선 초까지 줄기차게 이어졌던 재이의 정치적 역할에 종지부를 찍은 것과 마찬가지였다. 이후 어느 누구도 재이를 들어 임금의 잘잘못을 따지지 못했다. 이런 분위기에서 그해 5월 16일에 평안도 관찰사로부터 5월 2일 평양 등지에 기왓장만 한 우박이 내려 어린이 둘이 맞아 죽었다는 보고가 들어왔다. 승지들은 큰 재변이라는 사실을 인정하면서도, "하늘의 도는 깊고 먼데, 어찌 수심하고 원망하는 사람이 있어서 이런 재변이 있다고 지적하여 말하겠습니까"라며 임금은 아무 책임이 없다고 둘러대었다.[133]

비슷한 반응은 그다음 달에도 보인다.

어서(御書: 임금이 손수 쓴 글)를 내려 이르기를, "5월의 우박은 이변이니, 사람을 많이 죽이고 귀양 보내서 화기(和氣)를 감상(感傷)함이 아닌가? 더위로 말미암아 오래도록 보살필 일을 버려두었거늘 덥더라도 굳이 행하여야 하는가? 웃전에 자주 잔치 올리니 헛되이 써서 연락(宴樂)에 빠짐이 아닌가? 인가를 철거하고자 하니 원망함이 아닌가? 정원(政院: 승정원), 대간 등에 묻노라"고 하매, 승지 박열(朴說) 등이 아뢰기를 "5월의 우박은 큰 재변이니 전하께서 유의하심은 당연하나, 아무 일이 잘못되어서 아무 변으로 응보했다고는 할 수 없습니다. 어찌 그 죄를 죄줄 것이 있어서 이 응보가 있으리까. 자주 잔치 올림은 웃전을 위함이니 어찌 헛되이 쓴다고 생각하리까. 대궐 안에 다가가 눌러 있는 집은 원망하더라도 철거하여야 하거늘 어찌 원망이 있으리까"라고 하였다.[134]

재이론은 왕권을 통제할 수 있는 거의 유일하고 강력한 수단으로 조선 초기 성리학의 성장과 함께 가꿔져 왔다고 할 수 있다. 그런데 왕권 통제의 수단인 재이론이 연산군 대에는 서서히 힘을 잃어가고 있었던 것이다. 연산군은 왕권 강화의 수단으로 신진 사림파를 포함한 지식층을 탄압하면서 서서히 그러나 가장 확실하게 성리학의 재이사상을 무력화했다.

7) 갑자사화 이후 연산군의 재이론 부정과 실각

1504년(연산군 10)의 갑자사화는 연산군의 정치적 자유를 확보하려는 노력이었고, 실제로 성공하는 듯했다. 연산군의 노력은 특히 재이론을 부정하는 방향에서 이루어졌다. 따라서 갑자사화 이후에는 아예 재이의 보고 기록조차 찾아보기가 어렵다.《연산군일기》에 기록된 연산군 재위 12년 동안의 재이 기록 수는 다음과 같다.

표 3_ 연산군 재위 기간의 재이 기록 횟수

1495(연산 1)	15	1496(연산 2)	22	1497(연산 3)	67
1498(연산 4)	21	1499(연산 5)	26	1500(연산 6)	117
1501(연산 7)	15	1502(연산 8)	100	1503(연산 9)	63
1504(연산 10)	54	1505(연산 11)	1	1506(연산 12)	16

1505년(연산군 11)에는 재이 기록이 단 한 건밖에 없다는 사실이 눈길을 끈다. 갑자사화 이후(대략 1504년 6월 이후) 재이 기록은 거의 사라져서 그해 7월에 3회(호랑이, 소문, 천둥), 8월에는 안개 1회, 9월에 번개 1회, 10월에 유성 1회, 12월에 화재 1회가 있다. 이듬해에는 1월에 단 1회 월식 기록이 있을 뿐이다.

오히려 그의 재위 마지막 시기인 1506년(연산군 12)에는 9월 초 폐위될 때까지 모두 16회의 재이 기록을 남기고 있다. 그런데 잘 살펴보면 갑자사화 이후의 재이 기록은 모두 재이론을 부정하는 내용이다. 한결같이 그것이 재이가 아니라는 논평이 달려 있다. 재이를 계기로 신하들이 상소하거나 임금의 잘못을 지적하는 것은 상상할 수도 없는 일이 된 것이다.

당시 재이에 해당하는 이들 자연현상에 대해 어떤 반응을 보였는지 살펴보자. 1504년(연산군 10) 7월에 임금은 "오곡이 익을 때를 당하여 비바람이 이와 같으니 크게 잘못된 것이 아닌가? 농부를 불러서 물으라"는 전교가 내렸다. 이에 대해 정승들이 아뢰기를, "요사이 비는 비록 날마다 오나 사납지는 않으며 바람도 비와 섞여 부니, 곡식에 손해는 없습니다"라고 하였다.[135] 또 이틀 뒤에는 서울에 호랑이가 나타났고, 같은 달 하순에는 중부 서린방의 민가에 벼락이 치자, 임금은 내관에게 가보게 했다.[136] 그러나 어느 경우에도 호랑이가 서울에 나타나서 큰 재이라고 소란을 떨었다는 얘기도, 또 집에 벼락 친 것을 하늘의 노여움이라고 해석했다는 반응도 전혀 보이지 않는다.

드디어 7월 말에 연산군은 가을에 때 아니게 핀 꽃 한 송이를 들고 나와 정승들에게 보이며 신하들의 반응을 떠보기까지 한다.

대내(大內: 대전)에서 내온 꽃 한 가지를 정승들에게 보이며 이르기를, "가을에 피는 꽃을 옛사람은 흔히 재앙이라고 지목하였는데, 전일에 창경궁의 실화(失火)에 한 대간이 재변이라 하여 행행(行幸)하지 말 것을 청하였으니, 만약 그들에게 이 꽃을 보인다면 또한 반드시 재앙이라 하리라"고 하매, 정승들이 아뢰기를 "복숭아, 자두가 겨울에 꽃핀다면 상리(常理)에 어긋나므로 그것을 재앙이라 하는 것은 옳거니와, 이제 이 한 가지 꽃이 비로 말미암아 우연히 핀 것을 어찌 재앙이라 할 수 있으리까. 복숭아, 자두가 겨울에 필지라도 반드시 만개하여야 비로소 재앙이라 할 수 있습니다"라고 하였다.[137]

그 후 일어난 재이 사건으로는 1504년 8월 초에 누런 기운이 사방에 자욱했다는 기록이 있으나 이에 대한 반응은 기록되어 있지 않다.[138] 9월에는 정인사(正因寺)에서 불이 났다. 그 절이 왕실의 능침에 가까워, 즉시 경기감사와 형조참판에게 조사를 지시하고 아울러 위령제를 지내도록 하였다. 어떤 불이었는지 설명은 없으나, 실록에는 실화라고 기록되어 있다.[139] 역시 재이로서의 불은 아니란 뜻으로 보인다.

그해 9월 27일에는 우레 소리가 크게 진동했다. 연산군은 이것이 형벌을 잘못한 탓인가를 승정원에 물었고, 이에 대해 승지들은 "월령에 '8월이면 우레가 소리를 거둔다'고 하였으니, 이번 우레는 과연 때가 아닙니다. 그러나 예부터 어떤 일의 실수로 어떤 허물의 증험이 있다고 지적할 수 없다고 하였으니, 지금 죄 있는 자를 베는 것이 어찌 실형(失刑)이라 하겠습니까?"라고 하였다.[140] 때에 맞지 않는 우레 역시 재이로 해석되지 않았음을 알 수 있다.

10월 6일 한밤중에 임금은 신기전(神機箭)을 쏘는 것 같은 소리가 북에서 남으로 가는 것을 들었다면서, 혹시 유성이 아니었느냐고 관상감에 물었다. 이에 대해 내관상감원 김만달(金万達)은 "4경 3점에 바리[鉢]만 한 큰 유성이 하늘 중앙에서 나타나 자미 동원(紫薇東垣)까지 가서 그쳤는데, 꼬리 길이가 한 길 남짓 하였으며, 소리가 났습니다"라고 하고, 외관상감원 이숙손(李淑孫)은 "4경 3점에 유성이 하늘 중앙에서 나왔는데 작은 병[小甁]만 하며, 길이는 3, 4척이나 되었습니다"라고 하였다. 이튿날 임금은 전교하기를, "관상감으로 하여금 천도(天圖)의 여러 별 가운데 유성이 가다 그친 데를 표하여 들이도록 하라. 심원(深源)의 집에도 또한 천도가 있었으니 재상이나 조사의 집에 어찌 천도가 없겠는가. 불초한 무리들이 천도를 사사로이 간직하였다가 천체의 변이를 지적하여 논하니 모두 거두어들이도록 하라. 만약 들이지 아니하다가 뒤로 탄로 나는 자가 있으면 처벌하겠으니 절목(節目)을 의논하여 아뢰라"고 하였다. 또 승정원에 유성이 자미궁에 들어갔다면 궁궐을 침범한 형상이 아니냐고 물으면서 전교하기를, "하늘을 살피는 것은 큰일인데, 한 사람은 크기가 바리 같다고 하고, 한 사람은 작은 병만 하다고 하니 어찌 서로 이와 같이 다른가?" 하고 물었다. 이에 대해 김만달은 "번쩍거리는 데뿐만 아니라, 꼬리의 길이까지 들었기 때문에 한 길로 아뢴 것"이라 했고, 이숙손은 "단지 번쩍거리는 곳만 보았기 때문에 3, 4척으로 아뢴 것"이라 대답했다.[141] 이 유성은 다른 때라면 중요한 재이로 여겼을 만한 사건이었다. 그러나 이 역시 그리 큰 사건으로 취급되지 않았다. 그러니 재이라 하여 어떤 조치가 취해진 것으로 보이지 않는다.

같은 해 1504년 10월 말에는 암무지개[女虹] 같은 것이 떠서 임금이 햇무리[日珥]인가를 조사해보라고 지시했다.[142] 그러나 어떤 후속조치가 있었는지는 기록되어 있지 않다. 12월에는 흥천사가 불에 탔는데, 그 전해에는 흥덕사도 불에 타서 서울 안의 양종(兩宗)이라 불리던 큰 사찰 둘이 모두 타버린 셈이었다.[143] 이 또한 단순히 기록만 남아 있을 뿐 재이로서 논의되지는 못했다.

1505년에는 1월 보름밤에 있었던 월식만 기록되어 있다. 그런데 이 월식에 대해 임금과 신하들은 한결같이 그것은 재이가 아니라고 해석했다. 월식이 예보된 이틀 전인 1월 13일 병조에서 15일에 조하(朝賀)를 그만두면 어떨지를 묻자, 연산군은 월식은 일식과 달리 재이가 아니라면서 조하를 받아도 무방하다고 대답했다. 그러면서 예조에 자문하라고 지시했다. 다음 날 예조의 대답은 다음과 같았다.

예조에서 아뢰기를, "일식, 월식은 모두가 곧 천변이므로 으레 조하를 중단함이 곧 하늘의 경계를 삼가는 것입니다. 그러나《시경》에 '저 달은 이지러지려니와 이 해가 이지러짐이여〔彼月而微 此日而微〕'라 하였으니, 월식은 일식과 같지 않으므로 하례를 받으셔도 무방합니다"라고 하니, 전교하기를 "일식, 월식은 절로 떳떳한 도수가 있으니 이변(異變)이 될 것이 없다. 그러나 해는 양정(陽精)이라서 임금의 표상이니 음에게 핍박되면 이는 이변이 되지만 달은 음정(陰精)이니, 어찌 경계할 만하랴" 하고, 또 전교하기를 "전에 언사(言事)를 좋아하는 젊은 자들이 망령되이 일식, 월식이 큰 변고라고 어지러이 다투어 말한 자가 있었고, 백악산의 운석(殞石)과 창경궁의 실화를 재변이라 하기에 이르렀는데, 변이란 곧 떳떳하지 않음을 뜻한다. 어찌 당연한 떳떳한 일일까 보냐. 정원(政院)의 뜻은 어떠한가?" 하매, 다 함께 아뢰기를 "상의 뜻이 윤당하십니다. 옛적에 '일식은 재아〔災咎〕의 상(象)이다'고 하여《춘추》에 자세히 썼으나 월식은 쓰지 않았으니, 그것이 재앙이 아님을 알 수 있습니다"라고 하니, 전교하기를 "내일 조하를 받

으리라"고 하였다.[144]

다음 날, 즉 1월 보름에 예정대로 월식이 있었으나 연산군은 조하를 받았다. 게다가 그날 임금은 앞으로는 월식은 구할 필요가 없으니 추산도 하지 말라고 전교했다. 일식과 함께 월식이 일어나는 때에도 구식의(救蝕儀: 일식이나 월식이 있을 때 행하던 의식)를 행하게 되어 있었는데, 1505년 1월 15일의 월식을 계기로 이를 없애버린 것이다. 2월 10일에는 "월식에 이미 구(救)하지 않았은즉, 햇무리와 달무리에도 서계(書啓)할 것 없으니, 앞으로는 아뢰지 말라"고 하였다.[145] 이로써 우리 역사에서 처음으로 월식과 함께 햇무리와 달무리 등이 모두 재이 목록에서 제외되었다.

몇 가지 재이에 해당함직한 자연의 변화가 기록되었지만, 갑자사화 이후 2년 동안에는 재이라 여겨진 자연현상이 하나도 없었다. 재이가 없으니 자연히 이재 상소는 물론 신하들이 임금에게 의견을 펼칠 기회도 없었다. 점점 오만해진 임금은 신하들의 발언 기회를 노골적으로 억압하게 되었다.

(1) 홍문관, 경연 등을 폐지

연산군은 점차 경연을 폐하고 홍문관을 없애는 등 언론을 철폐하는 방향으로 나아가게 된다.[146] 갑자사화가 일어난 직후인 1504년 8월 15일 연산군은 자신은 이미 학문을 이루었으니 경연이 필요하지 않다고 주장했다. "나의 학문이 이미 이루어졌으니 경연에 나가더라도 어찌 더 배울 것이 있겠는가? 조회 받는 등의 일은 반드시 해야 하나 경연에는 반드시 나가야 할 것이 없다"고 말하자, 영의정을 비롯한 여러 신하들이 입을 모아 경연은 좋은 일이지만 꼭 시행할 필요는 없다고 화답했다. 연산군은 《춘추》의 기록을 들며 "지난번에 이극균과 이세좌 같은 종족이 번성하여 권력 있는 자리를 차지하였으니, 장차 기세를 펴 만연하게 되면 오래 뒤에 어찌 《춘추》에 말한 것처럼 되지 않을 줄을 알겠는가. 이래서 이미 베어 없앴거니와, 만약 권간(權奸)이 이와 같이 반거(盤據)한다면 국가가 편할 수 있겠는가. 이런데 비록 날마다 경연에 나간다 할지라도 무엇이 유익하겠는가. 만약 조정에 간사한 자가 없고 정령이 청명하다면 비록 경연에 나가지 않더라도 무슨 손해될 바가 있겠는가? 나는 용렬하고 어두운지라 어찌 고금의 일을 알랴마는, 신하로서 인군이 경연에 나감이 부지런한가 게으른가로 보아 경하게 여기거나 중하게 여겨서야 되겠는가?" 하니 아무도 감히 반박하지 못하고, 경연에 부지런하고 안하고를 가지고 임금을 가벼이 보지 않는다고 신하들은 입을 모아 말했다.[147] 임금의 기세에 완전히 기가 꺾인 모습을 볼 수 있다.

이듬해 2월 경연 중단에 대해 신하들에게 의견을 묻자 모두가 임금의 분부가 윤당하다고 대답했다. 보름 뒤인 1505년 2월 18일에 연산군은 경연의 폐지를 선언했다.

전교하기를, "경연을 여는 것은 어린 임금으로 하여금 상하의 뜻을 통하고 고금의 치란(治亂: 잘 다스려진 세상과 어지러운 세상)을 살피게 하고자 하는 것이다. 내가 경연에 나가지 않고 조하(朝賀: 경축일에 신하들이 조정에서 임금에게 하례하는 일), 조참(朝參: 중앙의 문무백관이 정전에 모여 임금에게 문안드리고 정사를 아뢰는 일), 조계(朝啓: 중신 등이 벼슬아치의 죄를 논하고 단죄하기를 임금에게 아뢰는 일) 같은 일을 받을지라도, 어찌 상하의 뜻을 통하지 못하랴! 또 내가 10여 년의 경연에서 고금의 치란도 대략 알았으니 경연에 나갈 것이 없다. 의정부, 육조, 승정원, 대간에 물으라”고 하매, 승지들이 “성학(聖學)이 높고 밝으시니 반드시 경연에 납시어야 상하의 뜻을 통하고 고금의 치란을 살피시는 것은 아닙니다”라고 했다. 의정부, 대간 및 육조판서도 “경연은 정지할 만하면 정지하는 것이요, 굳이 납실 것은 없습니다”라고 하였다.[148]

이렇게 경연을 폐지하기 전에 연산군은 경연의 책임을 맡고 있는 홍문관에 대해 노골적으로 불만을 나타냈다. 1504년(연산군 10) 12월 말에는 전교하기를, “홍문관은 스스로 왕자의 스승이라 하여 교만하고 방종하다. 또 이름을 정언(正言)이라 한 것은 말을 바로 하게 한 것이요, 지평(持平)이라 한 것은 공평을 가지게 한 것이요, 집의(執義)라 한 것은 의리를 잡게 한 것이다. 그 이름이 이와 같되, 정언인 자는 말이 바르지 못하고 지평인 자는 공평하지 못하니 모두 혁파하라”고 하면서 이름을 고치기도 했다. 그다음 날에는 홍문관 신진들이 교만방종하다면서 홍문관의 폐지를 선언하고, 긴요하지도 않은 일을 분분히 말한다 하여 특진관을 없앴다.[149]

이렇게 언론 삼사 가운데 사헌부만을 남기고 사간원과 홍문관이 사라졌다. 당연히 언론의 계기가 되었던 자연의 재이 역시 경시되었다. 갑자사화 이후 이듬해까지 재이로 인정된 자연의 이변은 단 한 건도 기록되어 있지 않다. 앞에서 이미 논의한 것처럼 1505년 1월의 월식이 거의 유일한 재이 기록으로 보이지만, 이에 대해서도 연산군과 그의 신하들은 재이로 취급하지 않았다. 그 후 어떤 자연의 이변이 있었는지조차 기록하지 않은 것이다. 그런데 1506년에 접어들면 자연의 변화가 여러 번 실록에 등장한다. 하지만 단순히 기술만 하고 있을 뿐 재이로 평가하지 않았다. 그런 기록들은 오히려 재이가 아니라는 사실을 강조하기 위한 것일 뿐이었다.

(2) 연산군의 마지막 1년

앞에서 상세히 소개했지만, 1505년(연산군 11)에 기록된 자연현상은 1월에 있었던 월식이 유일하다. 이듬해 1506년에는 16회나 되는 기록이 실록에 남아 있는데, 2월에 햇무리 5회, 3월에는 노루·이상 추위·호랑이·햇무리 등 4회, 4월에는 눈·햇무리 등 2회, 5월에는 우박 1회, 6월에는 지진 1회, 7월에는 혜성·지진·혜성 등 3회다. 연산군은 9월 초하루 밤에 중종 반정으로 왕위에서 밀려났는데, 마지막 일곱 달 동안에 16회나 되는 자연현상 기록이 남아 있으니 그 기록만 보면 재이론이 역할을 했을 것이라는 생각이 든다. 하지만 이들 기록은 당시 임금에게는 보고도 되지 않았던 자연현상으로 보인다.

1505년에는 1월의 월식만 자연현상 기록으로 남아 있다고 했으나, 자세히 살펴보면 꼭 그렇지는 않다. 2월 하순에는 날씨가 유난히 추워서 이에 대한 언급이 나왔던 것으로 보이기 때문이다. 실록에 따르면 연산군은 영의정 등을 불러 "청명절에는 날씨가 따뜻하여야 할 터인데 어찌하여 이리 추운가?"라고 물었다. 그러자 신하들은 "한식절에는 바람이 불기도 하고 비가 내리기도 하여 날씨가 고르지 못한데, 올해는 바람이나 비의 변이 없고 기후도 다른 해와 다름이 없으니, 비록 조금 추운 기가 있으나 신 등은 재변이 아니라고 생각합니다. 중국에서는 옛사람이 2월에 꾀꼬리와 꽃을 말하였으나, 우리나라에서는 3월이 지나고서야 날이 따뜻해지니 배꽃이 한창 피더라도 서리가 내리는 때가 있습니다. 대간은 사변을 당해야 논간하는 것이고, 이로써 아래의 뜻이 위에 통하는 것인데, 근자에는 거의 아뢸 일이 없는 까닭에 아뢰지 않을 따름이며, 일이 있다면 어찌 아뢰지 않으리까"라고 대답했다. 그러자 임금은 "어찌 대간이 간쟁하여야 아래의 뜻이 위에 상달되겠느냐. 상하가 서로 온화한다면 논간하지 않고서도 아래의 뜻이 자연히 위에 상달되리라" 하고 응대했다.[150] 그전 같으면 봄추위를 재이라 하여 언론이 분분했을 터인데, 연산군은 미리 신하들의 입을 막고 있었던 셈이다. 그해 5월에는 호랑이가 종묘 담 안으로 들어온 변고가 있었지만, 그저 기록만 있을 뿐 이에 대한 조치나 반응은 적지 않았다.[151]

그 후 1505년까지 자연현상 기록은 거의 보이지 않는다. 7월에 산에서 돌이 떨어진 것을 아뢴 사람을 조사하라고 명했다는 기록이 있으나, 상세한 내용은 알 수 없다.[152] 10월 16일에는 임금이 승정원에 물었다. 대간들이 10월에 뇌성이 있는 것은 재변이라 하여 번갈아 상소하여 극간하는 자가 있었는데, 지금도 대간이 10월의 뇌성을 재변이라 하여 상소하여 간한 자가 있느냐는 것이었다. 승지 등이 "월령에 이르기를 '8월에 우레가 비로소 소리를 거둔다' 하였으니, 8월 이후에 있는 우레는 정상이 아니라 하겠으나 10월의 우레는 해마다 있으니, 이것으로 재변이라 할 수는 없으며, 대간들도 또한 논란할 것이 못 됩니다"라고 대답하였다. 이 기사에는 "왕이 이미 간관을 베어 죽여 위엄을 세웠으므로 언로가 막혀 아무도 감히 혀를 놀리지 못할 것을 알므로 스스로 자랑한 것이다"라는 사관의 논평이 실려 있다.[153] 아흐레 뒤에는 연산군이 전에 사소한 일을 가리켜 재변이라고 한 불초한 무리가 있으니 이를 알아보고 보고하라고 지시했다.[154]

실제로 이때쯤이면 연산군에게 자연의 사소한 변화를 재이라 일러 말썽을 일으킬 신하들은 전혀 없었던 것으로 보인다. 갑자사화 직후에 연산군은 전에 말을 많이 한 사람들은 대개가 불손했다면서

"말이란 사리에 맞으면 들을 만하지만, 이치에도 맞지 않는 말을 늘어놓는 자들이란 모두 후세에 이름을 남기려는 것"이라고 비난했던 것이다. 특히 그들은 몸이 죽은 다음에는 이름이란 쓸모없음을 알지 못한다고 평했다.[155] 이듬해인 1505년 1월에는 나라가 무사한 때를 당하여 대간이 궁궐에 드나들며 자주 소차(疏箚: 임금에게 올리는 글)를 올리는 것이 매우 옳지 못하다며 이를 금하기까지 했다.[156] 그달 말에는 모든 관리에게 이미 환관들이 몸에 지니는 신언패(愼言牌)를 차고 다니도록 명하기도 했다. 신언패에는 이런 말이 새겨져 있었다. "입은 화의 문이요 혀는 내 몸을 베는 칼이니 입을 다물고 혀를 깊이 간직하면 몸이 편안하여 곳곳이 안온하리라." 3월에는 대제학 김감(金勘)에게 '너는 앞에서는 순종하고 물러가서는 뒷말을 하지 말라'는 내용의 시를 지어 비치게 하여, 이를 신인패에 함께 새겨 넣게 했는데, 그 내용은 다음과 같다. "면대하여 좇음에 진실로 순하게 하며 돌아서서 그르다 함은 곧 반복이니라. 시종 마음을 변치 말아야 섬기는 도리가 곧 올바르니라."[157]

(3) 재이의 제거와 관상감의 철폐

언론을 완전히 억압하는 데 성공한 연산군은 자연의 재이에 대해서도 보고하지 못하게 했다. 1505년(연산 11) 11월에 낮에 금성이 보이는 일과 유성에 대한 관찰 보고를 하지 말라는 명령이 내려졌다. 같은 달 하순에는 보루각을 창덕궁으로 옮기고, 간의대는 뜯어버리라고 명했다.[158] 금성이 낮에 보이는 현상〔太白晝見〕은 상당히 중요한 재이라 여겨졌고, 보루각과 간의대는 세종 대에 세워진 중요한 시설이었다. 보루각은 장영실(蔣英實)의 물시계 자격루가 세워진 경회루 남쪽의 시설이고, 간의대는 경회루 북쪽에 세웠던 천문 관측 장치였다.

이처럼 천문 현상의 관측 자체를 부정하는 경향은 더욱 가속되었다. 연산군의 재위 마지막 해인 1506년 정초 인일(人日)에는 날씨가 음산했다. 이날의 실록에는 이렇게 기술되어 있다.

> 이날 날씨가 음산하고 악한 기운이 공중을 덮었다. 왕이 승지 강혼(姜渾)에게 묻기를, "세상에서 7일은 인일이라고 하고 8일은 곡일(穀日)이라 하여 구름이 끼면 재앙이 있다고 하는데, 어찌하여 그런 말을 하는가?" 하니, 혼이 답하기를 "1일부터 6일까지 각각 육축(六畜: 집에서 기르는 여섯 가지 가축, 즉 소, 말, 양, 돼지, 개, 닭)을 주장하고 7일은 사람을 주장하며 8일은 곡식을 주장하는데, 혹 구름이 끼어 어둡다든지 하면 그 주장하는 물건이 번성하지 못한다고 합니다. 그러나 성경에 있는 말이 아니니 어찌 믿을 만한 것이 되겠습니까"라고 하였다. 그때에 재변이 거듭 일어나므로, 왕이 그런 말을 듣기 싫어하여 전일에 재변이라고 간계하던 자를 추죄하였다. 강혼이 왕의 뜻을 짐작하고 옛글은 다 믿을 만한 것이 못 된다고 아뢴 것이다.[159]

1월 25일에는 임금이 "앞서 대간이 봄추위(春寒)를 재변이라고 한 것이 아니냐?"고 묻자 승지 권균(權鈞) 등이 "정월은 본래 추운 것이므로 옛날에도 봄추위란 말이 있으니, 누가 감히 이것을 재변이라고 하겠습니까"라고 대답했다.[160] 이처럼 이상한 자연현상이 생기면 임금이 나서서 이것이 재이냐고 물어 그렇지 않다는 신하들의 아첨을 유도했다.

그러면서 막상 2월 10일에는 전교하여 "과거에 출신(出身)한 후에 다시 고사(古史)를 읽어 뭘 하겠는가? 역사를 열람하는 자들이 성변

등을 보고서 어떤 일로 응한 것이라고 망령되이 논하는 것은 매우 옳지 못하니, 앞으로는 문학담당〔主文〕이외의 문신으로 역사책을 끼고 서로 의논하는 일을 일절 금하라"고 하였다.[161] 역사 공부와 토론을 재이론에 연계시켜 금지한 것이다. 그런데 그해 2월 2일에 이어 14, 15, 16, 17일에는 잇달아 햇무리 기록이 보인다. 하지만 이들 햇무리에 대해 임금이나 신하들이 어떤 대응을 했는지는 기록하지 않았다. 《연산군일기》의 편찬이 중종 초기에 진행되면서 햇무리만은 사관들의 기록에서 찾아 남겼지만, 당시 아무 반응도 없었기 때문에 기록되지 못했을 것이다. 당연히 이들 햇무리는 연산군에게 보고되지 않았을 것이다.

3월 보름에는 노루가 타락산 성문에서 후원으로 들어오니, 임금은 승정원에 전교하기를, "이세 간신이 이비 제서뇌고 성지와 교화가 융성하여 아무리 미물이라 하지만 스스로 성중으로 들어왔으니, 이 뜻으로 시를 지어 바치라"고 하였다.[162] 노루가 성안에 들어오는 일은 옛날 같으면 재이로 여겨질 일이지만, 연산군은 거꾸로 태평성세를 칭송하는 길조로 해석했던 것이다. 실제로 갑자사화 이후 그는 수시로 태평성세를 구가하며 시를 쓰고 신하들과 시를 발표하는 기회를 가지는 등 잦은 잔치를 벌였다.

갑자사화 직후인 1504년 9월에 연산군은 가을 경치를 예찬하는 다음과 같은 시를 승정원에 내려 화답하라고 명하기도 했다.[163]

단풍잎 서리에 취해 요란히도 곱고〔楓葉醉霜濃亂艶〕

국화는 이슬 젖어 향기가 난만하네〔菊花露爛繁香〕

자연 조화의 말없는 공이 알고 싶다면〔欲知舍造化功成〕

가을 산에 올라 경치 구경하면 되리〔須上秋山賞景光〕

또 임금은 1505년 봄에 영산홍 1만 그루를 후원에 심게 했고, 이듬
해 같은 시기에는 "영산홍은 그늘에서 잘 사니, 그것을 땅에 심을 때
는 먼저 땅을 파고 또 움막을 지어 추위가 닥쳐도 말라 죽는 일이 없
게 하라"고 지시했으며, 2월에는 재배한 영산홍 숫자를 보고하라는
명을 내렸다.[164]

실제로는 죄인이 너무 많아 의금부, 밀위청의 두 옥이 넘쳐서 좌
우 행랑(行廊)에까지 옥을 설치할 지경이었지만, 연산군은 장의문
밖 신정(新亭)에서 잔치를 벌이고 "태평한 때에 상하가 서로 화목하
고 조야(朝野)가 무사하니 화려한 연석을 자주 베푼들 안 될 일이 있
으랴!"라고 하며 시를 지어 바치게 했다. 당연히 고위관리들은 앞다
투어 "이제 풍속이 바로 돌아간 것이 다 성상(聖上)의 덕화(德化)"라
면서 임금을 칭송하기에 바빴다. 임금은 "오랫동안 세상이 태평하고
변경에도 걱정이 없다. 오늘처럼 태평한 정치는 없었을 것이니, 편
히 놀기도 하고 잔치도 베풀어 마음껏 태평을 누리는 것이 또한 가
하지 않겠는가?"라고 했다.[165]

그가 왕위에 있던 마지막 해의 봄에는 재이라 할 만한 기록이 보
이기도 한다. 3월 16일인데 날씨가 가을처럼 선선하여 복숭아와 자
두꽃이 피지 못하였다. 그러자 연산군은 승정원에 전교하여 "옛사람
의 글에도 춘한(春寒)이란 시가 있다. 봄추위는 예부터 있는 것이니
봄추위가 무엇이 해로울 것인가. 요사이 대간들이 봄추위를 재앙이
라 하여 소를 올린 자는 없는가?" 하고 물었다. 물론 이에 반론을 제
기했다는 기록은 보이지 않는다. 그다음 날에는 호랑이가 청파역리
(靑坡驛里)에 들어왔으나 병사를 동원하여 잡게 했다는 기록만 있어
호랑이가 출몰하는 것도 재이라 여기지 않았음을 알 수 있다. 호랑
이가 나오기 이틀 전에는 노루가 궁궐 후원까지 들어왔으나 이를 오

히려 경사로운 일로 여겼다. 그런 가운데 6일 뒤에는 햇무리가 졌고, 4월 11일에는 때 아닌 눈이 내렸다고 관상감이 보고했다.[166]

이 보고에 대해서 연산군은 몹시 불만이었다. 그는 예전에도 봄눈은 있었다면서 이번 눈에 대해 대간 가운데 말하는 사람이 있느냐고 묻고, "요즈음 일기가 점점 따뜻하여 초목이 한창 피어나는 때이므로 응당 눈이 오지 않았을 것이다. 허망하고 요사한 말로 임금을 속임이 이보다 더 심할 수 없으니, 곧 밀위청에 내려 국문하라"고 명했다. 연산군은 관상감이 자신을 속였다고 단정하고 있다. 이 대목에서 실록은 다음과 같은 논평을 달아놓았다. 임금이 풍류와 여색에 빠져 백성들의 고통을 돌보지 않고 늘 태평한 세상이라고 스스로 과장해왔기 때문에 천재와 시변을 듣기 싫어했다는 것이다.

그 후에도 몇 가지 자연 변화 기록이 실록에 남아 있다. 그러나 이때도 임금에게 보고되지 않은 것으로 보인다. 4월 23일의 햇무리, 5월 3일의 여름우박, 6월 17일 서울에서 있었던 지진, 그리고 7월 초하루에는 후원에 북소리가 밤낮으로 그치지 않았다는 기록이다.[167] 드디어 연산군은 이상한 자연현상은 아예 보고하지 못하도록 한다. 7월 10일 공충도(公忠道)의 지진 보고에 대해 전교하기를, "이런 재변은 상달하지 말라고 이미 전교를 내렸는데, 정원(政院: 승정원)은 미처 반포하지 않았느냐?"고 하였다. 18일에는 다시 "공충도 관찰사 김호(金浩)가 지진을 보고했는데, 팔도에 유시하여 이런 재변은 상달하지 말게 하라"고 명했다.[168]

지진 보고가 올라온 7월 10일 실록에는 패성(孛星)이 자미원에 보였다는 기록도 함께 남아 있다. 7월 19일에는 혜성이 자미원에 나타났는데, 길이가 몇 길쯤 되며 꼬리는 동남쪽을 가리키고 서쪽으로 졌다가 열흘이 지나서야 없어졌다고 한다. 그다음 날 연산군은 관상감이 재변을 보고했다 하여 관상감을 혁파했다.

> 관상감이 성변을 아뢰니, 의정부와 육조의 참판 이상을 불러 전교하기를, "이번 재변을 아뢰지 말라고 하교하였는데 이제 어찌 또 아뢰느냐? 천도(天道)는 아득하여 알기 어렵다. 옛날 요임금 때는 9년의 홍수가 있었고, 탕임금 때는 7년의 가뭄이 있었으니, 어찌 요와 탕의 덕이 부족해서 그랬겠느냐. 이는 천수(天數: 천명)의 우연이지 인사(人事)의 잘못이 아니다. 불초한 사람들이 망령되이 사사로운 생각으로 재변을 논하는 것은 천기(天紀: 천체의 규칙과 질서)를 어지럽히는 것이니, 관상감을 혁파함이 온당하겠다. 오직 금루(禁漏: 궁중의 물시계)와 명역(命譯) 등의 관사는 혁파하지 말라"고 하니, 영의정 유순(柳洵) 등이 아뢰기를 "성상의 하교가 지당하십니다"라고 하였다.[169]

이렇게 해서 우리 역사에서 처음이자 마지막으로 관상감이 없어지게 되었다. 고려 말 충렬왕 때에 잠깐 이름을 관후서(觀候署)라 고쳐 원나라에 복속하는 의미를 나타낸 적이 있지만, 이번은 사정이 달랐다. 연산군은 관상감을 사력서(司曆署)로 낮추어 일체의 천문 관측과 보고를 하지 말라고 정했다. 임금은 지리학을 명과학(命課學)에 소속시키고, "관상감은 망령되이 천문을 의논하였기 때문에 이미 혁파하게 하였다. 이런 뜻으로 홍문관과 사관(四館)을 혁파한 문례(文例)에 따라 글을 지어 올리라"고 지시했다.[170] 필경 대제학이 지었을 이 글은 지금 전해지지 않는다. 어쩌면 글을 짓기도 전에 연산군이 폐위되었을지도 모른다.

연산군은 1506년 7월 20일 관상감을 없애버렸다. 직접적 동기는 전날 관상감이 혜성을 보고했기 때문인 것으로 실록은 전하고 있다.

하지만 7월 19일에 열흘 동안 보이던 혜성이 사라졌다고 썼을 뿐 열
흘 동안 혜성에 대해 기록하지는 않았다. 열흘 동안의 혜성 기록을
고증하자면 7월 10일에 패성이 자미원에 보였다는 기록과 19일에 자
미원에 나타난 혜성을 같은 것으로 판단하고, 10일부터 19일까지 혜
성이 매일 나타났다고 생각할 수도 있을 듯하다. 패성과 혜성을 혼
동하여 사용하는 경우도 많았으니, 이름이 다른 것은 문제가 되지
않는다.

갑자사화 이후 연산군은 언론을 더욱 탄압해 1506년 4월에는 사관
들에게 집에 갈무리할 사초를 만들지 말라고 지시했다. 7월에는 "글
이라고 다 믿는다면 차라리 글이 없느니만 못하다"는 옛말을 인용하
면서, 《춘추》의 기록도 다 믿을 수는 없으므로 전에 이미 사관으로
하여금 임금의 과실은 기록하지 못하게 했노라고 말했다.[171] 연산군
은 재이론을 철저히 부정하는 데 성공하면서 언론을 철저하게 봉쇄
했으나 속으로는 불안감을 떨치지 못했던 것 같다.

그는 흔들리는 마음을 나타내려는 듯 폐위되던 해인 1506년 정월
대보름날에 이런 시를 지었다.

공명도 죽은 후에 다 헛것이니〔功名身後盡空虛〕
평시에 음악과 술 취하며 편히 지냄만 못하여라〔不似平時樂醉舒〕
한번 청년으로서 황토에 묻힌 손이 되면〔一作靑年黃壤客〕
이 세상 돌아오기 어려우니 한한들 무엇하리〔難回於世恨如何〕

그리고 그 아래에 "군자는 비록 죽음을 근심하지 않는다 하나 만
약 천운을 당하면 어찌 슬픔이 없으리오〔君子雖不憂死 若當天運 則
豈無哀乎〕"라고 써 넣었다. 마치 다가오는 비극을 예감이라도 한 듯

이 연산군은 8월 23일 나인들을 거느리고 후원에서 잔치를 벌이며 풀피리를 두어 곡조 불더니 "인생은 초로와 같은 것/ 이런 만남도 많지 않을 것〔人生如草露 會合不多時〕"이라고 눈물을 흘리며 탄식했다. 나인들은 속으로 비웃었지만, 유독 전비(田非)와 장녹수(張綠水) 두 여인이 슬피 흐느끼며 눈물을 머금으니, 왕이 그들의 등을 어루만지며, "지금 태평한 지 오래이니 어찌 불의에 변이 있겠느냐마는, 만약 변고가 있게 되면 너희들은 반드시 면하지 못하리라"고 하며, 각각 물건을 하사하였다.[172] 그로부터 아흐레 뒤에 그는 왕위에서 쫓겨났다.

연산군은 재위 12년 동안 두 번의 사화를 거치면서 수많은 지식인을 숙청했다. 이 두 번의 사화는 두 가지 관점에서 조선 초 사대부 계층이 확립해가던 중요한 전통을 파괴하는 도전이었다. 무오사화는 세력을 키워가고 있던 사림의 역사의식을 그 뿌리부터 잘라내는 작업이었다. 신진 사림학자들은 잘못된 역사를 바로잡아야 한다는 명분을 앞세워 결과적으로는 왕실의 존엄을 위협했던 셈이다. 연산군은 이들이 세조의 왕위 찬탈을 비판하는 태도를 처벌한 것이다. 갑자사화는 연산군이 생모 윤씨의 억울한 죽음을 갚아주겠다는 의도에서 시작되었지만, 결과적으로는 재이론에 대한 강한 반발이 그 아래 흐르고 있었다. 결국 두 번의 사화를 통한 연산군의 전제체제 강화는 조선 왕조에 들어와 새롭게 성장하고 있던 역사주의와 재이론을 모두 부정하는 데 성공하는 듯했다.

당연히 연산군은 왕안석이 말하는 삼부족(三不足)의 세 가지를 모두 강요하는 못된 군주로 여겨졌다. "천변은 두려워할 것이 없고, 조상의 법도를 따를 것이 없으며, 사람들의 말에 귀를 기울일 필요가 없다"는 왕안석의 태도를 바로 연산군의 행동에서 발견할 수 있다.

당시 유학자들이 보기에 연산군은 임금이 아니라 일부(一夫) 또는 독부(獨夫)에 지나지 않았고, 그래서 결국 제거되었던 셈이다. 그의 폐위와 함께 왕실의 권위를 높이고 신권을 제한해보려던 연산군의 노력은 무위로 끝나게 된다. 그리고 천변을 두려워해야 한다는 재이론은 다시 힘차게 부활한다. 천문관서 관상감이 40일 만에 다시 살아난 것과 마찬가지였다.

8) 중종 대의 재이론 부활

(1) 중종 대의 재이와 역사 바로 세우기

연산군을 몰아낸 자리에 진성대군이 대신 들어서게 되니, 그가 바로 중종(재위 1506~1544)이다. 모든 것은 복고(復古)로 갈 수밖에 없었다. 연산군이 배격했던 많은 것들이 다시 제자리를 찾게 되었고, 그중 하나가 바로 재이론이다.

재이론의 부활을 언급하기 전에 여러 가지 복고적 조치들 가운데 중요한 몇 가지를 살펴보자. 그것들 역시 재이론과 무관하지 않았다. 자연관과 연계되어 복고적 조치가 취해졌다는 말이다. 이들 조치를 하나의 맥락으로 묶어 말하자면, '역사 바로 세우기'라 할 수 있다. 성종 대 이후 성장하고 있던 성리학적 경향의 사대부 사이에서는 잘못된 역사를 바로잡으려는 운동이 일었으나 아직 성숙하지 못했고, 그런 노력이 성숙 단계로 접어들자 이번에는 강력한 군주 연산군이 저지했다. 그렇게 좌절되고 있던 역사 바로 세우기가 중종의 즉위와 함께 다시 한 번 전환점을 맞게 된다. 역사가 정해준 이름 '중종반정(中宗反正)'은 그야말로 돌이켜 역사를 바로잡는 반정이었던 셈이다.

① 천둥번개와 소릉의 복위

중종 대의 역사 바로 세우기 중 첫 번째 항목이 소릉의 '복위'였다. 단종의 어머니라는 이유로 서인으로 쫓겨났던 문종의 왕비 현덕왕후 안동 권씨에게 왕비로서의 능을 되찾아주자는 운동이 그것이다. 1471년(성종 2)에 이미 남효온이 추복(追復: 빼앗았던 벼슬의 등급 및 그 이름을 그 사람이 죽은 뒤에 다시 회복하여줌)을 건의하였고, 1495년 (연산군 1)에 대사간 김극뉴(金克忸) 등이 다시 거론했으나, 예조에서 반대하여 실현되지 못했다. 1512년(중종 7) 주강(晝講) 자리에서는 경연검토관 소세양(蘇世讓)의 추복 건의가 있었으나 실현되지 못하였다. 이듬해 종묘에 벼락이 친 것을 계기로 재차 논의가 되면서 전교(傳敎)로 추복되어 현릉 동쪽에 천장하였고, 신주는 종묘의 문종실(文宗室)에 봉안하였다.[173]

단종 어머니의 복권은 재이에 따른 조치로 가능했다고 할 수 있다. 그러나 1512년(중종 7) 11월 22일 주강에서 다시 논의되기 시작하여 그해 연말까지 한 달 남짓 사이에 60건의 기사가 실록에 실렸을 정도다. 이듬해에도 대간이 일제히 같은 주장을 들고 나와 매일 상소가 빗발쳤다. 그러던 차에 2월 28일 뇌성번개가 크게 일며 태묘(太廟: 종묘)의 소나무 두 그루에 벼락이 떨어졌다.[174]

이틀 뒤 임금은 이 재이에 놀라 옛 기록을 조사하라고 명하고 정전을 피하기로 했다. 3월 초하루에는 감선(減膳: 나라에 변고가 있어 임금이 근신하는 뜻에서 수라상의 음식 가짓수를 줄이는 일)의 명을 내렸다.[175] 그리고 다음 날에는 소릉 추복을 다시 의논하라고 명했다.[176] 임금이 이미 소릉의 추복을 결심했음을 보여준다.

이 사건에 대해 실록은 논평을 붙여놓고 있다. 그날 소릉의 위치가 좋지 않다는 판단이 있어서 4월 21일 자리를 옮겨 묻으면서 유순

(柳洵)과 노공필(盧公弼) 두 늙은 대신이 만사(挽詞)를 지었는데, 당연한 조치였음을 칭송하는 내용이었다. 사관의 논평은 다음과 같다.

> 당초 소릉의 추복을 의논할 때에 유순은 국로(國老) 중유(重儒)로서 추복할 수 없다고 주창하다가, 대간이 다섯 달 동안 논집(論執)하고 태묘의 소나무에 또한 벼락이 쳐서 국론을 막기 어렵게 되니 그는 다시 말하기를 "반드시 마땅한 의논이 있을 것이다"라고 하였으므로, 그 논의하는 말을 들은 자는 모두 분개하였는데, 지금 와서 이와 같이 만사를 지었으므로 사람들은 그의 이랬다저랬다 하는 것을 비웃었다. 노공필은 약간의 염우(廉隅: 염치)는 있었으나 도량이 작고 인색하여 소릉의 의논이 일어나자 부당하다고 고집하였고, 뇌변으로 인해 재의(再議)할 때에도 역시 조금도 마음이 변치 않고 끝내 말하기를 "소릉 추복에 대해서는 신이 그 의혹을 풀지 못하겠다"고 하더니, 만사를 지음에 이르러서는 추모하는 정이 있는 것처럼 하니, 사람들의 비방이 유순에게보다 오히려 높았다.[177]

이리하여 소릉은 '복위'되었지만, 중종으로서는 곤란한 문제였을 것이다. 소릉의 복위는 바로 임금의 할아버지 수양대군의 찬탈을 비판하는 단초의 하나이기 때문이다. 세조의 찬탈 반세기 만에 이 정도의 '역사 바로 세우기'가 성취된 셈이다. 그리고 그것이 완전히 바로 세워지기까지는 다시 200년이라는 긴 세월이 필요했다. 노산군으로 강등되어 목숨까지 잃었던 단종이 1698년 숙종 때에 와서야 제대로 왕의 자리를 되찾고 종묘에 자리 잡을 수 있게 되었기 때문이다.

② 정몽주의 복권과 배향

두 번째 역사 바로잡기로 정몽주(1337~1392)의 복권 문제가 있다.
이 문제는 아주 오랫동안 진행되었는데, 재이의 발생과 관련 있는지
는 알기 어렵다. 하지만 중종 대에 일어난 역사 바로 세우기 운동의
중요한 부분이므로 여기에 포함시킨다. 고려 말 이성계의 세력이
커지고 조준, 남은, 정도전 등이 그를 추대하려는 움직임이 일자 정
몽주는 이들을 제거하려 했지만 오히려 이방원에게 격살당하고 말
았다.

정몽주의 복권 문제는 이미 세종 때부터 일기 시작한 것으로 보인
다. 1423년(세종 5) 말《고려사》개수 논의에서는 정몽주가 충신임에
도 불구하고 정도전이 이를 깎아내렸다고 논평하고 있다.[178] 1428년
(세종 10)에는 변계량이 상서(上書)하여 고려 말의 문신 이색, 정몽
주, 이숭인은 모두 유가의 뛰어난 사람들이라 말했다.[179] 1430년(세
종 12) 11월 경연에서 세종은 정몽주를 "태종께서 그가 충의를 위하
여 죽은 줄로 아시고 벌써 포창하고 상을 내리셨으니 다시 의논할
필요가 있는가. 충신의 대열에 기록함이 옳다"고 말했다.[180] 그로부
터 1년 뒤에 세종은 "시중 정몽주는 죽기까지 절개를 지키고 변하지
않았으며, 주서 길재(吉再)는 절개를 지켜 마음을 변하지 않고 상소
해서 물러나기를 청했으니, 찬술(撰述)한《충신도(忠臣圖)》안에 모
두 얼굴을 그리고 찬(贊)을 짓도록 하라"고 명했다.[181]

세종이 이미 지적하고 있듯이 그의 아버지 태종은 자신이 자객을
보내 살해한 정몽주를 증직(贈職)했다. 1401년(태종 1) 11월 고려의
문하시중 정몽주를 영의정부사로 증직하였으니, 참찬의정부사 권근
의 말을 좇은 것이라고 실록은 전한다. 문종 때에도 정몽주, 길재의
작위를 추증하고 그 후손을 봉작하도록 한 기록이 있다.[182] 이렇게

오랜 기간에 걸쳐 정몽주의 위상은 점차 높아졌고, 중종 대에 이르면 문묘에 배향되기에 이른다.[183]

조선조에서는 공자를 정위(正位)로 하여 4성(四聖)과 공문 10철, 송조 6현을 대성전의 좌우에 배열, 배향하고, 동묘(東廟)에 중국의 명현 47위와 우리나라의 명현 9위를 종사하고, 서묘(西廟)에 역시 중국 명현 47위와 우리나라의 명현 9위를 종사하였다.

③ 정국 공신의 삭훈

중종 대의 역사 바로잡기의 세 번째 예로 정국(靖國: 어지럽던 나라를 태평하게 함)공신의 삭훈 사건이 있다. 중종이 즉위한 지 며칠 뒤에 반정 공신 117명의 명단이 만들어졌다. 명단에는 사림파 등의 소외된 입장에서는 인정하기 어려운 사람들이 많이 포함되었고, 그 가운데 1등에 녹훈된 유자광(柳子光)은 특히 미움을 받는 존재였다. 연산군 시대의 사화에도 관련되어 사림의 비판을 받던 그는 1507년에 삭훈되어 유배당했으며, 1512년에 사망했다.[184]

그러나 이 '잘못된 공훈[僞勳]'의 삭제 문제는 결국 부메랑이 되어 사림파의 몰락을 가져온 측면도 있다. 자격 없는 자가 공신으로 추대되었다는 비판과 논란이 거듭되다가 1519년에 드디어 대대적인 삭훈이 벌어진다. 이에 성공한 조광조 등 개혁파 사림 측은 바로 이때문에 기묘사화(己卯士禍)로 큰 타격을 입게 된다. 조광조 일파는 논공행상이 유례없는 남훈(濫勳)이 되었다고 주장했고, 결국 76명이 훈호를 박탈당했다. 하지만 그로부터 4일 뒤인 1519년 11월 15일 한밤중에 조광조 등이 갑자기 붙잡혀 들어가면서 기묘사화가 시작되었다.[185] 이 사건은 기묘사화의 직접적 원인이라 불릴 정도로 중대한 문제였으나, 역시 재이설과 직접적인 관련은 없는 듯하다.

④ 폐비 신씨의 복위 문제

역사 바로 세우기 네 번째는 폐비 신씨(愼氏)의 복위 문제다. 이 사건은 위훈 삭제보다 몇 년 전에 일어났고, 조광조가 출세하게 되는 계기로 작용했다. 또 자연의 재이가 결정적으로 중요한 역할을 한 사건으로 여겨진다. 중종으로 옹립된 진성대군은 부인 신씨를 버리고서야 왕의 자리를 지킬 수 있었다. 신씨는 중종반정의 주역들에 의해 살해된 연산군의 처남이자 정승이던 신수근의 딸이었기 때문이다. 자신들이 역적으로 몰아 죽인 신수근의 딸을 왕비로 모시게 된 공신들은 중종을 닦달하여 신씨를 서인으로 폐하게 했다. 중종반정이 일어난 지 꼭 일주일 만인 9월 9일의 일이었다.

그 자리에 새로 들어선 왕비 윤씨, 즉 장경왕후는 1515년(중종 10) 2월 25일에 원자를 낳고 일주일 만인 3월 2일에 죽고 말았다. 서인으로 폐하여 살고 있던 신씨는 당시 28세의 젊은 나이였는데, 바로 그 신씨를 왕비로 복위시키자는 것이었다.

1515년 8월 담양부사 박상(朴祥)과 순창군수 김정(金淨)은 상소를 올려 이 문제를 정식으로 제기했고, 이 상소는 일파만파의 논전을 불러일으켰다. 이에 대한 논의는 이긍익의 《연려실기술》에도 상세하게 기록되어 있다.[186]

그들의 상소에 담긴 신씨의 복위 문제는 재이가 일어나자 임금이 구언한 데 따른 것이었다. 위아래를 풀로 봉하여 뜯어볼 수 없게 올린 긴 상소문은 다음과 같이 끝맺고 있다.

이제 장경왕후께서 돌아가시고 곤위(坤位: 왕후의 지위)가 다시 비었으니 정히 도로 바로잡을 기회이고, 또 구언하시는 때를 당하였으니 이러므로 신 등이 급급히 아뢰는 바입니다. 방금 천변이 사라지지 않고 정교(正教)가 순수하지 못하여 여러 가지 일이 방도에 어긋나니, 삼가 바라건대 전하께서는 힘써 공경스럽게 하시어 능히 천심(天心: 임금의 뜻)을 누리소서. 신 등의 구구한 회포와 답답한 생각이 아직도 많으나 모두 다 말씀드리지 못하니 삼가 전하께서 굽어 살피소서. 【사신은 논한다. 이 의논이 매우 올바른 것인데, 좌우의 의논이 분분하여 서로 시비를 하고, 나중에는 양시양비(兩是兩非)의 말이 나와 조정이 안정되지 못하며, 사림이 반목하여 그 화(禍)의 계제가 참혹하였다.】[187]

임금의 구언은 6월에 이미 내려져 있었는데, 당시 실록에는 여름철에 우박이 내리고 낙안군에서 발이 다섯 개 달린 송아지가 태어났기 때문이라고 기록되어 있다. 하지만 이것 말고도 재이가 더 있어 이런 구언의 교지가 내려졌던 것으로 보인다.[188]

전달인 5월에도 3일에 충청도 면천에 우박이 내려 말이 많았고, 5일에는 전라도 낙안군에서 다리 다섯 개 달린 기형의 송아지가 태어났다. 6일과 7일, 23일, 24일, 27일에는 금성이 낮에 보였고, 20일에는 함경도 영흥부에서 기형의 병아리가 태어났다.

이런 재이를 빌미로 5월 11일에는 이조정랑 김정국(金正國)이 상소하여, 5월 3일에 경도(京都)에 우박이 내렸는데 여름 우박은 더 큰 재변이라고 말했다. 또 겨울에 꽃이 피고 열매가 열며, 여름에 우박이 내리고 발이 다섯 달린 소가 태어나는가 하면, 암탉이 수탉으로 변하는 것은 더욱 들어보지 못한 일이라고 말했다.[189]

그런데 암탉이 수탉으로 변했다는 기사는 그해 5월에는 보이지 않는다. 다만 이 시기에 암탉이 수탉으로 변하는 변고가 몇 차례 있었고, 그것이 당시에 매우 중시되었다는 사실은 인정된다.[190]

앞에서 설명한 것처럼 암탉이 수탉으로 성전환했다는 기록은 1550
년까지 모두 9회인데, 그 가운데 4회가 1514년 11월에서 1515년 3월
사이에 기록되어 있다. 김정국이 상소에서 지적한 것은 그전 반년
동안에 4회나 기록된 경우를 염두에 둔 것이라 하겠다. 그리고 이런
재이는 당시 비어 있는 왕비 자리를 넘보며 신분 상승을 위해 애쓰
던 경빈(敬嬪) 박씨에 대한 비판적 관점에서 기록된 것으로 해석된
다. 후궁 박씨는 이미 아들(복성군)을 낳았고, 임금 역시 그녀를 총애
했다. 얼마 전 낳은 원자 말고도 유일한 왕자의 어머니라는 이유로
그녀의 존재는 두려움의 대상이 될 수밖에 없었다. 경빈 박씨가 왕
비로 승격된다면, 이제 갓 태어난 원자의 운명은 보장할 수 없고, 복
성군과 원자를 둘러싼 갈등은 피비린내 나는 궁중의 비극으로 이어
질 가능성이 높기 때문이다.

이런 상황에서 폐비 신씨를 복위시키자는 주장이 나온 것이다. 상
소가 들어오자 일부 대신들은 말도 안 되는 주장이라며 김정과 박상
을 문초할 것을 주장했는데, 그 가운데에는 대사간 이행(李荇)이 들
어 있었다. 만약 신씨를 복위시킬 경우, 그녀가 새로 아들을 낳으면
후계 구도가 복잡해져 왕실의 안정을 해칠 수 있다는 이유였다. 그
러나 이행의 주장은 사리에는 맞는 측면이 있지만, 사간원 대사간이
주장할 수 있는 것이 아니었다. 바로 이 문제에 정면으로 도전한 사
람이 막 벼슬길에 들어선 조광조였다.

일찍이 이조판서 안당(安瑭)의 추천으로 조지서(造紙署) 사지(司
紙) 자리를 얻었던 조광조는 1515년(중종 10) 8월 바로 이 논란이 고
조되는 가운데 문과에 급제하였다.[191] 그리고 이틀 뒤에 찬반 논쟁이
심해지면서 상소한 두 사람은 유배되었다. 박상은 남평에, 김정은
보은에 도배(徒配: 중노동에 종사하게 한 뒤에 귀양을 보내는 일)된 것이

다.[192] 일이 이렇게 되자 많은 사람들이 그들의 주장이 좀 과격하다고 해서 그들을 처벌하는 것은 언로를 막는 행위라고 비판했다. 1515년 6월 8일 같은 날 이행은 사간원 대사간이 되었고, 조광조는 조지서 사지로 첫 관직을 얻었다.[193] 그리고 두 달 뒤에 조광조는 과거에 급제하여 8월 29일에 성균관 전적(典籍)이 되었다가 11월 20일에 사간원 정언(正言)으로 옮겼다.[194] 다시 이틀 뒤에는 그 자리를 사직하면서 임금에게 이렇게 아뢰었다.

언로가 통하고 막히는 것은 국가에 가장 관계되어, 통하면 다스려지고 평안하며 막히면 어지러워지고 망하므로, 임금이 언로를 넓히기에 힘써서 위로 공경(公卿), 백집사(百執事)로부터 아래로 여항(閭巷), 시징(市井)의 백성에 이르기까지 다 말할 수 있게 하나, 언책(言責)이 없으면 스스로 말을 극진하게 할 수 없으므로 간관을 두어 그 일을 맡게 하는 것이니, 그 말이 혹 지나치더라도 다 마음을 비워놓고 너그러이 받아들이는 것은 언로가 막힐까 염려하기 때문입니다. 근자에 박상, 김정 등이 구언에 따라 진언하였는데, 그 말이 지나친 듯하더라도 쓰지 않으면 그만이거니와 어찌하여 다시 죄줍니까? 대간이 그것을 그르다 하여 죄주기를 청하여 금부의 낭관(郎官)을 보내어 잡아오기까지 하였습니다. 대간이 된 자로서는 언로를 잘 열어놓은 뒤에야 그 직분을 다해낸다고 할 수 있습니다. 김정 등에 대하여 재상이 혹 죄주기를 청하더라도 대간은 구제하여 풀어주어서 언로를 넓혀야 할 터인데 도리어 스스로 언로를 훼손하여 먼저 그 직분을 잃었으니, 신(臣)이 이제 정언이 되어 어찌 구태여 직분을 잃은 대간과 일을 같이하겠습니까? 서로 용납할 수 없으니 양사(사헌부와 사간원)를 파직하여 다시 언로를 여소서.[195]

결국 조광조 등의 주장이 관철되어 이행은 11월 28일에 대사간의 자리를 방유령(方有寧)에게 물려주게 된다. 37세의 이행의 앞날이 일단 주춤하게 되는 것과는 대조적으로 이 사건을 계기로 33세인 조광조의 위망은 하늘 높이 치솟은 것으로 보인다.

(2) 재이론의 부활과 그 성격의 변화

역사 바로 세우기 운동은 결국 신씨 복위를 둘러싼 정쟁을 중심으로 재이설의 부활을 확실하게 만들어주는 효과를 냈다고 할 수 있다. 연산군 대에 억압되었던 재이설이 다시 위력을 발휘하기 시작한 것이다. 이행이 반드시 재이설을 반대한 것은 아니었다. 그는 1504년 갑자사화 때 응교(應敎: 학문 연구와 임금의 문서에 관한 일을 맡아보던 벼슬)로서 폐비 윤씨의 복위를 반대하다가 충주에 유배되고, 이어 함안에 이배되었다가 이듬해 거제에 위리안치(圍籬安置: 귀양지의 집 둘레에 가시 울타리를 치고 가두는 일)되었다가 1506년(중종 1)에 중종반정으로 풀려나와 다시 관직에 오른 인물이다. 그런 점에서는 사림파와 맥을 함께하는 인물이었다고도 할 수 있다. 조광조는 대사간이란 바로 언로를 확보하여 언론을 활성화할 책임이 있는데, 재이로 인한 구언으로 올라온 상소에 대해 그 시비를 논하여 상소한 자를 처벌하자고 주장한 것은 잘못이라고 비난했던 것이다. 조광조는 신씨 복위의 타당성 또는 부당성을 떠나 그 문제를 둘러싸고 벌어진 논쟁에서 언로를 위축시킬 수도 있는 행동을 한 대사간과 그 동조자들의 잘못을 지적한 것이다.

중종 초기에 재이를 무시하는 왕안석의 태도는 이미 부정된 적이 있다. 1511년(중종 6) 10월 경연에서 있었던 일이다.

석강에 나아가 《송감(宋鑑)》의 〈신종기(神宗記)〉를 강하였는데, 왕안석이 말한 '재이와 천수(天數)는 인사(人事)의 잘잘못에 관계되지 않는다'는 구절에 이르자, 검토관 소세량이 아뢰기를 "'재이나 천수가 인사에 관계되지 않는다'는 설은, 신종만 그르쳤을 뿐 아니라 만세의 임금을 그르쳤습니다. 그 당시에 일식과 지진 등의 재변이 그치지 않은 것은 모두 왕안석의 소치입니다"라고 하니, 임금이 이르기를 "왕안석의 말은 잘못이다. 인사가 아래에서 감(感)하면 천변이 위에서 응하는 법이니, 근자에 해마다 흉년이 들고 재변이 자주 일어나므로 내가 밤낮으로 두려워하며 재변을 불러온 허물을 생각하고 있으나, 아직도 그 재변을 사라지게 할 방도를 몰라 근심만 간절할 뿐이다"라고 하였다.[196]

조선의 사대부들은 왕안석을 "재이를 두려워할 필요가 없다"고 선언한 중국의 대표적인 소인이라고 입을 모아 비난해왔다. 특히 성종 대에는 임사홍이 재이를 소홀히 여기는 태도 때문에 신진사대부들의 집중적인 비난을 받았는데, 임사홍을 왕안석에 빗대어 소인이라 규정했던 것이다.

그러나 잘 살펴보면 중종 대에 다시 부활하는 재이설이 성종 때까지 확립되어가던 재이설과 그대로 일치하는 것은 아님을 알 수 있다. 예를 들어 1517년(중종 12) 12월 대사간 이성동이 올린 긴 상소문은 원래 정언 이약빙(李若氷)이 쓴 것으로 끝에 밝히고 있는데, 서론 부분은 다음과 같다.

하늘은 위에 있고 땅은 아래에 있으니 형체가 격절하며 막연히 서로 관련되지 않은 것 같으나, 사람에게 한 가지 선한 일이 있거나 한 가지 악한 일이 있을 적에는 하늘과 유통하지 않음이 없어 마치 형체에 그림자가 따르고 소리에 메아리가 응하는 것처럼 빠르게 응하니, 대개 하늘과 사람은 기운이 같아서 이미 서로 통하고 있으므로 느낌이 있으면 반드시 응하게 됨은 자연의 이치입니다. 더구나 임금은 천위(天位: 천자의 자리)에 거하여 하늘의 일을 대신하는 것이라 출입하고 유람하는 즈음이나 사려(思慮)의 은밀한 일까지 하늘의 밝은 살핌이 따르지 않는 곳이 없으니, 휴구(休咎: 길한 것과 흉한 것)의 조짐이 진실로 헛되이 생기는 것이 아닙니다.

삼가 논하건대, 상서는 곧 하늘의 기쁨이요, 변이는 곧 하늘의 노여움입니다. 하늘의 희로는 하늘이 기뻐하고 노하는 것이 아니라 바로 천하 사람이 기뻐하고 노하는 것입니다. 천하 사람의 희로는 임금이 하는 바에 달려 있는 것이니, 임금의 하는 바가 지극히 선하면 천하의 사람이 반드시 기뻐할 것이요, 기뻐하면 그 마음이 반드시 화평할 것이요, 화기(和氣)가 상하에 충만하면 천지도 자연 화기로 그에 응할 것입니다. 천지의 기운이 화평하면 음양이 순하고 풍우가 제때에 있게 되며, 만물이 잘 이루어지고 요얼(妖孽)이 일어나지 않아 세상이 태평하게 될 것입니다.

반대로 선하지 않으면 천하의 사람이 반드시 기뻐하지 않을 것이요, 기뻐하지 않으면 그 마음이 반드시 화평하지 못할 것이니, 화평하지 못한 기운이 가득 차면 천지가 자연 화평하지 못한 기운으로 그에 응할 것입니다. 천지의 기운이 화평하지 못하면 음양이 차서(次序)를 잃고 풍우가 시기를 어기며, 만물이 이루어지지 않고 재해가 따라서 생겨 마침내 위망하게 될 것입니다.

아! 임금의 하는 바가 그 사단은 미세하나 치란, 안위의 갈림이 결국 이렇게까지 되는 것이니 매우 두렵습니다. 이런 까닭에 명군(明君)은 하늘의 성냄을 만나면 더욱더 수성하여 성(誠)으로써 그에 응하고 덕으로써 감동케 하여, 감히 경홀하거나 태만한 뜻은 조금도 갖지 않습니다.

이는 마치 효자는 그 어버이가 기뻐하지 않으면 반드시 자신을 반성하여 무슨 일에 잘못이 있기에 그러실까를 통절하게 자책하여 자신이 해야 할 일을 다하는 것과 같습니다. 이것이 하늘의 뜻을 능히 맞혀서 재변을 돌려 복이 되게 하는 것입니다.

그러므로 아무리 성인이라 해도 능히 세상에 재변이 전혀 없게 하지는 못하는 것이요, 오직 두려운 마음을 가질 뿐입니다. 두려운 마음을 갖는 것은 바로 공경하는 마음을 갖는 것이요, 공경한 마음만 가져서도 안 되므로 감선(減膳), 철악(撤樂: 재이가 있을 경우 음악을 쓰지 않음), 책기(責己), 구언(求言)으로 공경하는 마음을 드러내는 것이나, 그것도 오히려 부족합니다.[197]

이튿날 임금은 이 상소문을 세 번이나 읽었다면서 그것이 지극히 아름답다고 칭찬한 다음, "임금 자신의 격물, 치지, 성의, 정심의 공부가 지극하지 못해서 능히 수신, 제가, 치국, 평천하의 효험을 거두지 못하는 것"이라 자책했다. 이날 임금의 상세한 논평에 대해 신하들은 지극한 말씀이라고 칭송했다.

중종 대에 부활한 재이설은 두 가지 특징을 지닌다. 첫째는 인격천(人格天)의 개념이 사라졌다는 점이다. 한나라의 동중서가 그랬고, 정도전 이후 조선 초기까지도 분명했던 것처럼 하늘의 즐거움과 노함 등을 말하지 않고, 그 대신 신유학이 말하는 기(氣)를 가지고 하늘과 인간 또는 자연과 사람 사이를 보다 합리적인 용어로 설명하게 되었다. 재이는 하늘이 노하여 내리는 것이라기보다는 세상에 가득한 기에 긴장과 갈등이 생겨서 화기(和氣)를 잃은 것이 재이로 나타난다는 인식을 갖게 된 것이다.

두 번째 특징은 모든 재이의 근본적 원인을 인간사회의 도덕적 성취와 관련 짓고, 그것을 더 추궁하여 통치자의 도덕적 성취도와 연결짓고 있다는 것이다. 이는 사회 전체와 그 지도자의 도덕적 성취도를 기준으로 재이를 설명하려는 이중의 환원론이라 할 수 있다. 먼저 모든 재이를 인간사회의 도덕적 성취도를 반영한다고 한 골로 몰아 환원하여 설명하고 이해하는 일이고, 그다음 단계로는 모든 원인은 궁극적으로 임금의 도덕적 수준에 달려 있다고 생각하는 것이다. 첫 번째 환원론은 이미 유교의 재이론에 깔려 있었고, 두 번째 단계의 환원론은 신유학에서 새로 강조되었다.

결국 신유학적 재이설에 따르면 재이란 다름 아닌 군주의 도덕적 성취도를 재는 잣대인 셈이다. 그리고 이 잣대에 따르려면 임금은 바로 신유학의 대표적 교과서라 할 수 있는 《대학》 첫머리에 나오는 말처럼 끊임없이 수양을 거듭하여 최고의 선을 성취하며 거기 머물도록〔止於至善〕 노력해야 한다. 중종이 위의 상소문을 읽고 《대학》의 8조목을 말한 것은 당연한 일이다.

(3) 소인 대 소인의 싸움

이런 재이론의 발전 결과 가운데 하나가 소인(小人) 개념의 등장이다. 조선 초에 대표적인 소인으로 비판받은 인물은 임사홍이었다. 그런데 잘 살펴보면 임사홍이 소인으로 지목된 결정적인 계기는 재이는 반드시 임금 때문에 일어나는 것이 아니며, 재이 가운데에는 별로 이상할 것도 없는 자연스러운 현상도 있다고 주장했기 때문이다. 그런데 그의 주장은 결국 재이설을 부정하는 셈이어서 임금에게 스스로 반성하고 신하들의 의견에 더 귀를 기울이는 노력을 하지 않아도 좋다는 뜻으로 해석될 수 있었다. 바로 이 점 때문에 임사홍을 소인으로 지목하고, 그가 재이설을 부정한다고 매도하게 된 것이다.

그러나 이제 재이설을 부정하거나 재이의 원인을 다르게 해석하려는 식자층은 아무도 없었다. 즉 임사홍 같은 소인은 아예 사라져버린 셈이다. 그러면서도 중종 대에는 새삼 소인이란 비판을 하는 경우가 많아지는데, 소인으로 지목되는 사람들은 한결같이 임금에게 아첨하는 천박한 기회주의자로서 바로 그런 소인의 존재가 재이의 원인이 된다는 해석으로 바뀌고 있다. 재이설을 부정하기 때문에 소인이라 불리는 것이 아니라 임금의 총명을 어지럽히는 존재가 있기 때문에 재이가 일어나고, 그런 그릇된 인간이 바로 소인이라는 것이다.

중종 2년(1507) 4월에 대간이 합사(閤司: 임금에게 극간할 때에 사헌부와 사간원의 모든 벼슬아치가 나아가는 일)하여 1등 공신 유자광을 소인으로 맹렬하게 비난했다. 그런 상소 가운데에는 "옛 문헌을 상고해봐도 임금의 즉위 초에 재변이 일어난 것이 오늘처럼 심한 때가 없었다"면서, 그 원인을 바로 소인 유자광의 허물로 지적했다.[198]

2년 뒤에도 대간이 태백성의 변괴를 계기로 물러나면서 "성종께서는 뇌진(雷震)이 있음으로 인하여 영의정 윤필상과 찬성 이철견을 교체했습니다. 지금 태백성의 변괴는 뇌정(雷霆)보다 더 크니, 소인을 물리침으로써 재변을 그치게 하는 길을 삼아야 하지 않겠습니까?" 하고 일곱 번 아뢰었으나 윤허하지 않았다.[199]

중종도 소인을 제거하는 것이 정치의 요체라는 뜻의 말을 하곤 했다. 1510년(중종 5) 2월 아침 경연에서 중종은 "일식과 월식에는 상도가 있다. 그러나 덕을 닦고 정사를 잘 행하며 어진 이를 등용하고 간악한 자를 제거하여 임금이 그 도를 다하면 먹힐 것도 먹히지 않으며, 만일 나라에 좋은 정사가 없고 어진 사람을 등용하지 않아서 임금과 신하가 그 도를 다하지 못하면 해와 달이 변괴를 보이는 것이니, 이것은 임금으로서 조심하고 두려워해야 할 일이다. 어진 이를 등용하는 것은 전조(銓曹: 이조와 병조)가 가려서 제수(除授)하는 데에 달려 있다"[200]라고 말했다. '어진 이를 등용하고 간악한 자를 제거' 하는 것이 곧 정치의 요체라는 말은 바로 소인을 물리치고 군자를 등용해야 한다는 뜻이다. 어떤 의미에서 이런 주장은 당시 중종 주변에 몰려들고 있던 사림파 또는 개혁 성향의 젊은 신진 사대부 관료들의 뜻을 대변하는 것이라 할 수 있다.

결국 새로운 재이론이 자리 잡으면서, 소인과 군자의 논의로 나타나는 경향을 보인다. 기묘사화는 소인과 소인의 싸움, 또는 서로 소인이라 비난하는 사람들 사이의 갈등이 표출된 것이라고 할 수 있다. 조광조 일파가 남곤과 심정 등 기묘사화의 주모자들을 소인으로 불렀다는 것은 잘 알려진 일이다.[201] 그런데 남곤도 다른 사람들을 소인이라 비난하고 있는데, 그는 자신이 쓴 유자광의 전기에서 유자광의 온갖 못된 짓을 설명하면서 그를 소인이라 매도했다.[202] 그는 군자는 처벌함에 관대하지만 소인은 처벌에 아주 극단적이어서 적을 깡그리 없앤 다음에라야 처벌을 그친다고 말하기도 했다.[203]

1519년 조광조 일파가 화를 당한 기묘사화는 상대방을 서로 소인이라 비난하는 무리들의 싸움이라고 할 수 있다. 1518년(중종 13) 5월에 지진 등 여러 재이가 일어나자 구언의 전교가 내렸고, 영의정 정광필과 우의정 안당은 자신의 잘못이라며 사직을 청했다. 임금은 영의정 이하 고관들을 불러 모으고, 재이가 일어나는 까닭을 말하며 "지진의 변괴는 음이 성하고 양이 쇠해서 그런 것인데, 음은 소인이요 양은 군자다. (……) 지금도 소인이 군자를 눌러서 그런 것이 아닌가? 한 가지 일에만 응하였다고 지적할 수는 없지만, 군자를 불러들이고 소인을 물리치는 것은 매우 중요하다"면서 군자와 소인의 논의를 시작했다. 여러 신하들이 군자와 소인에 대해 논의하고 나서 임금은 다시 "지금의 급무(急務)는 군자가 조정에 가득 차게 하는 데 있으니, 그렇게 되면 소인은 저절로 용납되지 못할 것이다. 군자를 불러 써서 천변에 응답하면, 재변을 막는 길은 이보다 더 큰 것이 없을 것"이라 강평했다.[204] 이 자리에는 심정도 참석하여 다른 사람과 더불어 소인의 해악에 대해 언급했다. 사림파에서는 심정을 남곤과 더불어 기묘사화를 일으켜 조광조 일파를 숙청한 소인으로 기술하고 있다.

조선 왕조에서는 재이 문제를 삭이고 크게 나두는 단계는 뛰어넘은 것으로 보인다. 그 후 재이에 대해서는 아무도 이론을 달지 않은 채 이미 확립된 재이론을 추종했지만, 실제로 자연현상으로서의 재이에 대한 관심은 날로 줄어들고 있었다. 성리학적 세계관에서의 재이는 인간사회의 도덕적 결함에서 저절로 생기는 일이고, 이에 대한 궁극적 책임은 임금의 정치에 있다는 생각이 확고하게 자리 잡게 되었기 때문이다.

중종 대에 확립된 이런 재이사상은 그 후 조선 왕조가 망할 때까지 연면히 이어지는 전통이 되었다.

자연관

자연관은 바로 과학사상의 핵심을 이룬다고 말할 수 있다. 이 논문이 자연관을 다루면서 제목에 '과학사상' 이라는 단어를 붙인 것은 그런 연유에서다. 현대과학은 자연을 객관화하면서 일어났다고 말할 수 있다. 인간이 자연의 한 부분임을 지나치게 강조하는 전통적인 사상 배경에서는 현대과학이 태어나기 어려웠을 것이다. 그런 뜻에서 한국인의 자연관이 역사적으로 어떻게 변화하여 오늘에 이르렀는지를 되짚어보는 것은 한국 과학사상사의 핵심요소라 할 수 있다.

1. 한국사의 자연현상 기록과 그 정확성

자연현상을 어떻게 보는가? 그것은 시대에 따라 다르게 마련이다. 나는 우리 역사에서 시대에 따라 변화되어온 자연관을 개관해보려고 노력해왔다.

고려 때까지는 개별적 시대 개관을 시도하지는 않았지만, 원시 종교적인 반응에다 도교적 반응, 불교적 반응, 그리고 유교적 반응 등이 시대에 따라 다른 강도로 드러나면서 서로 혼합된 형태로 나타났음을 보여주었다. 이런 형태는 조선 초기를 지나면서 신유학적 반응 등으로 큰 줄기가 바뀌어갔다.

고대에는 아직 문화가 미개 상태였기 때문에 자연현상의 해석은 지배층 일부에게만 의미가 있었다. 일반 사람들에게 자연현상의 이상(異常)은 그저 공포의 대상이었을 것이다. 그렇다고 고대인에게 자연현상의 이상이 임금 또는 군주만을 위한 것, 그리고 그들에게 일방적으로 좋기만 한 것은 아니었다. 그것은 흔히 나라의 운명을 예시하는 조짐으로도 해석되었지만, 때로는 세상에 재앙이 내릴 조짐으로 여겨지기도 했다.

그래서 원시시대에는 자연 재이는 임금의 잘못 때문이라거나 임금을 폐위시켜야 한다는 생각도 없지 않았던 것으로 보인다. 중국의

《삼국지》 부여조에 따르면 부여에서는 가뭄과 홍수가 고르지 못하여 오곡이 잘 익지 않을 경우 사람들은 그 잘못을 임금에게 돌려 임금을 바꾸거나 죽일 수도 있었다고 한다. 이것은[1] 삼국시대 이전 또는 초기 삼국시대의 상황을 중국인이 기록한 것임을 알 수 있다. 고대인들은 자연의 재이가 생기면 임금에게 책임을 물어 임금을 처벌하는 계기로도 이용했던 것이다.

각 시대의 종교적 경향에 따라 자연 해석도 달라짐을 역사책의 행간에서 읽을 수 있다. 불교적이거나 도교적, 또는 그 밖의 원시신앙적인 해석이 여러 가지로 나타나는 모습을 《삼국사기》, 《삼국유사》 등에서 읽을 수 있는 것이다. 자연관은 바로 과학사상의 핵심을 이룬다고 말할 수 있다. 이 논문이 자연관을 다루면서 제목에 '과학사상'이라는 단어를 붙인 것은 그런 연유에서다. 현대과학은 사연을 객관화하면서 일어났다고 말할 수 있다. 인간이 자연의 한 부분임을 지나치게 강조하는 전통적인 사상 배경에서는 현대과학이 태어나기 어려웠을 것이다. 그런 뜻에서 한국인의 자연관이 역사적으로 어떻게 변화하여 오늘에 이르렀는지를 짚어보는 것은 한국 과학사상사의 핵심 요소라 할 수 있다.

삼국시대의 자연을 보는 관점은 대체로 종교적 또는 미신적인 자연관이라 할 수 있고, 자연 재이에 대한 반응도 산만하고 편차가 심하다. 유교적 영향이 나타나는 경우도 있지만, 대체로 원시 종교적인 물활론(物活論, animism)적인 반응과 그 변화된 모습을 보인다고 하겠다. 그러나 가장 오래된 우리 역사서인 《삼국사기》가 편찬된 것은 1145년경이었고, 이 역사서의 편찬을 맡았던 김부식(金富軾)은 당대의 대표적 유학자였다.

당연히 《삼국사기》는 삼국시대의 실상을 그대로 반영하기보다는 김부식과 그 동료 편찬자들의 눈에 비친 삼국시대의 역사를 보여준다. 그것은 실제 이상으로 유교화된 모습으로 그려져 있음을 뜻하기도 한다. 김부식을 비롯한 당대의 대표적 유학자이며 역사가들에 의해 쓰인 《삼국사기》는 그들의 사상적 경향에 맞추어 편찬되었을 것이기 때문이다. 그들의 눈에 지나치게 이상하거나 그릇된 기록은 비록 삼국시대에 중요하게 다루어졌다고 하더라도 삭제했을 것이다. 예를 들어 통일신라 이후 불교가 융성했음은 잘 알려진 사실이다. 하지만 김부식 등은 불교에 관한 내용을 상당 부분 무시하고 《삼국사기》를 집필했다. 《삼국사기》는 정사체(正史體)의 역사서로서 본기 28권(고구려 10권, 백제 6권, 신라·통일신라 12권), 지(志) 9권, 표 3권, 열전(列傳) 10권으로 구성되어 있다.

'지'는 정식으로 '잡지(雜志)'라고 되어 있는데, 제1권은 제사(祭祀)와 악(樂), 제2권은 색복(色服) 거기(車騎) 기용(器用) 옥사(屋舍), 제3~6권은 지리지다. 제7~9권은 직관지(職官志)로서 중앙관부(7권), 궁정관부(8권), 무관과 외직(9권)으로 되어 있다. 여기서 두드러지는 현상은 중국의 초기 정사(正史)와는 달리 천문지와 음양지가 없다는 점, 그리고 불교가 지배하던 신라 통일기 이후를 고려할 때 불교를 다룬 지가 들어 있을 법도 하건만, 그렇지 않다는 점이다.

이런 구성으로 볼 때 김부식 등은 삼국시대의 역사를 실제보다 월등히 합리적인 구도로 설명하고 있다고 생각된다. 그들의 눈에 신라의 역사는 지나치게 미신적이고 불합리한 것으로 보였을 수 있다. 김부식 등은 《삼국사기》를 오행지나 불교지도 없이 편찬함으로써 삼국시기를 실제보다 합리적인 것으로 설명하려는 의도를 가졌던 것으로 보인다.

물론 잡지 부분에는 없지만, 오행지에 속하거나 불교지에 포함됨

직한 기사가 본문(고구려본기, 백제본기, 신라본기)에 상당수 들어 있다. 천문오행지에 속할 만한 기록으로서 자연재이에 관한 내용이 1000개가량 본기에 들어 있는 것이다. 필자가 우리 역사 속의 재이에 관한 연구에 빠져들게 된 것은 바로 《삼국사기》의 재이 기록에 대한 의문에서 시작되었다. 30여 년 전 서양 과학사를 공부하기 위해 미국 유학을 떠났지만, 동양사에 관심을 돌리게 되었고, 결국 한국사로 전향하게 되었다. 그 중요한 계기가 바로 우리 역사에 그렇게 많이 기록되어 있는 자연현상에 대한 해석을 해보려는 의지였다. 《삼국사기》에는 약 1000개, 《고려사》에는 약 6500개의 자연현상에 관한 기록이 있고, 조선시대의 실록으로 내려오면 더 많은 빈도로 자연현상이 기록되어 있는데, 역사가들은 이를 무시한 채 한국 역사를 서술하고 있다는 점이 눈에 띄었기 때문이다.

　이렇게 한국 역사 속의 자연 기록에 관심을 가지게 된 필자는 1974년 여름까지는 《삼국사기》, 《고려사》, 《조선왕조실록》 초기 120년간의 재이 기록을 모두 컴퓨터에 입력하여 통계적 처리를 할 수 있었다. 그러나 그 수학적 처리는 그리 만족스러운 결과를 제공해주지 못했다. 《삼국사기》에 들어 있는 1000개의 재이에 관한 기록은 그 항목의 수를 고려할 때 대단히 많은 숫자임이 분명하다. 《고려사》의 6500개 재이 기록 역시 상당히 많은 것이다. 하지만 이를 통계적으로 처리해보니 그 자료가 너무 빈약하다는 사실을 깨달았다. 삼국시대 1000년 동안에 기록된 것이 1000개라는 사실은 한 해에 겨우 1개 꼴로 재이 기록이 남아 있다는 뜻이다. 이것을 다시 3국으로 나누면 그 의미는 더욱 빈약해질 수밖에 없다. 하물며 이 자연 기록은 그 종류가 아주 다양하여 거의 100가지를 꼽을 수 있으니, 한 가지 자연현상이 얼마나 자주 일어나며 그것이 어떤 역사적 의미를 갖는가를 가

늠하기에는 자료가 절대적으로 부족하다.[2]

결국 재이 기록의 통계적, 과학적 의미를 찾기를 포기한 필자는 그 대신 흥미로운 특징을 발견하게 되었고, 다음과 같은 의문을 갖게 되었다. 왜 어떤 사람은 그런 재이를 주목하고, 그것을 보고하거나 사초(史草)에 기록해 전했던 것일까? 아니, 왜 어떤 사람들은 실재할 수 없는 이상한 재이(암탉이 수탉으로 변했다는 기록 등)까지 실제로 일어난 것처럼 보고하거나 기록했을까? 그리고 실록의 편찬자는 수많은 자료 가운데 어떤 재이는 중요시하여 역사책에 남겼으며, 또 어떤 재이는 무시하고 제외했던 것일까? 그리고 지금은 사라진 고려의 실록을 근거로 《고려사》를 편찬하는데, 왜 당시 역사가들은 기록으로 전해지는 일부 재이는 기록에 남기고 다른 재이는 제외시켰던 걸까? 이처럼 우리가 지금 접하고 있는 기록상의 재이들은 적어도 몇 단계를 거치면서 정리된 것임을 확인할 수 있었다.

조선의 실록에 남은 몇 가지 재이 기록을 《승정원일기》의 기록과 비교해보았더니 실록이 《승정원일기》보다 훨씬 간단하게 요약되어 있었다. 왜 전통사회의 역사가들은 재이 기록을 그렇게 다듬어놓았던 것일까? 이러한 의문에서 필자는 이 다듬어진 재이 기록의 의미를 찾아 밝히려는 노력을 하게 되었다.

예를 들어 세종은 왜 삼국시대의 역사책에는 그 집필자에 따라 일식 기록이 서로 다른가에 대해 신하들과 함께 토론했다. 김부식, 하륜, 권근 등이 쓴 삼국시대 역사책에는 같은 시기를 다루면서도 서로 다른 일식 기록을 전하고 있는데, 그 이유를 질문했던 것이다. 이에 대해 신하들은 그들이 참고한 사료가 서로 달랐기 때문이라고 대답했다. 세종 6년(1424)과 13년(1431)의 이와 같은 토론에 대해서는 앞에서도 간단히 소개했다.[3]

하지만 그것은 사료의 차이에서만 비롯되는 것이 아니다. 같은 사료를 놓고도 불필요하거나 중요하지 않다고 판단되는 부분은 간단히 정리하거나 삭제하기 때문에 역사책마다 기록이 얼마든지 달라질 수 있다. 《조선왕조실록》과 《승정원일기》의 기록이 서로 다른 경우가 대표적인 예다. 1625년 11월 1일, 3일, 7일의 《인조실록》과 《승정원일기》의 햇무리 기록을 비교하여 그것이 서로 다르다는 사실을 앞에서 보여주었다.[4] 《승정원일기》에서는 사흘 동안 있었던 햇무리를 상세하게 기록했지만, 《인조실록》은 그중 1일의 햇무리만 간단히 기록했을 뿐, 3일과 7일에는 기록하지 않았다. 이런 재이 기록의 다듬기는 끊임없이 계속되었다. 대강만 비교해보아도 실록의 재이 기록보다 《연려실기술》이나 《증보문헌비고》의 재이 기록이 훨씬 간략하다는 것을 알 수 있다. 역사가들의 기준에 따라 재이의 사료는 끊임없이 다듬어져 전해진 것이다.

우리 역사책에 남아 있는 재이 기록이 역사적 사실을 그대로 반영한 것이라고 보기는 어렵다. 당대 역사가들의 손을 거쳐 다듬어진 기록은 자연현상을 그대로 과학적인 자료로 남긴 것이 아니라, 그들의 역사적 판단의 산물인 것이다. 필자는 바로 그런 역사가들의 판단의 산물로서의 재이 기록을 통해 당대의 역사를 복원하는 자료로서 활용할 길을 찾으려 노력했다.[5]

조선 초기까지의 자연 재이 기록은 객관적 사실을 그대로 전하고 있지 않다는 것이 필자의 판단이다. 그 후의 조선 역사에서도 그런 경향은 계속되었을 것으로 짐작된다. 《조선왕조실록》에 기록된 17세기의 자연현상 역시 역사가들의 판단에 의해 왜곡되었을 것이라는 의구심을 갖지 않을 수 없다. 그렇기 때문에 이 시기의 자연현상 기록을 근거로 과학적 통계를 얻어 그 의미를 찾으려는 것은 대단히

위험하고도 적절하지 못하다고 생각한다.[6]

2. 삼국 및 고려시대의 자연관

《삼국사기》의 재이에 대해서는 그 정치적 의미를 여러 갈래로 찾아본 연구 결과가 나와 있다. 1981년에 발표된 신형식의 연구에 따르면 《삼국사기》의 천재 지변 기사는 천재 기사의 27퍼센트를 차지하고 있는데, 그 원인이 '정치에 대한 경고, 비판 및 사건의 예고'로 생각된다고 평가하고 있다. 재이는 임금의 사명, 전쟁, 반란, 고관의 교체 등 국가적 큰일을 예고하는 것으로 해석하고 있다.[7] 이희덕 역시 《삼국사기》와 《고려사》의 재이 기록에 대해 깊이 있는 연구를 시도하였다.[8]

특히 이희덕은 한국사상의 재이를 중국 전통 사서인 《한서(漢書)》 오행지(五行志)를 비롯하여 《예기(禮記)》의 월령(月令) 등과 대비시켜 그 성격을 밝히려 노력했다. 그 결과 삼국시기의 재이 기록이 중국 고대사서의 특징을 대체로 그대로 반영하고 있음을 보여주었다. 또 신라에서 고위관직의 임면이 재이와 깊이 관련되었던 사정을 더욱 분명하게 밝히는 데에도 성공하고 있다. 부여 사람들이 재이의 원인을 임금에게 돌려 임금을 바꾸거나 죽이는 수도 있었다는 중국 역사 기록(《삼국지》 부여조)을 연상시킨다. 특히 이 연구는 《고려사》의 재이 기록을 같은 방식으로 분석하여 그 성격을 명확하게 하는 데 기여하고 있다.

이 글에서 필자는 고려의 자연관은 특히 불교적 반응으로 나타났음을 여러 곳에서 설명했다. 982년(성종 1) 최승로(崔承老)는 그의 유명한 상소문에서 "불교는 몸을 닦는 근본〔修身之本〕이고, 유교는 나라를 다스리는 바탕〔理國之源〕"[9]이라고 말했지만, 이는 당시에 불교가 강력한 지도 이념이었음을 웅변한다. 아울러 유교가 조금씩 성장하고 있었음을 보여준다.

1100년 이후의 고려 역사는 유교적 자연관이 좀 더 강하게 나타나면서, 천문역산학의 독립적 수준이 나타나기 시작한다. 그때까지 중국의 천문학과 역법을 흉내 내고 있던 고려 사람들이 처음으로 독자적인 천문학과 역산학을 가지기 시작한 것으로 보인다. 그러나 자연현상의 특이한 경우에 대한 반응은 여전히 불교적이었다.

묘청(妙淸)의 사건은 바로 불교적 자연관이 유교적 자연관으로 대체되는 과정을 보여주는 대표적 사건이다. 이자겸의 난으로 왕궁이 불타고, 새로이 등장한 금나라의 압력이 점차 거세지는 등 민심이 동요하고 있던 상황에서 인종은 묘청의 주장에 호응하여 친히 서경에 행차하였으며, 곧 임원역에 궁궐을 짓게 했다. 다음 해 임원궁(林原宮)이 완성되었다. 인종이 임원궁에 행차했을 때 묘청은 칭제건원과 금나라의 정벌을 주장하기도 하였다. 처음 얼마 동안 묘청의 운동은 성공적이어서 1131년에는 임원궁에 팔성당(八聖堂)을 지었다. 하지만 다음 해에는 서경의 상서로움을 부각시키기 위하여 기름을 넣은 큰 떡을 대동강에 담가두었다가 들통나는 사건이 있었다. 떡의 기름이 물 위로 떠오르면서 오색빛이 강물 위에 영롱하게 비치게 하려고 했던 것이다. 이런 가운데 묘청과 그의 동조자들은 서경 천도에 더욱 박차를 가하여 1132년 서경에 대화궐(大華闕)을 창건하기에 이르렀다. 이때 대화궐에서 태일옥장보법(太一玉帳步法)이란 것을 펼쳐 보이며, 이것이 도선(道詵)으로부터 강정화(康靖和)를 거쳐 자신에게 전수되었다고 했다. 지지자들에 의하여 성인으로 받들어지면서 묘청은 계속해서 서경 천도를 주장하였고, 1134년 삼중대통 지누각원사(三重大通知漏刻院事)에 제수되고 자의(紫衣)를 하사받 았다.

그러나 1132년부터 서경 천도를 반대하는 문신들에 의한 탄핵이 끊이지 않았고, 더욱이 1134년 대화궐의 일부에 벼락이 치는 등 재 이가 속출함으로써 풍수도참에 기반을 둔 천도론이 점차 명분을 잃 게 되었다. 이러한 가운데 인종의 서경 행차가 김부식 등의 반대로 무산되고 서경 천도 가능성 또한 희박해지자, 1135년 묘청은 서경에 서 분사시랑 조광(趙匡) 등과 함께 국호를 대위(大爲), 연호를 천개 (天開)라 하고 난을 일으켰다가, 곧 부하들에 의해 죽임을 당하였다.

묘청에 반대한 대표적인 세력으로 꼽히는 김부식은 새로 성장하 고 있던 유교적 세계관을 지지하고 있었다. 1134년 임완(林完)의 재 이 상서는 당시의 상황을 대변해준다. 송나라 사람으로, 귀화하여 과거에 합격하고 국자사업지제고(國子司業知制誥)에 전직되었을 때, 왕이 재변 때문에 구언의 조서를 내리자 그는 이에 응하며 긴 상 소를 올렸다. 임완은 상소문에서 천변의 이상은 하늘이 임금을 사랑 하여 그 어지러운 것을 중지시키려 함에 있으므로 오히려 만세의 복 이니 이에는 진실, 즉 덕으로 대응해야 하며, 허문(虛文), 즉 불교의 도량에서 재(齋)를 올리고 도교의 기도[醮]하는 따위를 해서는 안 된다고 주장했다. 또한 임금은 힘껏 진실로써 천변, 흉년 등 재이에 응하고 현실의 폐단을 개혁해야 하는데, 그 개혁은 태조의 교훈을 따르고 문종의 옛 법전을 찾는 데 있을 따름이라고 지적하였다. 즉 당시 묘청 등의 서경 천도와 대화궁이 재이에 대한 대응책이 될 수 없음을 역설하고 군주의 수덕(修德)을 강조한 것이라 하겠다. 유교 적 재이사상을 잘 보여주는 이 상소문은 조선 초의 《동문선》에 실리

면서 한국 역사에 남게 된다.[10]

김부식의 승리는 유교적 자연관이 부상하는 계기를 마련했다고 할 만하다. 하지만 유교가 사회 지도 이념으로 자리 잡은 것은 더 후대인 고려 말이다. 고려 말에 비로소 유교적 세계관이 확실하게 자리 잡으면서 유교적 자연관이 불교적 또는 다른 종교적이거나 미신적인 자연관을 압도하게 되었다고 판단된다.

고려 말에 이르러서야 우리 역사의 유교적 전환은 확실하게 진행되었다. 충렬왕 대에 학문의 발달과 함께 유학이 진흥 단계로 접어들었고, 그 결과 적지 않은 신진 선비들이 유학을 통해 입신하는 길이 열리고 있었다. 그러나 유교가 결정적으로 중요한 전기를 맞은 것은 고려 말의 정치적 갈등 속에서였다. 특히 1391년(공양왕 3) 4월 가뭄 속에 혜성이 나타나는 등의 재이가 잇달아 일어나사 임금은 새 이를 물리칠 구언의 교서를 내렸고, 이에 대한 여러 가지 상소가 당시 역사에 기록되어 있다. 이들 상소문은 한유의 배불 이론이나 동중서의 재이론을 인용하기도 했다. 특히 이들을 한자(韓子), 동자(董子)라는 존칭어로 부르고 있어 주목을 끈다.[11]

특히 이 배불론의 소용돌이 속에서 전의부정 김전(金琠)과 전호조판서 정사척(鄭士偁) 등이 숭불론을 펴다가 비판받았다는 기록이 있다.[12] 이 시기에는 아직 공개적으로 불교의 중요성과 그 효험을 외치는 분위기였음을 보여준다.

특히 한대의 동중서를 동자로 높여 부른 상소문이 몇 차례 눈에 띈다. 당대의 한유 역시 한자로 높여 부르고 있다. 이들은 공자, 맹자와 함께 등장하며, 송대의 정자(程子)와 주자(朱子)도 나온다. 그러나 문맥상으로 볼 때 당시 가장 영향력 있는 사상가는 정자와 주자가 아니라 동자와 한자였음을 알 수 있다. 고려 말에 주자학이 알려지고는 있었으나 사상적 주류는 여전히 한대 또는 당대의 유학 수준이었지, 송학(宋學) 또는 정주학(程朱學)은 아니었던 셈이다.[13] 아직 자세한 것을 연구해보지 않았지만, 조선시대로 넘어오면서 동중서와 한유는 더 이상 동자와 한자라는 최고 경칭으로 불리지 않게 된다. 이것만으로도 고려 말 식자층 사이에서 그들의 위상이 얼마나 높았는지를 짐작할 수 있다.

당연히 이 시기 고려의 자연관은 불교적 자연관을 벗어나기 위한 유학자들의 투쟁을 주조로 하고 있다. 정도전의 배불론을 비롯한 여러 문헌이 이를 잘 보여준다.

3. 조선 초의 자연관 변화와 신유교화

조선시대의 자연관은 고려 말의 자연관을 계승하고 있다. 앞에서 논의한 것처럼 조선 초의 자연현상에 대한 반응은 고려 말기의 그것처럼 불교적이고 도교적인 반응이 지배적이었다. 거기에 무당을 동원한 굿이나 그 밖의 토속신앙적인 반응이 뒤섞여 나타났다.[14] 물론 그사이에 유교적 세계관은 착실하게 자리 잡아 나갔는데, 조광조의 소격서 혁파가 중대한 사건으로 꼽히는 이유 중 하나는 이 시기에 전통적인 자연관이 완전히 후퇴하고 유교적 자연관이 확고하게 자리 잡았음을 보여주기 때문이다.

강력한 유교적 자연관은 물론 그 이전에 크게 신장되고 있었다. 그러나 유교의 발달보다 더 시급한 국가적 과제는 안정된 정권의 등장이었다. 조선 초에 왕족과 귀족관료들 사이에서 벌어진 정치적 갈등은 바로 그 목표를 위한 것이었다. 그런 가운데 정치적 안정을 위한 집단 사이의 갈등과 충돌이 피비린내 나는 모습으로 전개되었다. 그런 다툼은 세조의 쿠데타와 그에 대한 역(逆)쿠데타의 실패(사육신 사건) 등으로 일단락되었다.

세종 대의 학문 발달은 성종 대까지 이어졌고, 그 결과 조선 초의 학자들 사이에는 새로운 역사의식이 굳건히 자리 잡게 되었다. 그들을 그렇게 훈련시킨 것은 무엇보다도 세종 대 이후에 발달한 유학이었다. 유학의 세례를 받은 그들은 점점 더 확고한 유학자로 성장했고, 그와 함께 높은 도덕적 기준을 정치에 요구하게 되었다. 그런데 어느 모로 보나 그들의 선배 정치가(=학자)들은 그리 도덕적이랄 수 없었다. 조선 초의 정치적 갈등 속에서 이리저리 몰려다니며 도덕적으로 타락할 수밖에 없었기 때문이다. 태종은 아버지에게 등 돌리고 형제들을 죽이면서 집권했고, 그런 전통은 세조로 이어져서 세조는 조카 단종을 몰아내고 왕위에 올랐다. 많은 사람들이 그들에게 협조하여 권력의 맛을 즐겼다. 그들과 달리 권력의 유혹을 뿌리친 채 저항했던 일부 유학자들의 기개는 높이 평가될 수밖에 없었다. 태종에게 대항했던 정몽주와 세조에게 항거했던 사육신 등이 역사에 길이 남게 된 것은 이 때문이며, 이들이 청사에 길이 빛나도록 역사적 평가를 한 것도 성종 대 이후의 신진사류였다.

성종 대에 이르러 조선 왕조는 확고한 기틀을 다졌다고 할 수 있다. 지식층 사이에서 국가 장래에 대한 논의가 활발하게 일어났다. 그러는 사이에 유교는 차츰 새로운 방향을 추구하게 된다. 이는 조선 식자층 사이에 신유교가 정착했음을 뜻한다. 신유교의 정착은 조선사회가 왕조 초기에 지나온 과정에 대한 지적(知的) 반성을 요구하게 되었으니, 그런 요구는 바로 '역사 바로 세우기'의 시작이 되었다. 김일손이 스승 김종직의 〈조의제문〉을 사초에 넣고, 소릉의 복위 상소 등으로 언관 활동을 강화한 것은 바로 이런 시대적 요청에 따른 것이었다.

무오사화의 단서가 된 〈조의제문〉은 중국의 고사를 인용하여 의제와 단종을 비유하면서 세조의 왕위 찬탈을 비난한 것으로, 깊은 역사의식과 절의를 중요시하는 신유학도의 모습을 보여주었다. 그것은 말하자면 조선 초에 팽배하기 시작한 '도덕정치의 선언'이었다. 동서고금을 막론하고 새로운 사상을 내세우는 사람들은 깃발을 높이 들고 개혁을 외치며 행진하게 마련이다. 젊은 사대부들은 열성적으로 임금을 설득하여 도덕적인 세상을 만들자고 주장했다. 그들의 설득 노력은 경연 등 임금과의 대면 기회를 통해서 이루어졌다.

성종 대에 성장하고 있던 신유학 또는 성리학적 세계관의 가장 큰 특징은 바로 정치의 가치를 도덕적 성취에서 구하려는 태도였다. 이 세상에 정치가 존재해야 하는 이유가 있다면, 그것은 인간사회의 도덕적 성취를 위해 정치가 필요하기 때문이라는 것이었다. 요컨대 도덕정치(ethocracy)의 구현이었다. 신유학의 성장과 함께 과거에서 현재에 이르기까지 모든 인간사회는 바로 도덕적 잣대에 의해 평가되기 시작했다. 과거의 역사적 평가가 도덕적 기준에 의해 새롭게 시도되는가 하면, 현재의 문제에 대해서도 도덕적 기준을 엄정하게 갖다대었다. 과거에 대한 도덕적 평가가 '역사 바로 세우기(etho-historicism)'라면, 현재의 문제에 대한 도덕적 평가는 바로 '자연의 재이 바로 알기(ethoportentism)'로 가능하다고 생각되었다.

역사와 재이는 바로 조선 초기에 확립되기 시작한 신유학적 세계관의 두 가지 평가 기준이었고, 이 두 가지 잣대에 의해 모든 정치행위가 평가되고 반성되고 수정되어야 했다. 대표적인 것이 연산군 때의 무오사화와 갑자사화였다. 무오사화(1498)는 역사에서 흔히 '역사 문제에 얽힌 사화'란 뜻에서 '史禍'로 표기해왔다는 점에서도 분명하다. 그것은 특히 세조의 왕위 찬탈이란 역사 사건을 어떻게 평가할 것인가를 둘러싼 갈등의 표현이라 할 수 있다. 연산군에게 그것은 바로 왕실 및 왕권에 대한 도전으로 비쳤고, 따라서 이에 대해 저항한 것은 물론이다.

반면 갑자사화(1504)는 자리 잡으려는 신유학적 자연관 또는 재이론에 대한 연산군의 반발이라고 할 수 있다. 재위 기간 중 그는 여러 차례 유학자들의 재이 해석에 반발했으며, 말기에는 드디어 재이를 보고하는 대표적 기관인 관상감을 폐지하는 폭거를 저질렀다. 2000년 역사에서 처음이자 마지막으로 있었던 조치였다. 이는 명백히 재이의 발생을 정치적 논평의 계기로 삼는 신유학적 해석을 거부하는 태도였고, 또한 대화의 정치를 거부하는 조처였다.

역사와 자연은 특히 신유학적 토양에서는 정치의 잘잘못을 비춰주는 2개의 거울이 된다. 역사는 과거를 비추는 거울이요, 자연은 현상을 반영하는 거울이다. 정치를 바로하기 위해서는 과거를 살펴보고 반성하며, 오늘의 정치가 잘못되고 있지 않은지 돌아봄으로써 반성하고, 이를 참고하여 바른 정치를 펴나가야 한다. 그것이 군주의 의무다. 연산군은 바로 이 2개의 거울을 못마땅히 여겼고, 심지어 그것을 집어던져 깨뜨리려 했던 셈이다. 이는 성리학자들에게는 받아들일 수 없는 폭거였다.

1506년 연산군은 옥좌에서 쫓겨나고, 그 자리에 중종이 들어선다. 역사는 이 사건을 '중종반정'이라 부르지만, 그것은 다름 아닌 신유학적 자연관의 반정 또는 복권을 의미한다. 어느 누구도 감히 자연의 재이가 임금의 정치 잘잘못을 가름하는 기준이 아니라고 주장할 수 없는 새 시대가 활짝 열린 것이다. 신유학적 재이론은 이제 조선

정치의 핵심에 자리 잡아 아무도 거역할 수 없는 자연관으로 확립되었다.

그런 재이론은 사서삼경을 비롯한 고전에서 얼마든지 발견할 수 있으며 유교 고전을 통해 거듭 강조되었다. 《중용》에도 쓰여 있듯이 "나라가 일어날 때면 상서로운 일이 일어나고, 나라가 망할 때면 또 그에 걸맞은 조짐이 보인다"[15]는 것이다. 그러나 신유학을 대표하는 사상가 주희는 일식이란 과학의 발달로 예보할 수 있는 현상이지만, 임금이 공구수성을 잘하면 일식이 일어나지 않을 수도 있다고 말했다.[16]

중종 이후 조선의 유학자들은 이런 생각에 동의했다. 이제 아무도 재이론을 거부하지 않았다. 성종 대에 임사홍이 강하게 저항하려 했던 재이론, 그리고 연산군이 그렇게도 거부하려 했던 재이론이 이제는 지식층의 공통된 사상체계로 자리 잡게 된 것이다. 이제 그들 사이의 갈등은 재이론에 대한 찬반을 중심으로 일어나는 것이 아니라 그 밖의 다른 주제를 놓고 벌어지게 마련이었다. 중종 대의 대표적 갈등 사건인 기묘사화(1519)는 신유학자들 사이의 싸움이었고, 그것이 이미 재이론과는 거의 상관없는 투쟁이 되었던 것은 이 때문이다. 그전에는 임사홍과 같이 재이론을 반대하는 사람을 '소인'이라 불렀지만 이제는 신유학자들끼리 정치적 반대파를 소인이라 칭하게 되었다. 재이론을 반대한 사람이라 하여 소인이라 부를 이유가 없는 것이다.

왕권이 약화되는 가운데 신유학자들은 다른 문제를 둘러싸고 갈등하는 형태를 거듭하면서 조선시대는 신강군약(臣强君弱)의 시대로 접어들었다. 이제 아무도 재이론에 물음표를 달지 않았다. 재이가 일어나면 그저 말로만 중요성을 거론할 뿐 전처럼 재이의 위협을 걱정하지 않게 된 것으로 보인다. 이미 그들은 재이는 인간의 힘으로는 어찌할 수 없는 자연의 현상일 뿐이라고 체념했다고도 말할 수 있다. 그럼에도 불구하고 재이 현상은 언제나 임금에게 간쟁할 수 있는 계기를 제공했다. 재이는 신하들에게 임금에게 간할 수 있는 기회를 제공했고, 임금은 이를 거부할 수 없었다. 재이론은 조선 후기 동안 군주의 힘을 약화시키고, 신하들에게는 득세할 수 있는 좋은 메커니즘을 제공해주게 되었다.

4. 자연관과 과학의 탐구

신유학적 재이론의 승리는 16세기 이후 조선사회에 진정한 자연관의 발전이라는 측면에서는 긍정적인 영향을 남기지 못했다. 오히려 자연관이 위축되었다고까지 말할 수 있다. 자연현상에 대한 관심이 조선 초보다 오히려 줄어들었다고 판단되기 때문이다. 조선 초와 중종 이후의 자연관의 변화된 모습을 보여주는 흥미로운 사례가 있다.

1441년(세종 23) 누런 비가〔黃雨〕가 내리자 임금과 신하들은 이를 검증하려고 했다. 많은 사람들이 누런 비를 재이라 여기고 있을 때 안평대군은 다음과 같은 보고를 온천에 가 있던 임금에게 올렸다.

도성 사람들이 "황우가 밤에 내렸다"고 떠들썩하게 말하므로 신이 즉시 사람을 시켜 두루 궁정의 물이 괴어 있는 곳을 살펴보게 하였더니, 모두 송화(松花)가 섞여 있었습니다. 그러나 그것이 실지인지를 알지 못하여 밤비〔夜雨〕가 그릇에 괸 것을 가져다 보니 송화가 없었습니다.

그러니 황우가 만일 하늘에서 내렸다면 하필 땅에만 내려오고 그릇에는 내리지 않았을 리가 있겠습니까. 또 이 물빛은 순황색이 아니고, 송화를 섞은 것 같아서 가져다 맛을 보니 매운맛이 바로 송화와 같았으며, 또한 사람을 시켜 송화를 가져다 물 가운데 넣었더니 그 형상도 비슷하여 사람들이 분간하지 못했습니다. 25일은 어두울 무렵부터 풍세(風勢)가 점점 급해졌고 2경쯤 되자 비가 내리기 시작하였는데, 바람은 더욱 밤새도록 불었으니, 강한 바람이 불었다면 송화도 반드시 날았을 것입니다. 하루 동안 난 것이 쌓였다가 비로 인해 떠오른 것이라 괴이할 것이 없으니, 만일 어떤 사람이 망령되게 황우라고 말하는 자가 있더라도, 청하옵건대 의심하지 마소서.[17]

대신들이 모여 임금과 논의한 끝에 누런 비는 비에 송화 가루가 섞인 것일 뿐이라고 결론 내렸다. 재이는 아니라는 결론이었다. 이 논의 과정에서 그들은 다른 증거를 찾아 누런 비는 송화 가루가 섞인 빗물임을 다시 증명하기도 했다. 세종은 스스로 "병진년에 흥천사의 사리각 위에서, 그리고 흥복사의 옥상에서도 모기와 등에가 날아와 모였는데, 사람들이 모두 놀라서 보고 서기(瑞氣)라고 하였으나, 내가 승지 김돈을 보내어 가보게 하였더니 실은 모기와 등에였다"라고 자신의 경험을 말하기도 했다.[18] 또 임금은 이런 말도 하고 있다.

"내가 즉위하였을 때부터는 혹은 풀씨[草實]의 비가 오고, 혹은 나뭇잎[木葉]의 비가 오며, 혹은 곡종(穀種)의 비가 와 그 일이 같지 아니하였으나, 옛사람이 이르기를, '풍운(風雲)이 나무 위로 지나가면 나뭇잎이 따라 날아가서 비 때문에 내려온다'고 하였으니, 대체로 물건으로 가벼운 것은 바람을 따라 날아가기를 수십 리에 이르게 되고, 버들가지와 같이 날아가기를 마지아니하니 혹은 먼 곳의 버들이 없는 곳까지 이르러 가는데, 하물며 송화의 가볍고 작음에랴.”

상당히 실증적인 노력이 나타나고 있음을 알 수 있다.

흥미로운 사실은 조선 왕실에서 세자(뒤의 문종)가 만든 측우기를 가지고 비를 관측하고 있었다는 것이다. 그러나 측우기 제작이 정식으로 건의된 것은 넉 달 뒤인 8월 호조에 의해서였다.[19]

한편 1520년(중종 15)에는 2개의 태양이 보고되었으나, 이를 검증하려고 하지 않았다. 그해 4월 2일의 기사는 다음과 같다.

전라도 전주에서 두 해가 함께 나타났다. 전교하기를, “두 해의 빛이 분명한가? 전일 보니 해 곁에 양이(兩珥)가 있고 빛이 있었는데 마치 해가 빛나는 듯하였다. 이것을 보고 두 해라 하는 것이 아닌가? 만약에 참으로 두 해가 있었다면 지극히 이상한 일이다. 감사(監司)로 하여금 다시 상세히 아뢰게 하라”고 하매, 정원이 아뢰기를 “그날 진시(辰時)에 일관이 와서 해에 양이가 있다고 알리므로 나가 보니 과연 양이가 있었으나 두 해로는 보이지 않았는데, 부인이나 아이들이 보았다면 두 해라 했을 것입니다. 이제 전주의 일변(日變)은 무지한 기관(記官) 등의 소견에 의거했을 뿐이니 확실히 믿을 수는 없습니다. 그러나 외방에서 재변을 아뢰었으니 상하가 근심하고 힘쓰며 염려하고 반성해야 할 것이요, 다시 물어서는 안 됩니다”라고 하니, 전교하기를 “정원이 아뢴 뜻은 마땅하다. 그러나 이것은 여느 재변의 유가 아니다. 옛말에 ‘하늘에 두 해가 없다’ 하였거니와, 이제 만약 두 해가 함께 나타난 것을 사람들에게 전하고 역에 쓴다면 후세에 해괴하게 여길 것이다. 다른 재변이라면 다만 두려워하고 염려하면 되고 다시 물을 것이 없을 것이다. 전일 정광필이 함경도에서 왼쪽 옆구리로 어

린애를 낳은 재변에 대하여 그럴 리가 없다고 여겨 다시 상세히 물어
야 한다고 하였으나, 내가 '다시 물으면 아랫사람을 믿는 도리에 방해
가 된다'고 하였다. 내가 어찌 다시 묻는 것이 옳지 않다는 것을 모르
겠는가? 다만 그날 관상감이 본 바는 이렇고 전라도에서 아뢴 바는
저러하므로 다시 물으려는 것이다. 다시 묻는 것이 온편한지를 사관
으로 하여금 삼공에게 수의(收議)하라"고 하였다.

영의정 김전(金詮)이 의논 드리기를, "이 재변은 지극히 이상하니 상
하가 근신하고 힘쓰는 것은 참으로 마땅하나, 다시 묻는 것은 옳지 않
을 듯합니다. 외방에서 재변을 아뢰면 상께서는 염려하고 삼가셔야
하며 그 진위를 다시 물어서는 안 됩니다"라고 하고, 좌의정 남곤이
의논 드리기를 "다시 묻게 하더라도 본 자가 이 몇 사람밖에 없다면
전과 다를 것이 없을 것입니다. 가령 잘못 보고 함부로 두 해라고 하
였더라도, 상께서 삼가고 두려워하여 천심을 감동케 하신다면 도리어
유익하고 만사에 손해될 일이 없을 것입니다"라고 하였다. 또 우의정
이유청(李惟淸)이 의논 드리기를, "다시 묻더라도 물을 만한 사람이
따로 없고 이 몇 사람에게 물을 것이며, 그렇다면 감사의 서장(書狀)
에 이미 죄다 아뢰었는데 어찌 다시 물을 필요가 있겠습니까?"라고
하니 "그리하라"고 전교하였다.[20]

영의정, 좌의정, 우의정 등 세 정승이 입을 모아 다시 확인할 필요
없이 임금이 공구수성하는 것으로 충분하다고 말하고 있다. 세종 때
의 실증적 태도가 전혀 느껴지지 않는 대목이다. 하늘〔天〕·땅〔地〕
·사람〔人〕의 삼재(三才)를 하나로 엮어주는 도덕적 유기체로 파악
하는 신유학의 자연관에서는 자연의 이상 현상(재이)을 그 자체로
해석하지 않았다. 이런 신유학의 자연관이 지배하는 동안 조선 왕조

에서는 임금이나 신하 그 누구도 자연의 재이를 놓고 더 이상 의문
을 제기하지 않게 된 것이다.

이렇게 재이의 의미와 역할이 확정되자 재이론은 아무런 융통성
없는 자연관으로 자리 잡게 되었다. 임금에서부터 시골 유생에 이르
기까지 모든 지식인들이 재이의 의미를 정확하게 파악했다. 재이가
일어나도 그 의미를 두고 다툴 일이 없었다. 하지만 아무런 의미가
없어 보이는 재이도 임금의 절대권을 제한하는 역할에서는 여전히
중요성을 가질 수 있었다. 하지만 이미 약화될 대로 약화되었던 조
선 중기 이후의 임금들에게는 재이 때문에 더 제약당할 왕권도 이미
남아 있지 않았던 것으로 보인다. 16세기 이후에 재이는 실질적으로
정치적 역할을 하지 못한 것으로 판단된다.

물론 재이론의 비합리성에 대한 비판은 항상 살아 있었을지도 모
른다. 그러나 표면적으로는 중요한 역할을 전혀 하지 못한 채 조선
후기가 지나가고 있었다. 17세기 이후 재야학자들 사이에 새로운 비
판정신이 싹텄다. 서양과학의 영향이 조금씩 느껴지면서, 실학자들
사이에 비판정신이 다시 싹트기 시작한 것이다. 그러나 재이론을 전
면 부정하는 새로운 자연관 또는 과학사상은 앞으로 연구해볼 가치
가 있는 흥미로운 주제가 될 것이다.

참으로 오랜 산고 끝에 나온 책이다. 이 책을 처음 구상한 것은 거의 50년 전 미국 유학 시절 초기였다. 미국에서 서양과학사를 공부하면서 처음으로 우리 역사를 돌아보기 시작했고, 거기에 자연현상의 기록이 아주 많다는 사실에 놀랐다. 하지만 역사가들은 그 기록에 전혀 주목하지 않는 듯했다. 다만 일본과 중국, 그리고 서양 과학자들이 몇 가지 자연현상 기록에 흥미를 갖기 시작한 정도였다. 예를 들어 태양 흑점 기록에서 그 주기성을 밝히려는 논문이 나오고 있을 뿐이었다.

하지만 나는 옛사람들이 '자연' 현상을 '역사'에 기록해 남긴 본래의 뜻을 읽어내야 한다고 생각했다. 그것은 '객관적'인 과학적 자료로 기록해놓은 것이 아니라, 인간사의 일부로 적어놓은 것임이 분명했다. 옛사람들은 재이가 인간사의 길흉을 좌우한다고 여겨 중요한 재이에 대해서는 기록으로 남겼던 것이다.

1968년, 아니면 1969년이었을 것이다. 미국 캔자스 대학에서 석사를 마치고, 그해 여름 하와이 대학으로 옮기면서 이런 자료들을 의미 있는 것으로 바꿔낼 수만 있다면 평생을 바쳐도 좋겠다는 생각에 공부를 계속해 나갔다. 먼저 방대한 자료를 정리하기 위한 컴퓨터

기술이 필요했다. 때마침 미국의 대학에는 거대한 컴퓨터가 등장하여 이공계와 사회과학자들이 사용하고 있었다. 먼저 PL-I이라는 프로그램 언어를 배운 나는 수만 개의 자료를 일일이 입력해 컴퓨터 카드를 몇 천 장 만들고, 이를 내가 만든 프로그램으로 분석하기 시작했다. 하와이 대학 사학과에서는 교수와 학생을 통틀어 내가 첫 컴퓨터 사용자였지만, 대학의 컴퓨터를 쓰려는 사람이 많아 한밤중에 컴퓨터 센터에 가서 버티는 수밖에 없었다.

하지만 내가 바친 시간과 노력에 비해 결과물은 실망스러웠다. 이 방대한 한국사상의 자연현상 기록은 별다른 뚜렷한 통계적 의미는 없는 듯했기 때문이다. 그나마 다행스러운 사실은 그런 연구를 거치면서 차츰 여러 가지 자연 기록에 대해 더 깊은 이해를 할 수 있게 되었다는 것이다. 그런 경험을 거쳐 1977년에 학위 논문을 쓰게 되었다. 〈조선 초기의 재이와 정치(Portents and Politics in Early Yi Korea, 1392-1410)〉는 그 후 거의 주목받지 못했던 것 같다. 관행에 따라 미국에서는 복사본으로 발행되었고, 1977년 귀국한 직후에는 한국연구원이 내는 학술지(*Journal of Social Sciences and Humanities*)에 4회에 걸쳐 실렸다. 1998년에는 제목만 조금 바꿔 단행본(*Portents and Politics in Korean History*)으로 출간되기도 했다. 누구나 마음만 먹으면 구해볼 수 있는 논문이었건만, 국내 한국사학자가 내 논문을 읽었다는 후문은 거의 들리지 않았다.

원래의 영어 논문이 이런 변천 과정을 거치는 동안 1992년부터 2002년까지 꼭 10년 동안 계간 《과학사상》에 이 내용을 정리해 우리말로 발표했다. 제3호(1992년 가을)부터 제42호(2002년 가을)까지 35회를 연재한 것이다. 여기 나온 책이 바로 그 연재물이다.

이 책 내용은 원래의 영어 논문과는 제법 다르다. 우선 영어 논문에서 다룬 내용이 상당 부분 빠져 있다. 예를 들면 용을 비롯한 여러 생물에 대한 것, 유언비어와 동요(童謠) 등 흥미로운 내용이 영어 원문에는 조금 더 들어 있었다. 물론 우리 역사에는 훨씬 더 많은 기록이 있지만, 소상히 다루지 못한 것이 아쉽다. 그런대로 이 책은 영어 논문보다는 훨씬 자세하고 보강된 내용도 있다. 《과학사상》에 연재하면서 당시 나와 있던 〈실록〉 CD를 활용할 수 있었던 덕택이다.

40년 만의 출간을 앞두고 고마운 분들이 떠오른다. 미국 유학 시절에 도움을 준 교수와 동료 학생들, 지금은 얼굴도 기억나지 않지만 영어 논문의 윤문을 맡아준 미국인 대학원생도 생각난다. 1977년 봄에 외대 교수로 임용되어 귀국하자 역사학회는 내게 발표 기회를 마련해주었다. 이광린 교수가 주선했다는 이 자리에서 나는 처음으로 한국사학계 선배 동료들을 만날 수 있었고 신형식, 이희덕 교수도 만났다. 나와 비슷한 관심을 갖고 있던 그들은 뒤에 《삼국사기》와 《고려사》의 자연 기록에 대한 집중적 연구 성과를 발표하기도 했다. 이 책을 집필하면서 그들의 연구를 참고했음은 물론이다. 그 후 몇몇 관련 논문이 나왔지만, 미처 참고하지 못한 점을 인정하지 않을 수 없다. 또 다른 한국사 연구 성과가 반영되지 못한 것도 흠이다.

이 논문을 처음 국내에서 영어 그대로 발표해준 한국연구원의 천문암 선생, 또 영어 책을 내준 집문당의 임경환 사장에게도 감사의 말을 전한다. 더구나 《과학사상》을 창간한 범양사 고(故) 이성범 회장, 편집인 김용준, 김용정 교수 등은 10년 연재의 기회를 주었다. 김용준 교수는 또 다른 길로 이 논문과 관련이 있다. 그의 추천으로 내가 대우재단의 연구비(1983)를 지원받은 것이다. 《한국과학사상사》를 '대우재단 학술총서'로 내겠다는 약속 아래 연구비를 받은 나는 20여 년을 버티고 이제야 책을 내게 된 셈이다.

이 책이 출간된 것을 무한히 기쁘게 생각한다. 내 평생의 공부가 이 책 내용과 끊임없이 관련되어왔기에 더욱 그럴 것이다.

나는 역사도 대중적이라야 좋다고 생각한다. '민중'을 찾는 그런 거창한 역사학이란 뜻이 아니라, 교양인이 흥미롭게 읽고 즐길 수 있는 그런 역사 논문이라야 한다는 나름의 소박한 생각이다. 이 책이 조금이라도 그런 역사책이 되면 좋겠다.

1부_ 하늘의 과학사상

1장_ 해에 관한 생각

1) Park, Seong-Rae, "Portents and Politics in Early Yi Korea"(Honolulu: Ph. D. Dissertation in History Department, The University of Hawaii, 1977), p. 43. 이 학위 논문은 약간 수정하여 책으로 출간했다. Also Park, Seong-Rae, "Portents in Korean History", *Journal of Social Sciences & Humanities*(Seoul), No. 47(June 1978). p. 32. Park, Seong-Rae, *Portents and Politics in Korean History*(Seoul: Jimoondang, 1998).

2) 飯島忠夫, 〈三國史記の日食記事について〉, 《동양학보》 15(1926), pp. 410~424.

3) 大谷光男, 〈三國史記の日食記事について〉, 《조선학보》 62(1971), pp. 1~20.

4) 예를 들면 高柄翊, 《東亞交涉史의 硏究》(서울대출판부, 1970), p. 92.

5) 이 문제에 대해서는 이미 필자가 논의한 적이 있다. Park, Seong-Rae의 앞에 인용한 학위 논문, pp.10~22.

6) 齋藤國治, 《星の古記錄》(岩波書店, 1982), pp. 29~48.

7) 《고려사절요》 4:35b~36a(문종 원년 3월); 《고려사》 7:4a~b; 64:37b.

8) 《고려사》 11:27b(숙종 6년 4월).

9) 《고려사》 47:13a(충렬왕 15년 3월).

10) 《고려사》 135:6b(우왕 9년 8월).

11) 《고려사》 47:15b(공민왕 7년 12월).

12) 《고려사절요》 13:16a~17a(명종 17년 7월 기사); 《고려사》 20:23b(명종 17년 7월) 〈세가〉 편에는 "己巳晦日食 曹元正等謀亂伏誅"라고만 쓰여 있다. 《고려사》 47:9a 천문지.

13) 《고려사》 128:26b~28b 〈열전〉, 조원정.

14) 《고려사》 120:4a~b 〈열전〉, 윤소종.

15) 《고려사》 29:42a(충렬왕 9년 1월); 35:1a; 47:14a(충숙왕 7년 1월).

16) 《고려사》 84:5b 관리급가(官吏給暇).

17) 《고려사》 62:43a 문선왕묘(文宣王廟).

18) 《태조실록》 15:11a(7년 11월 병진일).

19) 《연산군일기》 48:15b(9년 2월 임자일).

20) 《세종실록》 26:21b~22a(6년 11월 을해일).

21) 《세종실록》 51:11b~12a(13년 1월 경인일).

22) 《태종실록》 25:1a(13년 1월 1일).

23) 《세종실록》 55:1a~b(14년 1월 1일 신유, 4일 갑자).

24) 《세종실록》 61:22a(15년 8월 1일 신사일).

25) 《세종실록》 61:13b(15년 7월 신미일).

26) 《세종실록》 65:19b(16년 8월 을묘일).

27) 《세종실록》 96:10a(24년 5월 기묘일).

28) 《세종실록》 96:12b(24년 6월 1일).

29) 《세종실록》 86:15a~16a(21년 8월 정축일).

30) 이순지, 《천문유초》 하, 1b~3b.

31) 《성종실록》 29:1a(4년 4월 1일).

32) 《성종실록》 146:9b(13년 9월 임자일).

33) 《성종실록》 220:4a(19년 9월 정묘일).

34) 《성종실록》 170:1b(15년 9월 병술일).

35) 《성종실록》 170:1a(15년 9월 1일).

36) 《중종실록》 2:1a(2년 1월 1일).

37) 《중종실록》 20:42a(9년 8월 1일).

38) 《서운관지》 2:19a~20a 交食.

39) 《인조실록》 13:34a~35a(4년 6월 기사; 7월 1일 경오).

40) 《주자대전》 14:23b~24a.

41) 《인조실록》 21:25b(7년 9월 경자일).

42) 《성호사설》 〈천지문〉, 일식

43) 이순지, 《천문유초》 하, 1b~2a.

44) 성주덕, 《서운관지》 1:28b~29b 번규(番規).

45) J. Needham, *Science & Civilization in China*(1959), vol. III, pp. 473~477, 일본어역, 5권, pp. 369~373.

46) 서진도(徐振韜), 《중국 고대의 태양 흑점 연구와 현대 응용(中國古代太陽黑子研究與現代應用)》(1990), pp. 34~41.

47) Lynn Thorndike, *A History of Magic & Experimental Science*, IV(1934), pp. 98~99.

48) 《증보문헌비고》 7:1a~3b 상위고, 일월변.

49) 《고려사》 39:1a 〈세가〉; 47:13a 〈천문지〉.

50) 《고려사》 47:16a 〈천문지〉.

51) 《고려사》 47:16b~17a 〈천문지〉.

52) 최천벽, 《천동상위고》 3:1b.

53) 《삼국유사》 권5, 〈월명사 도솔가〉.

54) 《중종실록》 39:1b~2a(15년 4월 기미일).

55) 《중종실록》 39:2b~3a(15년 4월 경신일).

56) 《삼국유사》 권1, 〈연오랑 세오녀〉.

57) 《일본서기》 권6(수인천황 3년 3월); 전용신 역, 《완역 일본서기》, p. 108, pp. 118~119.

58) 《삼국사절요》 8:18a.

59) 《고려사》 130:25a 〈임연전〉.

60) 《고려사》 131:7b 〈조일신전〉.

61) 《고려사》 131:13b 〈김용전〉.

62) 이이, 《석담일기(石潭日記)》 하(선조 13년 2월).

63) 北京天文臺, 《中國古代天象記錄總集》(江蘇科學技術出版社, 1988), pp. 3~8.

64) 《고려사》 47:6b~7a 〈천문지〉.

65) J. Needham, *Science and Civilization in China*(1959), vol. III, p. 435. 일본어역, 5권, p. 319.

66) 왕충(王充), 《論衡》, 제32편 〈說日〉, "儒者曰 日中有三足烏."

67) 전상운, 《한국과학기술사》(정음사, 1975), p. 119, 특히 주 221.

68) Rufus, W. C., "Astronomy in Korea", *Transactions of the Korea Branch of the Royal Asiatic Society*, vol. 26, 1936, p.19.

69) 《증보문헌비고》 7:2a~b.

70) 《증보문헌비고》, 7:2b~4a.

71) 《고려사절요》 14:13b; 《고려사》 47:10a(신종 7년 1월 1일).

72) 이희덕, 《고려 유교정치사상의 연구》(일조각, 1984), p. 77.

73) 《고려사》 42:25b; 《고려사절요》 29:10a(공민왕 19년 12월 경오일).

74) 《태종실록》 4:18a(2년 10월 경오일).

75) 《숙종실록》 65:13a(46년 4월 임술일).

76) 이순지, 《천문유초》 하, 2a.

77) 최천벽, 《천동상위고》 4:18b~20a.

79) 《고려사》 21:18a(신종 7년 1월).

79) 성주덕, 《서운관지》 1:29b.

80) 《증보문헌비고》 7:4b~14b 〈상위고〉.

81) 성주덕, 《서운관지》 1:28b.

82) 《고려사》 47:11b, 〈천문지〉.

83) 《고려사》 24:12b(고종 41년 1월 경자일, 2월 갑진일) 유계(兪棨);《여사제강 (麗史提綱)》 13:19b~20a.

84) 《고려사》 47:17a(우왕 1년 11월 갑술일).

85) 《고려사》 126:34b 변안렬;《고려사절요》 31:19a(우왕 6년 8월).

86) Park, Seong-Rae, *Portents and Politics in Korean History*(Seoul: Jimoondang, 1998), p. 48 도표.

87) 이순지,《천문유초》 하, 20b.

88) 《태종실록》 3:12b~13a(2년 3월).

89) 《국역 연려실기술》 1, pp. 250~256, 강상인의 옥사;《세종실록》 2:20b~38a.

90) 《세종실록》 30:23b(7년 12월 병자일).

91) 《문종실록》 6:31b(1년 3월 임술일).

92) 《성종실록》 8:12a(1년 12월 임자일).

93) 《연산군일기》 57:15a(11년 2월 병인일).

94) 《중종실록》 21:42a(10년 1월 정축); 53:29a(20년 3월 을축일); 38:40a(15년 2월 무자일).

95) 《중종실록》 60:12a(23년 1월 신묘일).

96) 《중종실록》 27:54b(12년 4월 1일 병오일).

97) 《국역 연려실기술》 2, p. 315, 기묘사화.

98) 《중종실록》 37:22a~b(14년 11월 병오일).

99) 《중종실록》 37:34a~b(14년 11월 기미일).

100) 《중종실록》 37:67b(14년 12월 경진일).

101) 《중종실록》 38:19a~20a(15년 1월 경술일).

102) 《중종실록》 38:40a(15년 1월 무자일).

103) 《인조실록》 10:37a~39a(3년 11월 1, 3, 7일);《승정원일기》 441~1; 441~3; 443~3(각각 위와 같은 날짜).

104) 《중종실록》 72:46b(27년 2월 경자일).

105) 이이,《석담일기》 (선조 11년 1월); (선조 14년 1월).

106) 이이,《석담일기》 (선조 7년 1월 정유).

107) 이익,《성호사설》〈천지문〉, 백홍관일(경인문화사 영인본, 상), p. 71.

2장_ 달에 관한 생각

1) 《고려사》 47:19a 〈천문지〉 1.

2) 현정준, 〈월식〉 《한국민족문화대백과사전》.

3) 《고려사》 47:22b 〈천문지〉 1.

4) 《고려사》 47:23b 〈천문지〉 1.

5) 《고려사》 5:14b(현종 21년 4월) ; 47:23b 〈천문지〉 1.

6) 《고려사》 47:30 〈천문지〉 1.

7) 《고려사》 48:3b~4a ; 48:24b 〈천문지〉 2.

8) 《고려사》 47:45a 〈천문지〉 1.

9) 《고려사》 69:33a~b 〈예지〉 11.

10) 《세종실록》 54:35a(13년 12월 병오일).

11) 《세종실록》 66:8a(16년 10월 기미일).

12) 《세조실록》 2:25b(1년 9월 정해일).

13) 《인조실록》 17:51a(5년 12월 정미일).

14) 《태조실록》 13:12a~14:4b(7년 4월 신묘~5월 임술일).

15) 《세종실록》 58:27b(14년 12월 경자일).

16) 《연산군일기》 31:15b~16a(4년 윤 11월 병자, 정축일).

17) 《연산군일기》 57:7b~9a(11년 1월 기해, 경자, 신축일).

18) 현정준, 〈월식〉, 《한국민족문화대백과사전》.

19) 이긍익, 《연려실기술》 35, 숙종, 원자정호.

20) 《명종실록》 24:22b(13년 3월 경신일).

21) 《현종개수실록》 2:46a(1년 3월 경진일).

22) 성주덕, 《서운관지》 1:29a, 번규.

23) 성주덕, 《서운관지》 2:14a, 교식.

24) 이순지, 《천문유초》 하, 2b~3b, 일월(日月).

25) 최천벽, 《천동상위고》 권5, 월식변응점(月蝕變應占).

26) 《고려사》 19:21a~b(명종 3년 4~5월) ; 54:23b~24a(〈오행지〉 2).

27) 《고려사》 19:22a(명종 3년 10월) ; 19:10a(의종 24년 말).

28) 최천벽, 《천동상위고》, 서(序), "今採其見於史者 集成一秩 以爲便覽之 具觀
象玩辭 亦或有助於聖朝 修省格致之萬一焉".

29) 최천벽, 《천동상위고》 5:14a, 月傍氣暈珥占.

30) 《고려사》 47:44a 〈천문지〉 1.

31) 《고려사》 48:25b 〈천문지〉 2.

32) 《삼국사기》 〈고구려본기〉 9(보장왕 2년 9월).

33) 《삼국사기》〈백제본기〉 1(초고왕 40) ; 〈백제본기〉 2(고이왕 16).

34) 《삼국사기》〈신라본기〉 2(내해왕 10년 7월) ; 〈신라본기〉 3(소지왕 6년 3월) ;
〈신라본기〉 4(진평왕 53년 7월).

35) 《삼국사기》〈신라본기〉 8(성덕왕 15년 1월) ; 〈신라본기〉 10(헌덕왕 14년 4월 13
일).

3장_ 별에 관한 생각

1) 《증보문헌비고》 4:17a~6:31a 〈상위고〉.

2) 《삼국사기》〈신라본기〉, 남해왕 20년(기원 23) 가을, 太白入太微.

3) 신형식, 《삼국사기 연구》(일조각, 1981), pp. 195~196.

4) 《고려사》 47:19a~49:44a.

5) 《증보문헌비고》 4:10b~14b, 月掩犯五緯.

6) 최천벽, 《천동상위고》 권6, 月凌犯五星占.

7) 《고려사》 48:11b 〈천문지〉 2 ; 20:2b 〈세가〉(명종 9년 7월).

8) 최천벽, 《천동상위고》 6:5a.

9) 《고려사》 48:27a 〈천문지〉 2.

10) 최천벽, 《천동상위고》 6:5b.

11) 《고려사》 48:35a 〈천문지〉 2.

12) 최천벽, 《천동상위고》 6:6b.

13) 《태조실록》 10:3a, 태조 5년(1396) 7월 기묘, 경진일. “月掩木星, 金星貫月.”
홍미로운 사실은 바로 이 기록이 수백 년 뒤에 편찬된 《증보문헌비고》에는 “月
掩歲星, 月掩太白”으로 다르게 표현되었다는 것이다(4:14b 상위고). 조선 초
에 오히려 금성, 목성으로 쓰이던 용어가 후기에 태백, 세성 등으로 바뀐 것을
알 수 있다.

14) 《태조실록》 10:3b(5년 8월 무술).

15) 《태종실록》 14:2a~6a(7년 7월 기미일, 계축일, 병인일).

16) 《삼국사기》〈신라본기〉 권1, 11.

17) 《고려사》 48:18a 〈천문지〉 2.

18) 《고려사절요》 13(명종 16년 9월).

19) 《고려사》 48:51a, 〈천문지〉 2 ; 《고려사절요》 18(원종 1년 1월).
고종이 전년 6월에 죽었을 때 태자는 원나라에 있었기 때문에 그가 3월에 귀국
하여 임금(원종)이 되기까지는 태손이 정사를 맡게 되었다. 이희덕 교수는 이
기록이 그의 정치에 대한 불만으로 나타난 것이라고 옳게 평가한 바 있다. 이희

덕,《고려 유교정치사상의 연구》(일조각, 1984), p. 81.

20) 최천벽,《천동상위고》13:3a.

21)《증보문헌비고》4:19a~20a.

22) 이순지,《천문유초》하 7a~b.

23) 이순지,《천문유초》, 하 7b~8a.

24) 성주덕,《서운관지》1:29b, 番規.

25)《삼국사기》〈고구려본기〉권3.

26) 이순지,《천문유초》하 7a.

27)《증보문헌비고》5:1a〈상위고〉, 오위합취.

28)《삼국사기》〈신라본기〉, 권10.

29)《태조실록》14:19a.

30)《증보문헌비고》5:4b~5a.

31) 이순지,《천문유초》하, 8a~b.

32) 이익,《성호사설》〈천지문〉, 五星聚井, p. 11.

33) 이익,《성호사설》〈천지문〉, 星聚生賢, p. 39.

34) 이순지,《천문유초》하 6a~b.

35)《삼국사기》〈신라본기〉2(내해왕 5).

36)《삼국사기》〈신라본기〉10(흥덕왕 2).

37)《삼국사기》〈백제본기〉2(비류왕 18).

38)《고려사》47:32b〈천문지〉;《고려사》10:28b〈세가〉(선종 9년 11월).

39)《고려사》10:22b (선종 8년 5월).

40)《고려사》47:32a〈천문지〉.

41)《증보문헌비고》6:7a~b〈상위고〉.

42)《고려사》14:38b(예종 16년 10월); 47:43b〈천문지〉;《증보문헌비고》6:7b〈상위고〉.

43)《고려사》16:15b(인종 9년 5월); 47:50b~51a〈천문지〉;《증보문헌비고》6:7b〈상위고〉.

44) 최천벽,《천동상위고》12:19b~20a.

45)《정종실록》3:13a~14a(2년 3월).

46)《연산군일기》24:1a(3년 6월 1일).

47)《연산군일기》23:17a~24:1a(3년 5월 을축~6월 1일).

48)《연산군일기》27:1a(3년 9월 1일~2일).

49)《연산군일기》32:10b~11b(5년 1월 경인~신묘).

50)《연산군일기》51:2a~6b(9년 10월).

51)《중종실록》2:1a(2년 1월 1일).

52) 《중종실록》2:6b~7b(2년 1월 갑신, 병술).

53) 《중종실록》6:29a~7:42b(3년 7월~4년 1월).

54) 《중종실록》10:24b~25a(4년 12월 계축).

55) 《중종실록》19:6b(8년 10월 갑인).

56) 이긍익, 《연려실기술》권7, '삼포왜변(三浦倭變)'에 따르면 중종 5년 4월 태백
이 낮에 나타나더니 초 4일에 왜병이 침입하였다고 적혀 있다. 이 사실은 또《중
종실록》같은 해 4월 8일자에서 확인된다. 11:5b(4년 4월 계사).

57) 이이,《석담일기》(선조 5년 6월).

58) 이익,《성호사설》〈천지문〉, 太白見.

59) 《고려사》47:33b, 〈천문지〉;《증보문헌비고》6:7b 〈상위고〉.

60) 《명종실록》28:11a(17년 2월 계해). 이날 태백이 경천하였고, 신시에는 세성이
사지(巳地)에 보였다.

61) 《명종실록》29:6a(18년 2월 무오, 기미).

62) 《효종실록》18:1a~8a(8년 1월~2월).

63) 《효종실록》18:5b~7a(8년 1월 기사).

64) 《현종실록》14:16a;17:27b(8년 8월 정축일, 무인일;10년 9월 정미일).

65) 《고려사》49:41a, 〈천문지〉 3.

66) 《태종실록》33:52b, 17년 윤 5월 정축. 이 기사에 대해《증보문헌비고》는 할주
를 달아 윤 5월이 아니라 윤 6월의 일이라고 보충하고 있다. 그러나《태종실록》
에는 윤 5월에 이 기사가 들어 있고, 그해에는 윤 6월이 없었다.

67) 이순지,《천문유초》하, 11a~15a.

68) 성주덕,《서운관지》1:28b, 番規.

69) Park, Seong-Rae, "Portents and Politics in Early Yi Korea, 1392~1519"(Ph. D.
Dissertation, The University of Hawaii, History Department, 1977). 이 학위논문
은 1998년 국내에서 영문판이 출간되었다. Park, Seong-Rae, *Portents and
Politics in Korean History*(Seoul: Jimoondang, 1998).

70) 위의 책, pp. 67~77.

71) 박동현, 〈고려사 천문지에 기록된 혜성에 관하여〉,《한국문화연구원논총》2(이
화여대, 1960), pp. 179~196; 나일성, 〈조선 영·정조 두 시대의 천문기록-혜
성편〉,《동방학지》29(1981), pp. 193~239.

72) 齋藤國治,《星の古記錄》(岩波書店, 1982) p. 130 표에서 수정. 비슷한 헬리
혜성의 일람표와 설명은 나일성,《헬리 혜성》(정음사, 1985), pp. 15~33 참조.

73) 《삼국유사》5, 융천사, 〈혜성가〉.

74) 《삼국유사》5, 만파식적.

75) 《삼국유사》3, 백률사.

76)《삼국사기》〈신라본기〉 1.

77)《삼국사기》〈신라본기〉 1.

78)《삼국사기》〈고구려본기〉 10.

79)《삼국사기》〈백제본기〉 해당 연도 기사.

80) 신형식, 《삼국사기 연구》, pp. 192~195.

81) 이희덕, 《고려 유교정치사상의 연구》, pp. 73~77.

82)《삼국사기》〈열전〉 4, 김양.

83)《고려사》10:35a, 47:3b;《고려사절요》6:20b(헌종 1년 1월 무술).

84) 이병도, 《한국사: 중세편》(진단학회, 1961), p. 225.

85) 이 기록은 《고려사》〈천문지〉 첫 부분, '日薄食 暈 珥及日變'이란 항목
(47:1a~18b)에 들어 있고, 모든 혜성 기록은 그다음 항목인 '月五星凌犯及星
變'(47:18b~)에 포함되어 있다. 즉 이 재변은 《고려사》에는 성변(星變)이 아니
라 일변(日變)으로 표현되어 있음을 알 수 있다.

86)《국역 고려사절요》1, p. 338. 여기에는 "햇무리가 있었으며, 해의 양쪽 곁에 혜
성이 있었다"고 잘못 번역되어 있다. 북한에서 나온 한글판 《고려사》1(여강출
판사), p. 484에는 "이날 태양 주위에 혜성이 나타났는데……"라고 역시 잘못
번역되어 있다.

87)《세조실록》4:2a(2년 5월 임신).

88)《세조실록》4:10a~b(2년 6월 경자).

89)《연려실기술》권4, 단종조 고사본말, 육신모복상왕; 국역판 1, p. 402.

90)《연려실기술》권6, 예종조 고사본말, 남이지옥; 국역판, 2, pp. 9~12.

91)《세조실록》47:19b(14년 9월 무오).

92)《예종실록》1:35b(즉위년 10월 24일 경술).

93)《중종실록》71:9b(26년 6월 경술).

94) 이순지, 《천문유초》하, 12a.

95)《성종실록》13:18b(2년 12월 갑술).

96)《성종실록》13:22a(2년 12월 기묘일);《연려실기술》6(성종 2년 신묘일 겨울).

97)《연산군일기》37:14a~b(6년 4월 갑진).

98)《연산군일기》63:3b(12년 7월 정해); 6b(을미, 정유).

99)《중종실록》19:62b(9년 1월 계사).

100) 이수광, 《지봉유설》권1 재이부; 국역본(을유문화사), 상, p. 43.

101) 이수광, 《지봉유설》권1 재이부; 국역본(을유문화사), 상, p. 42.

102) 이익, 《성호사설》, 천지문, 혜성.

103) 나일성, 〈조선 영·정조 두 시대의 천문기록-혜성편〉, 《동방학지》29(1981),
pp. 204~206에서 이 혜성을 다루고 있다.

104) 최한기, 《성기운화》 권7, 혜성기수(명남루전집 3).

105) 이순지, 《천문유초》 하 16b~17a, 객성.

106) 진준위(陳遵媯), 《중국천문학사》 제3책(상하이: 인민출판사, 1984), p. 1173.

107) 《증보문헌비고》 6:20a.

108) 《증보문헌비고》 6:20a.

109) 《삼국유사》 1, 태종춘추공.

110) 《고려사》 92:13a~b, 최지몽.

111) 《고려사》 2:34a(경종 5).

112) 최천벽, 《천동상위고》 14:3a, 혜성점.

113) 《고려사》 8:28a~b(문종 20년 2월 기해일, 신해일).

114) 최천벽, 《천동상위고》 14:3b, 혜성점.

115) 《고려사》 9:11b; 13a(문종 28년 4월; 29년 4월, 5월).

116) 최천벽, 《천동상위고》 14:7b~8a, 혜성점.

117) 《고려사》 40:34a(공민왕 13년 1월); 40:31a(12년 6월).

118) 최천벽, 《천동상위고》 14:9b, 혜성점.

119) 《태조실록》 15:10b(7년 11월 경자일).

120) 《세종실록》 76:11b(19년 2월 을축일).

121) 《연산군일기》 34:8b~9a(5년 7월 기묘일).

122) 《선조수정실록》 6:7a(5년 10월 갑인일).

123) 진준위, 《중국천문학사》 3권, p. 1179.

124) 국사편찬위원회, 《조선왕조실록》 25권, p. 1~2, 신석호 "범례".

125) 이이, 《석담일기》 상; 《국역 대동야승》 4권, pp. 94~96, 원문 p. 21~22.

126) 《선조실록》 31:22a~35:2b(선조 25년 10월 신해일; 26년 2월 정해일).

127) 진준위, 《중국천문학사》 3권, p. 1179.

128) 《선조실록》 178:24b(37년 9월 무진); 180:5a~6a(37년 10월 임자일, 갑인일, 을묘일).

129) 《현종실록》 4:47a(2년 10월 신미일, 을해일).

130) 《현종개수실록》 6:24a~b(2년 10월 기사일, 계유일).

131) 《현종실록》 9:17a~10:9b(5년 10월 무진일; 6년 2월 병술일); 《현종개수실록》 11:43b~12:50b(5년 10월 정묘일; 6년 3월 신묘일).

132) 《숙종실록》 36:14a~b(28년 3월 정미일, 무신일).

133) 《영조실록》 57:6a~9b(19년 1월 갑술일; 2월 정해일); 94:15b~20b(35년 11월 1일 정미일; 12월 경진일); 94:22a~95:1a(35년 12월 기해일; 36년 1월 기유일).

134) 나일성, 〈조선 관상감의 성변측후단자〉 《화갑기념논문집》, p. 425. 원래는 《백

제연구》(충남대, 1986), p. 17에 수록.

135) 《영조실록》114:24b~25a(46년 윤 5월 임자일~기묘일).

136) 《삼국사기》〈신라본기〉1, 서기 14년(남해왕 11).

137) 《삼국사기》〈신라본기〉, 104년(파사왕 25).

138) 신형식, 《삼국사기 연구》(일조각, 1981), p. 199.

139) 《삼국사기》〈열전〉, '김유신 상'.

140) 《삼국사기》〈열전〉, '김유신 중'.

141) 《삼국사기》〈신라본기〉5(태종 8년 5월).

142) 《삼국사기》〈고구려본기〉9(보장왕 4년 6월).

143) 《삼국사기》〈고구려본기〉10(보장왕 20년 5월).

144) 《삼국사기》〈백제본기〉2(아신왕 7년 8월).

145) 이순지, 《천문유초》하, 9a~10b.

146) 《고려사》92:13a, 〈열전〉 최지몽.

147) 《고려사절요》권2, 혜종 2년.

148) 《고려사》48:14b 〈천문지〉2.

149) 《고려사》48:3a 〈천문지〉2.

150) 《고려사》〈천문지〉47:36a(예종 1), 47:44b(인종 2); 47:45b(인종 4);
    47:49a(인종 7); 48:3a(의종 5); 48:19a(명종 17); 48:24b(명종 26).

151) 최천벽, 《천동상위고》16:12a.

152) 최천벽, 《천동상위고》16:17a.

153) 최천벽, 《천동상위고》16:19b.

154) 최천벽, 《천동상위고》17:2a~b.

155) 성주덕, 《서운관지》1:28b~30a, 번규.

156) 《태종실록》11:2b(6년 1월 을묘일).

157) 《연산군일기》60:11a(11년 11월 갑오일).

158) 《중종실록》21:42a(중종 10년 1월 정축일).

159) 《고려사절요》5(문종 11년 1월 을미일).

160) 《고려사》8:1a(문종 11년 1월 을미일).

161) 《고려사》〈오행지〉54:14b.

162) 《고려사》〈오행지〉55:22b, '德宗 三年 五月 壬午 隕石于松岳'. 이 기사는
    〈세가〉 편에는 없다.

163) 《증보문헌비고》10:15b, 상위고 10.

164) 《조선금석총람》하, 번호 457, 1234~1236, '이순신 신도비'.

165) 유성룡, 《징비록》하.

166) 이규경, 《오주연문장전산고》권23, '星化爲人 人死爲星 辨證說'(명문당 영인

본, 상), p. 674.

167)《고려사》94:11b~12a,〈강감찬전〉.

168)《세종실록지리지》148:9b.《고려사》에도 똑같은 내용이 실려 있는데, 이 기록
은 원래 전대현(全台鉉)의《동국문감(東國文鑑)》에 적혀 있다고 했다. 또《세
종실록》은 이 글의 끝에 이 이야기가 황당하다고 부연하고 있다.《신증동국여지
승람》권10, 금천현 인물에도 똑같은 내용이 실려 있다. 제일 먼저 편찬된《세종
실록》〈지리지〉가 상세하게 기록하고 있다.

169)《명종실록》26:49a~b(15년 8월 삭 갑오일).

170)《증보문헌비고》7:33b, 상위고 7.

171) 이규경,《오주연문장전산고》권33, “流星占陰晴辨證說”(명문당 영인본, 상),
p. 957.

172) 村山智順,《조선의 점복과 예언》(일본어판, 1933), p. 126.

173) 홍대용,《담헌서》〈의산문답〉, 4:27a.

174)《동국세시기(東國歲時記)》, 正月.

175) 大崎正次,《중국의 성좌의 역사》(일본어판), pp. 191~192.

176) 齋藤國治,《星の古記錄》, pp. 133~138.

177)《삼국사기》〈신라본기〉12(경순왕 8년 9월).

178)《고려사》63:21a; 23a〈잡사〉(정종 5년 2월 임오; 예종 3년 8월).

179) 차주환,《한국도교사상연구》(한국문화연구소, 1978), p. 185.

180)《고려사》14:33b(예종 15년 6월).

181) 서긍,《고려도경》17, 복원관; 18 도교.

182)《고려사》14:35b(예종 15년 12월 갑신); 38b(16년 12월).

183)《고려사》17:37b(의종 6년 4월), 19:6b(24년 4월).

184)《동문선》115권, 정언보, ‘복원궁 행탄일 초례문’; 변계량, ‘복원궁 태일 이배
별초례청사’.

185)《고려사》19:15b(명종 1년 9월). 여기에서는 그의 이름이 박순길(朴純吉)로
되어 있다.

186)《고려사절요》11, 의종 24년 9월;《고려사》128:6b, 정중부.

187) 이익,《성호사설》(경인문화사 영인본, 상), pp. 48~49;〈노인성〉상, pp.
24~25, 제주.

188) 이순지,《천문유초》상 29b; 32a~b.

189)《동국여지승람》15:27b, 충청도 문의현.

190)《동국여지승람》29:9a~b, 선산도호부 제성단.

191)《세종실록》〈지리지〉(경상도 선산), 150:23b.

192)《태종실록》21:3b~4a(11년 1월).

193) 주 13과 같음.

194) 《세종실록》 32:21a~b(8년 5월).

195) 《세종실록》〈지리지〉 148:2a.

196) 이능화(이종은 역주), 《조선도교사》, p. 200.

197) 《정조실록》 46: 53b~56b(21년 윤 6월 1일) ; 46:60b~61a(21년 윤 6월 16일).

198) 《증보문헌비고》 61:15a~16b, 제천지일월성신.

199) 《증보문헌비고》 6:20a, 상위고 객성.

200) 박명순, 〈천상열차분야지도에 대한 고찰〉, 《한국과학사학회지》 17-1, 1995년.
    6월, p. 28.

201) 《삼국사기》 권32, 잡지 1, 제사.

202) 박성래, 〈첨성대에 대하여〉, 《한국과학사학회지》 2, 1980, pp. 136~137 ; 박성
    래, 《한국과학사》(한국방송사업단, 1982), pp. 52~53.

203) 田村專之助, 《동양인의 과학과 기술》(일본어판), pp. 169~175.

204) 《고려사》 63:1a~5b, 풍사 우사 뇌우 영성.

205) 《세종실록》 128~1b 이하. 〈오례지〉의 여러 항목. 특히 '영성찬실도', 128:14a,
    '사영성의', 130:20a~21b

206) 《태종실록》 17:52b(9년 6월).

207) 《영조실록》 112:18a~b(45년 4월).

208) 이순지, 《천문유초》 하 8b~9a, '서성'.

209) 강효원, 《점성학과 전통문화》(상하이 : 상하이고적출판사), 1992, p. 134.

210) 이규보, "고 보경사 주지……", 《동문선》 권27, 국역판, pp. 3~189 ; 임춘, "대
    이담지……", 《동문선》 권58, 국역판, pp. 5~432.

211) 홍대용, 《담헌서》〈의산문답〉, 4:27a.

212) 《세종실록》 51:12b~15b(13년 1월 27일~2월 8일).

213) 이능화, 《조선도교사》를 참고할 것.

4장_ 그 밖의 하늘의 변이들

1) 《재물보(才物譜)》(아세아문화사 영인본, 1980), p. 29.

2) 《삼국사기》〈신라본기〉 1(혁거세 60년 9월.)

3) 《증보문헌비고》 10:1 〈상위고〉, '뇌진'.

4) 《삼국사기》〈신라본기〉 1(혁거세 60년).

5) 《삼국사기》〈신라본기〉 2(벌휴 13년 4월).

6) 《삼국사기》〈신라본기〉 8(신문왕 7년 ; 효소왕).

7) 《삼국사기》〈신라본기〉 9(경덕왕 17년; 혜공왕).

8) 《삼국사기》〈신라본기〉 6(문무왕 2).

9) 《삼국유사》 3, 황룡사 9층탑.

10) 《고려사》 4:12a(현종 3년 5월).

11) 《고려사》 10:36b(현종 1년 8월).

12) 《고려사》 53:36a 〈오행지〉 1.

13) Park, Seong-Rae, *Portents and Politics in Korean History*(Seoul, Jimoondang, 1998), pp, 69~70.

14) 최천벽,《천동상위고》권18, 2b~3a.

15) 《고려사》 53:14b 〈오행지〉.

16) 《고려사》 2:25a~b(정종 3~4).

17) 최천벽,《천동상위고》18:2b, 뇌진변이점.

18) 《고려사》 53:14b 〈오행지〉 3:36a(목종 9년 6월).

19) 《고려사》 53:15a 〈오행지〉 5:31a(덕종 3년 6월).

20) 《고려사》 6:21a(정종 6년 7월); 53:15a~b 〈오행지〉.

21) 《고려사》 127:13b~14a 〈이자겸전〉.

22) 《고려사절요》 9:6a(인종 2년 7월).

23) 《고려사》 53:2b 〈오행지〉.

24) 《고려사》 98:39a 〈최기우전〉.

25) 《고려사》 55:4 〈오행지〉.

26) 최천벽,《천동상위고》19:3a.

27) 최천벽,《천동상위고》18:3a~b.

28) 《고려사》 21:21a(희종 2년 6월 병인일); 53:19b 〈오행지〉;《고려사절요》(희종 2년 6월).

29) 《고려사》 133:14b 〈열전〉(신우 2년 7월 경진일). 간략한 기록은 《고려사절요》 30:15a~b에도 있고,《고려사》 53:24a 〈오행지〉에는 왕규 부부가 벼락을 맞았다는 간단한 기록만 있다.

30) 《고려사》 63:1b, 뇌신단.

31) 《태종실록》 12:1b~2a(6년 7월 무술일).

32) 《태종실록》 11:20a, 24a, 30b, 31a~32b(6년 5월, 6월).

33) 《태종실록》 20:30a(10년 11월 임진일).

34) 《태종실록》 22:39a(11년 11월 임신일).

35) 《태종실록》 23:17b(12년 3월 임진일).

36) 《태종실록》 28:32b(14년 10월 갑신일).

37) 《태종실록》 32:25b(16년 11월 계사일).

38) 《태종실록》 34:24a~b(17년 10월 경인일).

39) 《태종실록》 34:35b(17년 10월 경인일).

40) 이규보, 《동문선》 권96, 뇌설(雷說).

41) 《세종실록》 83:15b(20년 11월 무술일).

42) 《세종실록》 65:19b(16년 8월 을묘일).

43) 《세종실록》 105:4a~b(26년 7월 정사일).

44) 《세종실록》 105:4b~5b(26년 7월 정사일, 무오일, 기미일).

45) 《성종실록》 39:4b~5b(5년 2월 경신일, 신유일).

46) 《성종실록》 122:5a, 7a~b(11년 10월 계해일, 을축일).

47) 《성종실록》 197:11b~12a(17년 11월 신유일).

48) 《연산군일기》 10:1a(1년 11월 경진일).

49) 《중종실록》 19:4a(8년 10월 경술일); 27:14b(11년 12월 계유일).

50) 이이, 《석담일기》 상, 명종 21년 10월; 선조 6년 10월.

51) 《중종실록》 9:31a(4년 윤 9월 을축일); 32a(같은 날); 45a(계미일); 46a(병술
    일).

52) 《성종실록》 242:1a(21년 7월 1일 신해일); 26a~27b(26일).

53) 직첩을 돌려받은 사람의 명단은 《성종실록》 242:3b~6b(21년 7월 정사일)에
    있다.

54) 《성종실록》 189:3a~26a(17년 3월). 특히 3a~5b(기유일, 신해일), 18a(신유
    일).

55) 《연산군일기》 24:25a(3년 6월 정유일).

56) 《연산군일기》 24:29a(3년 6월 무술일).

57) 《중종실록》 17:58b(8년 2월 정묘일).

58) 《중종실록》 18:4b~5a(8년 3월 임신일); 21b(4월 기미일).

59) 《중종실록》 17:21a(7년 11월 갑오일).

60) 《연려실기술》 권4, 〈소릉의 폐위와 복위[昭陵廢復]〉.

61) 《연산군일기》 60:4a(11년 1월 정묘일).

62) 《동문선》 〈속편〉 권19(민족문화추진회 한글판, 11권), pp. 392~395.

63) 이순지, 《천문유초》 하, 22b~23b, 우레, 번개.

64) 《세종실록》 102:1b(25년 10월 을유일).

65) 《세종실록》 103:31a(26년 3월 병자일).

66) 《중종실록》 18:42a(8년 7월 무인일).

67) 이수광, 《지봉유설(芝峰類說)》 권1, 〈천문부〉, 우레.

68) 이익, 《성호사설》 〈천지문〉, 우레도끼[雷斧] (경인문화사 영인본, 상), pp.
    39~40.

69) 이익, 《성호사설》〈천지문〉, 뇌진 (경인문화사 영인본, 상), p. 37.

70) 이익, 《성호사설》〈만물문〉, 오릉출화(吳綾出火) (경인문화사 영인본, 상), p. 117.

71) 홍대용, 《의산문답》 28a~b.

72) 유희, 《물명고》 권5, 불.

73) 이규경, 《오주연문장전산고》 권42, 〈뇌전벽력변증설〉 (명문당 영인본, 하), pp. 346~355.

74) 이규경, 《오주연문장전산고》 권11, 〈뇌법기생화수변증설〉.

75) 이후의 전기 지식 보급에 대해서는 박성래, 〈19세기 조선의 근대물리학 수용〉, 《외대사학》 5(1993), pp. 251~254 참조.

제2부_ 재이의 과학사상

1장_ 천(天)·재(災)·지(地)·변(變)

1) 박성래, 〈한국사상의 가뭄〉, 《한국문화의 제문제》(국제문화재단, 1981), pp. 131~155.

2) 《삼국사기》〈신라본기〉 2, 벌휴이사금.

3) 《삼국유사》 4, 현유가 해화엄.

4) 《삼국사기》〈신라본기〉 8, 성덕왕.

5) 《고려사》 2:8a(태조 17); 54:16a, 오행 2.

6) 《고려사》 3:23b(성종 10년 7월); 54:16a~b 오행 2.

7) 《고려사》 54:16b~17b, 오행 2.

8) 《고려사》 5:3b(현종 15년 5월); 54:7b, 오행 2; 《고려사절요》 3:42a~b(현종 15년 5월).

9) 《고려사》 94:8b, 〈유진열전〉.

10) 《고려사》 5:24b(덕종 1년 4월); 54:17b, 오행 2.

11) 《고려사》 6:8b(정종 2년 6월); 6:20b(정종 6년 5월); 54:17b, 오행 2.

12) 《고려사》 6:8b(정종 2년 5월, 6월); 54:17b, 오행 2.

13) 위와 같음.

14) 《고려사》 12:23a~b(예종 1년 6~7월); 6월의 가구경행이 성과를 보이자 임금은 이를 다시 명하였는데, 두 번째에는 효험이 없었다는 기록은 《고려사절요》에만 보이고, 《고려사》에는 실패하였다는 부분이 없다.

15) 《고려사》14:37b(예종 16년 윤 5월); 54:21b, 오행 2; 54:27b, 오행 2.

16) 《고려사》30:8b(충렬왕 13년 4월); 54:26a, 오행 2.

17) 《고려사》11:28a(숙종 6년 4월); 54:20a, 오행 2.

18) 《고려사》5(북한사회과학원), p. 364, "햇볕에서 무당이 비를 빌고……"라고 되어 있다.

19) 村山智順, 〈석전·기우·안택〉, 조선총독부 민간신앙자료총서 4, p. 135.

20) 《고려사》16:26a(인종 11년 5월); 16:30a(인종 12년 6월); 54:22b, 오행 2.

21) 《고려사》14:34a(예종 15년 7월) 및 해당 〈세가〉 기록과 〈오행지〉(54:21b~29b).

22) 《증보문헌비고》61:12a, 예고 8.

23) 《고려사》59:1b~27b, 환구.

24) 《고려사》20:33a~b(명종 24년 6월).

25) 《고려사절요》24:43a(충숙왕 16년 5월). 이 기사는 《고려사》에는 보이지 않는다. 《고려사》는 당시 무당을 모아 기우제를 지낸 사실만 기록하고 있을 뿐 백문보의 논평이 이어지지 않는다.

26) 《고려사》41·5a(공민왕 14년 5월 갑술일).

27) 《고려사》6:16a(정종 5년 1월 신축일).

28) 《증보문헌비고》61:9b(풍운뇌우단).

29) 《삼국사기》, 잡지 1, 제사.

30) 《고려사》63:1b, 풍사·우사·뇌신·영성.

31) 이곡, 《동문선》〈홍수와 가뭄에 대해〉, 原水旱 105권.

32) 박성래, 〈한국사상의 가뭄〉, 《한국문화의 제문제》(국제문화재단, 1981), pp. 131~155.

33) 《태조실록》13:12b, 《태종실록》1:27a; 9:17a; 10:2a; 12:6a; 13:38a; 14:2a; 19:64b; 31:50a; 32:6b; 33:44b; 36:1a.

34) 《세종실록》4:14a; 8:10a; 29:2b; 32:15b; 36:24b.

35) 《태종실록》22:34a(11년 10월 을묘일).

36) 《태종실록》22:44b(11년 12월 임진일).

37) 《태종실록》24:8a(12년 8월 기미일); 11b~12a(12년 8월 정축, 경진일).

38) 《태종실록》31:50a(태종 16년 6월 정묘일); 32:6b(16년 7월 갑진일); 33:44b(17년 윤 5월 경신일); 36:1a(18년 7월 삭 기유일).

39) 《증보문헌비고》61:13b 예고 8. 원단 제천의 역사를 설명한 이 대목에는 태종 15년에 영의정 유정현을 보내 원단에서 기우제를 지냈다고 기록하였다. 그리고 이 원단 기우를 복구시킨 장본인으로 변계량을 들고 있다. 당시 실록에 따르면 유정현은 영의정이 아니라 좌의정이며, 태종 15년에 이 사건이 있었다는 사실

에 대해서는 《증보문헌비고》가 이미 그 잘못을 지적해놓고 있다. 유정현이 재상이 된 것은 태종 16년의 일이므로 이 사건도 태종 16년일 것이라고 옳게 논평한 것이다.

40) 《동문선》 권110, 변계량, 〈기우우사원단제문(祈雨雩祀圓壇祭文)〉; 한글판 8권, pp. 400~401(한글); 784(원문).

41) 《세종실록》 4:13a~b(1년 6월 경진일); 4:14a(1년 6월 신사일).

42) 《세종실록》 8:9b~10a(2년 5월 기사일, 경오일).

43) 《세종실록》 29:1b~5a(7년 7월 신미일, 임신일, 을해일, 정축일, 무인일).

44) 《세종실록》 32:15a~b(8년 5월 병신일, 정유일).

45) 《세종실록》 36:24a~25a(9년 6월 신미일).

46) 《세종실록》 86:5b(21년 7월 신해일).

47) 《세종실록》 101:6b~9a(25년 7월 계해일, 을축일).

48) 《세종실록》 105:9b(26년 7월 정묘일).

49) 《세종실록》 125:1b~2b(31년 7월 임오일).

50) 《논어》 7, 〈술이(述而)〉 34, "공자가 병이 들자 자로가 기도하기를 청하였다……."

51) 《세조실록》 5:26a~6:13b. 특히 '원구단'이 아니라 '환구단'을 다시 세우는 문제는 1456년(세조 2) 12월 병오일(5:26a)에 보이기 시작하고, 이듬해 1월 계유에는 그 담당기관으로 환구서(圜丘署)까지 설립하였다(6:4a). 원단을 다시 복구했다는 기록은 1월 경진일에 보인다(6:13a).

52) 이능화, 《조선도교사》, 이종은 역주(보성문화사, 1977), pp. 122~143.

53) 이능화, 《조선도교사》, pp. 176~179에 소격전에서 올린 기우제 기록이 나열되어 있다.

54) 이능화, 《조선도교사》, p. 148.

55) 성현, 《용재총화》 2권; 《국역 대동야승》 1, pp. 56~57. 어떤 제수품을 바쳤는지에 대한 기록이 어느 정도 전해지고 있는데, 여기서는 생략하였다. 기우초제 때에도 비슷하게 제수품을 바쳤을 것이다.

56) 서거정, 《필원잡기》 2권; 《국역 대동야승》 1, p. 336.

57) 《태조실록》 5:20a(3년 5월 병오일); 12:1b(6년 7월 신미일).

58) 《태종실록》 9:17a(5년 4월 갑오일).

59) 《태종실록》 19:64b(10년 6월 기미일).

60) 《태종실록》 12:7a(6년 윤 7월 경신일).

61) 《태종실록》 21:21a(11년 5월 기묘일); 22:9a(11년 7월 경오일); 22:11a(11년 7월 갑술일).

62) 《태종실록》 26:1b~2a(13년 7월 임오일).

63)《태종실록》31:36b(16년 5월 정미일); 31:44a(5월 기미일); 31:48a(6월 갑자일).

64)《증보문헌비고》63:5a∼b.

65)《세종실록》124:12b(31년 5월 정미일); 16a(6월 계축일);《문종실록》7:38a∼b(1년 5월 정사일, 무오일).

66)《세조실록》7:40b(3년 5월 기축일);《예종실록》6:36a∼37b(1년 7월 신묘일, 임진일, 갑오일).

67)《성종실록》130:34a(12년 6월 임신일); 143:4a(13년 7월 신미일); 11b(무인일).

68)《성종실록》143:13b(13년 7월 경진일).

69)《성종실록》180:14a(16년 6월 정유일).

70)《태종실록》1:27a(1년 4월 계미일); 4:1a(2년 7월 계미일); 9:17a(5년 4월 갑오일).

71)《태종실록》12:5a(6년 7월 임자일); 19:64b(10년 6월 기미일); 21:21a, 22a(11년 5월 기묘일, 임오일); 22:9a(11년 7월 경오일).

72)《태종실록》26:1a(13년 7월 기묘일); 27:36b(14년 5월 기해일); 29:40a(15년 6월 임신일); 31:35b(16년 5월 경술일); 38a.

73)《정종실록》6:12a(정종 2년 12월 임자일);《태종실록》22:10b(11년 7월 갑술일).

74)《중종실록》10:27b(5년 1월 갑자일); 22:4a(10년 윤 4월 을해일); 29:33a(12년 8월 계해일).

75)《세종실록》1:10b(1년 5월 계유일); 16:18a(4년 7월 기미일); 28:26b(7년 6월 기미일); 29:1a(7년 7월 기사일); 32:9b(8년 4월 을유일); 36:23b(9년 6월 무진일, 기사일); 36:26b(9년 6월 정축일).

76)《중종실록》41:31a∼b(16년 1월 기묘일).

77)《태종실록》4:1a∼b(2년 7월 계미일, 갑신일).

78)《태종실록》4:3a∼b(2년 7월 경인일).

79)《태종실록》5:20a(3년 5월 계유일).

80)《태종실록》7:13b(4년 4월 을유일); 7:21b(4년 5월 신유일).

81)《태종실록》9:17a(5년 5월 임인일).

82)《태종실록》12:34b∼37a(6년 11월 신미일, 12월 경자일).

83)《세종실록》4:26a(1년 7월 신유일).

84)《세종실록》36:23a(9년 6월 무진일).

85)《세종실록》69:13a(17년 8월 을사일).

86)《태종실록》13:36b(7년 6월 계묘일).

87) 《태종실록》21:21b(11년 5월 경진일); 21:30a(11년 6월 계묘일); 26:1a(13년 7월 기묘일); 27:29b(14년 5월 을해일); 《세종실록》8:7a(2년 4월 기미일); 28:27a(7년 6월 기미일); 29:3a~b(7년 7월 계유일); 《세조실록》20:35a(6년 5월 갑진일); 《예종실록》6:37a(1년 7월 계사일).

88) 성현, 《용재총화》권7; 《국역 대동야승》권1, 174(원문) 627.

89) 이규경, 《오주연문장전산고》권24(명문당 영인본, 상), pp. 687~688.

90) 《세종실록》32:16a(8년 5월 무술일); 36:21b(9년 6월 병인일); 22a(9년 6월 정묘일); 6:24a(9년 6월 기사일); 25a(신미일).

91) 《세종실록》36:21a(9년 6월 계해일); 40:17b~18a(10년 5월 경오일); 《성종실록》181:2b(16년 7월 신해일).

92) 《세종실록》36:18b(9년 5월 계축일); 48:24a(12년 5월 갑자일); 52:21b~22a(13년 5월 기묘일).

93) 《태종실록》29:43a(15년 6월 정축일).

94) 《태종실록》31:49b(16년 6월 을축일).

95) 《세종실록》28:27a(7년 6월 경신일); 30b~31a(7년 6월 신유일); 32:10a(8년 4월 병술일); 36:18b(9년 5월 임자일).

96) 《세종실록》36:28a(9년 6월 경진일); 37:1b(7월 경인일); 40:12a(10년 윤 4월 경인일); 40:15b(10년 윤 4월 갑진일); 48:23a(12년 5월 신유일); 52:17b(13년 5월 신미일).

97) 성현, 《용재총화》권7; 《국역 대동야승》권1, 174(원문) 627.

98) 村山智順, 《석전 · 기우 · 안택(釋奠 祈雨 安宅)》, 조선총독부 민간신앙자료총서 4, pp. 132~133.

99) 《세종실록》72:6a~b(18년 4월 신유일).

100) 《태종실록》27:39a(14년 6월 정미일); 41a(기유일); 42b(신해일).

101) 《세종실록》4:9a(1년 5월 경오일).

102) 《세종실록》72:18b(18년 5월 신묘일, 임진일); 74:4a(18년 7월 병오일); 105:5b(26년 7월 기미일).

103) 《세종실록》73:39b(18년 윤 6월 임진일).

104) 《세종실록》32:6b(8년 4월 병자일); 36:17b(9년 5월 무신일).

105) 《세종실록》84:8b~10a(21년 1월 을미일).

106) 성현, 《용재총화》권7; 《국역 대동야승》권1, 174(원문) 627.

107) 이긍익, 《연려실기술》, 별집 권4(국역판 권9, 한글 266; 한자 원문 635).

108) 《세종실록》36:21b(9년 6월 병인일).

109) 《세종실록》32:3b(8년 4월 계유일); 32:16b(8년 5월 기해일).

110) 《성종실록》44:4b(5년 윤 6월 정유일).

111) 《세종실록》 124:12b(31년 5월 병오일); 15b(6월 계축일); 16b(갑인일).

112) 《성종실록》 18:1a~2a(3년 5월 1일 정유일).

113) 이긍익, 《연려실기술》 2, 정종조 상신, 하륜; 《태종실록》 12:7b(6년 윤 7월 신유일); 14:2a(7년 7월 을묘일).

114) 《중종실록》 24:28b~34b(11년 3월 27일 무신일, 4월 9일 경신일).

115) 홍석모, 《동국세시기》, 5월 월내.

116) 이긍익, 《연려실기술》 15, 임진왜란 대가서수.

117) 《태종실록》 4:2b(2년 7월 을유일).

118) 《태종실록》 27:40b(14년 6월 기유일).

119) 《태종실록》 30:6b(15년 7월 계축일).

120) 《태종실록》 31:36b~38b(16년 5월 경술일, 신해일).

121) 《태종실록》 31:51b, 56b(16년 6월 경오일, 을유일).

122) 《태종실록》 33:44a~b(17년 윤 5월 경신일).

123) 《세종실록》 8:1b(2년 4월 계묘일).

124) 《세종실록》 8:3a(2년 4월 무신일).

125) 《세종실록》 93:22a~b(23년 8월 임오일).

126) 《세종실록》 46:13b~16a(11년 12월 을미일); 52:22a~b(13년 5월 경진일).

127) 《세종실록》 52:32b~33b(13년 6월 을미일); 54:15b(13년 10월 신유일); 27a(13년 11월 기묘일); 40a(13년 12월 병진일).

128) 《세종실록》 68:23b(17년 6월 정미일); 69:24a~b(17년 9월 경진일); 64:36a~b(16년 6월 임자일).

129) 《문종실록》 10:24b(1년 11월 임자일); 《성종실록》 217:18a(19년 6월 병진일); 219:1b~2a(19년 8월 을미일); 《증보문헌비고》 146:25a; 《연산군일기》 43:1b~2a(8년 3월 을해일, 병자일).

130) 《명종실록》 3:66a, 69b, 72a(1년 4월 기유일, 계축일, 을묘일).

131) 이광린, 《이조수리사연구》, p. 93; 전상운, 《한국과학기술사》(정음사, 1975), pp. 176~177.

132) 《세종실록》 52:27a(13년 5월 임진일).

133) 《고려사》 55:19a 〈오행지〉.

134) 《고려사》 135:40b; 55:21b; 《고려사절요》 32:30a.

135) 《고려사》 5:2a(현종 14년 5월 을해일); 22:33a(고종 15년 1월 병자일, 기해일).

136) 《고려사절요》 27:29a(공민왕 11년 10월 무인일, 신사일); 《고려사》 40:13a~b(공민왕 11년 10월 무인일, 신사일, 병술일). 그러나 《고려사》 〈세가〉에는 이 상소문에 대한 기록이 없다. 이 상소문은 〈열전〉 편의 김속명전

(111:24b~25a)에 더 길게 보이지만, 여기에서는 이 상소문이 이때의 지진 때문에 올린 글이라는 증거가 보이지 않는다.

137) 최천벽,《천동상위고》2:1a, 지변이점(地變異占).

138)《고려사》55:22a〈오행지〉3.

139)《증보문헌비고》10:13a~17a.

140)《고려사》36:24a;《고려사절요》25:23a;《증보문헌비고》10:14b.

141)《천동상위고》2:3a~b, 산명점(山鳴占).

142)《고려사》122:26a〈열전〉, '신소봉'.

143)《고려사》55:27b〈오행지〉3;《고려사절요》2:55a.

144)《고려사》53:39b, 41a;《증보문헌비고》10:13a.

145)《고려사》53:35b~36a.

146) 이익,《성호사설》〈천지문〉,〈지경〉(경인문화사 영인본, 상), p. 51. 이익은 《여사》에 이 기록이 빠져 있다고 하나《고려사》〈오행지〉에 모두 기록되어 있고, 두 가지 기록이 더 남아 있다. 물론 그가 말하는《여사》는《고려사》가 아닐 수도 있으나, 혹시《고려사》〈세가〉 편만을 보고 기록이 없다고 한 것인지도 모르겠다.

147)《증보문헌비고》10:11b~12b, 지이.

148)《태종실록》16:2b(8년 7월 신해일).

149)《태종실록》9:3a(5년 2월 기사일);23:9a(12년 2월 1일 병진일).

150)《세종실록》56:17a~b(14년 5월 임술일).

151)《문종실록》13:13b(2년 4월 계미일).

152)《세조실록》5:18b(2년 11월 갑술일).

153)《성종실록》274:4a~11a(24년 2월 갑진일~을묘일).

154)《연산군일기》30:3a~b(4년 7월 계묘일);《중종실록》18:30b(8년 5월 정해일);23:63b~64a(10년 3월 임인일);97:32a(37년 1월 을미일).

155)《연산군일기》30:1a~3b(4년 7월 무술일~계묘일).

156)《연산군일기》50:17b~18b(9년 8월 정사일~계해일).

157) 이익,《성호사설》〈천지문〉, 지진풍뇌(地震風雷) (경인문화사 영인본, 상), p. 16.

158)《태종실록》26:26a~34b(13년 9월 정해일~10월 병자일).

159)《연산군일기》29:3b~4a(4년 1월 무오일~기미일).

160) 황현,《매천야록》권3. 신축(광무 5)년조. 현풍군수 안영중이 3년 뒤 탐학이 심하여 파직당하고 서울로 압송되었다는 기록이 있다.《고종실록》44:95b(광무 8년 12월 14일).

161)《삼국사기》잡지 권7,〈직관지〉상, '영묘사 성전';《삼국유사》권1, '선덕왕 지

기삼사': 권3, '영묘사 장육'.

162)《증보문헌비고》11:15b 〈상위고〉, '화재'.

163)《고려사》〈오행지〉 53:36a.

164) 이희덕,《고려 유교정치사상의 연구》(일조각, 1984), p. 112.

165)《고려사》〈오행지〉 53:38a.

166)《고려사》〈오행지〉 53:38a.

167)《고려사》〈세가〉 10:20b~21a(선종 7년 1월, 3월).

168)《고려사절요》6:10a~11a(선종 7년 1월, 3월).

169)《증보문헌비고》11:16b.

170) 서긍,《고려도경》권16, 관부, 창름.

171)《고려사》 53:40a~b;《고려사절요》11:12a~b.

172)《고려사》 53:40b~41a,《고려사절요》에도 같은 내용.

173)《증보문헌비고》11:18a. 이는《고려사절요》내용을 약간 수정한 것인데,《고려
    사》〈오행지〉에는 화재 기록만 있고, 〈세가〉 편에는 그 기록조차 없다.

174)《고려사》 29:32a; 53:43a~b,《고려사절요》 같은 내용.

175)《고려사》 35:13a; 53:44a~b.

176)《고려사》 29:44a(충렬왕 9년 4월 무신);《고려사》 53:43b;《고려사절요》20(충
    렬왕 9년 4월);《증보문헌비고》11:18b;《고려사》 122: 7a~b, 오윤부.

177)《고려사》 55:22a, 똑같은 내용이《고려사절요》2:55b, 59a에도 있다.

178)《고려사》 4:16a 〈열전〉, 전공지.

179)《증보문헌비고》10:14a.

180)《증보문헌비고》11:19a.

181)《정종실록》6:5a(2년 11월 계유일); 6:11a~b(태종 즉위년 12월 임자일).

182)《연려실기술》권2, 태종;《태종실록》1:4b~8a(1년 1월 갑술일).

183)《증보문헌비고》11:15b~22a.

184)《고종실록》40:92b~94b(광무 4년 10월 14일~16일).《증보문헌비고》11:22a
    에는 이 화재가 광무 4년 윤 8월에 있었다고 잘못 기록되어 있다.

185)《성종실록》51:2a, 4a~b, 13a~b(1월 갑인일, 무오일, 기미일, 경오일, 신미
    일).

186) 손정목,《조선시대 도시사회연구》(일지사, 1977), pp. 385~401. 비슷한 내용
    이 손정목, 〈소방제도〉, 서울시,《서울6백년사》권1, pp. 415~428에도 있다.

187) '불',《한국문화상징사전》(동아출판사, 1992), pp. 372~373.

188) 박성래, '불',《민족문화대백과사전》제10권(한국정신문화연구원, 1989), p.
    483. 물론 한식에 찬밥을 먹는 이유에 대해서는 중국의 전설이 유명하다. 춘추
    시대 진(晉)의 문공(文公)이 왕이 된 다음 재야 시절 그를 도와주었던 개자추

(介子推)를 잊고 등용에서 제외하자 개자추는 면산(綿山)으로 들어갔다. 문공이 그를 나오게 하려고 불을 질렀는데, 개자추는 끝내 나오기를 거부하고 불에 타 죽었다. 이 사건을 기념하여 그날에는 불을 쓰지 않는다는 이야기가 그것이다. 이 이야기 자체가 중국 역사에서 여러 과정을 거쳐 와전된 것으로 보인다. 이에 대한 중국의 여러 사료는 유향(劉向), 《설원(說苑)》 상, 임동석 역(동문선, 1997), pp. 211~213.

189) 《인조실록》 25:5b(9년 7월 갑신일).

190) 《속잡록》 권3, 신미년 7월; 《국역 대동야승》 권8, p. 339.

191) 《한성주보》 3(1886년 2월 15일), p. 3.

192) 이익, 《성호사설》, 만물문, '오릉출화(吳綾出火)'(경인문화사 영인본, 상), p. 117.

193) 앞의 책, '화완포', pp. 157~158.

194) 이수광, 《지봉유설》 권19, 복용부, 국역본(을유문화사, 1975) 하, pp. 417~418.

195) 《열자(列子)》 제5편 〈탕문〉 제20장.

196) 이규경, 《오주연문장전산고》 권11, '뇌법기생화수변증설'(명문당 영인본, 상), pp. 374~375.

197) 최한기, 《신기천험》 권8, '전기'; 박성래, 〈19세기 조선의 근대물리학 수용〉, 《외대사학》 5(1993), p. 252.

198) 박제경, 《근세조선정감》(탐구당, 1975), 상, pp. 93~94(원문 pp. 187~188).

199) 백운하, 〈조선왕조실록에 나타난 황해 자료〉, 《규장각》 1, 1976, pp. 1~11.

200) 《삼국사기》 〈열전〉 '김유신, 하'.

201) 《고려사》 4:22a~b(현종 7년 7월 경신); 54:30b(9월 기유), 〈오행지〉 2.

202) 《고려사》 16:24b~26a(인종 11년 5월 을축). 이 기사는 《고려사》 〈오행지〉에는 없음. 조선 후기의 실학자 안정복은 그의 《만물유취》, 《순암집》 권4(여강출판사, 1984), pp. 111~112에 이때의 황충과 그에 대한 기록을 그대로 싣고 있다.

203) 《고려사》 54:30b, 〈오행지〉 2.

204) 《고려사》 125:5b~6a, 〈열전〉 38, '최홍재'.

205) 《증보문헌비고》 11:6a~b, 〈상위고〉 11.

206) 《태종실록》 16:4a~b(8년 7월 계해일).

207) 《증보문헌비고》 63:15a~16b, '포'.

208) 《세종실록》 93:27b(23년 9월 신축일).

209) 《세종실록》 105:14a(26년 윤 7월 기묘일).

210) 《성종실록》 82:1a(8년 7월 정묘일).

211) 《성종실록》 72:10a~b(7년 10월 신묘일).

212) 《중종실록》13:50b(6년 5월 신해일).

213) 《정조실록》48:44b(22년 4월 계축일).

214) 조지프 니덤,《중국의 과학과 문명》III(을유문화사, 1988), p. 310.

215) 일본어판은 3권, p. 634, 영어판은 vol. II, p. 576.

216) 조선시대의 황충 피해에 대한 논문이 있기는 하다. 백운하, 〈조선왕조실록에
    나타난 황해 자료〉,《규장각》1, 1976, pp. 1~11.

217) 《선조실록》164:19b~20a(36년 7월 신사일).

218) 《숙종실록》63:36a(45년 5월 갑오일);《영조실록》9:45b(2년 6월 경진일),
    11:47b(3년 6월 신해일), 29:45b(7년 6월 경신일).

219) 《고려사》54:1b~2a, 〈오행지〉2.

220) 《고려사》54:2b, 〈오행지〉2. 〈세가〉 편에는 송충에 관한 기사가 없다.

221) 《고려사》54:6b~7a, 〈오행지〉2. 〈세가〉 편에는 전혀 기록되어 있지 않다.

222) 이익,《성호사설》, 경사문, ‘송충’(경인문화사 영인본, 상), p. 34.

223) 《태종실록》5:19a(3년 4월 정묘일).

224) 《태종실록》7:12a(4년 4월 임신일), 9:15a(5년 4월 정축일), 29:17a(15년 4월
    을해일), 35:38b(18년 4월 계사일).

225) 《중종실록》81:32a~b(31년 4월 정해일).

226) 《중종실록》22:40b(10년 6월 신사일).

227) 박규택, 〈우리나라 곤충 연구의 발자취〉,《과학사상》21(1997년 여름), p. 123.

228) 《삼국사기》〈신라본기〉, 헌덕왕 15년 1월.

229) 《증보문헌비고》12:7a 〈상위고〉.

230) 《삼국사기》〈고구려본기〉1, 유리왕 29년 6월.

231) 《고려사》55:24b~25b 〈오행지〉3.

232) 이익,《성호사설》, 만물문, ‘충식율엽’(경인문화사 영인본, 상), p. 123.

233) 《고려사》101:18b 〈권경중전〉.

234) 《증보문헌비고》11:6b, 7a 〈상위고〉.

235) 《증보문헌비고》12:6b~7a 〈상위고〉.

236) 《태종실록》34:1a(17년 7월 을묘일), 2b(계해일).

237) 《세종실록》116:1b~2a(29년 4월 무술일).

2장_ 상서로운 이변과 현상

1) 《뉴스위크》(한국어판), 1997년 12월 10일.

2) 《한국일보》, 1998년 7월 2일;《조선일보》, 1998년 4월 24일.

3) 조선후생협회,《한국에서의 인구에 관한 통계》(조선총독부, 1943), pp. 64~65.

4)《삼국사기》〈신라본기〉1, 벌휴왕(이사금), 10년 3월.

5) Park, Seong-Rae, "Portents & Politics in Early Yi Korea, 1392~1519"(ph. D. Dissertation, University of Hawaii, 1977), p. 135.

6)《증보문헌비고》11 :11a.

7)《정종실록》, 1399년(정종 1) 7월 15일, 1책, p. 152.

8)《세종실록》, 1431년(세종 13) 7월 5일, 3책, p. 329.

9)《연산군일기》, 1502년(연산군 8) 4월 7일 ; 11일, 13책, p. 485.

10)《중종실록》, 1533년(중종 28) 3월 9일, 17책, p. 402.

11)《명종실록》, 1545년(명종 원년) 7월 14일, 19책, p. 270.

12)《명종실록》, 1546년(명종 1) 2월 8일, 19책, p. 390.

13)《현종실록》, 1667년(현종 8) 3월 10일, 36책, p. 547 ;《숙종실록》1694년(숙종 20) 3월 9일, 39책, p. 294.

14)《숙종실록》, 1713년(숙종 39) 5월 10일, 40책, p. 498.

15) 이희덕,《고려 유교정치사상의 연구》(일조각, 1984), p. 108.

16)《고려사》53 : 13a~14a, 〈오행지〉1.

17) Park, Seong-Rae, *Portents and Politics in Korean History*(Seoul : Jimoondang, 1998), pp. 105~115.

18) 신형식,《삼국사기 연구》(일조각, 1981), pp. 208~209.

19) 이희덕, 《고려 유교정치사상의 연구》(일조각, 1984), pp. 82~83, pp. 143~147.

20) 홍석모,《동국세시기》1월조.

21)《삼국사기》〈신라본기〉12, 경순왕 8년 9월.

22)《고려사》47 :18b 〈천문지〉1(태조 17년 9월 정사). 그러나 〈세가〉편에는 이런 기록이 없다. 차주환, '노인성제', 정신문화연구원,《민족문화대백과사전》5권, pp. 679~680 ; 차주환,《한국도교사상연구》(서울대출판부, 1978) ; 이능화,《한국도교사》.

23)《고려사》14 :35a~b(예종 15년 8월~9월), 47 :43a 〈천문지〉1.

24)《고려사》47 :44a 〈천문지〉1.

25)《고려사》19 :6a~10a(예종 24년 2월~10월) ; 47 :44a~b 〈천문지〉1.

26)《고려사》19 :9a(의종 24년 8월) ; 19 :15b(명종 1년 9월).

27)《고려사》49 :41a 〈천문지〉3.

28)《고려사》63 :21a, 23a 〈예지〉5, 잡사.

29)《고려사》128 :6b 〈열전〉, 정중부.

30) 고려 때의 영성단에 대해서는 그 규모 등이 밝혀져 있고, 입추 후 진일(辰日)

에 제사 지낸다고 쓰여 있다. 《고려사》 63:1b(禮 5, 吉禮小祀). 삼국시대의 영
성에 대한 제사에 대해서는 신라에서 입추 후 진일에 제사 지냈다는 기록이 있
고, 고구려도 제사를 지냈다는 기록이 함께 있다. 《삼국사기》 〈잡지(雜志)〉 1,
제사.

31) 《태종실록》 21:3b(11년 1월 임신), 영인본 1집, p. 573.

32) 《세종실록》 21:9b(5년 8월 병진), 영인본 2집, p. 552; 32:21a~b(8년 5월 임
자), 영인본 3집, p. 27.

33) 《세종실록》 148:a(지리지, 경도한성부), 영인본 5집, p. 613; 150:23b(지리지,
선산도호부), 영인본 5집, p. 647; 《증보문헌비고》 61:15a~16b(예 8).

34) 《정조실록》 46:53b~56b(21년 윤 6월 1일), 영인본 47집, p. 27.

35) 《세조실록》 22:1b~2b(6년 10월 6일), 영인본 7집, p. 423; 《영조실록》
112:24b(45년 5월 29일), 영인본 44집, p. 326; 이능화, 《조선도교사》 제20장 '노
인성', p. 266(이종은 번역본, pp. 197~200).

36) 이순지, 《천문유초》 상, 29b, 32a~b; 하, 8b~9a.

37) 《세종실록》 51:12b~15b(13년 1월 27일~2월 8일). 이런 기록은 중국의 것과
일치한다. 예를 들면 《진서(晉書)》 〈천문지〉에도 서성에 대해 같은 설명이 있
다.

38) 경성(景星) 등이 문장을 수식하기 위해 쓰인 경우는 많을 것으로 보인다. 예를
들면 이규보, 임춘의 글에 경성이 보인다. 《동문선》 27, 이규보, '관고'(국역 제3
권, p. 189); 58, 임춘 '대 이담지……'(국역 제5권, p. 432).

39) 《영조실록》 112:18a~b(45년 4월 12일), 영인본 44집, p. 323.

40) 《증보문헌비고》 6:20a, '객성'.

41) 이수광, 《지봉유설》 상, 국역본, p. 61; 이익, 《성호사설》(경인문화사 영인본,
상), pp. 48~49, '노인성'.

42) 《세조실록》 9:3a(3년 9월 무진), 영인본 7집, p. 219.

43) 《증보문헌비고》 11:29b~30b.

44) 《고종실록》 2:56a(2년 11월 13일).

45) 《고려사》 53:52b 〈오행지〉; 《고려사절요》 1권, 태조 원년. 《고려사절요》 국역본
에서 이 부분[九莖三秀]은 "아홉 줄기에 세 송이가 빼어났다"(1권, p. 23)라고
변역되어 있고, 북한 번역판 《고려사》에는 "한 대에 아홉 줄기가 달린 중에 세
개는 특히 빼어났다"(5권, p. 335)라고 옮겨져 있다. 그러나 여기서 수(秀)는 막
연히 '빼어나다'란 뜻이 아니라 열매 또는 꽃이 핀 것을 가리키는 것으로 보인
다.

46) 《고려사》 53:52b 〈오행지〉; 《고려사절요》 5:13b.

47) 《고려사》 19:7b~8a(의종 24년 윤 5월 임진); 《고려사절요》 11:44b~45a.

48) 《고려사》 34:24a(충숙왕 4년 1월).

49) 《연려실기술》 권6, 연산조 고사본말. 《증보문헌비고》 11:25b~26a 〈상위고〉 11 에는 이를 춘당대(春塘臺)와 같다고 했다.

50) 《중종실록》 2:15a(2년 1월 5일), 영인본 14집, p. 116.

51) 이익, 《성호사설》(경인문화사 영인본), p. 121, '지(芝)'.

52) 《고려사》 54:1a~b 〈오행지〉 2.

53) 《증보문헌비고》 11:26b~29b(초목이).

54) 1974년 서울 마포에서 흰 참새가 보고되자 박종화, 김동리 등 당대의 유명한 문 인과 역사소설가들은 한국에서는 물론 중국 기록에도 그런 경우가 없다고 논평 했다. 《한국일보》 1974년 6월 2일, p. 7.

55) 《삼국사기》 23권, 초고왕 48년 7월; 눌지왕 25년 2월.

56) 《삼국사기》가 그대로 반영된 《증보문헌비고》 12:7b~24b.

57) 《일본서기》 25, 효덕천황, 한국어판은 전용신 역, 《일본서기》(일지사, 1989), pp. 460~462.

58) 《고려사》 54:40a~b, 46b 〈오행지〉 2. 《고려사》에는 이 첫 기록이 정종 7년에 있었던 것으로 적혀 있다. 그러나 《증보문헌비고》는 정종은 4년까지만 있었다 고 적으면서도 정종 7년의 일로 그대로 기록하고 있다. 《고려사절요》는 이를 광 종 7년의 일이라고 고쳐두고 있다. 여기서는 《고려사절요》를 따른다.

59) 《태종실록》 22:43a(11년 11월 계미일); 《세종실록》 42:2a~b, 50:14a, 51:17b, 70:6b~7b, 81:18b; Park, Seong-Rae, *Portents & Politics in Korean History* (Seoul: Jimoondang, 1998), pp. 107~110.

60) 《세종실록》 55:24a~b(14년 3월 병자일).

61) 《세조실록》 39:4b(12년 5월 임오일).

62) 《연산군일기》 50:18b(9년 8월 29일), 24b(9월 29일), 51:3b(10월 13일), 영인본 13집, p. 573, p. 576, p. 578 등; 《중종실록》 2:29b(2년 2월 병자), 영인본 14집, p. 123.

63) 《연려실기술》 권18, 선조조 상신, 유홍; 이수광, 《지봉유설》 상, p. 61.

64) 《고려사》 34:5b~6a(충선왕 5년 2월); 《고려사절요》 23:29b~30a(충선왕 5년 2 월).

65) 《논형》 17:52, '시영', 감로, 味如飴蜜 王者太平則降.

66) 《태종실록》 27:42b(14년 6월 10일), 28:29a(14년 윤 9월 20일), 29:19a~b(15년 4월 13일), 29:24a(15년 4월 21일), 36:23a(18년 11월 8일), 36:25a~29a. 영인 본 2집 p. 21, p. 39, p. 58, p. 60, p. 248, pp. 249~251.

67) 《세종실록》 63:35a(16년 3월 30일), 64:1a(16년 4월 1일), 64:3b(16년 4월 6일), 64:10a(16년 4월 15일), 64:11b(16년 4월 20일), 64:16a(16년 4월 25일),

64:19b(16년 4월 28일), 64:28b(16년 5월 18일), 64:29a(16년 5월 20일), 영인본 3집, p. 552~554, pp. 557~558, p. 560, p. 562, pp. 566~567.

68) 《세종실록》72:15b(18년 5월 21일), 77:18a(19년 5월 11일), 84:38b(21년 3월 26일), 108:16b(27년 5월 28일); 《문종실록》7:20b(1년 5월 1일), 13:32a(2년 9월 1일), 영인본 3집, p. 677; 4집, p. 71, p. 198; 6집, p. 380, p. 496.

69) 《세조실록》16:15a(5년 5월 7일), 28:17b(8년 4월 29일), 33:8a~b(10년 4월 20일), 33:12b(10년 5월 2일), 35:30b(11년 4월 8일), 38:21b(12년 3월 22일), 38:34a(12년 4월 12일), 42:3a(13년 4월 7일), 46:20a(14년 5월 16일). 영인본 7집, p. 326, p. 533, p. 621, p. 623, p. 681; 8집, p. 11, p. 17, p. 69, p. 185.

70) 사리에 대해서는 《망월(望月) 불교대사전》3권, pp. 2185~2186; 이능화, 《조선불교통사》(1917), p. 14를 참조.

71) 《삼국사기》〈신라본기〉4, 진흥왕 10년; 《삼국유사》3, 원종흥법.

72) 《일본서기》21, 숭준천황 1년(전용신 역), p. 375.

73) 《고려사》34:5b~6a(충선왕 5년 2월 갑술); 《세조실록》30:23b(9년 4월 계미), 33b~34a(9년 6월 무인).

74) 《세조실록》33:12b(10년 5월 2일), 영인본 7집, p. 623.

75) 《세조실록》38:10a(12년 1월 무진), 21b(3월 22일), 23b(경오, 신미), 26a(윤 3월 무자), 30a(무술), 34a(4월 임자), 39:26a(7월 병술), 40:5b(10월 갑인), 영인본 8집, p. 5, p. 11, p. 13, p. 15, p. 17, p. 33, p. 44.

76) 《세조실록》42:3a, 4a(13년 4월 임인, 병오), 45:7b(14년 1월 을유), 46:19b~20a(14년 5월 계유, 을해), 영인본 8집, p. 69, p. 157, p. 185.

77) 《예종실록》1:27a~b(즉위년 10월 9일) 영인본 8집, p. 281.

78) 이색(이석구 역), 《목은집》(대양서적, 1972), p. 417.

79) 이익, 《성호사설》(여강출판사 영인본) 상, p. 188, '사리'.

3장_ 암탉이 수탉으로 변하는 변괴

1) 암탉이 수탉으로 바뀐 기록을 필자가 1960년대에 조사하여 학위논문에 이용한 것은 이 표의 처음 9회뿐이었다. 그러나 이미 《증보문헌비고》12:12a~13b에는 그 후 8회의 기록이 더 있음을 주목한 일이 있다. Park, Seong-Rae, *Portents and Politics in Korean History*, p. 102. 물론 여기 추가된 이 기록은 1994년에 실록의 CD-ROM이 나와 검색하여 보충한 것이다.

2) 《고려사》54:12b~13a 〈오행지〉2.

3) 《고려사》2:2a~3a(태조 15년 5월 갑신).

4) 이희덕, 《고려 유교정치사상의 연구》(일조각, 1984), pp. 126~127.

5) 《중종실록》 21:27b(9년 11월 무자), 21:38b~39a(10년 1월 6일), 21:57b(10년 2
월 19일).

6) 《중종실록》 21:39b~40a(10년 1월 11일).

7) 《중종실록》 21:57b(10년 2월 기유).

8) 김안로, 〈용천담적기〉, 《국역 대동야승》 3권, p. 478; 《해동야언》 2권, p. 441

9) 《중종실록》 22:18b~19b(10년 5월 11일), 23:13b~14a(10년 9월 29일),
23:19a(10년 10월 3일).

10) 경빈 박씨와 복성군의 사건에 대해서는 많은 사료가 있으나, 이 언문 쪽지 기록
은 《중종실록》 69:19b(25년 9월 7일)에 보인다. 실록에도 많은 상세한 기록이
있고, 《연려실기술》 9권 '중종조 고사본말'에 '박경빈과 복성군의 옥사' 기록이
있다(국역 2권, pp. 457~463).

11) 《명종실록》 11:21a~b(6년 2월 경오).

12) 《명종실록》 11:57b(6년 6월 25일).

13) 《명종실록》 25:78a~b(14년 10월 24일).

14) 《연려실기술》 10권, '정미벽상지옥'(국역 3권, p. 55), '무신안명세지옥'(국역 3
권, p. 61).

15) 《인조실록》 3:8a(1년 9월 신축).

16) 《광해군일기》 67:30a(5년 6월 병오), 69:8a~b(5년 8월 병신); 《연려실기술》 21
권, '광해난정'(국역 5권, pp. 331~340).

17) '경신대출척'과 허견과 이들 '복'자 이름의 왕자들, 그리고 명성왕후와의 관련
등은 많은 사료에 나온다. 《숙종실록》의 여러 곳; 이건창, 《당의통략(黨議通
略)》(을유문화사, 1972, 국역판), pp. 49~63; 《연려실기술》 33권, '복창군과 복
평군의 궁녀관계의 옥사'(국역판 권7, pp. 319~328), 34권, '경신년의 대출척과
허견의 옥사'(국역판 권8, pp. 5~45).

18) 《숙종실록》 3:8a~12a(1년 3월 14일).

19) 《현종실록》 15:46b(9년 12월 29일); 《현종개수실록》 20:10b(9년 12월 29일).

20) 《성종실록》 295:4a~b(25년 10월 9일).

21) 《중종실록》 27:62a(12년 4월 22일).

22) 《효종실록》 10:60a(4년 6월 20일).

23) 김정국, 《사재척언》(패림 5권); 이이, 《석담일기》 하(선조 9년 2월); 《국역 대
동야승》 4권, p. 201.

24) 《연려실기술》 35, '원자정호'(국역 7권), pp. 241~242.

25) Joseph Needham, *Science & Civilization in China*, vol. II, pp. 574~576.

1) Park, Seong-Rae, *Portents and Politics in Korean History*(Seoul: Jimoondang, 1998), pp. 121~133. 책은 필자의 학위논문을 약간 수정하고, 제목도 조금 달리해 출판되었다.

2) 풍우란, 《중국철학사》(홍콩: 1970), p. 530. 天地之物 有不常之變者 爲之異小子爲之災 災常先至而異乃隨之 災者天之譴也 異者天之威也 譴之而不知乃畏知以威……凡災異之本 盡生於國家之失…….

3) Maurice Keen, *The Pelican History of Medieval Europe*(Baltimore: 1968), p. 20.

4) Joseph Needham, *Science & Civilization in China*, vol. II(Cambridge: 1956), p. 379. "inverted astrology".

5) 손숙평, 《중국철학사고》 상(상하이: 인민출판사, 1980), p. 626.

6) 《주자전서》 52: 1a; Carson Chang, *The Development of Neo-Confucian Thought*, vol. I(New York: 1957), p. 59.

7) 《고려사》 120:14a 〈열전〉 33, 윤소종.

8) 《국역 동문선》 권5, p. 300~305.

9) Hu Shih, "The Scientific Spirit and Method in Chinese Philosophy", in Charles Moore(ed.), *Philosophy and Culture: East and West*(Honolulu: 1962), p. 209. 이 논문의 우리말 번역은 민두기 편역, 《호적문선》(서울: 1972), pp. 223~270; 박설애 편, 《중국과학의 사상》(서울: 1978), pp. 39~72를 참조.

10) 《주자전서》 49:25a; Needham, op. cit., II, 492. 원문은 今說天有箇人在那裏批判罪惡 固不可 說道無主之者 又不可.

11) 友枝龍太郎, 《朱子の思想形成》(도쿄: 1969), p. 314; 주희, 《주자대전》 14: 23b~24a.

12) Wolfram Eberhard, *A History of China*(Berkeley: 1971), p. 43.

13) 왕충, 《논형》 권18, 자연(제54편).

14) 풍우란, 《중국철학사》, p. 588; H. G. Creel, *Chinese Thought*(New York: 1953), p. 152.

15) 유종원, 《유종원철학선집》(베이징: 1964), p. 51; 양영국, 《간명중국철학사》(베이징: 1973), pp. 170~176; 손숙평, 《중국철학사고》 상, pp. 631~656.

16) 《송사(宋史)》 327:11a~b, '왕안석전'.

17) 《성종실록》 91:2b(9년 4월 3일).

18) 이익, 《성호사설》, '파람'(경인문화사 영인본, 상), p. 472.

19) 현상윤, 《조선유학사》(서울: 1982), p. 15; 이병도, 《한국유학사략》(서울: 1986), p. 37.

20) 동중서는 하늘이 곧 사람이요 사람이 곧 하늘이라고 했다. 여기서 사람은 왕을 뜻하는데, 왕이 정치를 잘하면 하늘도 복을 내리며 왕이 어긋난 길을 가면 가뭄이나 홍수와 같은 천재지변을 일으킨다는 것이다. 이를 천인감응설(天人感應說) 혹은 천인상관설(天人相關說)이라고 하는데, 하늘이 견책한다는 뜻에서 천견설(天譴說)이라고도 한다.

21) 이희덕, 《한국 고대 자연관과 왕도정치》(서울: 1994), pp. 127~133; 신형식, 《삼국사기 연구》(서울: 1981), p. 369. (삼국사기에서) "김부식은 하늘의 변화와 인간의 활동과의 상관관계 속에서 역사 내용을 추출……".

22) 《고려사》93:19a, 최승로전; 《동문선》52, 최승로의 상시무서(上時務書).

23) 서긍, 《고려도경》권40, 동문(이화여대 영인본), p. 393.

24) 《고려사》98:34a~b 임완전; 《국역 동문선》V, 임완 '재이상서', pp. 195~199.

25) 《고려사절요》10(인종 10년 4월).

26) 묘청의 서경 천도 계획에 따라 서경의 명당에 궁궐을 세워 인종 7년인 1129년에 완공하였는데, 이를 대화궐이라 부른다.

27) 이병도, 《고려시대의 연구》(을유문화사, 1948), p. 206.

28) 《고려사절요》9(인종 9년 8월).

29) 《고려사》〈세가〉16:16a~b(인종 9년 8월); 《고려사절요》9(인종 9년 8월).

30) 이병도, 《고려시대의 연구》(을유문화사, 1948), p. 181.

31) 《고려사》13:33a(예종 9년 4월 을축, 병인); 《고려사절요》8(예종 9년 4월 을축).

32) 《고려사절요》12(명종 9년 11월, 12월). 《고려사》에는 이 기록이 없다.

33) 《고려사절요》13(명종 14년 8월, 9월). 《고려사》에는 이 기록이 없다.

34) 《고려사절요》13(명종 15년 9월). 《고려사》〈세가〉에는 금성 기록만 보일 뿐, 그것을 계기로 한문준이 거짓 사직한 기록은 없다. 그러나 〈열전〉(99:15a)의 '한문준' 편에 같은 내용이 들어 있다.

35) 《고려사》29:11a~b(충렬왕 6년 3월); 《고려사절요》20(충렬왕 6년 3월).

36) 《고려사》31:10b(충렬왕 22년 1월 갑신). 《고려사절요》에는 없음.

37) 이색, '진시무서(陳時務書)', 《동문선》권53.

38) 이능화, 《조선불교통사》상, p. 312, 315.

39) 《고려사》39:19b(공민왕 6년 10월).

40) 서긍, 《고려도경》19, 민서; 22, 잡속.

41) 이능화, 《조선불교통사》상, p. 311.

42) 《고려사》120:31b~33a(〈열전〉, '김자수'); 《고려사절요》39(공양왕 3년 5월).

43) 《고려사》, 《고려사절요》에 들어 있고, 특히 이능화, 《조선불교통사》상, pp. 332~335에는 각 상소문 요약이 있다.

44) 《고려사》 45:15a~b(공양왕 2년 1월).

45) 《고려사절요》 34(공양왕 2년 7월); 《고려사》 45:31a(공양왕 2년 7월). 그런데
    《고려사》에는 서운관에서 이를 건의했다는 기록이 보이지 않는다.

46) 《고려사절요》 35(공양왕 3년 5월).

47) 《고려사》 117:35b~36a(〈열전〉, '이첨').

48) 《고려사》 117:12a(〈열전〉, '정몽주').

49) 《고려사》 120:40b(〈열전〉, '김자수'); 《고려사절요》 35(공양왕 3년 6월).

50) 《태조실록》 2:8a(1년 10월 정사); 이능화, 《조선불교통사》 중, p. 323. 이능화는
    그 날짜를 10월 11일, 즉 임금의 생일이었다고 기록하고 있으나 《태조실록》에는
    2일 앞선 것으로 되어 있다.

51) 《태조실록》 4:12a(2년 10월 신축).

52) 《태조실록》 5:1a(3년 1월 4일).

53) 《태조실록》 15:11a(7년 12월 병진).

54) 《정종실록》 2:1b(1년 7월 무인).

55) 《정종실록》 2:6a(1년 8월 6일); 2:7a(1년 8월 10일).

56) 《정종실록》 3:2a~b(2년 1월 24일).

57) 《정종실록》 2:7a(1년 8월 15일); 3:14a(2년 3월 15일); 5:11a(2년 8월 신해, 계
    축, 갑인).

58) 이능화, 《조선불교통사》 상, pp. 348~349.

59) 이능화, 《조선불교통사》 상, pp. 300~301.

60) 《증보문헌비고》 85:4b~6a, '벽이'.

61) 《정종실록》 6:7a(2년 11월 계유).

62) 《태종실록》 2:8a~b(1년 8월 무인).

63) 박성래, 〈한국과학사상사(16)〉, 《과학사상》 18(1996년 가을), pp. 244~261.

64) 박성래, 〈한국과학사상사(22)〉, 《과학사상》 28(1999년 봄), pp. 265~287, 특히
    pp. 280~282.

65) 고려 중기의 동요인데, '목자(木子)'는 '이(李)'자의 자획을 풀어 나눈 것으로
    이씨가 장차 왕이 될 것임을 예언하고 있다.

66) 《태조실록》 6:6a(3년 8월 기유).

67) 《정종실록》 1:6a(1년 2월 26일).

68) 《태종실록》 10:4b(5년 8월 3일).

69) 《태조실록》 6:10b(3년 8월 11일).

70) 《태종실록》 6:11b(2년 12월 22일).

71) 《태종실록》 33:60a(17년 6월 경인), 34:30a(17년 11월 병진), 34:38b(17년 12월
    병신).

72) 《태조실록》 2:11a(1년 11월 1일).

73) 《태종실록》 7:7a~b(4년 2월 신묘), 31:10a~b(16년 1월 경신).

74) 이능화(이종은 역주), 《조선도교사》(보성문화사, 1977), pp. 290~295.

75) 《태조실록》 4:12b(2년 11월 신유), 5:20a(3년 5월 정미).

76) 《태조실록》 10:1a(5년 7월 임술), 11:12a(6년 4월 25일).

77) 《태조실록》 14:19b(7년 8월 갑자, 병인).

78) 《세종실록》 29:6a(7년 7월 15일).

79) 이능화(이종은 역주), 《조선도교사》, pp. 122~151.

80) 《성종실록》 162:9b(15년 1월 갑진), 248:3b(21년 12월 신해), 261:7b(23년 1월 계미).

81) 《연산군일기》 61:2b, 5b(12년 1월 병신, 갑진); 《중종실록》 1:28b(1년 10월 무 신).

82) 《인조실록》 23:17a~b(8년 8월 2일).

83) 한영우, 《우리 역사》(경세원, 1997), pp. 229~230.

84) 박성래, 〈고려 초의 역과 연호〉, 《한국학보》 10(1978), pp. 135~155.

85) 今西龍, 《조선사의 간(栞)》(1935), p. 192.

86) 국보 제228호 〈천상열차분야지도〉 발문, 한국과학사학회, 〈한국의 과학문화재 조사보고〉, 《한국과학사학회지》 6(1984), pp. 61~70에 원문과 번역문이 있고, 권근의 《국역 양촌집》(민족문화추진회 국역판)에도 원문과 번역문이 있다. 이 번역문은 필자가 이들을 참고, 수정해 만든 것이다.

87) 《태조실록》 1:19(1년 7월 17일).

88) 김상억 주해, 《용비어천가》(을유문고 171), pp. 73~76.

89) 《태조실록》 2:2a(1년 9월 갑오일).

90) 이경선, 〈건국설화와 천명사상〉, 《동양학》 5(1975), pp. 263~280.

91) 《태종실록》 24:4b~5a(12년 7월 21일).

92) 《세조실록》 6:23b(3년 1월 갑오일).

93) 《성종실록》 260:1a~b(22년 12월 2일).

94) 제사(祭祀)를 지내는 예전(禮典)을 말하는데, 예전은 육전(六典)의 하나로서 예조(禮曹)의 예악, 제사, 과거 따위의 여섯 가지 사무를 규정한 책이다.

95) 《태조실록》 6:13b(3년 8월 21일).

96) 《태조실록》 1:51b(1년 8월 11일).

97) 《태조실록》 2:5a(1년 9월 21일).

98) 오방신장(五方神將)의 하나로, 봄을 맡고 있는 동쪽의 신을 말한다. 오방신장 은 다섯 방위를 지키는 다섯 신, 즉 동쪽의 청제(青帝), 서쪽의 백제(白帝), 남 쪽의 적제(赤帝), 북쪽의 흑제(黑帝), 중앙의 황제(黃帝)다.

99) 《태종실록》22:34a(11년 10월 27일); 22:44b(11년 12월 임진일).

100) 하늘을 이르는 말인데, 이는 후한의 정현(鄭玄)이 천제(天帝)와 오제(五帝)를 합쳐 부른 데서 유래했다.

101) 《태종실록》24:11b(12년 8월 28일); 31:50a(16년 6월 7일); 36:1a(18년 7월 1일).

102) 《태종실록》31:45a(16년 6월 1일). 이 내용은 《증보문헌비고》61:13b에도 보인다.

103) 《정조실록》35:41b(16년 8월 무인일).

104) 비, 바람, 구름, 우레를 맡은 신에게 제사 지내던 단인데, 서울 남쪽 교외에 있었다. 풍운뇌우산천성황단(風雲雷雨山川城隍壇)이라고도 한다.

105) 《영조실록》29:39a.

106) 《증보문헌비고》54:1b~2a, '환구'.

107) 《태조실록》1:51b~52a(1년 8월 11일).

108) 주 17과 같음.

109) 《태종실록》23:38b(12년 6월 6일).

110) 《세종실록》29:29a~30a(7년 9월 25일).

111) 《세종실록》48:3b(12년 4월 9일).

112) 《세조실록》4:23b(2년 7월 1일).

113) 《영조실록》101:26b(39년 4월 22일).

114) 안정복, 《동사강목》(민족문화추진회 국역본) 1, pp. 159~162.

115) 《태종실록》6:5b(3년 8월 20일).

116) 《태종실록》14:31a(7년 10월 1일).

117) 《태종실록》21:1b~2a(11년 1월 5일).

118) 《세종실록》30:25b(7년 12월 16일).

119) 《증보문헌비고》3:18b~20a, '분야'.

120) 《정조실록》52:58a(23년 12월 21일).

121) 《세종실록》126:10b(31년 12월 22일); 127:10b(32년 1월 17일).

122) 홍만종(이민수 역), 《순오지》(을유문고 65), p. 50.

123) 이긍익, 《연려실기술》27, '심기원지옥'.

124) 박세무 · 이석호 역, 《동몽선습》(을유문고 74), pp. 88~89.

125) 《세종실록》51:32a(13년 3월 15일).

126) 《고려사절요》19:23b.

127) 《태종실록》13:33b(7년 6월 8일).

128) 《중종실록》84:56b~57a(32년 4월 16일).

1) 정도전의 작품과 그 간단한 해설에 대해서는 한영우, 〈해제〉, 《국역 삼봉집》(민족문화추진회, 1977) 참조.

2) 정도전, 〈심문천답〉, 《국역 삼봉집》(민족문화추진회, 1977), p. 379.

3) 풍우란, 《중국철학사》(홍콩: 태평양도서공사, 1970), p. 513, 530.

4) 정도전, 《조선경국전》〈치전총서〉; 《삼봉집》(국사편찬위원회, 1971). p. 207.

5) 정도전, 《조선경국전》〈치전총서〉에는 '人主之職 在論一相'이라 되어 있고, 곧이어 〈재상연표〉에서는 '人主之職 在擇一相'이라 쓰고 있다.

6) 정도전, 《경제문감》 상, 〈재상〉; 《삼봉집》(국사편찬위원회, 1971), p. 156, pp. 161~163.

7) 최승희, 《조선 초기 언관·언론 연구》(서울대출판부, 1976), pp. 115~127. 태종의 언론 및 언관에 대한 태도는 탄압적이었지만, 언관의 활동은 활발했고, 태종도 모든 언론을 탄압하지는 않았다고 평가하고 있다.

8) 《국역 동문선》 3(민족문화추진회, 1976), pp. 69~70.

9) 홍석모, 《동국세시기》(을유문화사, 1969), p. 102.

10) 휘문의숙, 《고등소학독본》 권2(휘문의숙, 1907; 한국개화기교과서총서 5), pp. 128~129.

11) 《정종실록》 2:17b(1년 12월).

12) 《태종실록》 1:19b(1년 3월 28일).

13) 《태종실록》 4:11a(2년 9월 11일, 13일).

14) 《태종실록》 4:15b(2년 10월 4일); 5:12b(3년 4월 4일).

15) 《태종실록》 12:7b~8a(6년 윤 7월 4일).

16) 《태종실록》 33:36b~37a(17년 5월 9일).

17) 《연려실기술》 2, 〈정종조 고사본말: 하륜〉, 국역본 1, p. 182.

18) 《정종실록》 6:4b(2년 11월 11일).

19) 《태종실록》 4:2b~3a(2년 7월 4일~9일).

20) 《태종실록》 12:17a(6년 8월 18일). 전후에 태종 전위사건 과정이 기록되어 있다.

21) 《태종실록》 18:6a(9년 7월).

22) 《태종실록》 18:12b~13a(9년 8월 13일).

23) 《태종실록》 20:21a(10년 10월 6일).

24) 《태종실록》 35:65a~67b, 36:4a(18년 6월 3일, 7월 4일, 7월 6일, 8월 8일, 8월 10일).

25) 《세종실록》 1:23b(원년 9월 26일).

26) 《태종실록》 31:36b~37a(16년 5월 19일).

27) 《고려사》 47, 〈천문〉 1(우왕 원년 11월). “日珥, 日背, 白虹貫日, 書雲觀奏曰 近者 日珥日背 白虹貫日 以本文考之 宜釋女樂 入賢良”.

28) 이희덕, 《고려 유교정치사상의 연구》(일조각, 1984), pp. 79~80.

29) 《국역 연려실기술》 1, ‘강상인의 옥사’, p. 250.

30) 《세종실록》 1:12a(8월 25일), 1:12a~b(8월 26일), 1:12b~13a(8월 27일), 1:13a~b(8월 29일).

31) 《세종실록》 1:11b(8월 23일), 1:14a(9월 1일), 1:15b(9월 3일).

32) 《세종실록》 2:1b~2a(11월 3일) 이하.

33) 《세종실록》 2:37b~38a(12월 25일).

34) 《연합뉴스》 2001년 1월 24일.

35) 《세종실록》 80:26b(20년 3월 4일).

36) 《세종실록》 100:2a(25년 4월 7일).

37) 《세종실록》 92:24a(23년 4월 26일).

38) 《세종실록》 92:24b(23년 4월 29일).

39) 위와 같음.

40) 위와 같음.

41) 《세종실록》 92:25a~b(23년 5월 1일); 《문종실록》 8:5b(1년 6월 6일).

42) 《세종실록》 7:27b(2년 2월 23일), 8:14a~b(2년 5월 28일).

43) 《세종실록》 19:28b~29a(5년 3월 28일).

44) 《세종실록》 34:6a(8년 11월 5일).

45) 김영태, ‘불교’, 국사편찬위원회 편, 《한국사》 26, 〈조선 초기의 문화〉(1995), pp. 268~269.

46) 《세종실록》 122:12b(30년 12월 5일).

47) 최승희, 《조선 초기 언관 · 언론 연구》(서울대출판부, 1976), pp. 141~147.

48) 《세조실록》 4:14b(2년 6월 6일).

49) 《세조실록》 4:10a~b(2년 6월 2일).

50) 한국 역사상 혜성의 이런 의미에 대해서는 이미 필자가 앞부분에서 논의한 바 있다. 박성래, 〈한국과학사상사(9)〉, 《과학사상》 11(1994년 겨울), pp. 245~260.

51) 《세조실록》 4:5b(2년 5월 11일).

52) 박성래, 〈한국과학사상사(16)〉, 《과학사상》 18(1996년 가을), p. 245.

53) 같은 글, pp. 245~246.

54) 《세조실록》 30:36a(9년 7월 2일); 34:30a(10년 10일 1일); 37:32b(11년 12월 24일).

55) 《태종실록》 28:29a(14년 윤 9월 20일).

56) 《태종실록》 29:24a(15년 4월 21일).

57) 《세종실록》 63:35a(16년 3월 30일).

58) 《세종실록》 72:15b(18년 5월 21일); 77:18a(19년 5월 11일); 84:38b(21년 3월 26일).

59) 《세종실록》 108:16b(27년 5월 28일).

60) 《문종실록》 7:20b(1년 5월 1일).

61) 《세조실록》 33:8a~b(10년 4월 20일).

62) 《세조실록》 16:15a(5년 5월 7일); 28:17b~18a(8년 4월 29일).

63) 《세조실록》 33:12b~13a(10년 5월 2일).

64) 원각사에 대해서는 잘 알려져 있다. 《세조실록》 33:13a(10년 5월 3일) 이하에도 상세한 기록이 남아 있고, 성현, 《용재총화》(《국역 대동야승》 1, 175); 어숙권, 《패관잡기》(《국역 대동야승》 1, p. 437); 이능화, 《한국불교통사》 상, pp. 417~422 등을 참고할 만하다.

65) 《세조실록》 35:30b(11년 4월 8일); 38:21b(12년 3월 22일); 38:34a(12년 4월 12일); 42:3a(13년 4월 7일); 46:20a(14년 5월 16일).

66) 《세조실록》 35:31a(11년 4월 13일); 38:34a(12년 4월 12일); 46:20a(14년 5월 16일). 《세조실록》 11년 4월 13일의 첫 수타미 기록은 한글판 번역이 조금 잘못되어 있다. 한글판(즉 실록 CD-ROM)에는 "수타미(須陀味)의 기이함이 있다 하여, 【솔잎 위에 빛이 흰 것을 얻으면 맛이 달기가 사탕(沙糖)과 같은 것이 곳곳에 있다. 수타불경(須陀佛經)에 꽃[華]을 희다고 말하였다.】 백관(百官)이 진하(陳賀)하였다"로 번역되어 있다. 이 실록 번역 【 】부분의 원문은 【於松葉上得之 色白而味甘如沙糖 處處有之 須陀 佛經華言白也】인데, 【솔잎 위에서 얻는 것으로 맛이 달기가 사탕과 같은 것이 곳곳에 있다. 수타란 불경에 나오는 중국 말로 희다는 뜻이다】로 옮기는 것이 옳을 듯하다. 또 수타는 산스크리트어로 sudra, sudha로 표기되는데, 감로 꿀 등을 뜻하는 영어 nectar를 가리킨다. William E. Soothill, *A Dictionary of Chinese Buddhist Terms*(London: Kegan Paul et al., reprinted in Taipei, 1975), p. 395.

67) 《세조실록》 35:31a(11년 4월 13일); 38:30b~31a(12년 윤 3월 28일); 46:7a(14년 4월 16일); 46:8a(14년 4월 17일).

68) 《세조실록》 46:45b(14년 6월 22일).

69) 《성종실록》 13:20b~21a(2년 12월 12일).

70) 《국역 연려실기술》 6, '성종조 고사본말'.

71) 《세조실록》 46:25a(14년 5월 27일).

72) 《성종실록》 13:18b(2년 12월 7일).

73) 《성종실록》 13:20b(2년 12월 11일).

74) 《성종실록》 13:22a(2년 12월 12일); 이 기록은 《국역 연려실기술》 6, 11~26에
    도 보인다.

75) 《성종실록》 40:5b(5년 3월 15일).

76) 《성종실록》 65:17b(7년 3월 21일); 19a(7년 3월 27일).

77) 《성종실록》 65:19b(7년 3월 28일).

78) 《성종실록》 185:9b~10a(16년 11월 9일).

79) 《성종실록》 251:2b~3a(22년 3월 5일).

80) 《성종실록》 143:4a(13년 7월 4일), 11b(13년 7월 11일), 13b(13년 7월 13일).

81) 《성종실록》 44:14a~b(5년 윤 6월 23일).

82) 《성종실록》 143:13b~14a(13년 7월 13일).

83) 《성종실록》 242:1a(21년 7월 1일).

84) 《성종실록》 242:1a~6b(21년 7월 1일~7월 7일).

85) 《국역 연려실기술》 4권, '육신의 상왕 복위 모의'; 6권, '채수'.

86) 《성종실록》 91:9a(9년 4월 기해일).

87) 중국 후한의 환제·영제 때에 환관들이 정권을 장악하여 국사를 마음대로 하
    자 진번(陳蕃), 이응(李膺) 등의 학자와 태학생들이 환관들을 탄핵하였으나,
    도리어 환관들이 이들을 종신 금고에 처하여 벼슬길을 막아버린 일. 당고지화
    (黨錮之禍)라고도 한다.

88) 낙당(洛黨)은 송나라 철종 때 정이(程頤)가 주동이 된 당파이고, 촉당(蜀黨)은
    소식(蘇軾)이 중심이 되어 만든 당파다. 유지(劉摯)의 삭당(朔黨)과 함께 조신
    삼당(朝臣三黨)의 하나로, 세 당은 서로 격렬한 정쟁을 벌였다.

89) 《성종실록》 242:26a~27b(21년 7월 병자일).

90) 《성종실록》 242:27a~b(21년 7월 병자일).

91) 《성종실록》 44:2a(5년 윤 6월 7일).

92) 《성종실록》 91:1a(9년 4월 1일).

93) 《성종실록》 91:1b~5a(9년 4월 3일).

94) 《성종실록》 91:7a~8b(9년 4월 7일).

95) 《성종실록》 91:9a(9년 4월 8일). 이심원의 상소와 논의; 남효온의 상소는 91:
    16a~21a(9년 4월 14일).

96) 《성종실록》 91:30a~b(9년 4월 24일).

97) 《성종실록》 91:25b~26a(9년 4월 21일).

98) 《성종실록》 91:31a~34b(9년 4월 27일).

99) 《성종실록》 91:2b(9년 4월 3일).

100) 《성종실록》 91:2b(9년 4월 3일); 《송사(宋史)》 327:11a~b. 원문은 天變不足

畏 祖宗不足法 人言不足恤.

101) 《성종실록》82:28b~30a(8년 7월 무자~기축); 《국역 연려실기술》6권, '임사 홍의 현석규 배척'.

102) 《성종실록》92:16a(9년 5월 8일).

103) 이병휴, 〈무오사화〉, 〈갑자사화〉, 국사편찬위원회 편, 《한국사》28권(1996), pp. 186~193. 인용은 1996년판 p. 193. 참고로 신해순, 〈燕山君代의 二大士 禍〉, 국사편찬위원회 편, 《한국사》12권(1978), pp. 169~176.

104) 박성래, 〈한국과학사상사(32)〉, 《과학사상》38(2001년 가을), pp. 208~209, p. 214.

105) 《연산군일기》4:6a(1년 3월 16일).

106) 《연산군일기》7:9a~b(1년 7월 7일).

107) 《연산군일기》9:7a~8a(1년 9월 8일).

108) 《연산군일기》9:16b(1년 10월 4일).

109) 《연산군일기》9:1b(1년 9월 4일).

110) 《연산군일기》9:1b(1년 12월 2일).

111) 《연산군일기》21:44a(3년 2월 30일); 22:2a(3년 3월 4일); 22:14b(3년 3월 20 일).

112) 《연산군일기》21:44a(3년 2월 30일); 22:2a(3년 3월 4일); 22:14b(3년 3월 20 일).

113) 《연산군일기》21:23a~b(3년 1월 25일).

114) 《연산군일기》18:2b(2년 9월 14일).

115) 《연산군일기》18:18b(2년 10월 5일); 18:19a~b(2년 10월 6일).

116) 경상도 우박 기록은 《연산군일기》22:28b(3년 4월 16일); 23:17a(3년 5월 24 일); 23:19a(3년 5월 26일).

117) 《연산군일기》24:1a(3년 6월 1일).

118) 《연산군일기》24:11a(3년 6월 13일); 11b(3년 6월 14일).

119) 《연산군일기》24:25a(3년 6월 27일); 24:25a~29a(3년 6월 28일).

120) 《연산군일기》29:3b~4a(4년 1월 23일).

121) 《연산군일기》30:1a(4년 7월 4일); 30:1b(4년 7월 6일).

122) 《연산군일기》30:2b~3a(4년 7월 8일).

123) 《연산군일기》30:3a~b(4년 7월 9일).

124) 《연산군일기》30:20b(4년 7월 24일).

125) 《연산군일기》31:9a(4년 9월 23일).

126) 《연산군일기》31:17b(4년 윤 11월 21일).

127) 《연산군일기》32:11b(5년 2월 1일).

128)《연산군일기》51:3a(9년 10월 9일).

129)《연산군일기》48:16a(9년 2일 16일).

130)《연산군일기》37:14a~b(6년 4월 21일).

131)《연산군일기》53:42a(10년 5월 22일).

132)《연산군일기》53:43a~b(10년 5월 23일).

133)《연산군일기》53:37b~38a(10년 5월 16일).

134)《연산군일기》54:12b(10년 6월 16일).

135)《연산군일기》54:22b(10년 7월 8일).

136)《연산군일기》54:25a(10년 7월 10일); 54:32a(10년 7월 22일).

137)《연산군일기》54:34a(10년 7월 25일).

138)《연산군일기》55:2b(10년 8월 4일).

139)《연산군일기》55:25a(10년 9월 신해일).

140)《연산군일기》55:26b(10년 9월 27일).

141)《연산군일기》56:3a~4a(10년 10월 6일~7일).

142)《연산군일기》56:12b(10년 10월 27일).

143)《연산군일기》56:26b(10년 12월 9일).

144)《연산군일기》57:7b~8b(11년 1월 13일).

145)《연산군일기》57:15a(11년 2월 10일).

146) 장학근, 〈연산군의 재이론에 대한 인식 변화; 군권 · 언권 논쟁을 중심으로〉,
    《경남사학》 7(1995); 김돈, 〈연산군대의 군 · 신 권력관계와 그 추이〉, 《역사교
    육》 53(1993); 송수환, 〈갑자사화의 새 해석〉《사학연구》 57(1999); 권연웅, 〈연
    산조의 경연과 사화〉, 《구곡황종동교수 정년기념 사학논총》, 1994.

147)《연산군일기》55:11a~b(10년 8월 15일).

148)《연산군일기》57:13b(11년 2월 6일); 57:16b~17a(11년 2월 18일).

149)《연산군일기》56:31a(10년 12월 26일); 56:32a(10년 12월 27일).

150)《연산군일기》57:17b(11년 2월 23일).

151)《연산군일기》58:6a(11년 5월 25일).

152)《연산군일기》58:24a(11년 7월 28일).

153)《연산군일기》60:4a(11년 10월 16일).

154)《연산군일기》60:6b(11년 10월 25일).

155)《연산군일기》55:9a(10년 8월 10일).

156)《연산군일기》57:3b(11년 1월 5일).

157)《연산군일기》57:12b(11년 1월 29일); 57:19b~20a(11년 3월 9일); 57:20b(11
    년 3월 12일).

158)《연산군일기》60:11a(11년 11월 13일); 60:14b(11년 11월 24일).

159) 《연산군일기》 61:3a~b(12년 1월 7일).

160) 《연산군일기》 61:9b(12년 1월 25일).

161) 《연산군일기》 61:14b(12년 2월 10일).

162) 《연산군일기》 61:23a(12년 3월 15일).

163) 《연산군일기》 55:21b(10년 9월 7일).

164) 《연산군일기》 57:12a(11년 1월 26일); 61:9a~b(12년 1월 25일); 61:12b(12년 2월 2일).

165) 《연산군일기》 58:17b(11년 7월 3일); 59:2b(11년 8월 12일); 59:5b(11년 8월 25일); 60:3a(11년 10월 10일).

166) 《연산군일기》 61:23a(12년 3월 16일); 24b(12년 3월 23일); 62:2b(12년 4월 11일); 3a(12년 4월 12일).

167) 《연산군일기》 62:6b(12년 4월 23일); 9a(12년 5월 3일); 18b(12년 6월 17일); 63:1b(12년 7월 1일).

168) 《연산군일기》 63:3b(12년 7월 10일); 6b(12년 7월 18일).

169) 《연산군일기》 63:6b(12년 7월 19일); 6b~7a(12년 7월 20일).

170) 《연산군일기》 63:7a(12년 7월 20일); 8a(12년 7월 25일); 7b(12년 7월 25일).

171) 《연산군일기》 62:5b(12년 4월 19일); 63:3b(12년 7월 9일).

172) 《연산군일기》 61:6b(12년 1월 15일); 63:18a(12년 8월 23일).

173) '현덕왕후' 조, 《민족문화대백과사전》, 정신문화연구원.

174) 《중종실록》 17:58b(8년 2월 28일).

175) 《중종실록》 17:59b(8년 2월 30일); 18:1a(8년 3월 1일).

176) 《중종실록》 18:4a(8년 3월 2일).

177) 《중종실록》 18:21a~b(8년 4월 21일).
유순의 만사: 덕성스러운 요조숙녀 성준을 짝했하니/곤전의 그 의법 지금까지 전해오네/옛날 동궁에선 빈의 모범으로 불리었고/먼 훗날 사관의 붓은 덕을 전파하리/승하를 애도한 지 그 몇 해나 되었는가/같은 땅에 묻히심은 만백성의 소원일세/팔십 난 늙은 백성 아직까지 남아 있어/어찌 또다시 영여를 곡할 줄 알았으랴.
노공필의 만사: 오랜만에 공의가 정하여져서/종묘에 배향하고 능묘를 옮기었네/내조를 이루어 왕을 보좌터니/돌아가셔선 같은 땅에 묻히었네/수심엔 찬 구름 옛 능묘에 잠기었고/구슬픈 만사 찬바람에 나부끼네/성상의 효성 추모에 짙었어라/믿노니 그 보위 더욱 영원하리.

178) 《세종실록》 22:26a(5년 12월 29일).

179) 《세종실록》 40:6a(10년 4월 23일).

180) 《세종실록》 50:21b(12년 11월 23일).

181) 《세종실록》 54:24b(13년 11월 11일).

182) 《태종실록》 2:17b(1년 11월 7일); 《문종실록》 6: 323(원년 12월 3일).

183) 이범직, '문묘 배향운동', 국사편찬위원회, 《한국사》 28(1996), pp. 217~222. 조선시대의 문묘 배향 인물의 명단과 그 시기를 표로 볼 수 있다. 1949년 전국 유림대회에서 김창숙(金昌淑)의 주장에 따라 동무와 시무에 종사한 중국 명현의 위판(位板)을 매안(埋安)하고 우리나라의 명현 18위를 대성전으로 승당(陞堂)하여 오늘날까지 이르고 있다.

184) 이긍익, '유자광이 귀양 가서 죽다', 《국역 연려실기술》 2, pp. 249~254.

185) 《중종실록》 37:13b~14b(14년 11월 11일); 37:15a~b(14년 11월 15일).

186) 이긍익, '왕비 신씨의 폐위와 복위의 전말', 《국역 연려실기술》 2, pp. 227~246.

187) 《중종실록》 22:53b~57b(10년 8월 임술일).

188) 《중종실록》 22:30b(10년 6월 12일).

189) 《중종실록》 22:18b~19b(10년 5월 11일).

190) 박성래, 〈한국과학사상사(23)〉, 《과학사상》 29(1999년 여름), pp. 294~313.

191) 《중종실록》 22:65b(10년 8월 22일).

192) 《중종실록》 22:66(10년 8월 24일).

193) 《중종실록》 22:29b(10년 6월 8일).

194) 《중종실록》 22:68b(10년 8월 29일); 23:35a(10년 11월 20일).

195) 《중종실록》 23:35a~b(10년 11월 22일).

196) 《중종실록》 14:30a(6년 10월 2일).

197) 《중종실록》 31:5b~11a(12년 12월 15일).

198) 《중종실록》 2:52b(2년 4월 14일); 54a~55b(2년 4월 15일).

199) 《중종실록》 10:24b~25a(4년 12월 26일).

200) 《중종실록》 10:51b(5년 2월 24일).

201) 이긍익, 《국역 연려실기술》 2, pp. 501~505. '남곤' 전에는 여러 차례 당대 기록이 그를 소인이라 부르는 것을 보여준다.

202) 이긍익, 《국역 연려실기술》 2, pp. 504.

203) 《조야회통》에서 인용. Park, Seong-Rae, *Portents and Politics in Korean History*(Seoul: Jimoondang, 1998), p. 256.

204) 《중종실록》 33:13a~b(13년 5월 16일).

1) 《삼국지》 부여(夫餘)조.

2) 《증보문헌비고》 처음 부분에 들어 있는 상위고(象緯考: 제1권부터 제12권)는 많은 분량을 차지하고 있는데, 4~12권이 천재지변 기록이다. 그 내용을 분류하면 일식, 해와 달의 온갖 변이에서 개, 고양이, 쥐의 변이에 이르기까지 거의 100가지에 이른다.

3) 박성래, 〈한국과학사상사(2)〉, 《과학사상》 4(1992년 겨울), pp. 234~235.

4) 박성래, 〈한국과학사상사(5)〉, 《과학사상》 7(1993년 겨울), pp. 242~243.

5) 필자의 학위논문은 1977년 2월 미국 하와이 대학교 역사학과 대학원에서 영어로 완성되었고, 1998년 거의 영문 그대로 한국에서 출간되었다. Park, Seong-Rae, *Portents and Politics in Korean History*(Seoul: Jimoondang, 1998).

6) 이런 연구가 최근 한국 역사학계에서 일부 진행되고 있는 것은 적절하지 못한 것이라고 나는 판단하고 있다. 예를 들면 17세기 한국 역사상의 소빙기(小氷期)를 규명하려는 연구가 여기 속한다고 할 수 있다. 李泰鎭, 〈소빙기(1500~1750) 천변재이 연구와 조선왕조실록〉(global history의 한 장), 《역사학보(歷史學報)》 149(1996. 3), pp. 203~236 및 이에 관한 박성래의 논평, 같은 책, pp. 237~245.

7) 신형식, 《삼국사기 연구》(일조각, 1981), pp. 184~209.

8) 이희덕, 《고려 유교정치사상의 연구》(일조각, 1984), pp. 7~176.

9) 《고려사》 93:19a, 최승로전.

10) 《국역 동문선》 5, pp. 195~199, 임완 '재이상서': 《고려사》 98:34a~b, 임완전.

11) 《국역 고려사절요》 4, p. 379, 400, 419(공양왕 3년 5월~6월).

12) 《국역 고려사절요》 4, pp. 415~416(공양왕 3년 6월): 《고려사》 46:13b~14b(공양왕 3년 6월 1일).

13) 박성래, 〈한국과학사상사(25)〉, 《과학사상》 31(1999년 겨울), p. 245~258.

14) 박성래, 〈한국과학사상사(26)〉, 《과학사상》 32(2000년 봄), p. 248.

15) 至誠之道 可以前知 國家將興 必有禎詳 國家將亡 必有妖孼 見乎蓍龜 動乎四體 禍福將至 善心先知之 不善必先知之 故至誠如神: 《중용》 Legge 영문판, pp. 417~418. 물론 비슷한 내용은 동양의 고전 여러 곳에 많이 있다.

16) 박성래, 〈한국과학사상사(2)〉, 《과학사상》 4(1992년 겨울), p. 239.

17) 《세종실록》 92:24a~b(23년 4월 26일).

18) 《세종실록》 92:24a~25a(23년 4월 29일).

19) 《세종실록》 93:22a~b(23년 8월 18일).

20) 《중종실록》 39:1b~2a(15년 4월 2일).

한국과학사상사

1판 1쇄 2012년 5월 18일

지은이 | 박성래
펴낸이 | 류종필

편집 | 최연희, 천현주, 이보람
마케팅 | 김연일, 이혜지
표지 디자인 | 석운디자인
본문 디자인 | 글빛

펴낸곳 | 도서출판 **책과함께**
　　　주소 (121-840) 서울시 마포구 서교동 395-178 영산빌딩 201호
　　　전화 (02) 335-1982~3
　　　팩스 (02) 335-1316
　　　전자우편 prpub@hanmail.net
　　　블로그 blog.naver.com/prpub
　　　등록 2003년 4월 3일 제25100-2003-392호

ISBN 978-89-97735-01-3 (93900)

이 도서의 국립중앙도서관 출판시도서목록(CIP)은
e-CIP 홈페이지(http://www.nl.go.kr/ecip)와 국가자료공동목록시스템
(http://www.nl.go.kr/kolisnet)에서 이용하실 수 있습니다. (CIP제어번호: CIP2012002188)